U0934051

· 中央民族大学校级“青年教师科研能力提升计划”项目“汉语音韵学成果的引介与翻译”阶段性成果之一，[项目编号:2019QNPY24]；Supported by“the Fundamental Research Funds for the Central Universities”（中央高校基本科研业务费专项资金资助）

· 中央民族大学发展规划处 2019“双一流”建设项目库资助

· 国家社科基金“南曲韵书与明清语音研究”项目资助［项目编号：13CYY042］

漢語史新視閾

叶宝奎先生七秩寿庆论文集

主 编 娄 育 李 超 储小昷

厦门大学出版社
XIAMEN UNIVERSITY PRESS
国家一级出版社
全国百佳图书出版单位

图书在版编目(CIP)数据

汉语史新视阈/娄育,李超,储小旵主编.—厦门:厦门大学出版社，2019.9

ISBN 978-7-5615-7410-2

Ⅰ.①汉… Ⅱ.①娄… ②李… ③储… Ⅲ.①汉语史—文集 Ⅳ.①H1—09

中国版本图书馆 CIP 数据核字(2019)第 088439 号

出 版 人 郑文礼
责任编辑 曾妍妍
封面设计 李嘉彬
技术编辑 许克华

出版发行 厦门大学出版社
社　　址 厦门市软件园二期望海路 39 号
邮政编码 361008
总　　机 0592-2181111　0592-2181406(传真)
营销中心 0592-2184458　0592-2181365
网　　址 http://www.xmupress.com
邮　　箱 xmup@xmupress.com
印　　刷 厦门集大印刷厂

开本 720 mm×1 000 mm　1/16
印张 32
插页 18
字数 560 千字
版次 2019 年 9 月第 1 版
印次 2019 年 9 月第 1 次印刷
定价 128.00 元

本书如有印装质量问题请直接寄承印厂调换

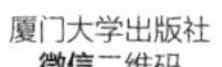
厦门大学出版社
微信二维码

厦门大学出版社
微博二维码

叶宝奎（魁）博士（1948 年 11 月—　　），福建省周宁县人，1976 年 8 月毕业于厦门大学中文系，厦门大学中文系教授，汉语言文字学专业博士生导师

1981 年春节　父亲六秩寿庆全家合影

1978 年春　与周淑真女士夫妻合影

2014 年秋　夫妻合影

2013 年　与女儿荧光

2018 年　与淑真、荧光

1985 年　与杨师茂勋先生
在厦门万石植物园

1992 年　与黄师典诚先生在黄先生家里

2003 年　与鲁国尧先生在厦门市市花园

2001 年　与詹伯慧先生在厦门环岛路沙滩

1999 年　与陈新雄先生在厦门中山路

2005 年　邀请胡明扬先生到中文系做学术报告

2003 年　与金鐘讚夫妇、陈邦雄先生在韩国安东

2008 年　与薛凤生先生、苏华同学（邀请薛凤生先生来中文系做学术报告）

2006 年　与苏庆华先生（马来亚大学）

2006 年　与李无未先生、虞万里先生

2006 年　与黎新第先生、李军先生在贵阳

2005 年　与平山久雄先生、张玉来先生在合肥

2010 年　与孙玉文先生、吕朋林先生

2015 年　与蔡梦麒先生在武夷山

2006 年　与刘晓南先生、杨军先生在贵阳

2016 年　与姚荣松先生在窑湾古镇

2016 年　竺家宁先生及语言教研室部分老师

2015 年　第七届世界汉语教育史国际学术研讨会

2010 年　娄育博士论文答辩

左起：李无未、柳应绿、何耿丰、张玉来、叶宝奎、曾良

2014 年　郑碧娇博士论文答辩

左起：李无未、曾良、周长楫、李运富、叶宝奎、纪秀生

2003 年　冠豸山

2005 年　漓江

2018 年　与杨聪凤老师在邮轮上

2014 年　中文系退休教工支部部分同志在厦门海沧

1965 年　周宁一中高一班同学（二排左二是班主任温锡茂老师）

1974 年　厦大中文系 1973 级甲班 2 组同学（林琼英、李桂华、杨娇英、邵丽珠、刘尧宽、陈金添、叶宝奎、董福康、李俊亭、郑秋坤）

2001 年　厦大中文系 1973 级语言专门化同学（李桂华、刘尧宽、戴木金、陈勋、叶宝奎、谢晋才、林琼英）

2017 年　香港

2006 年　马来西亚马六甲

2005 年　与罗家国同学

2012 年　与池挺钦同学

2007 年　与淑真及李超、娄育、储小昆、周轶同学

2011 年　与储小昆同学在杭州

2009 年　与周轶、储小昆、娄育、李超、郑碧娇同学

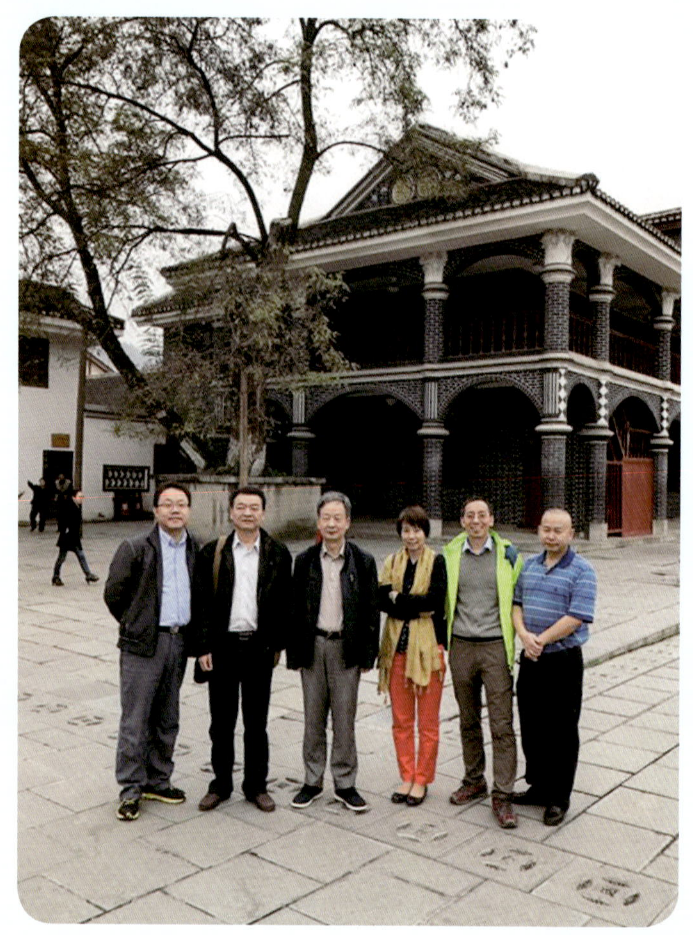

2016 年　与厦大中文系 1988 级同学在遵义

2016 年　与厦大中文系 1988 级同学在政和

1984 年　周宁县鲤鱼溪

2016 年　周宁县九龙漈瀑布

賀博导宝奎七十華誕

宝劍鋒自磨砺出
奎攀書峰育棟梁

摯友事恒敬
二〇一九年元旦

厦大中文系林事恒老师题赠

厦大中文系李国正先生题赠

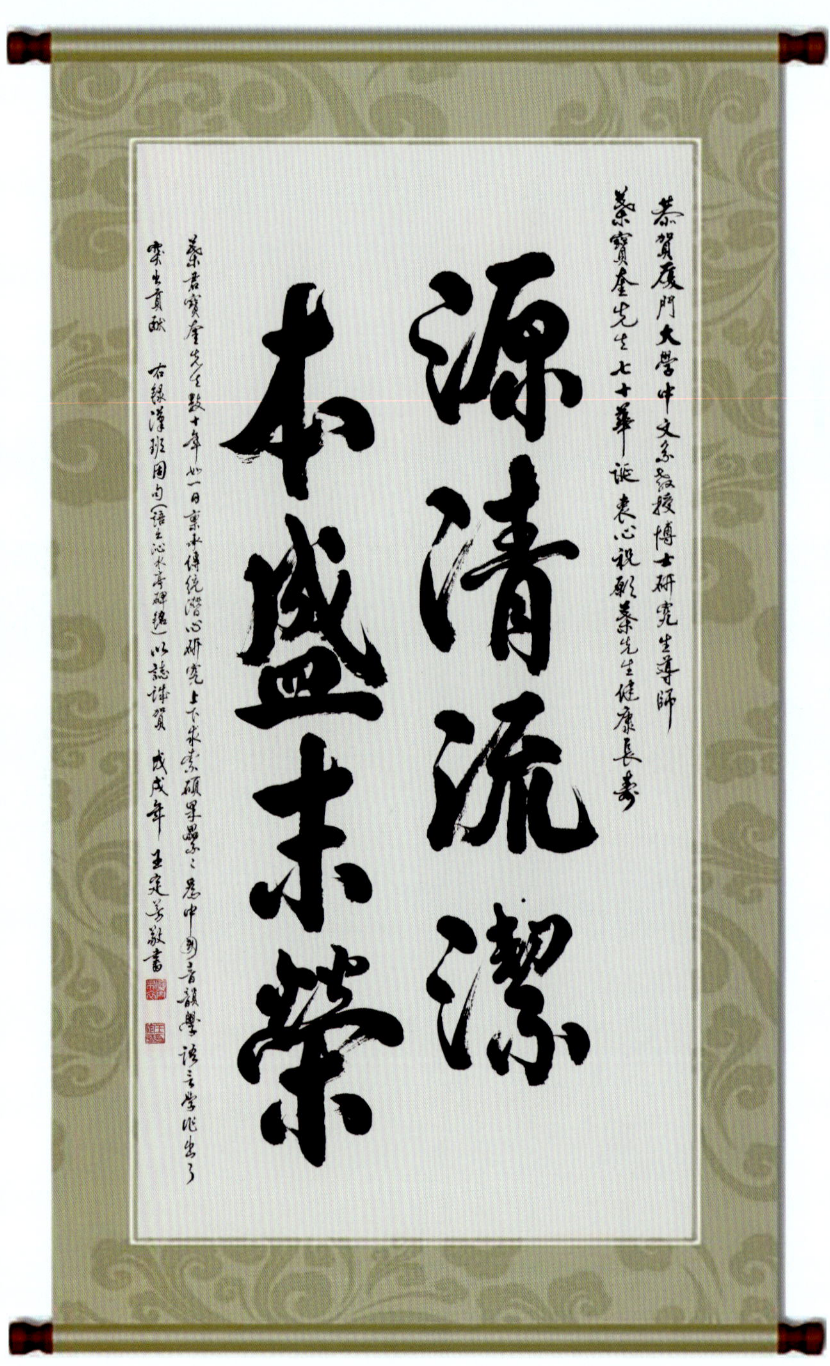

厦门理工学院王定芳先生题赠

陕西师范大学胡安顺先生题赠

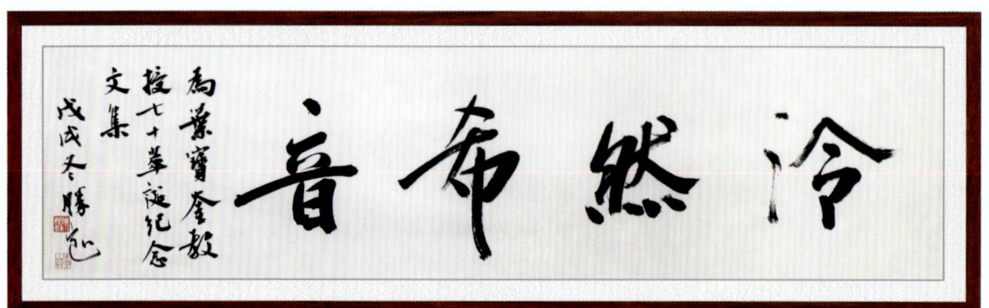

厦大艺术学院陈胜凯先生题赠

厦大中文系李国正先生题赠

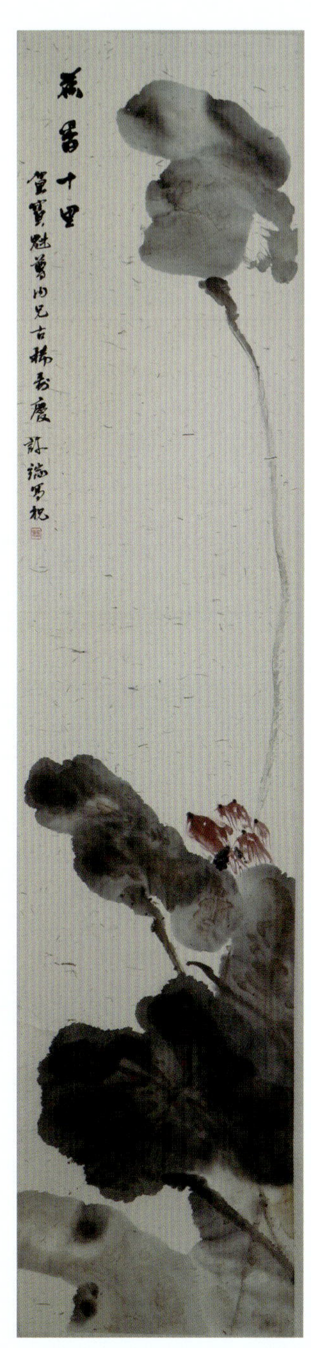

周宁县文化馆周许端先生题赠
(《荷香十里》八尺屏，长240厘米，
宽52厘米，采用条幅寓意：寿长)

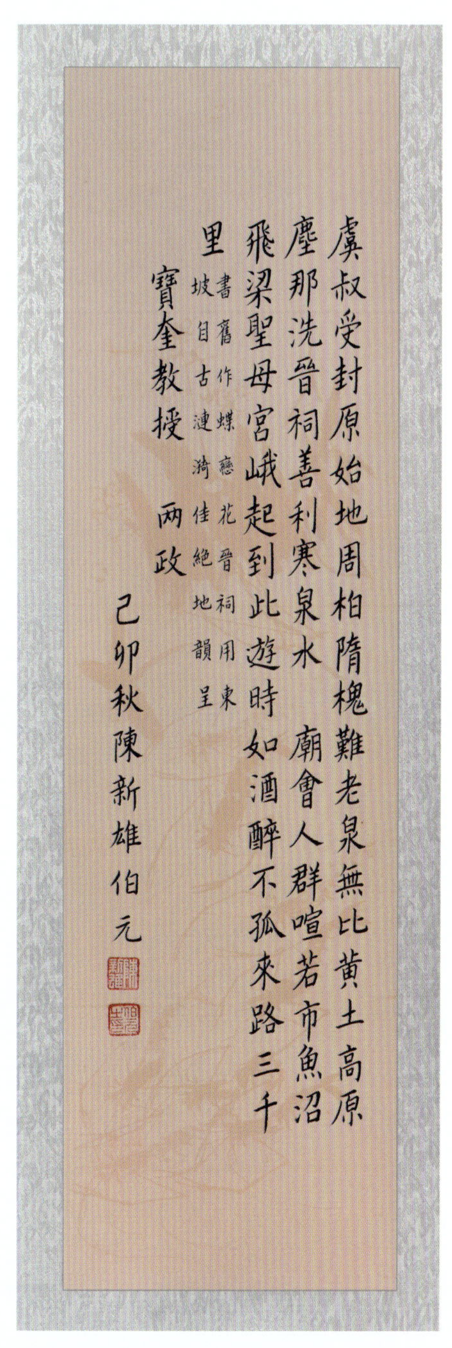

台湾师范大学陈新雄先生题赠

福州鼓楼区林爱强先生题赠

福州鼓楼区林爱强先生题刻（福寿　道德文章何处寻　师门受惠至于今　叶宝魁）

题贺叶宝奎先生七秩寿诞

宝帚抒怀自有神，
奎章言志恰如人。
先贤名重杏坛续，
生性心专音理循。
七步高才传八闽，
秩年硕果献千春。
荣施广誉告归日，
庆羡垂竿常伴身。

福建师范大学文学院 / 协和学院　王进安
戊戌仲秋撰于福州

贺叶宝奎老师七十大寿

叶茂枝繁地，
宝训谆谆时。
奎星出南强，
师恩常思忆。
七秩古稀公，
十教天下重。
大哉吾贤师，
寿比南山松。

厦大中文系 1988 级　杨卫红

叶师高寿感怀

登高胜童子，
朗笑似仙珏。
问师何能尔，
常与山松约。

厦大中文系 1988 级　傅盛阳

前言（代序）

“叶师七秩寿庆论文集”从立题、集稿到审校、出版，历时一年左右，虽是编者一时“兴起”而触发的机缘，但事情落成圆满，若没有学界英贤发心帮扶与支持，是万万不可能实现的。

梭罗在如何践行人生的问题上说过这样一段话：“让他踏着他听到的音乐节拍走路，不管那拍子如何，或者在多远的地方……我只看到，一个安心的人，在那里也像在宫殿中一样，生活得心满意足而富有愉快的思想。”（《瓦尔登湖·结束语》）

2018年下半年的某一天，坐在书房里观想，忽然一念闪过，意识到叶师今年已经七十了吧！记得他是1948年出生的。我该为老师做点什么！我能为老师做点什么？虽然依旧是一介布衣，懒散无为，但回馈与感恩的事，总想着“明日复明日”，“明日”又更待何时呢！当下——即是最完美的时机。随即草拟了叶师纪念文集的策划案。

向同届好友李超、小昆表明意愿之后，一拍即合，正式启动文集的筹备工作。

2018年8月24日，将修订好的《约稿通知》试探性地广发英雄帖，没想到“回执函”纷至沓来，好多师长更是不吝溢美之词，对文集工作予以鼓励和肯定。

截至2018年年底，集稿工作顺利完成。审阅、筛选之后，推出35篇论文、7篇随笔散文、1篇访谈录、3篇诗作、10幅书画作品、40多张珍贵照片，与师长、学友汇报、共享。由于征稿时间较为紧促，再加上经费和文集容量等限制，对于部分学友的作品只好忍痛割爱，在此深表歉意。这35篇论文的作者既有高山翘楚、中年骨干，也有刚刚崭露头角的年轻新秀，他们凭借宽阔的视阈、深厚的学养，就汉语史的相关问题进行了深入探讨与研究，选题涉及音韵方言、语言学史、文字研究、语言理论等诸多方面，既有对传统问题的再思考、宏观视野下的新思路、新方法，也有对新史料的挖掘整理及运用，等等。将它们结集出版，以飨学界，为促进汉语史的研究略尽绵力，我想，这也正是叶师所期待的。

文集中的随笔、诗、字画，凝聚了同仁、亲朋好友对叶师的深情厚谊，华采与修养兼备，在博学鸿论之余，为文集又添品行之光。

根据出版要求，统一采用简体字，个别特殊情况酌情处理；统一参考文献、页下注格式；并删去摘要、关键词、作者简介及附录等，还望诸位师友见谅！

20世纪20年代，厦大国文系师资队伍群星荟萃。当时那些著名学者大多是语言学家，林语堂的《汉代方音考》、《前汉方音区域考》、《闽粤方言之来源》，沈兼士《文字形义学》、《广韵声系》，罗常培《厦门音系》，周辨明《厦语音韵声调之构造与性质》，余謇《古合韵辨》、《三百篇籀略》、《文字学讲义》等，都堪称经典，影响深远。他们为厦大语言学的发展奠定了良好基础。其中余謇、周辨明二位先生在厦大任教时间长达二十几年，其功至伟。

尔后又有黄典诚、杨茂勋、洪笃仁、何耿丰、李如龙、张茨曼、许长安、周长楫等一批学者继往开来，为厦大语言学的健康发展做出了重大贡献。

正是这些前辈学者在音韵方言、语言学史、语言理论等领域播种、树木，才使得厦大语言学在近百年后的今天能够散叶、开花。

叶师1976年毕业于厦门大学中文系，自1978年转入语言教研室以来，先后师从杨茂勋先生和黄典诚先生，学习理论语言学、音韵方言，在大师的引领下进入语言学殿堂，既秉承传统，又另辟蹊径，于普通语言学理论习得和近代汉语语音研究方面创获颇多。

叶师常挂在嘴边儿的话是“没事没事”、“不错”、“还好啦”，以他那略带“闽普”的腔调，边说边“嘿嘿”一乐。忽然觉察到：这不正是“一个安心的人，生活得心满意足而富有愉快思想”的状态吗！

泛商业化的年代，利润、商机、名声——“三马”当先。作为编者，“冲动”的初心是好的，可后续联系出版时才发现，现实确没有精神世界来得简单、随意。

特别感谢厦门大学出版社，感谢在文集成书过程中给予帮助与关切的师友。感谢同门的信任与支持，让身处四海、久未谋面的我们，终于有了结缘的机会。

特以此真心结成的精品，祝福师长，回馈学友。

娄育（代笔）
2019年8月27日
于北京潇瀚楼

目 录

学界论文

随笔散文

新知：语言学思想家段玉裁及《六书音均表》书谱

附：关于"中国语言学思想史"的断想

南京大学中文系　鲁国尧

一、序引

在中国学术史上，"清学"有其特殊地位，它是中国传统学术的巅峰，也是"西学东渐"的起始期。梁启超（1873—1929）的名著《清代学术概论》（著于1920年）云："其全盛运动之代表人物，则惠栋、戴震、段玉裁、王念孙、王引之也，吾名之曰正统派。"[①]"戴门后学，名家甚众，而最能光大其业者，莫如金坛段玉裁，高邮王念孙及念孙子引之，故世称戴段二王焉。玉裁所著书，最著者曰《说文解字注》、《六书音均表》；……戴派则确为清学而非宋学。"[②]梁启超于其书中特立专章"戴震和他的科学精神"，其中胪举戴震著作多种，仅列书名而已，但对《孟子字义疏证》则述论逾千字，赞不绝口，且与西洋学术比较，梁启超云："《孟子字义疏证》，盖轶出考证学范围以外，欲建设一'戴氏哲学'矣。""《疏证》一书，字字精粹……。综其内容，不外欲以'情感哲学'代'理性哲学'，就此点论之，乃与欧洲文艺复兴之思潮之本质绝相类。"[③]可是段玉裁之《六书音均表》价值亦极高，而梁启超不赞一词，则是对其精义缺乏认识之故。依我之见，18世纪的《六书音均表》乃是中国语言学思想史上的杰作，亦可与同时期欧洲语言学做比较。

中国近代史上的另一文化名人王国维（1877—1927），很熟悉段玉裁及其著作，其《周代金石文韵读序》文中赞誉"尤卓绝"的"古韵之学"，"作

① 梁启超.清代学术概论[M].北京：中华书局，2011：6.

② 梁启超.清代学术概论[M].北京：中华书局，2011：63-64.

③ 梁启超.清代学术概论[M].北京：中华书局，2011：51-61.

者不过七人”，其中即有“金坛段氏”。[①] 他于1905年发表的《论新学语之输入》说：“我国人之特质，实际的也，通俗的也；西洋人之特质，思辨的也，科学的也，长于抽象而精于分类。……吾国人之所长，宁在于实践之方面，而于理论之方面，则以具体的知识为满足。至分类之事，则迫于实际之需要外殆不欲穷尽也。……足以见抽象与分类二者皆我国人之所不长，而我国学术尚未达自觉（Selfconsciousness）之地位也。”[②] 笔者研读《六书音均表》之后，不禁要对王国维这一段话提出异议。鄙见：段玉裁的《六书音均表》显示了早于王国维一百多年的中国学者的抽象与分类的高水平，思辨及创造理论的高能力。所达到的“自觉”的思想境界，并不逊于西洋，甚或过之。

段玉裁，字若膺，号懋堂，清江苏金坛人，生于雍正十三年乙卯（1735），卒于嘉庆二十年乙亥（1815）。乾隆二十五年（1760）举人，乾隆三十五年（1770）至乾隆四十五年（1780）任贵州、四川两省的知县或代理知县。乾隆四十五年致仕返乡，后半生以著述终其身。段玉裁在语言文字学、经学、文献学等方面都取得了杰出成就。段玉裁的两部代表性著作：《六书音均表》是音韵学的丰碑，《说文解字注》是文字学的丰碑。惜乎学界对前者在语言学思想史上的重大价值未能深知，今特为表而出之。

段玉裁壮年治古韵学，以九年之功，成《六书音均表》五卷，全书思想深邃，结构谨严，创获卓卓。表一“今韵古分十七部表”系全书总纲，表二“古十七部谐声表”胪陈各部的声符，[③] 表三“古十七部合用类分表”旨在叙述各部排列次序的远近及其根据，表四、表五是十七部体系下的诗经韵谱与群经韵谱。此书前四表皆有序，表一、表三中均有多量文字叙述，特别是三十八则“说”，蕴藏思想极富，乃此书的精华所在。

---

① 王国维.王国维论学集[M].昆明：云南人民出版社，2008：222.

② 王国维.王国维论学集[M].昆明：云南人民出版社，2008：467.

③ 刘盼遂辑校《经韵楼文集补编》卷上，段玉裁《江沅说文解字音均表序》（作于1809年）：“余撰六书音均表，析古音为十七部，其第二表既以说文九千余字之形声分隶十七矣。”见《经韵楼集》，第376页。

二、《六书音均表》书谱

（一）弁言

笔者现以通常的人之“年谱”的形式梳理段玉裁成此伟著的历时过程（亦稍涉及“接受”过程），特命名曰“书谱”。

中国的著作体裁之一“年谱”，创自宋代，是人的按时间顺序的编年记事。年谱体例繁多，其中有“专谱”，专记谱主某一方面的事业成就或活动，如宋人程俱《韩文公历官记》、赵子栎《杜工部诗谱》，清人唐兆榴《可读书斋校书谱》、耿文光《苕溪渔隐读书谱》。这种专谱“是年谱中值得发展的一种体例”。①

段玉裁的《六书音均表》，自成书以来一直为语言文字学界所重，故其酝酿、撰作、刻印、接受诸方面，都很有了解、研讨的必要，若以文字铺叙往往扰人耳目，难以使读者迅速获得明晰的印象。笔者近来读“年谱”著作若干种，耳濡目染，一朝有悟，人有年谱，书何尝无年谱？遂萌仿前贤“专谱”之法，勾稽载籍，缕列《六书音均表》上述四方面的历时过程。如此，眉目清朗，纲举目张，可以迅速理解一代大师的不朽名著的创作与接受历程，兹命名曰“书谱”。此“书谱”乃叙一名著之孕、生、长、荣，犹如记一名人之生、老、病、死。

观此“书谱”可了解、体味先贤用心之专、历时之长、治学之勤、思想之邃、体系之密、文字之吝，百炼而成的这一杰作，彪炳学史，垂范后世。

仿“年谱”体例，本书谱先列时间（含著者年龄），次述历时事件，括号内为立论依据（或曰“书证”），以楷体字显示。于后两者或有简注，或间下己见。《六书音均表》卷首载乙未年（乾隆四十年，1775）段玉裁《寄戴东原先生书》，述撰作梗概，然段玉裁多篇文章亦有与此著有关的文字，其中有时间更精确的记载，间有龃龉的回忆，此等资料岂能不顾？戴震、钱大昕等大家的文集中亦有涉及此书的史料，故不惮烦辑录而摘引之，则“书谱”可更坚实矣。

① 来新夏.中国的年谱与家谱[M].北京：商务印书馆，1997：33-35.

（二）《六书音均表》书谱

乾隆初年·段玉裁未冠之年　　段玉裁年轻时即爱好音韵学文字学。（段玉裁乙未年《寄戴东原先生书》：“玉裁自幼学为诗，即好声音文字之学。”按，戴震（1724—1777），字东原，安徽休宁人，语言文字学家、哲学家。乾隆三十八年（1773）因学术声望被推荐为四库全书馆纂修官。）

乾隆十九年甲戌（1754，段二十岁）—乾隆二十年乙亥（1755，段二十一岁）　段玉裁于此两年从蔡一帆老人学习古韵之学。（段玉裁乙未《寄戴东原先生书》：“甲戌、乙亥间从同邑蔡丈一帆游，始知古韵大略。”段玉裁《经韵楼集》卷九《蔡一帆先生传》：“一帆先生”，“讳泳，金坛人，姓蔡氏”，“长吾父将十年”。“玉裁弱冠时从先生游，得诗赋时义之说”。“玉裁之言古韵实权舆于是”。）

乾隆二十五年庚辰（1760，段二十六岁）　　是年段玉裁晋京，得读顾炎武《音学五书》，极为佩服。（段玉裁乙未《寄戴东原先生书》：“庚辰，入都门，得顾亭林《音学五书》读之，惊怖其考据之博。”按，顾炎武（1613—1682），江苏昆山人，字宁人，被尊为亭林先生。思想家、经学家、音韵学家。又，《经韵楼集》卷六《声类表序》：“丁亥自都门归里，取毛诗韵字，比类书之，诚画然分别”，“二百六韵之书，总之为十七部”，“已乃得昆山顾氏《音学五书》、婺源江氏《古韵标准》读之，叹两先生之勤至矣。”按，若据此文则段玉裁丁亥（1767）或丁亥后方得顾炎武书读之，叹服其勤。《声类表序》乃段玉裁75岁时（嘉庆己巳，1809）所作，系年老记忆有误？而且据其乙未（41岁时）所作之《寄戴东原先生书》所云，读顾书与知江书并不在一时。）

乾隆二十八年癸未（1763，段二十九岁）　　段玉裁在京师知有江永《古韵标准》，但未“深知”。（段玉裁乙未《寄戴东原先生书》：“癸未游于先生之门，观所为《江慎修行略》，又知有《古韵标准》一书，与顾氏少异，然实未能深知之也。”《经韵楼集》卷六《声类表序》：“始余乾隆癸未请业戴东原师，师方与秦文恭公论韵，言江慎修先生有《古韵标准》，据毛诗用韵为书，真至仙十四韵，宋郑庠谓汉魏杜韩合为一者，毛诗实分为二，余闻而异之，顾未得见江氏书也。”按，秦蕙田（1702—1764），江苏金匮人，[①]乾隆元年进士，官至刑部尚书，卒谥文恭。著《五

① 金匮县，清雍正时以无锡县东部置金匮县，民国并入无锡县。

礼同考》，戴震协助之。戴震《戴震集》文集卷十二《江慎修先生事略状》："先生则谓顾氏考古之功多，审音之功浅，正顾氏分十部之疏，而分平上去三声皆十三部，入声八部。""所著书"，"《古韵标准》六卷"。[①] 按，江永（1681—1762）字慎修，徽州府婺源县人。经学家、音韵学家、数学家。）

乾隆三十二年丁亥（1767，段三十三岁）—乾隆三十三年戊子（1768，段三十四岁）　段玉裁在金坛著成《诗经韵谱》（简略本）、《群经韵谱》（简略本），分古韵为十七部，同时对古本音、音变、四声、合韵、谐声等问题也深思有悟。（段玉裁乙未《寄戴东原先生书》："丁亥自都门归，忆《古韵标准》所称元寒桓删山仙先七韵与真谆臻文欣魂痕七韵，三百篇内分用，不如顾亭林、李天生所云自真至仙古为一韵之说。与舍弟玉成取毛诗细绎之，果信。又细绎之，真臻二韵与谆文欣魂痕五韵，三百篇内分用，而江氏有未尽也。萧宵肴豪与尤侯幽分用矣，又细绎之，则侯与尤幽，三百篇内分用，而江氏有未尽也。支脂之微齐佳皆灰咍九韵，自来言古韵者合为一韵，及细绎之，则支佳为一韵，脂微齐皆灰为一韵，之咍为一韵，而顾氏江氏均未之知也。又细绎其平入之分配，正二家之踳驳，逐书《诗经》所用字，区别为十七部。既考其出入而得其本音，又详其敛侈而识其音变，又察其高下迟速而知四声古今不同，又观其会通而知协音合韵自古而有，于谐声推测其条理，于假借转注默会其指归，蘊缊千年，一旦轩露，成《诗经韵谱》《群经韵谱》各一帙。"《经韵楼集》卷六《声类表序》："丁亥自都门归里，取毛诗韵字，比类书之，诚画然分别。又知萧侯尤之为三，真文之为二，支脂之必为三，二百六韵之书，总之为十七部，其入声总为八部，皆因毛诗之本然。已乃得昆山顾氏《音学五书》、婺源江氏《古韵标准》读之，叹两先生之勤至矣。后进所得，未敢自以为是也。"按，李因笃（1632—1692），字子德，号天生，陕西富平人，思想家、教育家、音韵学家。）

乾隆三十四年己丑（1769，段三十五岁）　段玉裁入京会试，两《韵谱》（简略本）为程晋芳赏识。冬，注释两《韵谱》，每注完一部，邵晋涵即录一副本。是年，段玉裁将其"古韵十七部"之说就正于戴震，未获认可。（段玉裁乙未《寄戴东原先生书》："己丑再至都门，程蕺园舍人赏之。第其书简略无注释，不可读。是年冬，寓法源寺侧之莲花庵，键户烧石

① 戴震.戴震集[M].上海：上海古籍出版社，1980：227、229.

炭，从邵二云孝廉借书，竟为注释。每一部毕，孝廉辄取写其稿。”按，程晋芳（1718—1784），字鱼门，号蕺园，祖籍安徽歙县。经学家，诗人，四库全书馆纂修官。邵晋涵（1743—1796），字与桐，号二云，浙江余姚人。史学家，经学家，四库全书馆纂修官。按，于此可见段玉裁的两韵谱文本被“接受”的情况。《经韵楼集》卷六《声类表序》：“己丑就正吾师于都门，师谓支脂之分为三者，恐不其然。”《经韵楼集》卷六《答江晋三论韵》：“岁己丑，仆以毛诗支脂之分为三、侯尤分为二、真文分为二稿本就正于师，师未之信。”按，江有诰（？—1851），字晋三，安徽歙县人。音韵学家。《经韵楼集》卷十二《答黄绍武书》：“古音十七部之说，成于乾隆丁亥。至己丑以质师，师不之信。至愚庚寅官黔后乃以书然，曰：‘是可以千古矣。’”丁酉（1777）戴震《六书音均表序》：“前九年，段君若膺语余曰：‘支佳一部也，脂微齐皆灰一部也，之咍一部也。汉人犹未尝淆借通用，晋宋而后乃少有出入，迄乎唐之功令，支注脂之同用，佳注皆同用，灰注咍同用，于是古之截然为三者，罕有知之。’余闻而伟其所学之精，好古有灼见卓识。又言真臻先与谆文殷魂痕为二，尤幽与侯为二，得十七部。”按，戴震所云“前九年”即乾隆三十四年己丑年。所云“余闻而伟其所学之精，好古有灼见卓识”，并非当时认可段说为“确论”，乃追述昔时泛泛嘉许之辞。）

乾隆三十五年庚寅（1770，段三十六岁）　二月《诗经韵谱》《群经韵谱》定稿，四月钱大昕作序评价颇高。（段玉裁乙未《寄戴东原先生书》：“至庚寅二月书成，钱辛楣学士以为凿破混沌，为作序。”钱大昕是年四月序云：“金坛段君懋堂撰次《诗经韵谱》及《群经韵谱》成，予读而善之，乃序其端。……今段君复因顾、江两家之说证其违而补其未逮，定古音为十七部，若网在纲，有条不紊，穷文字之源流，辨声音之正变，洵有功于古学者已。……此书出，将使海内说经之家奉为圭臬。”按，钱大昕（1728—1804），字晓征，号辛楣，又号竹汀，江苏嘉定人，史学家，金石学家，语言文字学家。乾隆十九年进士。又按，《六书音均表》卷首所载钱大昕序与钱大昕《潜研堂文集》卷二十四《诗经韵谱序》相校，少若干字，当系段之删节。又《潜研堂文集》卷三十三《与段若膺书》：“闻足下名久矣，顷邵孝廉与桐以足下所撰《诗经韵谱》见示，寻绎再三，其于古人分部及音声转移之理，何其审之细而辨之确也？……真通人之论，先民有作，岂能易足下之言乎？”按，论年齿、科名、官位、声望，钱大昕皆在段玉裁之上，从钱大昕书信揣测，当系段玉裁请邵晋涵乞钱大昕作序。钱序中无“凿破浑沌”四字，当系面许之辞，邵晋涵转述，段玉裁引用之。）

乾隆三十七年壬辰（1772，段三十八岁）　段玉裁在京师以两韵谱向戴震请益，戴震以为“体裁未为尽善”，故段玉裁继续精研、修改。（段玉裁乙未《寄戴东原先生书》：“壬辰四月三入都，先生馆于洪素人户部之居，以是书请益。先生云：‘体裁未为尽善。’”按，洪朴（1746—1783），字素人，安徽歙县人，乾隆三十六年进士。刘盼遂《段玉裁先生年谱》、罗继祖《段懋堂先生年谱》皆以“洪素人”为洪榜，误。）

乾隆三十七年壬辰（1772，段三十八岁）—乾隆四十年乙未（1775，段四十一岁）段玉裁在四川任县官时修改《诗经韵谱》、《群经韵谱》（段玉裁乙未《寄戴东原先生书》：“（壬辰）八月至蜀后署理富顺及南溪县事，又办理化林坪站务。……然每处分公事毕，漏下三鼓，辄篝灯改窜是书以为常。”①）

乾隆三十八年癸巳（1773，段三十九岁）　戴震于是年春考订古韵，认可段玉裁支脂之三分之说为“确论”。（癸巳《戴东原先生来书》：“大著辨别五支六脂七之，如清真蒸三韵之不相通，能发自唐以来讲韵者所未发，今春将古韵考订一番，断从此说为确论。然执管欲作序者屡，而苦于心不精，姑俟稍安闲为之。”《经韵楼集》卷七《东原先生札册跋》：“至己丑，余以《诗经》及群经《韵谱》请业，言支脂之不相通，初不以为然，迟之七年，至于癸巳，乃谓此说最确。”按，己丑（1769）至癸巳（1773），不及七年，此跋作于嘉庆甲戌1814），段年八十，次年即下世。年迈而记忆有误乎？）

乾隆四十年乙未（1775，段四十一岁）　六月，段玉裁与友人潜心商订，九月书成，原“诗经韵谱”改订为“诗经韵分十七部表”，原“群经韵谱”改订为“群经韵分十七部表”，列于最后。合前三表成一完整的体系，全书改名为《六书音均表》，十月寄书戴震，述撰作过程，就尤侯两韵分用、十七部排序、四声问题坚持己见，乞戴震作序。（段玉裁乙未《寄戴东原先生书》：“今年夏六月偕同官朱云骏入报销局，兴趣略同，暇益潜心商订。九月书成，为表五。一曰今韵古分十七部表，别其方位也；二曰古十七部谐声表，定其物色也；三曰古十七部合用类分表，洽其志趣也；四曰诗经韵分古十七部表，胪其美富也；五曰群经韵分古

① 笔者在读本科、研究生时，王力先生为我们开过好几门课程。在我的记忆中，王先生至少两次在授课中感叹：“段玉裁做官的时候还在写书！”

十七部表，资其参证也。改名曰《六书音均表》。……愿先生为之序，而纠其疵谬。”戴震丁酉《六书音均表序》：“（段君若膺）今官于蜀地且数年，政事之余优，而成是书，曰《六书音均表》。凡为表者五，撰述之意，表各有序说，既详之矣。其书始名《诗经韵谱》、《群经韵谱》，嘉定钱学士晓征为之序。兹易其体例，且增以新知，十七部盖如旧也。”）

乾隆四十一年丙申（1776，段四十二岁）　四月，段玉裁在四川刻成《六书音均表》，卷末有“乾隆丙申镌于富顺官廨”识语一行。传世之单行本诸篇次序如下：（1）庚寅四月钱大昕原序，（2）癸巳十月戴东原先生来书，（3）乙未十月寄戴东原先生书，（4）丁酉正月戴震序，（5）丁酉五月吴省钦序，（6）六书音均表的目录。此后是正文即《六书音均表》五表。此单行本表四第九部《召旻》六章的韵字有“御名”。（《经韵楼集》卷六《声类表序》：“余书刻于丙申四月，由富顺寄都门，而师丁酉正月序之。丙申之春，师与余书，详论韵事，将令及未刻参酌改正，而此札浮沉不达。”《经韵楼集》卷九《书富顺县县志后》：“予以乙未冬，再权富顺，明年丙申二月，金酋平，……而予乃能以其余闲成《诗经小学》、《六书音均表》各若干卷，所居西湖楼，一灯荧然，夫人而指为县尹读书楼也。”段玉裁《戴东原先生年谱》：“丙申之春，作书与玉裁论韵，长六千字，大略谓玉裁《六书音均表》之书有得有失，‘……顾及大著未刻，或降心相从而参酌’。此书丙申春未达，而《六书音均表》已于是夏刻成矣，故未能遵先生之意也。”段玉裁《答江晋三论韵》：“丙申仆书刻成于蜀，乃接师论韵长篇，不及改正。”）

乾隆四十二年丁酉（1777，段四十二岁）　正月戴震作《六书音均表序》，五月段玉裁代作吴省钦序，两序均补入已刻成之《六书音均表》内。观传世之经韵楼版《六书音均表》，卷首三“序”、两“书”的版心（即中缝）情况：第一块版片上刻钱大昕序文的大部分，其版心为“原序”“一”，第二块版片为“书”“二”，录钱序剩余的三行，戴东原先生来书的全部六行，寄戴东原先生书连标题计十一行。而戴震序与吴省钦序版片的版心则为“序”。至于钱大昕序文的标题作“原序”，版片的版心也随之作“原序”，为何“序”前加“原”字？因钱序乃《诗经韵谱》《群经韵谱》之序。《六书音均表》刻成后的翌年，方获戴震序，段玉裁继而又自作吴省钦序。此两序才是《六书音均表》的序，按理应置于首，无奈系书刻成之后补加的，故居后，不得已也。（戴震序：“其书始名《诗经韵谱》《群经韵谱》，……兹易其体例，且增以新知，十七部盖如旧也。”段玉裁《戴东原先生年谱》：“丁酉正月上旬作《六书音均表序》，十四日札云：‘大著既刻成，应撰序，兹兼寄故知，此序上旬所为也。’”五月段玉裁以吴省钦之名作序（实为自作）：“予友金坛段君若膺《六书音均表》既成，有问于予者曰：‘是书何以作？读之将何用也？’……遂书之以为释例。”刘盼遂辑校《经韵楼文集补编》卷上云：“江沅《说文解字音均表》首载此序而加以‘段先生代吴省钦作《六书音均表序》’云云。江为懋堂入室弟子，所言自确。”又刘盼遂《段玉裁先生年谱》于丙申年曰：“是年，改修富顺县志。光绪《叙州府志》卷末载吴省钦《富顺县志叙》曰：‘予友段君若膺，学博而多闻，……。’”按，此叙真作者恐亦为段玉裁。吴省钦（1729—1803），字冲之，号白华，江苏南汇人。乾隆二十八年进士，高官。）

嘉庆二十年乙亥（1815，段八十一岁）经韵楼刻《说文解字注》毕工，以《六书音均表》作为附录。此本次序与单行本有异：（1）戴震序，（2）吴省钦序，（3）目录，（4）钱大昕原序，（5）戴东原先生来书，（6）寄戴东原先生书。此后是正文即《六书音均表》五表。又，单行本第二十七页左第三行“御名”，在《说文解字注》后附本里改为“弘”。按，乾隆帝名弘历。

道光五年乙酉（1825）—道光九年己丑（1829），阮元编刻《皇清经解》，将《六书音均表》收入。

民国二十五年（1936）渭南严式诲刻入《音韵学丛书》。

1983年中华书局影印乾隆四十一年丙申（1776）富顺官廨刻单行本，书名作《六书音韵表》，卷首有周祖谟先生1982年10月1日作的《前言》，卷末有《六书音韵表误字订正》，列四十六条。

2002年上海古籍出版社《续修四库全书》收入《六书音均表》。

（三）结语

段玉裁《经韵楼集》卷六《答江晋三论韵》：“仆《六书音均表》数易其稿。”《六书音均表》的撰写过程可分三阶段：

第一阶段：段玉裁自乾隆三十二年丁亥（1767）在金坛始研究古韵，至乾隆三十三年戊子（1768）撰成《诗经韵谱》与《群经韵谱》（皆简略本）。

第二阶段：乾隆三十四年己丑（1769）冬在京师加以注释，至次年即乾隆三十五年庚寅（1770）二月《诗经韵谱》《群经韵谱》成。

第三阶段：乾隆三十五年庚寅（1770）八月后，段玉裁在四川任代理知县，经常夜晚改窜《诗经韵谱》《群经韵谱》，至乾隆四十年乙未（1775）九月书成，更名《六书音均表》。

总之，《六书音均表》撰作过程历时九年，堪称千锤百炼，仅得五万二千三百二十五字。

翌年即乾隆四十一年丙申（1776）刻版成，又一年即乾隆四十二年丁酉（1777）加戴震序和代吴省钦序，竣工。前后经十一年。

王力先生在《清代古音学》第三章“段玉裁的古音学”对段玉裁的评价：“清代古韵之学到段玉裁已经登峰造极，后人只在韵部分合之间有所不同（主要是入声独立），而于韵类的畛域未能超出段氏的范围。所以段玉裁在古韵学上，应该功居第一。”①

笔者不揣谫陋，继王先生之后撰此文，旨在彰显《六书音均表》在语言学思想史上的重要意义。

最后讨论一下“发明权”问题，刘盼遂《王石渠先生年谱》于“乾隆三十一年丙戌”下，叙王念孙：“旋里后，取三百五篇反复寻绎，始知江氏之书仍未尽善，遂以己意重加编次，分古韵为二十一部。”继之以“盼遂按”：“段若膺《六书音均表》创自丁亥，成于庚寅，较先生书晚数年，而先生羞为雷同，竟不出己作。”② 近年张民权教授从图书馆“发掘”出乾隆初年的万光泰的文集，撰文多篇表彰诠释，其功堪许，他提出万光泰的古韵学说早于段玉裁的观点。“发明权”的问题在中外历史上都存在，在这里需要引进“接受学”的概念。“接受学”认为一个作品必须具备三个环节，即作者—文本—接受者。③ 王念孙“不出己作”，万光泰书尘封两百多年无接受者。段玉裁的古韵学说不然，甫成即获首都学术精英如程晋芳、邵晋涵的认可、接受，翰林学士钱大昕更誉之：“此书出，将使海内说经之家奉为圭臬。”继而得权威专家戴震的赞许，如《东原先生札册跋》所云：“从此古音之全，通邑大都，家喻户晓。”（《经韵楼集》卷七），于此可见第三环节之重要。至于段玉裁在语言学思想史方面的成就，有清一人，无可及者，这一点下面将详论。

① 王力.清代古音学[M].北京：中华书局，1992：129.

② 刘盼遂.刘盼遂文集[M].北京：北京师范大学出版社，2002：347-348.

③ 鲁国尧.语言学与接受学[M]//鲁国尧语言学文集：衰年变法丛稿.上海：上海古籍出版社，2013：69-70.

三、《六书音均表》：中国语言学思想史上的丰碑

2005年、2006年我写了一篇文章《就独独缺〈中国语言学思想史〉！？》，文中指出，不仅哲学、政治学、军事学、宗教学、社会学、法律学、经济学、文学、历史学、教育学、心理学等等都有“思想史”的书，而且往往不止一种，连数学、地理学、化学、物理学、建筑学、农学也出版过《×× 思想史》。可是就不见一本《语言学思想史》，怪也不怪？[①] 这篇文章算是提出了一个问题。2006年8月24日我在中国音韵学研究会学术研讨会开幕辞中说：“我们应该特别重视自主创新”，“我们至今没有一本《中国语言学思想史》、《汉语音韵学思想史》，这委实是一件遗憾的事”，“我们语言学人应该开展思想史的研究，写出质高量多的论著”。[②]

此后，我一直思考：要有《语言学思想史》，重要条件之一是需要有“语言学思想家”。那么在中国语言学史上谁可称作语言学思想家？2010年我写了一篇札记，发现段玉裁《六书音均表》有三十八则“说”，富含思想、理论。[③]2014年春王华宝教授令我为《段玉裁全书》的《六书音均表》写“前言”，我再读《六书音均表》，再读梁启超、王国维、刘师培等人的论著，终于悟得：众里寻他千百度，蓦然回首，段玉裁就是中国史上的语言学思想家！

“思想”之可贵，正如17世纪法国思想家B.帕斯卡尔（1623—1662）所说“思想形成人的伟大”“我们全部的尊严就在于思想”“由于思想，我却囊括了宇宙”。[④]

纵观古今中外的学术史，专门家多如牛毛，思想家寥若晨星。何谓“思想家”？“对客观现实的认识有独创见解并能自成体系的人”（《现代汉语词典》第6版）这个定义可从。笔者尊段玉裁为中国语言学史上的思想家，立论基于《六

---

① 语苑撷英（二）[M].中国大百科全书出版社，2007//语言学文集：考证、义理、辞章[M].上海：上海人民出版社，2008.

② 鲁国尧.团结一致，坚定地走自主创新之路：中国音韵学研究会第十四届学术讨论会暨汉语音韵学第九届国际学术研讨会开幕词[M]//鲁国尧.语言学文集：考证、义理、辞章.上海：上海人民出版社，2008：16/17.

③ 赖永海主编.宏德学刊：第一辑“段玉裁与清代学术国际研讨会论文专辑”[Z].南京：江苏人民出版社，2010：125-127.

④ 帕斯卡尔.思想录[M].武汉：湖北人民出版社，2007：105、106.

书音均表》，其耀眼的亮点在三十八则“说”。“说”是中国学术论说文的常用体裁，如宋代哲学家周敦颐《爱莲说》、明代哲学家刘宗周《改过说》、清代理学家李绂《仁义字说》。段玉裁《与诸同志书论校书之难》云：“何谓立说？著书者所言之义理是也。”（《经韵楼集》卷十二）段玉裁所谓的“义理”，今语则谓之思想、理论。

下面推介《六书音均表》所蕴藏的诸多语言学思想（为便于讲说，笔者将三十八则“说”编号）。

1. 正确的语音演变观，并在此基础上首次提出汉语语音史分期学说。段玉裁云：“音不能无变，变不能无分。”（说十五“古十七部音变说”）“今音不同唐音，即唐音不同古音之征也。”（说十七“古今不同随举可征说”）“三百篇后，孔子赞易，老子言道德五千余言，用韵即不必皆同诗。汉代用韵甚宽，离为十七者，几不可别识。晋宋而降，迄于梁陈，音转音变，积习生常，区别既多，陆韵遂定，皆古今声音之自然。考文者不能变今音而一反诸三代也。”（说十四“古十七部本音说”）“凡一字而古今异部。以古音为本音，以今音为音转。”（说十四《古十七部本音说》）段玉裁的“考文者不能变今音而一反诸三代也”一语，是针对顾炎武而言的，顾炎武《音学五书叙》云：“天之未丧斯文，必有圣人复起，举今日之音而还之淳古者。”①段玉裁崇敬顾炎武，“惊怖其考据之博”，但是对顾炎武的复古思想则采取批判的态度。

段玉裁关于古声调演变的学说也深深地体现了他的语音演变观：“古四声不同今韵，犹古本音不同今韵也。考周秦汉初之文，有平上入而无去。洎乎魏晋，上入声多转而为去声，平声多转为仄声，于是乎四声大备而与古不侔。”“古平上为一类，去入为一类。上与平一也，去与入一也。上声备于三百篇，去声备于魏晋。”“古无去声之说或以为怪，然非好学深思不能知也。”（说十六“古四声说”）

《六书音均表》中最值得表彰的是说十八“音韵随时代迁移说”：“今人概曰古韵不同今韵而已。唐虞而下，隋唐而上，其中变更正多，概曰古不同今，尚皮傅之说也。音韵之不同，必论其世。约而言之，唐虞夏商周秦汉初为一时，汉武帝后洎汉末为一时，魏晋宋齐梁陈隋为一时。古人之文具在，凡音转、音变、四声其迁移之时代皆可寻究。”孰谓中国人拙于抽象与分类？“分期”和“分部”即“分类”。凡我学人，皆应铭记：第一个汉语史分期学说，时在1775年，

① 顾炎武.音学五书[M].北京：中华书局，1982：3.

此应大书特书。[①]

2. 应该刿发并彰显的是，段玉裁的“过歛过侈音变说”。段玉裁说：“音有正变也，音之歛侈必适中，过歛而音变矣，过侈而音变矣。”（说十五“古十七部音变说”），这是具有哲理的卓见。“适中”是中国哲学“中庸”思想的体现。至于“变易”，《周易·系辞下》：“穷则变，变则通，通则久。”《吕氏春秋·博志》：“全则必缺，极则必反。”这都是自然和社会变化法则的表述。请看，英语从15世纪到18世纪约四百年间的“英语元音大移位”，某些“过歛”的高元音低化，而某些“侈”的低元音逐渐高化（参见《中国大百科全书·语言文字》“晚期中古英语—早期近代英语—晚期近代英语元音演变表”）[②]。日本著名汉语史专家平山久雄教授提出“汉语调值演变的环流说”，也是本于“过”则“变”的自然与社会法则。[③]

3. 段玉裁提出了上古音构拟学说。他提出这样的命题：“大略古音多歛，今音多侈。”（说十五“古十七部音变说”）。段玉裁认为汉语上古音韵母的元音是“歛”的即较闭的，而往后的变音则“侈”即较开的。段玉裁这种“古音多歛，今音多侈”的命题应该被视作“构拟”。中国音韵学界流行这种观点：中国古代学者的音韵研究只能给出音类，而不会搞构拟，这是过于崇拜西洋比较语言学的古音构拟学说而忽视中国音韵学家的自创思想所致。德国比较语言学家施莱赫尔（August Schleicher,1821—1868）于19世纪60年代提出构拟学说，20世纪初传入我国，中国学者接受并推崇之，遂以为构拟是西洋学者的专利。[④]也许有人说，段玉裁的“古音多歛，今音多侈”较之施莱赫尔的古印欧语的构拟相差甚远。殊不知印欧语系的文字是表音的，施莱赫尔自然能以表音的符号作具体构拟。段玉裁的话确是比较简略，但是“古音多歛，今音多侈”八字，从本质上说，旨在拟测“古音”和“今音”的元音的开口度，绝不能否认它是构拟。笔者在此提醒学界注意的是，段玉裁的构拟出现于1775年，施莱赫尔的构拟则在1861—1862年。[⑤]

---

① 西洋的重要语言如英语、法语、意大利语，必也有分期学说，始于何时？值得我们了解并作比较。敬乞学人注意这个问题，我很希望得到答案。

② 中国大百科全书·语言文字[M].北京：中国大百科全书出版社，1988：459.

③ 平山久雄.平山久雄语言学论文集[M].北京：商务印书馆，2005.

④ 关于施莱赫尔的“构拟”,见郝尔格·裴特生.十九世纪欧洲语言学史（校订本）[M].北京：世界图书出版公司北京公司，2010：249-250，鲁国尧.读议郝尔格·裴特生《十九世纪欧洲语言学史》[M]//鲁国尧语言学论文集：衰年变法丛稿.上海：上海古籍出版社，2013：274-279，罗宾斯.简明语言学史[M].北京：中国社会科学出版社，1997：194.

⑤ 郝尔格·裴特生.十九世纪欧洲语言学史（校订本）[M].北京：世界图书出版公司北京公司，2010：248.

段玉裁此说对后来者颇有影响，顾炎武、江永对古韵的众多韵部以序数词表示，段玉裁亦然，但其后的古音学家则多以广韵音系的三等韵字命名，如“之部”“职部”“蒸部”等等，至今依然。此即段玉裁“古音多敛”学说潜移默化所致。

4. 段玉裁提出“古音韵至谐说”：“明乎古本音，则知古人用韵精严，无出韵之句矣。明乎音有正变，则知古人咍音同之，先音同真，本无佶屈聱牙矣。明乎古四声异今韵，则知平仄通押、去入通押之说未为审矣。古文音韵至谐，自唐而后昧，兹三者皆归之协韵二字。”（说十九“古音韵至谐说”）此说廓清了依据广韵以论诗经音韵部而加予的“佶屈聱牙”之说。下述史实值得注意：20 世纪初，取西洋比较法运用于诗经音的拟音，高本汉、董同龢皆将一部的元音构拟成多个。李方桂、王力起而矫拂之，提出一部一个主元音说，此后天下翕然从之。[①] 显然，一部一个主元音方能体现“古音韵至谐”，天下无无源之水，无无本之木，前贤嘉言必于冥冥中启迪后进。[②]

5. 段玉裁的语音系统观也值得肯定。世间的事物不是孤立的而是相互间有联系的，尤其是语音系统的内部各元素更是如此，段玉裁具有这方面的卓识。古韵分部，顾炎武十部，江永十三部，其次序都是仿《广韵》韵目的次序，这自然与诗经音了不相干。段玉裁一反顾、江的做法，创造性地做了“古十七部合用类分表”，他以韵部的邻近为依据重排了十七部的次序，韵部邻近表现在语音的合韵上。因具某种近似性才有合韵的可能，于是十七部的排序焕然一新，段玉裁对此引以自豪，也备受音韵学界的赞誉。

6. 段玉裁古音学说的辩证观令后人叹服。其学说方法论的特色是，区别一般与特殊。按照段玉裁的观点，诗经押韵是至谐的。区分为十七部。但事实上各部之间并非截然分开，有少数诗篇的押韵显示了相邻韵部之间有纠葛。段玉裁提出了“合韵说”。他说：“不知有合韵，则或以为无韵”，“或指为方音”，“或以为学古之误”，“或改字以就韵”，“或改本音以就韵”（说廿四“古合韵说”）。段玉裁又说：“合韵以十七部次第分为六类，求之同类为近，异类为远，非同类而次第相附为近，次第相隔为远。”（说廿五“古合韵次第近远说”）段玉裁壬申《答江晋三论韵》云：“谓之‘合’，而其分乃愈明，有权而经乃不废。‘合韵’之名，不得不立也。”其《六书音均表》“诗经韵分十七部序”说：“不以本音蔑合韵，不以合韵惑本音。”

① 李方桂，李荣，等.上古音学术讨论会上的发言［M］//语言学论丛：第十四辑.北京：商务印书馆，1987.

② 近年有人将汉语上古音韵部由三十左右扩至四十多，而拘牵于元音须少的风息，不得不将一部的元音增至多个，如此遭到无法“至谐”的质疑。

特别应该赞扬的是，代吴省钦作《六书音均表序》：“知其分而后知其合，知其合而后愈知其分。”这十七字震古烁今，何等辩证！汉语大多数诗歌遵守部内韵字互押的原则，不越藩篱。但也存在与邻韵合韵的现象，古今皆然，如19世纪《义勇军进行曲》即以“们”“城”“声”“心”“进”为韵，依照民国三十年国颁韵书《中华新韵》，则为痕韵与庚韵合韵。[①]

7. 段玉裁提出的“古谐声说”是抉发汉语言与汉文字深层有机联系的学说，惟汉语有此特色。段玉裁云：“六书之有谐声，文字之所以日滋也。考周秦有韵之文，其声必在某部，至啧而不可乱。故视其偏旁以何字为声，而知其音在某部，易简而天下之理得也。”（“古十七部谐声表序”）段玉裁明确提出：“一声可谐万字，万字而必同部。同声必同部。明乎此而部分，音变，平入之相配，四声之今古不同，皆可得矣。”（说廿一“古谐声说”）他的“古谐声说”是经验至理论的升华。在段玉裁之前，有关古音的论述中，确有人注意到同谐声偏旁则声音相同或相近。但是到了段玉裁，获得了理论的升华，命题式的表述与经验的零星文字叙说不可同日而语。探得中国文字与中国语言之间的体系性的相互联系与相互作用的奥秘，即“理”，可谓一大贡献。段玉裁的谐声论影响后世甚为深远，就其对音韵学而言，它开辟了探寻古韵与古声的又一条康衢大道，从此文字谐声与先秦韵字成了上古音研究的两柄利剑。

段玉裁对古韵各部的阐释，也是他用心所在，见于表序与诸“说”中。处在学术链上的任何名家，都有其超越前人的长处，亦有为后人批评的短处，段玉裁亦然。其后的王念孙、孔广森、江有诰、章太炎、黄侃、高本汉、王力、李方桂等名家都接受了他的影响，并在他的基础上继续推进、发展，古韵之学如日中天，成为中国语言学里最为成熟的分支学科之一。

段玉裁的《六书音均表》光芒四射，它在语言学思想史上的高度价值前已抉发、表彰，现在再着重列举它的创新之处。古韵十七部说，段玉裁本人引以自豪，其师戴震亦嘉许为“确论”，依我之见，尚非“原创”，只是“新见”。何以如是言？只有离析唐韵，才是真正意义的古韵分部，因此古韵分部“模式”的创立者是顾炎武，而江永、段玉裁等依次加密，后来居上，但毕竟不是“原创”者。鄙见，段玉裁的不朽功绩，除了上举的诸多“思想”“理论”外，还在于他创立了许多“模式”：第一个编制《诗经》和“群经”的“韵谱”，此后诸家莫不踵随；制作“谐声表”，此后诸家萧规曹随，只是加密而已；“古

① 关于“国颁韵书”，见鲁国尧《永乐大典》编纂、辑佚与语言文字学古籍（第六节）。

无去声”说，王力的古平声、上声、长入、短入的四声说发端于此。“古音韵至谐说”是李方桂、王力“一部一个主元音说”的根源。“古音多敛，今音多侈”的构拟学说使得其后的古韵学家多以切韵音系的三等韵字命名韵部。“古音类分合用表”使古韵部的排序摆脱了《广韵》韵序的羁绊。凡此种种，皆是古韵学史上的“模式”。天下之理，前创后因，开辟为尊，“原创”最贵。“模式”即“原创”，“模式”才是创造精神的最高体现，“因袭”虽非“创”，但其推进之功自亦不可没之。

段玉裁以古韵作为研究对象，九载艰辛，抽象出诸多理论、思想，创建了许多“模式”，形成一个坚实的系统，委实难能可贵，可谓鹤鸣高岗。其《六书音均表》是中国语言学思想史上前无古人，后乏来者的大制作。

四、余论两则

（一）空谷足音，寂无嗣响

而令人遗憾的是，段玉裁的语言学思想两百多年来却未受到应有的重视，遑论继承与发展？其师戴震与他往复论韵，还写过六千字的长文《答段若膺论韵》，但总是断断争辩于具体问题，段玉裁形而上的思想当时没有得到同声相应、同气相求的学人的呼应，后世学人只看重他的学说的形而下的成分，而漠视其形而上的卓识。一个以心构建而成的学术精品，时人与后人只重视它的实用价值，而忽视其精神意义与文化价值，悲乎！

中国的学术评论，有个普遍性的习惯或传统，即喜将成就相埒的两人并列而评其优劣，如诗家之李杜、文家之韩柳，近现代学界对段王高下的评估亦然。如刘师培《近儒学术统系论》：“戴氏施教燕京，而其学益远被。声音训诂之学传于金坛段玉裁，而高邮王念孙所得尤精。”[①] 其实，若论独创而且成系统的语言学思想，自是段为高。我们无意褒此贬彼，我们认为段王都是中国语言学史上的珠峰学者。但历来的段王优劣论，使人不禁为段之精深思想不见知于时人与后世而感叹唏嘘。

这使我想起罗常培先生《扬雄〈方言〉在中国语言学史上的地位——周

① 刘师培.中国近三百年学术史论[M].长春：时代文艺出版社，2009：193.

祖谟〈方言校笺〉序》中的话："《方言》是中国的第一部比较方言词汇著作。"① 他又说道："扬雄以后，续补《方言》的有杭世骏、戴震、程际盛、徐乃昌、程先甲、张慎仪各家。至于分地为书的，有李实《蜀语》、……；考证方言俗语的，也有岳元声《方言据》、……等书。总起来看这些书都是从史传、诸子、杂纂、类书以及古佚残编等抄撮而成，除去一两种外，始终在'文字'里兜圈子，很少晓得从'语言'出发。能够了解并应用《方言》本书的条例、系统、观点方法的，简直可以说没有人。可惜在中国语言史上发达最早的词汇学，从《方言》以后，就这样黯淡无光，不能使第一世纪左右已经有了的逼近语言科学的方法继续发展。"② 我现在接着罗先生的话说，段玉裁的《六书音均表》，是一部语言学思想充沛，且形成完整的理论体系的大制作，熠熠生辉，光芒逼人，须知它诞生于1775年。而在西方，18世纪的语言学，罗宾斯（现代英国学者）《简明语言学史》仅视作"现代时期的前夕"而已。

至为可惜的是，段玉裁这种丰赡而系统的学术思想，以及思想构建的模式，两百年来竟这般寂无嗣响！纵观学术史，不乏令人扼腕叹息的事，很多"特立"的思想、"独行"的人物，往往不为时人、后人所知，这具有一定的普遍性。戴震说："仆生平著述，最大者为《孟子字义疏证》一书，此正人心之要。"（段玉裁《戴东原先生年谱》）梁启超评论《孟子字义疏证》云："实三百年间最有价值之奇书也。""戴氏学派虽披靡一世，独此书影响极小。""此书盖百余年未生反响之书也。"③ 段玉裁《六书音均表》的思想创获，即其师戴震亦不能褒扬其精神意义。纵观历史，大抵卓绝的思想往往为主流思潮亦即"俗见"所埋没。如果段玉裁的这条思想创建的路子能为人认识、继承光大，那今日的中国语言学就不是现在这般面貌了。

当然，历史是不能假设的，然而却是可以深究的。

我很希望有人撰写《〈六书音均表〉汇释》或《〈六书音均表〉注》一类的书，将迄今为止的研究成果做一总结。为何提出这一建议？首先，因为段玉裁是中国语言学思想史上的大家，远过于其他古音学家。其次，段玉裁是清代音韵学的焦点人物，其前有顾炎武、江永、钱大昕、戴震，其后有王念孙、孔广森、江有诰，他们都是清代古音学史上的名家、大家，段玉裁跟上述诸人

① 罗常培.罗常培文集（第9卷）[M].济南：山东教育出版社，2008：247.
② 罗常培.罗常培文集（第9卷）[M].济南：山东教育出版社，2008：250.
③ 梁启超.清代学术概论[M].北京：中华书局，2011：60-61.

均有密切的交集（对顾、江，是读其著作而敬佩之、修正之）。[①] 将段玉裁古韵学研究透彻，可收挈领振裘之效。再次，《六书音均表》全面涉及古韵学的诸多问题，其影响深远，直至当今 21 世纪，做汇释就是对中国古韵学史作一总结，或亦可指导当今。

众所周知，《六书音均表》是段玉裁壮年的作品，《说文解字注》是其后直至暮年的成果。因此我还希望有人认真梳理《说文解字注》的诸“例”。梁启超说，“段茂堂之于《说文》”，“屡屡在注中说‘通例’如何如何（我们可以辑一部《说文段注例》）”。[②] 周祖谟先生在《论段玉裁〈说文解字注〉》一文中说段注“发明许书通例”，“他特别注重《说文》体例的阐发”，“有关许书体例的说明在段注中总有五六十处之多”。[③] 段注里这几十个“体例”，究竟是形而上层面的还是形而下层面的？在《六书音均表》告成后段玉裁是否仍旧沿着他的理论创造的道路继续走下去？这也是中国语言学思想史上的一个问题。

传莎士比亚名言“一千个读者眼中有一千个哈姆雷特”（或“有一千个读者就有一千个哈姆雷特”）。以上所云系我五十八年来，特别是“衰年变法”以来，多次研读《六书音均表》的心得，本文着重叙述、诠释段玉裁在理论上、方法论上的成就。有如此思辨的、抽象的思想、有如此众多且成系列的理论，还不是语言学思想家吗？前些年有若干学人（包括我）注意到了段玉裁的理论建树，但是由于“语言学思想史”意识的缺乏或不强，因而不能给予段玉裁应有的评价。我因为近年曾经提出并思考过“中国语言学思想史”的问题，所以此文从思想史的高度评价段玉裁，竭诚地尊奉段玉裁为杰出的中国语言学思想家。

（二）“中外”“东西”比较的视角与“全球史观”

1840 年鸦片战争的失败，开启了中国三千年未有之大变局，列强的炮舰轰开了中国的大门，西洋的文化倾泻而来，直到当今。一百多年来，以“中外”“东西”为题做比较，成了学术审视的流行视角，至今不衰，论著以万千计，就中当以梁漱溟的《东西文化及其哲学》最为知名。梁启超在《清代学术概论》

① 按，段玉裁的著作中涉及诸人学说处不少，只是王念孙除外，但王念孙《与江晋三书》记述“己酉仲秋，段君以事入都，犹获把晤，商订古音”。

② 梁启超.中国近三百年学术史[M].上海：东方出版社，2012：256.

③ 周祖谟.周祖谟文选[M].北京：北京大学出版社，2010：128、130.

里屡屡将清代学术与西洋文艺复兴相比较，我很赞赏这种研究法。王国维的《论新学语之输入》比较“我国人之特质”与“西洋人之特质”，他的观点有普遍性，他讲的事实也有一定的普遍性。这种比较的视角、对比的方法，我认为是可行的，有效的。

与时俱进，处当今21世纪，我建议将“全球史观”引进入中国语言学，我提倡以“全球史观”研究、评骘中国语言学。

这里我要介绍一下史学界的“全球史学派”，世界史学家钱乘旦教授的推介简明扼要，兹迻录于下：“它从1990年代起风靡全球，至今仍有极大影响”，“全球史真诚地否定西方中心论，它认为世界各地发生的事都是平等的，文明没有高下；全球史学家——像斯塔夫里阿诺斯、本特利、麦格尼尔等人确实反对西方中心论，希望通过他们的陈述，表达文明平等的理念”。[①]这一学派摆脱欧洲中心主义，主张从全球角度观照各个地区的文化发展，作为一个中国语言学人，我非常赞同。

我认为，研究中国语言学史，研究中国语言学思想家段玉裁，应具“全球史观”。我们应该将段玉裁的理论与思想尽可能地跟全球其他地区的语言学史做比较。因为西方语言学在近现代一直处于强势，所以我们重视中国语言学史与西方语言学史的比较。本文第三节叙述段玉裁的古韵“构拟”学说和汉语语音史分期学说时有所涉及，不赘。在西方语言学史上，有一本名著跟《六书音均表》几乎同时，即J.G.赫尔德（1744—1803）的《论语言的起源》，它是当时普鲁士皇家科学院征文的获奖作品，1772年出版，近年中国商务印书馆将其列入“汉译世界学术名著丛书”。若将赫尔德《论语言的起源》与段玉裁《六书音均表》两相比较，一是探讨语言起源，一是研究上古韵系；一是诗化语言的华丽，一是叙论词句的平实。可谓各有千秋，不宜轩轾。[②]但是论思想的深邃，理论的建树，则《六书音均表》有过之而无不及。至于经过两百多年时光的冲刷与检验，而能为今人认可、继承的，孰多孰少？《六书音均表》对汉语上古音的高见卓识，今日视之，依然具有震撼的力量。

---

① 钱乘旦.兰克传统与20世纪“新史学”：钱乘旦教授在上海师范大学的讲演[J].文汇报，2013-4-1.

② 德国19世纪著名哲学家A.叔本华（1788—1860）《论思考》一文赞誉“独立、自为的思想家”，他们的“表述，莫不打上认真、直接和原初的印记”，“具有一种断然和确切的特质与连带由此而来的清澈、明了”。我认为，借此数语形容段玉裁的《六书音均表》的表述风格甚为贴切。叔本华此文指名道姓批评了赫尔德，“只是想表现出有思想的样子，并希望以这副样子从别人那里获得利益”。叔本华.叔本华美学随笔[M].上海：上海人民出版社，2009：9、10、13.

今后如果有人撰写新的《中国语言学史》，应该“大书”段玉裁，“特书”《六书音均表》。

现郑重提出一个观点：以全球史观考察《六书音均表》与《论语言的起源》两部名著诞生的18世纪，中国语言学在理论思维、思想建设、形成体系等方面处于世界的前列。

2015年6月毕工于钱塘

参考文献

戴震．戴震集[M]．汤志钧，校点，上海：上海古籍出版社，1980.
段玉裁．戴东原先生年谱[M]//《戴震集》附录．上海：上海古籍出版社，1980.
段玉裁．经韵楼集[M]．钟敬华，校．上海：上海古籍出版社，2008.
段玉裁．六书音均表[M]．北京：中华书局，1983.
顾炎武．音学五书[M]．北京：中华书局，1982.
J.G.赫尔德．论语言的起源[M]．姚小平，译．北京：商务印书馆，2014.
来新夏．中国的年谱与家谱[M]．北京：商务印书馆，1997.
梁启超．清代学术概论[M]．朱维铮，校注．北京：中华书局，2011.
梁启超．中国近三百年学术史[M]．上海：东方出版社，2012.
刘师培．中国近三百年学术史论[M]．长春：时代文艺出版社，2009.
刘盼遂．段玉裁先生年谱[M]//《经韵楼集》附录．上海：上海古籍出版社，2008.
鲁国尧．鲁国尧语言学文集：衰年变法丛稿[M]．上海：上海古籍出版社，2013.
鲁国尧．语言学文集：考证、义理、辞章[M]．上海：上海人民出版社，2008.
R.H.罗宾斯．简明语言学史[M]．许德宝，等译．北京：中国社会科学出版社，1997.
罗常培．罗常培文集[M]．济南：山东教育出版社，2008.
罗继祖．段懋堂先生年谱[M]//《北京图书馆藏珍本年谱丛刊》：第108册．北京：北京图书馆出版社，1999.
B.帕斯卡尔．思想录[M]．何兆武，译．武汉：湖北人民出版社，2007.
H.裴特生．十九世纪欧洲语言学史（校订本）[M]．钱晋华，译．北京：世界图书出版公司北京公司，2010.
钱乘旦．兰克传统与20世纪“新史学”：钱乘旦教授在上海师范大学的讲演[N].

文汇报，2013-4-1.
钱大昕 . 潜研堂文集 [M]. 四部丛刊本 .
A. 叔本华 . 叔本华美学随笔 [M]. 韦启昌，译 . 上海：上海人民出版社，2009.
王国维 . 王国维论学集 [M]. 傅杰，编校 . 昆明：云南人民出版社，2008.
王力 . 清代古音学 [M]. 北京：中华书局，1992.
中国大百科全书编辑委员会 . 中国大百科全书 · 语言文字 [M]. 北京：中国大百科全书出版社，1988.
周祖谟 . 周祖谟文选 [M]. 北京：北京大学出版社，2010.

原载《汉语学报》2015 年第 4 期

附：关于“中国语言学思想史”的断想

“语言战略”，它的核心词是“战略”。“战略”，《现代汉语词典》释作“指导战争全局的计划和策略”“泛指决定全局的策略”，这是抽象的定义。“战略”二字映入眼帘，我立刻想到国史上的名句“运筹策帷帐之中，决胜于千里之外”。“运筹策帷帐之中”，何其从容淡定！“决胜”两字点睛，令人生出无限的豪情。

中国自改革开放至今，四十个年头，由一个不发达国家一跃而成为世界第二大经济体，如今是世界头号制造业大国。制造业的所有门类，只有咱中国全有，因此对中国制定制造业的战略方针的领导者，我表示由衷的敬意。

言归语言学的正传：我们国家的语言战略家，应该像近四十年来制造业的决策者，运筹帷幄使得中国语言学也像中国制造业那样，囊括语言学的所有门类。

2004年某日我忽然有了一个发现。释迦牟尼在菩提树下证道，我这个凡夫则是在徜徉于书店之时悟的道。在书架前随意浏览，不时在我的眼前跳出《逻辑学思想史》、《中国货币思想史》等的书名。忽然，迸出火花：是否有咱《中国语言学思想史》？于是认起真来，“众里寻他千百度”，任怎么回首，那《中国语言学思想史》就是不在。不得不上某大学图书馆网检索，嗨，居然有700来本《××思想史》的书，好不热闹！例如《中国传播思想史》、《中国近代军事思想史》等。而令我惊诧的，自然科学也有《××思想史》，如《数学思想史》、《化学思想史》、《中国技术思想史论》等。但千呼万唤，仍然搜索不出《中国语言学思想史》！不觉气沮。我不甘心，就“博问通人”，无奈通人也无语摇首。

2005年，在一个讲演会上，我讲的主题是倡议建设中国语言学思想史学科。讲毕，听众提问，有个外籍学人质疑道：“‘语言学史’之类的书籍，国外多，近几十年中国也出版了一些。”我回应道：“‘语言学史’与‘语言学思想史’不是一回事，如同‘战争史’与‘军事思想史’一样。”2006年8月我在中国音韵学研究会第14届学术讨论会开幕词中讲道：“我们至今没有一本《中国语言学思想史》、《汉语音韵学思想史》，这委实是一件遗憾的事。”“我们语言学人应该开展思想史的研究，写出质高量多的著作。”我在2005年撰写的一篇长文在2007年发表，这就是《就独独缺〈中国语言学思想史〉！？》，文中问道：“我们的中国语言学有两千多年的悠久历史，这两千多年的语言学是个没有‘思想’、没有‘灵魂’的行尸走肉？”提出问题只是开了个头，更重要的是实绩。时隔八载，我好不容易才拿出一篇新文《新知：语言学思想家段玉裁及〈六书音均表〉书谱》，第一个提出乾嘉大师段玉裁是语言学思想家，做了充分而可靠的论证。

中国大哲孟轲（约前372—前289）提出个“人之所以异于禽兽者”的问题，法国思想家帕斯卡尔（1623—1662）讲得多精彩：“人只不过是一根苇草，是自然界里最脆弱的东西，但他是一根会思想的苇草。”“思想形成人的伟大。”完全可以肯定地说，没有一个学科没有思想史，中国语言学也应有自己的思想史。遗憾的是在2005年以前，这一门类为中外语言学家所罔顾。虽然这一门类被提出来十几年了，但还是“养在深闺人未识”，只有少数几人在播种，而成效不著。中华民族几千年的文明哺育了每个学科，自然不会独独遗弃中国语言学思想史。

“我劝天公重抖擞”，语言学人齐发力。

愿明朝“东城渐觉风光好”，“红杏枝头春意闹”。

沈约形容上声为“炎炽如火”

日本　东京大学　平山久雄

遍照金刚（空海）《文镜秘府论·天卷·四声论》所录刘善经《四声指规》中引载沈约《答甄公论》的一段，其中有关于四声调值的形容（卢盛江 2015——下文略称《汇校》——287 页）：

> 昔周、孔所以不论四声者，正以春为阳中，德泽不偏，即平声之象；夏草木茂盛，炎炽如火，即上声之象；秋霜凝木落，去根离本，即去声之象；冬天地闭藏，万物尽收，即入声之象。以其四时之中，合有其义，故不标出之耳。是以《中庸》云：“圣人有所不知，匹夫匹妇，犹有所知焉。”斯之谓也。

《文镜秘府论》是空海（774—835, 804—806 入唐留学）在公元 820 年以前的数年间所著（《汇校·前言》第 5 ～ 10 页）。《天卷·四声论》可谓全文引自刘善经《四声指规》；刘善经是隋人，生卒年不详，著有《四声指规》一卷，参见《汇校》第 18 页、第 192 ～ 193 页。甄公即甄琛（452—524），字思伯，参见《汇校》第 275 页。《四声论》又云：“魏定州刺史甄思伯，一代伟人，以为沈氏《四声论》，不依古典，妄自穿凿，乃取沈君少时文咏犯声处以诘难之。”参见《汇校》第 270 页。

沈约（441—513）在此文中以平、上、去、入四声各配春、夏、秋、冬四季，来说明四声说，这看来是荒唐无稽的，但他打算以此来说服甄琛，使之信从四声说，所以当具一定的“似真实度”，即有令人感到可信之处。因此，这一比喻作为 5 世纪汉语声调调值的一种描写，也不无我们参考的价值。

在此描写中，以“夏草木茂盛，炎炽如火”来形容上声，特别引人注目。这一比喻当表示上声在当时具有某种给人以像夏日的炎炽那样激烈的印象。这正与《文镜秘府论·西卷·文笔十病得失》所引的四声描写[①]（《汇校》

① 这一段学者向来皆引自《大广益会玉篇》书末所附《元和新声韵谱》所载。元和（806—821）正是空海撰写《文镜秘府论》的时期。兴膳宏（1986）注云（原文为日语）：可以注意，“安”、“举”、“远”、“促”各属于平、上、去、入。

1188 页）正合符节：

> 然声之不等，义各随焉。平声哀而安，上声厉而举，去声清而远，入声直而促。词人参用，体固不恒。

此“厉”与《四声论》所引沈约“炎炽如火”字义相通，“厉”的内容可谓“炎炽如火”，亦可互相提高各自形容的真实度。

拙稿（2012）曾分析过东汉末高诱《淮南子》、《吕氏春秋》注里所用的“急气言”，解释“急气”当谓上声，上声因为主要元音带有强度的紧喉作用，所以从声门那里挤出呼气需要多用力气①。如果这一解释没错，“急气”就可与“炎炽如火”、“厉”连接起来，如果容许我们假定这三百年间上声调值基本没有变化的话，“急气”主要是从发音者的感觉来说的，“炎炽如火”则主要是从听觉印象来说的，“厉”则是兼顾这两个方面而说的，各自都可算作对同一种现象——主要元音带有强度紧喉作用——的不同语言表现。

《文镜秘府论·西卷·文二十八种病》论“龃龉病”云（《汇校》第 1070 页）：

> 第十三，龃龉病者，一句之内，除第一字及第五字，其中三字，有二字相连，同上去入是。若犯上声，其病重于鹤膝。此例文人以为秘密，莫肯传授。上官仪云：“犯上声是斩刑，去入亦绞刑。”如曹子建诗云：“公子敬爱客。”“敬”与“爱”是。其中三字，其二字相连，同去声是也。

据上官仪（608—664）云，上声犯龃龉病重于去声、入声。这恐怕是初唐人也对上声感到“厉”的缘故。

以此小文为叶宝奎先生颂寿，并请方家指正。

参考文献

卢盛江．文镜秘府论汇校汇考（修订本）[M]. 北京：中华书局，2015.

平山久雄．《淮南子》《吕氏春秋》高诱注“急气言”当谓上声、“缓气言”当谓去声说 [M]// 平山久雄．汉语语音史探索．北京：北京大学出版社，2012.

兴膳宏．文镜秘府论（译注）[M]// 弘法大师空海全集（第五卷）. 东京：筑摩书房，1986.

王利器．文镜秘府论校注 [M]. 北京：社会科学出版社，1983.

---

① “缓气”则当谓去声，平声则当无一定的说法，入声自会有“短言之”等说法（只是未见于高诱注里面），参见平山久雄（2012）4.3节。

宋玉《九辩》的语音技巧

北京大学中文系　孙玉文

我们区分诗歌的格律和语音技巧。格律是诗歌写作的一套规定，包括押韵的规定。押韵按韵例进行，韵例是关于用韵的格律，指什么地方用韵，什么地方不用韵，以及怎样用韵。其中的“韵”指押韵，又作压韵，指创作韵文时，在某些句子的最后一个字或虚字脚前面的一个字，使用主元音和韵尾（如果有韵尾的话）相同或相近的字，使音调和谐优美。韵例对韵文具有强制性。有时候，古人在押韵之外，为了音调和谐，也使用一些非强制性手段，有意安排一些语音手段。这种安排，我们叫语音技巧。例如杜甫《八阵图》：“功盖三分国，名成八阵图。江流石不转，遗恨失吞吴。”这是一首五绝诗。它的平仄和押韵的规定，属于格律的范畴。但是“功盖”双声，“名成”叠韵，却不是格律的要求，而是杜甫本人格外运用的语音技巧。

古代某些散文中也有安排语音技巧之处，但韵文则必然要安排语音技巧，诗歌尤甚。古人安排语音技巧，在声律上有不可忽视的作用。这是易于发现和理解的。这种语音技巧安排，对于研究汉语语音史和汉语诗律学都有启示作用。

还要强调：这种语音技巧安排，对粘连句子的各个组成部分、分割或组配不同的句子和句群、表达不同层次的语义等等方面，都能起到一种形式上的标志作用。古代诗歌，特别是长诗，大量运用语音技巧，这甚至可以说是古代诗歌的一个形式特点。阅读古代诗歌时，我们很多时候可以借助古人对语音技巧的安排，去划分诗歌的表意层次，了解诗句之间的关系。这是值得研究的一项内容。例如上文所举《八阵图》，一二两句开头两字有语音技巧安排，三四两句没有。这反映出杜甫组织该诗时，是将一二两句作为一个表达层，跟三四两句隔开。也就是说，杜甫的这种语音技巧安排具有分割或组配不同的句子和句群、表达不同层次的语义的标志作用。汉语是一种孤立型的语言，没有构形形态；汉语诗歌的语句构造和句群常常溢出常态。通过一些形式上的标志，将语义和内容表现出来，对于沟通言者的表达和听者的理解是一种有效的方式。为了表现和帮助理解语句和句群，古代作家在语音上动动脑筋，设置一些形式上的标志，是完全可能的。

对于古代诗歌中语音技巧安排在诗歌分层、达意方面所起的作用，既往研究得不够，人们多关注从句法的铺排、语义的粘连等句法、语义角度去认识诗歌的内容表达，这些角度的探讨当然非常需要，而且这些非语音手段，有些具有形式上的标志作用；但是人们往往忽视了语音技巧安排在这方面的重要作用。《九辩》在安排语音技巧方面煞费苦心，篇幅较大，安排语音技巧的地方不少，很便于我们探讨古人安排语音技巧对于诗歌表意、分层的作用。因此我们选择《九辩》来研究这一问题，试图通过具体分析，证明《九辩》有大量的语音技巧，不少的语音技巧安排对于了解《九辩》中句和句之间的关系、所表达的意义之间的分层都有积极作用。这种探讨还是初步的，期待以后能更加深入。

一

宋玉《九辩》，《楚辞》卷八、《文选》卷三十三《骚下》都收录了，文字略有异同。《九辩》是模仿《离骚》的作品，继承了《诗经》的美刺传统和赋比兴的创作手法。今传《楚辞》的篇次排序是后人根据作者先后改动所致。它的原序，据陈振孙《书录解题》，早先的《古文楚辞释文》，《离骚》为第一篇，接着就排《九辨》。洪兴祖《楚辞补注·楚辞目录》后也说："按《九章》第四，《九辩》第八，而王逸《九章》注云'皆解于《九辩》中'，知《释文》篇第盖旧本也，后人始以作者先后次叙之尔。"《文选》将《九辩》放到"骚下"，说明萧统认为《九辩》是骚体。《楚辞》早期排序便于我们理解《九辩》和《离骚》的关系。

王逸注释说："《九辩》者，楚大夫宋玉之所作也。辩者，变也，谓陈道德以变说君也。九者，阳之数，道之纲纪也……宋玉者，屈原弟子也，闵惜其师忠而放逐，故作《九辩》以述其志。"据此，宋玉《九辩》是代屈原游说楚襄王的作品，充分肯定屈原的道德，对他的放逐表达惋惜之情。此时，怀王已客死秦国，襄王执政，他放逐了屈原。《文选》吕向注补充王逸注说："宋玉……皆代原之意"，这是说宋玉是以屈原的口气来行文的。这个补充很重要。宋玉是在仔细体会他的老师屈原作品的基础上，代屈原立言的，真实再现了屈原被放逐到楚国南部时的心态历程。

《九辩》是一篇韵文，对于它的押韵情况，古音学家早就注意到了。例如东汉王逸注《楚辞》，就用韵语来作注，这大概受到了《九辩》的感染；吴棫《韵补》多处引用《九辩》作为他判断古韵的证据。

《九辩》中，不是押韵的部分也有语音讲究，王引之《经义述闻》卷七“古诗随处有韵”条做了一些揭示，但只是举例性质的。他说：

《九辩》：“萧瑟兮草木摇落而变衰。憭慄兮若在远行，登山临水兮送将归。泬寥兮天高而气清，宋廖兮收潦而水清。憯悽增欷兮，薄寒之中人。怆怳懭悢兮，去故而就新。”瑟、慄为韵，衰、归为韵，寥、廖为韵，高、潦为韵，清、清、人、新为韵，（原注：“此以真庚通用。”文按：“庚”以作“耕”为安。）悽、欷为韵，怳、悢为韵。

《九辩》中有多处这样的语音安排，这些语音技巧，深受屈原的影响，有些语音安排的语句，甚至直接借用屈原的作品。《史记·屈原贾生列传》说：“屈原既死之后，楚有宋玉、唐勒、景差之徒者，皆好辞而以赋见称；然皆祖屈原之从容辞令，终莫敢直谏。”这里的“从容”意指婉转曲折地劝诱，跟后来的“怂恿”是同源词，《方言》卷十：“怂恿，劝也。南楚凡己不欲喜而旁人说之，不欲怒而旁人怒之，谓之食阎，或谓之怂恿。”从容辞令，指以辞令相劝导。宋玉写这篇作品，诚如司马迁和王逸所言，是“祖屈原之从容辞令，终莫敢直谏”的，他要通过《九辩》来委婉地劝谏楚王。既然是“从容辞令”，就有可能在语音技巧等方面做一些安排。下面继承以往的成果，对《九辩》的语音技巧试做进一步的推阐。

二

为了便于讨论《九辩》的语音技巧，我们先讨论一下它的分章问题。《九辩》到底有多少章（《文选》称多少首），有不同看法。王逸等早期注家的意见值得重视。《四库全书总目》卷一百四十八《集部一·楚辞类》说：“注家由东汉至宋，递相补苴，无大异词。追於近世，始多别解。割裂补缀，言人人殊。错简说经之术，蔓延及於词赋矣。”此为知言。

《楚辞补注》中，《九辩》分了十章，不是九章。《文选》只选了《九辩》的前五章内容，注明“《九辩》五首”，后面几章略去了。《文选》胡刻本分章刚好是五章，也就是萧统所说的“五首”，跟《楚辞补注》的分章完全相同；日本足利大学藏六臣注《文选》，第四、五两章误排在一起，显然不是《文选》之旧。李善《文选注》中，选自《楚辞》的部分都采用王逸注，《九辩》即如此；五臣注《文选》，也是采用王逸注，时有补充。这说明，对于《九辩》前五章的分章，汉代至宋，大家基本有共识。《九辩》的最后，“愿赐不肖之躯而别离兮”至结尾为一章，各家也没有分歧。

不过，从第五章开始至“妒被离而鄣之”，各家对分章的看法就有分歧，有九、十、十一章之异，看来是大同小异。《文选》第五章从“何时俗之工巧兮”至“冯郁郁其何极”止，没有选“霜露惨悽而交下兮”以下。这有两种可能性：一是反映了对于分章小有分歧；二是第五章太长，《文选》没有选全。我认为，《文选》是采用前一种看法，据此《九辩》可能有十一章。

《楚辞补注》“恐溘死不得见乎阳春”后注：“一本自‘霜露惨悽而交下’至此为一章。”按《补注》，“霜露惨悽而交下兮”至“信未达乎从容”仍然是接着“何时俗之工巧兮”那一章，即第五章；按照这种分章，《补注》第五章的下半部分以及第六章，成为一章，即第六章。如果按照今传《九辩》的分章，再根据这个调整，《九辩》仍然是十章，只是第五、第六两章的起讫点不同。《补注》在“蹇淹留而踌躇”后注：“旧本自‘霜露惨悽而交下兮’至此为一章。”这种分章，第五章的下半部分从“霜露惨悽而交下兮”至章尾、第六章、第七章合为一章，即第六章。如果按照今传《九辩》的分章，再根据这个调整，《九辩》是九章。这种分章可能是想到，“九辩”的“九”字跟分章有关。《补注》在“妒被离而鄣之”后注：“旧本自‘何氾滥之浮云兮’至此为一章。”按照这种分章，《补注》本的第八、第九两章合为一章，即第八章。如果按照今传《九辩》的分章，再根据这个调整，《九辩》是九章。

我们取最有影响力的十章之说。以《楚辞》本为底本，《文选》与之不同者间亦指出，将原文抄下来，主要依据汉唐人的旧注，《楚辞》的读音方面多采用洪兴祖《楚辞补注》的注音，依次重点阐发这种语音技巧安排在研究上古音、诗律史等学科中的价值。洪兴祖的音韵学水平一般，但是他态度谨严，注音多采《文选》的旧音、《楚辞音义》等著作。关于这一点，可参见他在《楚辞》卷一前面的小序。因此其注音多有可采。

三

《九辩》一共有多少诗句？这跟第一章中“坎廩兮贫士失职而志不平，廓落兮羁旅而无友生，惆怅兮而私自怜”的“坎廩兮”和“廓落兮”是否跟后面的话断开有关。如果断开，《九辩》就有259句；如果不断开，则有257句。我们从王力先生《楚辞韵读》的断句，断为259句。这259句，是个奇数。除开第一章的“惆怅兮而私自怜”没有相配的奇数句，其他各句都是奇偶相配，成为一个语法上的复句，偶数句的最后一个字是入韵字；这个复句也是一个语义群。我们在分析时，将此句除开，其他的复句都按一奇一偶的脉络进行分析。如果将“惆怅兮而私自怜”点断为“惆怅兮，而私自怜”，全诗就有260句。也许点断开更好，但为了照顾传统的点断，这里还是算作一个诗句。

（一）句式的长短

《九辩》句式长短不齐，最长的诗句有10字，如“萧瑟兮草木摇落而变衰”；最短的只有3字，如“坎廩兮”。这是极端的情形，《九辩》中各只有2句。其他较少用到的诗句：5字者5句，如“去故而就新”；9字者4句，如“窃美申包胥之气盛兮”。这些在259句中比重甚小，加起来只有13句。8字者36句，如“登山临水兮送将归”，比其他的3字、10字、5字、9字的比重大多了，但也不是《九辩》诗句的常态。《九辩》中常态的诗句是6字句和7字句：6字者99句，如“蝉寂寞而无声”；7字者111句，如“悲哉秋之为气也”。这种7字句的诗句在《九辩》中数量最多，对后来的七言诗很难说没有影响。

我们现在统计一下“惆怅兮而私自怜”之外的258个诗句。这258个诗句，从第一句算起，每一个相邻的奇数句和偶数句成为一个相配的复句，共129个复句。经过统计，可以看出：《九辩》中，每一个相配的复句，前后两个诗句长短不齐者有108组，诗句长短相同的有21组。据此，我们基本可以推定：宋玉有意将一奇一偶相配的诗句的音节长短弄得不一致，也就是在每一个表意群中，宋玉常常让前后两句形成音节数的参差，避免板滞。

这108个各分句音节长短不一的复句中，前后两个分句之间的长短有没有大致的趋势呢？有的。其中，前长后短者98组，前短后长者只有10组。可见《九辩》中每一个复句，一般是前长后短。这显然是宋玉的有意安排。

这种参差不一的诗句，常常是奇数句长，偶数句短，形成前长后短的格局，这是一。前面说，这种安排，在每一个复句之内，形成参差；还要注意：不同的复句之间，往往奇数句音节数多，偶数句之间音节数少，又能形成复叠的语音效果。

这种句式的长短安排，跟《离骚》是一致的。只要分析一下《离骚》，就可以看出《离骚》有这种特点。因此，《九辩》不仅在内容和思想情感上跟《离骚》一脉相承，而且在形式上也有模仿。

（二）声调的交错和复叠

1. 一诗句之内声调的同与不同

上古汉语已经有声调，一诗句用同一个声调的字，读起来就显得板滞，不同声调的字交错使用能使诗句读起来抑扬顿挫。《九辩》259 句诗，每一句声调全同的只有“枝烦挐而交横、桓公闻而知之、通飞廉之衙衙”3 句都是平声字。也就是说，其余的 256 句，每一句内部声调必有参差。另有一句要说明一下，“前轾辌之锵锵兮”中，“轾”是上古长入，中古去声。旧注：“轾，一作轻。”如果作轻，则这一句都是平声。前人可能考虑到了《九辩》每一诗句尽量避免使用同一声调的字的这一讲究，以作“轾”者为首选，以作“轻”者为或作。《补注》：“轾，音致。《诗》曰：如轾如轩。《说文》云：辌，卧车。音凉。《招魂》云：轩辌既低。注云：轩、辌，皆轻车名。则作轻辌，亦通。”朱熹《楚辞集注》就是采用“轻辌”。尽管采用“轻辌”也能讲通，但是在语音上不合《九辩》通例，属于为数甚少的几例之一（加上这句，共 4 句）。

这种在一句之内安排不同声调的字可能是基于语言的自然属性，也可以看作是一种语音技巧，还需要作进一步的研究。这种情况在《楚辞》中是常态，这跟《九辩》多为长的诗句有关。《诗经》多四言，诗句较短，因此一个诗句中同声调的情况就会多一些。这种常态，后代也沿袭了下来。后代近体诗每一句之内的平仄律，与此不无关系。

2. 一奇一偶相配的两诗句之间

近体诗一联之内，每句诗的第二个字平仄相反。这是格律要求，还不只是语音技巧。《九辩》的情况如何？当时没有形成平仄的概念，我们可以具体调类的同异来分析。前面已经说到，《九辩》有 129 组相配的诗句。相配的奇数句和偶数句，第二字同声调的有 39 组，声调不同的有 90 组。同声调的占有较大比例，但是不同声调的仍然占有绝对优势。后代近体诗一联之内平仄相反，在《九辩》中已有端倪。不过，近体诗是将平声作为一类，上去入合并为一类，对非平声的要求宽了一些。

这 90 组中，平声字和短入字用得多。具体情况是：第二个字一平一上者有 21 个，例如“悼余生之不时兮，逢此世之俇攘”，“余”平声，“此”上声；一平一去者有 11 个，一平一长入者有 10 个，一平一短入者有 28 个，一上一去者有 3 个，一上一长入者有 2 个，一上一长入者有 2 个，一上一短入者有 5 个，一去一长入者有 4 个，一去一短入者有 3 个，一长入一短入者有 3 个。其中，平声跟非平声字出现在每一个相配的奇偶句中的次数多，有 70 个；上去入之间有 20 个。可见平声和非平声之间容易形成用字相反的格式，上去入之间没有平声和非平声之间那么容易形成相反的用字格式，这既有使用汉语写作诗歌的自然因素，也有语音技巧的追求。后代近体诗形成平仄两种范畴，将平声作为一类，上去入并成一类。除了利用语音的高低升降，还有用字是否最大限度地表情达意方面的考虑。古人对语音技巧的追求，决非以牺牲内容表达而实现。

尽管有 39 组不合近体诗的平仄律，但是它们也有技巧的要求。就是：相配的奇数句和偶数句第二个字一般不同音。39 组声调相同的例子，同音的只有 3 例，它们是第一章的“寥、漻”，第三章的“其、其”，第六章的“不、不”，这些应该都只是为了内容的表达而有意安排的。剩下的则有 36 组，第二字读音不同。前面的 90 组声调不同，自然读音不同，因此相配的奇数句和偶数句读音不同者有 126 组。

3. 相邻的两诗句之间

近体诗上联偶数句和下联奇数句的第二字平仄相同，《九辩》一奇一偶的偶数句跟下面相邻的奇数句第二字是怎么样的呢？统计时，我们注意到这样一些情况：（1）“惆怅兮而私自怜”一句，根据一般的处理，没有点断成两句；第六章“窃美申包胥之气盛兮，恐时世之不固”王力先生处理为无韵，这三句不计算在内。（2）分章的问题。上一章末尾一句的第二个字跟下一章开头的第二个字不纳入计算，因为它们是不同的诗章。（3）韵段的问题。上一个韵段末尾一句的第二个字跟下一个韵段开头的第二个字不纳入计算，因为它们是不同的韵段。这样，所谓上一偶数句和下一奇数句第二个字的有效统计诗句，《九辩》中只有 84 句。

这 84 句中，一奇一偶的偶数句跟下面相邻的奇数句第二字声调异同情况是：同者 33 句，不同者 51 句。例如“白日晼晚其将入兮，明月销铄而减毁。

岁忽忽而遒尽兮，老冉冉而愈弛”这个韵段中，“月”和“忽”声调相同；“心摇悦而日幸兮，然怊怅而无冀。中憯恻之悽怆兮，长太息而增欷”这个韵段中，“怊”和“憯”声调有别。根据统计数据，异调的情况略微居多，但是同调的情况也不少。如果就二者之间的比例来看，似乎可以说近体诗“粘”的格律在《九辩》中还没有露出端倪。由于例证较少，这里还不能说定。

据此，我们又考察了《离骚》、《天问》的情况。《离骚》原有 375 句，减去大家公认为衍文的两句，有 373 句，仍然是奇数。《离骚》的最后一章，有“乱曰：已矣哉”不参与《离骚》的语音安排，纯粹是为了达意而安排进去的。除此，有 372 句，正好四句一个韵段，必然有一个一奇一偶的偶数句跟下面相邻的奇数句第二字声调异同的部分，即 135 组有效例子，很便于统计。统计显示，上下两句第二字声调相同者有 38 组，不同者有 97 组。《天问》共 373 句，符合奇数句和偶数句第二字声调分析的有 89 组，其中同声调的有 28 组，不同声调的有 61 组。可见，不同者占绝对优势。因此，我们可以假定：近体诗中那种“粘”的格律，在《楚辞》中还没有任何端倪；相反，《楚辞》中以不同声调为常。

（三）“积韵”问题

所谓积韵，指同一个韵段的押韵字中有同音字。古人从先秦开始，押韵就有避免积韵的情形，不过不像后代那么严格，但避免积韵在《九辩》中也突出地反映出来了。根据王力先生《楚辞韵读》的归纳，《九辩》有 42 个韵段。这些韵段中，有积韵的只有 5 个。一个是第三章，“秋、楸、悠、愁”是一个韵段。“秋、楸”《广韵》、《集韵》都是同音字，《广韵》七由切，《集韵》雌由切。逆推至上古，也是同音字。上下两个韵脚字同音，则为“积韵”。宋玉大概是有意用积韵来表达“楸”和“秋”的关系，《补注》说：“梧桐、楸梓，皆早凋。”前面用“秋”，后面用“楸”，正好能表现凛秋凋杀梧桐、楸梓的萧瑟之气。下文“霜、藏、横、黄、伤、当、佯、将、攘、堂、方、明”连用了 12 个阳部平声字，读音都有分别，没有积韵现象。第二个是第五章，“食、得、德、极”是一个韵段，“得、德”同音，是积韵。剩下的三个有积韵的韵段是第八章 1 个，第九章 2 个，都是“之、之”相押。这些可能都是为了表达的需要而使用的积韵。因此，《九辩》没有积韵的韵段有 37 个，占绝对优势。这说明，后代诗歌中力图回避积韵的现象，《九辩》已体现出来了。

对于《九辩》回避积韵，第一章的一个韵段需要加以说明。从押韵来说，“清、清、人、新、平、生、怜、声、鸣、征、成”是一个韵段，主要押平声韵。“宋廖兮收潦而水清”前面的一句“泬寥兮天高而气清”，有“清”字。这个“清”跟后一句的“清”不能算“积韵”，因为这个“清”要读瀞，洪兴祖《补注》：“清，疾正切。《说文》云：无垢秽也。古本作瀞。”指天之气澄净。两个读音不同的“清”在相应的位置上出现，尽管字形相同，但实不同音，形成错综与回环。有的注明《九辩》用韵的著作，以为两个“清”读音相同，这是不准确的，忽视了前人的音义配合。据《补注》，有的本子将“气清”作“气平”，跟后面的“平”字形成积韵，应该不是宋玉之旧，可能是后人所改。

这种回避积韵的技巧，对于认识古音有意义。例如“横、黄”用在同一个韵段，“洽、合”用在同一个韵段，“教、高（去声）”用在同一个韵段。这里有最小对立的三组字，它们的声母、韵部、声调以及开合相同，不同只能在介音上：前一个是二等，后一个是一等。如果上古汉语没有一二等的分别，这三组字只能看成是上古的同音字。既不能解释好《九辩》回避积韵的语音技巧，也不能合理解释它们中古何以分化为不同的读音。

四

《九辩》第一章原文：

> 悲哉秋之为气也，萧瑟兮草木摇落而变衰。憭慄兮若在远行，登山临水兮送将归。泬寥兮天高而气清，宋廖兮收潦而水清。憯悽增欷兮，薄寒之中人。怆怳懭悢兮，去故而就新。坎廪兮贫士失职而志不平，廓落兮羁旅而无友生，惆怅兮而私自怜。燕翩翩其辞归兮，蝉宋漠而无声。雁廱廱而南游兮，鹍鸡啁哳而悲鸣。独申旦而不寐兮，哀蟋蟀之宵征。时亹亹而过中兮，蹇淹留而无成。

本章以寒秋喻楚国黑暗的政治现实，以秋气喻屈原之悲伤；这一章是假托屈原的口吻，写屈原未遇明君，遭受谗言，在寒秋独自被楚襄王放逐至楚南陌生的草泽之地时的情状。此时的屈原穷困潦倒，内心只有忧愤不平，彻夜不眠，惋惜未能建功立业，担心虚度一生，希望重返故都政治舞台。

分析：“泬寥兮天高而气清，宋廖兮收潦而水清”在相同的位置上复叠，“泬”质部，“宋”觉部，都是短入。“寥、廖”同音；“高、潦”都是宵部，叠韵。

在相应的位置上，用了“萧瑟、憭慄、泬寥、寂漻、憯悽、怆怳、懭悢、坎壈、廓落、惆怅、寂寞、鹍鸡、啁哳、蟋蟀”等14个联绵词，“翩翩、嗺嗺、亹亹”等3个叠音词，没有重复。其中双声或准双声的，有“萧瑟、憭慄、憯悽、惆怅、鹍鸡、啁哳、蟋蟀”7个，叠韵或准叠韵的有“怆怳、懭悢、坎壈、廓落、寂漻”5个，“泬寥、寂寞”2个。

句群是可以分层级的。自“憭慄”至“水清”是一个句群，“萧瑟”则属于上一个句群。但“萧瑟”和“憭慄”在相同的位置上复叠，“萧”幽部，“憭”宵部，读音相近；洪兴祖《楚辞补注》：“憭，旧音流，又音了。”指出所采读音为“旧音”，据此，“憭”在方言中可能读幽部，这就跟“萧”同部了；或者宵幽二部音值极近。“瑟、慄”都是质部，严格的叠韵。“憭慄”和“泬寥”则处在相同的节奏点上。

大部分时候，同一个韵段不能分属于不同的语义层。但是个别时候，韵段和语音技巧显示的语义层不一致。从押韵看，自“憭慄”至“将归”应该属上，“衰、归”是一个韵段。但从语音技巧、句子的内容看，自“憭慄”至“将归”应该属下。因为它跟自“泬寥”至“水清”的语义联系无疑更密切一些，是一个语义层，开头两句跟这四句构成更上一个语义层。这种情况表明，语音技巧的安排，比韵段有时更有约束力。

自“憯悽”至“就新”是一个句群。“憯悽增欷”和“怆怳懭悢”在相同的节奏点上复叠，是一个表意群。“增”和“憯悽”声母相近，“增”和“憯”都是阳声韵，都是一等字，主元音相同。“悽”脂部，“欷”《补注》：“虚毅切。”上古微部，二字韵部相近。“怆怳懭悢”四字叠韵，都是阳部。《补注》：“怆怳，上许两，下许昉切。”两字都是上声，也都是三等字。又：“懭悢，上口广切，下音朗，又音亮。”其中“悢”《广韵》只收了力让切，但这是“悢悢”的读音，《集韵》收了两个读音，里党切，这是“懭悢”的读音，力让切，跟《广韵》同。《补注》给“懭悢”的“悢”注“又音亮”，音义不匹配，也没有充分注意到宋玉的语音技巧：“懭悢”都是上声，也都是一等。“怆怳懭悢”四字，都是上声，前一词三等，后一词一等。《文选》旧注“懭悢”分别注“口广”和“朗”的音，比洪兴祖注音准确。

“坎廪兮贫士失职而志不平，廓落兮羁旅而无友生，惆怅兮而私自怜”是一个复句，每一个分句开头的两个字在相同的节奏点上复叠，是一个表意群。“坎廪”和“廓落”均内部叠韵，也都是一等字。“廪”《广韵》只收力稔切，这是仓廪的“廪”，没有反映坎廪的“廪”；《集韵》卢感切则反映了坎廪的“廪”。今天有人没有明白古代的音义配合关系，给这个“廪”选择力稔切的音，音义配合失误。“坎”和“廓”双声，“廪”和“落”双声，“惆怅”则为双声，三等字，跟“坎廪”和“廓落”相参差。有的本子没有“生”字，必然是脱文，如此则这一句就失韵了。

“燕翩翩其辞归兮，蝉宋漠而无声。雁廱廱而南游兮，鹍鸡啁哳而悲鸣”是一个复句。每一个分句的打头的一个词在相同的节奏点上复叠，是一个表意群。作者选用的几个表示鸟类的词“燕、蝉、雁”刚好都是元部字；“鹍鸡”是一种似鹤的鸟，两个音节都是见母双声。每一个分句的第二个词也在相同的节奏点上复叠，“翩翩、廱廱”重言，都是阳声韵；“宋漠”非双声叠韵，但都是入声；“啁哳”双声，都是开口二等字，跟“鹍鸡”连用，其内部也形成复叠。因为“鹍鸡啁哳”都是双声，它们之间是主谓关系，所以“憯悽增欷”和“怆怳懭悢”这样的语音技巧运用，似乎并不能证明两个联绵词之间是并列关系。要证明它们之间的关系，还得看语义。但是，这种情况极为罕见，因此我们还是可以利用这种复叠形式，确定两个联绵词之间是主谓关系。

五

《九辩》第二章原文：

> 悲忧穷蹙兮独处廓，有美一人兮心不绎。去乡离家兮徕远客，超逍遥兮今焉薄？专思君兮不可化，君不知兮可奈何？蓄怨兮积思，心烦憺兮忘食事。愿一见兮道余意，君之心兮与余异。车既驾兮朅而归，不得见兮心伤悲。倚结軨兮长太息，涕潺湲兮下霑轼。忼慨绝兮不得，中瞀乱兮迷惑。私自怜兮何极，心怦怦兮谅直。

本章就屈原和楚怀王的关系来写。写屈原远离郢都而放逐到沅、湘时，孤独无依，前途渺茫，一心怀念楚襄王，但襄王不了解他。他心情极度郁闷，寝食难安，他希望能见上襄王一面，当面表明襄王行事以是为非，跟自己相异。可是他的努力没有实效，痛苦不已，只好折回流放地，非常失意，心情烦乱，顾影自怜，但仍然心存谅直。

分析：就押韵来说，这里“廓、绎、客、薄”是一个韵段，其中“廓”和“客”声母、声调也相同，但是“廓”是合口一等，“客”是开口二等，两字既有复叠回环，也有错综。“化”晓母，“和”是匣母，声母同部位。“思”是去声，“事”也是去声，它们韵母和声调都相同，声母有别，但都是齿音，有相同之处。“意、异”韵母和声调相同，但是声母有别，一为影母，一为馀母。

可见，在押韵字的选择上，除了押韵的要求，也有其他的语音技巧。“息、轼、得、惑、极、直”是一个韵段，但是里面还有讲究，“息、轼”均为三等，“得、惑”均为一等，“极、直”又回到三等。本章多用入声韵，能更好地表现屈原的急切心情。

上一章安排语音技巧很密致，这一章则较少运用语音技巧。前一章重在烘托气氛，显示屈原处境恶劣，适合运用语音技巧；此章重在写屈原摆脱恶劣环境所做的真诚努力，不宜过多安排语音技巧。两章一比较，显得疏密有致。全章用了“逍遥、潺湲、忼慨”等 3 个联绵词，叠音词有“怦怦”，没有重复。前两个叠韵，都是三等字；后一个双声，都是一等字。

“悲忧穷戚”的“忧”幽部，“戚”《文选》作“蹙”，觉部，韵部读音相近。“车既驾兮朅而归”中“车、驾、归”是见母双声，“朅”是溪母，跟上举三个字准双声，这样使用，有复叠之效。

六

《九辩》第三章原文：

皇天平分四时兮，窃独悲此廪秋。白露既下百草兮，奄离披此梧楸。去白日之昭昭兮，袭长夜之悠悠。离芳蔼之方壮兮，余萎约而悲愁。秋既先戒以白露兮，冬又申之以严霜。收恢台之孟夏兮，然欿傺而沉藏。叶菸邑而无色兮，枝烦挐而交横。颜淫溢而将罢兮，柯仿佛而萎黄。萷櫹槮之可哀兮，形销铄而瘀伤。惟其纷糅而将落兮，恨其失时而无当。擥騑辔而下节兮，聊逍遥以相佯。岁忽忽而遒尽兮，恐余寿之弗将。悼余生之不时兮，逢此世之俇攘。澹容与而独倚兮，蟋蟀鸣此西堂。心怵惕而震荡兮，何所忧之多方。卬明月而太息兮，步列星而极明。

本章就屈原跟奸臣的关系来写。奸臣和怀王都危害百姓，残害忠良，给楚国带来深重灾难。屈原对楚王重用奸臣，变本加厉地祸害国家，贤才被抑制，屈原本人寒秋被单独放逐深感不满，孤独悲愁。他在流放时，为自己没有遇到明君圣主、遭遇浊世而不能展露才华，为远离家乡和国君，深感遗憾，辗转不寐，愁病加身，惋惜没有遇到明时，只好向明月表明心迹。

分析：在相应的位置上，用了“离披、萎约、恢台、菸邑、烦挐、淫溢、仿佛、櫹槮、逍遥、相佯、俇攘、容与、蟋蟀、怵惕”等 14 个联绵词，叠音词有“昭昭、悠悠、忽忽”3 个，没有重复。其中双声或准双声有“萎约、菸邑、淫溢、仿佛、櫹椮、容与、蟋蟀、怵惕”8个，叠韵或准叠韵有“离披、恢台、逍遥、相佯、侹攘”5个，非双声叠韵有“烦挐”1个。

本章跟第二章不同，又回到第一章的行文思路上，有不少语音讲究。这些语音技巧，都跟章旨密切相关，用来渲染朝廷奸臣对屈原的谗毁，以及屈原被放逐时的透亮心境，宁折不弯的贫士气概：

“白露既下百草兮，奄离披此梧楸”中，前一句“白、百”音近，“白”並母，“百”帮母；后一句的“楸”跟前一句的“此、草”双声，都是清母字。

“去白日之昭昭兮，袭长夜之悠悠”中，“昭昭”和“悠悠”处在同一个节奏点上，可证这两句是一个表意群。前者章母宵部，后者馀母幽部，同为三等、平声，声韵母均相近。

“离芳蔼之方壮兮”中，“芳、方、壮”都是阳部字，“芳”和“方”只有声母不同，韵母、声调都相同，这说明宋玉那里帮母、滂母是不同的声母。

自“秋既”至“沉藏”是一个大的表意群。“收恢台之孟夏兮，然欿傺而沉藏”中，“台”字，《楚辞释文》注音：“他来切。”这个“台”在别的古书中也写作“炱”，洪兴祖对“恢台”的理解有游移。《补注》：“《舞赋》云：‘舒恢炱之广度。’注云：‘恢炱，广大貌。’炱与台，古字通。黄鲁直云：‘恢，大也。台，即胎也。言夏气大而育物。’……《集韵》：‘炱，煤炱也。’臺、胎二音。”《文选》旧注给傅毅《舞赋》给“恢炱”的“炱”注音：“徒来。”因此，洪兴祖说“台”有“臺、胎”二读，有他的根据，但“恢台”都是一等，也都应该处理为叠韵联绵词，不必拆开来解释。“恢、台”都是之部一等平声字。

自“叶菸”至“无当”是一个大的表意群，承上文“秋、冬”而生发开来。“颜淫溢而将罢兮，柯仿佛而萎黄”中，“淫溢”和“仿佛”处在相同的节奏点上，都是双声，三等；这是一个表意群。两个词尽管不同声母，但是开头的音素回环。“淫溢”都是开口，“仿佛”都是合口。

“萷櫹椮之可哀兮，形销铄而瘀伤”中，“櫹椮”和“销铄”处在相同的节奏点上，是一个表意群。“櫹椮”准双声，“销铄”是并列式，但也准叠韵。但是“櫹”和“销”同声母、声调，韵部为幽、宵音近。“萷櫹椮”中，“萷”字，《文选》和《楚辞释文》注音“朔”，《补注》“音梢”。梢、朔都是生母，跟后面的“櫹”声母相近，“椮”声母相同。

自“擥騑辔”至章末是一个大的表意群。其中的语音技巧主要安排在一句之内，偶尔安排在两句之间。“擥騑辔而下节兮，聊逍遥以相佯”中，“擥”和“聊”都是来母字。这个“擥”《文选》足利本和《楚辞补注》本均如此作，足利本《文选》旧注：“逸本作‘览’字。”胡克家本《文选》作“览”字。

但《楚辞补注》引旧注："擥，一作'掔'，音启妍切。"洪兴祖说："擥，力敢切，持也。掔，启妍切，亦持也。其字从臤，作'擥'者误矣。"说得斩钉截铁，可能有其根据。如果作"掔"，跟"聊"就没有双声关系。不过，他并没有申述原文作"擥"或"览"为什么是错误的理由。"逍遥以相佯"连用两个叠韵联绵词，都是开口三等平声字，形成回环；"逍"和"相"声母相同，"遥"和"佯"声母相同，也形成回环。

"岁忽忽而遒尽兮"中，"忽忽"叠音，"遒、尽"都是齿音，《补注》："遒，即由、即秋二切。"这两个反切读音相同，其中必有一讹。对照《广韵》可知，"即秋"的"即"应该是"自"的讹字。《广韵》"遒"音即由、自秋二切，都是"尽也"的意思。可能是洪兴祖受前面"即"字的影响抄错了。《九辩》的这个"遒"，应该取自秋切的那个音，"遒、尽"都是从母字，形成严格的双声。《补注》将"遒"的两个读音都收进来，而且将"即由"一读摆在前面，大概是忽略了宋玉的语音技巧。

"悼余生之不时兮，逢此世之俇攘"中，在相同的节奏点上，"不时"都是之部三等平声，形成叠韵（余忠有《"不"字入声读音考》一文，考证出"不"在汉代韵文中始见入韵，《陌上桑》《陇头行》各一次，押平声，之部）；《补注》："俇，音匡。攘，而羊切。"可见"俇攘"是叠韵联绵词，也是三等，平声。这里也都是利用叠韵关系形成回环，是一个表意群。

"心怵惕而震荡兮，何所忧之多方"中，前一句"怵惕"都是透母，入声；"震荡"都是阳声韵，"震"章母，"荡"定母，跟"怵惕"声母音近；"荡"字不入韵，但跟"方"字同韵部，可能因为它不是入韵字，所以有意用一个上声字，跟入韵字区隔开。

七

《九辩》第四章原文：

窃悲夫蕙华之曾敷兮，纷旖旎乎都房。何曾华之无实兮，从风雨而飞飏。以为君独服此蕙兮，羌无以异于众芳。闵奇思之不通兮，将去君而高翔。心闵怜之惨悽兮，愿一见而有明。重无怨而生离兮，中结轸而增伤。岂不郁陶而思君兮，君之门以九重。猛犬狺狺而迎吠兮，关梁闭而不通。皇天淫溢而秋霖兮，后土何时兮得漧？塊独守此无泽兮，仰浮云而永叹。

本章大量运用赋的艺术手法，“蕙华”喻在位的贵臣，“众芳、猛犬”喻佞臣，从楚王起先重用贤才而后来改变初衷、奸臣华而不实，奉承楚王、忠臣无由进言写起，继续揭露楚王和奸臣沆瀣一气的黑暗政治，屈原在流放时仍然对楚王难舍难分，重申想拜见楚王剖白正伪，但是奸人当道，无法面见怀王进谏；屈原只好独守穷愁，他仰天长叹，长叹朝廷之不公。后面“皇天”至章末，五臣注承王逸注而来，将四句的言外之意表达出来了：“众人皆蒙恩泽，而我独不沾，故仰望而长叹也。”

分析：就押韵来看，“房、飏、芳、翔、明、伤”是一个韵段，也都是三等的平声字。可能是宋玉想多让一些音素复叠，从而形成更多的回环，增加美感。后面“重、通”是一个韵段；“滗、叹”是一个韵段，都是平声，开口一等。这三个韵段都是阳声韵。这三个韵段，实际上是三个表意群。

在相应的位置上，用了“旖旎、惨悽、郁陶、淫溢”等4个联绵词，叠音词有“猨猨”1个。“旖旎”《文选》作“猗柅”，旧注：“上音倚，下女绮切。”这里都是三等字。《楚辞》洪兴祖《补注》本引五臣之后，有注音：“旖，一作旖，於可切。旎，乃可切。”这个注音不见于五臣本《文选》，不知何人所注，都是三等字。洪兴祖《补注》：“《集韵》：旖，倚可切。其字从可……旎，音倚。其字从奇。”这是顾及谐声字的声符定的音，一三等混注，不大合乎联绵词的语音结构。“旖旎”要么均注一等字，要么均注三等字，这是联绵词的一般规律，《文选》旧注符合这个规律。

前一章运用了大量的语音技巧，这一章则减少很多，从而显得各章之间语音安排错落有致，疏密有度。本章“闵怜之惨悽”，前面“闵怜”可能是复合词，是文真二部准叠韵，后面“惨悽”双声，这是双声和叠韵交错运用。第一句“华”和“敷”都是鱼部合口字，也叠韵。

八

《九辩》第五章原文：

何时俗之工巧兮，背绳墨而改错。却骐骥而不乘兮，策驽骀而取路。当世岂无骐骥兮，诚莫之能善御。见执辔者非其人兮，故駶跳而远去。凫雁皆唼夫梁藻兮，凤愈飘翔而高举。圜凿而方枘兮，吾固知其鉏铻而难入。众鸟皆有所登栖兮，凤独遑遑而无所集。愿衔枚而无言兮，尝被君之渥洽。太公九十乃显荣兮，诚未遇其匹合。谓骐骥兮安归？谓凤皇兮安棲？变古易俗兮世衰，今之相者兮举肥。骐骥伏匿而不见兮，凤皇高飞而不下。鸟兽犹知怀德兮，何云贤士之不处？骥不骤进而求服兮，凤亦不贪餧而妄食。君弃远而不察兮，虽愿忠其焉得？欲寂漠而绝端兮，窃不敢忘初之厚德。独悲愁其伤人兮，冯郁郁其何极？霜露惨悽而交下兮，心尚幸其弗济。霰雪雰糅其增加兮，乃知遭命之将至。愿徼幸而有待兮，泊莽莽与野草同死。愿自往而径游兮，路壅绝而不通。欲循道而平驱兮，又未知其所从。然中路而迷惑兮，自压桉而学诵。性愚陋以褊浅兮，信未达乎从容。

本章从腐败官场的常态写起，屈原深知忠奸不两立，怒斥奸臣得势，替贤才因不改其节操，因此受到压制，远离政坛而抱屈。屈原想到自己以前曾受到重用、古代贤才的遭际、当时的黑暗现实，想到鸟兽也知道报恩，因此遭遇浊世而不改其气节，不采取沉默无语的消极处世态度。面对楚国黑暗日甚的现实，宁折不屈，仍然想建功立业；继续重申屈原想面见楚王进言却被奸臣阻隔。他以《诗经》的相关内容相砥砺，为楚王不明白其苦心而叹惋。

分析：就押韵来说，自“然中路”至于“从容”，“通、从、诵、容”四字押韵。但据《补注》，一本作“然中路而迷惑兮，悲蹭蹬而无归。性愚陋以褊浅兮，自压桉而学《诗》。兰荪杂于萧艾兮，信未达其从容”，这应该是后人妄改。据此语句，这六句诗不能押韵，“归、诗、容”三字上古音均甚远，“归”微部，“诗”之部，“容”东部，不可能押韵。又“蹭蹬”可能是魏晋以后出现的一个联绵词，见于杨衒之《洛阳伽蓝记》和木华《海赋》。朱熹《集注》：“今按：归、诗与容不韵，俗本误也。”

在相应的位置上，用了“骐骥、鉏铻、寂漠、惨悽”等4个联绵词，其中“骐骥、惨悽”为双声或准双声，“鉏鋙”叠韵。叠音词有“遑遑、郁郁、莽莽”（《补注》：“莽莽，莫古切。”）3个。关于“鉏鋙”，《补注》：“鉏，状所、床举二切。鋙，音语。”这里“鉏”的注音，“状、床”同声母，“所、举”同韵母，这两读同音。《广韵》鉏鋙的“鉏”只有一个读音，床吕切：“鉏，鉏鋙，不相当也。”《集韵》语韵“齟”有两个音：壮所切：“齟，齟齬，齿不正。”状所切：“齟，齟齬，齿不相值。”而“鉏鋙”的“鉏”放在状所切：“鉏，鉏鋙，相距貌。”可见鉏鋙的“鉏”《广韵》《集韵》只有一个读音，《文选》旧注：“（鉏，）床举。（鋙，）语。”可见“鉏”也是只注一音。洪兴祖注异读，但这两个异读，按照《切韵》音系，只能是一个音。其注音不妥，可能有两个方面的原因：一是他采纳不同的旧音时，就有这种字面不同的注音；二是当时他的方言中，这两个字面不同的旧音，其声母或韵母已经有了不同，所以洪氏误认为是两种的音，是异读，从而反映了时音。

自“圜凿”至“所集”是一个表意群。“鉏鋙”和“逴逴”虽未用在同一个节奏点上，但也间隔不远，仍有复叠作用。“圜凿而方枘”，《补注》：“凿，音造，鏨也。”这个“凿”指榫眼，《集韵》读在到切：“凿，穿空也。”其中“穿空”指孔穴。据《切韵》音系，“凿、造”不同音。洪兴祖这里取的是“造”的昨早切一读，上声。“凿”是去声，用上声“造”来注音，不妥，但是反映了洪兴祖那个时候“造”已经全浊上声变去声了，跟“凿”同音，所以他拿“造”来注“凿”的音。后文“灭规矩而改凿”《补注》：“凿，音造。”其失误同于此处。

“性愚陋以褊浅兮，信未达乎从容”中，“褊浅”和“从容”处在相同的节奏点上，“褊浅”都是上声，“从容”都是平声，“褊”真部，“浅”元部，韵部相近，而且都是阳声韵；“从容”则是东部的叠韵联绵词。

九

《九辩》第六章原文：

窃美申包胥之气盛兮，恐时世之不固。何时俗之工巧兮，灭规矩而改凿。独耿介而不随兮，愿慕先圣之遗教。处浊世而显荣兮，非余心之所乐。与其无义而有名兮，宁穷处而守高。食不媮而为饱兮，衣不苟而为温。窃慕诗人之遗风兮，愿托志乎素餐。蹇充倔而无端兮，泊莽莽而无垠。无衣裘以御冬兮，恐溘死不得见乎阳春。

本章写屈原追慕前贤，忧虑时世，信守道义，至死不渝；不同流合污，不追求荣华富贵，宁可困穷，但要保持节操，以至于独居荒野，穷困潦倒，他担心寿命不长，不能实现自己的抱负。

分析：就押韵看，“固、凿、教、乐、高”是一个韵段，除了“固”是鱼部字，其他几个字都是宵部去声、药部长入的字，也就是中古去声字。鱼部和宵药二部关系很远。朱熹《集注》：“固，当作同，叶通、从、诵、容韵。”江有诰《楚辞韵读》从之，以为“固”字“当作‘同’，东部”。按照朱、江说，“窃美申包胥之气盛兮，恐时世之不固”两句应该属于第五章，这就跟传统的分章不同了。王力《楚辞韵读》以为“固”不入韵，这又跟《九辩》乃至《楚辞》的韵例有不合，但有根据。“固”可能是一个讹字。

“乐”作“喜欢，喜爱”讲，《补注》：“乐，五孝切。”音义契合。

王力《楚辞韵读》取“快乐”义，未安。“高”字作“崇尚”讲，用作名词，指所崇尚的道德。参看拙作《汉语变调构词考辨》（上册）第318～319页。《补注》：“孤到切。一苦浩切，即枯槁之槁。”后面这个注音，是将“高”假借为“槁”。拙作《考辨》指出：“作‘枯槁’讲不妥，大概是看到‘高’不读平声，又不知‘高’的去声有‘崇尚’之义。苦浩切是上声。”

后文“温、餐、垠、春”为一个韵段。除了“餐”是元部，其余几个字都是文部。江有诰、王力的两种《楚辞韵读》都处理为文元合韵。江有诰说“餐”“叶音飧”。这个处理就有矛盾了，既然“叶音飧”，那就是换了一个字，就是文部自押了。“愿托志乎素餐”，这是用《诗·魏风·伐檀》“彼君子兮，不素餐兮”的典。“素餐”，《补注》：“《释文》作食，音孙。”白化文等点校本小字注：“食疑当作飧。”所疑很有道理。如果“素餐”作“素飧”，则这一韵段就是文部自押。

“无衣裘以御冬兮”的“御”，是“抵御”义，有的本子作“禦”，两种写法同词。《补注》：“御，鱼据切。《诗》云：‘我有旨蓄，亦以御冬。’注云：‘御，禦也。以禦冬月乏无时也。’”抵御的“御”，无论作“御”还是“禦”，原来只读上声，不读去声。大约南北朝中后期开始读去声，至晚到了北宋，就读去声了。详参拙作《考辨》（上册第576～580页）。洪兴祖注去声，有来历，但反映的是后来的读音。所引《诗·邶风·谷风》“御冬”，《释文》：“鱼据反，下同，禦也。徐鱼举反。一本下句即作‘御’字。”

本章用了“耿介、充倔”等2个联绵词，前者双声，后者非双声叠韵；“莽莽”1个是叠音词，“充倔”和“莽莽”用在相应的节奏点上，也就形成一个表意群。“充倔”的“倔”，《补注》：“俱物、巨物二切。”又作“充诎”，《礼记·儒行》：“儒有不陨获于贫贱，不充诎于富贵。”《释文》：“充诎，求勿反。注同。徐丘勿反。充诎，喜失节之貌。”可见洪氏注二音有来历，不过《释文》没有注见母而注溪母，洪氏注见母没有注溪母。充倔的“倔”不读溪母，洪氏注音不确，可能跟当时的方音有关。

十

《九辩》第七章原文：

靓杪秋之遥夜兮，心缭悷而有哀。春秋逴逴而日高兮，然惆怅而自悲。

四时递来而卒岁兮，阴阳不可与俪偕。白日畹晚其将入兮，明月销铄而减毁。岁忽忽而遒尽兮，老冉冉而愈弛。心摇悦而日幸兮，然怊怅而无冀。中憯恻之悽怆兮，长太息而增欷。年洋洋以日往兮，老嵺廓而无处。事亹亹而觊进兮，蹇淹留而踌躇。

本章继续写屈原秋末夜长时的痛苦心情。他担心岁月白白流逝，老去荒野，希望建功立业，但是无可奈何，只能孤独彷徨。

分析：在相应的位置上，用了“缭悷、惆怅、畹晚、摇悦、怊怅、憯恻、悽怆、嵺廓、踌躇”等9个联绵词，叠音词有“逴逴、忽忽、冉冉、洋洋、亹亹”5个。其中，“缭悷、惆怅、摇悦、怊怅、憯恻、悽怆、踌躇”7个为双声或准双声，“畹晚”1个为叠韵，“嵺廓”为非双声兼叠韵。

本章有四个韵段，意思也可以分成四层。自开头至“俪偕”为一层，从季节方面写。自“靓杪秋之遥夜兮，心缭悷而有哀”中，“杪秋”准叠韵，“杪”宵部，“秋”幽部；“遥夜”都是餘母，双声。“杪秋”和“缭悷”用在相同的位置上，前者准叠韵，后者双声。

“春秋逴逴而日高兮，然惆怅而自悲”中，“逴逴”和“惆怅”用在相同的位置上，前者是端母叠音，后者是透母双声。这两个词的声母读音相近。

“白日畹晚其将入兮，明月销铄而减毁”中，“畹晚”和“销铄”用在相同的位置上，前者是元部叠韵，后者是并列式合成词，为宵药准叠韵。

“岁忽忽而遒尽兮，老冉冉而愈弛”中，“忽忽”和“冉冉”用在相同的位置上。“岁忽忽而遒尽兮”已见于第三章，这里是重申前面的话。

“心摇悦而日幸兮，然怊怅而无冀”中，“摇悦”餘母双声，“怊怅”透母双声；这四个字都是三等开口。

“中憯恻之悽怆兮，长太息而增欷”中，“憯恻”准双声，“憯”清母，“恻”初母；“悽怆”准双声，“悽”清母，“怆”初母。“憯恻”和“悽怆”之间也有语音关联，“憯”和“悽”、“恻”和“怆”对举，分别都是严格的双声。“增”和“憯、恻、悽、怆”声母相近。“悽”脂部；“欷”《补注》：“虚毅切。”上古微部，二字韵部相近。

“年洋洋以日往兮，老嵺廓而无处”中，相同的位置上，用了叠音词“洋洋”和非双声兼叠韵联绵词“嵺廓”。“洋洋”和“嵺廓”之间不重在语音关联，而重在意义关联。语音上的关联应该是两个词都讲语音技巧，也同为一个节奏点。

十一

《九辩》第八章原文：

何氾滥之浮云兮，猋壅蔽此明月。忠昭昭而愿见兮，然雺曀而莫达。愿皓日之显行兮，云蒙蒙而蔽之。窃不自聊而愿忠兮，或黕点而汙之。尧舜之抗行兮，瞭冥冥而薄天。何险巇之嫉妒兮，被以不慈之伪名。彼日月之照明兮，尚黯黮而有瑕。何况一国之事兮，亦多端而胶加。

本章写屈原继续抨击奸臣谗害忠良，再次重申希望进见楚王，表达忠心，但是奸臣当道，进谏之路不通。对于奸臣的污蔑、陷害，屈原没有妥协；他从历史上举证尧舜也遭到诟病，表明圣王也会被人诬为有瑕疵，因此楚王在位时不免有奸臣当道，陷害屈原。

分析：就押韵来说，其中有“瑕、加”押韵，“瑕”先秦鱼部，“加”先秦歌部；但它们中古都是麻韵开二。一般认为，东汉鱼部的麻韵字转入歌部，因此将这里处理为鱼歌合韵。《楚辞》中，鱼歌合韵仅此 1 例，但很有意义，说明原来鱼部麻韵的牙喉音字，至晚在战国时期就跟歌部很接近了。清成蓉镜《心巢文录》卷下《鱼麻之转必由歌部考》：“瑕古音胡，而《楚辞·九辩》瑕韵加，（古音居歌切）《淮南子·说林训》瑕韵亏（古音柏歌切。文按：“柏”可能是讹字）……此以瑕韵加、亏、呵、和，则已转入歌部，读如何矣。”他敏锐地捕捉到了这种现象。

在相应的位置上，用了“氾滥、雺曀、险巇、黯黮、胶加”等 5 个联绵词，叠音词有“昭昭、蒙蒙、冥冥”3 个。其中，“雺曀、险巇、胶加”3 个为双声或准双声，“氾滥、黯黮”2 个为叠韵。

“胶加”《补注》：“《集韵》：胶加，戾也。胶，音豪。加，丘加切，王逸说。”考《集韵》乎刀切：“胶，戾也。”丘加切：“加，胶加，戾也。王逸说。”《集韵》和《补注》都说王逸读“胶加”的“加”为“丘加切”是来自王逸。按，“胶加”在《楚辞》中仅见于这一处，王逸并没有专门解释它，“亦多段而胶加”下王逸注：“贤愚反戾，人异形也。”《大招》有“白皓胶只”，王逸注：“皓然正白，回错胶戾，与天相薄也。”《集韵》编者和洪兴祖大概由此理解“胶”为“戾也”，而这个意思的“胶加”分别读乎刀切和丘加切，由此折合出来的。当然，这种折合不会是《集韵》和《补注》

才开始的，应该前有所承，南北朝以来，为《楚辞》注音者有好几家。

“忠昭昭而愿见兮，然露曀而莫达”，在相应的位置上，前一句用叠音词“昭昭”，后一句用“露曀”，两字都是影母，“露”，有的本子作“雺”，应该是后人所改或后人所误，语音技巧就没有传达出来。

“或黕点而汙之”的“黕点”《补注》：“黕，《说文》都感切，滓垢也。又陟甚切，污也。”当取前一个读音，“黕点”的“黕”从“冘”声，从“冘”声的字，有人归侵部，有人归谈部；“点”从“占”声，从“占”声的字，也是有人归侵部，有人归谈部。看来，“黕点”必然是叠韵或准叠韵，它们都是上声。“或黕点而汙之”跟前面的“云蒙蒙而蔽之”处在相同位置上。“或”和“云”都是匣母，处于相同的节奏点；“黕点”和“蒙蒙”处在相同的节奏点，一联绵，一叠音，也有复叠的效果。

“何险巇之嫉妒兮，被以不慈之伪名”中，前一句“何、险、巇”都是喉音字，“险巇”是晓母双声；后一句“以、不、慈、之”都是之部三等字，可能都是开口。这两句都有复叠的效果。

“彼日月之照明兮，尚黯黮而有瑕。何况一国之事兮，亦多端而胶加”中，第三句承第一句，第四句承第二句。第三句特多牙喉音字，有“何、况、一、国、兮”五字。第二句和第四句，在相应的节奏点上，有语音技巧：“黮”和“端”都是舌头音字，“有瑕”和“胶加”都是牙喉音字。

十二

《九辩》第九章原文：

被荷裯之晏晏兮，然潢洋而不可带。既骄美而伐武兮，负左右之耿介。憎愠惀之脩美兮，好夫人之慷慨。众踥蹀而日进兮，美超远而逾迈。农夫辍耕而容与兮，恐田野之芜秽。事緜緜而多私兮，窃悼後之危败。世雷同而炫曜兮，何毁誉之昧昧！今脩饰而窥镜兮，后尚可以竄藏。愿寄言夫流星兮，羌儵忽而难当。卒壅蔽此浮云兮，下暗漠而无光。尧舜皆有所举任兮，故高枕而自適。谅无怨于天下兮，心焉取此怵惕？乘骐骥之浏浏兮，驭安用夫强策？谅城郭之不足恃兮，虽重介之何益？遭翼翼而无终兮，忳惛惛而愁约。生天地之若过兮，功不成而无效。愿沉滞而不见兮，尚欲布名乎天下。然潢洋而不遇兮，直怐愗而自苦。莽洋洋而无极兮，忽翱翔之焉薄？国有骥而不知乘兮，焉皇皇而更索？宁戚讴于车下兮，桓公闻而知之。无伯乐之相善兮，今谁使乎誉之？罔流涕以聊虑兮，惟著意而得之。纷纯纯之愿忠兮，妒被离而鄣之。

本章先集中批评楚王刚愎自用，穷兵黩武，任人唯亲，贤人受压，农耕不修，楚王行事不以公心，屈原担心这样楚国会亡国。接着写楚王不辨忠奸，以致奸臣当道，屈原被黜。然后针对楚王的行为，举出古代圣君明主的成功事例，与楚国现实进行对比，对楚王的治国做进一步的批评，重在写楚国有贤人，但楚王任用奸臣，遗弃贤人。

分析：在相应的位置上，用了“潢洋（2次）、耿介、愠惀、慷慨、踥蹀、容与、炫曜、儵忽、怵惕、骐骥、怐愗、翱翔、聊虑”等13个联绵词，叠音词有“晏晏、鲦鲦、昧昧、浏浏、翼翼、惛惛、洋洋、皇皇、纯纯”9个。其中，“耿介、慷慨、容与、怵惕、骐骥、聊虑”6个为双声或准双声，“潢洋、愠惀、踥蹀、怐愗”4个为叠韵，“炫曜、儵忽、翱翔”3个为非双声兼叠韵。

“既骄美而伐武兮，负左右之耿介。憎愠惀之脩美兮，好夫人之慷慨”的批评对象都是楚王，它们是一个节奏群，从而也是一个语义群。一三句对应，二四句对应。二四句的“耿介”和“慷慨”处在相应的节奏点上，都是双声联绵词，前者见母，后者溪母。见溪声母相近而不同。这四个字既有同，也有异，异者是同中之异。

“众踥蹀而日进兮，美超远而逾迈。农夫辍耕而容与兮，恐田野之芜秽”是一个节奏群和语义群。一三句对应，二四句对应。一三句都有联绵词，但没有安排在相应的节奏点上，一句的“踥蹀”是叠韵联绵词，三句的“容与”是双声联绵词。尽管两个联绵词没有安排在相应的节奏点上，但仍然起到帮助识别对应句的作用。

“邅翼翼而无终兮，忳惛惛而愁约”是一个并列复句，“邅”和“忳”相应，都是舌音字；“翼翼”和“惛惛”相应，都是叠音词，它们也都有复叠的效果。前者入声，后者阳声韵的平声字。

“然潢洋而不遇兮，直怐愗而自苦”是一个并列复句，“潢洋”和“怐愗”都是叠韵联绵词。前者阳声韵的上声字，后者阴声韵的去声字。

“莽洋洋而无极兮，忽翱翔之焉薄？国有骥而不知乘兮，焉皇皇而更索”是句群，由两个复句组成，“翱翔”是非双声叠韵联绵词，“洋洋”和“皇皇”是叠音词。它们都是平声字，“洋”、“翔”和“皇”都是阳部字，能形成复叠之效。

“罔流涕以聊虑兮，惟著意而得之”中，“流涕”和“聊虑”都是舌音字，其中“流、聊、虑”都是来母字。这两句特多之职部的字，有“以、意、而、得、之”，形成多字回环。

“纷纯纯之愿忠兮，妒被离而鄣之”是一个复句，“纯纯”和“被离”相应，前者是叠音词，后者是叠韵联绵词，它们都是平声字，形成复叠。前者是阳声韵，后者是阴声韵，形成参差。

十三

《九辩》第十章原文：

愿赐不肖之躯而别离兮，放游志乎云中。乘精气之抟抟兮，骛诸神之湛湛。骖白霓之习习兮，历群灵之丰丰。左朱雀之茇茇兮，右苍龙之躣躣。属雷师之阗阗兮，通飞廉之衙衙。前轻辌之锵锵兮，后辎乘之从从。载云旗之委蛇兮，扈屯骑之容容。计专专之不可化兮，愿遂推而为臧。赖皇天之厚德兮，还及君之无恙。

这一章是《九辩》的结尾，分章诸家均没有异议，这种结尾别出心裁，想象奇特，是写想象中屈原退出楚国官场，超脱现实，而云游天空，与百神交往，畅游周天，但对楚国仍然念念不忘，希望到了天上继续为善，也希望楚国风调雨顺，楚王康宁。

这一章在语音技巧安排上也反映出本章自成一体：重在用叠音词。分析：在相应的位置上，只用了“委蛇”这1个叠韵联绵词，而叠音词有“抟抟、湛湛、习习、丰丰、茇茇、躣躣、阗阗、衙衙、锵锵、从从、容容、专专”12个，读音全部不同，涉及定、餘、邪、滂、並、群、疑、清、初、章等多个声母，元、冬、缉、月、鱼、真、阳等多个韵部。“抟抟”和“阗阗”都是定母平声，但上古“抟”元部，“阗”真部；“湛湛”和“容容”都是餘母平声，但“湛”战国属冬部，“容”东部看来，宋玉是有意用叠音词，“委蛇”大约是找不到合适的叠音词才选用的。这些叠音词或联绵词都用在每一诗句的末尾，“名词+‘之’”之后，在相同的位置上复叠。

“乘精气之抟抟兮，骛诸神之湛湛”中，“抟抟”和“湛湛”都是阳声韵，也都是平声，声母读音也是相近的。“湛”，《补注》：“旧音羊戎切。”洪兴祖（1090—1155）和吴棫（约1100—1154）是同时代的人，吴棫《韵补》卷一《一东》“湛”下注音：“羊戎切。”所引例证正是《九辩》此例。因此，

“羊戎切”一读颇有来历。“湛”和前后的“中、丰”押韵，孔广森《诗声类》卷五以为“中、湛”是“冬侵通韵”，没有管后面的“丰”字，不妥当；江有诰《楚辞韵读》、王力先生《楚辞韵读》处理为冬（“中”，江有诰叫“中部”）侵（“湛”）东（“丰”）合韵，但据“湛”的羊戎切一读，“湛”在春秋以前可以归侵部，战国时期应该归冬部。这里是［-ŋ］尾的东冬部的字合韵。

“前轾辌之锵锵兮，后辎乘之从从”中，《补注》：“从，楚江切。”这里“锵锵”是清母，“从从”是初母，声母读音相近。王力先生《楚辞韵读》据疾容切一读折合上古音，未安。

“载云旗之委蛇兮，扈屯骑之容容”中，“云”和“屯”都是文部平声，“旗”和“骑”都是群母；“蛇”和“容”都是餘母，形成多方面的回环美。

“计专专之不可化兮，愿遂推而为臧”中，“专专”和“遂推”处在同一个节奏点上，“专专”叠音；“遂”是物部，后来变入微部，“推”是微部，“遂推”可以看作叠韵，因此跟“专专”能构成复沓的语音技巧。

十四

现在对上文的分析做一个总结和讨论：

第一，《九辩》中，讲究语音技巧的地方有不少，表现在句子的长短、声调的交错和复叠、韵脚字的安排、双声叠韵在相同的节奏点上的回环等诸多方面。宋玉的这些语音技巧的安排，煞费苦心，在形式上非常有利于《九辩》内容的表达，常常是参差与复叠交织在一起，读起来抑扬顿挫，琅琅上口；而且这种语音技巧的安排，对于我们研究汉语语音史和诗律史等学科，也都有重要价值。

第二，就研究语音史来说，诸如先秦汉语的帮並有别，一二等有别，等等，都在《九辩》中有所显示。诗中还有不少反映当时语音现象的材料，都很珍贵，对于我们扩大研究上古音的材料，进一步深化上古音研究，都很有意义。

第三，就研究汉语诗律史来说，汉语近体诗一句之内的声调有别，一联之内两句的第二个字平仄有别，避免出现积韵现象等，都在《九辩》中看出端倪。近体诗上联末句和下联首句的第二个字平仄相同的格式在《九辩》中完全没有反映；不但没有反映，而且先秦组织声调的语音技巧，多与近体诗相反，有上一个复句的第二个分句和下一个复句的第一个分句，在第二个字使用声调时，稍带声调参差的趋势。

南北朝时期，周颙、沈约等人将四声用“平、上、去、入”的叫名来标识，并开始有意识地运用于诗歌创作，不完全是人为的规定，而是总结了先秦以来的诗歌讲求语音技巧的成果、加进个人的判断而推衍开的。四声的叫名不仅仅是找一个代表字，这四个代表字还有对调值描写的意味在里面。《文镜秘府论》载陆善经《四声论》说，“魏定州刺史甄思伯，一代伟人，以为沈氏《四声谱》不依古典，妄自穿凿，乃取沈君少时文咏犯声处以诘难之”。甄思伯说沈约“不依古典”，看来是批评过头了，沈约提出“一简之内音韵尽殊，两句之间轻重悉异”，以及四声八病之说不是凭空产生的。

第四，汉语诗歌中复句内部各分句的切分，以及句群的切分，有时候是有形式标志的，不仅仅使用意合法。这些形式标志，有的是排比、骈偶，凡用排比、骈偶等方式，类聚在一起的句子或句群，它们往往是一个表意群；在诗歌中，常常用到韵段及一些语音技巧。凡同一韵段，或者在相同的节奏点上安排的语音技巧，往往具有分表意群的效用。《九辩》中很鲜明地表现出了这一点，值得重视。德国语言学家威廉•冯•洪堡特在《论汉语的语法结构》中说：“汉语……相互关联的句子之间大都不要联系词，所以，句子以什么方式相互依赖，只有从它们的意义和相互关系上才能看出来。”这话有一定道理，但不完全是这样。他对上述这些分离话语的表意群的形式标志有所忽略，其说法有以偏概全之嫌。

附记：本文在写作过程中，蒙王东、李建强、郑妞、赵团员等先生提出宝贵的修改意见，谨致谢忱。

早年台大学生如何巧记上古韵廿二部谐声表

首都师范大学文学院　冯　蒸

一、引言

学习汉语音韵学的人都知道，要想熟练掌握每个字的上古音韵地位，特别是上古韵部，并非易事。而记忆上古音谐声表是每个学习音韵学的学生的必经之路。但如果机械地死记硬背前人制定的上古韵谐声表，不仅枯燥无比，而且考完试后，如不经常使用，很快就会遗忘。有鉴于此，20 世纪 60 至 80 年代，时任台湾大学中文系声韵学教授的龙宇纯先生和杜其容先生，在使用董同龢先生所著的《汉语音韵学》（1968）讲述上古音时，明确要求学生务必牢记该书中的上古韵廿二部谐声表。学生们虽然努力记忆，但效果不甚理想。在这种情况下，一些学生想出了打乱该表每部声符的既有顺序，充分发挥想象，将这些意义本无关联的字重新排列组合，编成既有情节又朗朗上口的记诵歌诀，故事内容颇具趣味性，记忆效果极佳。学生们编写的歌诀并不相同，但各有千秋，杜其容教授曾搜集了二份颇具代表性的学生作品（今分称为甲本、乙本），一直藏于箧中，未曾示人。

21 世纪初，龙先生和杜先生寓居北京的家中，我经常前往二先生处请教音韵学问题，彼时畅谈的欢愉情景历历如在目前。后来龙先生突然身感不适，他们夫妇决定返回台北居住。回台不久，杜其容教授就将这份宝贵的资料寄赠予我，以资教学与研习之用，我珍藏至今。

我认为这份资料很有价值，经过仔细考虑，决定将这份宝贵的资料公之于众，以飨学林。杜其容师母寄赠资料时曾写下两段话，兹转录于下，以见先生对后辈学子音韵学习的殷殷之情：

> （一）此昔年学生对廿二部用心之作，各显神通，巧妙不同（皆彼等毕业之后，向之索取而得），今特寄奉，或可供贵弟子参考一二？

（二）熟记古音廿二部内容，目的在能知某字古韵属何部（再佐以熟记古声属何类）。然后可以明假借，然后可以读古书。至若某一偏旁今之读音是否准确，乃其余事，无关宏旨（更何况必要时查检《通训定声》必得反切或读若，得反切便自切得今音）。其冷僻者，尤其不必理会，但记常见字足矣，浅见如此，未知以为然否？

杜先生的教诲言简意赅，对于学习和记忆上古韵谐声表有重要指导意义，后辈学子当永远牢记。最近，笔者又非常荣幸地获得台湾大学中文系刘文清教授赠送的另一文本，现称之为丙本，亦十分珍贵，谨在此向刘教授表示衷心的感谢。下面我们准备分别对甲本、乙本和丙本的资料做一简单介绍和分析。由于篇幅的限制，分析的重点是甲本和乙本，丙本只做题录，不再逐句分析。

二、董同龢古韵廿二部谐声表简介

董同龢先生在所著《中国语音史》（1954）和《汉语音韵学》（1968）二书中均分古韵为廿二部，其名称、拟音及其相配关系按照阴、阳、入三分的原则，当如下表。需要说明的是：董先生的廿二部是多数入声韵与阴声韵同部，但韵尾拟音不同，如果入声独立成部，则实际上是卅一部（罗常培、周祖谟，1958）。

表 1　董同龢先生古韵廿二部（入声独立是卅一部）表

旁转

阴	之 əg	幽 og	宵 ɔg	侯 ug	鱼 ɑg	佳 eg	脂 ed	微 əd	祭 ɑd	歌 ɑ			
入	职 ək	沃 ok	药 ɔk	屋 uk	铎 ɑk	锡 ek	质 et	术 ət		月 ɑt		叶 ɑp	缉 əp
阳	蒸 əŋ	中 oŋ		东 uŋ	阳 ɑŋ	耕 eŋ	真 en	文 ən		元 ɑn		谈 ɑm	侵 əm

阳声——带有鼻音韵尾 -m，-n，-ŋ 的字音

入声——带有塞音韵尾 -p，-t，-k 的字音

阴声——阳声韵与入声韵以外的字音（即不带任何辅音韵尾，或者带有韵尾 -g，-d）

董先生的古韵廿二部，每部均列有谐声表。这个谐声表大体上根据清人江有诰的《谐声表》修订而成，古韵廿二部每部所含的谐声偏旁数量统计详见下表，共计有1168个声符。学人如果掌握了这1168个声符，则对上古汉语每个字的音韵地位，特别是韵部归属，基本上可以确定了，实在是学习上古音的基本功夫。至于每部的具体谐声偏旁，兹不赘列，请直接参阅董先生的《中国语音史》和《汉语音韵学》二书即可。

表2　董同龢古韵廿二部谐声偏旁数量统计表

序号	韵部	谐声偏旁数量
一	之部（57）	90
	［职部］（33）	
二	幽部（82）	101
	［觉部］（19）	
三	宵部（46）	59
	［药部］（13）	
四	侯部（40）	61
	［屋部］（21）	
五	鱼部（70）	100
	［铎部］（30）	
六	佳部（35）	48
	［锡部］（13）	
七	歌部	38
八	脂部（50）	73
	［质部］（23）	
九	微部（52）	68
	［物部］（16）	
十	祭部（36）	81
	［月部］（45）	
十一	元部	114
十二	文部	57
十三	真部	35
十四	耕部	31
十五	阳部	55
十六	东部	27
十七	中［冬］部	13
十八	蒸部	25
十九	侵部	23
二十	谈部	27
二十一	葉部	24
二十二	缉部	18
总计		1168

董先生的古韵廿二部谐声表，所含1168个谐声字，数量不算少，但是分配至每个韵部，则多寡不一，且每部谐声偏旁的顺序并无规律，无论是今读还是意义，各字均为独立单位，颇难记忆。当年台大同学将每部声符次序打乱，重新组合，将相关的字按照意义串联成句，半文半白，力图押韵，编成一个个小故事。由于每部字数的限制，编者并不在意句间是否有密切的逻辑与合理的情节关联，即使有的词句佶屈聱牙，有的内容戏谑不雅，有的情节荒诞不羁，有的根据需要采用同音或音近的字代替（如“息”改为“媳”）、或增加汉字部件（如“圣”改为“怪”），有的实难形成一个完整的故事，只好割裂为另一段小情节。只要便于记忆，皆无不可。编者尽量不使声符遗漏，且允许每部的相关字可以重复出现，把该部的字基本上都用上，就算完成任务。经过如此编排，读来有趣，记来容易，事半功倍，善莫大焉。

杜先生赠我的甲本材料共有二份，可分称为甲1本和甲2本，甲1本为初稿，涂抹甚多，可以看出是作者几易其稿的结果。经笔者仔细比对，甲2本确为甲1本之定稿，显系从甲1本修改后誊清而成。因此，下文关于甲本的论述完全以甲2本为准，但是甲1本的价值亦不容忽视，可见作者殚精竭虑，推敲打磨、精益求精的创作过程，更说明编成此本着实不易。

下面，试将甲、乙本的原文和我们的白话译文列于每部之下，尽可能按照原文的大致意思梳理出较为合理的逻辑关系，将这些本来没有意义联系的文字连缀成有情节的故事。为了使语句连贯，我们的译文还有所补充，均加括号以作标识。[] 方括号内为谐音释义，（）半圆括号内是添加的情节。我们对原文某些词句的组合并不十分理解，所提供的译文仅供参考，读者容有更为巧妙、更富有机趣的解说。至于实在翻译不了的，只好录存原文以质之高明。

三、甲本试析

1. 之部 əg

原文： 麥克之息婦久已不來，或疑其匿某里而止。

臺北醫士又亟力戒食，乃史己子負弋伏茲囿。

亥姬耳佩采絲，才德怪異，其母司職宰龜牛。

喜灰黑色裘，直辭塞合意思，再則鄙服郵輜。

啬牧福仄丘。[①]

译文：

麦克的媳［息］妇很长时间没有来，有人怀疑她藏匿在某个里巷不露面。（暗恋她的那位）台北医生（朝思暮想）又急迫地断食，于是让［史］自己的儿子（塞合）拿着用来射鸟的有绳子的箭埋伏在这个园囿（等待她的出现）。（结果，塞合没有等来麦克的媳妇，却遇到了心爱的亥姬。）亥姬双耳环佩，系着五彩丝带（摇曳生姿）。她的才德迥异于常人，（因为）她的母亲是负责宰杀龟与牛的主管（颇为灵异）。（亥姬）喜欢（穿通身）灰黑色的裘，（心思神秘莫测），她直接拒绝了塞合的意思，再则也很鄙视（另一个追求者）服邮辎。（亥姬）喜欢（独自）在福仄丘这个地方稼穑［啬］与放牧。

2. **幽部** og

原文：休報夙雠曹劉周，咎由好毒受牢囚。

鳥獸逐肉爪早就，幼學叔叫守復畱。

九秋菊竹攸肅穆，戊醜卯酉奥叟憂。

六畜祝壽謬求老，討告俘首宿棗州。

巧手騷肘煜秀目，臭牡流滔牟包舟。

酋冒孰帚矛皋幽，蒐韭阜彪鵃鳥遊。（按：“鸟”字原文空缺，笔者补）

译文：

曹（操）、刘（备）与周（瑜）（的后人），休要冤冤相报（不忘）夙仇，一切皆因好施毒计而入牢为囚。（正如）鸟兽追逐捕猎肉食的利爪早已练就，幼时既学会了叔父辈呼叫“驻守”“往复”“逗留”（的信号）。

深秋菊竹所营造出的肃穆之境，戊丑卯酉时分，令（潜藏在）房屋西南隅的老翁（甚为）忧惧。（他让）六畜（为他）祝寿，荒谬地祈求自己能够长命百岁，（然后又）向俘虏的首领讨告，（要求）留宿在枣州。

（这位老叟便是三国后裔，也曾是位英俊少年，他）巧手搔［骚］肘时，眉清目秀顾盼生辉。（后因）在臭牡流滔之地牟取包舟（之利），（东窗事发而畏罪潜逃）。

（正义的）酋长（欲抓他归案），冒险拿着不知是谁的一个扫帚作为长矛深入到水边高地的幽杳之处，（虽未寻见逃犯的踪影，却发现别有洞天。他）搜求（鲜嫩的）韭菜（充饥），看到土山上小老虎（追逐玩耍），（水中）

① 作者所引原文，为了保持原貌，而保留繁体。下同。

鸨鸟（嬉戏）遨游。

3. **宵部** ɔg

原文：暴梟盜雀巢，燒焦了鶴毛，爵躍霄高敖。
卓約交弱小，激表籲少樂，操刀虐鑿腦。
弔號夭苗杳，爻兆料糾票，朝勞囂鬧尞。

译文：

残暴的鸱鸮［枭］盗走了雀巢，烧焦了鹤毛，（踏着巨大的青铜）爵一跃冲天，在高空中徒歌遨［敖］游。卓然（之姿）约略可以（迷惑）柔弱的小鸟与之交友。（鸱鸮）充满激情地表达着（爱意）并呼叫缺少音乐，（却趁其不备）操刀凌虐，凿穿头颅。（继而又假装慈悲，去）凭吊哀号（那些）未及长成便遭摧折、杳然无踪的幼苗。根据爻辞的预兆，（鸱鸮）已料到难于纠正（已犯下的一大）票罪行，（受害者的亲属只得）每天清晨不辞劳苦地叫嚣吵闹（以求讨回公道）。

4. **侯部** ug

原文：朱乳穀後屋，偷走數鬥穀，束兜玉蜀粟。
須臾付陋獄，鹿角啄樹木，主僕鬥後局。
晝晝漏豆足，口句取歐曲，寇族具厚祿。
奏戌侯禿辱，務偶毋購讀。

译文：

（一个名叫）朱乳（的农夫）在后屋种谷，（他）偷走了（别人家的）数斗谷子，把玉蜀粟放在布兜里，束紧袋口。很快就被捕入狱。从那个简陋的监狱（向外看），（可以看到）鹿用角在啄树木，（狱吏）主仆在斗牌赌后局（的胜负）。（于是，他也在）白天占卜，卜得豆足破漏之象，口念（卦辞），（竟是）择取自歌曲中的几个句子，（其意为）流寇之族具享高官厚禄之福。戌时（他）奏明名叫“秃辱”的王侯，必定（这是）偶然（的情况），切勿购买（此类信息）来读。

5. **鱼部** ag

原文：吳郭夏禹霍呂賈，各宅初居予捨下。
馬車輿步亦若霸，武夫寡旅射牙鼠。
巨魚壺瓜鼓白羽，赤烏庶土午與夕。

尺户貯圖素蠱詐，昔且護石禦父叚。

舞於五胥處女懼，巫巴寫索虛戟雨。

去乎亞隙於普股，莫逆雙互郤譯古。

译文：

吴、郭、夏、禹、霍、吕、贾（这几家人），各家的宅院最开始都在我的房舍下。马车、轿辇出行时也很威风霸气，武夫很少出行，却能射中很小的老鼠。（家里陈列着）巨鱼、壶瓜和白羽做成的鼓，庶土上的赤鸟日以继夜（地鸣叫）。门户很小却贮藏宝图，素来行巫蛊诡诈之术，昔日为保护石头而防御父叚。在五胥跳舞，令处女惊惧。巴山之地的巫师（作法），在索道上写（咒语），虚晃一戟来求雨。从普股出发到亚隙去，莫逆之交的两人相互探讨古文翻译的不同之处。

6. 佳部 eg

原文：卑斯氏，擊狄兒，解此危，瑞脊只知規避。

隔兮支系，析歷派畫，益是遞責，啟卦易買。

译文：

卑斯氏，击退狄儿，化解此次危难，瑞脊却只知道规避危险。远隔的支系，是析历派画家，更是要递推责任，开启占卜卦象交易买卖。

7. 脂部 ed

原文：比利妻姨一日皆死，至失齊眉，自必繼慧美。

只計私示吉禮，矢畢，伊抑閉逸血，棄屍米水，

癸悉季頁，實質栗牝豕，二四七八九。

译文：

比利的妻子和姨娘在同一天内都去世了，致使失去了齐眉之妻，自己一定要再娶一个智慧美丽的女人。（他）只打算私下里举行婚礼，然后用箭射死她。他（为了）抑制鲜血散去，便将她的尸体丢弃在米水中。在癸悉季首，（每逢）二、四、七、八、九（日）用实质栗（喂养）公猪。

8. 微部 əd

原文：幾枚骨器未追回，肥蟲畏罪胃氣出。

內懷火衣退弗卒，微位非貴誰配對。

飛類尾威乙勿希，尉帥累衰危，開率委鬼祟。

译文：

有几枚骨器没有追回，肥虫畏罪（潜逃）胃气散出。他怀中揣着火衣还没有退完，地位低下并不尊贵，谁能和他配对呢？飞禽类的尾巴很有威力，（能散发）乙勿希（这种毒素），太尉将帅相继（生命）垂危，大概是鬼怪作祟的缘故。

9. **祭部** ad

原文：世界幣制太劣，别設外兑會最裝。

末世歲月大快活，衛泰折奪殺害桀。

絕胸徹肺伐厥裂，慧帶拔舌拜祭輟。

貝勢曷截

译文：

世界币制太恶劣，另外设立了很多外汇兑换的机构最发财。末世的时光（追求）大快活，为守护安泰的局面，争夺（权柄而）杀害桀。（剖开）胸膛穿透肺部使它裂开，聪明地拔下（他的）舌头用来拜祭而后乃止。贝氏的势力谁能阻挡？

10. **歌部** ɑ

原文：加多那些戈，可吹羸過我。

坐卧垂沙陀，戲罷化为果。

瑣瓦麻和麗，徒離左叵羅，也虧朵。

译文：

加多那些戈，可以吹嘘（说能够）羸［赢］过我。坐卧在垂沙陀（这个地方），游戏之后化作果实。琐瓦麻和丽，白白地遭受了左叵罗，也亏朵。

11. **蒸部** əŋ

原文：朕曾登乘宏熊鷹，興弓兢稱升恒冰。

丞徵仍肯夢朋蠅。

译文：

我曾经乘（健硕宏伟的）熊和鹰而登高，张开弓小心地称量一升的恒冰。丞征仍然能够梦到与蝇为朋友。

12. **中部** oŋ

原文：宋中宗，降冬蟲，眾農戎。

译文：宋中宗，消灭冬天的虫害，和民众一起事农、兴军。

13. **东部** uŋ

原文：孔六凶，同封蒙邦公，送客從雙弄，總共豐充叢。

译文：孔氏六凶，同被册封为蒙邦公，送客从双弄，总共丰充丛。

14. **阳部** ɑŋ

原文：襄陽王兵強量壯，方行昌狂，秉兄京上相抗。

七羊病向境央，光明永象望鄉，庚香皿竝慶杏杖。

译文：

襄阳王兵力强大，身量雄壮，行为猖狂，带着兄长来到京城（与君王）相抗衡。七羊生病，想要回到国内，心存光明永恒之象遥望故乡，更［庚］香在皿中并立，庆杏杖。

15. **耕部** eŋ

原文：争聘晶瑩瓊，聲名幸平鳴，丁寧敬生命。

井鼎正盈頃，呈省形。

译文：

人们争着想要得到晶莹的美玉，声名幸而（源自）不平则鸣，丁忧在安宁之地更为敬重生命。井鼎正在盈满欲倾［顷］，呈现省的形状。

16. **真部** en

原文：秦晉人民憐尹申，鄭臣新印信天真。

千篇頻演均田引，因詢身。

译文：

秦晋人民怜悯尹申，郑国大臣换了新印实在是天真。千篇一律频繁出现的问题，都是由均田制所引起的，于是（商鞅）为此殉［询］身。

17. **文部** ən

原文：春雲分，銀珍勤奮溫論文。

辰川憤，屯阿孫軍困昏君。

忍寸巾，尊員存光斤本混。

译文：

春云舒卷，银珍勤奋地温习《论语》和诗文。辰川人民愤（而起义），在屯田的山阿，孙军困住了昏君。（人民）忍耐寸巾（的贫困），（因为）尊贵的官员存光斤本来就是无能之辈。

18. **元部** an

原文： 還返西安，便難見面，寒山燕雁，萬般怨言。
縣官姦宦，原全善辯，練犬算錢，專戀閒典。
鲜端赞券，凡斷粲馬，元旦連午，勸捐半件。
前番桓亂，緩慢建旅，丹衍。

译文：

回到西安后，就很难再见面，寒山燕雁，诸多怨言。县官是奸臣，原来全是善于狡辩，训练犬只是为了挣钱，专门喜欢消闲的典册。鲜端赞券，凡是断了粮食和马匹的时候，元旦直至午夜（都要捐款），（至少）捐出半件。前代番邦战乱频仍，缓慢建设了军队，逐渐发展。

19. **谈部** am

原文： 欠甘甜，陷讒險，敢沾染，犯織閃，談謙澹，掩斬陜。

译文： 缺少甘甜，身陷谗言之险，怎敢沾染，犯织闪，谈话谦和恬淡，掩斩陕。

20. **侵部** əm

原文： 林琴南潛心甚深，今沈男三品參音。
鹹稟壬凡審蔭。

译文： 林琴南潜心（学问）非常深入，今沈男三品参考其音。咸禀壬凡审荫。

21. **葉部** ap

原文： 涉獵接葉法，押插蹋乏葉，協攝輒盍劫，捷。

译文：

涉猎接叶法，押、插、蹋、乏叶（各种方法都试过），（与人）协力拿起来，为什么不打劫呢？（最后）成功了。

22. **缉部** əp

原文： 集合廿十粒，濕涾襲入邑，及習輯。

译文：集合一共二十粒，沾湿一袭衣，（也要）入城中，等待学习辑录。

四、乙本试析

1. 之部 əg

原文：

某里有（又）婦，疑惑（或）其怪，乃服（艮）灰裘，佩黑絲，辭（＝辤）其舅（臼），止其職（戠），來臺北醫治（巳）。

醫不怪，有喜耳，婦喜色不已。慈（茲）母宰犛（𠩺）牛，弒（弋）海（每）龜，採（采）稷（畟）麥，備（葡）菜食（𩚃），以待。

久之，得子。字史士德。子負才思，能擬詩（寺）詞（司），不記（己）仄，不遴（止）陲，每祀（巳）則鄙（啚）。

某亥有災（＝巛），甾（䎗）囿塞（異）棘，負意（＝啻）而伏匿，不司牧，不革丘，又不植（直）穡（嗇）。其媳（息）梅姬（𦣞）極（亟）力戒之。母奭（怒也），再逼（畐）敕，始克異志。

罕見字：矢、笥、毒、㙯

補注：

1. 㞢＝之：寺、事、時

2. 絲：茲、慈

3. 思：史、吏

4. 㠯＝𠃌＝𡰥＝已：似、矣、台、能

5. 巳：熙

6. 己：起、纪

7. 丌＝其：箕

8. 才：在、哉、戴

9. 巛：菑、錙

10. 又：右、有、尤、友

11. 母：每

12. 不：丕、否、咅

13. 北：背

14. 㝵：得

15. 弋：代、式

16. 或：國

17. 仍（）从乃（之）得声

18. 裘（之）从求（幽）得声

译文：

某个里巷有位妇人，她行为怪诞，令人疑惑，于是穿着灰色的裘，佩戴黑色的丝巾，辞别她的舅父，辞去她的工作，来到台北求医问诊。

医生不认为她行为怪异，原来是怀孕的缘故，这位妇人喜形于色，不能自已。她慈爱的母亲宰了牦牛，杀了海龟，采集食粮，准备菜肴，等待（她生产）。

等了好久，终于生了一个儿子。给他起名叫史士德。这孩子有才思，能写诗词，不计［记］险阻，不畏边陲行路之难。每逢祭祀都（驻守）在边远之地。

某日亥时发生灾难，甾囿之地布满荆棘，他意气用事，潜藏隐匿而避世，不管理畜牧之事，不革除丘陵之弊，又不种植庄稼。他的媳妇梅姬极力劝他停止这样的做法。他的母亲十分愤怒，一再逼迫命令，最终令他放弃了这些叛逆的想法。

2. 蒸部 əŋ

原文： 朕（弅）曾夢（瞢）：承蒸（丞）熊蠅，徵朋贈（曾）登厷（食器也）。

騰升穹（弓）冰，乘興登陵（夌）

憑鷹稱（爯）雄（厷），增棚陾陾（築牆聲也），仍肯兢恆。

補注：

1. 丞：承、烝

2. 弅：朕、謄、勝

3. 瞢：夢、薨

4. 亙：恆

译文：

我曾经梦到：捧着蒸好的熊和蝇，征召朋友并赠与食器。升腾起一块大似穹庐的冰，趁着兴致正好，登上丘陵。任凭苍鹰称雄，增设棚架，筑墙声响，仍要长久谨慎。

3. 幽部 og

原文：

劉昊（夰）幼早就孝：逐鵠（告）鳥，守六（=陸）畜，抓麀文獸（嘼），鬻心肉包（勹），修（攸）簋鹵，貿（卯）秋（=龝）稻（舀），蒐秋牡。學（𦥑）簫受叔（尗）肅穆（㣎），嫂（叟）秀菊（匊）毒目，肘抱竹帚，劉昊受逐。休臭阜，宿（佰）皋（夲）隩（奥）茅（矛）艸，孰保（=采=采）？扭手禱（壽）祝求救。老周彪煋，流舟悠悠（攸），浮（孚）遊（斿）夙九州。搔叉首收（丩）留（丣）。酉戊，老鴇（𠂤）知酋牟㲋告雠，遭（曹）咎憂，囚幽（𢆶）牢朽（丂）廄（𣪘），寂（尗）寥（翏）憂愁（秋），冒（冃→冐）報（𠬝）牗，羞討好酒（酉），寶（缶）韭棗，求飽（包）腹（複）。

罕見字：彭、夰

補注：

1. 攸：絛、倏
2. 丣：留
3. 酉：酋、卣
4. 𠷎：壽
5. 首：𩠐；道：𦣻：𦣹、頁
6. 戊：茂
7. 冃：冐：冒
8. 矛：柔
9. 缶：寶
10. 叉：蚤
11. 勹：匋、包
12. 尗：叔、督
13. 竹：築、篤
14. 𦥑：學
15. 六：坴：陸
16. 复：復

译文：

刘昊年幼时很早就（懂得）孝顺：追逐大雁，看守家畜，抓母鹿与文兽，卖心肉做成的包子，修缮簋卤，贩卖秋天的稻子，搜集秋天植物的雄株。（他）师从叔父学习吹箫，态度庄重肃穆，但是嫂子秀菊目光毒辣，用双肘夹抱着竹子做成的扫帚（驱赶他），（于是刘昊）被赶出了家门。在气味难闻的土山上休息，露宿在皋隩茅草间，谁来保护他呢？（他）扭过手来祷祝上苍求救。老周性格大胆彪勇，乘舟悠悠然顺流而下，浮在水上游历九州。老周挠着头收留了（刘昊）。酉戊这日，老鸨知道酋牟向仇敌告密，遭到了处罚，被关在幽暗的囚牢里，寂寥忧愁。（他）冒然地打开窗户，难为情地讨得好酒，还有视如珍宝的韭菜和枣，以求果腹。

4. 中部 oŋ

原文：宋彤宗，崇（宗）戎躬（船）農。仲（中）冬，降（夅）眾蟲，終（夂）窮，用宮賵。

補注：

1. 賵：贈節哀喪家之物

2. 中：用、甬、庸

译文：

宋彤宗崇尚打仗躬耕。隆冬的时候，很多虫子从天而降，宋中宗去世，用了宫中的随葬品。

5. 宵部 ɔg

原文一：

苗傜（謍）表貌（皃）夭勞暴虐高傲（敖），潮（朝）杳號淼焱（焱）風，潦（尞）激（敫）躍（翟），鑿（丵）雀巢，囂（嚻）鬧弱小盜鈔（少）票。爵堯（垚）駁（爻）刀弢（裝弓之袋）糾暴，梟橑躁（喿）焦（[illegible]）逃（兆）掉（卓）了。

译文一：

苗族的徭夫看上去因劳苦而要夭亡，（实际上）暴虐高傲，潮汐杳渺号称淼焱风，跃过潦河激荡（的波浪），凿雀巢，嚣张地和弱小的人打斗，盗窃钱财。爵尧带着色彩驳杂的宝刀和弓箭平息了暴乱，暴民焦躁地逃跑了。

原文二：料毛么（幺）鶴（隺）腦（匘）癆（勞），夭了。

鼂肇（肁）郊（交）釣（勺），操籥（龠）號弔。

译文二：料想小鹤脑子得了痨病，未及成年就死掉了。

鼂在郊外水边钓鱼，吹着籥哭号凭吊（它）。

罕見字：[illegible]、𠬪、[illegible]、[illegible]、[illegible]、䫉（＝貌）

補注：

1. 爻：肴、教

2. 垚：堯

3. 要：票

4. 麃

5. 夭：芺
6. 小：肖、笑
7. 刀：召、到
8. 高：喬、膏

6. 侯部 ug

原文：

鄒（芻）侯秃頭（豆）佝（句）僂（婁），欲（穀）娶（取）后。俞后屋玉樓，玉足厚（㫗）鐲（蜀）。

樓後：族僕（菐）奏曲，斲（𠁁）綠（彔）木，樹（壴）茱（朱）萸（庾），握琢（豖）玉。

角隅（禺）：聚（取）蓏（無核之果）、粟、穀（𡉉），驅（區）狗、豖、鹿，兜豆腐（府）乳，贖漏（屚）鬥。

鄒侯晝務（敄），口鬥侮辱寇（寇），毋須赴（葍）戍獄。主（丨）僕侷（局）促，后冓陋（㔷），具獳（需）速（束）走。

罕見字：[illegible]

補注：

1. 丶：主
2. 壴：鼓、尌
3. 付：府
4. 賣：讀、賣
5. 谷：俗、裕、欲、浴（谷：[illegible]）
   c.f. 谷（[illegible]）：郤、卻、腳（魚部）
6. 講從冓得声
   （東）（侯）
7. 侮从每得声
   （侯）（之）

译文：

邹侯秃头而且驼背，想要娶一位王后。将王后安置在玉楼屋内，找到玉料足够厚的镯子。

楼后：家族中的仆人正在奏曲，砍伐绿树，种上茱萸，握着精心琢磨的美玉。

角落里：聚取蓏、粟、谷，驱狗、豖、鹿，将豆腐乳装进兜里，要赎回漏斗。

邹侯白天忙于政务，和敌寇发生口角，辱骂敌寇，无须被投入狱中。主仆时间都很紧迫，王后住在宫室深密之处，带着幼小的孩子迅速地（一起）逃走了。

7. 东部 uŋ

原文：

蒙總（匈）統（充）講豐功（工），孔東公封擁（邕）龍嵩。逢（豐）兇塚，弄叢宂茸（散亂貌）蒙（冢），公恐，竦容。

共送雙童（東）厖（巨大貌）龍（東）舂，從公同種（重）松（公）榕（容）。

補注：

1. 東：重、童、龍

2. 丰：奉、奉

3. 工：空、恐、項

4. 共：恭、巷

5. 凶：匈、兇

6. 从：從

7. 冢：蒙

译文：

蒙总统讲（自己的）丰功伟绩，孔东公封地在拥龙嵩。遇到了凶冢，处理散乱丛生的杂草，孔东公很害怕，吓得脸色都变了。

厖龙舂一共送来两个孩子，和孔东公一起种松树和榕树。

8. 鱼部 ɑg

原文一：

古昔，夏禹父女孤（瓜）寡。宅（乇）於圉舍，旅于赤石。羽射白虎（虍）烏鼠，殳（兵器也）戣（戉）矍（取也）獲馬烏。炙吴郭魚，煮（者）五瓜，滷土蝦（叚）。

昨（乍）夜（亦）雨疏（疋），禦乎車輿，路（各）途（餘）驛巨霸（覀）啞（亞）吧（巴），若（若）百尺巨巫，邪（牙）惡且赫索。父女懼（瞿）怕（白）若野（予）蠱。居處（処）湖（古）壑莫步去。投（殳）壺貯（寧）雨度（庶）下午。

译文一：

古时候，夏禹和女儿相依为命。居住在圉舍，驻扎在赤石。用羽箭射白虎和鸟鼠，用殳戢获取马和乌（鸦）。炙烤吴郭鱼，煮五瓜，卤土虾。

昨天夜里雨点稀疏，驾着车，在路途的驿站里遇到碰到恶霸，恶霸是个哑巴，像身高百尺的巨大巫师，邪恶而且赫索。父女害怕他像野地的巨虫。居住在湖边丘壑不要步行而去。投壶、储雨过了一下午。

原文二：

武夫楚（疋）霍素與郤（谷）工貌莫逆（屰）。去夏初夕，藉粗（麤）互隙（㡿），擇（睪）徒（土）賈、呂，作（乍）圖寫（舄）譜（普），舞鼓於鄦户。

译文二：

武夫楚霍向来与郄工貌情谊深厚。去年初夏的傍晚，藉粗互隙，选择贾、吕二人为徒，画图写谱，在鄦户中击鼓起舞。

罕見字：舉、乏、皀、叚＝沽

補注：

1. 卸：御
2. 五：吾
3. 乎：虖
4. 虍：虎、劇、盧
5. 無：舞
6. 父：甫、尃
7. 于：夸、雩（華）
8. 女：奴、如
9. 舍：余
10. 叚：家（叚省声）
11. 屰：㡿（斥）、訴
12. 魚：穌、魯

9. 阳部 ɑŋ

原文：

唐（庚）明皇，當（向）英（央）王。猛（皿）病（丙）亡，黨悵（長）惘（網→罔）。

彭良將，藏皿皂，妄殃行，像（象）剛（岡）墙（爿）。

想（相）襄陽（昜），兩（兩）兄並（竝）喪。

兵猖（昌）狂（㞷），竟滄（倉）桑。

光（艾）明（[illegible]）鄉（皀），永仰（卬）望。

秉杖（丈）放（方）羊，羊強（弜）壯（爿）。

杏芳香，競（誩）詠唱。

烹（亨）黃粱（刅），羹上糧（良）。

盪（湯）漳（章）洋，涼（京）爽爽。

抗（亢）兵荒，慶康（庚）強。

補注：

1. 羊：養、漾、姜

2. 向：堂、尚

3. 章：商

4. 爿：壯、將、將、藏

5. 光：黃、廣

6. 㞷：枉、往、狂、汪、匡

7. 王：皇

8. 亡：芒、喪、荒

9. 良：糧

10. 罔：岡

11. 丙：硬

译文：

唐明皇，当是一代英明的君王。突然病逝，令人惆怅。将军彭良，将美酒藏于器皿之中，做出祸国殃民的非分之举，就像刚刚（筑起的）墙。遥想襄阳，两位兄长都已去世。乱兵猖狂，（世事）竟如沧海桑田。光明之乡，（令人）永远向往。拿着手杖放羊，羊儿十分强壮。杏子芳香，竞相咏唱。烹煮黄梁，用上好的粮食做羹汤。漳洋浩荡，凉爽舒适。抵抗战乱，祝福安康强盛。

10. **佳部** eg

原文：

卑斯脊脈（𠂢）𤕝（= 麗）地，只是桂（圭）梔（卮）支解兮。

攜兒彳（= 躑）街（圭）買系醯，歷（林）此擊（㱿）厄（戹）。

窺（規）知隔（鬲）壁（辟）狄氏賣畫冊，析易卦（圭），策（朿）劃役鶪（狊，伯勞鳥）遞紙（氏）。

係（系）責賜（易）佳瑞，益謚（諡）。

罕見字：㕚、匸、廌（= 豸）、产、羊、林、丫、囟補注：

1. 系：奚

2. 朿：帝、賁（責）、摘

3. 虒

译文：

卑斯脊脉敥地，只是桂子与栀子分离开。带着儿子徘徊在街上买醋，却经历了如此遭受击打的厄运。偷偷窥探到隔壁狄氏卖画册，分析《易经》的卦象，策划役使伯劳鸟传递纸面（文书）。原来是职责所在，赐号佳瑞，是好的谥号。

11. 耕部 eŋ

原文：

耿夐生平寧（宓）静（争）、晶瑩（熒）、清靈（霝）、姸（幵）穎（頃）。

耿丁誠（成）敬，傾情（青）迥迥。幸生嬴嬰（賏），正名耿貞。

耿丁定省，聘（甹）請觪黽耕（井）井，命令磬聲（殸）轟轟鳴，庭（壬）徑將盛盈榮。

補注：

1. 井：刑、并、荊、姸、形、餅

2. 熒：瑩、鶯、榮、營、嫈

3. 賏：嬰

4. 冂：冥、迥

5. 丁：成

6. 鼎：貞

7. 壬：呈、廷、莖、經、聽

译文：

耿夐生性宁静、晶莹、清灵、美丽、颖悟。耿丁十分敬重她，深深地爱着她。两人幸运地生了一个孩子，叫做耿贞。耿丁晨昏定省，聘请觪黾耕井，命令推磨声轰鸣，（这样）门庭将荣华常盛。

12. 脂部 ed

原文：

畢齊妻美，四季皆耑。

伊抑旨（七）失利，繼棄鐵兕，豕、豸、雉（矢），稽（禾）臯（自）（=罪）實一二七八次。

畢齊戛悉（突然知道），閉翳（殹）穴底（氐）。妻嚏（疐）唳（戾），日飢（幾），膝（桼）履逸，自（凶）比嚏屑（肖）。

惠眉姊（朿）弟體（豊）恤（血），即（卩）私（厶）結（吉）夔姨（夷），栗栗（恐懼戒慎貌）質米，水，稺（犀），薊（劍），至（刅）密（必）室（至）睽（癸）視（示）。遲至，妻卟（=乩）遂（豖）死屍（屍）爾（尒）。

罕見字：希、臾、巠

補注：

1. 豕：豖、蕤、隊

2. 医：殹

3. 凶：自

4. 二：次、貳、咨、資、姿

译文：

毕齐的妻子很漂亮，四季都很端庄。

她抑旨失利，接着放弃了铁兕，豕、豸、雉，察考罪行属实，一二七八次。

毕齐突然知道后，闭合在穴底。妻子打喷嚏又鸣叫，白天饥饿，膝下鞋子丢掉了，自己把自己比作嚏屑。

惠眉姐弟体恤（他们），于是私下结交夔姨，小心的换米，水，稺，蓟到密室看视。有一天来晚了，妻子占卜，于是就死了。

13. **真部** en

原文：

辛寅年，秦佞臣藺（門）田，瀕（頻）淵（㶝）引千賓。

因鄰（粦）人進扁麪（丏），忝疢，身殉（旬），引殯，奠盡（𦘔）。

親（辛）人藺印晉陳天玄真神。神（申）命令親尹，民均信神。

罕見字：叐、㫃

補注：

1. 臣：臤

2. 申：電

3. 辛：親、新

4. 𦘔：盡、津

5. 丏：賓

6. 天：忝、吞

7. 玄：牽

译文：

辛寅年，秦朝的佞臣蔺田，临渊引导众多宾客。因为邻人进扁麪，得了疢病，死了，埋葬尸骨，很多人前来吊唁。（他的）亲人藺印说他是晋陈之际的天玄真神。神命令他，民众都相信神。

14. 微部 əd

原文：

匪（非）鬼祟毁（毇）壞（褢）肥壘（畾），帥勃（孛）威，開乙枚火器，飛幾（幾）類（頪）。

希冀率卒尾追（𠂤）逮（隸），雖（隹）乖違（韋）危阢（兀）弗畏。

既（旡）出，卒衰退潰（貴）歿（𠬛），鼻（甶）骨未回歸（𠂤）。

帥（衣）鬱鬱悲哀，委屈（出）（術）述罪，勿配帥位，內妃綏微（㣲）依（衣）喟（胃）（=叡）匄（匃）卉（捹=拜），對謂：誄筆（聿）蔚（尉）蔚累累，豈屆（凷）毀帥氣？

罕見字：𠃉、乁、虫

補注：

1. 旡：既
2. 冋：裔
3. 口：韋
4. 甶：畁、鼻
5. 聿：筆、律 c.f. ①聿：盡、津（真部）
   ②聿：（葉部）
6. 乞：气、訖、吃、氣

译文：

土匪鬼鬼祟祟毁坏了肥沃的土地，将帅勃然大怒，开启几［乙］枚火器，飞几类。

希望能够率领士兵追上抓住（土匪），虽然（土匪）恶劣，但是（士卒）毫不畏惧。

出发之后，士卒溃败衰退，连鼻骨都没能带回来。

将帅郁郁悲哀，心中委屈述罪，说自己不配帅位，内妃绥微依偎着他感叹，（让他）不要离职，他回答：诔文写得富有文采，难道让（士兵的）尸体毁掉将帅的意志吗？

15. 文部 ən

原文：

豳（豩）君孫睿文俊（夋），先鰥（罤）。

雲（雲）欣（斤）慭壼（謹慎）（女德也），本分寸。門員殷（㐆）勤（堇）覲薦，豳君振（辰）奮允婚（昏）。

春辰：飧（晚飯）雲殿（𡱂），群員樽（尊）滿，燻（熏）豚，蚰菌（囷），溫（昷）肫（屯）筋。

昏分：隱（㥯）遁（盾）胤川。敦（享）（＝𦎫）倫（侖）溫存，氛（分）氲（昷）滿（㒼）塵。

群員困豳君，迅（凡）刃。混（昆）圂（豬圂也）貴塵。雲欣憤（賁）恨（艮），珍（㐱）存君巾。

補注：

1. 允：俊

2. 𡱂：殿

3. 門：問

4.c.f: ①虫：微部

②蚰：文部

③蟲：中部

译文：

豳国的君主孙睿文采俊逸，早年丧妻。

云欣谨慎，守本分。门员殷勤进言（让豳君续娶），豳君（精神）振奋，同意结婚。

春日辰时：在云殿用晚膳，与诸位大臣满斟金樽，熏乳猪，蚰菌，温肫筋。

傍晚时分：隐遁到胤川。享受温存，阴阳和合的香气瀰漫人间。

大家围住豳君，迅刃。混圂贵尘。云欣愤恨，珍藏着豳君的巾帕。

16. 祭部 ad

原文一：

薛（㠯）子達（大）摯活（𠯑）吠，製毳（鳥獸細毛）罽（𠜂）（毛織地毯）出，割（耒）蕨（厥）艾（乂），祝（兑）蠆（萬）幣，熱（埶）烈拜會，札乀贅蔡（祭）雪（彗）慧（彗）。

太太最傑（桀）叡（叡），捋（寽）髮（友）帶，掇（叕）髮刷（㕞）。

歲戌山，太太肺（巿）劣，大發（癶）渴（匃），月末決（夬）裂（列），話（𠯑）別太太。

译文一：

薛子达挚活吠，将鸟兽细毛制成地毯，割蕨菜与艾草，祝虿币，热烈拜会，札赘蔡雪慧。

太太最敏锐，捋顺发带，收拾发梳。

在岁戌山上，太太的肺病加重，口渴得厉害，月末的时候分别，告别太太。

原文二：

蓋（盇）泰越（戉）剌裔竄奪外幣，敗（貝）害（丯）世界（介）。衛彝（彑）噬（筮）活截（𢧵）剿（臬），設界制轄（丯），徹罰，發誓（折）殺（殺）伐滅絕（𢇍）。

译文二：

大概是泰越刺杀后裔，（他们）窜逃夺取外币，败害世界。卫彝噬活截剿，设置边界管辖，撤销责罚，发誓杀伐之事不会再发生。

罕見字：巜、砅、苜、旻、[illegible]、屮、联、亅、奇、禼（古契字）

補注：

1. 歺：𡿪、列

2. 亅：戉

3. 大：泰、達

4. 丯：害、契

5. 匃：曷

6. 巿：肺、沛、柿

7.c.f: ①埶：祭部

②執：緝部

17. **歌部** ɑ

原文：

可（丂→可）叵为義羈離（離）罷羸（羸），徒坐瓦陲（垂）吹歌。遇（禺）沙河（可），臥（罹）蘿（羅）池（也），戲蠡蛇（它）。驪（麗）歌吹那些麻禾，朵朵奇蕊（惢）隨（隋）波（皮）移（多），化（匕）为果。虧我瑣（肙）叙（叉）駕（加）左（㢀）戈。

補注：

1. 義：宜

2. c.f
- 离——歌部
- 禼——祭部

3. c.f 羸——耕部
羸——歌部

4. c.f 匕：旨：脂部
𠤎：化：歌部

5. c.f 㸚——佳部
麗——歌部

6. c.f 羈——歌部
霸——魚部

7. 丂：可、奇、哥

8. 𠂹：垂、差

9. 屮：左、隋、随

译文：

可叵为义羁离罢羸，只是坐在屋檐瓦下吹奏乐曲。遇到沙河，躺在萝池中，和蠡蛇嬉戏。骊歌吹那些麻禾，朵朵奇异的花蕊随波浪移动，化为果实。幸亏我（戴着）连环花纹的金钗，左手驾着长戈。

18. 元部 an

原文一：

簡（閒）元憲姦亂（𤔔），悍舛（害怕錯誤也）。

沿（㕣）斷垣（亘）邊（臱）緣（彖），全面翻（釆）建。辨（辡）睿犬聯選（巽），鍛（段）煉（柬）雋犬産（㢊）卵繁（緐）衍，換（奐）算萬（毌）貫錢（戔）。

穿丹肩，顯（㬎）獻（鬳）弁冕（古時禮貌）萬件，贊壇（亶），爨鮮丸，羼（𡙁）軟（輭）繭，萑莧（草名也），煎（前）蒜（示示）捲（舜），餐（奴）宴（晏）攀輦（扶）縣官，但（旦）願（原）善典寬（莧）便，刪寬免辦。縣官面赧（𠬝），狷（＝嬛）虔，侃侃（理直氣壯）宣言（卒）：遣（𠳋）散。

译文一：

简元宪为奸作乱，害怕遭遇不顺。

沿着断墙的边缘，全面翻建。为辨别聪慧的名犬举行联选，锻炼俊秀的犬产卵繁衍，（将生下的小狗）换了很多钱。

穿着丹肩，献出弁冕万件，赞坛，煮鲜丸子，掺杂着软茧、萑苋，煎蒜卷，餐宴上攀附县官。但愿刑典宽便，从宽以免法办。县官因羞愧而脸红，性情耿直且虔敬，最后理直气壮地说：都解散了吧。

原文二：

樊（楙）媛（爰）單戀（䜌）宦官，斷緣（彖）扇見捐（肙）。

盤（般）旋（㫃）閑苑，羡（次）鴛（夗）歡（吅）展（㠭）。返（反）院（院）潸（㪔）然。

輾（展）轉（叀）纏（廛）綿，煩亂難安。

看岸（榦）邊淺湍（耑），寒泉潺（孱）漫（曼）。

觀（吅）遠（袁）山連綿，雁（厰）燕西遷。

關山前，寒煙片片，半晚（免）殘焉。

译文二：

樊媛单恋宦官，捐出了断缘扇。

徘徊闲苑中，羡慕鸳鸯求欢展翅。返回庭院时，（不觉已是）潸然泪下。

（夜晚）辗转反侧，缱倦缠绵，心烦意乱，难以安眠。

看岸边浅水湍流，寒泉潺潺。

遥望远山连绵，雁燕西迁。

关山前，寒烟缭绕，夜半已是漏断更残。

補注：

1. 安：晏、宴

2. 吅：雚

3. 元：完、院

4. 夗：宛

5. 厂：產、彥、雁、岸

6. 㫃：旋、翰、幹、乾

7. 鬳：獻

8. 閒：間

9. 柬：闌

10. 毌：貫　c.f: ①母：之部

②毋：侯部

11. 芈：單

12. 釆：番

13. 𢍏：卷

14. 楙：懋

15. 㪔：潸、散

16. 算：纂

17. 叀：專、袁、瞏

18. 延：延

19. 西：垔

20. 免：晚、冕、勉

21. 比較：
- 容：文部
- 叡：祭部
- 睿：元部

19. **葉部** ɑp

原文：

籋聿攝（聶）燮（調和也）狎（甲）業，匝（帀）蹋（𦐇）曄葉（枼）。

艷（盍）妾插（臿）涉協（劦）法獵（巤）夾，輒（耴）捷（疌），盍乏巿囁？

補注：1. c.f.
- 夾：葉部
- 夾：談部

译文：

籋聿负责调和（那些）不庄重的职业，匝蹋晔叶（枼）。

美妾插手涉及协助司法处理打猎夹的事，很快取得胜利，何不说话快呢？

20. **谈部** ɑm

原文：

陜（夾）甘詹（毚）函（臽），染嚵啗（臽）甜，厭（猒）談（炎）。

占讖（韱），敢險（僉）。掩弇（遮掩地）閃焱（燈光也），冉（冄）冉芟斬謙（兼）劍。范炎焱。

補注：

1. 臽：監、藍、鑒、覽

2. [illegible]（[illegible]）：函、氾、犯

3. 敢：嚴

译文：

陕甘地区的詹函，得了病，喜欢吃甜食，不愿意和别人说话。

占卜后，敢险。遮掩灯光，慢慢地用剑割草。范炎焱。

21. **缉部** əp

原文：

集合（亼）雜（集）（=遝）沓十邑，及習（習）隰（㬎）（平原也）廿邑。

襲（龖）入皂軜，習揖（咠）疊立執答（合）。

译文：

集合杂居远远的有十邑，到平原之地有廿邑。

袭入皂軜，学习揖叠立执答。

22. 侵部 əm

原文：

林琴南（羊），男，陰暗（音）侵闖深（＝罙）寢（侵），淫（𡈼）覃任（壬）簪（兓）枕（冘）。

參（彡）稟（㐭）凡心甚感（鹹），今臨（品）三審。

補注：

1. 旡：兓、朁

2. 羊：南

3. 今：金、唸

4. 凡：風

译文：

林琴南，男，（趁着夜色）幽暗闯入深闺寝室，淫覃任簪枕。

内心甚为感慨，如今面临三审定案。

五、丙本题录

1. 之部

某才子思妇不已，乃辞其母，佩黑丝，服灰裘，持箕来台医其毒。其舅耻其欺己，不齿其迈，乃宰犁牛，弑海龟，文採稷，麦丘穡，俟仄时，兹色诲之。以士子之专瑝德识力伤其惑，伏其异志，久戒不已，才子乃骇，默息其意，而背匿之时，则又负之。

其母极喜，期国之丕福，楦塞牧之棘以正其甾。姬待陲敕谋倍食之吏。兹不啻，再章其鄙意，又克司其怪辞哉。

2. 幽部

老叟覆帽流舟鬻油。寂寥忧愁，浮游悠悠，洲鸟戚啸，留宿草茅，鞠老鸨求俘。老鸨搔首叫糟。手抓酒肉庖篕，酬稻祝枣，叫刘休佬，周萸阜韭，逐六畜，囚麀兽，抓牡夔，报效老叟。

老叟受，叫好道：“咎囚幽牢，夙觉告讨，腹犹羞饱，穆牖奥奥，毒草肉肉，”

老鸨肘抱竹帚，聊叫臭宝宝，幼就淑秀守道，巧茂孰俦，九秋彪扰，昱昱皋皋休錐。

3. 宵部

毛苗暴虐，骄傲，招盗罴號雀杲。教宵小要鈔票，鼂貌天肇謠兆，高爵詔檄籥勦。宵小逃到郊橋，淼杳躍濯弱沼。約弢弔県夋饒。鶴梟飄飄幺約猋猋。籥樂鬧勞。

4. 侯部

愚豎陋屋逗雛后，剝兜？乳欲鬬辱，鹿角曲木續毆？雛后，局促扑鬥哭。愚儒俞後？戍府。僕頭具奏禿寇走。務須遠捉拘獄？陸斛穀粟僕厚足。樹主娶偶需數？數斗珠玉獨漏琢。

5. 鱼部

暑假孤居苦吾素，擇女寫書訴吾慕。雨夜寡侶圖互助，夕夕夜夜投吾書。女懼惡語罵吾魯，嗚乎寫予如下書：家父昨夜圖擇婿，霍户巨賈誇宅土。赫赫武夫舉石斧，馬車乿鼓射赤虎，且獲五隻白野鼠。

旅客初度惜楚粦，巫蠱羽舞娛旅客。把壺邪客却薄鹵，步於閭隙除吾懼。借故炙隻吳郭魚，夏禹若挈五尺戟。暮貯車輿御霸徒，捨家普索庶居處。

6. 佳部

窺知隔壁閨佳娃，提卮攜醯買此妓。賜圭賜璧益賜婢，解兒歷此啟責績。聲奊脊厇奊斯跪。派兒遞此紙畫冊，斷蜴系鷹啓瑞蹟，知只是策謚兮役狄。

7. 歌部

隨駕馳離庄俄，罷沙鍋瓦垛瑣。裸臥戲那羈儷，羅痤靡羸虧貨。多加叉此果和蛇，徒地垂坐吹我歌。我和施麻波，頗惴墮禍池，也寄他奇義，可為可叵賀。

8. 脂部

媚妻私棄美雉豕，日齊米粟飢致死。一姊二姨皆體恤，秘劍視伊漆頁屍。四季八節悉嚏水，閉室質爾失脂濟。逸失七匹鐵兕夔，睽睽竊畢棲遲履。自比繼室吉利低，姨遂抑戾計實惠。

9. 微部

罪匪率卒圍襲壘，雖追弗畏師惡，勿屈哀微衰氣態。既出依威勿退回，乖妹肥骨沒鼻尾，毀位希冀委？誄。虫類飛飛，枚瑰累累，鬼火鬱鬱，機器危危，非逮祟鬼誶對胃，綏內乞貴豈慰誰。

10. 祭部

世界殺伐滅絕烈，哲傑會說滯裂決。罰奪保敗最大摯，舌渴肺熱藾啜沫。泰越粵裔蔑？達，祭拜筮酹誓截癘。刷蓋衛活贅藝艾，設製外歹大快活。月竄跤蹶薛孑吠，太太徹察慧凋別。

11. 元部

看穿縣憲煩寬冠，捐弃但願免惌怨。辦冤悍舛變姦亂，斷蔺選輦滿眷還。雋山軒軒慢穿攀，瓘泉孱孱沿淺澗。返院免患喘歡言，燃炭爨餐善筵宴。燕雁犬肝煎丱鮮，全面研硯虔獻蘭，安健鍛煉胖難顯。

乾寒展扇侃侃言，叀夗前官萬般繁。班任連綿肩半彎曲，換算姍緩焉連貫。反顏便緩原難閑，斷垣旁緣湮遷遷。全面典贊元難幹，片面旻蹇難纏旃。

12. 文部

昏君頒？揮糞塵，頓頓祈盼雲呑飧。恩悶吮唇珍豚菌，春晨損文駕綸巾。群昆隱忍吞憤恨，殷勤諄諄訓昏君。失君難困睿豳川，諷問鰥貧循門賑。振奮寸筋遵先討，溫存敦本胤群孫，群孫俊允滿殿壺。

13. 真部

秦晉陳鄭亩緊鄰，藺尹引親添新恩。佞臣眪賓盡印言，閏年田筍頻頻疢。賢人憐身慎淵津。臻真偏演天憐大，千年神民望因天。

14. 耕部

聖庭鼎盛幸生嬰，命令磬？轟轟鳴。敬耕省爭正靈牲，聘請整形逞輕盈。幸嬴真名星瞑耿，叮嚀平穎？榮名。

15. 阳部

張亨強壯想放洋，商量上秉唐明皇。鄉當相庆當榜樣，仰望並行往抗莊。放洋英京永蒼涼，陽光鬯爽想鄉壤。向陽萌病想香羹，英兵仗槍猛橫行。商匠印兵抗英王，兩兄喪亡葬莽疆。將秉桑杏唱尚饗，丙彭蕩漾竟黃粱。

16. 东部

總統擁邦講頌客，襲聽舂嵩同封冢。洪通從僮蒙双送，孔叢竦客供幫兇，巷弄逢茸恐豐功。

17. 中部

宋彤宗賵忠戎宫，眾農冬窮終降蟲。

18. 蒸部

乘勝稱朕升雄陵，曾夢拯態徵蠅鷹。肯凭陾弓恆登興，承朋贈冰仍應兢。

19. 侵部

南風闖心，琴音甚淫。三男侵臨，感念朁審，森林深潭，陰稟凡品。

20. 谈部

膽敢佔俺嚴談函，欠甜厭甘殘嫌犯。弇閃檢點讀漸慚，芟藍染劍陷陝聃。

21. 葉部

葉曄乏法獵劫妾，涉狹躡蹋帀插車。狎業燮捷輒闔脅。

22. 缉部

集合疊沓入濕澀，習及十級給廿邑，執軜眾眾急立揖。

六、结语

综上所述，甲本、乙本和丙本在措辞、连句、编排、风格等方面容有不同，但都达到了从故事情节入手记忆谐声表的目的，不失为一种颇有创意的好的学习方法，值得仿效和推广。通过对上古韵廿二部谐声字助记歌诀甲、乙、丙三本的比照，不难发现，虽然编者才力参差，在用字完整性、情节连贯性、逻辑合理性等方面，水平不一，但搜肠刮肚、勉力为之的认真态度是一样的，值得肯定。无论甲本，还是乙本、丙本，均内容生动有趣，风格多样，或诙谐幽默，或典雅有致，如乙本“阳部”与“元部”的其二都编写得尤为精彩，直到今天仍然有其研习价值。今天，我把杜师母赠送给我的这两份珍贵资料公之于世，一方面表达我对两位先生的深深感激、教诲之情，另一方面，希望这两份珍贵资料，能够对当前学人的上古音学习，特别是上古谐声表的记忆起到启发和促进作用。

参考文献

董同龢．汉语音韵学［M］．台北：学生书局，1968.

罗常培，周祖谟．汉魏晋南北朝韵部演变研究（第一分册：两汉部分）［M］．北京：科学出版社，1958.

《广韵》切语用字与音节结构

香港中文大学　新亚书院　黄耀堃

《广韵》承传前代韵书而加以修改，内部大都是"层累"而来；[①]而这种"层累"也不是单线发展，如果以陆法言的《切韵》作为起点，发展到《广韵》，中间可能是呈菱形的状态，甚至是箭垛型的状态，也就是说《广韵》和陆法言（562—？）《切韵》的关系，可以是直线的关系，也可以是《广韵》继承了多本《切韵》系韵书，甚至继承了一些跟《切韵》没有关系的韵书。因此《广韵》的切语用字反映的东西非常复杂，而复杂的背后，到底有什么意义，颇值得深思。重读了一些二十世纪早期的论著，本文拟从《广韵》的切语用字探讨古人如何分析音节结构。

一、切语改动与反切改良

一般认为《广韵》有对前代韵书的切语并没大加改动，也没有在反切方法上有所改变，如林序达（1925—1993）《反切概说》："从比较中可以明显地看出，《广韵》的反切确实与《切韵》有所不同，而这不同处主要是反映了语音的演变"，他举出唇音和舌音的例子，指出《广韵》加以改动，"也是为了切合实际的语音。《广韵》的这些改变，对反切方法没有丝毫改动"[②]。简而言之，《广韵》和《切韵》切语的差异，只是因语音的改变，而没有改动反切方法。周祖谟（1914—1995）在《唐五代韵书集存》指出：

> ……至于改变切语而涉及到读音问题的，主要是声母中唇音、舌音和匣母用字的改变。……这些都表明韵书的编者或写者为切合语音的实

① 按：鲁国尧（1937—）在研究韵图和等韵学（切韵学）时，提出"层累"的说法："切韵图是层累地造出来的"［鲁国尧（2003：350）］，同样《切韵》和《广韵》本身，同样存在"层累"的性质。

② 林序达.反切概论[M].成都：四川人民出版社，1982：52.

际情况对反切不免有所改动。不过，把反切完全彻底地一一加以修订的书并没有发现。[①]

除了唇音和舌音之外，周祖谟还加上匣母，不过这里仍然是说改动反切，是为切合语音的转变，言下之意，唐五代韵书改动切语并没有改变《切韵》的语音体系，因此《广韵》的“重修”其实是语音改变的结果。所谓“把反切完全彻底地一一加修订的书并没有发现”，不能说不对，也不能说没有可商榷的地方。的确找不到把《切韵》的切语完全改变的唐五代韵书，更由于反切的包容性（如不同的方言，大都可以用相同的切语切出相应的音节），《切韵》的切语，在后世仍可以拼切出相应的语音，“完全彻底”四字到了现代仍然适用。值得注意的是，周祖谟举出的例子“卑、邳”，[②]见于《广韵》的“新添类隔今更音和切”里面（页130），[③]至于“云（页109）、越（页477）、斲（页465）、怖（页479）”的反切，[④]在《广韵》都已经“重修”了。不过周祖谟所举的例子不尽合适，其中“斲”的上字“丁”《广韵》有两读，一作知母（页188），一作端母（页194），《广韵》改作“竹”，“竹”只有知母一读，不致误会，因此不尽是语音的转变，也可以说是一种反切改良的办法。

切语改变也有属系统改变的，如去声夬韵有“蠆”小韵，《切韵》残卷P3696-2和“王三”的切语为“丑芥”，而《唐韵》作“丑介”，“王二”作“丑界”，《广韵》作“丑犗”，[⑤]而“介、界”都属于怪韵，不属于夬韵，《广韵》则改作“犗”，与P3696-2、“王三”同；又如夬韵“夬”小韵，P3696-2、“王二”、“王三”、《唐韵》的切语为“古迈”，《广韵》作“古卖”，而《广

① 周祖谟.唐五代韵书集存[M].北京：中华书局，1983：16.

② 《唐五代韵书集存》：“例如支韵……；同韵‘卑’字，笺注本一音符移反，而裴本《切韵》作必移反。又脂韵‘邳’字《切韵》音苻悲反，而笺注本二作蒲悲反；同韵‘胝’字，笺注本一作丁私反，笺注本二则改作陟夷反”[周祖谟（1983：16）]。

③ 为省篇幅，径列《广韵》页码，不再出注。

④ 《唐五代韵书集存》：“文韵‘云’字，笺注本一作户分反，王韵则作王分反；同样，月韵‘越’字，笺注本一作户伐反，王韵则作王伐反。觉韵‘斲’字，笺注本一和王韵音丁角反，《唐韵》则改作竹角反。又月韵‘怖’字，笺注本一音匹伐反，《唐韵》则作拂伐反。”[周祖谟（1983：16）]。

⑤ 上田正（1975：143）。按，《唐五代韵书集存》认为P3996是“笺注本切韵”［周祖谟（1983：7-8）］。

韵》卷首韵目的切语为“古迈”，[①]“卖”属卦韵。又如去声祭“毳”小韵，“王一”、“王二”、“王三”、《广韵》的切语均为“此芮”（清母四等），而《唐韵》作“昌芮”（昌母四等）。[②]当然这些改动并不大，不足以改变整个语音系统。

不少学者都把《广韵》跟《集韵》比较，认为《集韵》在反切方法上有所改进，潘重规（1908—2003）、陈绍棠（1935—）《中国音韵学》认为《集韵》“改造切语，将不合之反切，加以改定”，提出有两个方面，跟《广韵》相似可以不论，另一个似乎是《集韵》的特色：“切语上字字之声调及等呼，与被切字相同”。[③]《集韵》卷首所载的《韵例》并没有清楚讨论相关的问题，《韵例》只是笼统地说：

> ……凡字之翻切，旧以武代某，以亡代茫，谓之类隔，今皆用本字。述夫宫羽清重，篆籀后先，总括包并，种别汇联。……[④]

“武”和“亡”是轻唇，而“某”和“茫”是重唇，这就是上面所说的第一点，至于“宫羽清重”，其实跟《广韵》所载“论曰”的部分相近，“论曰”所谓“必以五音为定，则参宫参羽，半徵半商，引字调音，自有清浊”（页19），这又跟孙愐《唐韵序》“又纽其唇齿喉舌牙，部伍而次之”（页18）相应，因此《集韵·韵例》并非新说，也就是说用切语表现出上字的声调、等呼之说，并非自《集韵》开始。无论是不是按声母五音排列，其中涉及等韵学（切韵学），因此唐作藩（1927—）认为其中有等韵之学的影响。[⑤]不过《广韵》也好，《唐韵》也好，都没有完整的排列体例，更可能出于编排和使用有其难度，即“论

① 上田正（1975：142-143）。按：《广韵导读》认为：“《广韵》诸本作‘古卖切’误。‘卖’在十五卦，此应作‘古迈切’，徐锴不误”[严学宭（2008：181）]。又《切韵研究》指出：“有些小韵的反切越出了本声或本韵，大概是受后来音变的影响。这些小韵都按应在声或应在韵列表，而反切则不加动”[邵荣芬（2008：27）]。

② 上田正.切韵诸本反切总览[M].京都：京都大学文学部中文研究室均社，1975：139.

③《中国声韵学》又说：“……凡《广韵》切语上字属仄声者，皆易以平声字，可知《集韵》于此，有显著之改易，以求切语上字与被切字髲调之统一。此其所易之字，已及于反切上字及被字之等呼，亦使之相同。如东、为合口字，而切语上字德为开口字，是以开切合也。《集韵》改为都，属合口字，则与东同为合口字矣。又如钟亦合口字，切语上字‘职’为开口字，改为‘诸’则同为合口矣。凡此，皆以《广韵》未密而改之者，盖声韵之事，愈细密则其价值愈显，然此事于韵例中，并未有说明。而其间曾经改易，则属无可置疑也”潘重规，陈绍棠.中国音韵学[M].台北：东大图书股份有限公司，1978：275.

④ 丁度.集韵[M].上海：上海古籍出版社，1989：1.

⑤ 唐作藩.校订五音集韵序[M]//宁忌浮.校订五音集韵.北京：中华书局，1992：序1.

曰”所谓“若细分条目，则令韵部繁碎，徒拘桎于文辞耳”（页19）。另一方面说明唐人的韵书已有很多细微的划分，只不过到了《集韵》才刻意提出来。

二、音节结构与“切韵学”

不过，周祖谟提到一些唐五代韵书切语的改动，颇值得注意，这些改动不涉及语音，也不是讹误的问题，《唐五代韵书集存》指出：

> ……其中有些只是用字上的差异，与音类不相涉，但也有些牵涉到读音的问题。属于用字上的改变，各书的情况不同。在用字上为什么要改变，还不完全清楚。稍能理解的有两种情况：一种是避讳而改字。……另一种是反切上字不同正纽字，而改用旁纽字。在《切韵》里有不少用同一韵系的同纽四声字作切语的，这就是古人所谓的正纽字。例如脂韵‘葵’音渠住反；上声‘揆’则音葵癸反；又平声‘逵’音渠追反，去声‘匮’则音逵位反；这些都是正纽字互切的例子。可是从《唐韵》以后就略有改变。例如虞韵去声遇韵的‘树’字，王韵作殊遇反，‘殊’即‘树’之平声，蒋本《唐韵》则作常句反；又同韵‘芋’字王韵音羽遇反，羽为‘芋’之上声，《唐韵》则作王遇反；‘常’与‘殊’、‘王’与‘羽’声同而不属于同一韵系，这就是旁纽双声。①

现在泽存堂本‘树’和‘芋’的切语（页364、366）正与周祖谟所举的《唐韵》相同。避讳改动，可以不论。而把正纽字改为旁纽字，可以说是反切的改良。不过问题是为什么早期的切语用正纽字来做上字，倒不如旁纽字更方便，古人用这样笨拙的切语有什么意思呢？因此改良的背后，好像泯灭了一些隐含的意义。

如果反切的目的是在于分解被切字的声和韵，再经过拼切的过程，复原被切字的音节。而正纽字上字的切语如果是正常的话，其目的又是什么？因此不是要问“在用字上为什么要改变”，而是应该问用这些切语隐含了什么意义。这里试从以古人分析音节结构的方法这个角度讨论一下。严学宭（1910—1992）《广韵导读》讨论到《广韵》的内涵，一开始就比较古今对音节结构的描述，严学宭把古人和现代语言学对中古音节的描述列成表格，现在把两个表格拼合在一起：

---

① 周祖谟.唐五代韵书集存[M].北京：中华书局，1983：15-16.

表 1　汉语音节结构表

<table>
<tr><td></td><td colspan="3">声调</td><td>T</td></tr>
<tr><td rowspan="3">声母</td><td colspan="3">韵母</td><td rowspan="3">(C) (S) $V\left(\begin{Bmatrix}C\\S\end{Bmatrix}\right)$</td></tr>
<tr><td rowspan="2">介音</td><td colspan="2">韵脚</td></tr>
<tr><td>主要元音</td><td>韵尾</td></tr>
</table>

用拉丁字母的部分是现代语言学的分析，所谓“这T代表声调，C代表辅音，S代表半元音，V代表元音”，[①]《广韵导读》又按“汉语音韵学旧称”把上面的图表加以改编，列出的图表颇为精细。[②] 不过《广韵导读》以汉字所列的图表既不见于《广韵》，甚至在《广韵》的时代，宋元时代也并未出现这图表，因此能不能说是古而有之，还是有些困难。当然很多人会说，这种分析方法是已经出现了，就是所谓“切韵学（等韵学）”，用图表中的位置把每个音节的结构都表现出来，这样的图表，可以追溯到《切韵》时代，在《日本国见在书目录》收有《切韵图》一卷，[③] 甚至出现在与《韵镜》名称相关的著作中，见《封氏闻见记》：

> 天宝末，平原太守颜真卿撰《韵海镜源》二百卷。未毕，属蕃寇凭陵，拔身济河，遗失五十卷。广德中为湖州刺史，重加补葺，更于正经之外，加入子史释道诸书，撰成三百六十卷。其书于陆法言《切韵》外增出一万四千七百六十一字，……[④]

初编二百卷大约可能一韵一卷，“镜源”当然有“鉴源”的意思，但同样可能是指图表一样的东西。另一方面“等韵学”在早期称之为“切韵学”，《〈卢宗迈切韵法〉述论》：“唐宋西夏金元都叫‘切韵学’，明清以来方名‘等韵学’”，[⑤] 又说：“宋代的切韵学实际上是当时的音系学，多采用图表形式，尤为重要的是音节表”。[⑥]“切韵”一词，固可以视为韵书的名称，又可以视为反切的意思，沈括（1031—1095）《梦溪笔谈》说：“所谓‘切韵’者，上字为‘切’，下字为‘韵’”，[⑦] 因此‘切韵’之学，就是反切之学。因此“切韵学”既有“等韵学”之意，也说明反切之学就是后世的音系

---

① 严学窘.广韵导读[M].北京：中国国际广播出版社，2008：39.

② 严学窘.广韵导读[M].北京：中国国际广播出版社，2008：40.

③《丛书集成新编》本第一册，374页。

④《丛书集成》初编本，16页。

⑤ 鲁国尧.鲁国尧语言学论文集[M].南京：江苏教育出版社，2003：327.

⑥ 鲁国尧.鲁国尧语言学论文集[M].南京：江苏教育出版社，2003：344.

⑦ 沈括.《梦溪笔谈》卷十五[M].《津逮秘书》本：8a.

学的意思。当然，在《广韵》本身确实有明显“切韵学”的部分，在《广韵》最后的“杂丛”，其中有《双声迭韵法》、《辩字五音法》、《辩十四声例法》《辩四声轻清重浊法》等部分，都是与反切字音之学有关，特别是最后的《辩四声轻清重浊法》（页 549 ～ 552），可以说直接跟等韵学有关，不过这个图表一直难以明解，近几十年有好几个学者对此加以讨论，[①] 萧振豪（1986—）《“轻清重浊”重议：以诗律为中心》把这些论文整理成表，并重加分析，详细说明，无论如何《辩四声轻清重浊法》涉及等韵，则无可疑义。[②]

三、《广韵》的组织与音节结构

《辩四声轻清重浊法》难以理解，因此一般人忽略了它跟“等韵学”的关系。《广韵》除附了《辩四声轻清重浊法》之类，说明音节的结构之外，其实也通用本身的组织表现出对音节结构的分析。

《广韵》依从《切韵》以来的方式，按声调分卷，不同的卷表现出不同的声调，《广韵》又调整了入声的次序，虽然这些调整不见得是合乎了《切韵》的系统，但应该是参照当时的语音以及唐五代韵书的体系，把三类的入声韵尾（-k、-t、-p）大致分别出来，并与其他三个声调互相呼应。

另一方面，业师尾崎雄二郎（OZAKI Yuujiro，1926—2006）先生在《切韵系韵书における韵の排列について》一文指出《切韵》的韵目排列是基本上按“动口于喉，缄口于唇”这个原则。[③] 许明德（1987—）发现清代牟应震（1744—1825）的《毛诗古韵杂论・论五音》已罗列出好几种“五音”的定义，[④] 其中有两种跟“动口于喉，缄口于唇”的原则相类：

---

① 《“轻清重浊”重议：以诗律为中心》选取最重要的五篇分析，包括唐兰（1901—1979）《论唐末以前韵学家所谓“轻清”和“重浊”》、平山久雄（HIRAYAMA Hisao，1932— ）《故唐兰教授“论唐末以前韵学家所谓‘轻清’和‘重浊’”に寄せて》、潘悟云（1943— ）《‘清轻’、‘重浊’释——罗常培‘释轻重’》、《‘释清浊’补注》、黄典诚（1914—1993）《轻清重浊的划分是等韵之学的滥觞》、刘人鹏《唐末以前“清浊”、“轻重”之意义重探》［萧振豪（2010：56-58）］。

② 按：萧振豪认为诗律中的“轻清重浊”的原意，跟《辩四声轻清重浊法》所列并不一致，不过后者跟等韵有关，则殆无可疑。

③ 尾崎雄二郎.中国语音韵史の研究[M].东京：创文社，1980：101.

④ 许明德.从《韵镜开奁》看中日明清等韵学研究[J].香港中文大学中文学部硕士论文，2011：120.

> 五音分配之说，纷纷聚讼，未有画一。“切韵”以字音定五音，东冬为宫，江阳为商，萧肴豪为角，支微齐为徵，鱼虞为羽。……郑庠则东冬江为宫，阳庚青为变宫，真文元寒删先为商，萧肴豪尤为角，支微齐佳灰为徵，鱼虞歌麻为变徵，侵覃盐咸为羽。……虽郑庠之说，近多信之。然依沈约所分之部，以定五音之准，其为影响之谈不问可知矣。……①

这里所谓“切韵”应该是指反切之学，而不是指韵书。《毛诗古韵杂论》的《论沈韵》，更有进一步的说法：

> 沈韵分部之序极无理，亦无议及者。尝以意求之，首东冬钟江者，开口中声也，故标以为首。万音生于喉，支脂之微，喉音也。鱼虞模，由喉而腭也。齐佳皆灰咍，由腭而舌也。真醇臻文欣元魂痕，舌前齿后也。寒桓删山先，倦正齿也。萧肴豪，齿前唇后也。歌戈麻，唇中也。阳唐，唇外也。由唐而庚，而耕，而清，而青，而蒸，而登，以次反于内也。尤侯幽归于腭也。侵覃谈盐添严咸衔，归于喉也……②

无论是牟应震也好，尾崎雄二郎也好，他们都发现《切韵》系韵书有一定的韵序。如果读者通读《广韵》全书，厘分前后，大致可以见到其中的序列，即大致始于以舌根音为韵尾发音，而终以唇的闭锁；其间按韵尾发音，从舌根至唇的闭锁，从内而向前，相次顺列。因此可以说《广韵》在韵序上已为不同的韵尾，提供了一些指引。

拙稿《〈切韵〉韵目取字问题研究》指出韵目是用等别较高的开口字为主，③因此韵目可以把主元音（韵腹）表现出来。简而言之，《广韵》以及它的前代韵书，通过本身的组织把韵母结构反映出来，其中包括了主元音和韵尾。甚至以韵序、韵目，以及各韵之间的组合（即后来所谓“韵摄”这一个概念），把主元音和韵尾的音素也呈现出来，声调这个超音段音位也通过分卷划分出来。虽然这样的划分不像现代语言学那样细分出每一个音素，甚至不如韵图那么清晰，但读者只要阅读全书也大致可以从前后连类分辨出其中的同异。

四、切语与介音

《广韵》的结构上表现了主元音和韵尾，以至超音段的声调，但如何把

① 续修四库全书（第247册）[M].上海：上海古籍出版社，1995：45.

② 续修四库全书（第247册）[M].上海：上海古籍出版社，1995：43.

③ 黄耀堃.黄耀堃语言学论文集[M].南京：凤凰出版社，2004：103.

介音（韵头）的区分表现来呢？下文试从切语用字加以探讨一下。现在回头看看八十年前，白涤州（1900—1934）在《女师大学术季刊》第2卷1期发了《广韵声纽韵类之统计》。白涤州以统计反切上字的方法，认为陈澧（1810—1882）系联出来声母的类别，还可再加细分，由同一个声母细分出来的类别有些专用在一、二、四等，有些专用在三等，因此白涤州重新把三十六字母划分出47类声母。① 在白涤州之前，高本汉（Bernhard Karlgren，1889—1978）就提出过有些声母出现所谓"j化"的现象，也是倾向把一些声母分为一、二、四等一类和三等一类。② 李荣（1920—2002）批评高本汉的研究"粗枝大叶"，③ 而白涤州使用精密的统计方法，仍然有些学者并不以为然，如耿振生（1952—）所说"统计数字的精确不等于分类的精确"。④ 李荣批评高本汉，认为："高本汉分单纯和［j］化的那些个声母，反切上字固然有分组的趋势，就是他不分单纯和［j］化的精、清、从、心四母，反切上字也有分组的趋势"。⑤

然而高本汉和白涤州的分析并不是没有意义。耿振生批评白涤州有三点，第一点是"两类反切上字的使用分工并不十分严格，有的切上字不仅用在本类之内，也用在本类以外，甚至本类外的例子还不少"，第二点是"有的切上字使用频率不高，并且本身的等跟所切字的等是不一样的"，⑥ 如果考虑到本文一开始提到的"层累"说法，如果《广韵》的切语也是由层累做成，不十分严格和例外并不奇怪。"层累"而成的文献一定夹杂很多例外，最重要的还是要看主流和倾向，因此这两点的误差是在文献整理所容许的范围之内。耿振生的第三点指白涤州是因自己主观原因致误，认为白涤州把《广韵》的等和韵图的等混淆起来，⑦ 不过后来辻本春彦（TSUJIMOTO Haruhiko, 1918—2003）《（付诸表索引）广韵切韵谱》，重做了《广韵切韵谱切上字的统计》的图表，把四等和"四三等"（重纽A类）分别开来，⑧ 修正白涤州的统计结果，但与白涤州相去不远，说明这样的统计仍然站得住脚。

白涤州的误区是在于他要通过统计方法，而把声母加以分类，而没有留意不同等的上字有不同的分工，而非在声母上有真正的区分。李荣引用赵元

① 白涤州.广韵声纽韵类之统计[J].女师大学术季刊，1931，2（1）：24.

② 高本汉.中国音韵学研究[M].上海：商务印书馆，1940：31.

③ 李荣.切韵音系[M].北京：科学出版社，1956：109.

④ 耿振生.20世纪汉语音韵学方法论[M].北京：北京大学出版社，2004：142.

⑤ 李荣.切韵音系[M].北京：科学出版社，1956：110.

⑥ 耿振生.20世纪汉语音韵学方法论[M].北京：北京大学出版社，2004：142.

⑦ 耿振生.20世纪汉语音韵学方法论[M].北京：北京大学出版社，2004：142.

⑧ 辻本春彦.广韵切韵谱[M].京都：临川书店，2008：199-202.

任（1892—1982）的论文批评高本汉三等[j]，也就是所谓“介音和谐说”，接着他又提出一个说法：“拿反切上下字是否跟被切字同属三等或非三等做标准，有些反切三等介音两属，有些反切三等介音属下字（韵母字），有些反切三等介音属上字（声母字）”，① 虽然这个说法是有相当多的例子来证明，不过白涤州和辻本春彦的统计所得，远多于李荣《切韵音系》的《反切下字跟被切字等不同总表》之类所举的例子。② 因此与其说是介音可以分属上下字，不如说是古人有意有用三等韵的上字来拼切三等韵的被切字，也就是古人刻意要表现出三等介音。

拙稿《归纳助纽字与汉字注音的“三拼制”》提到“宋元以来的助纽字，正起着拼切 /-i-/ 介音的功能”，③ 如果连同白涤州和辻本春彦的统计，可以说明古人很早就可以分辨出 /-i-/ 介音来，虽然三等的上字和一、二、四等的上字不能划分出两个不同的组别，但各自承担着不同的功能。上文提到周祖谟所谓上字用正纽字的情况，虽然现在不明白其目的如何，但一如以上下字同为三等一样，似乎有其深层的意义。④

《归纳助纽字与汉字注音的“三拼制”》又提到“袁子让设立‘切脚’，加在反切里面，帮助分辨 /-i-/ 和 /-u-/ 介音”，⑤ 这是明代的情况，那么《广韵》时代是怎样分辨 /-u-/ 合口介音的呢？其实这个问题，《广韵》在结构上已经解决了。要分辨合口介音，就要有开合口对立的韵，既然韵目是以等别较高的开口字为主，与韵目不同的韵类就是有合口介音。因此宋代的“归纳助纽字”并没有设合口一类，可能是因当时认为没有这个需要。

五、赘语

最后，从古人分辨音节的情况出发，有两点值得补充一下。首先，从此

① 李荣.切韵音系[M].北京：科学出版社，1956：110.

② 李荣.切韵音系[M].北京：科学出版社，1956：103-104.

③ 黄耀堃.《唐字音英语》与二十世纪初香港粤语的语音[M].香港：香港中文大学吴多泰中国语文研究中心，2009：56.

④ 按：有关“归纳助纽字”的出现，到现在仍是一个谜，“归纳助纽字”似乎有有一个很早来源，孔仲温（1956—2001）认为见于《归三十字母例》[孔仲温（2002：558）]，虽然此说未必准确，但《归三十字母例》中牙音全作三等，也是个很奇怪的现象。

⑤ 黄耀堃.《唐字音英语》与二十世纪初香港粤语的语音[M].香港：香港中文大学吴多泰中国语文研究中心，2009：56.

可以知道古人很早就会分辨 /-i-/ 介音，正如在《广韵》切语之中，仍然可以分出一、二、四等的上字和三等上字的不同，同样在《广韵》传承的韵书里面，也可能存在这样的分别，四等和三等有异而与一、二等相合的趋势，另一角度说明四等理应不存在与三等相同的介音。因此很多学者使用不同时空的例证来说明《切韵》的四等有 /-i-/ 介音，① 但忽略了《广韵》切语所反映的问题。

其次，上面曾经提到"等韵学"早期叫"切韵学"，而"切韵"有一个意思是指反切上下字，如果用数学形式来处理，把"切韵"之学用"切语"之学来替代，于是"等韵"之学，等于"切语"之学；经过"消项"，"等韵"就等于"切语"。这里只是纯以低层次的形式逻辑来推理，但如果以《广韵》本身的结构，包括分卷、韵序，以至韵目的选定，以及切语的构成来看，"切语"（切韵）的确呈现出等韵学的特征。因此虽然隋唐分析音节的具体细则未见，但分析切语，也隐然见到音节其中的架构。

2011 年中秋翌日初稿

参考文献

丁邦新．论《切韵》四等韵介音有无的问题［M］// 中国语言学论文集．北京：中华书局，2008.

上田正．切韵诸本反切总揽［M］．京都：京都大学文学部中文研究室均社，1975.

孔仲温．论《韵镜》序例的'题下注''归纳助纽字'及其相关问题［M］// 孔仲

① 丁邦新（2008：89-96）。按：丁邦新（1936— ）从四个方面讨论，认为《切韵》四等韵有介音，包括：四等韵合口音的演变、汉越语中重纽四等字的读音、梵文对音里的四等字、魏晋南北朝四等字押韵的趋势，可以说证据很多，不过都不是《切韵》本身，因此如果只就《切韵》切语而言，似乎四等字没有介音是比较可信。又〈论《切韵》四等韵介音有无的问题〉引用李荣的说法，接着就引董同龢的分析，认为重纽三、四等的字可以跟三等以外的字系联，而得出"可见用反切上字的分类判别介音的是非恐怕不能成立"［丁邦新（2008：96）］。按：白涤州没有把四等字的"卑畀必并边"分出来，出现混杂不分的情况［白涤州（1931：11）］，如果根据辻本春彦的统计来看，仍然可以成立，现在同样分析帮母字上字，据辻本春彦的统计，一等字51次，只充当一、二、四等上字，没有例外；二等字3次，只充当二等上字，没有例外；三等字71次，充当一等上字3次，充当二等上字4次，充当三等56次，充当'四三等'上字6次，充当四等上字2次；四等字16次，充当一等上字1次，二等1次，'四三等'上字13次，四等一次［辻本春彦（2008：200）］，三等字充当三等字的上字接近79%，因此以少数相涉的例子来证明上字不能判别介音的说法，恐怕也不能成立。

温教授论学集 [M]. 台北：台湾学生书局，2002：543−577.
白涤州 . 广韵声纽韵类之统计 [J]. 女师大学术季刊，1931，2（1）：1−28.
辻本春彦 .（附诸表索引）广韵切韵谱 [M]. 京都：临川书店，2008.
牟应震 . 毛诗古韵杂论 [M]// 续修四库全书：第 247 册 . 上海：上海古籍出版社，1995.
余乃永 . 新校互注宋本广韵（增订本）[M]. 上海：上海辞书出版社，2000.
尾崎雄二郎 . 中国语音韵史の研究 [M]. 东京：创文社，1980.
李荣 . 切韵音系 [M]. 北京：科学出版社，1956.
周祖谟 . 唐五代韵书集存 [M]. 北京：中华书局，1983.
林序达 . 反切概论 [M]. 成都：四川人民出版社，1982.
邵荣芬 . 切韵研究（校订本）[M]. 北京：中华书局，2008.
耿振生 .20 世纪汉语音韵学方法论 [M]. 北京：北京大学出版社，2004.
高本汉 . 中国音韵学研究 [M]. 赵元任，李方桂，罗常培，等，译 . 上海：商务印书馆，1940.
许明德 . 从《韵镜开奁》看中日明清等韵学研究 [D]. 香港：香港中文大学，2011.
宁忌浮 . 校订五音集韵 [M]. 北京：中华书局，1992.
黄耀堃 . 黄耀堃语言学论文集 [M]. 南京：凤凰出版社，2004.
黄耀堃 .《唐字音英语》与二十世纪初香港粤语的语音 [M]. 香港：香港中文大学吴多泰中国语文研究中心，2009.
潘重规，陈绍棠 . 中国音韵学 [M]. 台北：东大图书股份有限公司，1978.
鲁国尧 . 鲁国尧语言学论文集 [M]. 南京：江苏教育出版社，2003.
萧振豪 ."轻清重浊"重议：以诗律为中心 [M]// 日本中国语学会《中国语学》260 号，2010：54−73.

《说文段注》与段玉裁的审音

天津大学语言科学研究中心　施向东

自江永批评顾炎武“考古之功多而审音之功浅”，后人遂将清代古音学家分为“考古派”和“审音派”。江永、戴震等被冠以“审音派”之名，顾炎武、段玉裁等被归入“考古派”。有些学者甚至主观地规定，只有按照等韵学的理论来考察古音才能称作“审音”①，这更是地地道道的以今律古，把自己的观念强加于古人了。殊不知“考古”与“审音”二事本不可分，舍考古无以审音，离审音无以考古。简单划派，厚诬古人，亦歪曲了音韵学史的事实。

何谓“审音”？用今天的术语说，审音无非是分部和归字两件事。分部是将元音和韵尾相同的字归为一类，是从大的方面审音，涉及音节结构和音位的归纳；归字是确定每一个字具体的读音，按其元音和韵尾归入某一个韵部。古人没有此类术语，但他们却在用不同的方法做这两件事。所谓“考古”，就是观察古人押韵的实际情况，按照某个字常跟那些字押韵、不跟那些字押韵来分配它们的韵部。

其实江永的“审音”之谓，指的是用等韵学的眼光和方法来考察古音。等韵学是基于汉语中古音系统而产生的一种学问，它将汉语的声韵调条分缕析，构建了一个细密的系统，用字母、韵摄、四声、等列、开合、内外等名目将汉语的每一个音节定位到一个语音框架当中，使汉语的语音系统化，有条理，可编码，确实是很有价值的一个理论。但是，如果认为这个基于中古音的理论体系也完全适用于汉语上古音，并且是唯一有效的理论工具，那就有失偏颇了。

江永精于审音，也擅长考古。其《古韵标准》《四声切韵表》和《音学辩微》三书，就是他考古和审音的结果，在音韵学史上居功至伟，其后的学者无不沾溉其泽。

而段玉裁的古音研究，其考古之功多为后代学者所津津乐道，古音十七部之分，被视为段氏精于考古的成果，却往往忽略了他同时也精于审音的另一面。段氏《六书音均表》中曾明确地提出了他的审音观。《音均表一》“古

---

① 陈新雄.怎样才算是古音学上的审音派[J].中国语文，1995（5）.

十七部音变说”云：

> 古音分十七部矣，今韵平五十有七，上五十有五，去六十，入三十有四，何分析之过多也？曰，音有正变也。音之敛侈必适中。过敛而音变矣，过侈而音变矣。……大略古音多敛，今音多侈。之变为咍、脂变为皆、支变为佳，歌变为麻，真变为先，侵变为盐，变之甚者也。**其变之微者，亦审音而分析之**。音不能无变，变不能无分。明乎古有正而无变，知古音之甚谐矣。

也就是说，段氏的古韵十七部之分，不仅是他考古的结果，同时也是他审音的结果。

本文试通过段玉裁的《说文解字注》（包括其附录《六书音均表》）具体分析段氏是如何审音的。

第一，段氏之审音，抓住了六书谐声的全局，高屋建瓴，把握了古韵分部的关键。

审音须有依据。中古有韵书，有反切，后期还有等韵图，而上古并没有这些。因此上古音的审音难度极大。顾炎武《音学五书·叙》说：“三百五篇，古人之音书也。”他是以《诗经》以及其他上古韵文的押韵为上古音的韵部划分的审音依据的。但是仅仅依靠这些材料，审音还是面临极大的困难。第一，韵和非韵的界限在哪里？第二，本韵和合韵的界限在哪里？这两个问题不是单凭有韵之文本身就能够解决的。对于这两个问题，古韵家们各有自己的标准，因而划分韵部的数量和韵字归部各不相同。比如《诗经·鄘风·载驰》首章：

> 载驰载驱，归唁卫侯（侯部）。
> 驱马悠悠，言至于漕。
> 大夫跋涉，我心则忧（幽部）。

顾炎武不别“侯”“鱼”，《诗本音》将“侯”读为“胡”，认为此章“驱、侯”押韵，“悠漕忧”别是一韵。而江永不别“幽”“侯”，《古韵标准》卷一平声第十一部“驱”字下即举此例为“本证”，证明“驱”音“丘”，本章通为一韵。今按，二氏古读皆误，但是确定此章为换韵，则顾是而江非。又《诗经·大雅·板》八章：

> 敬天之怒，无敢戏豫（鱼部）；
> 敬天之渝，无敢驰驱（侯部）。

顾炎武认为“怒豫渝驱”“以平去通为一韵。”而江永则分为两韵。从判断押韵而言，江是而顾非。但是江氏认为“渝”读“容周切”、“驱”读“祛由切”，则也是错误的。

段玉裁的审音异于二氏。他首先抓住了六书谐声这个全局性的关键。他说：“六书之有谐声，文字之所以日滋也。考周秦有韵之文，某声必在某部，至啧而不可乱。故视其偏旁以何字为声，而知其音在某部，易简而天下之理得也。许叔重作说文解字时未有反语，但云某声某声，即以为韵书可也。”（《六书音均表二》）这句话有些绝对化的毛病，但是总体上来说却是正确的，它是上古音审音的最基本的依据，是“易简而天下之理得”的审音手段。《六书音均表二》穷尽罗列了古韵十七部谐声表，每一个字都依据其声符归入了某个韵部，执简驭繁，纲举目张。《六书音均表四、五》则将《诗经》韵谱和群经韵谱列出，与《表二》正好互相映证，是“事之实”对“事之理”所预言的结果的证明。《表四》第四部古本音“驱”字下注：“区声在此部，《诗·载驰》《伯兮》《山有枢》《皇皇者华》《板》五见。”“渝”字下注：“俞声在此部。《诗·羔裘》、《板》二见。”同为“区声”的“枢、伛、躯、鏂”也都属第四部。《说文解字注》还将未见于上古韵文的区声字“讴、蓲、殴、鸥、樞、欧、貙、沤、鏂、妪、瓯、彄、瓯、傴、醧”，俞声字“逾、踰、諭、牏、窬、覦、貐、婾、緰、蝓、輸、隃”也列入上古音第四部。《诗经》入韵之字约有一千九百多个，没有出现在入韵字中的大量汉字，其韵部归属依据什么来划定？顾、江二氏在《唐韵正》《古韵标准》中已经有了依靠谐声字来判断上古归字的做法的苗头，但是没有段玉裁那么自觉和明确。段氏注《说文解字》，将九千三百多汉字一一归部，靠的就是谐声系统。

用我们今天的语言来描写段氏的审音过程，大概可以画成这样一张流程图：

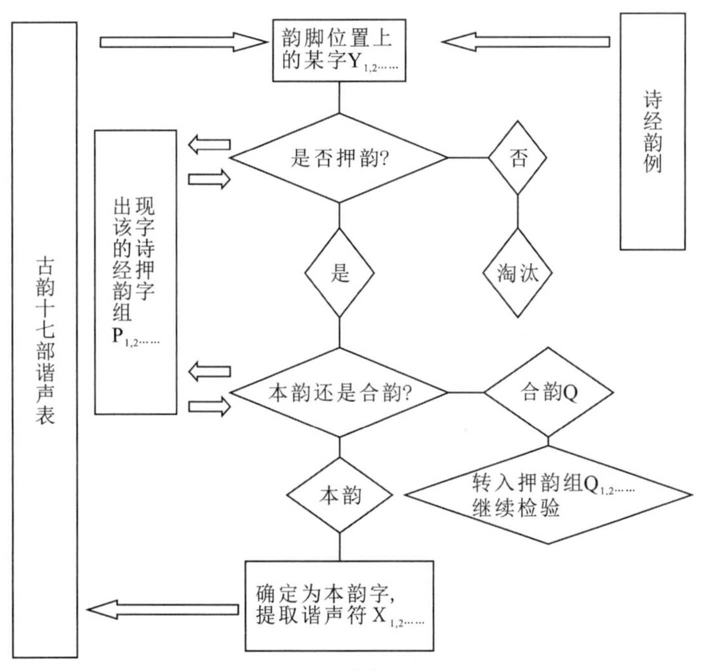

图1　段玉裁审音流程图

重复操作这一流程，就可以将《诗经》韵字都分别归到古韵十七部之下，而同一谐声符的字，都可以按部就班地得到古韵的归属。段氏区分支脂之三部，常常从谐声上审音。比如《说文》第一篇上示部“祇，敬也。从示，氐声”，段注：“古音凡氐声字在第十五部，凡氏声字在第十六部，此《广韵》祇入五支、祇入六脂所由分也。”第八篇下见部“视”重文“眡，亦古文视。”段注：“此氐声，与目部‘眂、氏声’迥别。氐声古音在十五部，氏声在十六部，自唐宋至今多乱之。眡见《周礼》。”又第十三篇上糸部“綥，帛苍艾色也。从糸，畁声。”段注：“畁，各本作畀，并篆体作綼。今正。此用丌部之畁为声，非用丌部之畀为声也。丌部之畁从甾缶之‘甾’为声，非‘由’、非鬼头之‘甶’也。甾在古音弟一部，甶在古音弟十五部，此不可或紊者也。其亦古音弟一部也。故綥字亦作綦，经典用之。徐铉以补说文或体。许本书无之。渠之切，一部。《玉篇》作綨。”类似这些用谐声审音的例子在《说文解字注》中比比皆是，都是说服力极强的，可见段玉裁是把谐声作为审音的一个最强有力的依据的。

第二，段氏之审音，着眼于音转音变的趋势这一枢纽，统御全局，不迷失于细微末节。

江永在谈到他审音的时候，说道：“人灵万物，情动声宣。声成文谓之音，错综纵横，四七经纬。由是侈弇异呼，鸿杀异等，清浊异位，开发收闭异类，喉牙齿舌唇辗转多变，悉具众音。音之谐谓之韵。……《三百篇》者，古音之丛，亦百世用韵之准。稽其入韵之字，凡千九百有奇，同今音者十七，异今音者十三。试用治丝之法，分析其绪，比合其类，综以部居，纬以今韵，古音犁然。”（《古韵标准·例言》）这里谈到的“四七”（按：指四声、七音。四声指声调，七音指发音部位不同的七类声母）、等呼、清浊、开发收闭等，都是等韵学中的概念。江氏有《四声切韵表》一书，是用等韵学的观念分析中古音，同时也渗透着他对上古音的一些看法，例如阴声韵与入声韵的配合、中古韵部的离析、不同等第的韵部的配合，等第，都体现了江氏通过等韵学的方法对上古音进行审音的功夫。但是拘泥于细节，有时就会迷失大体。比如江氏不能将侯部独立出来而依附于幽部，就是过分迷信于等韵之故。还以上述两诗为例，江永正确地批评顾炎武执着于“侯音胡”的认识是“先入为主”，是“见秦汉以来侯韵与鱼虞模韵杂然并用，遂变诗中之音以就之，此顾氏之大惑也”。（《古韵标准·平声第十一部·总论》）但是江氏本人也惑于中古韵书将侯韵夹在尤韵与幽韵之间，等韵图将尤幽侯列于一图而仅有等列的不同，遂以为三者上古不可分。戴震批评段玉裁认为尤侯两部不必分[①]，很明显也是受了等韵图的影响。

而段玉裁的审音，着眼于音转音变的趋势，因而可以统御全局，不为细微末节所迷惑。段氏将幽部（段氏第三部）、侯部（段氏第四部）、鱼部（段氏第五部）都分开。《六书音均表一》“第三部第四部第五部分用说”在考察了文献中三部分用的例子后指出：“第三部之字多转入于萧宵肴豪韵中，第四部之字多转入于虞韵中，第五部平声之字多转入于麻韵中、入声之字多转入于陌麦昔韵中。此四部分别之大概也。”音转音变体现了韵部之间的联系，不同的联系表现出来的就是韵部的区别。这种从联系中观察区别，是段玉裁审音的一个大原则，也可以说是他的方法和技巧，体现的是段氏的古音系统观念。段氏区分之脂支为第一部、第十五部、第十六部，除了考察它们在《诗经》中押韵的情况，还敏捷地发现它们音转音变的不同之处：“第一部之韵，音转入于尤。……第十五部脂微齐皆灰韵，音转入于支佳。第十六部支佳韵，音转入于脂齐歌麻。第十七部歌戈韵，音转亦多入于支佳。此音转之大较也。”（《六书音均表一》）因为存在音转音变，所以存在合音（合韵）现象。在《说文解字注》中，这种观念随处体现，如第一篇下屮部“毒，厚也，从屮，毐声”。段注：“毐在一部，毒在三部，合韵至近也。”第三篇下革部“革”重文“革，古文革，从卅，卅年为一世而道更也。臼声。”段注：“臼，居玉切，在三部，革在一部，合音最近。”第四篇上萑部“舊”字“从萑，臼声”，段注：“古音在一部。”重文作“鵂，舊或从鸟，休声。”段注：“按毛诗舊在一部，音转入三部，乃别制鵂字，音许流切矣。”段氏第一部（之部）与第三部（幽部）的音变音转和音近合韵关系的特点是第十五部（脂部）、第十六部（支部）所不具备的。又如第一篇上示部“祇，地祇，提出万物者也”，段注“‘地祇提’三字同在古音第十六部，‘地’本在十七部，而多转入十六部用。”第一篇下艸部“芰，蔆也，从艸，支声”重文“茤，杜林说芰从多”，段注：“支声在十六部，多声在十七部，二部合音最近。古弟十七部中字多转入弟十六部。”第十六部与第十七部（歌部）的音近音转关系，也为第一部和第十五部所不具备。因此段氏支脂之三部，不仅有考古材料的支持，也是精细审音的结果。

江永将顾炎武的第四部（包括自上平声十七真至下平声二仙的14韵）

---

① 戴震《答段若膺论韵》：“试以声位之洪细言之……侯之‘鉤、讴’与尤之‘鸠、忧’虽洪细不同矣，犹东之‘公、翁’与钟之‘恭、雍’洪细不同也……仆之意第三、第四当并”云云，段玉裁《寄戴东原先生书》：“抑先生曾言尤侯两韵可无用分。玉裁考周秦汉初之文，侯与尤相近，而必独用。”

分为两部，《古韵标准》平声第四部“总论”云：“真谆臻文殷与魂痕为一类，口敛而声细；元寒桓删山与仙为一类，口侈而声大。而先韵者介乎两类之间，一半从真谆，一半从元寒者也。”将元寒一类析出单独立部，是江永对古音学的贡献，值得肯定。而段玉裁认为江氏对“真臻一部与谆文欣魂痕一部分用尚有未审”。（《六书音均表一》“第十二部第十三部第十四部分用说”）段氏认为《诗经》中这三部分用甚严，甚至唐虞时代就已如此。这是从考古言。从审音而言，段玉裁认为第十二部音转入于第十三部，第十三部音转入于第十四部，而第十二部的入声，在《诗经》中也不与第十三、十四部的入声通用。如《说文解字注》第四篇上鸟部“鷬，鷬鸟也。从鸟，堇声”，段注：“那干切，十四部。按堇声在十三部，合韵也。”又段注常常提到十三部与十五部的合音。因为段氏尚不分脂、微，实际上是在说微文合韵。如第六篇下员部“员，物数也。从贝，囗声”，段注：“王权切，古音员在十三部，囗在十五部，合韵最近。”这类注语在《说文解字注》中数十见。而十二部字则多与十一部字合音，如第十篇下大部“戜，大也。从大，戜声，读若诗戜戜大猷”，段注：“《小雅·巧言》文，‘戜戜’当作‘秩秩’。今《毛诗》正作‘秩秩’。传曰：‘秩秩，进知也。’呈在十一部，秩在十二部，古合音为最近。是以戜读如秩。直质切。”这样段玉裁就把江永未分的第十二部（真部）和第十三部（文部）都独立出来了。

真文分部、支脂之分部与侯部独立，是段玉裁对古音学的巨大贡献，这不仅是段氏考古的结果，同时也是段氏审音的结果，我们不能轻易抹杀这一点。

第三，段氏之审音，突破了等韵的局限，使上古音研究最终从中古音的框架中独立出来。

江永之所以被认为审音派，主要是因为他精于等韵学。等韵学固然是一种很好的审音工具，能够从系统的眼光观察汉语语音，照顾到汉语音节的声、韵、调、呼、等、摄等方方面面，但是它毕竟是根植于汉语中古音的土壤中产生出来的，用来研究上古音，还是存在着很大的局限性。

比如顾炎武已经看到中古韵书中“侯、厚、候”韵与在它前后的“尤幽、有黝、宥幼”韵在上古不应该划归到同一个韵部，而将它们跟“鱼、虞、模”诸韵合并为一个韵部。后者是错误的，而前者却是正确的。江永纠正了顾氏的错误，将“鱼、虞、模”诸韵独立出来为一个韵部，但是他却又错误地把“侯、厚、候”韵与在它前后的“尤幽、有黝、宥幼”韵划归到同一个韵部中，比起顾炎武反而倒退了。江氏的这一错误，明显地是受到等韵学的影响。中古等韵图将“尤侯幽、有厚黝、宥候幼”九韵列于一图（等韵家称为流摄），“侯、厚、候”列于一等，“尤、有、宥”列于三等，“幽、黝、幼”列于四等。江氏《四声切韵表》也将“尤有宥、侯厚候、幽黝幼”九韵列于一图，显然是将它们看成洪细相配的一个韵部。上文说过，《四声切韵表》渗透着他对上古音的看法，江氏自己也说：“余既为《四声切韵表》，细区今韵，归之字母、音等，复与同志戴震东原商定《古韵标准》四卷，《诗韵举例》一卷，于韵学不无小补焉。”（《古韵标准·例言》）又如，江氏将顾炎武的古韵第四部划分为第四、第五两部，这与等韵图将《广韵》“真”以下十四韵分为“臻、山”两摄是相呼应的。但是江氏未能像段玉裁一样将中古臻摄进一步分析为真部（段氏第十二部）与文部（段氏第十三部），这不能不说是江氏受到了等韵学的局限。至于江氏跟顾氏一样未能将中古“同用”的支脂之韵分开，显而易见是与等韵图将它们归入一个“止摄”分不开的。

段玉裁在分析上古音韵部时抛开了等韵图，因此能在江永古韵十三部的基础上进一步分出侯部和文部，并将支脂之三分，确立古音十七部的格局。在《段注》一书中，段氏审音围绕着音之古今正变、韵部之间合音关系，展现他的细致独到的眼光。如一篇上示部：“祇，敬也，从示，氐声。”段注：“旨夷切。古音凡‘氐’声字在第十五部，凡‘氏’声字在第十六部。此《广韵》‘祇’入五支、‘祗’入六脂所由分也。铉所据《唐韵》‘祗、旨移切。’是孙愐‘祗’入五支，远逊于宋《广韵》所改定矣。《经典释文》于《商颂》‘上帝是祗’诸时反，则又羼入七之。于《孔子闲居》诸夷反，则固不误。此等学者所当审定划一也。”此强调“脂、支”之别即古音第十五部、十六部之别。二篇上走部“赵，疑之等赵而去也。从走，才声。”段注：“等读若䔲。‘等、赵’叠韵字，濡滞之皃。疑之故等赵而去。‘等’在之止韵，音变入咍海韵，音转入拯等韵。仓才切，一部。”此强调古音第一部的音变及与第六部的音转关系。又如一篇下艸部“蘳，从艸，黊声。读若堕坏”，段注：“此谓读如堕坏之堕也。堕，隋声，在十七部，音转许规切，入十六部。凡圭声字在十六部。铉本脱去‘堕’字，《广韵》蘳有‘坏’音，误矣。唐韵胡瓦切，十七部之音变也。”此考证十七部字与十六部字的区别以及致误的原因。这些都是段氏精细审音的成果，仅凭中古等韵学的知识是完全不够的。

《六书音均表三》简明扼要地讲清了段氏对十七部审音的大致结果：“今韵二百六部，始东终乏，以古韵分之，得十有七部。循其条理，以之咍职德为建首，萧宵肴豪音近之，故次之。幽尤屋沃烛觉音近萧，故次之。侯音近尤，故次之。鱼虞模药铎音近侯，故次之。是为一类。蒸登音亦近之，故次之。侵盐添缉叶怗音近蒸，故次之。覃谈咸衔严凡合盍洽狎业乏音近侵，故次之。

是为一类。之二类者，古亦交互合用。东冬钟江音与二类近，故次之。阳唐音近冬钟，故次之。庚耕清青音近阳，故次之。是为一类。真臻先质栉屑音近耕清，故次之。谆文欣魂痕音近真，故次之。元寒桓删山仙音近谆，故次之。是为一类。脂微齐皆灰术物迄月没曷末黠辖薛音近谆元二部，故次之。支佳陌麦昔锡音近脂，故次之。歌戈麻音近支，故次之。是为一类。《易大传》曰：'方以类聚。物以群分。'是之谓矣。学者诚以是求之，可以观古音分合之理，可以求今韵转移不同之故，可以综古经传假借转注之用，可以通五方言语清浊轻重之不齐。"《说文解字注》中，这类表达比比皆是，不可尽举。这里仅举两个典型例子，以见一斑。

第二篇上口部："哇，谄声也。从口，圭声。段注：於佳切，古音十六部。读若醫。"段注："醫在第一部，相隔远甚，疑是翳字。翳在十六部。"按，第四篇上羽部"翳，从羽，殹声"，段注："於计切，十五部。"与"哇"字声母相同，韵部相近，故段氏疑"读若醫"为"读若翳"之误。"醫翳"形近，但"醫"为会意字，第十四篇下酉部"醫，治病工也。从殹从酉"，段注："四字各本无，今补。许书之例，必先举篆之从某从某，或从某某声，而下又释其从某之故，往往云'故从某'者是也。盖人所不憭者，则释之。此从殹从酉于六书为会意。於其切，古音在一部。与翳鷖字在十五部不同。此以殹会意。彼以殹形声也。"段氏这一段话细致地分析了形声与会意之别，指出了《说文》此字传写之误，并着重辨析了古音第一部与第十六部"相隔远甚"，而第十五部与第十六部相近，故可相互"读若"。又如《六书音均表二》"此声"属第十五部，《表四》第十五部古本音"泚"字下注："此声在此部……凡此声字汉人多入十六部用。"《说文解字注》此声字凡二十九，段注"十五部"者七，"十六部"者十，"十五十六部"者十一，"十五部亦十六部"者一。第二篇上此部"此"字段注："十五部，汉人入十六部。"第一篇上示部"祡，烧柴尞祭天也，从示，此声。"段注："十五部。凡此声亦多转入十六部。"重文作"禣，古文祡，从隋省。"段注："隋声古音在十七部，此声古音在十六部，音转最近。"这就印证了段氏审音发现的十六部与十五部音近，十七部与十六部音近的规律，也揭示了音近音转规律对文字谐声的制约。

不仅如此，段氏古韵十七部的排序，完全按照韵部之间音变音转的远近关系来确定，根本上改变了从郑庠、顾炎武到江永的按《广韵》韵次先后排列古韵的做法，使上古音研究得以从中古音的框架中独立出来，开创了上古音研究的新格局。《六书音均表三》列出的"古十七部合用类分表"简明扼要地表现了段氏突破中古音系框架，而按照古音各韵部自身特征和部际远近关系建立的上古韵部系统框架。此表与中古等韵图截然不同，也与江永《四声切韵表》截然不同。这个韵部系统框架还有许多不合理、不尽善的地方，但是它确确实实是段氏审音的结果，比起他的前辈来，对于古音学有着更多的贡献。下面我们将此图简要地转化如下。原图是传统的左行书写方法，这里改为右行，段玉裁的古韵十七部本来只有顺序号，没有部名，这里按后人习惯加上了部名：

表 1　段玉裁古韵十七部类分表

第一类	第二类				第三类			第四类			第五类			第六类		
第一部（之）	第二部（宵）	第三部（幽）	第四部（侯）	第五部（鱼）	第六部（蒸）	第七部（侵）	第八部（谈）	第九部（东）	第十部（阳）	第十一部（耕）	第十二部（真）	第十三部（文）	第十四部（元）	第十五部（脂）	第十六部（支）	第十七部（歌）

*　*　*

“前修未密，后出转精”，从今天看，段玉裁的审音自然还存在着诸多疏漏缺失处，经过一代代后来学者的努力，古音学得到了越来越精密的发展进步。但是我们不能忽略前人所做出的贡献，更不能抹杀前人已经意识到并努力地去钻研的领域。表彰段玉裁的审音，指出他审音的方法和理念，列举他审音的成绩，这就是我们撰写此文的初衷。

参考文献

陈新雄 . 怎样才算是古音学上的审音派 [J]. 中国语文，1995（5）.

戴震 . 答段若膺论韵 [M]// 戴震 . 声类表（卷首）. 戴震全书：第三册 . 合肥：黄山书社，1885.

段玉裁 . 寄戴东原先生书 [M]// 六书音均表（卷首）. 上海：上海古籍出版社，1981.

段玉裁 . 六书音均表 [M]// 说文解字注（附录）. 上海：上海古籍出版社，1981.

段玉裁 . 说文解字注 [M]. 上海：上海古籍出版社，1981.

顾炎武 . 诗本音 [M]// 音学五书 . 北京：中华书局，1982.

江永 . 古韵标准 [M]. 北京：中华书局，1982.

江永 . 四声切韵表 [M]//《丛书集成》初编 . 北京：商务印书馆，1936.

王力 . 古韵分部异同考 [J]. 语言与文学，1937（1）：51-78.

论曾运乾先生《喻母古读考》中的“相为清浊”书证

台北　辅仁大学　李鹍娟

一、前言

曾运乾先生（1884—1945）字星笠，晚号枣园，湖南益阳人。尝于民国十六年（1927），与黄季刚先生共事于沈阳东北大学。黄季刚先生基于陈澧《切韵考》所考定，证诸钱大昕“古无轻唇音”、“舌音类隔之说不可信”以及章太炎先生“娘日二纽归泥说”，并依据研议所得古今正变之说，判定上古正声十九纽，更依仿钱、章两位先生之方式，逐一验证确认。唯黄季刚先生正声十九纽之推论固然可信，对于二十二变声上古来源之推求，却因先生之猝逝而未及证成。譬如先生推论喻、为二纽皆属影纽之变声，群纽为溪纽之变声，邪纽为心纽之变声等，皆因无缘证成而未尽精审。

曾运乾先生以为喻、为二纽来自影纽之说非是，而主张“喻母古隶舌声定母，于母（即本篇所谓为母）古隶牙声匣母”。曾先生之说，初见于《切韵五声五十一类考》一文，而其《喻母古读考》①，言之尤为详赡。曾先生云：

> 古韵之说，导源于顾亭林，古纽之说，导源于钱竹汀，钱氏言古无舌上音及轻唇音，近世章太炎复本其例，作《古音娘日二纽归泥说》，其言既信而有征矣。自宋以来，等韵书中，尚有横决踳驳，乱五声之经界，为钱章所未暇举正者。如喉声影母独立，本世界制字审音之通则，喻、于二母（近人分喻母三等为于母），本非影母浊声。于母古隶牙声匣母，喻母古隶舌声定母，部件秩然，不相陵犯。等韵家强之与影母清浊相配，所谓‘非我族类，其心必异’者也。

曾先生系联《广韵》切语上字，以为于母、匣母之关系为：

① 该文原作《喻母分隶牙舌音》，1928年改为《喻母古读考》，发表于《东北大学季刊》第12期。（杨树达.古声韵讨论集[Z].台北：台湾学生书局，1969：39.）

凡《广韵》切语上一字，用于（羽俱切）、羽雨（并王矩切）、云雲（并王分切）、王（雨方切）、韦（雨非切）、永（于憬切）、有（云久切）、远（云阮切）、荣（永兵切）、为（薳支切）、洧（荣美切）、筠（为赟切）、营（于倾切，今《广韵》于作余，自系字误。观全书通例自知，江慎修《四声切韵表》、陈兰甫《切韵考》均未能举正。）十五字者，为喻母三等字，与喻母四等字不通用，文中称于母。

凡《广韵》切语上一字，用胡、乎（并户吴切）、户（侯古切）、侯（户钩切）、下（胡雅切）、黄（胡光切）、何（胡歌切）七字者，为匣母。①

更将牙声匣母分为匣一、匣二两类，其分别大抵为：

匣一（鸿声侈音。）胡、乎（户吴切，模韵。）户（侯古切，姥韵。）侯（户钩切，侯韵。）下（胡雅切，麻韵一。）黄（胡光切，唐韵。）何（胡歌切，歌韵。）共七字胡乎户侯四字递用相系联。

匣二（细声弇音。）于（羽俱切，虞韵。）羽、雨（王矩切，麌韵。）王（雨方切，阳韵。）云、雲（王分切，文韵。）韦（雨非切，微韵。）有（云久切，有韵。）永（于憬切，梗韵）远（云阮切，阮韵。）荣（永兵切，庚韵二。）为（薳支切，支韵。）洧（荣美切，旨韵。）筠（为赟切，谆韵。）营（余倾切，误，应作于倾切，清韵。）共十五字为一类。此类即江永《音学辨微》、陈澧《切韵考》所分之喻母三等。②

至于喻母、定母与澄母之关系则为：

凡《广韵》切语上一字用余、餘、予（以诸切）、夷（以脂切）、以（羊已切）、羊（与切）、弋、翼（与职切）、与（余吕切）、移（弋支切）、悦（弋雪切）十一字者，为喻母四等字，与旧喻母三等字（即于母）不通用，今仍称喻母。

凡《广韵》切语上一字用徒（同都切）、同（徒红切）、特（徒得切）、度（徒故切）、杜（徒古切）、唐、堂（徒郎切）、田（徒年切）、陀（徒何切）、地（徒四切）十字者，为定母。

凡《广韵》切语上一字用直（除力切）、除（直鱼切）、场（直良切）、池（直离切）、治、持（直之切）、迟（直尼切）、伫（直吕切）、柱（直主切）、丈（直两切）、宅（场伯切）十一字者，为澄母，古读如定母。

澄母已由钱大昕证知古读如定母，学者都无疑义。至于喻母，黄季刚先生从旧说以为影母之变声，曾先生则以为不然而改隶定母。

① 杨树达.古声韵讨论集·喻母古读考[M].台北：台湾学生书局，1969：39-40.

② 曾运乾.音韵学讲义·广韵学[M].北京：中华书局，1996：123.

逐一检视曾运乾先生《喻母古读考》所引诸例，可以发现喻三古归匣46例中，有19例未能精准提供喻三归匣线索，更有4例属于晓、匣对应关系；至于喻四古归定53例中，亦有19例证不能应证喻四归定理论，除12例属于喻、透对应关系外，更有1组喻、端对应关系。对于晓匣对应、喻透对应书证，曾先生一以“晓匣相为清浊”“透定相为清浊”为说，虽亦可以说解，却又衍生“晓、匣”与“透、定”两组声母之地位与区别问题。兹简要论述如次。

二、喻母古读考未尽合理的书证

（一）喻三古归匣46例之中失情形

项次	论证术语	书　证	关键文献	精审判定	备　注
1	古读某如某	营（为）—环匣	说文	未尽精当	营字属喻四
2	古读某如某	营（为）—还匣	汉书颜注	未尽精当	营字属喻四
3	古音某某相近	营（为）—魂匣	老子	未尽精当	营字属喻四
4	古读某如某	瑗为—奂（匣）	春秋	未尽精当	奂字属晓母
5	古读某如某	瑗为—环匣	春秋	无疑义	
6	古某某声同	爰为—缓匣	毛传	无疑义	
7	古读某如某	援为—换匣	汉书	无疑义	骈词无定字
8	古读某如某	爰为—换匣	公羊何注	无疑义	
9	古音某某相近	为为蝯为—猴匣	说文	无疑义	
10	古读某如某	洹为—涣（匣）汍匣	毛诗	未尽精当	涣字属晓母
11	古读某如某	羽为—扈匣	周礼	无疑义	
12	古某某同字	院为（匣）—寏匣	说文	未尽精当	院匣为两读
13	古某某声相近	于为—豁（匣）	一切经音义	未尽精当	豁字属晓母
14	古读某如某	盂为宇为—霍（匣）	公羊传	未尽精当	霍字属晓母
15	古读某如某	于为—乎匣	经传释词	无疑义	
16	古某某声相近	荣为—怀匣	十驾斋养新录	无疑义	
17	古读某如某	违为—回匣	左传	无疑义	

续表

项次	论证术语	书　证	关键文献	精审判定	备　注
18	古读某如某	围为—回匣	史记	无疑义	
19	古读某如某	围为—怀匣	释名	无疑义	
20	古读某如某	禬为—洄匣	尔雅	无疑义	
21	古某某声相近	纬为—绘匣（晓）	广雅	未尽精当	绘匣晓两读
22	古某某声相近	纬为—纬匣（为）	说文	未尽精当	纬匣为两读
23	古某某声相近	陨为—获匣	仪礼	无疑义	
24	古某某声相近	萑（匣）—苇为	未详列	未尽精当	误萑（卄）为萑（丫）
25	古某某通读	纬为—纬匣	说文	无疑义	
26	古某某相近	扞匣—卫为	周书	无疑义	
27	古读某如某	运为—纬匣（为）	周礼	未尽精当	纬匣为两读
28	古读某如某	晕为—辉匣	经典释文	无疑义	
29	古读某如某	沄为（匣）—混匣	说文	未尽精当	沄匣为两读
30	古读某如某	员为—魂匣	经典释文	无疑义	
31	古某某声同	芸匣—魂匣	孝经	无疑义	
32	古读某如某	员为—圜匣（为）	周礼	未尽精当	圜匣为两读
33	古某某声相近	陨为—获匣	礼记	无疑义	
34	古读某如某	域为—或匣	说文	无疑义	
35	古读某如某	䖑(为)—或匣	礼记	未尽精当	䖑 或同属匣母
36	古读某如某	蜮为（匣）—惑匣	公羊传	未尽精当	蜮匣为两读
37	古读某如某	盂匣—狐匣壶匣	史记	无疑义	
38	古读某如某	污为—弧匣	周礼	无疑义	
39	古读某如某	有为—或匣	经传释词	无疑义	
40	古读某如某	又为—或匣	经传释词	无疑义	
41	古某某声相近	又为—后匣	经典释文	无疑义	
42	古某某声相近	右为—后匣	汉书	无疑义	
43	古读某近某	越为（匣）—惑匣	礼记	未尽精当	越匣为两读

续表

项次	论证术语	书 证	关键文献	精审判定	备 注
44	古读某如某	戉为钺为—豁（晓）	释名	未尽精当	豁字属晓母
45	古读某如某	王为—皇匣	春秋繁露	无疑义	
46	古读某如某	往为—皇匣	礼记	无疑义	

46例证中，无疑义者28例，容有可以修订、调整者18例。其中字形相近误引他字为说者1例、切语有疑虑致误者6例、一字两读曾先生却专就合于喻三归匣部分立说者8例，必须透过晓、匣相为清浊而后证成喻三归匣者3例。

（二）喻四古归定53例之中失情形

项次	论证术语	书 证	关键文献	精当判定	备 注
1	古读某如某	夷喻—弟定	易经	无疑义	
2	古读某如某	夷喻—陈澄田定	左传	无疑义	
3	古读某如某	夷喻—迟澄	诗经	无疑义	迟字应读平声
4	古读某如某	夷喻—稺澄	史记	无疑义	
5	古读某如某	姨喻—弟定	释名	无疑义	
6	古读某如某	夷喻—薙澄鬀定	周官	无疑义	说文薙鬀透母
7	古读某如某	希喻—弟定	说文	无疑义	
8	古读某如某	肄喻—鬄透	周礼	未尽精当	鬄字属透母
9	古读某如某	圛喻驿喻—弟定 悌定 涕透	商书 史记	弟悌无疑义涕未精当	涕字属透母
10	古读某如某	斁喻—度定	汉书	无疑义	
11	古读某如某	余喻—荼定	释文	无疑义	
12	古读某如某	易喻—狄定	管子	无疑义	
13	古读某如某	逸喻—迭定	尚书	无疑义	
14	古读某如某	逸喻—彻澄（透）	庄子	未尽精当	彻有透定二音
15	古读某如某	轶喻—辙澄	庄子	无疑义	辙字丑列切误
16	古读某如某	轶喻—迭定	文选	无疑义	
17	古读某如某	佚喻—迭定	孟子	无疑义	

续表

项次	论证术语	书 证	关键文献	精当判定	备 注
18	古读某如某	遗喻—隤定	诗经	无疑义	
19	古读某如某	毓喻—毒定	老子	无疑义	
20	古读某如某	育喻—胄澄	尚书	无疑义	
21	古读某如某	鬻喻—浊澄	释文	无疑义	
22	古读某如某	欲喻—犹喻独定	诗经	未尽精当	释义有疑义
23	古读某如某	繇喻—陶定	尚书	无疑义	
24	古读某如某	跃喻—濯澄	尔雅	无疑义	
25	古读某如某	跃喻—趯透狄定	说文	未尽精当	趯字属透母
26	古某某双声字	投定—牏喻	广雅	无疑义	
27	古读某如某	牏喻（定、澄）—头定	史记	未尽精当	牏喻定澄三音
28	古读某如某	逾喻—头定	仪礼	无疑义	
29	古读某如某	愉喻—偷透 偷透定	诗经	未尽精当	偷透母 偷透定二母
30	古读某如某	渝喻—偷透	韩诗外传	未尽精当	偷属透母
31	古某某双声	渝喻输审—坠定	左传	未尽精当	公谷作输，透母
32	古读某如某	逾喻—舀喻	诗经	无疑义	
33	古读某如某	舀喻—挑透	仪礼	未尽精当	挑字属透母
34	古读某如某	攸喻—调定（端）	说文	无疑义	（调有端定二音）
35	古读某如某	攸喻—逐定	易经	无疑义	
36	古读某如某	由喻—条定	说文	无疑义	
37	古读某如某	也喻—它透	说文	未尽精当	它字属透母
38	古读某如某	弋喻—代定	左传	无疑义	
39	古读某如某	潩喻—勑彻勅彻	淮南子	未尽精当	勑勅并透母
40	某与某声相近	沇喻—端端	艺文类聚	未尽精当	端字属端母
41	古读某如某	说喻（审）—兑定	尚书	未尽精当	说有审喻审三音
42	古读某如某	说喻—脱定	史记	无疑义	说虽三音，已辨识
43	古读某如某	说审—申审电定	淮南子	未尽精当	说申并透母
44	古读某某声相近	泄喻—沓定	诗经	无疑义	泄喻心二音已辨识

续表

项次	论证术语	书　证	关键文献	精当判定	备　注
45	古读某如某	融喻—同定	说文	无疑义	
46	古读某如某	炎喻—惔定	诗经	无疑义	
47	古读某如某	引喻—田定	诗经	无疑义	
48	古读某如某	盈喻—逞彻挺定	史记	未尽精当	逞字属透母
49	古读某如某	延喻—诞定	史记	无疑义	
50	古读某如某	缘喻—彖透	礼记	未尽精当	彖字属透母
51	古读某如某	甬喻—桶定统透	淮南子	未尽精当	统字属透母
52	古读某如某	媵喻—腾定縢定	礼记	无疑义	
53	古读某如某	扬喻—腾定荡定	仪礼	未尽精当	荡有透定三音

53 例证中，无疑义者 34 例，容有可以修订调整者 19 例。其中一字多音而曾先生未作辨识者 4 例，释义误讹影响辨识者 1 例，经籍异文可议者 1 例，属于透母与定母相为清浊者 12 例，端母与定母相为清浊者 1 例。

三、“喻三古归匣”中之晓匣相为清浊书证

《喻母古读考》中，以晓、为相对应者五例，必须透过晓、匣相为清浊而后证成喻三归匣者四例：

4	古读某如某	瑗为—奂（匣）	春秋	未尽精当	奂字属晓母

4. 古读瑗（王眷、于愿二切）如奂。《春秋·左氏经·襄二十七年》“陈孔奂”《公羊》作“陈孔瑗”。按：奂，胡玩切，匣母。

瑗奂　瑗《广韵·去声·愿韵》于愿切　为母愿韵　古音匣母　3 元部①

《广韵·去声·线韵》王眷切　为母线韵　古音匣母　3 元部

奂《广韵·去声·换韵》火贯切　晓母换韵　古音晓母　3 元部

“奂”字今音晓母，古音亦晓母，先生定作“胡玩切”，故入匣母。今考“奂”字除《集韵》“伴奂”义作“胡玩切”外，字、韵书大抵皆属晓母。曾先生作“胡玩切”者疑或从《集韵》而来。唯以此为说，或与他书不相侔合，

① 本文主要探究曾先生所举书证是否合宜，因此原则遵从喻三古归匣、群母古归匣诸说，并依黄季刚先生《求本字捷术》之音同、音近、音转关系，检视其声韵类及通转关系。

故以为其说未尽精当。

10	古读某如某	洹为一涣（匣）汍匣	毛诗	未尽精当	涣字属晓母

10. 古读洹（于元切）如涣、如汍。《毛诗》“方涣涣兮”《说文》引作“汍”，《释文》引《韩诗》作“洹”按：汍，胡官切；涣，胡玩切。并匣母。

洹涣汍　洹《广韵·平声·元韵》雨元切　为母元韵　古音匣母　3 元部
《广韵·平声·桓韵》胡官切　匣母元韵　古音匣母　3 元部
涣《广韵·去声·换韵》火贯切　晓母换韵　古音晓母　3 元部
汍《广韵·平声·桓韵》胡官切　匣母元韵　古音匣母　3 元部

“洹”字《广韵》于、匣二母并见，先生只取于纽音。“洹”“汍”二字今音于匣不同，古音既同，用以证知喻三归匣，自无疑义。唯“涣”字之音读，字、韵书大皆属晓母，先生谓是匣母者，或误以为“涣”“换”同音或径误“涣”为“换”之故也。“换”，《广韵·去声·换韵》胡玩切，匣母换韵，古音匣母 3 元部。

13	古某某声相近	于为一豁（匣）	一切经音义	未尽精当	豁字属晓母

13. 古于（羽俱切）豁声相近。释玄应《一切经音义》云：“豁旦，即于阗也。”按：豁，呼括切，晓母一等字，与匣母互为清浊。

于豁　于《广韵·平声·虞韵》羽俱切　为母虞韵　古音匣母　13 鱼部
豁《广韵·入声·末韵》呼括切　晓母末韵　古音晓母　2 月部

《一切经音义》云：“豁旦，即于阗也。”“于、豁”二字确如先生所言，分属于、晓二纽。今考“于、豁”二字韵不同类而相近，依据章太炎先生“双声相转，迭韵相迤”以及黄季刚先生《求本字捷术》理论推之，二字声母应当无别，是以先生以晓、匣相为清浊为说，定为喻三古归匣之佐证。

14	古读某如某	盂为宇为一霍（匣）	公羊传	未尽精当	霍字属晓母

14. 古读盂、宇（羽俱切）如霍，实如护。《春秋·僖·二十一年》：“会于盂。”《谷梁》作“雩”，《公羊》作“霍”，今虚郭切，晓母一等字。护，胡故切，匣母。

盂宇　盂《广韵·平声·虞韵》羽俱切　为母虞韵　古音匣母　13 鱼部
宇《广韵·上声·麌韵》王矩切　为母麌韵　古音匣母　13 鱼部
霍护　霍《广韵·入声·铎韵》虚郭切　晓母换韵　古音晓母　14 铎部
护《广韵·去声·暮韵》胡误切　匣母暮韵　古音匣母　14 铎部

“盂、宇”二字《广韵》上、去不同，并皆于母。“霍”字晓母一等字，至于“护”字则属匣母。就盂、宇与霍字之音读而言，古韵鱼铎阴入相承，声母则晓、匣不同。盂、宇与护古韵亦鱼铎相承而声母同属匣母。就与盂、字音韵关系层次而言，护字明显优于霍字，故先生以为其实如护。今考“雩”“盂”同音，“霍”“盂”声韵毕异，然则“霍”字究系音近而通亦或形近而讹，容有再行商榷之余地。故以为此例虽可解之以晓匣互为清浊，其实或未尽精当。

44	古读某如某	戉为钺为一豁（晓）	释名	未尽精当	豁字属晓母

44. 古读戉、钺如豁。《释名・释兵器》：“钺，豁也。所向莫敢当前，豁然破散也。”按：豁，呼括切，晓母；与匣母为清浊。

戉钺豁　戉　《广韵・入声・月韵》王伐切　为母月韵　古音匣母　2月部
　　　　钺　《广韵・入声・月韵》王伐切　为母月韵　古音匣母　2月部
　　　　豁　《广韵・入声・德韵》呼括切　晓母末韵　古音晓母　2月部

“戉、钺”二字同音。与“豁”今音声韵毕异，虽其古韵同属月部，可据以推论古声之近同，依黄季刚先生《求本字捷术》之音韵层次以推，“戉、钺”二字与“豁”韵同声近，可相通假，古音学上泛称同音，并无不可。《释名・释兵器》：“钺，豁也。”迭韵为训，合于音训体例。今考晓、匣二母相为清浊，学者大抵无疑义，且二母今音并皆颚化为舌面前（ɕ-）而知其近同，引以为旁证，应无疑义。唯若径取以证成喻三归匣，则又稍嫌疏略而未尽精当。

由上述可知，先生所举于、晓对应五例，其实仅“于、豁声相近”一例以译音对应关系较为可信，其余四例之说解，均有未安。

四、“喻四古归定”中之透定相为清浊书证

“喻四归定”容有可以修订调整十九例中，除一字多音曾先生却专就合于喻四归定部分立说者四例、经籍异文可议者一例、义误讹影响辨识者一例外，尚有对应字属端母者一例，必须经由透、定相为清浊而后证成喻四归定者十二例特殊书证：由于透、定二母之音读，学者大抵同意于清浊对立关系，故曾先生以此为说，虽未尽善，以之为旁证，应无疑义。至于端母与定母相为清浊者一例：

40	某与某声相近	沇喻一端端	艺文类聚	未尽精当	端字属端母

40. 古读㕣（以舛切）如兑。《说文》：“《易》兑为泽，借为㕣字，其声盖亦兼在喉舌。”按：非兼在喉舌也，直同隶舌声定母。兑（杜外切）。㕣又为古文沇字，沇，今音以转切，喻母。按：《说文》允从以声，以古音如台，徒哀切，定母。以双声为声也。《艺文类聚》引《春秋元命苞》云：“兖之言端也。言堤精端，故其气纤杀。”是沇与端声相近。端，端母，亦与定相为清浊。

㕣兑沇	㕣《广韵·上声·狝韵》以转切	喻母狝韵	古音定母	3	元部
	兑《广韵·去声·泰韵》杜外切	定母泰韵	古音定母	2	月部
	沇《广韵·上声·狝韵》以转切	喻母狝韵	古音定母	9	谆部
端	端《广韵·平声·桓韵》多官切	端母桓韵	古音端母	3	元部
允台兖	允《广韵·上声·准韵》余准切	喻母准韵	古音定母	9	谆部
	台《广韵·平声·之韵》与之切	喻母之韵	古音定母	24	之部
	《广韵·平声·咍韵》土来切	透母来韵	古音透母	24	之部
	兖《广韵·上声·狝韵》以转切	喻母狝韵	古音定母	9	谆部

"㕣、兑"二字今音声母喻、定不同，可据以古音同属定母；韵母狝、泰互异，古韵则属元、月阳入相承，声同韵近，可相通转；复依章太炎先生"双声相转，迭韵相迤"之理以推，用以证成喻四归定，应无疑义。曾先生以为㕣为沇之古文，二字古声同属定母，古韵元、谆互异，声同韵异，可相通转，据以定二字同声并无疑义，但以二字同属喻母，无由证成喻四归定，且是否认定二字为古今异形，亦容有讨论空间。至于"允、台"双声，就"台"字喻元音言之，自无疑义。却又落入二字同属喻母，无由证成喻四归定；若就"台"字透元音言之，二字古音定、透不同，亦未能直接证成喻四归定。曾先生又以为"沇、端"声相近，二字古声定、端旁纽；古韵谆、元不同，是二字古音声韵毕异，虽则曾先生以为定、端相为清浊，窃以为实未尽当。曾先生以透、定相为清浊立说者，一十二例，今又以端定清浊为说，循是以推，凡旁纽者皆可通矣，故而以为不宜。

8	古读某如某	肄喻—鬄透	周礼	未尽精当	鬄字属透母

8. 古读肄（羊至切）如鬄。古文肄肆同声……周礼夏官小子，羞羊肆羊殽肉豆。注：肆读为鬄。知古音肄亦当读如鬄也。按：剔（鬄），他历切，透母，与定母相为清浊。

肄鬄	肄《广韵·去声·至韵》羊至切	喻母至韵	古音定母	4	脂部
	肆《广韵·去声·至韵》息利切	心母至韵	古音心母	8	没部
	鬄《广韵·入声·昔韵》施只切	审母昔韵	古音透母	11	锡部
	《广韵·入声·锡韵》他历切	透母锡韵	古音透母	11	锡部
	䰐《广韵·入声·昔韵》思积切	心母昔韵	古音心母	11	锡部

"肄、鬄"二字《广韵》分属喻、审、透三母，古声定、透不同；韵部至、昔、锡去入不同，古韵亦脂、锡互异。古音声韵毕异。依黄季刚先生《求本字捷术》之音读关系而言，声韵毕异，不相通转，虽曾先生以透、定相为清浊为说，似亦未尽精当。今考肄、肆二字声韵毕异，鬄、䰐亦声韵毕异，肆、䰐则以声同韵异而可相通假。然则可知，先生肄肆同声，鬄、䰐无别，或以

形体相近而误衍者也。

9	古读某如某	圛喻驿喻—弟定 悌定 涕透	商书 史记	弟悌无疑义涕未精当	涕字属透母

9. 古读圛、驿（并羊益切）如弟，如悌，或如涕。按：弟，徒礼、特计二切，悌，特计切，并定母。涕，他礼、他计二切，并透母，透、定相为清浊也。

圛驛　圛《广韵·入声·昔韵》羊益切　喻母昔韵　古音定母　14 铎部
　　　驿《广韵·入声·昔韵》羊益切　喻母昔韵　古音定母　14 铎部
弟悌涕　弟《广韵·上声·荠韵》徒礼切　定母荠韵　古音定母　4 脂部
　　　　《广韵·去声·霁韵》特计切　定母霁韵　古音定母　4 脂部
　　　悌《广韵·去声·霁韵》特计切　定母霁韵　古音定母　4 脂部
　　　涕《广韵·上声·荠韵》他礼切　透母荠韵　古音透母　4 脂部
　　　　《广韵·去声·霁韵》他计切　透母霁韵　古音透母　4 脂部

"圛、驛"二字《广韵》同属喻母昔韵，古音皆定母铎部。"弟、悌"二字《广韵》虽或上声荠韵、去声霁韵不同，古音皆属定母脂部；"涕"字，《广韵》不论上声荠韵、去声霁韵，古音则皆属透母脂部。是"圛、驛"与"弟、悌"古音声同韵异。依黄季刚先生《求本字捷术》之音读关系而言，声同韵近，可相通转，复依章太炎先生"双声相转，迭韵相迤"之理以推，用以证知喻四归定，应无疑义；至于"圛、驛"与"涕"字声韵毕异，黄季刚先生《求本字捷术》以为二字声韵毕异，非有至切至明之证据，不可率尔妄说，《史记·宋微子世家》所引与《说文》、《毛诗》郑笺、孔正义不同。疑或形近致误者也。先生不论其韵部之异同[①]，但凭声母相为清浊而引以为证，恐亦未尽精当。

25	古读某如某	跃喻—趯透狄定	说文	未尽精当	趯字属透母

25. 古读跃如趯，实如狄。按：狄，徒历切，定母。狄翟本相假也。

躍趯　躍　《广韵·入声·药韵》以灼切　喻母药韵　古音定母 20 药部
　　　趯　《广韵·入声·锡韵》他历切　透母锡韵　古音透母 20 药部
狄翟　狄　《广韵·入声·锡韵》徒历切　定母锡韵　古音定母 20 药部
　　　翟　《广韵·入声·锡韵》徒历切　定母锡韵　古音定母 20 药部

"躍、趯"二字《广韵》分属喻、透二母，古声定、透不同；韵部药、锡互异，古韵则同属药部。古音韵同声近。依照黄季刚先生《求本字捷术》之音读关系而言，二字韵同声近，可相通转。故《小雅·巧言》"躍躍毚兔、遇犬獲之。"韩诗作"趯趯"。先生以为实如狄者，盖深知跃、趯二字声不同类而易之也。唯先生既已易趯为狄，复又引以证成喻四归定，恐有未安。

① 曾先生"睪"声在乌摄入声第十七，"弟"声在阴声伊（衣）摄第十三。

29	古读某如某	愉喻—偷透 偷透定	诗经	未尽精当	偷透母 偷透定二母

29. 古读愉（羊朱、以主二切）如偷，实如偷（托侯、羊朱二切）。按：偷，他侯切，透母。透定相为清浊也。

愉偷媮　愉　《广韵·平声·虞韵》羊朱切　喻母虞韵　古音定母16侯部
《广韵·上声·麌韵》以主切　喻母麌韵　古音定母16侯部[①]
偷　《广韵·平声·侯韵》托侯切　透母侯韵　古音透母16侯部
媮　《广韵·平声·虞韵》羊朱切　喻母虞韵　古音定母16侯部
《广韵·平声·侯韵》托侯切　透母侯韵　古音透母16侯部

“愉、偷”二字《广韵》分属喻、透二母，古声定透不同；韵母虞、侯互异，古韵则同属侯部。古音韵同声异，就黄季刚先生《求本字捷术》之音读关系而言，二字韵同声异，可相通转，故《唐风·山有枢》“他人是愉”笺云：“读曰偷。”《汉书·地理志》引作“它人是媮”。先生以为实如媮者，盖深知愉、偷二字声不同类而易之以声韵毕同之“媮”字。唯既已易偷为媮，复又引以证成喻四归定，恐有未安。

30	古读某如某	渝喻—偷透	诗经	未尽精当	偷属透母

30. 古读渝（羊朱切）如偷，偷，託侯切，透母。

渝偷　渝　《广韵·平声·虞韵》羊朱切　喻母虞韵　古音定母16侯部
偷　《广韵·平声·侯韵》托侯切　透母侯韵　古音透母16侯部

“渝、偷”二字《广韵》分属喻、透二母，古声定、透不同；韵部虞、侯不同，古韵则同属侯部。古音韵同声异，就黄季刚先生《求本字捷术》之音读关系而言，二字韵同声异，可相通转，故《郑风·羔裘》[②]“彼其之子，舍命不渝。”《韩诗外传》引作“偷”[③]。窃以为《韩诗外传》或作“偷”者，究系音近而通亦或形近而讹，未可确知，虽透、定相为清浊，用以证成喻四归定，则未尽精当。

33	古读某如某	舀喻—挑透	仪礼	未尽精当	挑字属透母

33. 古读舀如挑。《仪礼·少牢馈食礼》：“手执挑匕枋以挹湆注于疏匕。”注：“挑谓之歃。赞如或舂或抌之抌。”《说文》：“舀、抒臼也。从爪臼，或从手从尢，或从臼从尢。”字或作挑者，秦人语也。按：挑，吐雕切。定母清声。

舀挑　舀　《广韵·平声·虞韵》羊朱切　喻母虞韵　古音定母21幽部

① 愉字《广韵》但收平声一音。《玉篇》又“羊竖切”，与“以主切”同。
② 曾先生误作〈清人〉。
③ 文渊阁《四库全书·韩诗外传》作“舍命不渝”。

		《广韵·平声·尤韵》以周切	喻母尤韵	古音定母 21 幽部
		《广韵·上声·小韵》以沼切	喻母小韵	古音定母 21 幽部
	挑	《广韵·平声·萧韵》吐雕切	透母萧韵	古音透母 19 宵部
		《广韵·平声·豪韵》土刀切	透母豪韵	古音透母 19 宵部
		《广韵·上声·筱韵》徒了切	定母筱韵	古音定母 19 宵部

“舀”字《广韵》三音并皆喻母，韵母虞、尤、小互异，古韵同属幽部，三者古音无别。“挑”字《广韵》有透、定二母，古音亦分属透、定二母；韵母萧、豪、筱互异，古韵则同宵部。就“挑”字定元音而言，“舀、挑”二字今音声母喻、定不同，古声同属定母；韵母虞、尤、小与筱互异，古韵幽、宵异部。古音声同韵近，依黄季刚先生《求本字捷术》之音读关系而言，声同韵近，可相通转；复依章太炎先生“双声相转，迭韵相迤”之理以推，用以证知喻四归定，应无疑义。就“挑”字透元音而言，“舀、挑”二字今音声母喻、透不同，古声定、透互异；韵母虞、尤、小与萧、豪互异，古韵亦幽、宵异部。古音声韵毕异，依黄季刚先生《求本字捷术》之音读关系而言，声韵毕异，不相通转。先生挑字但取吐雕切，透元音，却谓之定母清声，可知先生视透定为同一音位，虽有清浊而无别也。故举以证成喻四归定。

37	古读某如某	也喻一它透	说文	未尽精当	它字属透母

37. 古读也（羊者切）如它。从也声者或读同它声，如杝读若佗是也。又篆从它声者，隶多变作也，如蛇或为虵，佗隶作他，沱隶作池是也。据此知它也同声。也读如它，徒何切，定母字。

也它	也	《广韵·上声·马韵》羊者切	喻母马韵	古音定母	1 歌部
	它	《广韵·平声·歌韵》托何切	透母歌韵	古音透母	1 歌部
杝佗	杝	《广韵·平声·支韵》弋支切	喻母支韵	古音定母	1 歌部
		《广韵·上声·纸韵》池尔切	澄母纸韵	古音定母	1 歌部
		《广韵·上声·纸韵》敕氏切	彻母纸韵	古音透母	1 歌部①
	佗	《广韵·平声·歌韵》徒河切	定母歌韵	古音定母	1 歌部
		《广韵·平声·歌韵》托何切	透母歌韵	古音透母	1 歌部
蛇虵	蛇	《广韵·上声·支韵》弋支切	喻母支韵	古音定母	1 歌部
		《广韵·平声·歌韵》托何切	透母歌韵	古音透母	1 歌部
		《广韵·平声·麻韵》食遮切	神母麻韵	古音定母	1 歌部②
	虵	《广韵·平声·支韵》弋支切	喻母支韵	古音定母	1 歌部

① 据周祖谟先生校刊记补。

② 歌韵注云：“今市遮切。”禅母，古音亦归定母。

《广韵·平声·麻韵》食遮切　神母麻韵　古音定母　1 歌部
《广韵·上声·马韵》羊者切　喻母马韵　古音定母　1 歌部
佗他　他　《广韵·平声·歌韵》托何切　透母歌韵　古音透母　1 歌部
佗　《广韵·平声·歌韵》徒河切　定母歌韵　古音定母　1 歌部
《广韵·平声·歌韵》托何切　透母歌韵　古音透母　1 歌部
沱池　沱　《广韵·平声·歌韵》徒河切　定母歌韵　古音定母　1 歌部
《广韵·上声·哿韵》徒可切　定母哿韵　古音定母　1 歌部
池　《广韵·平声·支韵》直离切　澄母支韵　古音定母　1 歌部
《广韵·平声·歌韵》徒河切　定母歌韵　古音定母　1 歌部

“也、它”二字今音声母喻、透不同，古音定、透互异母；韵母马、歌互异，古韵则同属歌部。古音韵同声异，就黄季刚先生《求本字捷术》之音读关系而言，二字可相通转，唯用以证成喻四归定，则有待商榷。案曾先生以为二字为声符时多相通，隶变时亦多有它形作也之例，考诸《广韵》，二者确实每多互见。唯此等古韵同属歌部而声母透、定互异情形，谓之韵同声近，殆无疑义，且形声字韵同声异情形亦所在多有，故若据此定为双声之例证，证成喻四归定，似乎未尽精当。又曾先生谓“它”字“徒何切”，韵书未见，或属误植。

39	古读某如某	瀷喻—勅彻敕彻	淮南子	未尽精当	勅敕并透母

39. 古读瀷（与职切）如勅。《淮南·本经》：“淌游瀷淢。”高注：瀷读燕人强春言勅之勅。潩水时人谓之敕水，音相类，故字从声变。按：勅、敕并耻力切，彻母，彻、澄相为清浊也。

瀷勅　瀷　《广韵·入声·职韵》与职切　喻母职韵　古音定母 25　职部
《广韵·入声·职韵》昌力切　穿母职韵　古音透母 25　职部
勅　《广韵·入声·职韵》耻力切　彻母职韵　古音透母 25　职部
潩敕　潩　《广韵·去声·志韵》羊吏切　喻母志韵　古音定母 25　职部①
《广韵·入声·职韵》与职切　喻母职韵　古音定母 25　职部
敕　《广韵·去声·代韵》洛代切　来母代韵　古音来母 24　之部②
《广韵·入声·职韵》耻力切　彻母职韵　古音透母 25　职部

“瀷、勅”二字今音声母喻、彻不同，古音定、透互异；韵母同属职韵，古韵同在职部。古音韵同声异，就黄季刚先生《求本字捷术》之音读关系而言，二字可相通转，唯用以证成喻四归定，则未尽精当。又曾先生谓彻、澄相为清浊，

① 潩、瀷二字《说文》别为二文，其实一字。故曾先生并而言之。

② 敕字本音洛代切，与勅字音义无关。此当系勅字之形讹。详请参见《异体字字典》敕字研订说明。

古音正是透、定相为清浊。至于“潩、勅”二字今音声母亦喻、彻不同，古音定、透互异母；韵母志、职互异，古韵同在职部。古音韵同声异，就黄季刚先生《求本字捷术》之音读关系而言，二字可相通转。今考此例之异文源自于方言，且先生既谓其音相类，可知二字音读不同，韵同声近，正互异而又相类者也。故用以证成喻四归定，似有未尽精当之虞。

43	古读某如某	说审一申审电定	淮南子	未尽精当	说申并透母

43. 古读说如申，实如电。俞曲园《礼记异文笺》云：“按，《广韵》十七薛：说，失热切；十七真：申，失人切。说与失双声，申亦与失双声，故说得转为申”。今按：俞说是也。申古音如陈，实如田，定母字。说从兑声，亦定母。

说申电	说	《广韵·去声·祭韵》舒芮切	审母祭韵	古音透母	2月部
		《广韵·入声·薛韵》弋雪切	喻母薛韵	古音定母	2月部
		《广韵·入声·薛韵》失热切	审母薛韵	古音透母	2月部
	申	《广韵·平声·真韵》失人切	审母真韵	古音透母	6真部
	电	《广韵·去声·霰韵》堂练切	定母霰韵	古音定母	6真部
陈田	陈	《广韵·平声·真韵》直珍切	澄母真韵	古音定母	6真部
		《广韵·去声·震韵》直刃切	澄母震韵	古音定母	6真部
	田	《广韵·平声·先韵》徒年切	定母先韵	古音定母	6真部

“说”字三音三义，曾先生既引俞曲园“失热”与“失人”为说，可知“说、申”二字今音声母同属审母，古音同属透母；韵母薛、真互异，古韵真、月异部。二字古音声同韵异，可相通转，依黄季刚先生《求本字捷术》之音读关系而言，声同韵异，可相通转；复依章太炎先生“双声相转，迭韵相迤”之理以推，用以证成二字双声，应无疑义。唯能证成者，二字同属透母，用以说明喻四归定，则有待商榷。至于“申”音如“电”，则二字今音声母审、定互异，古声透、定不同；韵母真、霰不同，古韵同属真部。古音韵同声异，依黄季刚先生《求本字捷术》之音读关系而言，韵同声异，可相通转，用以证成喻四归定，却未精当。然则可知此例“说”字或作透母，与“申”字通转；或作定母，与“电”字通转，未臻一致。且其说“申”字如“电”、如“陈”如“田”，都在声母透、定之密近，引以证成喻四归定，恐未尽精当。

48	古读某如某	盈喻一逞彻挺定	史记	未尽精当	逞字属透母

48. 古读盈（以成切）如逞，实如挺。又《说文》从盈声之字或从呈声，如䋼从纟盈声，读与听同，或从呈声作綎。今按：逞，丑郢切，彻母；听，他定切，透母；桯，他丁切，透母；均与定澄母相为清浊。又诸字皆从壬声。《说文》：“壬，象物出地挺生也。”是壬本读如挺。挺，特丁、特顶二切，本定母字。

盈逞挺	盈	《广韵·平声·清韵》以成切	喻母清韵	古音定母 12 耕部
	逞	《广韵·上声·静韵》丑郢切	彻母静韵	古音透母 12 耕部
	挺	《广韵·平声·青韵》特丁切	定母青韵	古音定母 12 耕部
		《广韵·上声·迥韵》徒鼎切	定母迥韵	古音定母 12 耕部
听壬	听	《广韵·平声·青韵》他丁切	透母青韵	古音透母 12 耕部
		《广韵·去声·证韵》他定切	透母证韵	古音透母 12 耕部
	壬	《广韵·上声·迥韵》徒鼎切	透母迥韵	古音定母 12 耕部

“盈、挺”二字今音声母喻、定不同，古音同属定母；韵母清、青、迥互异，古韵同属耕部。古音声韵毕同，用以证知喻四归定，应无疑义。至于“盈、逞”二字今音声母喻、彻不同，古音定、透互异母；韵母虽清、静互异，古韵则同在耕部。古音韵同声异，就黄季刚先生《求本字捷术》之音读关系而言，二字可相通转。先生既曰实如挺者，当已明于逞字虽韵同声近可相通假，就确切之音读而言，当以挺字为是。然则可知拟以声母喻、透不同之逞、盈为例，证成喻四归定，恐未尽精当。又“听”字亦属透母，先生以为与澄母相为清浊，与定母清浊不同，皆谓古音透、定不同。既然古音透、定不同，据以证成喻四归定，亦有未安。

50	古读某如某	缘喻一象透	礼记	未尽精当	象字属透母

50. 古读缘（与专、羊绢二切）如象。《礼记·玉藻》“禒衣”，《释文》：吐乱反。按，即《周礼·内司服》之“缘衣”。吐乱反，透母，定母清声。

缘象禒	缘	《广韵·平声·仙韵》与专切	喻母仙韵	古音定母 3 元部
		《广韵·去声·线韵》以绢切	喻母线韵	古音定母 3 元部
	象	《广韵·去声·旱韵》通贯切	透母旱韵	古音透母 3 元部
	禒	《广韵·去声·旱韵》通贯切	透母旱韵	古音透母 3 元部

“缘”与“象、禒”二字今音声母喻、透不同，古声定、透互异；韵母仙、线与旱不同，古韵则同属元部。古音韵同声异，就黄季刚先生《求本字捷术》之音读关系而言，可相通转。且“缘、禒”属服饰，一从纟、一从衣，皆以象为声，或造字者意识不同之异体，用以证成喻四归定，或有可取之处，唯先生既已明言透母，又注云定母清声，可知先生透、定同一音位相为清浊之理念。

51	古读某如某	甬喻一桶定统透	淮南子	未尽精当	统字属透母

51. 古读甬（余陇切）如桶。《史记·商君列传》“平斗甬”，《集解》引郑玄云：“音勇，今之斛也。”《索隐》云：“音统。”按：统，他综切，透母，与定母相为清浊。

甬桶统	甬	《广韵·上声·肿韵》余陇切	喻母肿韵	古音定母	18东部
	桶	《广韵·上声·董韵》他孔切	透母董韵	古音透母	18东部
		《广韵·上声·董韵》徒揔切	定母董韵	古音定母	18东部
	统	《广韵·去声·宋韵》他综切	透母宋韵	古音透母	18东部
勇	勇	《广韵·上声·肿韵》余陇切	喻母肿韵	古音定母	18东部

“桶”有透、定二音。就定元音而言，“甬”与“桶”二字今音声母喻、定不同，古声同属定母；韵母肿、董互异，古韵则同属东部。古音声韵毕同，用以证知喻四归定，应无疑义。就透元音而言，“甬”与“桶”二字今音声母喻、透不同，古声亦定、透有别；肿、董互异，古韵则同属东部。古音韵同声异，就黄季刚先生《求本字捷术》之音读关系而言，可相通转。唯先生既已明言透母，又注云定母清声，可知先生透、定相为清浊之理念，据以为证，则又稍嫌未尽精当。又甬、勇同音，虽今音并皆喻母，古声同属定母，无由用以证成喻四归定，亦未尽精当。

有关喻四归定相为清浊诸例中，喻端一例相去太远，恐将造成凡旁纽者皆可相通之疑虑。至于透、定相为清浊一十二例之中，除古读舀如挑、古读缘如象二例或可说解之外，其余十例，恐有未尽精审之嫌。

五、结语

逐一论述曾运乾先生《喻母古读考》中有关晓匣相为清浊、端定相为清浊、透定相为清浊例证之余，以为就音理而言，虽则学者大抵同意于晓匣相为清浊、端定相为清浊、透定相为清浊之说，先生径就其相为清浊，视为同位并据以推论喻三归匣、喻四归定，则或有再行商榷之余地。由于先生有关喻三归匣、喻四归定之推论，尚有大量书证可以证成其说，是以此类相为清浊例证，或者未尽周延，却未足以推翻先生喻母古读考之主张。

至于晓、匣究竟是否但有清浊之不同，透、定是否同为一个音位而无别，容有更为深入探究之空间，亦吾辈所当致力研议之课题。

参考文献

陈师新雄．古音学发微［M］．台北：文史哲出版社，1983.

陈师新雄．古音研究［M］. 台北：五南图书，1999.
陈师新雄．锲不舍斋论学集［M］. 台北：学生书局，1984.
陈师新雄，于大成．声韵学论文集［M］. 台北：木铎出版社，1976.
黄侃．文字声韵训诂笔记［M］. 台北：木铎出版社，1994.
高本汉，赵元任．上古音讨论集［M］. 台北：学艺出版社，1970.
王力．清代古音学［M］. 北京：中华书局，1992.
余迺永．上古音系研究［M］. 香港：香港中文大学出版社，1985.
李葆嘉．清代上古声纽研究史论［M］. 台北：五南图书，1996.
金周生．读曾运乾喻母古读考札记二则［M］// 声韵论丛：第一辑．台北：台湾学生书局，1994.
杨树达．古声韵讨论集［M］. 台北：台湾学生书局，1969.
曾运乾．音韵学讲义［M］. 北京：中华书局，1996.
第六届海外中国语言学者论坛会议论文集［C］. 徐州：江苏师范大学，2017.
李师添富．添富论学集［M］. 台北：洪叶文化，2016.

王力脂微分部学说的发展变化

商务印书馆　徐从权

王力先生于语言学各领域均有杰出的成就，郭锡良、鲁国尧两位先生（2006）说："王先生在音韵学、语法学、诗律学、汉语史、语言研究史、语源学、历史词典学和古汉语教材建设等八个方面都作出了不可磨灭的贡献。"音韵学方面，古音学的成就尤为突出，古音学中又以脂微分部学说最为著名，王力先生脂微分部学说是发展变化的。

一、王力上古音学说分期

唐作藩先生（2003）将王力先生音韵学研究分为三个阶段，王先生也曾将自己的古音学说大体分为早年、晚年。[①] 在《诗经韵读》中，王先生又将自己上古音研究概括为三个时期，王先生所用的词语分别是"早年""后来""最近"。[②]

根据王先生对自己上古音学说所作的分期概括，再结合唐作藩先生对王先生音韵学研究所作的分段，我们将王力先生的上古音研究划分为三个时期或阶段：

第一阶段：早期（二十世纪二十年代到四十年代）

第二阶段：中期（二十世纪五十年代到六十年代）

第三阶段：晚期（二十世纪七十年代到八十年代）

第一阶段，王力先生的上古音论著有：《谐声说》（1927），《古韵分部异同考》（1937），《上古韵母系统研究》（1937），《中国音韵学》（1936）。主要涉及谐声、上古韵部划分、上古韵母系统、清代学者韵部划分及贡献等内容。

第二阶段，王力先生的上古音论著有：《汉语史稿》（1957/1958），《上古汉语入声和阴声的分野及其收音》（1960），《古韵脂微质物月五部的分野》（1963），《汉语音韵》（1963），《中国语言学史》（1963/1981），《先秦古韵拟测问题》

① 王力.汉语音韵[M].北京：中华书局，1991：141、145.

② 王力.诗经韵读[M].上海：上海古籍出版社，1980.

（1964）。主要涉及上古韵部划分、古音构拟、古音发展史、古音学史等内容。

第三阶段，王力先生的上古音论著有：《黄侃古音学述评》（1978），《音韵学初步》（1980），《诗经韵读》（1980），《楚辞韵读》（1980），《汉语语音史》（1980），《同源字典》（1982），《清代古音学》（1983），《〈诗经韵读〉答疑》（1985）。主要涉及古音构拟、古音发展史、古音学史等内容。

二、王力脂微学说的建立

1936年，王先生发表了《南北朝诗人用韵考》，发现南北朝脂微韵与《切韵》脂微韵有别，考定《切韵》的脂韵舌齿音合口呼在南北朝该归微韵。1937年，王先生于《上古韵母系统研究》中正式提出上古韵母系统的脂微分部学说，王先生详细论述了脂微分部的缘起、标准、证据，并就脂微分部以后产生的脂微合韵现象作出了科学的解释。

首先，王先生说明了脂微分部的缘起。王先生认为受了《文始》与《南北朝诗人用韵考》的启示，自己就试着将脂微分部。王先生说：“章太炎在《文始》里，以‘嵬隗鬼夔畏傀虺隤卉衰’诸字都归入队部；至于‘颖’声‘隹’声‘靁’声的字，他虽承认‘诗或与脂同用’，同时他却肯定地说‘今定为队部音’。”又“去年七月，我发表《南北朝诗人用韵考》，其中论及南北朝的脂微韵与《切韵》脂微韵的异同，我考定《切韵》的脂韵舌齿音合口呼在南北朝该归微韵，换句话说，就是章氏‘追绥推衰谁蕤’等字该入微韵。这里头的‘追推谁衰’等字，恰恰就是章氏归入队部的字。”

其次，确立了脂微分部的标准。王先生提出了如下的脂微分部标准：

（甲）《广韵》的齐韵字，属于江有诰的脂部者，今仍认为脂部。

（乙）《广韵》的微灰咍三韵字，属于江有诰的脂部者，今改称微部。

（丙）《广韵》的脂皆两韵是上古脂微两部杂居之地；脂皆的开口呼在上古属脂部，脂皆的合口呼在上古属微部。

表1　上古脂微两部与《广韵》系统的异同

广韵系统	齐　韵	脂皆韵		微　韵	灰　韵	咍　韵
等　呼	开合口	开　口	合　口	开合口	合　口	开　口
上古韵部	脂　部		微　部			
例　字	鷖羝黎迷奚体济（睽）稽替妻继弟犀启棣篦	皆彝鸱司喈迟示私伊二尸比饥利师眉夷脂资	淮惟岿怀遗毁坏藟唯追悲雛衰睢	衣祈韦肥依颀归微晞威鬼尾几翚非岂徽飞	虺摧回萑嵬雷傀隤敦	哀开凯

三、王力脂微学说的发展变化

王先生于《上古韵母系统研究》中正式提出“脂微分部”学说之后，后来在《汉语史稿》《汉语语音史》中对“脂微分部”学说均有不同程度的修正与发展。《上古韵母系统研究》、《汉语史稿》、《汉语语音史》分别代表了王先生“脂微分部”学说的早、中、晚三期。

我们对王先生的早、中、晚期脂微部情况进行了统计分析，现将其列表如下：

表 2　《上古韵母系统研究》脂微部情况

上古韵部	脂部		微部	
开合	开	合	开	合
韵类	皆脂齐	齐	咍微	灰微
例字	皆阶伊饥鸡启	骙葵揆	爱开衣岂	回雷威徽

表 3　《汉语史稿》脂微部情况

上古韵部	脂部		微部	
开合	开	合	开	合
韵类	皆脂齐	脂	咍皆微	灰皆微脂
例字	皆阶伊饥笄泥	夔葵癸揆	开凯排俳衣岂	回雷乖怀归威追唯

表 4　《汉语语音史》脂微部情况

上古韵部	脂部		微部	
开合	开	合	开	合
韵类	咍皆脂齐	脂齐	咍皆微	灰皆微脂
例字	开皆阶伊美体礼	夔葵骙睽揆癸	凯恺排俳衣岂	枚雷怀坏归威

注：《汉语语音史》未标中古韵目，我们根据收字补出韵目。

通过以上三张表，我们可以看到：（1）《上古韵母系统研究》脂部合口为齐韵，《汉语史稿》却为脂韵，《汉语语音史》又为脂韵、齐韵；（2）咍韵，《上古韵母系统研究》、《汉语史稿》只收于微部开口，《汉语语音史》脂部、微部均收有咍韵。

先来看第一个问题。《上古韵母系统研究》标为“脂部合口齐韵”的字一共只有四个：骙葵揆睽，而“骙葵揆”三字在《广韵》中均为脂韵合口三等，这与“脂皆的合口呼在上古属微部”的标准是不一致的。《汉语史稿》中“夔葵癸揆”等字，王先生明确归入“脂”韵，属脂部，这与王先生早期“脂皆的合口呼在上古属微部”的标准也是有出入的。《汉语语音史》收“睽”，使脂部合口既有脂韵字又有齐韵字，仍然与早期“脂皆的合口呼在上古属微部”的标准相违。王先生脂部合口或为齐韵字，或为脂韵字，或为脂齐韵字，前后似乎矛盾，但从具体归字来看，实质变化不大，“睽睽”为齐韵字，“夔葵癸揆骙”为脂韵合口，王先生都归为脂部。“葵癸揆骙”等归脂部，王先生有解释，《上古韵母系统研究》有“脂微分部的理由”一节，其中“脂微分部的标准”丙条为：“《广韵》的脂皆两韵是上古脂微两部杂居之地；脂皆的开口呼在上古属脂部，脂皆的合口呼在上古属微部”，此条下王先生加了个注脚：“只有‘癸’声的字当属脂部，因为‘癸’声的字有‘睽’‘睽’等字入《广韵》齐韵”，也就是说王先生把从“癸”声的字全归为上古脂部合口，从“癸”之字在《广韵》中虽分布于脂、齐两韵中，但王先生却把从“癸”的脂韵合口字全视为齐韵类。然而，“夔”归脂部，王先生却没有解释。存疑。

我们再来看第二个问题。第二个问题实际上就是“开”的归部问题，开，《广韵》咍韵：苦哀切，根据“《广韵》的微灰咍三韵字，属于江有诰的脂部者，今改称微部”，[①]《上古韵母系统研究》《汉语史稿》均将其归为微部是合理的，然而《汉语语音史》却将其归为脂部，这是为什么呢？高本汉说：“‘开’、‘闿’二字一个是平声一个是上声，同为一个词根的两个变体，‘闿’从‘岂’声。”[②]

王先生对脂部韵脚及相关问题的认识早期和晚期也有不同，下面将不同处列表对照如下：

表 5　脂部韵脚比较

《上古韵母系统研究》	《诗经韵读》
《载驰》三章：济閟。脂部独用	《载驰》二章：济閟。脂质通韵
《大田》二章：穉穧。《大田》三章：凄祈私	《大田》三章：萋祈私穉穧
《硕人》一章	《硕人》二章
《大东》	《大东》一章
《瞻彼洛矣》一章：茀师	《瞻彼洛矣》一章：茨师
《行苇》二章：弟尔几。脂部独用	《行苇》一章：苇履体泥弟尔几。微脂合韵

① 王力.上古韵母系统研究[M]//龙虫并雕斋文集.北京：中华书局，1980：142-143.

② 高本汉.中上古汉语音韵纲要[M].聂鸿音，译.济南：齐鲁书社，1987：137.

无	《静女》二章：荑美
无	《杕杜》一二章：比佽比佽
无	《杕杜》四章：偕迩
无	《六月》一章：栖骙
无	《思齐》二章：妻弟
《葛覃》一章：萋喈。脂部独用	《葛覃》一章：萋飞喈。脂微合韵
《谷风》（邶风）二章：迟迩。可以认为脂部独用	无

王先生对微部韵脚及相关问题的认识早期和晚期也有不同，下面将不同处列表对照如下：

表 6　微部韵脚比较

《上古韵母系统研究》	《诗经韵读》
《式微》一二章：微归微归	《式微》一二章：微微归微微归
《扬之水》（王风）：怀归怀归怀归	《扬之水》（王风）一二三章：怀怀归怀怀归怀怀归
《七月》二章	《七月》三章
《东山》三章	《东山》四章
《旱麓》六章：枚回	《旱麓》五章：藟枚回
《北门》三章：敦遗摧。微部独用	《北门》三章：敦遗摧。文微通韵
《采芑》四章：（焞）靁威。微部独用	《采芑》四章：焞靁威。文微通韵
《谷风》(小雅)三章:嵬萎(怨)。微部独用	《谷风》（小雅）三章：嵬萎怨。微元合韵
《静女》三章：炜美。微部独用	《静女》三章：炜美。微脂合韵
《瞻卬》二章：罪罪。微部独用	无
《北风》二章：霏归。微部独用	《北风》二章：喈霏归。脂微合韵
《四月》二章：腓归。微部独用	《四月》二章：凄腓归。脂微合韵
不必认为入韵	《桑柔》二章：骙夷黎哀。脂微合韵
不必认为入韵	《桑柔》三章：维阶。脂微合韵
无	《燕燕》一二三章：飞归飞归飞归

由上面两表可知：

1. 早、晚期韵脚、韵段确认不同。早期认为入韵，晚期不认为入韵，如“《谷风》（邶风）二章”；晚期认为入韵，早期不认为入韵，如“《静女》二章”等。

2. 早、晚期分章不同。有二章合为一章的，如早期“《大田》二章”、“《大田》三章”，晚期合为“《大田》三章”；有章数不同的，如早期为“《硕人》

一章”，晚期为“《硕人》二章”，“《大东》”早期未标章数，晚期标为“一章”。

3. 同一韵段，早、晚期分析不同。如“《载驰》三章：济閟”，早期分析为“脂部独用”，晚期分析为“脂质通韵”。

早期，王先生脂部的韵例是在段玉裁的基础上整理而成的，晚期王先生《诗经韵读》全面整理《诗经》用韵，这可能是早、晚期分章、韵脚、韵段不同的原因之一。所据版本不同可能也是早晚期分章不同的原因。王先生古音学说的发展变化是早、晚期对同一韵段分析不同的主要原因，如“《载驰》三章：济閟”，“閟”为去声字，王先生二十世纪五十年代提出长入说后，将其归到入声，故分析为“脂质通韵”。

通过以上研究，我们可以知道：

1. 王力先生的脂微分部学说是不断发展变化的。

2. 王力先生对《诗经》脂微两部韵脚的处理早期与晚期存在差异。

参考文献

高本汉．中国上古汉语音韵纲要［M］．聂鸿音，译．济南：齐鲁书社，1987.

耿振生，赵庆国．王力古音学浅探——纪念王力先生逝世 10 周年［J］．语文研究，1996（2）．

郭锡良，鲁国尧．一代语言学宗师——为纪念王力先生逝世二十周年而作［J］．古汉语研究，2006（4）．

李开．围绕脂、微分部的古音学演进［J］．东南大学学报，2007（5）．

唐作藩．王力先生的“谐声说”［M］// 语言学论丛·第二十八辑，北京：商务印书馆，2003.

王力．诗经韵读［M］．上海：上海古籍出版社，1980.

王力．汉语史稿［M］．北京：中华书局，1980.

王力．龙虫并雕斋文集［M］．北京：中华书局，1980.

王力．汉语语音史［M］．北京：中国社会科学出版社，1985.

王力．王力文集第十七卷［M］．济南：山东教育出版社，1989.

王力．汉语音韵［M］．北京：中华书局，1991.

闫顺英．王力脂微分部的历史意义与理论价值［J］．郑州航空工业管理学院学报，2014（5）．

是方音还是正音：侯虞二韵顾江归部考辨

华侨大学　陈鸿儒

一

顾炎武、江永对侯韵类在古韵中的归属有不同的看法。

顾炎武《唐韵正·十九侯》云："古与九鱼十虞十一模通为一韵"，"古侯韵与鱼虞模同用，无与忧流州鸠同用者"，意思是侯韵合鱼虞模为古韵一部，尤幽与此部无关。

江永《古韵标准·平声第十一部》曰："顾氏必欲画出侯韵使从鱼虞模，不得与尤幽通。凡有读虞韵分出之字从侯韵之音者，一切反之使从鱼虞模，有用侯韵字与尤韵叶者，概谓后人之误，上声厚去声候亦如之。持之甚坚，牢不可破。"意思是古韵侯韵与尤幽为一部，鱼模为一部，虞韵则一部分归鱼模，一部分"虞韵分出之字从侯韵之音者"归尤侯幽。①

顾炎武、江永之说都证之以《诗》，如：

《载驰》："载驰载驱，归唁卫侯。驱马悠悠，言至于漕。大夫跋涉，我心则忧。"②

顾氏侯音胡以韵虞韵之驱，悠漕忧转韵。江永认为驱字是"虞韵分出之字从侯韵之音者"，驱侯悠漕忧押尤侯，批评顾氏"侯韵使从鱼虞模，不得与尤幽通"。

《郑风·羔裘》："羔裘如濡，洵直且侯。彼其之子，舍命不渝。"

顾氏侯音胡与虞韵之濡渝押模虞。江永认为濡渝二字是"虞韵分出之字从侯韵之音者"，濡侯渝押尤侯，批评顾氏"虞韵分出之字从侯韵之音者，一切反之使从鱼虞模"。

---

① 这里所说的尤韵不包括顾江以为古韵归之咍部的字。

② 漕字在本章中读尤韵。

《白驹》：“皎皎白驹，贲然来思。尔公尔侯，逸豫无期。慎尔优游，勉尔遁思。”

江永认为驹字是“虞韵分出之字从侯韵之音者”，侯驹游三字押尤侯。顾氏侯音胡与虞韵之驹相押，尤韵之游字不入韵。

《无羊》二章：“何蓑何笠，或负其餱。三十维物，尔牲则具。”

江永认为具字是虞韵归鱼模者，此章餱具不押韵。顾炎武“餱”字古音胡，与具字押模虞。

《行苇》三章：“敦弓既句，既挟四鍭。四鍭如树，序宾以不侮。”

顾“鍭”字古音胡与虞韵类字句树侮“平上去通为一韵”。江认为句树侮三字是“虞韵分出之字从侯韵之音者”，句鍭树侮押尤侯。

顾炎武江永的《诗》证，实际上是以《诗》韵证我、各说各话。

二

顾炎武认为《诗》音就是古韵正音，《诗》押韵是古韵“同质相押”。所以，既然《诗》侯韵与鱼虞模相押，那么“古侯韵与鱼虞模同用，无与忧流州鸠同用者”，读侯之古音为胡。

但是，这个意见是不能令人信服的。

《广韵》上平声九鱼十虞十一模相连，下平声十八尤十九侯二十幽相属，侯韵若真的跳过三十几个韵“古与九鱼十虞十一模通为一韵”，则萧颜“论南北是非、古今通塞”之制失之远矣。

《诗·常棣》二章“原隰裒矣，兄弟求矣”侯韵之裒押尤韵之求。《候人》“维鹈在梁，不濡其咮。彼其之子，不遂其媾”候韵之媾押宥韵之咮。顾氏断言古侯韵“无与忧州鸠同用者”，于是裒字下注曰：“古音蒲牟反，後人混入十九侯韵。”咮字下注曰：“古音注，後人误入四十九宥韵。”媾字下注曰：“古音故，後人混入五十候韵。”侯韵类字都被改作了他韵之音，侯已不侯，拿什么去“与忧流州鸠同用”？侯韵字古音既读模韵，怎么裒字古音又用尤韵字作切下字？

侯古韵读胡，是侯模二韵类古韵同读，那么《广韵》侯模是怎么从古韵一分为二的？

三

江永反对顾氏的意见，也勉强对顾氏的音证作出他的解释。我们先列出《唐韵正》“侯古音胡”下所引《诗》外部分音证，再看看江永是怎么说的。

《左传·昭二十五年》：“鸜鹆跦跦，公在乾侯，徵褰与襦。”

《管子·轻重·甲篇》：“有余富无余乘者，责之卿诸侯。足其所不赂其游者，责之令大夫。”

《庄子·胠箧篇》：“窃钩者诛，窃国者为诸侯。”

《淮南子·主术训》：“故桓公三举而九合诸侯，纣再举而不得为匹夫。”

《淮南子·泰族训》：“浊乱天下，挠滑诸侯，使百姓不遑启居。”

《易林·师之井》：“范子妙材，戮辱伤肤。然后相国，封为应侯。”

《易林·泰之益》：“凤皇衔书，玄珪赐我封为晋侯。”

《易林·睽之坤》：“实沈参墟，封为晋侯。”

《易林·升之鼎》：“衣裳颠倒，为王来呼。成就东周，封受大侯。”

《越绝书》记吴王占梦见：“两鑩炊而不蒸者，大王圣气有馀也。见两黑犬嗥以北嗥以南，四夷已服朝诸侯也。两铧倚吾宫堂，夹田夫也。见流水汤汤越吾宫墙，献物已至则有馀也。”

《解嘲》：“夫上世之士，或解缚而相，或释褐而傅，或倚门而笑，或横江潭而渔，或七十说而不遇，或立谈而封侯，或枉千乘于陋巷，或擁篲而先驱。”

《汉书·元后传赞》：“五将十侯，卒成新都。”

《汉书·叙传》：“抑抑仲舒，再相诸侯。身修国治，致仕悬车。下帷覃思，论道属书。讜言访对，为世纯儒。”

张衡《西京赋》：“增昭仪於婕妤，贤既公而又侯。许赵氏之无上，思致董於有虞。”

应璩诗：“汉末桓帝时，郎有马子侯。自谓识音律，请客鸣笙竽。为作陌上桑，反言凤将雏。左右伪称善，亦復自摇头。”

夏侯湛《抵疑》：“德入殷王，义感齐侯。故伊尹起庖厨而登阿衡，宁戚出车下而阶大夫。”

……

对于顾氏《左传》《庄子》两个音证，《古韵标准·平声第十一部总论》说：“《左传》‘公在乾侯’与跦襦为韵，此亦跦襦从侯非侯从跦襦。凡偏旁从朱者皆通尤侯，吾以《株林》株韵驹而知之，又以郰娄後改为邹而知之，又以《杂卦传》诛韵昼而知之，又以《春官·甸祝》‘禂牲禂马’注谓‘禂读如伏诛之诛，今侏大字也’而知之。《庄子》‘窃钩者诛，窃国者为诸侯’亦犹是也。岂必转侯以就跦诛乎？凡偏旁从需者皆通尤侯，《羔裘》既以濡韵侯矣，而需与须同音，故《易》曰‘需，须也’，‘贲其须’与‘贲如濡如’亦韵也。息夫躬之辞曰‘嗟若是兮欲何留，抚神龙兮揽其须’，则须字古音思由切。知须则知需矣，知需则知襦为而由切矣，岂必转侯以就襦乎？”

《左传》《庄子》以外的十四个音证，江氏没有发表意见。为什么呢？

《古韵标准·平声第三部》说：虞韵“从禺从芻从句从区从需从须从朱从殳从俞从臾从娄从付从音从孚从取从厨从求者”通尤侯，“从吴从无从巫从于从瞿从夫从雩从夸从具从奭者”通鱼模。而那十四个音证中，与侯字相押者既有“通鱼模”的夫虞竽等字，还有“通尤侯”的驱儒雏等字。鱼韵模韵江氏不通尤侯，而那十四个音证中，与侯字相押者有鱼韵的居书墟馀渔车好等字，有模韵的呼都等字。这些音证得出的结论是：虞韵从夫从吴从于者“通尤侯”，鱼韵的居书墟馀渔车好、模韵的呼都等字读尤侯之音。

面对与江说相悖的例证，《古韵标准·平声第十一部》侯字下不得不笼统地说“后人方音乃音胡”。

“后人方音乃音胡”，承认了那十四个音证中的侯以读胡的方音入韵。与顾氏不同的是：侯读胡不是古韵正音而是方音，而且是“后人”的方音不是《诗》中的方音。

四

“后人方音乃音胡”不是语言事实。

江氏可以以《左传》《庄子》诛跦襦与侯相押证诛跦襦之读尤侯，为何不可以以《管子》侯夫相押证夫之读尤侯？如果《管子》侯夫相押是侯字“后人方音乃音胡”，那么左丘明庄子不更是后人，为何《左传》《庄子》诛跦襦与侯相押不是侯字“后人方音乃音胡”而必是诛跦襦读尤侯？

实际上《诗》中就有侯韵类读模韵类的方音。

《常棣》六章：“傧尔笾豆，饮酒之饫。兄弟既具，和乐且孺。”《诗本音》豆字下注“古音田故反”。江永于其去声第三部收有豆字，云“徒故切。‘傧尔笾豆’韵饫具孺，似有此音。”徒故切是豆字读暮韵的方音。[①]《瞻卬》末

① 方音不是古韵。豆字不该第三部第十一部“两部兼存之”。

章："不自我先，不自我後。藐藐昊天，无不克鞏。无忝皇祖，式救尔後。"两後字《诗本音》"音户"。江永于其上声第十一部後字下云："两後字似与祖韵，音下五切。盖当时方音亦有此。偶一用之，他诗不必皆此音也。"下五切是後字读姥韵的方音。

《蝃蝀》二章："朝隮于西，崇朝其雨。女子有行，远兄弟父母。"《诗本音》于"远兄弟父母"下注"满补反"，于《葛覃》"归宁父母"下云："《蝃蝀》二章与雨韵。又《易·系辞传》'如临父母'与度惧故韵。要当以满以反为正。後人不知，但入四十五厚韵。"《唐韵正·四十五厚》母字注："母字定以读满以反为正，然亦有读满补反者"，并举《诗》《易》《庄子》《管子》《吕氏春秋》为证。江永于其上声第二部母字下云："《蝃蝀》二章韵雨，似入麌韵，此亦偶借，非其常也。"江氏所谓"入麌韵"之音，就是顾氏的满补反。满补反是母字读姥韵的方音。

《桑柔》十二章："大风有隧，有空大谷。维此良人，作为式穀。维彼不顺，征以中垢。"《诗本音》垢字下注"古音古"。《古韵标准·上声第三部》垢字音果五切。注云："本证'征以中垢'韵谷穀，上入为韵……案，垢从后声，宜古厚切，入第十一部……既与谷穀韵，则转为果五切入此部，若後字之韵祖矣。此亦当时有此方音，如《左传》引谚'国君含垢'与污瑕平上为韵也。汉以后用垢字多入此部。如庄忌《哀时命》'不获世之尘垢'韵处，后汉张超《诮青衣赋》'尚有尘垢'韵父，繁钦诗'同尘共垢'韵辅。"果五切是垢字读姥韵的方音。

侯韵类字《诗》中存在读模韵类的方音，那么就没有"后人方音乃音胡"一事。江永信了顾氏的《诗》押韵皆古韵"同质相押"之说，不但对侯韵类字以读模韵类的方音入韵的事实以"偶一用之""非其常也"轻轻了之，还认为《诗》中与侯相押的虞韵正音读侯，並据是否与尤侯相押分虞为二，部分归尤侯，部分归鱼模。

五

虞韵二分也不合语言事实。

江永说"凡偏旁从朱者皆通尤侯"，可是从朱者亦"通鱼模"。《国语·晋语六》"故以惠诛怨"，韦昭注："诛，除也。"读诛作除。《鬼谷子·本经阴符·分威》："以实取虚，以有取无，若以镒称铢。"虚无铢相押。除虚，鱼韵；诛铢“通鱼模”。

江永说“以《杂卦传》诛韵昼而知”从朱者之“通尤侯”。《易·杂卦传》：“《晋》，昼也。《明夷》，诛也。《井》通而《困》相遇也。”叶的是昼诛遇。若从朱者“通尤侯”，从禺者当随之“通尤侯”。可是从禺者亦“通鱼模”。《荀子·云赋》：“居则周静致下，动则綦高以钜，圆者中规，方者中矩，大参天地，德厚尧禹，精微乎毫毛，而充盈乎大寓。”钜，语韵；钜矩禹寓相押，寓字“通鱼模”。

江永说“凡偏旁从需者皆通尤侯”，可是从需者亦“通鱼模”。《左氏春秋·成公十年》“晋侯獳卒”，李富孙异文释：“（史记）《十二诸侯年表》、《晋世家》作據。”據，御韵。據书之以獳，獳字“通鱼模”。

江永因息夫躬留须二字相押读须字尤韵。可是须字亦“通鱼模”。《战国策·秦策一》“大王拱手以须”，鲍彪注：“须胥同，待也。”《孟子·万章上》“帝将胥天下而迁之焉”，赵岐注：“胥，须也。”胥，鱼韵。须字“通鱼模”。

从朱从禺从需从须者之外，江永“通尤侯”之从句从区从俞从娄从付从取从厨者亦兼“通鱼模”：

从句者

《诗·白驹》驹侯游相押，驹字“通尤侯”。

《说文》：“蚼，北方有蚼犬，食人。从虫，句声。”段注：“《大戴礼》作‘渠搜贡虚犬’。”虚，鱼韵。蚼书作虚，蚼字“通鱼模”。

从区者

《诗·载驰》驱侯悠忧相押，驱字“通尤侯”。

《说文》：“醧，私宴饮也。从酉区声。”徐锴系传：“醧，犹饇也”。《毛诗》“饮酒之饫”，李富孙异文释：“饫，《文选·魏都赋》注引《韩诗》作醧。”醧饫，御韵；饇，遇韵。醧饇皆“通鱼模”。

从俞者

《诗·正月》“胡俾我瘉”，毛传：“瘉，病也。”《斯干》“无相犹矣”，郑笺：“犹，当作瘉。瘉，病也。”《说文》：“瘉，病瘳也。”又“瘳，疾瘉也。”犹瘳，尤韵。《正月》之瘉《斯干》书作犹，瘉与瘳《说文》互训，瘉字“通尤侯”。

《孔子家语·观周》：“温恭慎德，使人慕之。执雌持下，人莫逾之。”慕，暮韵。慕逾相押，逾字“通鱼模”。

从娄者

《史记·刘敬叔孙通列传》“娄者，乃刘也”，刘，尤韵。娄字“通尤侯”。

《公羊传·昭公二十五年》“且夫牛马维娄”，徐彦疏：“娄者，侣也。谓聚之於廊。”侣，语韵。娄字聚字“通鱼模”。

从付者

《说文》“驸，副马也。从马付声”，《汉书·苏武传》“宦骑与黄门驸马争船”，颜师古注：“驸，副也。”副，宥韵。驸字“通尤侯”。

宋玉《神女赋》：“顾女师，命太傅。欢情未接，将辞而去。迁延引身，不可亲附。”去，御韵。傅去附相押，附字傅字“通鱼模”。

从取者

《诗·棫朴》：“芃芃棫朴，薪之槱之。济济辟王，左右趣之。”槱，有韵。槱趣相押，趣字“通尤侯”。

《黄帝内经·素问·离合真邪论》：“弹而怒之，抓而下之，通而取之。”怒，暮韵。怒下取相押，取字“通鱼模”。

从厨者

《楚辞·惜往日》：“独鄣廱而蔽隐兮，使贞臣而无由。闻百里之为虏兮，伊尹烹於庖厨。”由，尤韵。由厨相押，厨字“通尤侯”。

《诗·静女》“搔首踟蹰”，《韩诗》作“踌躇”。躇，鱼韵。蹰字“通鱼模”。

江永“通尤侯”者兼“通鱼模”，“通鱼模”者又兼“通尤侯”，比如：

从无者

《楚辞·哀郢》：“当陵阳之焉至兮，淼南渡之焉如？曾不知夏之为丘兮，孰两东门之可芜？”如，鱼韵。如芜相押，芜字“通鱼模”。

《左传·宣公十五年》“仲孙蔑会齐高固于无娄”，《公羊传》作牟娄。牟，尤韵。书无作牟，无字“通尤侯”。

从夫者

《左传·哀公十七年》：“登此昆仑之虚，绵绵生之瓜。余为浑良夫，叫天无辜。”虚，鱼韵；辜，模韵。虚瓜夫辜相押，夫字“通鱼模”。

《管子·轻重·甲篇》：“有余富无余乘者，责之卿诸侯。足其所不赂其游者，责之令大夫。”侯，侯韵；游，尤韵。侯游夫相押，夫字“通尤侯”。

从臾者

《广雅·释诂》：“斞，抒也。”抒，鱼韵。斞字“通鱼模”。

《诗·宾之初筵》“宾载手仇”，郑笺：“仇读曰斞。”仇，尤韵。

书斛作仇，斛字“通尤侯”。[1]

从瞿者

《诗·东方未明》三章：“折柳樊圃，狂夫瞿瞿。”圃，姥暮二韵。圃瞿相押，瞿字“通鱼模”。

《说文》：“朐，齐人谓臞朐也。”朐，尤韵。谓臞为朐，臞字“通尤侯”。

从于者

《诗·都人士》：“匪伊垂之，带则有馀。匪伊卷之，发则有旟。我不见兮，云何盱矣。”馀旟，鱼韵。馀旟盱相押，盱字“通鱼模”。

《诗·南山》“齐子由归”，马瑞辰传笺通释：“由归，犹言于归也。”又，《书·吕刑》“鳏寡有辞于苗”，《墨子·尚贤中》引作“有辞有苗”。由，尤韵；有，有韵。于归作由归，于苗作有苗，于字“通尤侯”。

主字江永以《易》韵咎斗、《老子》韵垢证其“通尤侯”，可是《管子·七臣七主》“痛言人情以惊主，开罪党以为雠除。雠则罪不辜，罪不辜则与雠居。”除居，鱼韵；辜，模韵。主除辜居相押，主字“通鱼模”。江永于其去声第三部孺字下说：“又疑饫与饇通”，饫，御韵。若区声古读尤侯，饇与饫怎么通呢？

虞韵类既可“通鱼模”又可“通尤侯”，表明虞韵类没有“通鱼模”与“通尤侯”之分，也表明虞韵类有“通鱼模”与“通尤侯”两读。所以江永有些字不得不两收，比如附字去声第三部与去声第十一部两收，从需之孺字收在去声第三部、醹字收在上声第十一部等等。顾氏十九侯下举有侯虞两韵类兼收的字：区蓲抠䰯獳娄蒌鄹膢偻篓褛慺瞜鷜搂掫媮歈牏窬齵句䶗軥鸲髻；举有虞侯尤三韵类兼收的字：陬緅揄；举有虞尤两韵类兼收的字：鄹菆。虞韵兼收在尤侯者，兼收了虞韵常读的方音。

六

侯韵类侯模两读、虞韵类虞尤两读都出现在《诗》前后的文献中，是侯韵类两读、虞韵类两读并存于同时同地。这种现象一直持续至今。储泰松（2001）载有如下音切：

---

① 《古韵标准·平声第十一部》仇字下注：“仇字有二音。‘与子同仇’此音，又见第二部。”案，第二部之音亦方音而非古正音。陈鸿儒.孔广森“通韵”“转韵”评析［J］.汉字文化，2008（3）.

《慧琳音义》：

堆阜：下扶久反，吴楚之音也，《韵英》云音扶武反。

堆阜：下扶有反，吴楚音也，《韵英》音扶武反。

矛矟：上谟侯反，《韵英》云暮蒲反。

浮囊：附无反，《玉篇》音扶尤反，陆法言音薄谋反，下二皆吴楚之音也。

浮囊：上音符，又音符尤反。

枹鼓：上音附牟反，亦音芳无反，并秦音……枹字吴音伏不反，不音福孚反，在尤韵中，与浮同韵。

枹加：上房牛反。

麻杲《切韵》：

母：美沽反，古《切韵》用吴音作莫厚反。

《韵英》所记者秦音。储文认为“秦音不等于关中音，与吴音代表南方通语一样，它是指北方通语。”若依储君所言，那么，阜字之扶久、扶有与扶武，浮字之扶尤、薄谋与附无，一尤一虞；矛字与谟侯与暮蒲，一尤一侯一模；母字之莫厚与美沽，一厚一姥[①]；此殆即南北通语之别者。浮字音符又音符尤反，枹字秦音附牟反又芳无反，此殆即南方通语并存于北方通语者。不音福孚反，一尤一虞，此殆北方通语不分尤虞者[②]。枹字之房牛反，此殆即南方通语有取代北方通语之势者。

黄仁瑄（2011：240）云：“梵音 bu 旧译‘浮’，新译‘部’”，“梵音 su 旧译‘修’，新译‘素’。”“新译”“旧译”之别殆即北南方音之异。乔全生（2008：156）云：“今晋方言犹有尤侯韵非唇音字读为鱼模韵的现象。”莆田方音虞韵类字的白读音还留有尤的读法。如：须字文读 ɬy、白读 ts‘iu，珠字文读 tsy、白读 tsiu，橱字文读 ts‘y、白读 tiu，树字文读 ɬy、白读 ts‘iu，柱字文读 tsy、白读 t‘iu，蛀字文读 tsy、白读 tsiu。

七

文白是不同的语音系统的读音，不同语音系统的读音共存于莆田，它们

① 沽字有模姥二韵。

② 不，《广韵》方久切，“又甫鸠甫救二切”，所以云“在尤韵中”。尤韵当作“福浮反”，作“福孚反”者，尤虞不分也。

可以自由押韵。比如谚语“钱空人平安”，空字文读 k‘ɒŋ、白读 k‘aŋ，安字文读 aŋ、白读 ua，空字白读与安字文读相押。

南方通语中的尤侯在北方通语中读同鱼虞模，是北方通语中的鱼虞模读同南方通语中的尤侯。南北语音互相渗透吸收并共存于一地，就形成了有如今天文白异读的语音格局。这个格局中的语音自由使用，就会出现尤侯的正音押鱼虞模的方音或鱼虞模的正音押尤侯的方音的现象。

乔全生（2008：156）云：“金末道士晋南人侯善渊在其杂古《首》351中相押一次，韵脚字为：牖斗主肘口有……同时代稷山人段克己的词有四次相押，如《满江红》137 叶：住旧九首口酒候去许……《渔家傲》142 叶：与土缕语所处去住后。”按：牖斗主肘口有，主字可以其读有之方音韵牖斗主肘口之正音；住旧九首口酒候去许，旧九首酒可以其读遇麌之方音、口候可以其读姥暮之方音韵住去许之正音；与土缕语所处去住后，后字可以去读姥之方音韵与土缕语所处去住之正音。鱼虞模与尤侯之间没有“互相转化”。

王力先生（1985：384）云：“宋代的屋烛并入了元代的鱼模。其中一小部分字（‘轴逐熟竹烛粥宿肉褥六’）并入了元代的尤侯。有些字是一字两读，如‘轴逐熟竹烛粥’等。读如鱼模者，应是文言音；读入尤侯者，应是白话音。”“轴逐熟竹烛粥”等之鱼模、尤侯两读，来自不同的语音系统。来自不同的语音系统的两种读音共存于一地，以文言音鱼模押虞模，以白话音尤侯押尤侯。

八

诗文用韵，有同一语音系统的字音同质相押，也有不同语音系统的字音异质相押。陈鸿儒（2015）说：“我们今天根据韵文分析归纳某个用韵系统的时候，常常有所谓‘出韵字’。这‘出韵字’既能 ‘入韵’却又‘出韵’，为什么呢？‘入韵’，是‘异质相押’；‘出韵’，是与某个用韵系统‘异质’。”

《诗》中有以古韵正音同质相押者，也有以古韵正音与古韵之外的读音异质相押者。如果把异质相押也看成同质相押，就会把方音当成正音而在古韵研究中做出错误的判断。《诗》侯韵类与鱼虞模相押用的是方音而非古韵正音，侯韵类“入韵”是侯韵类的方音与鱼虞模的正音“异质相押”，所以其虽“入韵”却与正音“异质”，不能如顾炎武并侯于鱼虞模而应视侯为鱼虞模的“出韵字”。《诗》虞与尤侯相押用的也是方音而非古韵正音，不能如江永把虞与尤侯相押看作正音“同质相押”而“离析”虞韵类古韵分属尤侯幽与鱼虞模。

在古韵“同质相押”思想指导下的传统古韵研究，不少地方不能自圆其说。古韵与古韵的异质之音“异质相押”，或许能给古韵研究一个新的思路。① 破除迷信，深入文本，尊重“南北”，慎言“古今”，或许能使古韵研究的结论更加接近真实。

参考文献

吴棫．韵补［M］．文渊阁四库全书本．

顾炎武．音学五书［M］．北京：中华书局，1982.

江永．古韵标准［M］．北京：中华书局，1982.

王力．汉语语音史［M］．北京：中国社会科学出版社，1985.

储泰松．唐代的秦音与吴音［J］．古汉语研究，2001（2）．

乔全生．晋方言语音史研究［M］．北京：中华书局，2008.

黄仁瑄．唐五代佛典音义研究［M］．北京：中华书局，2001.

陈鸿儒．谈“补”说“叶”：吴棫对话陈第顾炎武［J］．汉字文化，2015（5）．

陈鸿儒．是异质还是同质：卮评吴棫顾炎武江永处理歌支相押的理论方法［J］．汉字文化，2016（6）．

① 两者的异同可以打个比方：侯韵兜字普通话读ou，模韵都字普通话读u外，还有异读ou（读u读ou意义不同是后世异读的分工）。假如兜都相押，顾氏认为异[illegible]“同质相押”，都字的普通话当读读ou，读u是错误的。吴棫认为兜都相押[illegible]与都字的异读ou“异质相押”，因为异读来自普通话以外的语音系统[illegible]对的。

《海篇直音》与《四声篇海》音注的比较研究

——证《海篇直音》对《四声篇海》音注的颠覆与再造

重庆师范大学文学院　黎新第

一、前言

本文是《〈新校经史海篇直音〉所见明代后期官话音》（简称《〈海篇〉官话音》，见《中国音韵学会成立大会暨学术研讨会论文集》，2018年5月，济南·山东大学）的姊妹篇。在《〈海篇〉官话音》中，笔者已论证《新校经史海篇直音》（以下简称《海篇》）具有一系列明代后期官话音的语音特性，计有：全浊声母清化，全浊上声字改读去声，开口二等韵喉牙音字腭化，梗、曾两摄阳声字合韵，闭口韵变为抵腭；疑母已不独立，微母至少也已开始或正在失去独立性，庄、精二组声母与泥、来二母分别不混，桓韵（平赅上去）不独立，入声变读与分并等。此前，韦乐、韦一心（2015）已充分论证《海篇》“是对明成化本《改并五音类聚四声篇海》（以下简称《篇海》[①]）的‘抄袭’之作”。差异仅在于《海篇》将《篇海》的反切注音全都改变为直音。本文的目的即在进一步证明，《海篇》所具有的明代后期官话音的所有语音特性，全都是对《篇海》反切作全面直音化改编的结果。由此一来，不仅从根本上改变了注音方式，而且无论改编者是否自觉，都在几乎完全颠覆了《篇海》音注所依据的语音系统的同时，再造了一个符合明代后期官话的语音系统。在上述各项中，除泥、来二母分别不混、庄组声母与精组声母不混与桓韵的情形可以说是《海篇》对《篇海》音注有所继承外，其他各项都与《篇海》

① 原名《五音增改并类聚四声篇》，又名《改并五音类聚四声篇》，金人韩道昭据乃父韩孝彦《四声篇海》增添改并而成，刊刻于金泰和八年（1208年）。明成化丁亥年（1467年）间，又经僧人文儒、思远、文通等删补，遂有此新名。

音注所见音系截然相左。

本文所据《海篇》仍为《续修四库全书》231 册影印之嘉靖二十三年刻本，所据《篇海》仍为《续修四库全书》229 册影印之成化丁亥重刊本。

本文研究的取材仍旧是见于《方言调查字表（修订本）》（以下简称《字表》）的字例。研究方式为：抽查见于《字表》并为《海篇》和《篇海》两书所共有的字例，比较两书音注的差异，进而说明二者体现着完全不同的语音特性。

确定抽查的字例范围如下：

甲、见于《字表》“声调”与“声母”页（102 字）以及下列乙、丙、丁、戊各项的全浊字全部[①]（用以观察《篇海》全浊声母是否已如同《海篇》一样清化，一样全浊上变去）；乙、见于《字表》的见系开口二等字全部（182 字。用以观察《篇海》开口二等喉牙音是否已如同《海篇》一样腭化）；丙、见于《字表》的曾摄阳声字全部（125 字。用以观察《篇海》是否已如同《海篇》一样梗、曾两摄阳声字合韵）；丁、见于《字表》的桓韵（平赅上去）字全部（80 字。用以观察《篇海》是否已如同《海篇》一样桓韵不再独立）；戊、见于《字表》的庄组字全部（169 字。用以观察《篇海》庄组声母是否已如同《海篇》一样与知、章组声母相混而不与精组声母相混）；己、见于《字表》的疑、微两声母字全部（疑母 106 字，微母 35 字。用以观察《篇海》疑、微两声母是否已如同《海篇》一样与其他声母相混）；庚、见于上述范围的 -m 尾韵字全部（用以观察《篇海》-m 尾韵字是否已如同《海篇》一样变为抵腭尾韵）；辛、见于乙、丁、戊、己各项的入声字全部（用以观察《篇海》入声韵是否已与《海篇》处于相同状态）。

同《〈海篇〉官话音》比较，抽查字例范围大体一致，只是为节省篇幅，甲、庚、辛三项的范围有所调整与减省。

其余的处置与取舍，本文亦皆与《〈海篇〉官话音》相同，兹不赘述。

二、两书中见于抽查范围的字例音注比较

（一）两书中见于甲项的字例音注比较

1.《海篇》全浊清化，《篇海》则未见清化

说明：先列字头，次列该字头在《篇海》中页码及位置上下与音注，再

① 二者中有个别字重复，已在取例中分别合一。庚、辛两项取字中也有个别重复字，亦准此办理。

次列该字头在《海篇》中页码及位置上下与直音。括弧中是反切或直音在《切韵》（《广韵》）音系中的音韵地位（视需要择举）。《篇海》音注通常皆与所注字在《切韵》音系中有相同的音韵地位。如有不同，则予以注明。后同。

瓣：269 上白苋切（並），336 下音半（帮）
半：352 下布旦切（帮），426 上音伴（並）
叛：352 下步旦切（並），426 上音半（帮）
步：358 上蒲故切（並），432 下音布（帮）
绊：372 上补畔切（帮），445 下音办（並）
拔：442 下蒲八切（並），528 上音捌（帮）
办：510 下蒲苋切（並），607 下音半（帮）

罚：314 下扶发切（奉），386 上音法（非）
父：391 上扶甫切（奉），470 下音付（非）
附：391 上扶付切（奉），470 下音付（非）

锻：264 上多乱切（端），331 上音段（定）
镫：265 下多邓切（端），332 下音邓（定）
凳：274 上都邓切（端），342 上音邓（定）又 589 下邓音凳
道：335 上徒老切（定），408 下音到（端）
淡：452 下徒敢切（定），539 上音旦（端）

贱：351 下财箭切（从），425 上音箭（精）
杂：425 上徂沓切（从），508 上音帀（精）
谢：298 上词夜切（邪），368 上音卸（心）
俗：514 上似足切（邪），612 上音夙（心）

乍：258 下士嫁切（崇），325 下音诈（庄）又 365 下诈音乍，
铡：264 下士戛切（崇），331 下音扎（庄）
镯：265 下仕朔切（崇），332 下音捉（庄）
状：289 下仕尚切（崇），359 下音壮（庄）又 516 上壮音状，
闸：353 下士洽切（崇），427 下音劄（知）
宅：358 下除格切（澄），433 下音责（庄）
骤：366 下仕救切（崇），466 下音皱（庄）

寨：384 上柴央切（崇），435 上音债（庄）又 615 上债音寨。
浊：456 下直角切（澄），543 上音卓（知）
裖：464 下除更切（澄），552 上音诤（庄）
浞：451 下仕角切（崇），538 上音捉（庄）
蛇：468 下除嫁切（澄），557 下音诈（庄）
剩：314 上时证切（船），385 下音胜（书）又 607 下胜音剩
食：432 上神力切（船），516 下音失（书）
社：461 上市者切（禅），548 下音舍（书）

局：281 下其玉切（群），350 下音菊（见）
近：334 上其谨切（群），407 上音靳（见）
共：395 上巨用切（群），365 上音供（见）
跪：398 上渠委切（群），478 下音贵（见）
轿：429 上巨召切（群），513 上音教（见）
件：512 下其蹇切（群），610 上音建（见）
健：515 下渠建切（群），613 下音建（见）
杰：516 上渠列切（群），614 下音结（见）
巷：295 上胡绛切（匣），365 上音向（晓）
话：296 上胡卦切（匣），366 上音化（晓）
效：354 下胡教切（匣），428 下音孝（晓）
皖：358 上华坂切（匣），432 下音唤（晓）
瞎：378 上火辖切（晓），452 上音峡（匣）
匣：390 上胡甲切（匣），469 上音瞎（晓）
患：415 下户惯切（匣），498 下音唤（晓）
赫：431 上呼格切（晓），515 上音劾（匣）
换：444 下胡馆切（匣），530 下音唤（晓）
焕：474 下呼换切（晓），564 下音换（匣）
黑：478 下许得切（晓），569 下音覈（匣）
项：484 上胡讲切（匣），576 上音向（晓）
旱：526 下何旦切（匣），625 下音汉（晓）

朋：307 下步崩切（並），378 上音彭（並）又 400 下彭音朋
冯（凭）：364 上皮冰切（並），464 下音平（並）

平：521 上皮兵切（並），619 下音瓶（並）
抱：442 下薄保切（並），528 上音鲍（並）

冯：364 上扶风切（奉），464 下音逢（奉）

读：299 下徒鹿切（定），369 下音毒（定）
田：325 上徒坚切（定），397 上音甜（定）
大：326 下达赖切（定），398 下音代（定）
夺：326 下徒活切（定），398 下音铎（定）
毒：393 上徒沃切（定），473 上音独（定）

篆：331 上直兖切（澄），402 下音馔（崇）
栈：382 上仕版切（崇），456 下音湛（澄）
陈：391 下除珍切（澄），471 上音沉（澄）
崇：438 上士隆切（崇），522 下音虫（澄）
惩：419 上直陵切（澄），502 下音呈（澄）
绳：374 下市升切（船），448 下音成（禅）
承：444 上署陵切（禅），529 下音成（禅）
神：461 下食邻切（船），549 上音辰（禅）
事：259 下仕厕切（崇），326 下音示（船）
实：360 上时质切（禅），434 下音石（禅）
舌：432 上食列切（船），516 下音折（禅）
士：432 上事几切（崇），516 上音事（崇）
石：463 上市亦切（禅），551 上音十（禅）
丞：497 上侍陵切（禅），591 上音成（禅）

咸：282 下胡谗切（匣），351 下音闲（匣）
嫌：342 下胡谦切（匣），416 上音闲（匣）
刑：313 下户丁切（匣），384 下音行（匣）
贤：351 下下田切（匣），425 上音闲（匣）又 435 下闲音贤
红：371 下胡公切（匣），445 上音弘（匣）
茎：404 上户耕切（匣），498 下音衡（匣）
行：479 下下庚切（匣），570 下音型（匣）

丸：482 下胡官切（匣），574 下音环（匣）
狭：290 上音狎（匣），360 上音挟（匣）
幸：320 下音杏（匣），392 下音杏（匣）
骇：365 上胡騃切（匣），465 上音解（匣）
缓：373 下乎卵切（匣），447 下音患（匣）
械：381 下亥诫切（匣），456 上音解（匣）
限：391 下谐眼切（匣），471 上音现（匣）
苋：403 下胡辨切（匣），484 上音现（匣）
合：412 下胡答切（匣），494 上音曷（匣）
行：479 下胡孟切（匣），570 下音幸（匣）
总共观察到有关清化的全浊字例 96 个。

全面直音化的《海篇》直音 55 例清声母字与浊声母字互注，只有 41 例是以浊声母字注浊声母字。和《海篇》不同，在这 96 例中，《篇海》为《切韵》音系全浊字作音注的反切上字全都为全浊字，足见在《篇海》反切所据音系中，这些字如同在《切韵》音系中的情形一样，仍然读全浊声母，无一清化。

2.《海篇》全浊上声已变为去声，《篇海》全浊上声仍是全浊上声

市：271 下时止切（上禅），339 上音示（去）
弟：326 下大礼切（上定），398 下音地（去）
舅：328 上巨九切（上有），400 上音旧（去）
皖：358 上华板切（上匣），432 下音唤（去）
缓：373 下乎卵切（上匣），447 下音患（去）
柱：380 下雉缕切（上澄），454 下音住（去）
械：381 下亥诫切（去），456 上音解（上匣）
限：391 下谐眼切（上匣），471 上音现（去）
是：460 下时纸切（上禅），548 上音示（去）
病：344 下皮命切（去），418 上音並（上並）
害：359 上何赖切（去），434 上音亥（上匣）
寺：412 上似史切（去），493 下音似（上邪）
盗：422 上徒到切（去），506 上音道（上定）
士：432 上事几切（上崇），516 上音事（去）
汗：449 下何旦切（去），536 上音旱（上匣）
示：461 上时至切（去），548 下音是（上禅）
行：479 下胡孟切（去），570 下音幸（上匣）

旧：483 上巨又切（去），575 上音臼（上群）

住：513 上雉具切（去），611 上音柱（上澄）

幸：320 下音杏（上匣），392 下音杏（上匣）

篆：331 上直兖切（上澄），402 下音馔（上崇）

骇：365 上胡騃切（上匣），465 上音解（上匣）

栈：382 上仕版切（上崇），456 下音湛（上澄）＊按：栈，《古今字音对照手册》（以下简称《手册》）去谏崇，又上产崇。

饭：432 下扶晚切（上奉），517 上音范（上奉）

总共观察到有关全浊上变去的字例 24 例。

全面直音化的《海篇》直音有 19 例是以去声字注全浊上声字，或以全浊上声字注去声字，只有 5 例是以全浊上声字注全浊上声字。《篇海》则不然，所见 14 例全浊上声字的反切上字仍为全浊字，而反切下字仍为上声字，足见在《篇海》反切所据音系中，这些字如同在《切韵》音系中的情形一样，仍然读全浊上声，无一变去。

（二）两书中见于乙项的字例音注比较

交：267 下古肴切（开二见），335 上音娇（开三见）

弦：268 上胡坚切（开四匣），335 下音闲（开二匣）

角：276 下古岳切（开二见），345 音脚（开三见）又 622 上脚音角

咬：283 上五巧切（开二疑），351 下音夭（开三影）

狡：289 下古卯切（开二见），360 上音皎（开四见）

狭：290 上音狎（开二匣），360 上音挟（开四匣）

言：295 上鱼鞬切（开三疑），365 上音颜（开二疑）

巷：295 上胡绛切（开二匣），365 上音向（开三晓）

谏：298 上音奸（开二见），367 下音建（开三见）

监：307 下公衫切（开二见），378 上音坚（开四见）

刑：313 下户丁切（开四匣），384 下音行（开二匣）

鹐：318 上口咸切（开二溪），389 下音谦（开四溪）

莺：318 上於耕切（开二影），390 上音英（开三影）

鹦：319 下於耕切（开二影），391 下音英（开三影）

嫌：342 下胡谦切（开四匣），416 上音闲（开二匣）

贤：351 下下田切（开四匣），425 上音闲（开二匣）又 435 下闲音贤

教：354 下居效切（开二见），428 下音叫（开四见）

敲：355 下口交切（开二溪），429 下音橇（开三溪）

间：360 下古闲切（开二见），435 下音坚（开四见）

约：371 下於略切（开三影），445 上音岳（开二疑）

绞：372 上古卯切（开二见），446 上音缴（开四见）

眼：376 下五简切（开二疑），450 上音演（开三以）

验：366 上牛窆切（开三疑），466 下音晏（开二影）

限：391 下谐眼切（开二匣），471 上音现（开四匣）

跃：400 下余灼切（开三以），481 上音岳（开二疑）

苋 403 下胡办切（开二匣），484 上音现（开四匣）＊按：胡办切，办原作辨，疑误。

药：410 上与灼切（开三以），491 下音岳（开二疑）

轿：429 上巨召切（开三群），513 上音教（开二见）

嵌：438 下口衔切（开二溪），522 下音谦（开四溪）

岩：440 下午衫切（开二疑），525 上音严（开三疑）

扛：441 下古双切（开二见），527 上音姜（开三见）

江：450 上古双切（开二见），536 上音姜（开三见）

减：453 下佳斩切（开二见），539 下音检（开三见）

柬：459 下古眼切（开二见），547 上音捡（开三见）

虐：467 上鱼约切（开三疑），556 上音岳（开二疑）

行：479 下下庚切（开二匣），570 下音型（开四匣）

项：484 上胡讲切（开二匣），576 上音向（开三晓）

颜：485 下吾奸切（开二疑），578 上音言（开三疑）

腔：523 下去江切（开二溪），622 下音羌（开三溪）

更：276 上古孟切（开二见），344 下音亘（开一见）

吓：287 下呼格切（开二晓），356 下音黑（开一晓）

呆：291 上五来切（开一疑），361 上音崖（开二疑）

客：359 上口格切（开二溪），433 下音刻（开一溪）

茎：404 上户耕切（开二匣），484 下音恒（开一匣）

恒：415 下何登切（开一匣），498 下音衡（开二匣）

赫：431 上呼格切（开二晓），515 上音劾（开一匣）

黑：478 下许得切（开一晓），569 下音覈（开二匣）

锏：265 上古雁切（开二见），332 下音鉴（开二见）
革：277 下居核切（开二见），346 下音格（开二见）又 455 上格音革
咸：282 下胡谗切（开二匣），351 下音闲（开二匣）
哑：285 上於雅切（开二影），353 下音雅（开二疑）又 508 上雅音哑
幸：320 下音杏（开二匣），392 下音杏（开二匣）
夹：326 下古洽切（开二见），398 下音甲（开二见）
效：354 下胡教切（开二匣），428 下音孝（开二晓）
瞎：378 上火辖切（开二晓），452 上音峡（开二匣）
械：381 下亥诫切（开二匣），456 上音解（开二匣）
骇：365 上胡騃切（开二匣），465 上音解（开二匣）
匣：390 上胡甲切（开二匣），469 上音瞎（开二晓）
轧：422 上於黠切（开二影），511 上音押（开二影）
挨：445 上乙谐切（开二影），529 上音矮（蟹二影）
握：445 上於角切（开二影），530 下音岳（开二疑）
揭：447 上口八切（开二溪），533 上音恰（开二溪）
行：479 下胡孟切（开二匣），570 下音幸（开二匣）
额：485 下雅格切（开二疑），578 上音厄（开二影）
亚：493 上於讶切（开二影），587 上音迓（开二疑）
佳：513 下革崖切（开二见），611 上音皆（开二见）

总共观察到有关见系二等开口韵母腭化的字例 66 例。

在《海篇》直音中，66 个《切韵》音系见系二等开口韵母字中，已有 39 个与见系三等或四等开口韵母字互为直音。《篇海》则不同，举凡为《切韵》音系见系二等开口韵母字注音的反切下字全都仍为见系二等开口韵母字，足见在《篇海》反切所据音系中，这些字如同在《切韵》音系中的情形一样，仍然读开口二等，并未腭化。而《海篇》中的见系二等开口韵母的腭化则已经完成或接近完成。

（三）两书中见于丙项的字例音注比较

朋：307 下步崩切（登），378 上音彭（庚）又 400 下彭音朋
冯（凭）：364 上皮冰切（蒸），464 下音平（庚）

崩：438 下布朋切（登），522 下音绷（耕）
能：328 上奴登切（登），400 上音儜（耕）
凌：349 下力烝切（蒸），423 上音灵（青）
证：299 上诸孕切（证），369 上音证（劲）
徵：324 下陟陵切（蒸），396 下音征（清）
绳：374 下市升切（蒸），448 下音成（清）
蒸：405 下正仍切（蒸），487 上音征（清）
惩：419 上直陵切（蒸），502 下音呈（清）
拯：442 下支庱切（拯），528 下音整（静）
承：444 上署陵切（蒸），529 下音成（清）
丞：497 上侍陵切（蒸），591 上音成（清）
更：276 上古孟切（映），344 下音亘（嶝）
凝：349 下鱼膺切（蒸），423 上音迎（庚）
茎：404 上户耕切（耕），484 下音恒（登）
恒：415 下何登切（登），498 下音衡（庚）

镫：265 下多邓切（嶝），332 下音邓（嶝）
凳：274 上都邓切（嶝），342 上音邓（嶝）又 589 下邓音凳
剩：314 上时证切（证），385 下音胜（证）又 607 下胜音剩

总共观察到有关梗、曾两摄阳声字合韵的字例 20 例。

《海篇》15 个曾摄阳声韵字以梗摄阳声韵字为直音，2 个梗摄阳声韵字以曾摄阳声韵字为直音，另有 3 例曾摄字以曾摄字为直音。前二者之和已接近后者的 6 倍。《篇海》则 18 个为《切韵》音系曾摄阳声韵字注音的反切下字全都仍为曾摄阳声韵字，足见在《篇海》反切所据音系中，这些字如同在《切韵》音系中的情形一样，仍然读曾摄韵母，并未同梗摄阳声韵字合韵。

（四）两书中见于丁项的字例音注比较

瓣：269 上白苋切（裥），336 下音半（换）
剜：314 上於丸切（桓），385 上音湾（删）
豌：327 下於丸切（桓），399 下音湾（删）
关：361 下古还切（删），436 下音官（桓）
绊：372 上补畔切（换），445 下音办（裥）
缓：373 下乎卵切（缓），447 下音患（谏）

桓：381 上胡端切（桓），455 上音还（删）
患：415 下户惯切（谏），498 下音唤（换）
般：423 上北潘切（桓），506 上音班（删）
漫：455 上莫半切（换），541 下音慢（谏）
丸：482 下胡官切（桓），574 下音环（删）
办：510 下蒲苋切（裥），607 下音半（换）
腕：524 上乌段切（换），623 上音弯（删）去声
半：352 下布旦切（翰），426 上音伴（缓）＊按：半，《广韵》在换韵。
叛：352 下步旦切（翰），426 上音半（换）＊按：叛，《广韵》在换韵。
皖：358 上华板切（潸），432 下音唤（换）＊按：皖，《广韵》在缓韵。

幔：270 下亡旦切（翰），338 上音慢（谏）＊按：幔，《广韵》在换韵。
锻：264 上多乱切（换），331 上音段（换）
换：444 下胡馆切（缓），530 下音唤（换）＊按：换，《广韵》在换韵。
焕：474 下呼换切（换），564 下音换（换）
总共观察到有关桓韵（平贿上去）是否独立的字例 20 个。

《海篇》有 14 个《切韵》音系桓韵字与非桓韵字互为直音，6 个桓韵字与桓韵字自为直音。《篇海》则仅有 4 个《切韵》音系桓韵字以非桓韵字为反切下字，倒有 12 个《切韵》音系桓韵字以桓韵字为反切下字。可见在《篇海》所据音系中，桓韵虽然也已经开始失去独立性，但在程度上尚远不及《海篇》。

（五）两书中见于戊项的字例音注比较

坼：320 下耻格切（彻），392 下音册（初）
笊：329 下仄教切（庄），401 上音罩（知）
劄：330 下竹洽切（知），402 上音札（庄）又 454 上札音劄
髽：348 下侧瓜切（庄），422 上音挝（知）
责：351 上壮革切（庄），424 下音摘（知）
卓：353 上 /427 上知角切（知），426 下 /511 上音捉（庄）又 529 上捉音卓
闸：353 下士洽切（崇），427 下音劄（知）
皴：357 上丑格切（彻），431 下音册（初）
宅：358 下除格切（澄），433 下音责（庄）
眨：376 上侧洽切（庄），450 上音劄（知）

篆：331 上直兖切（澄），402 下音馔（崇）
栈：382 上仕版切（崇），456 下音湛（澄）
蘸：411 下仄陷切（庄），492 下音站（知）
崇：438 上士隆切（崇），522 下音虫（澄）
抄：442 上楚交切（初），527 下音趠（彻）
碀：464 下除更切（澄），552 上音诤（庄）
蛇：468 下除嫁切（澄），557 下音诈（庄）
事：259 下仕厕切（崇），326 下音示（船）
说：296 下始悦切（书），366 上音数（生）
缩：374 上所六切（生），448 上音叔（书）
辎：428 下侧饥切（庄），512 下音之（章）
揣：445 上初委切（初），530 上音吹（昌）上声
滓：454 上壮里切（庄），540 下音止（章）

镯：265 下仕朔切（崇），332 下音捉（庄）
簪：333 上侧林切（庄），404 下音臻（庄）
斩：266 下俎减切（庄），333 下音盏（庄）
窄：487 上侧格切（庄），579 下音侧（庄）
侧：515 下庄色切（庄），613 下音责（庄）
篡：420 下侈患切（初），403 下音算攴（初）
铛：265 下楚耕切（初），332 下音枨（初）
窗：487 上初江切（初），579 下音疮（初）又 419 下疮音窗
踖：327 下叉白切（初），399 下音册（初）
测：453 上楚力切（初），539 下音策（初）
察：360 上初黠切（初），434 下音插（初）
涩：456 下所立切（生），544 上音色（生）
钐：262 上山监切（生），329 上音山（生）
杉：379 下所咸切（生），454 上音山（生）
瑟：294 下所栉切（生），364 下音色（生）
士：432 上事几切（崇），516 上音事（崇）
寨：384 上柴夬切（崇），435 上音债（庄）又 615 上债音寨
乍：258 下士嫁切（崇），325 下音诈（庄）又 365 下诈音乍
状：289 下仕尚切（崇），359 下音壮（庄）又 516 上壮音状

骤：366 下仕救切（崇），466 下音皱（庄）

浞：451 下仕角切（崇），538 上音捉（庄）

铡：264 下士戛切（崇），331 下音扎（庄）

产：441 上所限切（生），526 下音铲（初）又 332 上铲音产

总共观察到有关庄组声母是否与章、知二组声母相混的字例 46 例。

《海篇》有 23 例庄组声母字与章、知二组声母字互为直音，23 例庄组声母字自为直音，二者的数量刚好对等。其中见于《篇海》的则仅有 37 例庄组声母字，但举凡为这些字注音的反切上字，也全都是庄组声母字，足见在《篇海》所据音系中，庄组声母仍旧独立，并未同章、知二组声母相混。但庄组声母不与精组声母相混，则《海篇》与《篇海》一致。

值得注意的还有《篇海》428 下的“辎”音侧饥切（平脂庄）、432 上的“士”音事几切（上旨崇）、454 上的“滓”音壮里切（上止庄）。这 3 例中的“辎、士、滓”都是止摄开口知系（庄组）字，但三字的反切下字却都不是知系字，意味着在《篇海》所据音系中，支思韵尚未形成——虽然因为《海篇》取直音方式注音，无从直接判断，但我们仍可间接推测《海篇》所据音系中支思韵已经形成。

（六）两书中见于已项的字例音注比较

1.《篇海》疑母字仍读疑母，《海篇》疑母字已与影、云、以、微诸母字相混

鳌：264 下五到切（疑），332 下音奥（影）

咬：283 上五巧切（疑），351 下音夭（影）

哑：285 上於雅切（影），353 下音雅（疑）又 508 上雅音哑

岸：310 下牛旦切（疑），381 下音按（影）

瓦：306 下五寡切（疑），377 上音蛙（影）上声

逆：334 下鱼戟切（疑），407 下音益（影）

靥：369 下於协切（影），443 上音业（疑）

约：371 下於略切（影），445 上音岳（疑）

验：366 上牛窆切（疑），466 下音晏（影）

艾：401 上五大切（疑），482 上音爱（影）又 503 下爱音艾

外：422 上五会切（疑），506 下音畏（影）

屋：436 上於鹿切（影），520 上音兀（疑）

握：445 上於角切（影），530 下音岳（疑）

蚁：471 下宜倚切（疑），561 上音倚（影）

额：485 下雅格切（疑），578 上音厄（影）
亚：493 上於讶切（影），587 上音迓（疑）
鄂：495 上五各切（疑），589 上音恶（影）
义：499 下宜寄切（疑），595 下音意（影）
傲：516 上五到切（疑），614 下音奥（影）
俨：519 上宜俭切（疑），617 上音掩（影）

银：263 上语巾切（疑），330 上音寅（以）
语：296 下鱼巨切（疑），366 下音与（以）
鱼：300 上语居切（疑），370 上音余（以）
危：304 上牛为切（疑），374 下音惟（以）
月：307 下鱼厥切（疑），378 上音悦（以）又 498 上悦音月
玉：307 下鱼录切（疑），378 下音欲（以）
尧：324 下五彫切（疑），396 下音姚（以）
宜：359 上鱼奇切（疑），433 下音移（以）
眼：376 下五简切（疑），450 上音演（以）
跃：400 下余灼切（以），481 上音岳（疑）
葉：405 上与涉切（以），485 下音业（疑）又 516 下业音葉
药：410 上与灼切（以），491 下音岳（疑）
疑：441 下鱼其切（疑），527 上音移（以）
拟：447 下鱼拟切（疑），533 下音以（以）
仰：513 上鱼掌切（疑），611 上音养（以）
倪：515 下鱼奚切（疑），613 下音移（以）
牛：303 上鱼留切（疑），373 上音尤（云）
阮：391 上牛远切（疑），470 下音远（云）
越：396 上于厥切（云），475 下音玥（疑）
虞：467 上牛俱切（疑），556 上音于（云）
曰：506 下禹月切（云），603 下音月（疑）

吟：282 上牛今切（疑），351 上音银（疑）
严：288 下鱼杴切（疑），357 下音言（疑）
呆：291 上五来切（疑），361 上音崖（疑）
言：295 上鱼鞬切（疑），365 上音颜（疑）又 578 上颜音言

凝：349 下鱼膺切（疑），423 上音迎（疑）

孽：395 下鱼讦切（疑），475 上音业（疑）

岩：437 下五衔切（疑），525 上音严（疑）

虐：467 上鱼约切（疑），556 上音岳（疑）

酽：504 上鱼欠切（疑），601 上音彦（疑）

俄：514 下我多切（疑），612 上音我（疑）

总共观察到有关疑母是否独立的字例 51 例。

《海篇》疑母字有 41 例与影、云、以母字互为直音，有 10 例自为直音，前者的数量约为后者的 4 倍。其中见于《篇海》的有 40 例疑母字，但举凡为这些字注音的反切上字，也全都是疑母字，足见在《篇海》所据音系中，疑母也是仍旧独立，并未同影、云、以母相混。

2.《篇海》微母很可能仍读微母，《海篇》微母则已开始丧失独立性

魏：272 下鱼贵切（去未疑），340 下音未（去未微）

微：337 下无非切（平微微），411 上音帷（平脂云）

舞：431 上亡禹切（上麌微），515 上音五（上姥疑）

位：513 上于伪切（去寘云），610 下音未（去未微）* 按：位，《广韵》在至韵。

《海篇》仅见 4 例微母字与疑、云二母字互为直音，其余微母字都是以同音字作直音。相较于前述各项，字例数量太少，只能据以说微母已开始丧失独立性。在考察范围内，《篇海》更只见到 2 例微母字，为之注音的反切上字也是微母字，虽然尚不足以得出肯定结论，但很有可能是微母仍然独立。

（七）两书中见于庚项的字例音注比较

淡：452 下徒敢切（敢），539 上音旦（翰）

田：325 上徒坚切（先），397 上音甜（添）

陈：391 下除珍切（真），471 上音沉（侵）

饭：432 下扶晚切（阮），517 上音范（范）

监：307 下公衫切（衔），378 上音坚（先）

嫌：342 下胡谦切（添），416 上音闲（山）

验：366 上牛窆切（艳），466 下音晏（谏）

柬：459 下古眼切（产），547 上音捡（琰）

锏：265 上古雁切（谏），332 下音鉴（鉴）

咸：282 下胡谗切（咸），351 下音闲（山）

栈：382 上仕版切（潸），456 下音湛（豏）＊按：栈，《广韵》去谏崇。
簪：333 上侧林切（侵），404 下音臻（臻）
斩：266 下俎减切（豏），333 下音盏（产）
钐：262 上山监切（衔），329 上音山（山）
杉：379 下所咸切（咸），454 上音山（山）
吟：282 上牛今切（侵），351 上音银（真）
严：288 下鱼杴切（严），357 下音言（元）
酽：504 上鱼欠切（酽），601 上音彦（线）

鹐：318 上口咸切（咸），389 下音谦（添）
嵌：438 下口衔切（咸），522 下音谦（添）
岩：440 下午衫切（衔），525 上音严（严）
減：453 下佳斩切（豏），539 下音检（琰）
俨：519 上宜俭切（琰），617 上音掩（琰）＊按：俨，《广韵》在俨韵。
岩：437 下五衔切（衔），525 上音严（严）

总共观察到有关 -m 尾韵是否已经变为抵腭尾韵的字例 24 例。

《海篇》有 18 例 -m 尾韵字与抵腭尾韵字互为直音，6 例疑母字自为直音，前者的数量是后者的 3 倍。见于《篇海》的则仅有 18 例 -m 尾韵字，但举凡为这些字注音的反切下字，全都是 -m 尾韵字，足见在《篇海》所据音系中，-m 尾韵也是仍旧独立，并未变为抵腭尾韵。

（八）对两书中见于辛项的字例音注比较

《篇海》入声一如《广韵》之分立，-p、-t、-k 三种入声韵尾不混；《海篇》则 -p、-t、-k 三种入声韵尾有混，并已可串联为六部。

局：281 下其玉切（烛），350 下音菊（屋）
俗：514 上似足切（烛），612 上音夙（屋）
读：299 下徒鹿切（屋），369 下音毒（沃）
屋：436 上於鹿切（屋），520 上音兀（没）
玉：307 下鱼录切（烛），378 下音欲（烛）
毒：393 上徒沃切（沃），473 上音独（屋）

《海篇》屋、烛、沃、没已可串连为一部，《篇海》则屋、烛、沃依旧分立。

角：276 下古岳切（觉），345 音脚（药）又 622 上脚音角
虐：467 上鱼约切（药），556 上音岳（觉）

夺：326 下徒活切（末），398 下音铎（铎）

约：371 下於略切（药），445 上音岳（觉）

跃：400 下余灼切（药），481 上音岳（觉）

药：410 上与灼切（药），491 下音岳（觉）

说：296 下始悦切（薛）366 上音数（觉）

合？：412 下胡答切（合），494 上音曷（曷）

《海篇》觉、铎、药、末已可串连为一部，《篇海》则觉、铎、药、末依旧分立。

食：432 上神力切（职），516 下音失（质）

石：463 上市亦切（昔），551 上音十（缉）

实：360 上时质切（质），434 下音石（昔）

逆：334 下鱼戟切（陌），407 下音益（昔）

《海篇》职、昔、陌、质已可串连为一部，《篇海》则职、昔、陌、质依旧分立。

侧：515 下庄色切（职），613 下音责（麦）

测：453 上楚力切（职），539 下音策（麦）

吓：287 下呼格切（陌），356 下音黑（德）

客：359 上口格切（陌），433 下音刻（德）

赫：431 上呼格切（陌），515 上音劾（德）

黑：478 下许得切（德），569 下音核（麦）

宅：358 下除格切（陌），433 下音责（麦）

革：277 下居核切（麦），346 下音格（陌）又 455 上格音革

赦：357 上丑格切（陌），431 下音册（麦）

宅：358 下除格切（陌），433 下音责（麦）

涩：456 下所立切（缉），544 上音色（职）

瑟：294 下所栉切（栉），364 下音色（职）

坼：320 下耻格切（陌），392 下音册（麦）

窄：487 上侧格切（陌），579 下音侧（职）

额：485 下雅格切（陌），578 上音厄（麦）

踖：327 下叉白切（陌），399 下音册（麦）

额：485 下雅格切（陌），578 上音厄（麦）

《海篇》职（庄组）、麦、陌、德、缉（庄组）、栉（庄组）已可串连为一部，《篇海》则职（庄组）、麦、陌、德、缉（庄组）、栉（庄组）依旧分立。

拔：442 下蒲八切（黠），528 上音捌（黠）

狭：290 上音狎（洽），360 上音挟（帖）

尬：273 下古瞎切（鎋）341 下音甲（狎）＊按：尬，《手册》在怪韵，《集韵》另有讫黠切

夹：326 下古洽切（洽），398 下音甲（狎）

瞎：378 上火辖切（鎋），452 上音峡（洽）

察：360 上初黠切（黠），434 下音插（洽）

劄：330 下竹洽切（洽），402 上音札（黠）又 454 上札音劄

匣：390 上胡甲切（狎），469 上音瞎（鎋）

轧：422 上於黠切（黠），511 上音押（狎）

擖：447 上口八切（黠），533 上音恰（洽）

礤：465 下七曷切（曷），553 下音擦（黠）

罚？：314 下扶发切（月），386 上音法（乏）

《海篇》黠、鎋、狎、洽、帖、曷（舌齿）已可串连为一部，《海篇》则黠、鎋、狎、洽、曷依旧分立。

杰：516 上渠列切（薛），614 下音结（屑）

月：307 下鱼厥切（月），378 上音悦（薛）又 498 上悦音月

孽：395 下鱼讦切（薛），475 上音业（业）

靥：369 下於协切（帖），443 上音业（业）＊按：靥，《广韵》在葉韵。

葉：405 上与涉切（葉），485 下音业（业）又 516 下业音葉

《海篇》薛、屑、月（见系）、业、帖、葉已可串连为一部，《篇海》则薛、月、帖、葉依旧分立。

除个别字例（后加“？”号者），可能因为抽样范围等等的限制，尚未能与其他同部字例串联外，《海篇》已经可以将其入声字大致串联为六部。入声 -p、-t、-k 尾的界限，也已在分部中被彻底打破。《篇海》则不然，除靥字在帖韵，《广韵》在葉韵，葉、帖可因之而串联外，其余皆无可串连。而葉、帖二韵在《广韵》中即已同用。

三、结语

通过以上比较，已经可以作出如下小结：《海篇》对《篇海》的全面直音化改造，不仅是其注音方式的彻底变革，而且也是其所依据语音系统的彻底变革。这一彻底变革，使《海篇》从《篇海》的几乎恪守《切韵》音系，

一变而为遵循明代后期的官话音系，无论其作者是有意还是无意，《海篇》之于《篇海》都完全称得上是脱胎换骨，与时俱进。

《篇海》乃纂集宋本《玉篇》以及《类篇》《龙龛手镜》《搜真玉镜》《俗字背篇》等十种字书而成，似并未重铸或划一所引诸书的语音系统。不过，由于本文抽查的例字限定见于《字表》的范围，率皆为记录汉语基本词汇的常用字，因之绝大多数均见于宋本《玉篇》，所抽查例字在《篇海》中的反切，也大抵与宋本《玉篇》一致。而据陈燕（2001）的研究，“宋本《玉篇》和《广韵》同由宋代陈彭年等人奉敕重修，因此两书在语音上应该基本一致”。以此，所见《篇海》反切近乎恪守《切韵》音系的情形，也就顺理成章，而《海篇》的脱胎换骨、与时俱进也就昭然若揭了。

与《海篇》成书时间相近并且也以“直音”标榜的尚有章黼《直音篇》(1460)，但《直音篇》只是一些字用直音注音，一些字仍旧用反切注音，或者直音、反切并用。据研究，所见音系与章黼的另一著作《韵学集成》音系相同；而《韵学集成》音系又基本沿袭与《切韵》音系相去不算太远的《洪武正韵》（七十六韵本）音系，明代后期官话音则已经与《洪武正韵》音系有很大距离。两相对照，更可见出《海篇》对《篇海》作全面直音化再造所具有的革命性意义与独特价值。

参考文献

韦乐、韦一心.《海篇直音》新考［J］. 辞书研究，2015（1）.

中国社会科学院语言研究所. 方言调查字表：新 1 版［M］. 北京：商务印书馆，2004.

丁声树，李荣. 古今字音对照手册［M］. 北京：中华书局，1981.

陈燕. 从反切比较论中古时期的标准音［J］. 天津师范大学学报，2001（5）.

王进安.《韵学集成》与《直音篇》比较［J］. 福建师范大学学报，2005（4）.

宁忌浮. 汉语韵书史：明代卷［M］. 上海：上海人民出版社，2009：74.

《四韵定本》的入声及其与《广韵》的比较

安徽大学中文系　杨　军

一、《四韵定本》简况

《四韵定本》是明末清初大思想家方以智编写的一部韵书。全书分为上下两卷，卷首有序，卷末有后人附录的《参考》，未刊。现有方以智六世孙宝仁手抄本，藏于安徽省博物馆。此书是康熙元年（1662年）至十年（1671年）间完成的一部韵书，对研究明清官话极为重要。

“四韵定本”为封面大题，内名为“四韵定本正叶”。方以智在《通雅·音义杂论》“音韵通别不紊说”中说：“旋以中、和、均、平之声音为四正，支、湾、放、闭为四隅。”则“四韵”即为中和均平“四正”与支湾放闭“四叶”之韵。盖此书系方以智晚年所定，为方氏韵学总结之作，故谓为“定本”。

按此书内有“浮渡方以智”，则为明亡出家后作。书中又避康熙名讳，如“玄”作“元”，“晔”字缺末笔。又“胤”字、“弘”字、“历”字缺末笔，“颙”字缺末二笔，而文宗奕詝之“奕”不避讳。则其六世孙方宝仁抄写年代当在文宗咸丰元年（1851年）之前。

此书共分19韵部，按东钟、齐微、支思、皆来、真文、欢桓、寒山、先田、歌何、家麻、江阳、庚青、萧豪、尤侯、侵寻、廉纤、监咸部次编排。此虽沿用《中原音韵》韵名，但又定为翁雍、呜于、嘻支、隈挨、温恩、桓安、渊烟、阿何、哇耶、央汪、亨青、爊夭、讴幽、音谙、淹咸等十五摄。于《中原音韵》、《洪武正韵》皆有弃取。每韵的编排体例为：先按阴、阳、上、去、入分别声调，各调下再按“重粗呼”、“轻细呼”划分韵类，然后按声母之发音部位排列小韵。小韵下有音注，注音多为反切，亦有少量拟声。声母次序则是按帮、滂、明；见、溪、影、晓；夫、微；端、透、泥；精、从、心；知、穿、审；来、日排列，大致相当于p、p^h、m、k、k^h、ø、x、f、v、t、 tʰ、n、ʦ、ʦʰ、s、ʧ、ʧʰ、ʃ、l、ʐ。其中，见组与精组在细音前不混，微母独立为唇齿浊擦音，影、于、以与疑的一部分合流为零声母，疑母的一部分细音与泥母合流，浊塞、塞擦音声母按平声送气、仄声不送气分别与同部位塞音、塞擦音声母合流。入声部分与阴声韵相配，部分与阳声韵相配。中古 -t、-k 韵尾部分已合流，其中有些恐已经失去韵尾塞音。但 -p 韵尾保持尚完好，而与阳声韵 -m 尾韵相配。

本书尤为可贵者在于作者所用反切不沿袭古人韵书，而多据时音自创。小韵下又根据情况不同收同音字若干。每韵在标目下往往有对沈约、孙愐、《广韵》、周德清、《洪武正韵》等韵书分韵的看法以及自己弃取的理由，韵部末尾有对该部特点分析和总结。除此而外，还有一些使用注释或按语形式对字音的说明。这些数据，对于整理所记明末、清初官话的语音系统以及分析古今音韵的演变、分合大势尤其珍贵。由于此书从未刊行，学术界对此一无了解，所以语言学界从无学者提及。历史学家侯外庐先生曾见此书，但未作研究。研究方以智哲学思想的蒋国保先生以为《四韵定本》与《切韵声原》是一书二名，且以为侯外庐误记，则其未见是书可知也。方氏曾著有《切韵声原》（方氏自谓有《等切声原》，而至今尚未发现）、《音义杂论》载《通雅》中，学术界至今亦无系统研究。《四韵定本》其价值又远在前此二书之上。因此，对此书加以整理，并与《广韵》、《礼部韵略》、《古今韵会举要》、《中原音韵》、《洪武正韵》、《西儒耳目资》等加以比较，据此得出距今350年左右明清之际官话音系、归纳其特点并阐明其发展历史，必然是汉语语音史上的一个重要课题。目前安徽省古籍整理规划出版办公室正在编辑《方以智全书》，笔者受古籍办委托整理《四韵定本》，整理完成后先将此书入声部分的特点公诸学界。

二、《四韵定本》的入声调类

《四韵定本》的入声分别出现在东钟、齐微、皆来、先田、歌何、庚青、侵寻、廉纤、监咸等九个韵部。方以智在东钟韵入声轻细呼后注云：“挺斋谓平声有阴阳，上、去无阴阳，入则散入三声矣。智谓上为阴，去为阳可也。入声如福与服、束与熟、博与薄，俱微有别，非若绝与节以撮别，发与法以韵别也。其入之阴阳乎？方言难各处转习，然方言亦一理也。入声之韵敛少而字头无余音，以之取证，自宜辨定，又挺齐所未尝细论者。杨用宾座师曰：‘北方入声虽似派入三声，而实历历有入声也。’兹故于首摄之尾及之。”按，从方氏所举的例子来看，福（方六切：非／屋三）、服（房六切：奉／屋三）；束（书玉切：书／烛）、熟（殊六切：禅／屋三）；博（补各切：帮／铎）；薄（傍各切：并／铎）分为两类，而两类之间的差别在于声母的清浊。再如东钟韵入声重粗呼列有这样一组同音字：“复方木切辐菖福幅蝠腹复蝮馥覆弗拂／伏虙服箙鹏坺佛”这些字在《广韵》里，分别见于（1）屋三非：福腹复幅辐菖蝠方六切；（2）屋三敷：蝮覆芳福切；（3）物非：弗分勿切；（4）勿敷：拂敷勿切；（5）屋三奉：伏虙服鹏箙复馥房六切；（6）勿奉：佛符勿切。“伏”字后原注云：“以下皆符六切，入有伏声。”除了“复馥”在《广韵》是浊声母外，清声母字为阴入，浊声母字为阳入。只有“复馥”变化不规则，混到阴入里去了。又如歌何韵末方以智云：“惟有博与薄类微有起伏。”《四韵定本》博伯各切；薄有两读，一与博同，一音迫各切。迫各切为送气声母，所以方氏所辩当即“伯各切”下的博、薄二字。《广韵》博，补各切（铎／帮）；薄，傍各切（铎／并）。因此，《四韵定本》的阴入即为“起”，阳入为“伏”。侵寻韵入声有“十摄集切什拾湿”一组字，“湿”字下方氏注云：“湿起声，十伏声。”《广韵》湿，失入切（缉／书）；十什拾，是执切（缉／禅）。也是清起浊伏。因此我们认为《四韵定本》的入声有阴阳两调，一类即方以智所称的“起”或“起声”，一类则是方氏所称的“伏”、“伏声”或“伏切”。一般情况是《广韵》等中古韵书的浊声母字入声字大部为“伏声”，亦即阳入；中古清声母入声字为“起声”，亦即阴入。一部分浊入则混入阴入中去了。下面是各部入声的一些例子，括号中凡是没有特别注明的是《广韵》的反切。

（一）东钟韵入声

重粗呼：斛胡谷切槲鹄觳鹘（屋一匣：斛槲胡谷切鹘《集韵》、《正韵》作觳，胡谷切觳《正韵》胡谷切；沃一匣：鹄胡沃切觳《集韵》胡沃切）縠[①]（屋一晓：縠呼木切）

复方木切辐菖福幅蝠腹复蝮馥覆弗拂[②]（屋三非：福腹复幅辐菖蝠方六切；屋三敷：蝮覆芳福切；物非：弗分勿切；勿敷：拂敷勿切；复馥房六切）伏[③]虙服箙鹏坺佛（屋三奉：伏虙服鹏箙房六切；勿奉：佛符勿切；德并：坺蒲北切）

① “縠”字原注：“旧切呼谷伏声。”

② 原注云：“旧呼弗近于质韵，温公读不字如卜，智故收弗、拂于此。”

③ 原注云：“以下皆符六切，入有伏声。”

笃都木切督裻（沃端：笃督裻冬毒切）读[1]椟牍犊黩渎独毒（屋定：独黩读椟牍渎犊徒谷切；沃定：毒徒沃切）

速苏谷切悚蔌觫谡肃鳙（屋一心：速蔌悚涑苏谷切；屋三心：肃鳙息逐切）/涑悚[2]（烛邪：俗涑[3]似足切）

轻细呼：

匊居六切掬鞠菊（屋三见：菊掬鞠匊居六切；）局[4]跼（烛群：局跼渠玉切）輂梮（烛见：輂梮居玉切）

续息玉切藚/粟夙宿蓿（《广韵》屋三心：夙宿蓿息逐切；烛心：粟相玉切；烛邪：续藚似足切）

讨论：（1）以上两类，一般情况是按中古声母的清浊分为两个调类。根据原书子注，浊声母一类为“伏声”，清声母一类为“起声”（参看脚注）。（2）“复”、“馥”两字在《广韵》均无清声母的读音，但在这里没有跟其他浊声母字相类而混到清声母中去了，不合规则。（3）“輂”、“梮”两字也是《广韵》清声母字而混到浊声母一类中去了。

（二）齐微韵入声

重粗呼：

纥昏勿切[5]麧齕核（没匣：麧齕纥下没切核《正韵》下没切）

拂符勿切刜佛弗袚韨绋茀帗翇（物非：弗绋韨翇帗分勿切；物敷：拂茀袚刜佛敷勿切）咈佛（物奉：佛咈符弗切）

轻细呼：

必边吉切毕繹鷩韠跸珌笔（质A帮：必毕韠繹跸鷩珌卑吉切；质B帮：笔泌鄙密切）弼佖邲泌飶苾（质B并：弼佖邲房密切；质A并：飶苾毗必切）

吉坚质切拮（质A见：吉趌拮居质切）佶趌（质B群：佶趌巨乙切）讫吃（迄见：讫吃居乙切）

即接吉切塱唧（职精：即塱唧子力切；质精：塱唧资悉切）疾昨悉切蒺（质从：疾蒺秦悉切）

失设质切（质书：失式质切）实神质切（质船：实神质切）

---

① “读”下原注“睹伏切”。

② “俗”下原注“所伏切”。

③《广韵》涑字两读。

④ “局”下原注“主伏切”。

⑤ 原注云：“又近痕勿切。”

橘居笔切（术见：橘居聿切）獝（质群：獝《韵会》揆律切）

讨论：（1）这部分入声字大抵也是按照中古声母的清浊分为“起”、“伏”两类。值得注意的是，原书为“纥”的注音是“昏勿切”但是其下注“又近痕勿切”，《广韵》“昏”晓母、“痕”匣母。显然“昏勿切”、“痕勿切”读音不同，这种不同估计也是声调方面有“起”、“伏”之别。（2）“泌”在《广韵》是清声母帮母字，混到浊声母中不合规则。（3）“佶”字是浊声母，也被放到清声母字之间。“趌”字在《广韵》有见、群异读，所以不算例外。

（三）皆来韵入声

重呼：

辖胡八切鞈（辖匣：辖鞈胡瞎切）磍（辖晓：磍许辖切）舝（辖匣：舝胡瞎切）

笪当八切怛狚妲（曷端：怛妲狚笪当割切）达（曷定：达唐割切）

轻细呼：

伐方搌切瞂阀罚垡筏（月奉：伐筏罚阀垡瞂房越切）髮发（月非：髮发方罚切）

讨论：这一部不合规则的只有“磍”字，这是一个清声母字而被放到了浊声母字之间。

（四）先田韵入声

细呼：

鳖必列切鷩别（《广韵》薛帮：鷩鳖并列切；屑帮：别《集韵》必结切）别（薛并：别皮列切）

结见决切袺拮絜洁讦羯孑（屑见：结絜洁袺拮古屑切；薛见：孑讦揭居列切；月见：讦羯揭居竭切）杰桀楬竭揭碣（薛群：杰桀竭碣楬渠列切；月群：揭竭碣楬其竭切）

穴胡决切（屑匣：穴胡决切）泬血（屑晓：血泬呼决切）

〇跌丁结切耋绖垤迭瓞（屑端：咥丁结切）咥（屑定：垤耋迭跌绖瓞徒结切）

〇设式列切（薛书：设识列切）舌[①]折揲（薛船：舌揲食列切；薛禅：折常列切）

〇拙谆折切棁（薛章：拙棁职悦切）橛（月群：橛《五音集韵》、《正韵》其月切）辍（薛知：辍陟劣切）掘（月群：掘《集韵》、《正韵》其月切；迄群：掘《集韵》渠勿切）

讨论：（1）值得注意的是“设舌折揲”这组字，原书反切为“式列切”，但又注“沈韵食列切”。显然“式列切”与“食列切”不同，亦当为清“起”

① 原注：“沈韵食列切。”

浊“伏”之异。（2）“橛”、“掘”为群纽字，这里反映出合口细音跟知、章相混，同时“辍”是清声母，放在浊声母之间亦不合规则。

（五）歌何韵入声

重粗：

博伯各切襮搏薄镈膊剥驳曝（铎帮：博搏镈襮欂补各切膊《集韵》伯各切；觉帮：剥驳曝北角切）鳆雹[①]欂泊礴亳（铎并：泊亳薄礴傍各切；觉并：雹鳆蒲角切）

霍痕各切[②]藿瘧（铎晓合：霍藿瘧虚郭切）鹤貉涸（铎匣开：涸鹤貉下各切）臛郝壑嗃熇（铎晓开：郝壑郝熇嗃呵各切臛《正韵》黑各切）

穫忽郭切镬濩（铎匣合：穫镬濩胡郭切）獲䨼（麦匣合：獲䨼胡麦切）矱霩（铎晓合：霩虚郭切矱《正韵》忽郭切）纩（纩读入声不详所本）

作恣各切鑿（铎精：作柞鑿凿则落切）昨[③]凿柞笮酢笮怍[④]（铎从：昨酢怍笮笮凿柞在各切）

着质各切（药知：着张略切；药澄：着直略切）斫缴酌勺焯（药章：斫酌缴焯勺之若切）约沟（觉崇：沟士角切）濯卓倬踔（觉知：卓倬竹角切踔《韵会》竹角切）浊[⑤]（觉澄：浊濯直角切）

轻细：

噱匣虐切（药晓：谑虚约切）臄醵谑（药群：噱臄醵其虐切）学[⑥]鷽[⑦]（觉匣：学鷽胡觉切）

讨论：（1）“鹤”、“貉”、“涸”三字都是浊声母字，虽然放在清声母字之间但三字类从而不杂乱。（2）“获”、“䨼”二字是浊声母字，也被放在了其他清声母字之间。“纩”字读擦音，未详何据。（3）“凿”、“柞”并有清浊异读，所以放在其他浊声母之间不算例外。（4）“浊”字出现在小韵最末，且有注云：“旧切直角送声也，当属伏声。”而“沟”、“濯”已然放在其他清声母之间，可能已经变为“起声”混到阴入中去了。“约”字何以读塞擦音，原因不明。或当为“灼”字之误，“灼”《广韵》“之若切”，

① 此下原注曰：“旧切弼角则为细声，恐用轻切重之门法耳。当属伏声。”

② 此下注“又忽各切”。

③ 此下注曰：“租薄切。”

④ 此下注曰：“昨亦伏声。”

⑤ 此下注曰：“旧切直角送声也，当属伏声。”

⑥ 此下注“旧切辖角”。

⑦ 此下注“学为伏声”。

与“焯”等音同。

（六）庚青韵入声

重粗：

百博陌切伯柏皕北（陌帮：百伯柏皕博陌切；德帮：北博墨切）匐菔[①]踣僰（德并：菔僰匐踣蒲北切）檗 捭[②]（麦帮：檗博厄切捭《韵会》博厄切） 白[③]帛舶（陌并：白帛舶傍陌切；）

赫[④]亨格切吓黑（陌晓：赫吓呼格切；德晓：黑呼北切）劾[⑤]核核（麦匣：核核下革切；德匣：劾胡得切）

画化核切获嚍或惑（麦匣合：获画胡麦切嚍《集韵》胡麦切；德匣合：或惑胡国切）掝[⑥]（麦晓合：掝呼麦切）

入声轻细：

壁变历切璧辟躄襞碧逼愊堛（锡帮：壁北激切；昔帮 A：辟璧躄襞必益切；昔帮 B：碧彼役切；职帮：逼彼侧切；职滂：愊堛芳逼切）愎（职并：愎符逼切）福（福《集韵》拍逼切）

戟忌逆切激击殛亟棘襋（锡见：激击古历切；陌三见：戟几剧切；职见：殛棘襋亟纪力切）极（职群：极渠力切）

的丁历切菂啇蹢嫡靮甋滴（锡端：的嫡甋靮滴蹢啇都历切菂《集韵》丁历切）狄敌迪觌籴笛荻頔[⑦]（锡定：荻狄敌迪觌笛籴頔徒历切）

积将昔切脊蹐迹迹踖鲫绩绩碛（昔精：积脊蹐迹迹踖鲫资昔切；锡精：绩绩则历切；昔清：碛七迹切《集韵》同）寂籍瘠（锡从：寂前历切；昔从：籍踖瘠秦昔切）

只之石切摭跖踯炙职织膱陟（昔章：只炙摭跖之石切；职知：陟竹力切；职章：职织膱之翼切；踯未详）植掷踯直[⑧]（昔澄：掷踯直炙切；职澄：直除力切植《集韵》逐力切）

式施只切释适襫螫识饰轼拭（职书：识式拭轼饰赏职切；昔书：释适螫襫施只

① 此下注：“即蔔字。”

② 此字声符原作“卑”。

③ “白”下原注：“旧切薄核。”

④ “赫”上有眉批曰：“杭读国如谷、墨如木，则叶屋韵。”

⑤ “劾”字原注：“旧切胡贼。”

⑥ 此下注：“伏声。”

⑦ 此下注曰：“狄下旧异，今同。或伏。”

⑧ 此下注曰：“直，伏切。”

切）石祏硕鼫射食蚀[①]（昔禅：石硕祏鼫常只切；职船：食蚀乘力切；昔船：射《集韵》食亦切）

讨论：（1）“楅”是清声母字，放在浊声母“愎”后不合规则。（2）“掝”下既注“伏声”，则与前面匣母来源诸字无别。（3）“踖”为浊声母字，混在清声母字中变化不合规则。（4）“直”下注有“伏切”，“蚀”下注有“石下异音，亦是伏声”，皆中古浊声母与清声母声调变化不同的标记。

（七）侵寻韵入声

急见立切伋给级汲圾（缉见：急汲给伋级芨居立切；业见：衱居怯切）及[②]笈岌衱（缉群：及笈其立切；叶群：衱其辄切）芨（缉疑：岌鱼及切圾《集韵》逆及切）

缉接入切葺（缉精：葺子入切缉《集韵》即入切）集[③]（缉从：集秦入切）噍潗（缉精：噍潗子入切）

霫息入切（缉心：霫先立切）飁习[④]褶袭（缉邪：习袭飁褶似入切）

汁占入切执縶馽[⑤]（《广韵》缉章：执汁之入切；缉知：縶馽陟立切）蛰（缉澄：蛰直立切）

十摄集切什拾《广韵》缉禅：十什拾是执切）湿[⑥]（缉书：湿失入切）

讨论：（1）“岌”、“圾”在《广韵》等中古韵书中是疑母字，跟见母、群母字相混原因未详。（2）“集”字虽然混杂在清声母字之间，但其下注“伏”，是声调仍自为一类。（3）“湿”下注云：“湿起声，十伏声。”正好说明入声按声母清浊分为阴阳两调。

（八）廉纤韵入声

协胡颊切叶勰挟侠（帖匣：协叶勰挟侠胡颊切）胁愶（业晓：胁愶虚业切）

喋丁协切跕（帖端：喋跕丁惬切）牒渫谍蹀蝶鰈揲褋迭氎艓（帖定：牒喋蹀谍氎迭褋蝶揲徒协切渫鰈艓《集韵》达协切）

接即葉切（葉精：接即葉切）倢（葉从：倢疾葉切）婕睫楫浃萎鯜（葉精：接睫

---

① 此下有注曰：“石下异音，亦是伏声。”

② “及”下原注：“伏声。”

③ “集”下原注曰：“伏。”

④ “习”下原注曰：“旧切席十。”

⑤ “馽”字抄本“马”下无四点，乃省笔也。

⑥ 此下原注：“湿起声，十伏声。”

楫婕萎鯜即葉切，帖精：浹（即协切）

摄失帖切韘歙（葉书：摄韘歙书涉切）涉（葉禅：涉时涉切）箑霎（葉生：箑霎山辄切）

讨论：（1）“倢”字在《广韵》为浊声母，混在其他清声母中不合规则。（2）“涉”字为浊声母字，虽然放在清声母字之间但并不杂乱，大抵也是一个“伏声”或“伏切”，亦即阳入。

（九）监咸韵入声

重粗：

〇合胡合切盒合盍阖榼（榼读擦音未详所本）嗑（合匣：合合盒侯合切；盍匣：盍阖嗑蓋胡腊切）呷（狎晓：呷呼甲切）蓋（盍匣：蓋胡腊切）

入声轻细：

〇法方甲切（《广韵》乏非：法方乏切）乏（乏奉：乏房法切）

讨论：“呷”字在《广韵》为清声母字，混在浊声母中不合规则。

以上材料可以帮助我们判断《四韵定本》的入声有阴、阳两类及其中古来源，但是两类的调值不能确定。根据方以智“起”、“伏”的描写，大致只能推知阴入的调型可能略升，阳入则应该是一个低平调。

三、《四韵定本》入声的韵尾

《四韵定本》的入声韵尾跟《广韵》相比已经发生了变化。从本书的情况看，-k 韵尾跟 -t 韵尾已经发生合流，但是 -p 韵尾保持完好。

1.《广韵》-t 韵尾混入 -k 韵尾。如东钟韵入声重粗呼“复方木切辐葍福幅蝠腹复蝮馥覆弗拂”这组字中，混入了原为 -t 尾的“弗拂”；其下还收入了“勿文拂切物芴沕”这一组 -t 尾字。在庚青韵入声两次收“日（《广韵》人质切）”字，重粗呼“日”下注曰“或读如热”；轻细呼“日”下注曰：“可叶沈之锡韵与质韵，皆细声时，锡韵多的、历之音，唇亦轻点，而质有缩舌势耳。若百、陌、格、责，自成一韵，与锡、历异。《正韵》反合为一，何耶？智按：粗呼则成百、格一类，细呼则成壁、滴一类。庚、梗、亘、格，丁、顶、订、滴，故为庚青之入声。如欲细分，定从谱取。”

2.《广韵》-t 韵尾混入 -k 韵尾字。如皆来韵入声重呼中，收入《广韵》-k

韵尾的“鞣”（原注：“与索声近”）。按：鞣《广韵》苏各切，《集韵》昔各切。为铎韵心母，中古为 -k 尾。又在“益伊昔切嗌亿臆抑醷绎峄醳怿译驿斁掖亦腋奕帟液射埸蜴易弋杙翼翊廙”后自注云“一、乙在质韵，本一声也”。更为值得注意的是，方以智在歌何韵入声末云：“既取觉韵与陌韵之莫、索、拍以入药韵，而《正韵》犹守孙切，此其未决也。以中原、江淮、楚声读，则曷韵之褐、末、括、脱、拨字，陌韵之获、虢字皆可汇矣。”《广韵》曷韵为 -t 韵尾，陌韵为 -k 韵尾，方以智却说这两韵的字“皆可汇矣”，这是《广韵》-k 尾和 -t 尾在《四韵定本》已经相混的重要证据。

3. 用上声字加声调为入声字注音。如“读”下原注“睹伏切”（犹言“睹之伏切”，即“睹”的阳入）；“俗”下原注“所伏切”，（犹言“所之伏切”，即“所”的阳入）；“局”下原注“主伏切”（犹言“主之伏切”，即“主”的阳入）。从以上情况推断，《广韵》的 -k 韵尾、-t 韵尾在《四韵定本》里已经合流，极可能是变成了一个较弱的 -ʔ。

4.《广韵》的 -p 韵尾，在《四韵定本》里保存较为完整。庚青韵入声重粗“色”无音切，其下注曰：“或读色如摄而不闭。”既云“或读色如摄而不闭”，则读“摄”定为闭口。又廉纤韵入声下注曰：“《正韵》十葉仍沈之旧，江淮、楚读月、阙、陌、白、色、默、葉俱叶屑，但葉闭口细呼耳。”此外，方以智在《四韵定本正叶凡例 · 旋韵图说》谓：“侵寻、廉咸则闭口矣。”而侵寻韵下自注：“挺斋名侵寻以配例，《正韵》为侵、寝、沁、缉。智定为音谙摄，而仍还独韵，以示闭尾之始。”廉纤韵末则云：“自侵寻为真文、庚青之尾闭，谓之心韵。而甘南乃为欢桓之尾闭，监咸乃为寒山之尾闭，廉纤乃为先天之尾闭。故入声缉合、葉洽应之，读合葉洽则缉以应侵，而合、葉止两韵耳。可悟音喑、淹咸两摄兼应之故。”监咸韵末又云：“古时南、耽、簪、镡皆与侵韵同叶，今取甘、谙、酣、南，恰应欢桓韵。若读堪、三、蓝、谈，则叶咸韵。《中原》合覃与咸，故一例呼耳。不见寒、干、丹、难、潘、盘、搬、班之有两类声韵乎？彼分摄而此合之，韵闭故也。”-m 韵尾既然保存完好，跟它相配的 -p 韵尾也不当失落。需要说明的是，在歌何韵入声重粗有“诺奴各切纳”小韵，《广韵》诺，奴各切（铎泥）；纳，奴答切（合泥）。似是 -k、-p 韵尾相混，但这是全书有此例，所以只说明可能有少量 -p 韵尾字开始变为 -ʔ 尾，而并非《广韵》-p 韵尾字在《四韵定本》中仍然保持完好的反证。

参考文献

广韵 [M]. 北京：《古逸丛书》本、泽存堂本。

集韵（影印宋刻本）[M]. 北京：中华书局，2005。

五音集韵 [M]. 北京：中华书局，1992.

古今韵会举要 [M]. 北京：中华书局，2000.

中原音韵（影印纳庵本）[M]. 北京：中华书局，1978.

洪武正韵 [M]// 景印文渊阁四库全书（第 239 册）. 台北：台湾商务印书馆，1983.

四韵定本 [M]. 安徽省博物馆藏清抄本。

论《中原音韵》中两韵并收的入声字

华南师范大学文学院　沈建民

中古的入声字，在《中原音韵》（以下简称《中原》）里已经全部收入阴声部内。其中有部分入声字在《中原》里同时收在两个阴声韵类。比如来自中古“屋烛”韵的部分字，《中原》既收入“鱼模”韵，又收入“尤侯”韵。来自中古“药铎觉”三韵的部分字，《中原》同时收入“萧豪”和“歌戈”两韵。这是一个有趣的现象。同一个字为什么要收入不同的韵类呢？周德清并没有说明。本文打算就这一问题谈一点看法。为讨论方便，我们先把《中原》里两韵并收入声字的情况列成下面的表，并作一些说明。

表1　《中原》两韵并收字简况

《中原》两韵并收字	来自《广韵》韵部	《中原》所收韵类
逐熟宿烛褥	屋烛	鱼模 iu 尤侯 iəu
薄铎凿鹤恶 落诺缚浊莫	铎觉（莫小韵内有末、沫二字属末韵）	萧豪 au 歌戈 o
学虐药着 杓略弱	药觉	萧豪 iau 歌戈 io
镬	铎	萧豪 uau 歌戈 uo
客额吓	陌	皆来 iai 车遮 iɛ
索	铎	萧豪 au 皆来 ai
佛	物	鱼模 u 歌戈 o

注：

1. 上表左栏所列为《中原》两韵并收小韵的代表字。有的小韵只有一个字，如“凿、着”。有的小韵有几个字，如“落”小韵有六个字。每个小韵内也不是所有的字都同时出现于两韵。如“落”小韵在萧豪韵共收有七个字，但只有六个字是两韵重出的。又如“鹤”小韵在萧豪韵收有两个字，在歌戈韵有四个字，但只有一个“鹤”字是两韵并收的。

2. 萧豪韵原本没有合口字，但“镬”字来自《广韵》铎韵的合口。与开口的“鹤”字有对立。《中原》里与“镬”同小韵的“活”也是合口字，所以“镬”应为合口。这里另立一类。

3. “莫、诺、落”三个小韵可能也应归入合口。因为“莫”小韵内有“末沫”二字，来自陌韵合口。杨耐思先生将这三个小韵归入歌戈韵的合口 uo 类，但在萧豪韵归 au 类[①]，显得不统一。这里为求一致，都归在开口一类。

怎样理解上述两韵并收的现象呢？王力先生认为：“当时的药铎觉三韵确有两读，所以周德清才如实记载了的。”[②] 张清常先生也以为是一字两读，他说：“《广韵》里有四十二个古入声字，它们本来只有一读，到了《中原音韵》‘入派三声’，这些字不但列在阴声韵部，而且分化产生异读，变为有了两读。”[③] 不过二位先生都没有进一步解释这些现象。

相反，杨耐思先生却认为这些字只有一读。《中原》之所以两韵并收，“是由于叶韵的关系”，“并不一定在口语里为一字两读”。其根据是《蒙古字韵》这些字只收在一韵。现代赞皇、元氏两地方言这些字也只有一个读音。[④] 陆志韦先生也认为只有一读。他说歌戈韵的入声字不跟萧豪韵重出的，读作 ɔ̣ʔ。但“凡是从觉铎药来的而跟萧豪韵重复的，还是作 ọɦ。（即萧豪韵入声字的读法——引者注。）卓书辨别得很清楚。周书的重出因为曲韵通叶，或是某种方言真的作 ɔ̣ʔ，而周氏没有留意这方言的分别。”但下面又说：“觉铎药的清音（派入上声）字跟全浊音（派入平声）字变成中原的 ɒ̣ɦ，次浊（派入去声）字变 ɒ̣ɦ 跟 ɔ̣ʔ 重读。”这里又认为派入去声的字是有两读的。[⑤]

我们赞同第一种看法。因为从常理看，一个字只有一读是不必同时收入两个不同的韵内的。如果承认这些字只有一读，就会得出下面的推论：《中原》内同一个小韵的字，可以有两种不同的读法。因为《中原》重出的小韵内并非是所有的字都在两韵并收。如果重出的字只有一读，而其他不重出的字在各韵内读音当然各不相同。这样，重出的字与同小韵内不重出的字读音就会不同。例如“鹤”字在萧豪韵与“涸”字同小韵，在歌戈韵则与“合盒盍”三字同小韵。萧豪韵的“涸”字和歌戈韵的“合盒盍”三字并不重出，读音当然是不同的。如果“鹤”字只有一读，或者是与“涸”字同音，与“合盒盍”就不能同音；或者是与“合盒盍”同音，与“涸”字就不能同音。同一小韵的字却会有不同的音，这是可能的吗？周氏所说“音韵内每空一音，以易识字为头。止依头一字呼吸，更不别立切脚”的话岂不成了空话？整部《中原》

① 因为杨耐思先生的萧豪韵只有开口一类。见中原音韵音系[M].北京：中国社会科学出版社，1981.

② 王力.汉语史稿[M].北京：科学出版社，1957：150.

③ 张清常.《中原音韵》新著录的一些异读[J].中国语文，1983（1）.

④ 杨耐思.中原音韵音系[M].北京：中国社会科学出版社，1981：59-60.

⑤ 陆志韦.释《中原音韵》[J].燕京学报，1946（31）.

岂不乱了套了？可见，说这些字只有一读是不行的。如果说是叶韵，为什么这两个韵类中只有这些字能叶韵，其他字不能相叶呢？所以我们认为这些字在当时确实是有两读的。不必用叶韵或方言去解释。

另一方面，说这些字有两读也可以找到旁证。在与《中原》几乎同时的韵图《切韵指南》里，这些入声字也是兼配两个阴声韵摄的。在《切韵指南》里，通摄的入声字兼配遇、流两摄，宕摄的入声字兼配果、效两摄，所配的韵摄与《中原》的两个韵类正好相合。再看时代稍前的《四声等子》也是以铎韵兼配果、效两摄，屋烛韵兼配遇、流两摄。到明代方以智的《切韵声原》，也将“夺、脱、诺、落、作、错、索、霍、著、削”等字并列于“熬夭”（相当于萧豪韵）和“呵阿”（相当于歌戈韵）两图，将“不、木、復、秃、足、促、速”等字并列于“乌于”（相当于鱼模韵）和“讴幽”（相当于尤侯韵）两图。直到今天的普通话里，这些字仍然有不少保留有两读。比如“落烙”有 luò、lào 二音，“着”有 zhuó、zhāo 二音，“凿”有 zuò、záo 二音，“约”有 yuē，yāo 二音，“熟”有 shú、shóu 二音。所以说这些字在当时确实有两读是不会有什么问题的。

那么，这种一字两读的情况又是怎样产生的呢？我们认为，这可能反映了入声字在消变过程中的两个不同的发展阶段，反映了入声字演变发展的不平衡性。从一些材料看，入声觉铎药韵的个别字很早就已变入阴声韵里。如“觉濯乐约”等字《广韵》既收在入声韵，又收入去声的“效笑”韵内。“觉乐”二字在《王三》已收入效韵。再看《七音略》，药铎韵字也已经与效摄字相配。至于这些入声字与歌戈韵相配，最早见于《四声等子》，其次是《中原》和《切韵指南》。可以设想，药铎觉韵的字在变入阴声韵时，经过了一段较长的过程。其中有小部分字早已变入了萧豪韵，读成非入声了，这是一种新的读法。但大部分字仍然读作入声，保留旧读法。到了《中原》的时代，绝大部分字都已变入萧豪韵，非入声的读法占了优势。但事物的发展并不是一刀切的，新读法产生后，旧的入声读法不一定立刻消失。新旧读法并存，这时就产生了两读现象。这一演变过程反映在《中原》里，就是药铎觉韵字的消失，变入萧豪韵。但其中仍有一部分字的入声读法还保留着，与萧豪韵读法并存。只是这种入声读法的音值也已发生了变化，其元音部分的读音变得与歌戈韵的读音一样或者相似，所以《中原》又将这些字收入歌戈韵。这就是药铎觉韵部分字在《中原》里重出的原因。

王士元先生的词汇扩散理论认为语音是突变的，词汇是渐变的。他说：“我们虽然不容易看到语言在变。但很容易看到语言在任何时候都存在共时变异的现象，比如总是有些词具有两个或更多不同的念法。这种共时变异正是‘词汇扩散’常常经过的途径。”[①]《中原》的两读字正是入声字在消变过程中存在的共时变异现象。其实，语音虽然可以突变，但变化总是经历了一个过程。两读现象中往往一读是新的变化，而另一读则是旧读法的保留。这里的共时变异正是历时变异的反映。

赵元任先生曾说：“‘薄’古音［b‘ak］，现在有 bó，báo 两读；‘学’古音［ɣɔk］，现在有 xué，xiáo 两读；‘肉’古音［ȵjuk］，现在 rù，ròu 两读。这个不光是北方音，多数的方言如果有语音、读音两读的，总是语音近乎古音，读音离古音远一点儿。……‘薄’从前是［b‘ak］，念［puo^{35}］，［-k］就完全掉了，念 báo［pau^{35}］那个［-u］是什么呐？就是原来掉的那个［-k］遗存的一点痕迹。所以白话音保存的古音比较多一点儿。”[②]在元代，药铎觉韵字也是在口语中读作萧豪韵，而读书音里则变入歌戈韵。不过我们上文已说到，药铎觉韵字变入歌戈韵的还保留了入声，而在萧豪韵里已读为非入声。问题是为什么元代的读书音（歌戈韵读音）反而保留了更多的古音呢？我们认为文白异读的对立实际上也是相对的。李荣先生说：“北京的文白异读，文言音往往是本地的，白话音往往是从外地借来的。其他方言区的文白异读，白话音是本地的，文言音往往是外来的，并且比较接近北京音。”[③]这说明文白异读的对立会随着地域的不同而转移。同样，文白异读也会随着时代的不同而不同。所谓文读，或者说读书音，实际上是某个时代的文化、经济或者是政治中心地区的语音系统。政治、经济和文化中心改变了，读书音也随着改变。元代建都北京不久，南宋的都城在杭州，当时的文化、经济中心仍在南方，所以读书音系统是反映当时南方音的。当时的南方显然是有入声的，北方已有不少入声消失。所以文读反而保留入声，白读是当地音，则消失了入声。至于歌戈韵中的入声字在今天北京音中已完全消失入声读法，那是后来的变化。因为元代以后，政治文化中心逐渐移到北京，读书音也从南方音转变为北京音，成了后来所说的官话音。北京话后来已没有入声，这时的文读当然也没有了入声。所以口语音反而显得保留的古音比较多一点。

《中原》的两读字（东钟韵与庚青韵两读的不计）[④]，既然一种是入声读法，另一种是非入声的读法，那么《中原》内是否存在入声的问题也可以有了一个答案。关于《中原》内有无入声的问题，多年来一直没有一个统一的

① 王士元.实验语音学讲座[M]//语言学论丛（第十一辑），1983：199.

② 赵元任.语言问题[M].北京：商务印书馆，1980：122.

③ 李荣.音韵存稿[M].北京：商务印书馆，1982：115.

④ 东钟韵与庚青韵重出的字也是新读法与旧读法并存，表现为两读。

意见。从上文看，所以会出现这种现象是不难理解的。因为《中原》的入声问题不能一概而论，说有就是全部保留，说无则一个不存。我们认为在《中原》里确实已有大部分入声不存在了，但仍然有不少字保留着入声读法。至少在两读字中有一种读法是保留了入声的，这种舒入两读的现象在现代北方方言内还可以找到例子。①

关于这些两读字的具体音值，陆志韦先生认为收入单元音韵的入声字有一个喉塞音［ʔ］尾，收入带［-i］尾韵的入声字有一个［ɥ］尾，收入带［-u］尾韵的入声字有一个［-ɦ］尾。我们基本上采用陆先生的拟音，不过要作一些小的修改。萧豪韵内入声字的韵母，我们很赞成陆志韦先生的看法，它们不应和萧豪韵内其他声调的字完全同音，即它们的韵母不应是［au］。因为："派入某声的入声字跟本声字在今音可以全然不同。例如萧豪韵平声'豪寮饶'跟'浊铎博'，上声'小皎袅'跟'捉讬错'，去声"笑粜钓'跟'诺幕恶'。"如果这些入声字当时已经和萧豪韵的其他字完全同音，为什么后来会发生不同的变化呢？或者说，上面所举字的声母并不相同，今音的不同是声母不同引起的。但声母相同而今音不同的字也有。比如"冒帽"跟"幕莫"、"讨"跟"讬"、"奥"跟"恶"。今音并不相同，当时的读音也不会完全相同。

另外还有两个原因使我们相信这两类字在当时并不是都读为［au］的。

第一，收入萧豪韵的入声字，不但有从药铎觉韵来的字，还有从末韵来的"末沫"二字。如果说中古药铎韵的［-k］尾变为《中原》的［-u］尾，那么末韵［-t］尾就不应变为［-u］尾了。既然《中原》"末沫"同"莫幕"同一个小韵，可见它们的韵尾不像是［-u］。同样，《中原》皆来韵内的入声字大部分来自中古梗摄入声，梗摄入声字中古收［-k］尾，而皆来韵收［-i］尾，可见梗摄入声字的［-k］尾在《中原》里也没有变［-u］尾。

第二，收入萧豪韵的入声字变有合口一类，如"郭廓镬"三字。如果萧豪韵内所有字的韵母一律都是［au］，这三个合口字的拟音就很成问题。正如董同龢所说："本韵有"郭廓镬"三音应该是 kuau、k'uau 与 xuau，（在歌戈韵是 kuo、k'uo、xuo 没有问题）。但是［uau］这样的韵母太奇怪了。"② 我们认为萧豪韵的来自中古入声的字韵尾并不是［-u］，就不会有［uau］这样的麻烦。

陆先生将萧豪韵内入声字的韵母拟作［ɒ̣ɦ］，我们认为［-ɦ］尾不如改成舌根浊擦音［-ɣ］。从音理上看［-k］尾弱化成［-ɣ］尾是很容易的。因为［-ɣ］

① 如大同方言中就有一些入声字是舒入两读的。马文忠.中古入声字在大同方言的变化[J].语文研究，1984（2）.

② 董同龢.汉语音韵学[M].台北：台湾文史哲出版社，1979：67.

是一个较模糊的音，“末沫”的 [-t] 尾变成 [-ɣ] 尾也是可能的。其他方面凡用 [-ɦ] 尾能解释的，[-ɣ] 尾也可以解释。至于韵腹，我们认为应该是一个长音，而不是陆先生所拟的短 ɒ̣。根据实验语音学的测量，“一个元音如果后面没有辅音（v*），比较而言最长。后面有浊音辅音（vc），和没有辅音长度差不多。后面有清辅音（vc̥），元音的长度就比后面没有辅音和后面有浊辅音短得多。”[①] 所以这里的 [ɒɣ] 虽然有一个辅音收尾，实际读音已和复合元音差不多。从听觉上说，[ɒɣ] 决不是入声，因此我们上文说中古入声字在萧豪韵里已消失了入声读法。[ɒɣ] 与 [au] 相配是很自然的事。[-ɣ] 尾如果摩擦性减弱，就可以变成真正的元音 [-u]，这可以解释派入萧豪韵的入声字为什么有些后来确实读为 [au]。另一方面，将派入萧豪韵的入声字拟作 [ɒɣ] 还可以从语音上说明为什么这些字会在歌戈韵重出。歌戈韵入声字的韵母我们照陆先生的拟音作 [oʔ]。这些来自中古药铎觉韵字的韵腹会变成 [o]，看来也受到萧豪韵韵母 [ɒɣ] 的影响。因为当时这些字变入萧豪韵是主流，读作歌戈韵只是读书音读法，受萧豪韵影响是免不了的。我们假设在 [ɒɣ] 的后面加一个 [ʔ]，结果必然是音长缩短，这样就很容易吞并了 [-ɣ]，在 [-ɣ] 消失时就可能与前面的 [ɒ] 发生同化，使 [ɒ] 的舌位升高变成 [o]。这很像唐五代西北方音中阳唐韵的鼻收声 [-ŋ] 消变以后，成为鼻摩擦音 [-ɣ̃]，而可以混入模韵 [o]。罗常培先生说：“阳唐的 -ṅ 收声消变以后，它们前面的元音，不管是开口的 [ɑ] [a] 或是合口的 [wɑ] [wa]，都受这种影响变成了 [o]，这是 [ŋ] 的后退同化所致。”[②]《中原》里萧豪韵的 [ɒɣ] 又读作歌戈韵的 [oʔ]，跟上面所说的变化在音理上是一样的。

鱼模和尤侯两韵并收字的情况比较好解释。这些字来自中古三等的屋烛韵，它们变入鱼模韵时，还带有一个喉塞音，读作 [iuʔ]。在尤侯韵中，喉塞音已经消失，元音就变长，中间很自然地产生出一个流音来，成为 [iəu]。读作鱼模的是文言音，尤侯的是白话音。这里也是文言音更近古音，与萧豪歌戈重出的字一样。

在皆来韵和车遮韵两读的，也照陆先生的拟音，在皆来是 [iaɥ]，或者作 [iaj][③] 在车遮韵的读作 [iɛ̣ʔ]。“佛”字在鱼模韵读作 [u]，在歌戈韵读作 [oʔ]。

---

① 王士元. 实验语音学讲座[M]//语言学论丛（第十一辑）. 1983：46-47.

② 罗常培. 唐五代西北方音[J]. 历史语言研究所，1933：40.

③ 陆志韦在《国语入声演变小注》一文中，将[-ɥ]尾写作[-j]尾，《燕京学报》34期，1948. 原文拟作[iạɥ]，韵腹是个短音，但韵尾既然是个浊辅音，元音就应是长的，所以[iaɥ]也不是入声。

“索”字在萧豪韵是 [ɒɣ]，在皆来韵则是 [aʔ]。①

补记

这篇旧文原刊于《玉溪师专学报》1989年第6期，此次重刊只对个别错字和错误的标点作了改正。其余则一仍其旧，无所增改，以免有掩饰旧作之过的嫌疑。原文中引赵元任先生的一段话中本有注音字母，当时的编辑将其改为汉语拼音，现亦仍其旧。对原文中的不足和疏漏之处，在此补记数条以作说明。

1. 原文中的重出字表每个小韵只列了一个字作为代表，并且未标出声调。下表将所有重出的字都列出，并标上声调。同时补上原表中漏列的“侠入”两字。表中不同小韵之间用○隔开，不同声调用a、b、c分别表示入声作平声、入声作上声和入声作去声。

表2　《中原》两韵重出字简况

两韵重出字	在《广韵》中所属韵部	在《中原》重出的韵类及拟音
a 逐轴 ○ 熟 b 宿 ○ 烛粥竹 c 褥	屋烛	尤侯 iəu 鱼模 iuʔ
a 薄箔泊 ○ 缚 ○ 铎度 ○ 凿 ○ 浊濯镯 ○ 鹤 c 莫幕寞末沫 ○ 诺掿 ○ 落络烙洛酪乐 ○ 萼鹗鳄恶	铎觉末	萧豪 au 歌戈 oʔ
a 学 ○ 着 ○ 杓 c 略掠 ○ 弱蒻 ○ 虐疟 ○ 岳乐药约跃钥	药觉	萧豪 iau/iɛu 歌戈 ioʔ
a 镬	铎	萧豪 uau 歌戈 uoʔ
b 客 ○ 吓 c 额	陌	皆来 iai 车遮 iɛʔ
a 侠	帖	家麻 ia　车遮 iɛʔ
a 佛	物	鱼模 u　歌戈 uoʔ
c 入	缉	鱼模 uʔ　齐微 iʔ

此外，原表中有“索”字，《中原》既收入“萧豪”韵的s声母下（声母拟音据杨耐思《中原音韵音系》），又收入“皆来”韵的ʃ声母下；前者来自《广韵》铎韵的“苏各切”，后者来自《广韵》陌韵的“山戟切”。这

① “索”字在中古也属铎韵，但为什么不像其他字一样在歌戈韵重出，而是在皆来韵重出，也许与方言读音有关。

与声母和声调完全相同的重出字不一样，所以此表中删去。另外“魄”字既收在萧豪韵的“讬”小韵内，又收在皆来韵的“拍”小韵内，声母有不同。分别来自《广韵》的“他各切”和“普伯切”。两韵重出而声调不同的如“抹”字，既收在歌戈韵的入作上声，又收在家麻韵的入作去声。这些字与我们要讨论的重出字不一样，所以一律不列。

2. 原表中的拟音据杨耐思的《中原音韵音系》，现在将入声一读加上了一个喉塞尾。“入”字的两读都标有喉塞尾，因为“入”的两读与避讳有关（参见李荣 1982），而不是入声消变过程中的舒入两读。

3.《中原》除了重出入声字有舒入两读外，其他派入三声的入声字有的只读为舒声，有的只读为入声。读舒声和读入声是分别处在词汇扩散过程中的已变和未变两个阶段。至于哪些字变为舒声，哪些字仍读入声，则要看归入的韵部。从现有材料来看，变入萧豪、尤侯、皆来韵的入声字应该都读为舒声了。而变入歌戈、鱼模、车遮韵的入声字仍读入声。至于家麻、齐微和支思韵的入声字，则有可能既有变为舒声的，也有保留入声的，具体情况我们还无法确定。有学者认为说《中原》保留入声，会陷入《中原》有三个入声调的麻烦。我们认为读作入声时，与其他三声的主要区别是韵母的喉塞尾，而声调的高低曲折则与其他三声相同，所以不存在三个入声调的问题。

4. 皆来和车遮两读的字中，有意思的是“额”字，在车遮韵与“业”字同小韵，声母属疑母 [ŋ]，与声母属零声母“噎”小韵有对立。而在皆来韵中，“额”与“厄”字同一小韵。“厄”中古属影母，在《中原》显然应属零声母。这显示“额”字在车遮韵的读音不仅韵尾较多地保留了古音，而且声母也较多地保留了古音。

5. 最后谈谈这些两读字的语音基础，这涉及整个《中原》的语音基础，前人已作过不少研究，在此不作全面讨论，只谈一点想法。刘勋宁（1998）先生就萧豪和歌戈韵重出的字讨论了《中原》的语言基础，刘勋宁（1995）曾根据李荣先生《官话方言的分区》一文的表将官话方言中入声字的分派按地理位置排列成下表：

表 3　古入声在官话方言的分派

<table>
<tr><th></th><th>胶辽官话</th><th>东北官话</th><th>北京官话</th><th>冀鲁官话</th><th>中原官话</th><th>兰银官话</th><th>西南官话</th><th>江淮官话</th></tr>
<tr><td>古清音</td><td>上声</td><td>阴阳上$_{多}$去</td><td>阴阳上去</td><td>阴平</td><td rowspan="2">阴平</td><td rowspan="2">去声</td><td rowspan="3">阳平</td><td rowspan="3">入声</td></tr>
<tr><td>古次浊</td><td colspan="4">去声</td></tr>
<tr><td>古全浊</td><td colspan="6">阳平</td></tr>
</table>

刘先生于是根据地理上的位置和入声的分派把官话一分为三：西南官话和江淮官话为一大类，称之为南方官话；中原官话和兰银官话并为一大类，称之为中原官话；其他四个官话并为一大类，称之为北方官话。刘勋宁（1998）又根据中原官话地区的入声是不读萧豪韵的，读萧豪韵的只是北方官话；而且中原官话的特点是入声一分为二，北方官话的特点是入声一分为三，《中原》正是入派三声，因此推论《中原音韵》的基础方言是大都话。我们认为这种推论有以今律古的危险。其实刘先生自己也怀疑，“《中原音韵》之前，中原官话地区会不会说萧豪韵呢？”郑张尚芳先生（1998）曾考论，宋人南渡时，汴人的口语中入声是三分的，而且清入正是归上声，次浊归去声，陌韵读入皆来韵，与《中原》的分派完全一致。这说明方言因移民运动而会有变化，所以单凭现代官话地区的读法是不能推断《中原》的基础方言的。至于《中原》的入派三声与北方官话的入声一分为三也是两回事。我们认为《中原》的入声并没有消失，这个问题前人已有很多论述，本文上面的观点实际上也证明了入声的存在。既然入声存在，所以入派三声不等于入归三声，不可能与今已消失入声的北方官话完全相同。因此我们认为《中原》的语音基础是中原官话。

参考文献

李荣．论“入”字的音 [J]．方言，1982（4）．

刘勋宁．再论汉语北方话的分区 [J]．中国语文，1995（6）．

刘勋宁．中原官话与北方官话的区别及《中原音韵》的语言基础 [J]．中国语文，1998（6）．

郑张尚芳．《蒙古字韵》所代表的音系与八思巴字一些转写问题 [M]// 李新魁教授纪念文集．北京：中华书局，1998.

《中原音韵》与明代官话系韵书古知庄章组声母的特征及相关问题

南昌大学客赣方言与语言应用研究中心　李　军

知庄章组声母的分化合流及其与韵母的搭配关系问题，是汉语语音史研究中非常重要的内容之一，也是学术界据以确定《中原音韵》以及明代官话语音基础的主要依据之一。《中原音韵》是我国最早的一部曲韵韵书，也是现存最早最真实的记录近代汉语北方话语音的韵书。近几十年来，《中原音韵》研究成果丰硕，但有关古知庄章组声母分合的观点目前分歧较大。陆志韦《释中原音韵》认为："除了这支思韵跟齐微韵的分别之外，中古的知彻澄三等，不论开合，在《中原》好像都跟照穿禅（床）三等混合了，都作 ʨ。知彻澄二等混入'照穿床'二等，ʈ 跟 ʧ 都变为 tʂ。"[①] 宁继福先生（1982）认为知三章组声母与知二庄组声母在《中原音韵》中应当分为两组，并分别拟为 tʃ 组（知三章组，除齐微部合口知三章组，以及支思部章组外，只与细音相拼）与 tʂ 组（知二庄组，除东钟部庄组三等外，只与洪音韵母相拼）。杨耐思先生（1981）则从音位学的角度出发，通过同时期的文献资料的对比，指出古知、庄、章三组声母《中原音韵》合流为一组声母，即 tʃ 组声母。

明代官话研究的焦点则在于其语音基础问题。关于明代官话的语音基础，历来争议较多，影响较大的有"南京音"、"北京音"、"中州音"三种观点，"南京音"说以鲁国尧先生（1985）为代表，持同样观点的有日本学者远藤光晓（1984）、杨福绵（1995）、薛凤生（1991）、张卫东（1991）等。"北京音"说以胡明杨（1963）、林焘（1987）、俞敏（1984）等为代表，耿振生先生则进一步提出了"华北平原方言"说（1992）。"中州音"说以李新魁先生（1980）为代表，所谓"中州音"是指"中原地区的河洛语音"（李新魁 1999）。

官话语音基础的确定应当建立在语音特征的基础上，而作为音系特征主要内容之一的古知庄章组声母的语音特征及其演变规律，当然是我们确定明

① 陆志韦.陆志韦近代汉语音韵论集[M].北京：商务印书馆，1988：8.

代官话语音基础非常重要的依据之一。将《中原音韵》、明代官话韵书古知庄章组声母的分化合流关系，古知庄章组声母与韵母的拼合关系及其演变规律进行探讨，对明代官话语音基础问题的研究无疑具有一定的意义。本文以杨耐思先生（1981）《中原音韵音系》为基础，参考陆志韦、宁继福等先生相关研究成果，试图将《中原音韵》与明代官话系韵书古知庄章组声母的分化合流关系及其与韵母的搭配关系进行综合比较，揭示明代官话古知庄章组声母的基本特征及其演变规律。所比较的明代官话系韵书主要包括以下几部代表性的著作。

1. 明代初年官话韵书《韵略易通》。本文参考了张玉来先生（1999）相关研究成果。

2. 编撰时间大致相同，编撰者分别为“北京”、“南京”、“中州河南”籍人士，反映时音的三部官话韵书。

（1）明代上元（南京）人李登所撰《书文音义便考私编》（成书于1587年，下文简称《便考私编》），主要参考了叶宝奎先生（2001）的研究成果，并根据《续修四库全书》所收录的《书文音义便考私编》提出不同意见。

（2）明代北京话韵书《合并字学篇韵便览》（成书于1606年，下文简称《篇韵便览》）及其韵图《重订司马温公等韵图经》。主要参考了周赛华（2005）的相关研究成果。

（3）河南中州官话韵书《青郊杂著》（《文韵考衷》）（成书于1581年），本文主要以《续修四库全书》所收《声韵杂著》以及《文韵考衷》为依据，参考耿振生先生（1991）相关研究成果进行比较。

3. 明代“汉音”韵书《切字捷要》。《切字捷要》是近年来我们发现的一部明代等韵学著作，休宁人孙贞编撰，成书于1577年至1580年之间。我们通过研究认为，此书韵图《切韵经纬图》（下文简称《经纬图》）就是《韵法直图》蓝本。《经纬图》以韵母为单位真实记录了明代“汉音”的基本语音特征，对明代官话语音研究具有非常重要的学术价值（参见李军2009，2010，2011）。

4. 以罗马字音记录汉语实际语音的韵书《西儒耳目资》（成书于1626年）。《西儒耳目资》真实记录了明代官话的音类与音值，是明代官话语音研究不可多得的材料。本文以《续修四库全书》经部第259册《西儒耳目资》为基础，参考罗常培先生（2004）以及丁锋先生（2010）相关研究成果进行讨论。

此外，在比较过程中，我们还参考了邵荣芬先生《中原雅音研究》（1981年）等相关研究成果。

一、《中原音韵》与明代官话韵书声母系统比较

在比较古知庄章组声母与韵母的拼合规律之前，我们首先以图表的形式将《中原音韵》与明代官话系韵书声母系统及其来源比较如下（“+”表示与左栏声母及来源相同）：

表 1 《中原音韵》与明代官话系韵书声母系统比较

中原音韵（1324）	韵略易通（1442）	便考私编（1587）	篇韵便览（1606）	切字捷要（1577–1580）	青郊杂著（1543–1581）
帮、并仄	+（冰）	+（邦）	+	帮	+（苞）
滂、并平	+（破）	+（平）	+	滂、並	+（磐）
明	+（梅）	+（明）	+	+	+（民）
非、敷、奉	+（风）	+（奉）	+	+	+（弗）
微	+（无）	+（微）		+	+（忘）
端、定仄	+（东）	+（端）	+	端	+（德）
透、定平	+（天）	+（透）	+	透、定	+（天）
泥、娘、疑部分	泥、娘（暖）	+（尼）	+	+	+（乃）
来	+（来）	+（来）	+	+	+（赉）
精、从仄	+（早）	+（精）	+	精	+（增）
清、从平	+（从）	+（清）	+	清、从	+（千）
心、邪	+（雪）	+（心）	+	+	+（岁）
照、知、澄仄、床仄部分	+（枝）	+（照）	+	照、知	+（祯）
穿、澄平、床平部分	+（春）	+（穿）	+	穿、澄、床部分	+（昌）
审、禅、床部分	+（上）	+（审）	+	+	+（寿）
日	+（人）	+（日）	+	+	+（仁）
见、群仄	+（见）	+（见）	+	见	+（国）
溪、群平	+（开）	+（溪）	+	溪、群	+（开）
晓、匣	+（向）	+（晓）	+	+	+（向）
影、喻、疑部分	影、喻、疑（一）	影、喻（影）	影、喻、微、疑、日止开三	影、喻、疑	+（王）

续表

中原音韵（1324）	韵略易通（1442）	便考私编（1587）	篇韵便览（1606）	切字捷要（1577-1580）	青郊杂著（1543-1581）
疑部分		疑（疑）			
21	20	21	19	20	20

《中原音韵》与明代官话系韵书声母系统主要特征如下：

1. 全浊声母清化，声母系统大量简化。

2. 疑母演变为零声母，与影、喻母合流。《中原音韵》只有少数韵中保留疑母，大部分韵部中疑母已经读零声母。除《便考私编》外，以上明代官话系韵书古疑母都已经读零声母。

3. 非、敷、奉母合流，微母还普遍保留，但明代北京韵书《篇韵便览》微母已经读零声母。

4. 明代官话韵书古知庄章组声母普遍合流为一组声母。

除《便考私编》保留疑母，《篇韵便览》微母读零声母外，明代官话系韵书声母类别基本一致。《便考私编》是今江淮官话区人士所编撰的官话韵书，《篇韵便览》是以北京音为基础的官话韵书，它们与其他几部韵书声母类别的差异，应当是明代官话方言的地域差异。微母读零声母应当是明代北京地区的实际语音特征，成书于1615年记录北京官话音的《音韵集成》，古微母同样已经与影、喻、疑母合流为零声母。（见李子君2003）邵荣芬先生通过对章黼《韵学集成》（1460年）所引《中原雅音》反切的辑录与研究，归纳了《中原雅音》二十声母，声母系统与大部分明代官话韵书一致，其中疑母与零声母合流（见邵荣芬1981）。

可见，《中原音韵》所反映的声母系统自元代以来，由南到北呈现依次递减的趋势。明代南方官话区，还保留疑母，而北京语音不仅疑母消失，其他官话语音普遍存在的微母也已经读零声母，与现代北京话一致。

明代官话声母系统早在《中原音韵》时期就已基本定型，这是学术界的普遍看法。争议的焦点在于，《中原音韵》古知二庄组声母与知三章组声母是合流为一组，还是应该区分为两组。主张《中原音韵》古知庄章组声母应该分为两组的主要依据是：《中原音韵》古知二庄组、知三章组声母与韵母的拼合关系不同。那么明代官话韵书古知二庄组、知三章组声母与韵母的拼合关系有何特征？其拼合规律与《中原音韵》有何一致性与差异性？如果《中原音韵》、明代官话韵书古知二庄组、知三章组声母与韵母的拼合关系一致，那么我们就可以认为元明以来通语中，古知庄章组声母合流，并兼与洪、细音韵母相拼的特征是一脉相承的，《中原音韵》古知二庄组、知三章组声母自然不必分为两组。而其中的差异则能为我们了解元明以来古知庄章组声母与韵母拼合关系的演变提供线索。

二、《中原音韵》、明代官话韵书古知庄章组声母与韵母拼合关系比较

明代官话韵书、韵图所反映的古知庄章组声母合流的特点与现代共同语是一致的。但现代共同语中，合流后的声母读 tʂ，tʂʰ，ʂ，只与开口呼、合口呼（洪音韵母）相拼，不与齐齿呼、撮口呼（细音韵母）相拼。而在《中原音韵》、《切字捷要》以及大部分明代官话韵书、韵图中，古知庄章组声母还具有兼与洪、细音韵母相拼的特点。

下面我们以表格的形式，将以上韵书、韵图古知庄章组声母与韵母的拼合关系进行比较（为讨论方便，以古韵摄为单位，只比较阴声韵与阳声韵，入声韵暂不予讨论。“+”分别表示与左栏韵母、或声母相同。韵母拟音右上角带 *，表示与所参考的诸家拟音有不同看法，详下文讨论）：

表 2　《中原音韵》、明代官话韵书古知庄章组声母与韵母拼合关系的比较

<table>
<tr><th rowspan="2">韵摄</th><th colspan="2">中原音韵</th><th colspan="2">韵略易通</th><th colspan="2">便考私编</th><th colspan="2">经纬图</th><th colspan="2">文韵考衷</th><th colspan="2">等韵图经</th></tr>
<tr><th>韵母</th><th>声母</th><th>韵母</th><th>声母</th><th>韵母</th><th>声母</th><th>韵母</th><th>声母</th><th>韵母</th><th>声母</th><th>韵母</th><th>声母</th></tr>
<tr><td rowspan="2">通</td><td>uŋ*</td><td>知$_{三}$章庄</td><td rowspan="2">uŋ*</td><td rowspan="2">知$_{三}$章庄日</td><td rowspan="2">+</td><td rowspan="2">+</td><td rowspan="2">+</td><td rowspan="2">+</td><td>uŋ</td><td>知$_{三}$章庄</td><td rowspan="2">uŋ</td><td rowspan="2">知$_{三}$章庄日</td></tr>
<tr><td>iuŋ*</td><td>日</td><td>yŋ</td><td>知$_{三}$章庄日</td></tr>
<tr><td rowspan="2">江宕</td><td>uaŋ</td><td>知$_{二}$庄$_{二三}$</td><td>+</td><td>+</td><td>+</td><td>+</td><td>+</td><td>+</td><td>+</td><td>+</td><td>+</td><td>+</td></tr>
<tr><td>aŋ*</td><td>知$_{三}$章日</td><td>iaŋ</td><td>+</td><td>aŋ*</td><td>+</td><td>iaŋ</td><td>+</td><td>+</td><td>+</td><td>aŋ</td><td>+</td></tr>
<tr><td rowspan="5">止蟹</td><td>ï</td><td>庄章日$_{止开三}$</td><td>+</td><td>+</td><td>+</td><td>庄章日$_{止开三}$知$_{止开三部分}$</td><td>+</td><td>庄章日$_{止开三}$</td><td>+</td><td>庄$_{止开三}$</td><td>ï</td><td>知庄章</td></tr>
<tr><td>i</td><td>知$_{三}$章$_{蟹开三}$</td><td>+</td><td>+</td><td>+</td><td>+</td><td>+</td><td>+</td><td>+</td><td>知$_{三}$章$_{三}$日</td><td>ɚ</td><td>日</td></tr>
<tr><td>uei</td><td>知$_{三}$章日</td><td>+</td><td>+</td><td>+</td><td>+</td><td>+</td><td>+</td><td>+</td><td>+</td><td>+</td><td>+</td></tr>
<tr><td>ai</td><td>庄$_{蟹开二}$</td><td>+</td><td>+</td><td>+</td><td>+</td><td>+</td><td>+</td><td>+</td><td>+</td><td>+</td><td>+</td></tr>
<tr><td>uai</td><td>庄$_{止合三}$</td><td>+</td><td>庄$_{蟹合二、止合三}$</td><td>uai</td><td>庄$_{蟹合二}$</td><td>+</td><td>+</td><td></td><td></td><td>uai</td><td>庄$_{蟹合二、止合三}$</td></tr>
</table>

续表

韵摄	中原音韵		韵略易通		便考私编		经纬图		文韵考衷		等韵图经	
	韵母	声母	韵母	声母	韵母	声母	韵母	声母	韵母	声母	韵母	声母
遇	u	庄$_{三}$	+	+	+	+	+	+	+	+	+	+
	iu	知$_{三}$章日	y	+	y/iʉ	+	y	+	+	+	+*	+
臻	ən	庄$_{开三}$	+	+	+	+	+	+	+	+	ən	知$_{三}$庄$_{三}$章日
	iən	知$_{三}$章日	+	+	in	+	+	+	+	+		
	iuən	知$_{三}$章日	yən	+	+*	+	yn	+	+	+	uən	+
山	an	知$_{二}$庄$_{二}$	+	+	+	+	+	+	+	+	an	知$_{二}$庄$_{二}$知$_{三}$章日
	iɛn	知$_{三}$章日	+	+	+	+	+	+	ian	+		
	uan	知$_{二}$庄	+	+	+	+	+	+	+	+	uan	知$_{二}$庄$_{二}$知$_{三}$章日
	iuɛn	知$_{三}$章日	yɛn	+	yæn	+	yɛn	+	yan	+		
效	au	知$_{二}$庄$_{二}$	+	+	au	知$_{三}$章日	au	知$_{二}$庄$_{二}$	+	+	au	知$_{二}$庄$_{二}$知$_{三}$章日
	iɛu	知$_{三}$章日	iau	+	iau	知$_{二}$庄$_{二}$	iau	知$_{三}$章日	+	+		
假	a	知$_{二}$庄$_{二}$	+	+	+	+	+	+	+	+	a	+
	ua	知$_{二}$庄$_{二}$	+	+	+	+	+	+	+	+	ua	+
	iɛ	章日	+	+	+	+	+	+	ie	+	ɛ	+
曾梗	əŋ	知$_{二}$庄$_{二}$	+	+	+	+	+	+	+	+	əŋ	知$_{二}$庄$_{二}$知$_{三}$章日
	iəŋ	知$_{三}$章日	iŋ	+	+	+	+	+	+	+		
流	əu	庄$_{三}$	+	+	ou	+	əu	+	ou	+	əu	庄$_{三}$知$_{三}$章日
	iəu	知$_{三}$章日	+	+	iu	+	+	+	iou	+		
深	əm	庄$_{三}$	+	+	əm	+	əm	+	+	+	ən	庄$_{三}$知$_{三}$章日
	iəm	知$_{三}$章日	im	+	im	+	im	+	+	+		
咸	am	知$_{二}$庄$_{二}$	+	+	am	+	am	+	+	+	an	知$_{二}$庄$_{二}$知$_{三}$章日
	iɛm	知$_{三}$章日	+	+	iɛm	+	iɛm	+	iam	+		

三、《中原音韵》、明代官话韵书古知庄章组声母的特征及其与韵母的拼合关系

要正确了解《中原音韵》、明代官话韵书古知庄章组声母的特征及其与韵母的拼合关系，首先有必要釐清《中原音韵》、明代官话韵书中几组知庄章字韵母的性质问题。

1.《中原音韵》东钟部古知庄章组字韵母的性质

除《篇韵便览》之外，以上明代官话韵书、韵图都反映了古知庄章组声母同时与洪、细音韵母相拼的特点，且拼合规律基本一致，即古知三章组声母与细音韵母相拼，知二庄组声母与洪音韵母相拼。例外的情况是：除止摄开口三等章组字韵母读洪音（与《中原音韵》同）外，古通摄知三章组字韵母在明代官话韵书中亦读洪音。

《中原音韵》庄组三等字一般情况下只与知组二等字同音，韵母读洪音，但东钟部古通摄三等庄组字与知章组字与同音，如“崇崇东、虫澄东、重澄钟”同小韵，因此东钟部知庄章组字韵母的拟音问题学术界有不同意见。主张古知庄章组声母合一的学者，如杨耐思先生，将东钟部古知庄章组字韵母拟为洪音 uŋ。不过杨耐思先生对此拟音还把握不定，在东钟部去声知三章组字韵母拟音问题上他有一段补充说明：“‘众’小韵的字，《韵会》和《蒙古字韵》分为二类，‘众中种’归贡 /uŋ 类，‘重仲’归供 /iuŋ 类（但巴思巴字碑文作 uŋ）。可能当时这类字的颚介音 i 已经听不很清楚了。表上 tʃ、tʃʰ 二行的字的地位，也许有问题。”（杨耐思 1981）并且他在将东钟部知庄章字韵母拟为洪音的同时，将与之语音演变平行的日母字韵母拟为细音 iuŋ，但并没有对其拟音做出解释。

主张知三章组与知二庄组声母两分的学者则将东钟部知章庄字韵母拟为细音 iuŋ，如陆志韦与宁继福先生。这样一来，不仅不符合《中原音韵》庄组声母绝大多数情况下只与洪音相拼的基本规律，也不利于知二庄组声母与知三章组声母两分的观点。不过，他们均提出了拟音的理由。如宁继福先生根据《中原音韵》“正语作词起例”只有“宗有蹤”、“送有訟”、“從有綜”等辨似，而没有“丛有崇”等辨似，认为东钟部庄组字韵母当为齐齿呼，故将古通摄知三庄章组字韵母拟为 iuŋ（宁继福 1985：219—220）。

我们认为，将《中原音韵》东钟部古知三庄章组字韵母拟为细音 iuŋ 值

得商榷。首先，《中原音韵》东钟部古知章组字与庄组字读音相同，而其他韵部古庄组三等字与知三章组字读音有别。除支思部外，其他韵部庄组三等小韵与知三章组小韵均是对立的，如真文部平声“臻”小韵与“真”小韵对立，“侵寻部”平声“簪”小韵与“针”小韵对立。它们的对立是韵母洪细的对立，这一点，各家研究《中原音韵》的学者意见大体一致。说明《中原音韵》古庄组三等字韵母读洪音是其基本语音特征，东钟部古庄组三等字韵母无疑也当读洪音。元代《韵会》与《蒙古字韵》古通摄三等崇母字“崇”就明确归入“公 /uŋ”类（见杨耐思 1981）。《中原音韵》东钟部知三章组字与庄组三等字同小韵，反映的应当是东钟部古知三章组字韵母读洪音的语音现象，而不是东钟部庄组三等字读细音的特殊现象。邵荣芬先生《〈中原音韵〉音系的几个问题》对此持有相同的观点。

其次，宁忌浮先生将东钟部知庄章组字韵母拟为 iuŋ 的理由也有待商榷。周德清“正语作词起例”、“宗有蹤”、“送有訟”、“從有綜”等组字的辨似，重在辨析韵母的不同，这几组字的声母是相同的。之所以不见“丛有崇”的辨似，是因为东钟部古通摄一等从母字“丛”与三等崇母字“崇”的读音差异在声母有别，韵母是一致的，因此也就没有辨似的必要。宁先生将这一点作为东钟部古知三庄章组字韵母拟为细音 iuŋ 的依据，似乎理由不够充分。

再次，从明代官话韵书所反映的情况来看，除《篇韵便览》外，明代官话韵书知三章组声母与细音相拼、知二庄组声母与洪音相拼的规律与《中原音韵》基本一致。古通摄三等庄组字与知三章组字读音合流的特征与《中原音韵》完全相同。明代以韵母为单位编制的韵书、韵图都明确记载，《中原音韵》列东钟部的古通摄三等知庄章组字韵母读洪音。如《经纬图》“公”韵图照组声母位列古通摄三等知、庄、章组字，“弓”韵图照组声母位虽然也列了古通摄三等知、章组字，但韵图附注明确指出，实际语音中这些字与“公”韵图字韵母相同（列“弓”韵图是兼顾《洪武正韵》的分韵特征，见李军 2011）。《文韵考衷》东部重科（合口呼）角音（照组声母）列了古通摄知、庄、章组字，次重科（撮口呼）角音虽然同样列了知、庄、章组字，但多与重科角音所列字重出，性质与《经纬图》一致。《西儒耳目资》则明确记载，者 c、撦 ‘ch、石 x、日 j 声母只与洪音 um（即 uŋ）韵母相拼。说明古通摄知庄章组字读洪音是《中原音韵》以来通语中客观存在的语音现象。

元明时代韵书、韵图的编撰方式有两种，一种是以韵部或韵为单位，另一种是以韵母为单位。以韵母为单位编撰的韵书、韵图能够为我们判断韵母性质提供直接证据，而以韵部或韵为单位编撰的韵书必须以小韵对立的方式判断其韵母性质。《中原音韵》东钟部知、庄、章组声母小韵没有对立，因此学者们对其韵母性质的判断自然有分歧。同样的原因，张玉来虽将《韵略易通》“东洪”部“枝”组字韵母拟为uŋ，但还是认为“tʂ、tʂʰ、ʂ、ʐ后的韵母是uŋ还是iuŋ不能确定”（1999）。我们认为《中原音韵》东钟部古知庄章组字韵母读洪音uŋ，《韵略易通》“东洪”部“枝”组字韵母亦当为uŋ。

日母字与知三章组字韵母的演变规律应当是平行的，杨耐思先生《中原音韵音系》其他韵部日母字韵母拟音与同韵部的知三章组字韵母一致，但却将东钟部日母字韵母拟为iuŋ，与同韵部知三章组字韵母不一致，不知何因。明代官话韵书、韵图古通摄日母字韵母都演变为了uŋ。《文韵考衷》东部虽将日母字列在次重科，但其性质与照组声母位所列字韵母性质一致，并不是实际语音的反映。

此外，叶宝奎先生《试论〈书文音义便考私编〉音系的性质》一文将“谆”韵古臻摄合口三等知章组字韵母拟为合口呼un（2001）。这样，在他所拟的音系中，除古通摄字外，古臻摄合口三等知章组字韵母也读洪音。不过这一拟音也值得商榷。首先，《便考私编》除古通摄字、古止摄开口三等字（不含古知组字）以及止蟹摄合口三等字外，其他韵摄知三章组字韵母都读细音；其次，这一拟音与《便考私编》“谆”韵的说明不符，《便考私编》平声“八谆”韵下注：“古通真文，今通真杂文，兹依中古立本韵，并撮口呼。”因此本韵所列古臻摄合口三等知章组字韵母当拟为yən或yn。

2. 古阳韵知三章组（含日母，下同）字韵母的性质

古阳韵知三章组字《经纬图》与《文韵考衷》均读细音，其中《经纬图》列“江”韵图，《文韵考衷》列阳部极轻科（即齐齿呼）。杨耐思先生（1981）、叶宝奎先生（2001）分别将《中原音韵》江阳部、《便考私编》阳韵系古阳韵知三章组字韵母拟为开口呼aŋ，但二人都没有对其原因作出解释。张玉来先生《韵略易通研究》对江阳部古阳韵知三章组字韵母的拟音问题提出了自己的看法，认为：“《中原音韵》杨耐思1981拟为aŋ与uaŋ，uaŋ这一类全来自江韵（二等）和阳三庄组字，现代北方方言多数读uaŋ，拟为uaŋ也符合情理。但张、商是aŋ还是iaŋ？这里拟作iaŋ，从整个系统来看，三等字多数是细音，拟作iaŋ当更符合语音发展规律。”①

我们同意张玉来先生的看法。《中原音韵》除通摄三等及止摄开口三等

① 张玉来.韵略易通研究[M].天津：天津古籍出版社，1999：30.

章组字外，同中古来源的三等庄组、知章组字韵母均一为洪音，一为细音。东钟部古庄组字与知三章组字同音，是因为古通摄知三章组字韵母已演变为洪音。江阳部古阳韵庄组声母小韵与知三章组声母小韵的对立应当是韵母洪、细的对立，江阳部古阳韵知三章组字韵母当读细音。

此外，将《中原音韵》江阳部古阳韵知三章组字韵母拟为洪音，不能解释明代《经纬图》、《文韵考衷》等韵书、韵图中，这些字韵母读细音的原因。明代官话韵书古阳韵知三章组字韵母读细音是比较普遍的现象，如《中原雅音》古唐、江、阳韵已经合为一韵，其中“江韵舌齿音通阳韵庄组字，说明两者都已经变为合口洪音”（邵荣芬 1981），而“阳韵通唐限于合口”，说明阳韵除庄组声母字以及合口字外，仍读细音，邵荣芬先生拟为 iaŋ。邵荣芬先生除通过对《中原音韵》江阳部古阳韵知三章组字与《中州音韵》、《中原雅音》的比较，认为这些字的韵母当为 iaŋ 之外，还提出了另一证据，即“周德清在《正语》条中举出‘让有酿’一例，‘让’与‘酿’声母既然不同，韵母则必然相同，‘让’读细音可知”。因此，邵荣芬先生断定，“‘章’行字不应归 aŋ，而应当归 iaŋ”。（邵荣芬 1997）

至于叶宝奎先生将《便考私编》古阳韵知三章组字韵母拟为 aŋ，可能是受这些字的字头阴梓部分所注“照开”、“穿开”、“审开”的影响。（见去声部分，平上声阴梓部分模糊不清）不过《便考私编》中的“开”并不完全等同开口呼。李登之子李世泽《切韵射标》古唐、阳韵开口平声字分列开口“冈”韵与“混呼”“姜”韵。所谓“混呼”主要是指韵母性质不同的古阳韵、江韵庄组字（合口呼）与阳韵章组字（齐齿呼）列同一韵照组声母位。因此，《便考私编》古阳韵知章组字韵母当拟为细音 iaŋ。

3. 古效摄知三章组字韵母的性质

古效摄知二庄组字韵母为洪音，知三章组字韵母为细音，各韵书、韵图反映的特征一致。如《经纬图》知二庄组字列“高”韵图，知三章组字列“骄”韵图。《文韵考衷》将古效摄知二庄组字列萧部轻科（开口呼），将知三章组字列萧部极轻科。但《便考私编》知二庄组字列萧韵系，韵母为 iau，知三章组字列豪韵，韵母为 au，与其他韵书韵图所反映的韵母特征正好相反。《切韵射标》古效摄开口二等与三四等平声字分别列齐齿“交”韵与“骄”韵，上、去声同列齐齿“矫”韵与“教”韵。但“矫”韵与“教”韵照组声母位古效摄庄组二等字与章组三等字并列，帮组声母位古效摄二、三等唇音字并列。现代汉语古效摄二、三等帮组字韵母洪细不同，《切韵射标》照组声母位并列的古效摄庄组字与章组字韵母亦应当为韵母洪细之别。实际上，照组声母位并列古庄、章组字以反映韵母洪细的对立，是《切韵射标》非常独特的编撰方式，如平声“巾”韵、“金”韵、“姜”韵、“居”韵、“鸡”韵、“鸠”韵都反映了这一现象。

李世泽将古效摄庄、章组字平声分韵单列，仄声合韵重列，反映了他编撰《射标》时既受其父《便考私编》的影响，又兼顾了实际语音特征：平声分韵列字，依据的是他父亲的做法，仄声合韵重列反映的是实际语音。邵荣芬先生研究发现，《中原雅音》“肴韵唇音与舌齿音已变同一等豪韵”（邵荣芬 1981：66），而“宵韵知、庄、章、日四组字（按：宵韵没有庄组字）不通肴韵，说明它们都读细音”（邵荣芬 1981）。因此，邵荣芬先生（1997）主张将《横图》“矫、教”韵中的知二庄组字韵母拟为 au。

除《篇韵便览》以及以上所讨论的三种情况外，《中原音韵》、明代官话韵书古知庄章组声母与韵母的拼合关系是一致的。这充分说明：

（1）古知庄章组声母合流，并兼与洪、细音韵母相拼的特征，是元明通语或官话语音一脉相承的基本特征之一。

（2）《中原音韵》与明代官话韵书古知庄章组声母合流的特征是一致的，古知二庄组、知三章组声母与韵母的拼合规律是一致的。明代官话韵书古知庄章组声母既然都合流为一组声母，那么《中原音韵》古知二庄组与知三章组声母也就没有必要区分为两组声母。

（3）古知庄章组声母合流，并兼与洪、细音韵母相拼，是《中原音韵》以至明代官话韵书一脉相承的语音特征，因此也应当成为我们判断明代官话语音基础的有力证据之一。

四、《中原音韵》、明代官话韵书所反映的古知庄章组声母与韵母拼合关系的演变

《中原音韵》、明代官话韵书古止摄开口三等庄章组日母字韵母多读舌尖元音，止摄开口三等知组字韵母多读细音。例外的情况是，《文韵考衷》古止摄开口三等章组日母字仍列枝部极轻科，与止蟹开口三等知组字同韵母。与之相反，《篇韵便览》不仅止摄开口三等庄章组字韵母读洪音，知组字韵母也读洪音，日母字则读儿化韵［ɚ］。

《篇韵便览》古知庄章组字韵母多已读洪音，只有古遇摄三等知章组字仍列止摄合口中等，而没有与遇摄三等庄组字同列独韵中等知组声母位。说

明其韵母性质与元明其他官话韵书一样，仍然为细音；同时说明《篇韵便览》所反映的明末北京话音系中，知三章组字韵母大多已经完成了由细音向洪音的演变，逐渐与现代北京话语音特点一致，只有古遇摄三等字韵母还保留明代官话比较普遍的读细音的特征。

这一特征在《篇韵便览》中显得比较特别，因此该书止摄合口中等照组字韵母的拟音问题，也引起了诸多争议，主要有 ʮ/ʉ/u/y 等四种不同的看法。拟为 ʮ 的有赵荫棠先生（1957）和郭力先生（1987、2003），拟为 ʉ 的有陆志韦先生（1947），他们的主要理由是 tʂ、tʂʰ、ʂ、ʐ 与 y 韵母相拼不和谐。这一理由并不充分，汉语方言中，卷舌音声母与细音韵母相拼是客观存在的事实，如客家方言的大埔话（广东）。（见李新魁 1999）

王为民（2006）提出了这些字的韵母其实就是 u，其理由是止摄中等照组字与祝摄照组字是重出关系，不是对立关系。周赛华（2010）认为这些字韵母当拟为 y。周赛华针对以上诸家看法提出了不同意见，指出徐孝《便览引证》明确指出："声音由于自然，如平声'梳、书'之音……分别自然也。"可见王为民将止摄中等知组声母拟为 u 是不符合实际情况的。王为民（2006）认为："从韵母着眼，止摄合口中等照组字和祝摄中等照组字基本来自中古的遇开三（鱼、语、御），遇合三（虞、麌、遇），通合三（屋三、烛）和臻合三（术），没有什么根本的区别，……那么这就证明止摄合口中等照组字与祝摄中等照组字在韵母上也不应该有什么区别。"这一说法有失偏颇，止摄合口中等所列字为遇摄知章组字，祝摄中等所列字为遇摄庄组字，明代官话韵书中古来源相同的知章、庄组字韵母有洪细之别是比较普遍的现象。

周赛华（2010）通过与《图经》同时期的北京及其附近地区音韵文献的比较，指出止摄合口中等所列古遇摄知章组字韵母当为 ʮ 。我们认为将这一拟音放在明代官话语音的大背景下来看，也是非常合理的，反映了明代官话语音古知三章组字韵母由细音演变为洪音的轨迹。京剧中的上口字读音也反映了这一现象，如"《中原音韵》鱼模部里的舌尖后音ㄓ、ㄔ、ㄕ、ㄖ四母字，北平读ㄓㄨ、ㄔㄨ、ㄕㄨ、ㄖㄨ（tʂu、tʂʰu、ʂu、ʐu），在戏剧中应该读ㄓㄩ、ㄔㄩ、ㄕㄩ、ㄖㄩ（tʂy、tʂʰy、ʂy、ʐy），音转为ㄓ㆐、ㄔ㆐、ㄕ㆐、ㄖ㆐（tʂʮ、tʂʰʮ、ʂʮ、ʐʮ）"。

《西儒耳目资》更直接地反映了明代官话语音古知三章组字韵母由细音向洪音转变的过程。下表我们依据《耳目资》"音韵经纬总局"，列出"者 c、撦 'ch、石 x、日 j"母的拼合关系（只列阴平声字，阴平声无字的则列其他声调字）：

表 3 《西儒耳目资》“者 c、撦 ‘ch、石 x、日 j” 母的拼合关系

韵母 声母	ɑ	e	$e_{甚}$	$e_{次}$	$o_{甚}$	$o_{次}$	ai	eu	ao	am	em	en	an	$u_{甚}$	ui	ue
者 c	楂	遮	哲	质	汋	竹	斋	周	招	章	争	毡	诂	诅	追	拙
撦 ‘ch	差	车	撤	赤	绰	蓄	钗	抽	超	昌	樘	袩	欃	初	吹	啜
石 x	沙	奢	舌	实	杓	塾	筛	收	烧	商		扇	山		谁	说
日 j		惹	热	日	弱	肉		柔	饶	穰	扔	然			绥	爇
韵母 声母	oa	oai	um	un	uam	oam	oan	uen	iao	ieu	im	in	ien	$u_{中}$	i	
者 c			中	谆	桩	庄		专			贞	真	詹	诸	知	
撦 ‘ch			冲	椿	窗	锹		穿			称	嗔	燀	枢	鸱	
石 x	耍	衰	舂	纯	双	霜	櫄		梢	收	升	申	羶	书	诗	
日 j			戎	膶				瞤				刃		儒		

从《西儒耳目资》古知庄章组声母与韵母的拼合关系来看，古知二庄组声母只与洪音韵母相拼（古止摄开口三等庄组字有 $u_{次音}$ 与 i 异读现象）。比较特殊的现象是，《耳目资》古效摄二等生母字也有 15 字在 ao 韵母与 iao 韵母重出。这一现象同样存在于《便考私编》中，并且范围更广。那么，这一特征是否明代南京官话方言的反映？值得怀疑。不过有一个现象值得我们注意，这些字《广韵》大都还有三等精组声母的又读音。而《耳目资》庄组声母字普遍存在则、测、色声母与者、撦、石声母重出的现象，据丁锋先生研究，共计 179 字（参见丁锋 2010：216—217）。因此古效摄二等生母字韵母读细音的现象，很可能是现实语音中不同来源的读音的糅合，即韵母来源为效摄三等，而声母为庄组。

知三章组声母（含日母）则兼与洪、细音韵母相拼。其中古止蟹摄、曾梗臻深摄舒声韵开口三等知章组声母只与细音韵母相拼（曾梗臻深摄入声韵开口三等知章组字韵母读洪音）；来源于古合口三等的知章组字韵母，除古遇摄及入声术韵字读 $u_{中}$ 音外，都读为合口呼（$u_{中}$ 音韵母，罗常培先生 1930 拟为洪音 ɥ 或 ʮ。我们认为古遇摄与术韵知三章组日母字的表现与《篇韵便览》有很大的一致性，其韵母当仍为细音韵母 y）。古山咸摄开口三等知章组声母、流摄三等知章组擦音声母，则兼与洪、细音韵母相拼。据丁锋先生（2010）统计，《耳目资》古山咸摄开口三等知章组字在 en 韵母与 ien 韵母中重出的字达 180 字，“基本上涵盖了中古山咸二摄知照二组的全部三等开口声母字”。

流摄三等知章组擦音声母字也有10个在eu与ieu韵母中重出。

《耳目资》古知庄章组声母与韵母的拼合特点，反映了明代官话语音古知三章组声母正处于由兼与洪、细音韵母相拼向只与洪音韵母相拼的转变。《耳目资》与《中原音韵》、《经纬图》等明代官话韵书一起，为我们从整体上把握元明以来官话语音古知庄章组声母与韵母拼合关系的演变过程、演变规律提供了重要线索。

《中原音韵》古知庄章组声母合流以后，庄组三等声母已经完成了只与洪音韵母相拼的演变。而知三章组声母由与细音韵母相拼，逐渐向与洪音韵母相拼演变，经历了漫长的过程，这一演变从《中原音韵》时期开始，有着一定的规律，并且有着地域性的差异。

首先，这种演变从古韵摄来看，最早是从古通摄知三章组字、止摄开口三等章组字及止、蟹摄合口三等知章组字开始，这种演变《中原音韵》时期就已经完成；从韵母的特征来看，由入声韵向舒声韵推进（《耳目资》入声除术韵外，知三章组字韵母多读洪音），由古合口韵向开口韵推进；从韵母主元音性质看，首先是主元音为后、低元音（即侈元音）的韵母演变为洪音韵母，然后是主元音为前、高元音（即弇元音）的韵母演变为洪音韵母。如《耳目资》只读细音的知章组字韵母im、in、ʉ，主元音均为高元音；具有洪细两读的知三章组字韵母iɛu、ien，eu、en，主元音为次高元音；其他只读洪音的知章组字韵母主元音均为后、低元音。而反映明代末年北京话的《篇韵便览》，绝大部分知三章组字韵母已经读洪音，但前高圆唇元音y韵母仍与知三章组声母相拼，保留了元明时代官话语音普遍存在的古知三章组声母与细音韵母相拼的特征。

其次，明代官话方言区古知三章组字韵母由细音向洪音的演变是不平衡的，北京官话至迟明末清初就已大致完成，而此时其他官话区还大致保留元代以来官话语音的基本特征。由此可见，《篇韵便览》所反映的北京音与明代其他地区的官话音有一定的差异，它虽然反映了官话语音演变的趋势，但作为一种演变速度最快的官话音，取得官话基础方言的地位还需要一个过程。明代末年最早向现代音转变的北京音当时是否取得了官话基础方言的地位，值得商榷。

参考文献

耿振生.《青郊杂著》音系简析[J].中国语文，1991（5）：374-379.

耿振生．明清等韵学通论 [M]．北京：语文出版社，1992.
丁　锋．如斯斋汉语史丛稿 [M]．贵州：贵州大学出版社，2010：219.
李　军．《论韵法直图》的语音性质 [J]．中国语文，2009（1）.
李　军．《切字捷要》的编撰及其与《韵法直图》的关系 [J]．古汉语研究，2010（2）.
李　军．《切字捷要》所反映的明代“汉音” [J]．古汉语研究，2011（2）.
李新魁．李新魁自选集 [M]．郑州：大象出版社，1999：199.
李子君．十七世纪北京话声母系统 [J]．古汉语研究，2003（3）：33-35.
鲁国尧．明代官话及其基础方言问题——读《利玛窦中国札记》[M]// 鲁国尧语言学论文集．南京：江苏教育出版社，2003.
陆志韦．陆志韦近代汉语音韵论集 [M]．北京：商务印书馆，1988.
宁继福．中原音韵表稿 [M]．长春：吉林人民出版社，1982：213-215.
邵荣芬．中原雅音研究 [M]．济南：山东人民出版社，1981：37、44、67.
邵荣芬．邵荣芬音韵学论集 [M]．北京：首都师范大学出版社，1997：578.
王为民．再论《重订司马温公等韵图经》止摄合口中等照组字韵母的音值 [J]．徐州师范大学学报（哲学社会科学版），2006（9）：55-58.
杨耐思．中原音韵音系 [M]．北京：中国社会科学出版社，1981：26、79、78.
叶宝奎．试论《书文音义便考私编》音系的性质 [J]．古汉语研究，2001（3）：6-10.
张玉来．韵略易通研究 [M]．天津：天津古籍出版社，1999：29.
周赛华．重论《等韵图经》止摄合口照组字韵母的拟音 [J]．古汉语研究，2010（1）：13-18.

再论《西儒耳目资》音系的性质问题*

日本　龙谷大学　岩田宪幸

一、序言

《西儒耳目资》（以下简称《耳目资》）为金尼阁（Nicolas Trigault）所作，是为了满足入华传教士掌握汉语的要求而编写的一部著作，于明末天启六年（1626）刊行。[①] 此书用罗马字母系统地记录了汉语语音，对于研究近代汉语语音史和探讨汉语共同语形成过程具有重要的学术价值。此书正因为其重要早就受到专家学者的注目。

罗常培（1930）对《耳目资》进行了细致入微的审查研究，认为《耳目资》记录的是北音。文章说："当时的国都既在北平，因为政治上的关系不得不以所谓'Mandarin'也者当作正音。"[②] 此外曾有多位学者对《耳目资》进行过研究。其焦点往往集中在《耳目资》所依据的基础方言问题上，在《耳目资》的语音特征与实际方言相比较方面下了一番功夫。但只凭实际方言来讨论《耳目资》音系问题会有片面性。《耳目资》的音系比较复杂，需要从多方面加以考察。

服部四郎（1946）说《耳目资》十分明显地反映了当时的北方音。同时，他对此书记录了某一个实际方言或官话语音系统这种看法持有怀疑态度。他批评罗文说，罗文只注意到《耳目资》反映了当时的北方音这一点，却忽略

* 本项研究得到JSPS科研费15K02539的资助。本文初稿题为"《西儒耳目资》音系及'异读音'"，曾在中国音韵学研究第二十届国际学术研讨会（2018年8月18–19日，陕西师范大学）发表，得到了鲁国尧先生的悉心指导。李无未先生提出了宝贵意见。谨向二位表示谢忱。初稿很不成熟，存在很多错误和疏漏。本文是为了弥补初稿中的缺欠修改而成的，尚存的问题概由笔者负责。本文对初稿做了大幅度的修改和补充，更改了论文题目。

① 本文据北京文字改革出版社1957年影印本，全三册。

② 罗常培（1930：307）。

了《耳目资》是在很大程度上依据《洪武正韵》[①]（以下简称《正韵》）而编写的这一重大事实。[②]他指出，将《耳目资》和《正韵》对比起来看就会发现二书有很多相同之处，连在细节上都有不少一致的地方，尤其是二书所收的异读字在其种类和数量上相符合，这不可能是偶然的巧合。他还指出，虽然有些字和字音不见于《正韵》而根据《韵会小补》（引用者注：即《古今韵会举要小补》[③]。以下简称《小补》）来增补，但是《耳目资》成书在很大程度上借助于《正韵》。据他的说法，"《耳目资》是拿当时的北方音来对《正韵》加以解释而成的。"[④]遗憾的是服部先生没有举出具体的例子来证实他的说法。太田斋（1997b、1997c）对《耳目资》进行了深入调查，对服部四郎的上述观点予以肯定，关于《耳目资》成书过程作了很有价值的论述。丁锋（2010a、2010b）从太田文中得到启发，进一步深入研究，打开了新的局面。

《耳目资》对《正韵》推崇备至。"张问达序"曰："我太祖高皇帝定鼎之初，辄先稽古考文，诏词臣辈谐音比类，订讹补偏，刊集《洪武正韵》一书，颁布天下，尽洗江左之夙臼，丕定中原之正标。于是千载陋习一朝顿改。太史景濂氏详哉乎其言之矣。余山居却扫，课儿之外，了无他事，间取《正韵》，一庄诵之，未尝不仰颂圣明之创著节宣考定為不刊也。……矧其书一遵《洪武正韵》，尤可以昭同文之化，可以采万国之风，可以破多方拗涩附会之误。其裨益我字韵之学，岂浅鲜哉。"（《耳目资·译引首谱·刻西儒耳目资序》）金尼阁本身声明："书分二谱，首字总一万四千有奇，点画声律一禀《正韵》，见昭代同文之治。"（《耳目资·译引首谱·自序》）不难想象，编纂《耳目资》的工作应该借助于《正韵》一书。

本文在参考前人研究的基础上，将对《耳目资》的音系问题从两个角度重新进行探讨。第一，了解一下《耳目资》所依据的是怎样一个音系？根据《耳目资》

① 乐韶凤、宋濂等十一人编纂，洪武八年（1375）刊刻，共十六卷。本文参照的是由台北世界书局1962年出版的影印本，附加在《永乐大典》。又参看了文渊阁四库全书影印本以及由首尔亚细亚文化社1973年影印出版的万历三年（1575）重刊本。同时参照国家图书馆藏明刻本，是由中华书局2016年影印出版的。前三种是初编本，七十六韵。后一种是重修本，共十六卷，八十韵，洪武十二年（1379）书成。关于《洪武正韵》研究，参见宁忌浮（2003）。

② 罗常培先生部分地注意到《耳目资》遵照《正韵》处理全浊上声字。罗文：306-307指出：《耳目资·音韵经纬全局》把"豸、栈、盾、彊、琲、侹、隽、麈、奉、厚、悻、骇、泫"等字，仍旧列在上声，改列去声的，只有"善、道"两字，这就是迁就《正韵》的结果。罗文没有再就《耳目资》迁就《正韵》的问题做进一步研究。

③ 方日升编辑，万历三十四年（1606）刊刻，共三十卷。

④ 服部四郎（1946：65-66）。原文是日文，由引用者译为中文。

所收录的字音数据来构拟的语音系统如何？第二，研讨一下《耳目资》收录了大量的异读字、异读音是从哪里来的？《耳目资》的异读现象反映了什么问题？[①]

二、《耳目资》音系的声、韵、调系统

《耳目资·列音韵谱》是一种韵图兼同音字表。我们应该能从中整理出一个语音系统的声、韵、调各类。但《列音韵谱》毕竟不是汉语传统的韵书、韵图一类。要想从中归纳出一套音位系统需要应用音韵理论的方法对具体情况进行具体的分析和处理。声母、韵母的记音形式照搬《耳目资》一书的标记。《耳目资》音系的声调分为清平、浊平、上声、去声和入声，本文按顺序分别标作 1、2、3、4、5。本文暂且不讨论声母、韵母、声调的音值、调值问题。

1. 声母系统

《耳目资》音系的声母有多少类？这个问题并不复杂。《耳目资》本身表明声母[②]有 20 类。《耳目资》用 20 类音标符号来表示 20 类声母。按照《耳目资·列音韵谱》中的顺序排列如下：

ç　‘ç　ch　‘ch　k　‘k　p　‘p　t　‘t

j　v　f　g　l　m　n　s　x　h

再算上零声母，一共有 21 类。现将这些声母重新整理如下，并对每一类声母列举例字作为参考：

p 巴谱部迫　‘p 铺婆捧叛迫　m 眉马面木　f 俘符访访法　v 微吻外物

t 爹打道笛　‘t 他谈挑贷脱　n 宜鸟彦纳　l 来了虑勒

ç 租酒在宅　‘ç 操详楚娶擦　s 西词数小削

ch 遮肘壮竹　‘ch 初除楚臭察　x 诗殊水善术　j 儒扰鋭日

k 机改介国　‘k 科奇口看曲　g 哀为我奥厄　h 花胡火坏学

ø 阿鱼五二育

2. 韵母系统

《耳目资》音系的韵母[③]有多少类？这个问题比较复杂。《耳目资·列音韵谱·韵母目录》将韵母分为“五十摄”：“第一摄”至“第五十摄”。其

① 郭书林（2006）及张维佳、郭书林（2011）已对《耳目资》异读字、异读音进行过系统的研究，就《耳目资》所反映的音系展开了讨论。本文的思路与这两部著作不同。

② 《耳目资》称声母为“字父”。

③ 《耳目资》亦称韵母为“字母”。

实在《列音韵谱》的主体部分里 e、o、ie、uo、io 五个韵母各再细分为“甚”、“次”两类，u 则再细分为“甚”、“次”、“中”[①] 三类。实际上《列音韵谱》总共列出 57 类。这些韵母按《列音韵谱》中的顺序排列如下：

a　e　ė　i　o　ȯ　u　u̇　ụ　ai　ao　am　an
eu　em　en　ia　ie　iė　io　iȯ　iụ　im　in　ua　ue
ui　uo　uȯ　ul　um　un　eao　eam　iai　iao　iam　oa　oe
ieu　ien　iue　ium　iun　oai　oei　oam　oan　oen　uai　uei　uam
uan　uem　uen　uon　iuen

在检查声母和韵母的组合关系当中，我们可以发现有些韵母在与声母的组合上呈现出互补关系，从音位原理来看，可归于同一音位。上列 57 类韵母最后可归为多少类？根据音位观点具体探讨。本文将《耳目资》的韵类与《中原音韵》的韵部联系起来进行以下论证。但是《耳目资》与《中原音韵》二书的入声系统性质不同，本文不作入声字的对比研究。[②]

（1）u̇、ul、i 韵

u̇ 韵字来自《中原音韵》支思韵部。ul 韵字也来自《中原音韵》支思韵部。i 韵字来自《中原音韵》齐微韵部，ch- 类声母[③] 字除外。ch- 类声母字有两个来源：支思韵和齐微韵。两者到《耳目资》时合并。[④] 这反映了《耳目资》音系的进一步发展。ul 韵的产生也是如此。

（2）u、ụ、iụ 韵

① “甚”、“次”、“中”是用来区别韵母主要元音的术语，以符号“•”标示。“甚”，无标记。“次”，在元音正上方加“•”。“中”，在元音正下方加“•”。对于“甚”、“次”、“中”的含义，《耳目资》有所说明，见《译引首谱•列音韵谱问答》第五十三页a、b。（页数后的a、b分别表示表面、里面。下同。）它们应该是关于音值的概念。本文暂不讨论音值问题。

② 对《中原音韵》的入声问题，历来有不同的看法。有人认为《中原音韵》已经消失了入声，“入派三声”指中古入声同平、上、去三声混合了。有人则认为《中原音韵》保存入声。笔者赞同《中原音韵》仍有入声的看法。《中原音韵》是一部曲韵书，以入声派入平、上、去三声是为作曲押韵起见。《中原音韵》的入声系统与《耳目资》性质不同，二书的入声字不宜于比较。

③ 所谓ch-类声母包括ch-、‘ch-、x-、j-各类在内。

④ 值得注意的是《耳目资》对i韵有所说明：“元母之三（引用者补：此书所说的元母一共有五类）衣i用不用［甚、次、中］未详，盖风气不同。（引用者补：［　］中的甚、次、中是引用者根据上下文补上的。）有为甚，亦有为次，如“知、纸”之类。但忒细易乱，故从便之用。一甚之中俱包之，未敢细别，余心未安故耳。”（《译引首谱•问答》第五十三页b-第五十四页a）由此看来《耳目资》作者已察觉到ch-类声母字的韵母i的读音与其他声母字的韵母i有差别。《耳目资》i韵有可能代表两个音值。即使如此，从音位原理来说，也不妨当作一个音位。

这三个韵字来自《中原音韵》鱼模韵部。ụ韵和iụ韵在声韵调组合关系是互补的。ụ韵只同ch-类声母组合。[①]《耳目资》特意分立ụ韵，这大概是由于《耳目资》作者察觉出iụ韵在与ch-类声母组合时，韵母中的i音被声母吞掉，听不出来，但仍与u韵的发音有距离的缘故。笔者认为从音位原理来说，ụ韵可归于iụ韵。iụ韵，由标示形式来看，同《中原音韵》时代一样，应该是复合元音。

（3）ɑ、iɑ、uɑ、oɑ韵

这些韵字都来自《中原音韵》家麻韵部。uɑ、oɑ两韵来自中古二等麻韵合口，在与声母组合是互补关系。uɑ韵和oɑ韵可看作同一音位的两个变体。《耳目资》分立两韵应是此书作者的语音感觉所致。仔细看，可以看出介音u和o与声母组合有互补关系，可视为同一音位。[②]

（4）e、ie、iue韵

这些韵所收中古三等韵字在《中原音韵》中属于车遮韵部。在《中原音韵》时代尚保留i介音。车遮韵到了《耳目资》才多出e韵。《耳目资》ch-类声母字已吞掉原有的i介音，归入e韵中。看来e韵和ie韵与声母组合关系是互补的，入声除外。将e和ie两韵视为同一音位也不妨。

（5）o、uo韵

这些韵字来自《中原音韵》歌戈韵部。中古歌韵一等韵字，《中原音韵》分两类：见系字收在开口，端系字收在合口。中古戈韵一等韵字，《中原音韵》均收在合口。《耳目资》不论歌戈，全都收在o韵，只有戈韵见系字（影、疑二母字除外）[③]全部重收在uo韵中。举例说明。清平声 ‘ko、‘kuo，浊平声ho、huo在《耳目资·列音韵谱》中的收字对比如下：

‘ko　轲珂（以上为歌韵）、科蝌窠薖（以上为戈韵），等。

‘kuo　科蝌窠薖，等。

ho　荷何河苛（以上为歌韵）、禾龢和鉌（以上为戈韵），等。

---

① 在入声音节里，中古术韵心母字“恤卹戌訹怵珬”6字列入sụ音节，又列入siụ音节。（siụ音节中还收有“剰”1字，是中古烛韵心母字。）声母s与韵母ụ配合，值得怀疑。术韵从母“崒崪踤谇卒啐捽”7字及清母“焌”1字列在u韵，“焌”1字又列在iụ韵。精组声母似不应与ụ韵组合。

② 以介音u和o为条件分立而实际可看作同一音位的韵母有：uɑ和oɑ、uɑi和oɑi、uei和oei、uɑn和oɑn、uen和oen、uɑm和oɑm、ue和oe，共7组。

③ 影母字仍保留《中原音韵》时的开口、合口的区别。疑母合口字只收在开口韵，不再重收在合口韵里。

huo　禾龢和鉌，等。

笔者认为这是《耳目资》告诉我们它的音系并非单一纯净的佐证。由以上收字情况可知，有一种音系是不分歌戈，戈韵合并为歌韵。另一种音系是见系字分歌戈两韵，即有开合之别。

（6）ai、iai、uai、oai 韵

这些韵字来自《中原音韵》皆来韵部。uai、oai 来自中古佳、皆、夬合口二等韵及泰韵一等合口韵，与声母组合有互补关系，当看作同一音位。

（7）uei、oei、ui 韵

这些韵字来自《中原音韵》齐微韵部。如果姑且将“眉美昧”和“微尾未”等字排除在外不予考虑，那么这三个韵母在与声母组合上就会有互补关系。uei、oei、ui 三韵可看作同一音位的三个变体。查《耳目资・列音韵谱》，“眉美昧”等 m- 声母字全都在 oei 和 ui 两韵中重出，[①] 这是为何？本文笔者的解释是《耳目资》作者注意到这些字的读音因方音而异，因此如实地记录了下来。零声母“微尾未”等字又在 i 韵中全部重出。这也是作者记录了两种方音所致。作为单一的汉语语音系统，“眉美昧”、“微尾未”等字各有两种读法，是难以设想的。[②]uei、oei、ui 三个韵母可看作一个音位，我们认为这种解释是有说服力的。

（8）ao、iao、eao 韵

这些韵字来自《中原音韵》萧豪韵部。iao 和 eao 在与声母组合关系是互补的，当看作同一音位。《耳目资》分立两韵应是此书作者的语音感觉所致。仔细看，可以看出介音 i 和 e 与声母组合有互补关系，应看作同一音位。[③] ao 来自中古豪韵一等、肴韵二等及宵韵三等韵。有的学者认为《中原音韵》萧豪韵尚保留一二等的区别。[④]《耳目资》则没有。中古三等韵字在《中原音韵》中尚保存 i 介音，在《耳目资》已经脱落，列在 ao 韵中。只有 x- 声母字，如“梢稍哨”等字，另外收有仍保留 i 介音的读音。[⑤]

（9）eu、ieu 韵

这些韵字来自《中原音韵》尤侯韵部。ch- 类声母字在《中原音韵》中都

① 不无例外。可忽略。

② “美”字又读mi上声，共有三读。

③ 以介音i和e为条件分立而实际可看作同一音位的韵母有：iao和eao、iam和eam，共两组。

④ 如李新魁（1983）、宁继福（1985）等。

⑤ 三等韵知系字在《耳目资》里，有的已经失落i介音，有的仍保留i介音。有些字，两种读音并存。这说明了什么？i介音在什么条件之下失落或者保留？这留待继续研究。

读作齐齿呼，到《耳目资》失落了 i 介音。只有 x- 声母字，如“收首兽”等字，另外收有仍保留 i 介音的读音。

（10）an、ien、uan、oan、uen（部分）、iuen 韵

an 韵字来自《中原音韵》寒山、监咸两个韵部。ien 韵字来自先天、寒山、监咸、廉纤四个韵部。其中 ch- 类声母字来自先天、廉纤两韵。这些声母字①既在 ien 韵出现又在 en 韵出现。②uan 和 oan 两韵字来自《中原音韵》寒山韵，在声韵组合上有互补关系，应看作同一音位。iuen 韵字来自《中原音韵》先天韵，个别有来自寒山韵，如“馔譔”等字。③先天韵的部分字，即中古知章组合口字，在《耳目资》丢失了 i 音，列入 uen 韵，如“专船瞑”等字。按理说，这些字该归入 uan 韵中。因此我们分 uen 韵为二，将 ch- 类声母字归入 uan 韵。这个问题在第 12 项中再谈。

（11）uon 韵

uon 韵字来自《中原音韵》桓欢韵部，是来自中古一等桓韵。uan、oan 两韵来自寒山韵，是来自中古山、删合口二等韵。看来一二等的区别尚在《耳目资》里保存着。基本上一等字列入 uon 韵，二等字列入 uan 韵（或 oan 韵）。其实有些字，例如“顽莞惯丱”等字（以上为二等韵）和“丸桓缓腕玩翫”等字（以上为一等韵）在 uon 韵和 uan 韵（或 oan 韵）中两收。有些二等字，如“绾擐皖綄篹”等字已经混进 uon 韵中。“菀宛涴”等字今音读 wǎn，是三等韵字，也混入 uon 韵。可见一二等的区别已经部分消失了。④

（12）en、in、uen（部分）、oen、un、iun 韵

en 韵字来自《中原音韵》真文、侵寻、先天三个韵部。en 韵唇音字和 uen 韵唇音字都来自《中原音韵》真文韵部。它们在《耳目资》里分入两个韵，形成互补关系。“文吻问”等 v- 声母字列入 en 韵，“奔歕门分”等 p-、‘p-、m-、f- 声母字列入 uen 韵。对唇音声母来说，en 和 uen 可当作一个音位。en 韵中的 ch- 类声母字来自《中原音韵》先天及廉纤两个韵部。en 韵 ch- 类声母字⑤又在 ien 韵中重出，已见第 10 项。in 韵字来自《中原音韵》真文、侵寻两个

① j-母字除外。j-母字都出现在en韵里。j-不与-ien拼合。

② 不无例外。可忽略。

③ 寒山韵字又收在uen韵里，参见第12项。

④《中原音韵》里早有一二等混淆的例子，仅有二。“绊腕”2字，中古换韵一等韵，应在桓欢韵。而它们又收在寒山韵。《耳目资》“绊”字只有一读，收入uon韵，“腕”字有两读，uon、uan韵两收。

⑤ j-母字除外。

韵部。ch- 类声母字在此韵中仍保持 i 介音。un 韵字来自《中原音韵》真文韵部。ch- 类声母字《中原音韵》仍保留 i 音，《耳目资》则消失了。uen 和 oen 两韵在与声母组合关系是互补的，可看作同一音位。如果暂且将 ch- 类声母字弃置不顾，那么 un、uen、oen 三个韵母就可以认作同一音位，因为这三个韵母的声母条件是互补的。我们在第 10 项中指出 uen 韵 ch- 类声母字本应收入 uan 韵中，否则 ch- 类声母字在 un 与 uen 韵之间发生冲突，破坏了整个音位体系。uen 韵 ch- 类声母字，绝大部分来自《中原音韵》先天韵，个别有来自寒山韵，如“馔譔”等字。“专船暖”等字收在 uen 韵，主要元音作 e。这可能是 a 音受前后高元音 u 和鼻音 n 的影响所致。iun 来自《中原音韵》真文韵部。

（13）am、iam、eam、uam、oam 韵

am、iam、eam 三个韵字来自《中原音韵》江阳韵部。ch- 类声母字来自中古阳韵三等韵，《耳目资》都读作开口。iam 和 eam 的声母条件是互补的，可归同一音位。ch- 类声母除外，uam 和 oam 的声母条件是互补的，两韵可视为同一音位。对 ch- 类声母字来说，uam 和 oam 似乎有对立关系。但这两韵在《列音韵谱》中的收字却完全相同。作为一个音韵体系，ch- 类声母字有两种读法是很难设想的。我们认为这大概是《耳目资》作者凭自己的语音感觉如实记录的两种方音，可认为是一个音韵体系中的变体。

（14）em、im、um、uem、ium 韵

这些韵字来自《中原音韵》东钟和庚青两个韵部。uem 韵只收 k- 和 ‘k- 声母字。这些字全都又在 um 韵中重出。从音位观点看，两个合口韵不应并存。um 和 uem 韵可归一个音位。①

（15）ue、oe 韵

两韵是入声专用。两韵声母互补，应看作同一音位。

（16）io 韵

入声专用。

（17）ė、iė 韵

两韵是入声专用。声与韵组合有互补关系，两韵可归同一音位。

（18）ȯ、iȯ、uȯ 韵

三韵是入声专用。

现将上述 57 类韵母进行整理重新排列如下，并对每一类韵母列举例字作为参考。斜线用来标示其前后韵母可当作同一音位。本文认为《耳目资》音

① 只有k-、‘k-声母字在um、uem两韵重出。理由未详。

系的韵母根据音位观点可以归并为43类。画下线的是入声字。没有列出入声字的韵母只用于舒声调。附加“入”字的韵母只用于入声调。

u̇ 赀疵紫次率[①]　ul 而尔二　i 碑时止记　u 初无土误崒　ụ/iụ 诸殊暑着朮 / 须徐女去恤

ɑ 巴茶打大察　iɑ 家霞雅下里　uɑ/oɑ 髽瓦卦刮 / 花华耍化刷

e 遮蛇捨舍白　ie 些茄姐谢灭　iue 鞾茄月

o 歌荷我课渴　uo 科禾颗课活

ɑi 猜柴海外　iɑi 街厓解介　uɑi/oɑi 蛙拐外 / 衰怀坏

uei/oei/ui 归为 / 悲为美昧 / 吹眉美睡

ɑo 烧曹好道　iɑo/eɑo 焦尧稍哨 / 聊了料

eu 周柔否茂　ieu 彪牛首臭

ɑn 山残产饭　ien 千蝉展善　uɑn/oɑn/uen（部分）关顽 / 还缓 / 专船阮馔　iuen 镌全选劝

uon 般桓满乱

en 森禅染问　in 真人品刃　uen（部分）/oen/un 温盆粉困 / 昏魂混惛 / 敦唇损润　iun 熏羣窘论

ɑm 章常纺让　iɑm/eɑm 将详讲向 / 良两量　uɑm/oɑm 霜床奘王 / 庄黄爽况

em 生仍肯硬　im 升成皿净　uem/um 肱矿 / 弓戎宠梦　ium 胸穷顷用

ue入/oe入 说国 / 佛濩

io入 虐削学

ė入/iė入 质尺实日 / 必的七一

ȯ入 不笃族肉忽　iȯ入 曲育　uȯ入 国屋

3. 声调系统

调类有多少？这很清楚。《耳目资》所记录的汉语有清平、浊平、上声、去声、入声五种声调。中古全浊上声字改读去声的问题在下文讨论。

三、《耳目资》的语音系统及其音节总表

对于语音系统的研究来说，构拟其音节总表是必不可少的。音节总表不但有助于全面了解一个语音系统的音韵格局，而且有利于与其他语料所代表的语音系统做比较。通过以上讨论，我们认为从《耳目资·列音韵谱》中归纳出来的声、韵、调各类可以用来组成音节总表。这就是说《耳目资》的音

---

① 中古质韵生母“率帅繂蟀蟋”等6字《耳目资》在su̇音节、sȯ音节并收。这些入声字收入u̇韵值得怀疑。“赀疵紫次”等舒声字与“率”等入声字的韵母今音不同。

系是以实际语音系统为基础的。音节总表是：以21类声母为经，以57类韵母为纬（57类韵母最终可归为43类），声调分为五类，将舒声和入声分开标示。现放在文末。[①] 表中所列的字是该音节所属字群中的首字。字下面画有双重线的表示列入该音节当中的字又在别的音节里重出。请注意，有下线的字本身不一定重出在别的音节里。[②] 根据音节总表所表现的音韵格局来判断，《耳目资》代表的音系应属北方方言，亦即官话音系。保留入声调和入声字的归类很可能反映了当时的读书音系统。官话音系保留入声调，一直持续到清代正音书。[③] 从整体上看，《耳目资》反映的就是一个完整的语音系统，但附加双重线的字如此之多表明《耳目资》的音系内部并非单一纯净。

四、《耳目资》中的异读音实例

《耳目资》所收字中，一个字往往有两个或几个读音。这又分为两种情况：一种是由于历史来源即中古音[④] 的音韵地位不同所致；一种是历史来源即中古音的音韵地位虽然相同但读音却有不同。本文探讨的属于后者。《耳目资》收录了大量的异读字。对它们加以整理研究是一项艰巨的工作。《耳目资》收录的异读音是哪里来的？异读现象反映了什么？探讨这些问题需要涉及细节，极为繁杂。因此先对异读音的语音性质问题提出本文的看法：

《耳目资》收录的异读有三种。一是反映一个语音系统（即北方方言）内部的方音，也可以说是一个语音系统中的共时变体。这种异读占多数。二是由于全盘照搬先行韵书的注音所致。这种异读可以说是一个语音系统中的历时变体，未必当时仍然流行。三是虚假的。这是由于《耳目资》的疏忽而引起的错误。

共时变体指的是哪里的方音？历时变体在实际语音系统中是否完全被忘却而不通行了？对每个读音一一回答清楚是件难度较大的工作。这留待日后解决。下面略举些例字，用以说明上述情况。

---

① 笔者早已制成了音节总表。岩田宪幸（2015）本应附有此表，但因故遗漏了，很遗憾。当时制成的音节总表，现在看来，有不足之处。此次加以修改重新提出。

② 仔细检查异读字是很艰巨的工作。重出字恐有遗漏，尚待继续调查。

③ 清代正音书的入声系统比《耳目资》简化了。两者的关系如何？值得认真研究。关于清代正音书的语音系统，可参考岩田宪幸（2011）。

④ 中古音是指《广韵》所代表的语音系统而言。

例 1　“維惟唯濰維帷”5 字[①]：goei2(39-132a)/uei2(44-140b)/ui2(23-91a)/vi2(3-11b)。[②]

这 5 字是中古喻母字。“帷”字《广韵》“洧悲切”，《集韵》“于龟切”，《增韵》（即毛晃《增修互注礼部韵略》[③]）未收。“帷”字《正韵》有两读：“无非切”，又“于龟切”。“维唯潍惟”4 字《广韵》“以追切”，《集韵》“夷隹切”，《增韵》“夷隹切”，《正韵》则有两读：“无非切”，又“夷隹切”。vi2 一音符合《正韵》“无非切”。《耳目资》收录的四种读音应反映四种方音。

例 2　“微溦霺薇維惟唯濰溦帷”10 字：vi2(3-11b)/ui2(23-91a)。

在《广韵》、《集韵》、《增韵》中，“微溦霺薇溦”等微韵微母字[④]和“维惟唯潍帷”等脂韵喻母字[⑤]判然有别。而在《正韵》中两者合一。《正韵》七十六韵本支韵微母小韵字摘录如下。对每字所附的两行小注都从略：“○微无非切薇溦惟又夷隹切维又夷隹切唯又夷隹切潍又夷隹切帷又于龟切。”[⑥]“溦霺”2 字《正韵》未收，《增韵》未收。《集韵》则收。《耳目资》是否从《集韵》中收录了这 2 字？我们认为其可能性极小。据张谓毅（2017）来判断，当时《耳目资》编纂者恐怕未能目睹《集韵》一书。[⑦]《小补》一书多处引用《集韵》中的记述。《小补》微韵“微 无非切”小韵下注云：“溦……《集韵》或作溦、

① 《耳目资·列音韵谱》列字有大字、小字之分。《耳目资·列音韵谱·本谱小序》中有云：“本谱列字有大、小，何？大者，本字，韵书为首。小者俱系亦作，或作，同作之类。”（第二页 b）这有必要一一具体检查。但本文对此问题暂时不予以考虑。例1中，“维”字重出，算一个字。以下不论大、小之分，只要字形同一就算同一种字。

② 括号里的数字表示该字在《耳目资》中的所在。比如说“39-132a”，“39”表示《耳目资·列音韵谱》所说的“第三十九摄”，连接号后的“132a”则表示页数，“a、b”表示表面、里面。

③ 本文参照的是至正十五年（1355）日新书堂刊本，是由日本八木书店1982年影印出版的。

④ 《广韵》未收“霺溦”2字。《增韵》未收“霺溦”2字。

⑤ 《增韵》未收“帷”字。

⑥ 《正韵》八十韵本的处理与七十六韵本不完全一样，如微韵微母小韵：“○微无非切薇溦惟又夷隹切维又夷隹切唯潍又夷隹切。”此小韵中无“帷”字。此字收在灰韵“为”小韵，作“于妫切”。“唯”字八十韵本未收又切。

⑦ 张渭毅（2017：22）指出：“《集韵》是宋朝科举考试的官修规范韵书，当时具有很大的权威性，毋庸置疑。但是，《集韵》成书以后，其刊行和流布却走向式微，尤其宋亡入元后，《集韵》的影响更加衰落，以致元、明、清初之际，学人竟难以获睹”，“南宋中后期以降，元、明、清初近五百年中，《集韵》居然一直未有刊刻，且流布稀少”。

霰。”[①]案“溦霰”2字《耳目资》当从《小补》中采录。

例3 “外聵聵聵”4字：vai4(6-36b)/uai4(43-139b)。

“外”1字《广韵》作“五会切”，“聵聵”2字作“五怪切”。《集韵》“外”1字“五会切”，“聵聵聵”3字“五怪切”。《增韵》“外”字“五会切”，“聵”字“五怪切”。《正韵》“外”字作“五块切”。“聵”字《正韵》收进“胡对切”小韵里，与本音无关。“聵聵”2字《增韵》未收，《正韵》未收。《小补》卦韵收录“聵”字云：“鱼怪切”……或作聵、聵。”案“聵聵聵”3字《耳目资》当依《小补》收录。上列4字《耳目资》有两读反映两种方音的不同。

例4 “吾梧鼯吳琪珸鋙鋘郚吴牾[②]浯齬”13字：u2(5-27a)/gu2(5-27a)。

《正韵》“吾 讹胡切”小韵收这些字，“珸”1字除外。《增韵》同。《耳目资》gu2音节中还收有“䴈”字，u2音节中却漏收。《正韵》未收“䴈”字。“珸”、“䴈”2字均见于《广韵》、《集韵》。《小补》虞韵下“琪”字注云：“《集韵》或作珸。”“鼯”字下注云：“《集韵》或作䴈。”案《耳目资》盖据《小补》追加“珸䴈”2字。

例5 “宜轙儀巇巇儀涯疑僛嶷孴沂溰皑溰”15字：i2(3-10b)/ni2(3-12a)。

“巇皑溰”3字除外，上列中古疑母字在《增韵》中分收于三个小韵，均保存疑母。在《正韵》中均归入“夷 延知切”小韵。《增韵》、《正韵》均未收“巇皑溰”3字。这3字见于《集韵》。《小补》支韵下“儀”字注云：“《集韵》或作巇。”灰韵收录“皑”字云：“《集韵》本作溰，或作皑、溰。”案《耳目资》当据《小补》的记载补加“巇皑溰”3字。

例6 “遺”1字：i2(3-10b)/goei2(39-132a)/uei2(44-140b)。

“遺”字《广韵》“以追切”，《集韵》“夷隹切”，《增韵》“夷隹切”，《正韵》“延知切”，又“夷隹切”。《耳目资》i2一音与《正韵》“延知切”相符。

例7 “辭詞祠柌詈辞辭辤”8字：ʻçu̇2(5-28a)/su̇2(5-28a)。

“詈辭”2字《增韵》、《正韵》均未收。“词”字不见于《广韵》，见于《集韵》。《集韵》“词 似兹切”小韵收“司”字，注云：“古作司，或书作詈。”《小

① 字下面的波浪线是为醒目起见而由笔者所加。下同。

② “牾”字《正韵》四库全书本、万历重刊本均作“捂”，非。世界书局本作“牾”，是。八十韵本正作“牾”。

补》支韵“词”字下注云：“《集韵》古作䛐，或书作詈，通作辭。”案“詈”字《耳目资》盖依《小补》补上。“辭”应是“辭”的俗字。

例 8　“詳祥庠翔䳌”5 字：‘çiam2（31-113a）/siam2（31-113b）。

在《耳目资》‘çiam2 音节中，这 5 字的排列顺序如上，与《正韵》“详”小韵字的字序一致。[①]这说明《耳目资》抄袭《正韵》。[②]这 5 字《正韵》作“徐羊切”。《耳目资》邪母平声字或读 ‘ç- 或读 s-，应反映了两种方音的不同。

例 9　“皇煌熿爌晃晄”6 字：vam4（8-45b）/uam4（45-143a）/hoam3（40-135a）/hoam4（40-135b）。

hoam3、hoam4 二音该是由于“户广切”所致。《正韵》上声“户广切”小韵收“晃晄爌皇煌”5 字。此小韵中无“熿”字。《正韵》收字与《增韵》同。“熿”字《广韵》未收，《集韵》则收之，作“户广切”。《小补》养韵“晃”字下注云：“《集韵》又作熿、爌。”案《耳目资》盖根据《小补》采录“熿”字。全浊上声字在《耳目资》中，有的留在上声，有的在上声、去声两收。[③]这是照搬《正韵》的处理方法所致。“皇煌熿爌晃晄”6 字《正韵》确实上、去两收。奇怪的是这些字在《正韵》去声中收于“王”小韵，作“于放切”。《增韵》也相同。这就是由于《正韵》照搬《增韵》所致。上列 6 字在《正韵》去声中没有与 hoam4 一音对应的音韵地位。其实上面说的《正韵》指的是七十六韵本。在八十韵本中，“皇煌熿爌晃晄”6 字只收于去声“户旷切”小韵。这应该反映了在实际语音系统中全浊上声已变读去声的情形。vam4、uam4 该是“于放切”所致。这二音应该反映了两种方音。《耳目资》vam4 音节中收入的还有“望朢忘塱盲”5 字（以上为微母）、“王旺迋暀”4 字（以上为云母）。uam4 音节中收入的还有“王旺暀迋”4 字。

例 10　“行”1 字：hem2（11-58a）/him2（17-78b）。

中古二等见系开口字在《耳目资》中大都已产生 i 介音，读作细音。例如，“家枷”：kia1（13-63a）、“街皆”：kiai1（30-107a）、“巖顏”：ien2（34-119b）、“講港”：kiam3（32-113b）、“杏荇莕”：him3（17-79b）、“效校”：hiao4（31-

---

① 《正韵》“详”小韵收字和字序是抄袭《增韵》的。

② 丁锋（2010a：197）指出，“《耳目资》在排列来自《正韵》小韵字时，极少数依据《正韵》的字序，而多避免与《正韵》的字序一致，将小韵字打乱，重新排列。……《耳目资》既然重视《正韵》，为何需要避免与《正韵》过于形似呢？”丁文解释，“究其缘由，可能为避抄袭官员之嫌。”此文论证《正韵》与《耳目资》的关联，很有参考价值。

③ 这在后文另有叙述。

112a)、“掐恰”：‘kiɑ5(13-64b)，等。有些字，带 i 介音的读音和仍未产生 i 介音的读音并收，如“行”字。“行”字在《正韵》中与“衡恒珩蘅桁莖脛”7 字同列入一小韵。“恒”1 字是一等，其余二等字与它同音。就是说，这些二等字在《正韵》时都读为洪音。“行”1 字在《耳目资》时已有了细音读音。二等见系“衡珩蘅桁”4 字《耳目资》读作 hem2。今音仍然未颚化。“莖脛”2 字今音读作 jīng，是不规范音。

例 11　“肴爻淆殽崤筊茭肴姣”9 字：iɑo2(31-110a)/hiɑo2(31-110a)。

这 9 字中古属二等匣母，在《耳目资》中读作细音。这些字均收入《正韵》“爻何交切”小韵，“茭”1 字除外。《广韵》、《增韵》未收“茭”字，《集韵》则收之。《小补》肴韵“筊”字注云：“通作茭。”案《耳目资》盖依据《小补》补上此字。

例 12　“産嵼剗剷弗”5 字：‘çɑn3(9-49a)/‘chɑn3(9-49a)。

“産嵼”2 字中古属生母，“剗剷弗”3 字属初母。两者在《增韵》中仍有区别。而在《正韵》中合而为一，收于“产　楚简切”小韵。《耳目资》‘çɑn3、‘chɑn3 二音该反映了两种方音。

例 13　“衰榱瘣”3 字：xɑi1(6-34b)/xoɑi1(38-129b)/xui1(23-91a)/sui1(23-91a)。

这 3 字《广韵》作“所追切”[①]。《集韵》作“双隹切”[②]。《增韵》作“所追切”[③]。《正韵》（七十六韵本）“所追切”小韵收“衰瘣”2字[④]，未收“榱”。“榱”字收进“仓回切”小韵。《小补》支韵收“榱”字，作“双隹切”。案“榱”字的读音《耳目资》应以《小补》为依据。《耳目资》xui1、sui1 二音应是“所追切”、“所危切”、“双隹切”这一类切语所致。查看《正韵》八十韵本，“衰瘣”2 字作“所该切”[⑤]；“榱”字作“仓回切”。《耳目资》xɑi1、xoɑi1 二音与“所该切”较合。“衰榱瘣”3 字在当时的一个实际语音系统中分别都有 xui1、sui1、xɑi1、xoɑi1 四个读音是难以想象的。这些读音应该反映了方音的差异。“榱”1 字读 xɑi1 或 xoɑi1，不合，或是半边读，存疑。

例 14　“欃毚攙劖鑱漸鋋”7 字：‘çɑn1(9-46b)/‘chɑn1(9-47a)/‘çɑn2(9-48a)/

---

① “衰”字又“楚危切”、“所危切”。

② “衰榱”2字又“仓回切”。

③ “衰”字又“初危切”、“仓回切”。

④ “衰”字又“仓回切”。

⑤ 又作“仓回切”。

‘chan2(9-48a)。将这 7 字在《广韵》、《集韵》、《增韵》、《正韵》、《小补》中的切语列表如下：

例字	《广韵》	《集韵》	《增韵》	《正韵》	《小补》
欃	士咸切，又士銜切	初銜切，又鋤銜切	初銜切	初銜切	初銜切，又鋤銜切
毚	鋤銜切，又士咸切，又士銜切	初銜切，又鋤咸切	鉏咸切	鉏咸切	初銜切，又鋤銜切[①]
攙	楚銜切，又士咸切，又士銜切	初銜切，又鋤咸切	初銜切	初銜切	初銜切，又鋤銜切
劖	鋤銜切	鋤銜切	初銜切	初銜切	鋤銜切
鑱	鋤銜切	鋤銜切	初銜切	初銜切	鋤銜切
嶃	未收	鋤銜切	初銜切	初銜切	鋤銜切[②]
鏨	未收	鋤銜切	未收	未收	鋤銜切[③]

将《正韵》和《小补》的切语[④]总合起来考虑才可以解释《耳目资》‘çan、‘chan 分别都有清平、浊平二音。这些都是《耳目资》借助《正韵》、《小补》进行编纂工作的佐证。

例 15　“常裳嘗甞償鱨尚”7 字：‘çham2（8-43a）/xam2（8-43b）。

《耳目资》‘çham2 音节中，除了上列 7 字外，还收有 7 个澄母字，如“長萇腸場棖畼塲”。xam2 音节里只有上列 7 字。‘çham2、xam2 两读应反映了两种方音的不同。

例 16　“蟾棎禪嬗蟬壇埏鋋澶單嬋撣儃”13 字：‘chen2(12-61a)/‘chien2(34-119b)/xen2(12-61a)/xien2(34-120b)。

《耳目资》‘çhen2、‘chien2 音节中，除了上列 13 字以外，还收有 7 个澄母字，如“纏纒廛壥鄽躔瀍”。xen2、xien2 音节都只收上列 13 字。禅母平声字《耳目资》或读 ‘ch- 或读 x-，反映了两种方音的不同。韵母保留 i 介音与否也应反映了两种方音的差异。

例 17　“臻溱蓁榛榛槔[⑤]亲蓁簪篸箮簪”12 字：çen1（12-60a）/chin1（18-81b）。

① “毚”字见于平声十五咸韵“欃”小韵注文里：“欃 初銜切。……《集韵》或作褩，亦作毚。”“毚”字又收于“馋 锄銜切”小韵。

② 平声十五咸韵“巉 锄銜切”小韵中收有“嶃”字，注云：“亦作渐”

③ “巉 锄銜切”小韵下“鑱”字注云：“《集韵》或作鏨。”

④ 显而易见，《小补》的切语都承袭《集韵》。

⑤ 原文作“榫”，疑为“梓”字之讹。今改。

“臻榛榛蓁溱榫”6字《增韵》、《正韵》作“侧诜切”，“簪篸”2字作“緇深切”。二书均未收“樼亲箕簪”4字。案《耳目资》盖依据《小补》增补这4字。《小补》真韵“臻”小韵“榛”字下注云：“本作亲。……或作樼。”侵韵“簪”小韵注云：“缁岑切。……古作箕。……俗作扶，非。”可见“簪”字俗作“簪”。

例 18 “森参曑葠蔘罧槮渗襂”9字：sen1（12-60b）/xin1（18-82a）。

《正韵》侵韵“疏簪切”小韵收“森槮罧参渗襂葠”7字，未收“曑蔘”2字。“曑”字见于《集韵》，“蔘”字见于《广韵》、《集韵》。《小补》侵韵“参”字下注云：“《集韵》古作曑。”“葠”字下注云：“本作蔘。”案“曑蔘”2字《耳目资》盖采自《小补》。

例 19 “胾椔菑剚鍿倳”6字：çụ4（5-32a）/chi4（3-15a）。

只有《集韵》才全部收这6字，作“庄吏切”。在《正韵》中，“胾椔菑剚倳”5字（以上为庄母字）和“恣積柴骴”（以上为精母字）、“漬胔眥”（以上为从母字）合为同一小韵，作“资四切”，属寘韵。“鍿”1字《正韵》未收。《小补》寘韵“胾 侧吏切”小韵收“剚”字云：“《集韵》或作‘鍿’。”案“鍿”字《耳目资》盖依据《小补》增补。上列6字《耳目资》有两读，一是同“恣積柴骴”、“漬胔眥”字读为çụ4，二是同“致寘忮伎觶疐智厎躓輊”等中古知章组三等字读为chi4。这应该反映了两种方音的不同。

例 20 “蝡盾楯揗蝡”5字：jun3（27-103b）/xun3（27-103b）。

“蝡蝡”2字在《广韵》属日母，作“而允切”，又“而兖切”。“盾楯揗”3字则属船母，作“食尹切”。在《集韵》中，二者也有区别。这5字在《增韵》中合而为一，列一小韵，作“乳尹切”，属日母。《正韵》收字及其字序照搬《增韵》，切语却改为“乳允切”。《正韵》中，“尹”和“允”不同音，参见例33。中古船母字和日母字混在一起统读x-，存疑。

例 21 “族”1字：çọ5（4-22b）/‘çọ5（4-23a）。

入声“族”字中古属从母。《耳目资》收有送气、不送气二音。

例 22 “秩祑姪帙紩袠柣豒袟”9字：chė5（2-7b）/‘chė5（2-7b）。

这9字是中古澄母字。《耳目资》收有送气、不送气二音。

例 23 “美眯”2字：mi3（3-13b）/mui3（23-92b）/moei3（39-132b）。

“美”字《广韵》“无鄙切”，“眯”字“莫礼切”。《集韵》“美眯”2字作“母鄙切”，“眯”字又作“母礼切”。《增韵》“美”字“莫鄙切”，“眯”字“莫礼切”。《正韵》七十六韵本“美眯”2字作“莫贿切”，“眯”

字又作“莫礼切”。[①] mui3、moei3 二音符合“莫贿切”。“美”音 mi3 不符合此音切。《小补》纸韵“美”小韵，作“母鄙切”。“美”音 mi3 符合《小补》音切。

例 24 “單”1 字：xen3(12-61b)/xien3(34-122a)/xen4(12-62a)/xien4(34-123b)。

“單”字《广韵》“常演切”，又“时战切”，《集韵》“上演切”，又“之膳切”、“时战切”，《增韵》“上演切”，又“之膳切”、“时战切”，《正韵》“上演切”，又“时战切”[②]，又“之膳切”。xen3、xien3 合乎“常演切”或“上演切”，xen4、xien4 合乎“时战切”。保存 i 介音与否应该反映了两种方音的不同。

例 25 “戈過輠緺濄媧騧鍋”8 字：ko1(4-17b)/kuo1(24-94a)。

果摄一等字，不论歌、戈韵（举平声赅上、去声），《耳目资》都读 -o，影、疑二母字除外[③]。这并不是说《耳目资》音系中丢失了歌、戈两韵的区别。戈韵见系字又读 -uo。例如：

ko1 “歌訶哥柯渮荷戨牁茄鴚舸”11 字（以上为歌韵）、“戈過輠緺濄媧騧鍋”8 字（以上为戈韵）（4-17b）；

kuo1 “戈過輠緺濄媧騧鍋”8 字（24-94a）；

‘ko1 “軻珂”2 字（以上为歌韵）、“科蝌窠薖簻”5 字（以上为戈韵）（4-18a）；

‘kuo1 “科蝌窠薖簻”5 字（24-94a）；

---

① 《正韵》八十韵本“美”字作“莫贿切”，“眯”字作“莫比切”。

② “單”字《正韵》七十六韵收于“缮”小韵，作“时载切”。切下字误，当改。八十韵本正作“时战切”。

③ 影母字仍保留中古开、合口的区别。例如，歌韵“阿痾疴婀絅娿妸”等字读-o1（4-17b）。戈韵“渦窩窶踒倭猧”等字只有-uo1（24-94a）一读。疑母合口字被合并于开口字，统读-o。如“莪娥”（开口）和“吪訛”（合口）读go2，“我硪”（开口）和“姽”（合口）读go3，“餓”（开口）和“臥”（合口）读go4。对最后一例来说，《正韵》七十六韵本中“餓”“臥”2字作一个小韵“五箇切”。此书中，“賀襀（开口）和（合口）”3字属于同一小韵“胡臥切”，“貨”1字作一个小韵“呼臥切”。《增韵》区别歌、戈二韵。“餓”1字作一个小韵“五箇切”，“臥”1字作一个小韵“吾貨切”，“賀荷何”3字作一个小韵“胡箇切”，“和”1字作一个小韵“胡臥切”，“貨”1字作一个小韵“呼臥切”。从《正韵》七十六韵本和《耳目资》中的情况可推知，当时应有两个语音系统：一是区别歌、戈韵，一是二韵合而为一。查看《正韵》八十韵本，“餓”1字作一个小韵“五箇切”，“臥”1字作一个小韵“吾貨切”，“賀襀荷何”4字作一个小韵“胡箇切”，“和禍龢”3字作一个小韵“胡臥切”，“貨”1字作一个小韵“呼臥切”。《正韵》八十韵本划分歌、戈二韵，与《增韵》相同。

ho2 “荷何河苛”4字（以上为歌韵）、“禾龢和咊鉌”5字（以上为戈韵）（4-18b）；

huo2 “禾龢和咊鉌”5字（24-94b）；

ho4 “賀荷何襓呵”5字（以上为个韵）、“和貨”2字（以上为过韵）（4-20b）；

huo4 “貨呵和”3字（24-95a）。

由收字情况可知：有一种音系是不分歌戈，戈韵合并为歌韵；另一种音系是见系字分歌戈两韵，即有开合之别。这也是《耳目资》音系并非单一纯净的佐证。

例26 “頑”1字：uan2(46-144b)/uon2(49-150a)；

“丸桓紈”3字：hoan2(41-136b)/huon2(49-150b)；

“緩睅晥晼莞暖浣捖鋎輐鯇澣漶”13字：hoan3(41-136b)/huon3(49-151b)；

“慣摜貫串遦卝丱”7字：kuan4(46-145a)/kuon4(49-151b)。

《耳目资》uan、oan韵来自中古山、删合口二等韵，[①] uon韵来自一等桓韵。大体上一二等的区别尚在《耳目资》里保存着。其实有些字有两读，如上列例子。有些二等字收入uon韵中。如“綰”字读uon3(49-151a)、uon4(49-151b)，“擐”字读uon3(49-151a)，“綄”字读uon4(49-151b)，“篹”字读‘çuon4(49-151b)。“菀宛涴”等字今读wǎn，是三等韵字，《耳目资》读uon3(49-151a)。可见一二等的区别已经部分消失了。《正韵》中，“頑”作“玉还切”，属删韵，“丸桓纨”作胡官切”，属寒韵，不同列一韵。

例27 “莊庄妝粧娤裝裝椿”8字：choam1(40-134a)/chuam1(45-142a)。

《增韵》中，“莊妝裝裝”4字收入阳韵“侧霜切”小韵，“椿”字收入江韵“株江切”小韵。《正韵》将“椿”字并入“侧霜切”小韵。《增韵》、《正韵》未收“庄粧娤”3字。案这3字《耳目资》盖采自《小补》。《小补》阳韵“莊”小韵下注云：“侧羊切。……《集韵》古作脙，俗作庄，非是。”又收有“妝”字云：“侧羊切。……徐曰今俗作粧，《集韵》或作娤。”

考察《耳目资》音系的声韵调配合关系就可以发现uam和oam的声母条件是互补的，两韵可视为同一音位，ch-类声母字除外。对ch-类声母字[②]来说，uam和oam似乎呈现出对立关系。[③] 但这两韵在《列音韵谱》中的收字却完

① uan、oan两韵在与声母组合上有互补关系，应看作同一音位。

② 在此说的ch-类声母指的是ch-、‘ch-、x-各类。

③ 参见《西儒耳目资音节总表》，置于文末。

全相同。对 ch- 类声母字来说，uam 和 oam 两韵也可视为同一音位。作为一个音韵体系，ch- 类声母字有两种读法是很难设想的。这或许是《耳目资》作者凭自己的语音感觉如实地记录了两种方音之间的差别。

例 28　“劣埒鋢鋝”4 字：lie5(14-67a)/liu̇5(16-76a)/liue5(35-125a)。

《正韵》收“劣埒鋢”3 字，作“力辍切”。“鋝”字《正韵》未收，《广韵》、《增韵》也未收。《集韵》则收录。《小补》屑韵“鋝”小韵“鋢”字下注云：“龙辍切。……《集韵》古作鋝。”案《耳目资》当依据《小补》补加“鋝”1 字。

例 29　“褒褒褎[①]”3 字：pao1(7-38a)/peu1(10-52b)。

《增韵》豪韵“补刀切”小韵收“褒褒褎”3 字。《正韵》收字与《增韵》同，作“慱毛切”，属爻韵。《耳目资》pao1、peu1 两读应反映两种方音。

例 30　“母莽拇畞晦畮畒某厶槑[②]牡”11 字：mu3(5-29b)/meu3(10-54b)。

上列 11 字中，《正韵》收录“母莽拇晦某牡”6 字。其中“母莽拇晦[③]某”5 字《正韵》姥韵、有韵重出。“牡”字《正韵》只有一读，作“莫厚切”。《正韵》未收“畞畮畒厶槑”5 字。“畞畒”2 字《集韵》未收。“畮厶槑”3 字《集韵》收入厚韵“母”小韵中，作“莫後切”。《小补》有韵“母　莫後切”小韵收录“畞畮畒厶槑”5 字。“畒”字下注云：“本作晦，从田，每聲。……《说文》或从田、十、久，作畮。……今文转写作畒，又省作畞。”“某”字下注云：“《集韵》通作厶。《说文》古作槑。”　案“畞畮畒厶槑”5 字都是从《小补》中采录的。“牡”字在《正韵》中只有一读，而在《耳目资》中有两读。据《小补》所说，这不无根据。《小补》“母”小韵“牡”字下注云：“又麌韵满补切。《集韵》义同。”“牡”字切语《小补》作“满补切”，与《集韵》同。《小补》盖抄袭《集韵》。

我们知道在下面的例子中，斜线后面的是后起音。本文把斜线前面的原有的读音当作历时变体对待。

例 31　“舂摏惷踳鰆鰆”6 字：xum1(26-98b)/‘chum1(26-98a)。

这 6 字在《耳目资》xum1 音节中的排列顺序如上，与《正韵》东韵“舂”

---

① 《耳目资》原文作“裒”，疑为“褎”字之讹，今改。盖因形近而误。“裒”字《正韵》“蒲侯切”，又“旁尤切”，与“褎”不同音。

② 《耳目资》mu3（5-29b）中收“槑”字，为“某”的异体字。meu3（10-54b）中作“呆”，误，当改。

③ “晦”字见于《正韵》。有韵“母 莫厚切”小韵“畝”字下注云：“亦作晦，俗作畆。”“畝”字重收于“姥”韵。据此可以说，“晦”字姥韵、有韵两收。

小韵字的字序一致。《正韵》“舂”小韵作“书容切”。

例 32 “阮沅”2 字：iuen3(50-153b)/juen3(48-148a)。

“阮沅”2 字在《增韵》中列入“五远切”小韵，属疑母。云母“远”字作一个小韵“云阮切”。“阮沅”和“远”3 字在《正韵》中列入一小韵“五远切”。

例 33 “尹”1 字：iun3(37-128b)/in3(18-83a)。

“尹”字《广韵》作“余准切”，《集韵》、《增韵》作“庾准切”，均属合口。而在《正韵》中则收入“引 以忍切”小韵。《耳目资》in3 一音与《正韵》切语相符。“尹”、“允”2 字在《广韵》、《集韵》、《增韵》中同属一小韵。而在《正韵》中分开，“尹”列入“引”小韵，“允”收入“陨”小韵，作“羽敏切”，参见例 20。

例 34 “孕”1 字：im4(17-79b)/in4(18-84a)。

此字《广韵》、《集韵》、《增韵》都只有一读“以证切”。《正韵》有两读：“以证切”和“羊进切”。in4 一音与“羊进切”相符。

例 35 “榮瑩營塋縈螢熒喾滎”9 字：ium2(36-126a)/im2(17-77b)。

“榮”1 字中古属云母。“瑩塋螢熒喾滎”6 字属匣母。“營”1 字属匣母，又属以母。“縈”1 字为影母字。这 9 字在《正韵》七十六韵本中合而为一，作“于平切”，合口。im2 应是后起的字音。《正韵》八十韵本将“荣萦”2 字列入“融 以中切”小韵，将其余 7 字列入“盈 余轻切”小韵。

例 36 “淪倫論綸輪掄蜦蜧”8 字：liun2(37-128a)/lun2(27-103a)。

在《正韵》中，“淪倫論綸輪掄蜦”7 字收入“龙春切”小韵，与“卢昆切”小韵字有别。[①]“蜧”1 字《正韵》未收。《集韵》载有“蜧”字。《小补》真韵“蜦”字下注云：“或作蜧。” 案《耳目资》盖依《小补》收录“蜧”字。

在下面的例子中，斜线后面的后起音是一种不规范音。这些读音都为今音所承袭。

例 37 “臉”1 字：kien3(34-121a)/lien3(34-121b)。

此字《正韵》作“居奄切”，仍为见母。

例 38 “輦”1 字：lien3(34-121b)/nien3(34-121b)。

此字《正韵》作“力展切”，仍为来母。

例 39 “棲”1 字：si1(3-10a)/‘çi1(3-9a)。

此字《正韵》作“先齐切”，仍为心母。

例 40 “鳥”1 字：tiɑo3(31-110b)/niɑo3(31-111a)。

① “淪論掄”3字亦收入“卢昆切”小韵。

此字《增韵》作“丁了切”，《正韵》作“尼了切”。

例 41 “打”1 字：tim3(17-79a)/tɑ3(1-2a)。

此字《广韵》“德冷切”，又“都挺切”。《集韵》“都挺切”。《增韵》“都瓦切”，又“都挺切”。《正韵》“都瓦切”，又“都领切”。tɑ3 一音符合《增韵》、《正韵》“都瓦切”。

例 42 “薛”1 字：sie5(14-67b)/siue5(35-125a)。

此字《正韵》作“先结切”，仍为开口。

例 43 “怖悑”2 字：‘pu4(5-31a)/pu4(5-31a)。

这 2 字是中古滂母字。《增韵》作“普故切”，仍属滂母。《正韵》作“博故切”，转入帮母。

例 44 “迫”1 字：pe5(2-6b)/‘pe5(2-6b)。

此字中古属帮母。在《正韵》中仍收入帮母“百 博陌切”小韵。

例 45 “昆臱琨崐混崑鯤帍鰥卵鵾鶤褌幝鰥裩蜫”17 字：kuen1(48-146b)/‘kuen1(48-147a)。

《正韵》“公渾切”小韵收“昆臱崐混崑琨蜫鯤鵾褌”10 字，属见母。《增韵》同。《耳目资》所收的其余 7 字“帍鰥卵鶤幝鰥裩”见于《集韵》。《小补》元韵“昆“小韵“鵾”字下注云：“公渾切……本作鶤，从鳥，軍聲。”“崑公帍切”小韵“鯤”字下注云：“《集韵》或作鰥、鰥，亦作卵。” “褌”字下注云：“本作幝，从巾，軍聲。……《集韵》或作帍、裩。” 案《耳目资》盖依据《小补》收录上列 7 字。

例 46 “兮奚嵇蹊暌徯嫨騱傒豀鼷”11 字：hi2(3-12a)/hi1(3-10a)。

这些字都是中古匣母平声字，《耳目资》清平、浊平重出。

例 47 “勘”1 字：‘kɑn4(9-50b)/‘kɑn1(9-47a)。

此字《广韵》作“苦绀切”，属去声。《增韵》、《正韵》同。在《耳目资》时已产生了清平声读音。

例 48 “傾頃隤”3 字：‘kium1(36-125b)/‘kim1(17-77a)。

《广韵》“去营切”小韵收“倾顷”2 字，属合口。“隤”《广韵》未收。《集韵》收这 3 字，作“窥营切”。《增韵》、《正韵》同，作“窥营切”，仍为合口。

从以下例子中可以看出《耳目资》所收的一些异读是虚假的。[①]

① 太田斋（1997b：66-71）指出，《耳目资》中存在着一些奇怪的异读现象，是由于疏忽所致。例49、50是其中的实例。

例 49　“綷璀皠漼洒”5 字：‘çui3(23-92a)/mui3(23-92b)/moei3(39-132b)。

拿实际方言来解释这个异读现象是徒劳无益的。这些字读‘çui3 是合理的，读 mui3 和 moei3 是绝不会有的。这种荒唐的读音到底是哪里来的？以下摘自《正韵》（七十六韵本）。对每字所附的两行小注都从略：“〇美莫贿切媺浼每痗脢脄眛〇漼取猥切璀皠洒綷。”（贿韵）可以推断，《耳目资》编纂工作中的粗心大意致使“美”、“漼”两个小韵误合为一个小韵了。这是看漏了隔开两个小韵的圆圈而造成的错误。上述的事实同时表明《耳目资》的标音工作是参照《正韵》进行的。

例 50　“暗晻闇菴”4 字：gan4(9-51a)/han4(9-51b)。

在《耳目资》音系中，影母开口字带声母 g- 是常例，如：厄 ge5(2-6b)、爱 gai4(6-37a)、歐 geu1(10-52b)、恩 gen1(12-60b)，等。“暗晻闇菴”4 字读 gan4 是正常，但又读 han4 值得怀疑。除此例之外，没有同样的现象。“庵菴諳鵪安鞍”等字收于 gan1 音节（9-47b），“黭晻揞唵”等字列入 gan3（9-49b）音节中，但它们都没有在 han 音节中重出。gan4 音节中还收有其他影母字，如“按案錉”等。但它们都没有重收在 han4 音节中。“暗晻闇菴”4 字试摘《正韵》如下。对每字所附的两行小注都从略：“〇憾胡紺切感琀含唅〇暗烏紺切闇晻菴。”（勘韵）《耳目资》“憾感琀含唅”5 字《耳目资》读 han4，无误。“暗晻闇菴”4 字读 gan4，也无误，但又读 han4，疑有误。“暗晻闇菴”4 字读 han4 有可能是出于误解，即把“暗”等 4 字误认为属“憾”小韵。这误解也许是看漏了隔开两个小韵的圆圈而造成的。或许是没有发觉这些字本应分为两个小韵而造成的。世界书局本《正韵》没有圆圈隔开两个小韵，不知与上述《耳目资》中的疏忽有内在联系否。①

下面试论中古全浊上声改读去声的问题。《耳目资》中有云：“或问，间有半圈在几字上何？盖因多字之音，古今不同。假如‘似’字，古音为上，今读为去。音韵之书从古，愚亦不敢从今，故表以半圈指之，然此类多在上声。”（《列音韵谱·本谱小序》第二页 b）又云：“问曰，第十摄‘後’字读係去声，立母乃在上声为何？”“答曰，上，古声也。韵书从古，故以之立母。”（《译引首谱·三韵兑敓问答》第九十四页 b）这说明了《耳目资》表现的语音系统本来就有古今杂糅的性质。《耳目资》本身表明它遵照“音韵之书”。实际上《耳目资》的编纂工作借助于先行韵书，以《正韵》为主，以《小补》

① 四库全书本、万历重刊本有圆圈隔开“憾感琀含唅”5字和“暗闇晻菴”4字。

为副。个别字音未必反映当时的实际语音。

《耳目资》中，中古全浊上声字仍旧留在上声，声母已经都清化。例如：

例 51　“（社”：xe3（2-5b）。

例 52　“很”[①]：hen3（12-61b）。

例 53　“輔腐鬴釜滏秿”：fu3（5-29a）。

例 54　“（像（象潒（橡樣（潒（襐（蟓（嶑”：siam3（32-114a）。

“潒”、“樣”2 字《正韵》、《增韵》、《广韵》未收，《集韵》则收，收在养韵“象”小韵中。《小补》养韵“象”小韵下注云：“象 似两切。……《集韵》古作潒。”此小韵中收有“樣”字，注云：“《集韵》或作橡。……通作象。”“潒”、“樣”2 字《耳目资》应是从《小补》中抄录的《集韵》所载的字。

例 55　“（受”：xeu3（10-54b）、xieu3（33-117b）。

例 56　“杏荇莕”：him3（17-79b）。

例 57　“（項（缿”：hiam3（32-114b）。

例 58　“（件”：kien3（34-121a）。

例 59　“（稻”：tao3（7-40a）。

例 60　“（丈忮”：cham3（8-44a）。

其实中古全浊上声字大部分在《耳目资》中上声、去声两收。由此可以推断，实际上中古全浊上声字在《耳目资》所依据的音系中，声母清化，读作去声。[②]

例 61　“（道”：tao3（7-40a）/tao4（7-41a）。

例 62　“杖仗”：cham3（8-44a）/cham4（8-45a）。

例 63　“上”：xam3（8-44b）/xam4（8-45b）。

例 64　“（在”：çai3（6-35b）/çai4（6-36a）。

例 65　“斷”：tuon3（49-151a）/tuon4（49-152a）。

例 66　“授壽綬”：xeu3（10-54b）、xieu3（33-117a）/xeu4（10-55b）、xieu4（33-117b）。

例 67　“（動（洞（絧（詷”：tum3（26-100a）/tum4（26-101a）。

例 68　“厚垕后後郈”：heu3（10-54b）/heu4（10-55b）。

例 69　“（弟（悌（娣（遞（逓”：ti3（8-13b）/ti4（8-15b）。

例 70　“父”：fu3（5-29a）/fu4（5-31b）。

---

① 此字应该标以半圈。全浊上声字都应该标以半圈，但遗漏不少。以下不一一指出。《耳目资》标记半圈工作十分草率。

② 《耳目资》将中古全浊上声字仍旧列在上声。本文将这种上声读音当作历时变体对待。

例 71 “(婦(負(偩(蓔”：fu3(5-29a)、feu3(10-54b)/fu4(5-31b)。

例 72 “(視(眎(眡(是(市(恃(士(仕(柹”：xi3(3-14a)/xi4(3-16b)。

《耳目资》将全浊上声字留在上声，其中哪些字应放入去声，则依据《正韵》(七十六韵本)而定。[①]《正韵》只有上声一读，那么《耳目资》也只收上声一读。例如，“社”字在《正韵》中属者韵，作“常者切”。“很”字《正韵》收在轸韵，作“下懇切”。“輔腐鬴釜滏䞯”6字《正韵》收入姥韵“扶古切”小韵。例 54 中的 9 字當中，“像象橡潒襐蟓嵣”7 字收于《正韵》。这 7 字在《正韵》中属养韵“象 似亮切”小韵。[②]

《正韵》上、去两收，那么《耳目资》也就如此。例如，“道”字《正韵》收入巧韵，作“杜皓切”，又收入效韵“導 杜到切”小韵。[③]“杖仗”2字《正韵》收入养韵“丈 呈两切”小韵，又收入漾韵“仗 直亮切”小韵。[④]“上”字《正韵》收入养韵作一个小韵“是掌切”，又收入漾韵“尚 时亮切”小韵。“在”字《正韵》收入解韵作一个小韵“盡亥切”，又收入泰韵作一个小韵“昨代切”。“斷”字《正韵》收入旱韵，作一个小韵“徒管切”，又收入“段 杜玩切”小韵。“父”字《正韵》收入“辅 扶古切”小韵，又收入暮韵“附 防父切”小韵。“婦負偩蓔”4字，在《正韵》中，有韵“阜 房缶切”小韵和暮韵“附 防父切”小韵重出。《耳目资》读作 feu3、fu4，与《正韵》音切相符。fu4 一音应是浊上变去后的读音。“阜”是该小韵首字，却未与“婦負偩蓔”4字同步变化，对音理上来说，值得怀疑。案这是由于遵照《正韵》所致。“阜”字《正韵》只收上声一读。其实此小韵《正韵》全盘抄袭《增韵》，只是改变了小韵首字。《增韵》和《正韵》(七十六韵本)该小韵字摘录如下。对每字两行小注都从略：“〇婦房缶切又遇韵負又遇韵阜蓔又遇韵偩又遇韵”(《增韵》有韵)；“〇[⑤]

① 太田斎(1997b：71)已经指出这一见解。

② “蟓”1字《正韵》又收入去声“餉 式亮切”小韵，属书母。这不是全浊上声字改读去声的。“蟓”字《广韵》以来有二音。《耳目资》xam4音节中收“蟓”字，是以《正韵》为依据。

③ “道”和“稻”(见例59)2字中古同音，属晧韵定母。在《正韵》巧韵中列一小韵。“稻”字《耳目资》只有上声一读，“道”字则有上、去两读。原来“稻”字在《正韵》中只见于巧韵。“道”字则在效韵重出。

④ “杖仗”和“丈”(见例60)3字(“丈”是“丈”的俗字)中古同音，属养韵澄母。在《正韵》养韵中也列一小韵。“丈”1字《耳目资》只收上声一读，“杖仗”2字则有上、去两读。果然“丈”1字《正韵》只见于养韵。“杖仗”2字则养韵、漾韵重出。

⑤ 四库全书本漏掉圆圈，当补。

阜房缶切婦又暮韵負又暮韵萯又遇韵偩又暮韵（《正韵》有韵）”。fu3 一音的依据在《正韵》中找不到，待考。“氏媞”2 字与“是”字中古同音，属纸韵禅母。这 2 字《正韵》归入纸韵“市”小韵，《耳目资》收在 xi3 音节中，并在字上面标以半圈。但这 2 字不见于 xi4 中，原来《正韵》在去声中未收这 2 字。其实这并不无例外。例如“似俟”2 字，《正韵》上、去两收：纸韵“似 详子切”小韵和寘韵“笥 相吏切”小韵。《耳目资》则收上声一读：sů(5-30a)，漏收去声读音。这大概是由于疏忽所致。

以上只是列举了一些异读现象加以初步的考察。内容虽不全面、不系统，但从中可以看出《耳目资》所依据的语音系统与《正韵》有一定的内在联系。《耳目资》编纂工作确实受到《正韵》的极大影响。《小补》对《耳目资》的取字、取音工作起到了积极作用。《耳目资・列边正谱》是索引，收入了《耳目资・列边韵谱》中所有的字及其读音。字下面还注明该字在《正韵》和《小补》中的卷数、页数，以便检索。这是《耳目资》参照《正韵》和《小补》进行编纂工作的确凿的证据。《耳目资》为何注重这二书？“盖《洪武正韵》者，天下通用之书也。《韵会小补》者，译[①]义较诸家独详。旅人宝之，以发我蒙。但其表以《小补》，谦也。余尝谓其书称为《大全》可矣。”（《耳目资・译引首谱・列边正谱问答》第一百二页 a）

五、结语

《耳目资》收录大量的异读音有几种原因：一是收录了共时变体，二是收录了历时变体，三是由于编写工作中的疏忽所致。《耳目资》成书的环境比较复杂。同时不难发现《耳目资》虽然收录了如此多异读字，但其读音均不超出一个语音系统的范围内。就是说，《耳目资》中的异读音要么是共时或历时语言现象，要么是由于《耳目资》所依据的韵书材料所致，它们都在一个语音系统的范围内。这一事实不可否认。

服部四郎（1946）说：“《耳目资》是拿当时的北方音来对《正韵》加以解释而成的。”太田斋（1997a：149）说：“看来《耳目资》先给《正韵》中的字一个个加以音注，然后把它们拆散，编制了相当于发音字典的《耳目资・列边正谱》。……《列边正谱》的（冷僻的）又音中相当多的部分是源自《正韵》

① “译”字疑为“释”字之讹。丁锋（2010a：198）已有指出。

的。因此，反映在这些字音中的音韵体系即使是以实际方言音或规范音为依据的,《列边正谱》所载的字音也未必全都是当时的口语音。”[①]丁锋(2010a:197)指出：“《耳目资》音系收字的另一个很大的独特性，是有一批小韵重出在不同的音韵位置，集中反映了《耳目资》既顾及旧音又重视时音，既保守又革新，兼收并蓄的两面性。”笔者对前贤得出的这些观点表示赞同。本文仅是从不同的角度，用较多的材料来探讨《耳目资》音系上的一些问题而已。

通过以上讨论，我们看到《耳目资》的音系与《正韵》音系有密切联系。辻本春彦（1957：56、73）对《正韵》做了一番研究，发表重要的见解：“《正韵》不仅其注释而且其记述体例、记载的顺序也基本上如实地承袭《增韵》”；“《正韵》不过是根据当时的实际汉字音（中原雅音）改变《增韵》而形成的。”[②] 如果是这样，《耳目资》音系的研究就应该与《正韵》、“中原雅音”结合起来进行才能得出正确的认识。叶宝奎（2001、2017）对《耳目资》音系与《正韵》以及其他明清时期的语音材料广泛进行了对比研究，取得了很大成就。岩田宪幸（2015）把元周德清《中原音韵》和《耳目资》的两个音系相比较，主张两书音系的音韵框架、音韵格局基本相同，两书表现的语音系统可以说是一个系统的。这不是说二者是以同一个实际方言为依据的。仔细查看，两书音系中的声韵调组合情况互不一致。笔者认为《中原音韵》仍保留入声。同时认为《中原音韵》和《耳目资》的入声系统不是一脉相承的。这就是说，《中原音韵》和《耳目资》在音系上既有联系又有区别。两书代表的音系之间没有直接的传承关系。

《耳目资》一书是为了供传教士学习汉语而编纂的一部实用著作，肯定是以实际语音系统为依据的。从整体上看《耳目资》所反映的确实是一个完整的音系。但其音系内部较为复杂。它并不是单一纯净的，而是古今杂糅、顾及变体的语音系统。个别字不一定全都反映实际语音，甚至有些字音是错误的。我们必须首先考虑《耳目资》的这种记音性质，不要只凭实际方言来讨论《耳目资》音系问题，以免陷入困境。

① 原文是日文。由引用者译为中文。太田斋（1997b：69）中也有同样宗旨的记述。太田斋（1997b、c）已列举了不少实例来论证《耳目资》的编纂工作是在《正韵》的深切影响之下进行的。文章还举出具体的例子来证明《耳目资》不仅接受了《正韵》，而且接受了《韵会小补》、《增韵》的影响。其实《耳目资》中存在着的一些问题，只根据上述三种韵书是解释不了的。因此他推测可能有“第四文献”参与《耳目资》的编纂过程，见太田斋（1997c：50）。此事待考。

② 原文是日文。由引用者译为中文。

《耳目资》是一部内容庞大的音韵资料巨著，仍有许多有待调查的空间。对此书从多方面进行考察是一项巨大的工程。随着研究的进展本文的观点会进一步得到改进和提升。

参考文献

丁锋.解剖《西儒耳目资》：移植《洪武正韵》小韵与重构[M]//如斯斋汉语史丛稿.贵阳：贵州大学出版社，2010a：192−214.（原载《民俗典籍文字研究》第6辑，北京：商务印书馆，2010.）

丁锋.《西儒耳目资》重出小韵反映的明末语音状况[M]//如斯斋汉语史丛稿.贵阳：贵州大学出版社，2010b：215−225.（原载《历史语言学研究》第3辑，北京：商务印书馆，2010.）

服部四郎.元朝秘史の蒙古语を表はす汉字音の研究[M].东京：文求堂，1946.

郭书林.《西儒耳目资》异读研究[J].北京语言大学硕士研究生学位论文，2006.

李新魁.《中原音韵》音系研究[M].郑州：中州书画社，1983.

罗常培.耶稣会士在音韵学上的贡献[M]//国立中央研究院历史语言研究所集刊第一本第三分，1930：267−338.

宁继福.中原音韵表稿[M].长春：吉林文史出版社，1985.

宁忌浮.洪武正韵研究[M].上海：上海辞书出版社，2003.

太田斋.汉语方言の常用语汇に见られる例外的对应形式について——‘明’の场合[M]//开篇 vol. 15，东京：好文出版，1997a：114−149.

太田斋.《西儒耳目资》编纂过程推测の手がかり[M]//神戸外大论丛，第48卷第2号，神戸市外国语大学研究会，1997b：61−72.

太田斋.《西儒耳目资》编纂过程推测の手がかり（続）[M]//神戸外大论丛，第48卷第5号，神戸市外国语大学研究会，1997c：41−51.

辻本春彦.《洪武正韵》反切用字考——切上字について——[M]//东方学，13，东京：东方学会，1957：50−74.

岩田宪幸.从清代官话资料看它们所反映的音系问题[M]//第十二届国际暨第二十九届全国声韵学研讨会论文集.台湾声韵学学会等，2011：1−24.

岩田宪幸.《西儒耳目资》音节总表[M]//语言之旅——竺家宁先生七秩寿庆论文集.台北：五南图书出版，2015：293−298.

叶宝奎.明清官话音系[M].厦门：厦门大学出版社，2001.

叶宝奎.近代汉语语音研究——叶宝奎自选集[M].厦门：厦门大学出版社，2017.

张维佳、郭书林.《西儒耳目资》的异读[M]// 张渭毅.汉声——汉语音韵学的继承与创新（上）.北京：中国文史出版社，2011：386-397.

张渭毅.论《集韵》流布久不显于世的原因[M]// 中国典籍与文化，2017（4）（总第103期）.南京：凤凰出版社，2017：22-33.

《西儒耳目资》音节总表

	ù				ul				i				u				ụ				iụ			
	清	濁	上	去	清	濁	上	去	清	濁	上	去	清	濁	上	去	清	濁	上	去	清	濁	上	去
p									碑		彼	避	逋		補	布								
‘p									披	皮	庀	譬	鋪	酺	普	鋪								
m										糜	米	寐		模	母	暮								
f									非	肥	斐	費	夫	符	甫	附								
v										微	尾	未		無	武	務								
t									隄		底	地	都		覩	度								
‘t									梯	題	體	替	涂	徒	土	吐								
n										泥	你	詣		奴	努	怒						衂	女	女
l										離	里	詈		盧	魯	路						閭	旅	慮
ç	貲		紫	恣					齎		泲	祭	租		阻	胙					疽		沮	聚
‘ç	雌	疵	此	刺					妻	齊	緀	砌	麤	[illegible]	楚	措					趨	徐	取	娶
s	私	詞	死	泗					西		徙	細	蘇		數	訴					須	徐	胥	絮
ch									知		止	致			詛	助	諸		主	著				
‘ch									鴟	馳	耻	埴	初	鋤	楚	儊	樗	除	杵	處				
x									詩	時	矢	侍					書	殊	暑	恕				
j																		儒	汝	茹				
k									機		己	記	孤		古	顧					居		舉	據
‘k									欺	奇	起	企	枯		苦	庫					墟	渠	齲	去
g														吾	伍	誤								
h									羲	奚	喜	戲	呼	胡	虎	互					虛		許	噓
ø						而	爾	二	漪	移	倚	易	烏	吾	五	誤					於	魚	語	御
	支思								支思、齊微				魚模											

	a				ia				ua				oa			
	清	濁	上	去	清	濁	上	去	清	濁	上	去	清	濁	上	去
p	巴		把	霸												
‘p	葩	琶		帊												
m		麻	馬	禡												
f																
v																
t			打	大												
‘t	他															
n		拏	拿	那												
l																
ç	嗟															
‘ç																
s																
ch	楂		鮓	詐					髽							
‘ch	差	茶	槎	詫												
x	沙		灑	嗄											耍	
j																
k					家		賈	駕	瓜		寡	卦				
‘k					伽			髂	誇		骻	胯				
g																
h					鰕	霞	閜	下					花	華	踝	化
ø					丫	衙	雅	亞	蛙		瓦	[illegible]				
	家麻															

	e				ie				iue				o				uo			
	清	濁	上	去	清	濁	上	去	清	濁	上	去	清	濁	上	去	清	濁	上	去
p													波		播	簸				
‘p													坡	婆	頗	破				
m														摩	麼	磨				
f																伏				
v																				
t					爹								多		朵	憻				
‘t													佗	駝	垛	拖				
n														儺	娜	柰				
l														羅	邏	摞				
ç					罝		姐	借							左	佐				
‘ç							且	趄					磋	痤	瑳	挫				
s					些	斜	寫	謝					梭		鎖	娑				
ch	遮		者	蔗																
‘ch	車		撦																	
x	奢	蛇	捨	舍																
j			若																	
k													歌		哿	個	戈		果	過
‘k						茄				茄			軻		可	課	科		顆	課
g														莪	我	餓				
h									鞾				訶	荷	火	賀		禾	火	貨
ø						邪	野	夜					阿		婯		渦		婐	涴
	車遮												歌戈							

	ai				iai				uai				oai				uei				oei				ui			
	清	濁	上	去	清	濁	上	去	清	濁	上	去	清	濁	上	去	清	濁	上	去	清	濁	上	去	清	濁	上	去
p			擺	拜																	悲		琲	貝				
‘p		牌		派																	邳	裴	伾	霈				
m		埋	買	賣																		眉	美	昧		眉	美	昧
f																												
v				外																								
t			逮	帶																					堆		隊	兌
‘t	台	臺		泰																					推	魋	腿	娧
n		能	乃	耐																						挼	餒	內
l		來		賴																						雷	累	類
ç	栽		宰	在																					嗺		觜	醉
‘ç	猜	才	采	蔡																					催	摧	綷	翠
s	顋			賽																					雖	隨	髓	遂
ch	齋		豸	債																					追		捶	惴
‘ch	釵	柴	茝	瘥																					吹	垂	揣	喙
x	篩		灑	曬									衰												榱	誰	水	睡
j																										緌	蘂	銳
k	該		改	蓋	街		解	介	媧		枴	怪					歸		鬼	媿								
‘k	開		愷	概	揩		楷	鍇	咼			快					恢	葵	跬	鐀								
g	哀	皚	靄	愛																	痿	為	偉	偽				
h	咍	孩	海	害		鞵	駭	邂						懷	夥	壞					麾	回	悔	諱				
ø					挨	厓	矮	隘	蛙			外					痿	為	委	餧						微	尾	未
	皆來																齊微											

	ao				iao				eao				eu				ieu			
	清	濁	上	去	清	濁	上	去	清	濁	上	去	清	濁	上	去	清	濁	上	去
p	包		飽	豹	標		表	票					褒		掊		彪			
‘p	胞	跑		砲	翲	瓢	剽	摽					秠	裒	瓿					
m		茅	卯	貌		苗	眇	妙						謀	畝	茂		繆		謬
f														浮	否	覆				
v																				
t	刀		禱	道	貂		蔦	弔					兜		斗	豆	丟			
‘t	叨	陶	討	韜	挑	條	窕	跳					偷	頭	黈	透				
n		撓	腦	鬧			鳥	溺						獳	穀	耨		生	紐	糅
l		勞	老	澇						聊	了	料		婁	塿	陋		留	柳	溜
ç	遭		早	漕	焦		巢	譙					鄒		走	奏	啾		酒	僦
‘ç	操	曹	草	造	鍬	樵	悄	峭					篘	愁	嗾	湊	秋	酋		
s	騷		嫂	瘙	蕭		小	肖					摻		溲	漱	脩	囚	滫	袖
ch	招		昭	照									周		肘	晝				
‘ch	超	朝	炒	鈔									抽	酬	丑	臭				
x	燒	韶	少	邵	梢		稍	哨					收		首	狩	收		首	獸
j		饒	擾											柔	蹂	輮				
k	高		縞	誥	交		皎	叫					勾		苟	彀	鳩		九	救
‘k	尻		考	犒	趫	喬	巧	竅					摳		口	寇	丘	求	糗	糗
g	鏖	熬	襖	奧									歐	腢	嘔	漚				
h	蒿	豪	好	號	哮	爻	曉	效					痀	侯	厚	後	休		朽	齅
ø					幺	堯	杳	窔									憂	尤	有	宥
	蕭豪												尤侯							

	an				ien				uan				oan				iuen				uon			
	清	濁	上	去	清	濁	上	去	清	濁	上	去	清	濁	上	去	清	濁	上	去	清	濁	上	去
p	班		版	瓣	邊		匾	變													般		鉼	半
‘p	攀		昄	盼	偏	便	鶣	片													潘	盤		判
m		蠻	矕	慢		眠	免	面														漫	滿	幔
f	番	煩	反	飯																				
v			晚	萬																				
t	丹		亶	旦	顛		典	電													端		短	段
‘t	灘	壇	坦	炭	天	田	腆	忝													湍	團		彖
n		南	赧	難		年	姩	彥														渜	煖	愞
l		闌	嬾	濫		連	輦	練										孿	欒	戀		鸞	卵	亂
ç	簪		昝	贊	箋		翦	荐									鐫		雋		鑽		纂	鑽
‘ç	餐	殘	慘	粲	千	前	淺	倩									銓	全		縓	攛	攢		竄
s	三		散	傘	先	涎	銑	霰									瑄	旋	選	選	酸		算	筭
ch	詀		棧	湛	氈		展	戰																
‘ch	欃	讒	產	鏟	燀	蟬	諂	繟																
x	山		汕	訕	羶	單	閃	善					櫰											
j																								
k	干		稈	幹	堅		柬	見	關			慣					鵑		狷	倦	官		管	貫
‘k	刊		坎	看	汧	乾	遣	牽		瘸							卷	權	犬	勸	寬		窾	
g	安	齴	闇	按																				
h	憨	寒	旱	翰	軒	閒	憲	獻						還	緩	環	暄	玄	泫	炫	歡	桓	緩	換
ø					殷	顏	眼	堰	彎	頑	綰	腕					冤	元	阮	願	剜	刓	盌	腕
	寒山、監咸				先天、寒山、監咸、廉纖				寒山								先天				桓歡、寒山			

“瘸”字《正韵》作巨靴切，《小补》作巨韡切，又求伽切。此字读作‘kuan浊平，存疑。

	en				in				uen				oen				un				iun			
	清	濁	上	去	清	濁	上	去	清	濁	上	去	清	濁	上	去	清	濁	上	去	清	濁	上	去
p					賓		稟	擯	奔		本	坌												
‘p					繽	頻	品		歕	盆		噴												
m						民	敏			門		悶												
f									分	氛	粉	糞												
v		文	吻	問																				
t																	敦		盾	頓				
‘t																	暾	屯	疃	飩				
n						紉		賃												嫩				
l						鄰	廩	吝										淪		論		淪		論
ç	臻			譖	津		儘	燼									尊		撙	鱒				
‘ç	琛	岑	齔	櫬	親	秦	寢	沁									村	存	忖	寸	逡			俊
s	森		槮	滲	辛	尋		信									孫		損	巽	荀	巡	筍	峻
ch	氈		展	戰	眞		軫	震	專		轉	饌					諄		準	稕				
‘ch	袩	禪	闡	沾	嗔	陳	辴	趁	穿	船	舛	釧					椿	脣	蠢					
x	扇	蟾	閃	善	申	辰	沈	慎										純	盾	瞬				
j		然	染	染		人	忍	刃		瞑	阮	愞						瞤	蠕	潤				
k	根			艮	巾		緊	僅	昆		袞	棍									鈞		窘	郡
‘k			懇		欽	勤		菣	坤		梱	困									囷	羣	稛	
g	恩																							
h		痕	很	恨	欣	礥		釁					昏	魂	混	惛					薰			訓
ø					因	寅	引	憖	溫		穩	醞									氳	筠	隕	運
	真文、侵尋、先天、廉纖				真文、侵尋				真文、先天、寒山				真文											

	am				iam				eam				uam				oam			
	清	濁	上	去	清	濁	上	去	清	濁	上	去	清	濁	上	去	清	濁	上	去
p	邦		榜	謗																
‘p	滂	龐		胖																
m		忙	莽	漭																
f	方	房	紡	訪																
v	汪	忘	罔	妄																
t	當		党	儅																
‘t	湯	唐	儻	盪																
n		囊	曩	儾		娘		釀												
l		郎	朗	浪						良	兩	量								
ç	臧		奘	葬	將		槳	匠												
‘ç	倉	藏	蒼		搶	詳	磢	蹌												
s	桑		顙	喪	襄	祥	想	相												
ch	章		掌	帳									椿		奘	惷	莊		奘	壯
‘ch	昌	常	敞	暢									鏦	牀	磢	[illegible]	窻	撞	搶	創
x	商	嘗	賞	餉									霜		㦼	淙	雙		爽	戧
j		穰	壤	讓																
k	岡		䀍	杠	江		講	絳					光		廣	誑				
‘k	康		慷	抗	羌	強	彊						筐	狂	俇	曠				
g		昂	盎	坱																
h		行	頏	吭	香	降	響	向									荒	黃	恍	況
ø					央	陽	養	漾					汪	王	往	王				
	江陽																			

	em				im				um				uem				ium			
	清	濁	上	去	清	濁	上	去	清	濁	上	去	清	濁	上	去	清	濁	上	去
p	崩		鼜	塴	兵		丙	病			琫									
‘p	烹	彭	捧		砰	平	頩	聘		蓬										
m		萌	猛	孟		明	皿	命		蒙	蠓	夢								
f									風	馮	奉	縫								
v																				
t	登		等	嶝	釘		頂	定	東		董	凍								
‘t		騰		鐙	聽	庭	挺	聽	通	同	統	痛								
n		儜				寧	濘	寧		農	癑	齈								
l		棱	冷	稜		令	領	另		龍	籠	弄								
ç	曾			增	精		井	淨	宗		總	綜								
‘ç	崢	層		鄫	清	情	請	倩	葱	從		謥								
s	生		省	胜	惺	餳	省	性	嵩		聳	送								
ch	爭			偵	貞		整	正	中		種	仲								
‘ch	橕	棖		瞠	稱	成	逞	遉	冲	蟲	寵	惷								
x					升	繩		勝	舂	慵	瘇									
j		仍		扔						戎	冗									
k	更		梗	賡	京		境	敬	弓		拱	貢	肱		礦		扃		囧	
‘k	阬		肯		卿	檠	謦	慶	空		孔	控	鞃				穹	窮	頃	誇
g				硬																
h	亨	衡		諱	馨	形	悻	行	烘	紅	澒	橫					胸	雄	詾	哅
ø					英	迎	影	映	翁		蓊	甕					邕	融	擁	用
	東鍾、庚青				庚青				東鍾、庚青											

“琫”字原作石字旁，不见于诸书，当误。查《耳目资·列边正谱》，收有“琫”字，音pum上声，今从之。

	u̇	u	ụ	iụ	a	ia	ua	oa	e	ie	ue	oe	iue	o	io	uo	ė	iė	ȯ	iȯ	uȯ
	入	入	入	入	入	入	入	入	入	入	入	入	入	入	入	入	入	入	入	入	入
p					八				白	鼈				剝				必	不		
‘p					汃				拍	撆				潑				匹	僕		
m					帓				陌	滅				抹				蜜	木		
f					法							佛		縛					福		
v					韈							物							物		
t					達				德	絰				奪				的	篤		
‘t					闥				忒	鐵				脫				逖	秃		
n					納				溺	錅				諾	虐			逆	訥		
l				律	蠟				勒	列			劣	落	略			慄	祿		
ç		崒			雜				宅	櫛			絕	昨	爵			疾	族		
‘ç		焌		焌	擦				柵	切				錯	鵲			七	蔟		
s	率		恤	恤	撒				塞	屑			雪	索	削			悉	速		
ch			朮		札				哲		拙			汋			質		竹		
‘ch			黜		察				徹		啜			綽			尺		蓄		
x			術		殺			刷	舌		說			杓			實		塾		
j			入						熱		蓺			弱			日		肉		
k				茁		甲	刮		格	訐	國		厥	葛	脚	郭		吉	谷	菊	國
‘k				屈		恰			客	挈			闕	渴	殼	闊		乞	哭	曲	
g									厄					諤		兀					
h				殈		瞎		猾	赫	協		韄	血	曷	學	活		翕	忽	畜	縠
ø				鷸		軋	嗗			咽			月	遏	嶽	斡		一		育	屋

中古质韵生母“率”等字列入sù音节，存疑。

中古术韵心母“恤”等字列入sụ音节，存疑。

关于近代汉语共同语问题的再思考

辽宁师范大学文学院　杨春宇

2018年夏，中央民族大学的娄育兄发来邀请函，嘱予在其策划的《叶宝奎先生七秩寿庆论文集》中发表点什么。本人与叶先生的交往要追溯至2003年我在日本北九州市立大学师从佐藤昭先生攻读博士期间。由于当时我选择了“清代汉语”作为博士论文选题，叶先生的大作《明清官话音系》则是我留日完成博论期间必备的参考书之一，回想当初反复研读，亦曾体验韦编三绝之境。叶先生在其专著中对近代汉语的标准音、近代汉语共同语等重大问题，既有宏观的讨论、探索，又有微观问题的深入考察，其观点深深地影响与支撑了本人博士论文《社会语言学视角下的清代汉语与其他言语的对音研究——以日本近世唐音资料、满语资料、罗马字资料为中心》中对一些相关问题的思考，因对叶先生的学恩感铭之至，博论完成后，特将对叶先生的感激之情写入了本人博论的后记中。回国后，博论得以出版。2012年8月适逢在厦门大学召开“中国音韵学暨黄典诚学术思想国际学术研讨会、中国音韵学研究会第十七届学术讨论会暨汉语音韵学第十二届国际学术研讨会”之际，本人有幸拜见了叶宝奎教授，并赠呈拙著请先生指教，亦针对《官话类编》等明清传教士音韵资料进行了初步的交流。2015年又得先生惠赠其《语言学概论》精品教材，对于小生从事《语言学概论》教学工作启发帮助至深。可见先生关心后学成长，奖掖后进之良苦用心。今逢先生七十周年纪念文集出版之际，特叙此记念，并提交拙文以求教于先生与各位方家。

汉语标准语经历了由雅言到凡语、通语，再到官话、国语、普通话的历史嬗变。近代汉语起迄时间，亦众说纷纭，关键要看其判断的标准。我们依据语音标准，认为从魏晋南北朝到老国音，在普通话产生确定之前，都是近代汉语研究的范畴。根据叶宝奎先生《明清官话音系》研究的成果，近代汉语因其发展漫长，易代频繁，缺乏现代汉民族共同语生成基础，即近代汉语未能满足确立标准音、基础方言、语法规范等问题，故近代汉语共同语未能形成。但是从陆法言、颜之推等长安论韵即意识到因南北是非，古今通塞，得天地之正气者，唯金陵与洛下。实际上，概而言之，洛阳音、长安音、杭州音、南京音、北京音都曾因是中央天子的首都，而被认为是中华正音。在日本近世的《唐话纂要》等资料中，更是认定南京话是当时中华十三省的正音标准。笔者亦隐约记得，在复旦大学语言学暑期高级研讨班上，麦耘先生曾言及近代汉语准标准语的问题。近代汉语是否存在共同语，似有进一步探讨的余地。

一、近代汉语有无标准音?

现代汉民族共同语即普通话，是以北京音为标准音的。而近代汉语的标准音，实际为知识分子的传统的读书音。历代易姓革命后，天子们要笼络天下英才，效忠朝廷，因此首先要规划的是“书同文”的官方韵书。这样，《切韵》、《广韵》、《礼部韵略》、《洪武正韵》、《音韵阐微》等音系便成为知识分子参加科考的正音依据和标准。这种标准虽然也存在历时的动态变化，但是基本说来，其在历代传承中保持了相对的稳定。这便形成了书面语的官方标准。而在口语中，虽说洛阳音、长安音、南京音、北京音等分别一度被标榜为民心所向的正音标准，但是由于没有今天这样法律所强制的推普工作与保障，所以并未得到强有力的实施。洛阳音、长安音、南京音、北京音等虽得到人们理念上的模糊认同，却无法从实际上得以确立，与科举考试的正音系统的传统读书音规范相比，口语层面的共同语实用性并未彰显。据日本学者平田昌司研究，最早的类似今天的“推普工作”要到清代雍正朝在闽粤地区设置正音书院才开始。近代传教士习得汉语，经历了由海路到内陆的过程，南音、北音，在不同阶段曾是他们认同的标准语。从这种意义上，南京音与清代中后期的北京音，当之无愧。

实际上，从魏晋南北朝衣冠南渡，晋室南迁肇始，中原雅音已然分流为南音、北音；这种分化一直延续到明万历迁都至北京，方结束了南音北音长期分治的局面，最终促成了南京音、北京音、中原音、东北音的汇流与消长。读音统一会的国音京音之争，乃至老国音退出历史舞台，最终成就了口语层面的北京音作为标准音的法定地位。实际上直到1958年《汉语拼音方案》颁布实施，口语标准音得以用《汉语拼音方案》准确描写，才标志着现代汉语共同语的最终诞生。

二、近代汉语的基础方言问题

若想成就近代汉语共同语还须具备基础方言。近代汉语发展历程中，吴语、湘语、粤语、客赣方言或都曾拓展区域分布，然而又都未成为基础方言。洛阳话、长安话、杭州话、南京话、北京话都是以北方话为其基础方言。就连发展较充分、通行中华十三省被认同为正音的南京话，亦蜕却了江淮地区吴语的底层而汇入北方话的格局。这是汉语史上河洛方言南渡到金陵后的必然结果。北方方言分布地域最广、使用人口最多，几乎纵横大半个中国，覆盖了汉族居住区的四分之三，使用人口约占汉民族总人口的70%以上。基础方言除地域分布的特点外，还需要有一般、基本词汇作为区域内使用者交际语言底层的认同与保障。

三、近代汉语的语法标准

现代汉语是以典范的现代白话文著作为语法规范的。中国近代小说发展史上的唐宋传奇、话本、拟话本、神魔志怪、历史演义、英雄传奇、才子佳人、讽刺等历史白话小说，诸如三言二拍、《金瓶梅》、《红楼梦》、《西游记》、《三国演义》、《忠义水浒传》、《儒林外史》等文本，已经蕴含了现代白话文语法的许多用法，但是如“介绍”、“绍介”等一样，一些语序仍未固定，中国历史语言学缺乏语法规范发展的自觉，只有《马氏文通》、现代白话文运动之后，西方的语法标准方影响到汉语语法体系的建构。因而近代汉语的一些语法仍在动态发展变化之中，说是白话文运动的典范，还缺乏参照，为时过早。

综上，叶宝奎先生《明清官话音系》研究中，对于这些近代汉语的标准音及基础方言问题均有较为深入的分析阐释，被奉为近代汉语桔槔似的正音——南京话虽然在某种程度上具备了准共同语的认同，但是距离共同语的标准仍有一步之遥。这些精湛的分析阐释，我们认为是符合近代汉语的客观实际的，所以至今给我们留下了深刻的影响和启迪。以上的阐释，权作为再思考，以求教于叶先生和各位方家。

参考文献

李新魁．论近代汉语共同语的标准音 [J]. 语文研究，1990（1）.
黎新第．近代汉语共同语语音的构成、演进与量化分析 [J]. 语言研究，1995（2）.
杨福绵．罗明坚、利玛窦《葡汉辞典》所记录的明代官话 [J]. 中国语言学报，1995(5).
鲁国尧．明代官话及其基础音系问题——读《利玛窦中国札记》[J]. 南京大学学报，1985（4）.
平田昌司．清代鸿胪寺正音考 [J]. 中国语文，2000（6）.
叶宝奎．明清官话音系 [M]. 厦门：厦门大学出版社，2001.
张玉来，高龙奎，耿军，孙志波．历史书面文献音系“存雅求正”的性质与汉语语音史研究 [J]. 语言研究，2016（3）.
娄育，叶宝奎．近代汉语共同语标准音的演进线索——以元代等韵文献《切韵指南》的音系探讨为基础 [J]. 文化学刊，2018（5）.
杨春宇．社会语言学视角下的清代汉语与其他言语的对音研究——以日本近世唐音资料、满语资料、罗马字资料为中心 [M]. 大连：辽宁师范大学出版社，2007.

《汉俄合璧韵编》中所见的19世纪汉语语音

日本　熊本学园大学　石汝杰

本文讨论巴拉第等编的《汉俄合璧韵编》中的汉字读音问题，由此观察19世纪末汉语的音系，列出声母表、韵母表，并讨论其中观察到的一些语音现象，如入声字的读音等。最后就一些相关的问题作出简要的评论。

一、词典的背景和体例

《汉俄合璧韵编》（Китайско-русскій словарь）是19世纪末（1888年）在北京出版的大型汉俄词典，编写者是俄国人巴拉第和栢百福（即波波夫），这是俄罗斯汉学史上一本很重要的著作。从中，我们能窥见那个时代人们（尤其是外国人）对汉语标准语的认识及当时汉语的面貌。

最初，我调查了日本九州大学附属图书馆收藏的版本，其图书编号分别为003232000098205、003232000098232。此后，在网络上找到了这一著作的PDF扫描件，见于https://archive.org/details/11888。那里的记述是：

英文：Volume one of two of this life long work of Archimandrite Pallady (in the world - Peter Ivanovich Kafarov), the “Chinese-Russian Dictionary”. The dictionary was finished by another member of the Spiritual Mission in China, P. S. Popov, and first published in Beijing in 1888.

俄文：Китайско-русский словарь, составленный бывшим начальником Пекинской духовной миссии архимандритом Палладием и старшим драгоманом Императорской дипломатической миссии в Пекине П.С. Поповым, Пекин, 1888.

中文：《汉俄合璧韵编》掌院修士巴第遗篇，1888年，北京同文馆，第一卷。

掌院修士巴　第遺編
象胥上士栢百福補譯
素餐埜人李壽軒
金臺業儒甄雲甫　參校

漢俄合璧韻編

降生一千八佰八十八年
光緒十四年歲次戊子

北京同文館排印

КИТАЙСКО-РУССКІЙ

СЛОВАРЬ,

составленный
бывшимъ начальникомъ Пекинской духовной миссіи
архимандритомъ Палладіемъ
и
старшимъ драгоманомъ Императорской дипломатической
миссіи въ Пекинѣ
П. С. ПОПОВЫМЪ.

ПЕКИНЪ.
Типографія Тунь-Вынь-Гуань.
1888

此书很大，24 cm×30 cm，两册。上册第一面为插页，是第一作者巴拉第的画像，下方有其签字。画像为20 cm×26.5 cm。内封的左右两面分别为中文和俄文。左页中文，从右到左分别为：（1）掌院修士巴□第遗编 / 象胥上士栢百福（即波波夫）补译 / 素餐埜人李寿轩、金台业儒甄云甫参校；（2）中间大字“汉俄合璧韵编”；（3）左边为：降生一千八佰八十八年 / 光绪十四年岁次戊子 / 北京同文馆排印。巴拉第的中文名字，两册书都作“巴□第”，中间空一字的位置。右页是俄文，从上到下分别为：（1）Китайско-русскій словарь（汉俄词典）；（2）составленный бывшимъ начальникомъ Пекинской духовной миссіи архимандритомъ Палладіемъ и старшимъ драгоманомъ Императорской дипломатической миссіи въ Пекинѣ П.С. Поповымъ）（前任北京俄罗斯正教驻北京传道团领班修士大司祭巴拉第和（俄罗斯）帝国驻北京总领事巴·斯·波波夫编写）；（3）北京，同文馆，1888。九州大学藏本的右页还有“格利亚兹努欣”（Н. Н. Грязнухинъ）的章和签字，当是原收藏者的名字。其次一页为空白，现有“九州帝国大学”的藏书章及九州帝国大学图书馆昭和十八年（1943年）5月6日的收藏章。正文前有波波夫（栢百福）的前言（I-VI），和“第一卷重要勘误表”（2页）。正文按照俄文字母表顺序排列。上册从A/a/（阿）到ТАНЬ/tan/（醰），共628页。（按，俄文的标记后的“/a/”等，是我增加的对应的汉语拼音，如果使用国际音标，则放在方括弧［ ］里）

下册内封与上册相同，但是没有作者画像，也有“格利亚兹努欣”的章。接着是“第二卷重要勘误表”（2页）。正文从TAO/tao/（滔）到ЯO/yao/（篼），共666页。后面附检字索引，共69页，分别为：按部首及笔画排列的索引（1-64页）、部首表（按笔画数排列，共214个部首，65页）、难检字表（66-69页）。两部书里面都没有标卷数（如1、2），只在书脊上有T1、T2的标记，第2卷的“2”字还印倒了。（按，T为俄文TOM[“卷”]之略）

下文论述中，原著的页码用数字表示，如203，表示203页（第1卷、第2卷分别从第1页开始，但是可以根据俄文字母表的顺序判断。必要时，我在页码前加上1-、2-）。

关于作者和本书的编写过程等，请参见陈开科（2007）。

本书没有列出具体的体例，这里从其实际的编排来观察。全书使用俄文字母（旧式拼写法）为汉字标音，按照俄文字母顺序排列。每一音节先列出俄文的拼音（地位像一个标题），然后在其下列出汉字及其读音（同样的俄文拼音，但是不标声调）、释义（翻译），及由其组合成的复合词语。如音节бяо/biao/（第1卷57-59页）下，列出29个字：“標臕镳儦瀌麃杓飙熛摽馰幖瞟猋膘表裱𡾰婊鳔骠俵醥𧡊彯彪穮飍驫”。在各个汉字下，分别列出由其构成的复合词语，如“標”下，有词语20个：标致、标下、标本、督标、抚标、提标、镇标、军标、河标、槽标、名标、围标、树标、丰标、风标、龙标、芳标、建标、立标、紫标黄榜。跟现代词典不同的是，收录的复合词语并不都是以第一字为字头的，如上述“标”里，第一字为“标”的只有三个，“督标”以下的各个词都不是。但是，编者显然是注意避免重复的。经过核对，在“督抚提”等单字处，都没有重复以上这些词语，只有一个例外：“标”下有“丰标／风标”（形容词прекрасный美丽、漂亮，名词красавецъ美男子）（1-57），而在“风”下又收“风标”（名词：стройность端正，изящество优雅）（2-80），翻译也略有不同。词语的排列顺序是：（1）以字头开始的两字词语；（2）字头处在第二位的两字词语；（3）三字词语；（4）四字词语，如“军”（2-264）下有：“军器、军民”等4个，“天军、亲军”等36个，“苍头军、娘子军、女将军”等4个，“羽林天军”等11个。有多个读音的汉字，词典不一一分别标出异读，偶然有说明，但是不加说明之处更多。

二、从《韵编》看有关当时汉语语音的信息

中国人自己开始尝试不用反切，使用汉字以外的形式（如用外文字母等音素文字）来标音的方法，还是到了19世纪末以后；作为正式的法定标音形式，是进入20世纪以后由政府颁布的注音字母（那还是模仿汉字形式的）。所以，要知道19世纪以前汉语的具体发音，只能依据外国人的记录。而且，那时外国人（尤其是欧洲人）所做的研究，在某种程度上已经开始使用近代语言学的理论和方法，其科学性、可信程度要更高一些。当然，就具体作品来说，更多的是跟作者本身的学养高低有关。总体上看，本词典以作者多年在华进行的汉学研究为基础，参考《康熙字典》、《正字通》、《佩文韵府》等多种中国典籍，以及其他外国人的著作，如卫三畏（Samuel Wells Williams，1812- 1884）的《汉英韵府》（*A Syllabic Dictionary of the Chinese language*，1874初版）等。词典收汉字11868个，并大量收录书面语和口语的复合词，是当时中国人编的词典所没有的做法，确实反映了当时俄国汉学较高的水平。（以上据波波夫撰写的《韵编》序言）

（一）语音系统

这里先考察《韵编》里对汉语语音系统（声母、韵母）的记录，然后讨论其中显现出来的有关问题。

（1）声母表

表中，短线（-）左边是俄文字母，右边是汉语拼音，汉字为例字。下同。

б - b	巴兵	п- p	拍飘	м - m	买勉	ф -f	发风		
д – d	答低	т - t	汤梯	н - n	脑女			л - l	拉略
г – g	歌瓜	к - k	开筐			x - h	很花		
цз – j	精嘉	ц - q	妻缺			c - x	西学		
чж –zh	斋周	ч- ch	昌窗			ш - sh	沙霜	ж - r	染若
цз – z	哉宗	ц - c	猜操			c - s	萨虽		
0	阿优								

讨论：

《韵编》的声母系统与现代普通话完全相同。由此，还可以得知，当时，用俄文字母标注汉字音的一些惯例已经确立，如：（1）用浊辅音表示不送气声母，用清辅音表示送气声母。（2）цз、ц、с，在不同的韵母（开合、齐撮）前表示两组不同的声母（z c s、j q x）。当然，这样的标记法，与尖团音的类别是没有关系的。（3）词典里有以辅音 в/v/ 开头的音节，但不是声母，而是汉语 u 起头的零声母音节（合口呼），具体见下面的韵母表。（4）俄语辅音 д 和 т 在 /i/ 类元音前，要读成软音（即 j 化，又叫腭化），所以，Путин 要翻译成“普京”（台湾却根据英文拼写法 Putin 翻译成“普亭”）。但是这里用 д 和 т 表示汉语的声母 d 和 t，显然就不能读成软音了，如：ди 低、динъ 丁、дю 丢、дянь 颠、дяо 貂；ти 梯、тинъ 听、тѢ 贴、тянь 天、тяо 挑。

（2）韵母表

ы - -i	思咨	и – i/-i	伊低支	у - u	乌姑	юй - ü	吕女
а - a	阿巴	я – ia	鸦嘉	уа/ва - ua	窪瓜		
о – o	鄂波	io - io	岳略	/во -uo	窝矗		
э – e	歌德	Ѣ- ie	鳖爹			юэ-üe	雪蕝
ай- ai	哀擘	яй - iai	挨隘	уай/вай- uai	歪乖		
эй- ei	碑磊			уй/вэй - uei	隈堆		
ао - ao	麀包	яо- iao	标貂				
оу - ou	欧钩	ю - iou	丢优				
ань - an	安班	янь- ian	边颠	уань/вань-uan	弯官	юань-üan	斎喧
энь- en	奔根	инь- in	因彬	унь/вэнь- uen	温昆	юнь-ün	迅俊
ынь- en	闷门						
анъ- ang	盎邦	янъ-iang	央两	уанъ/ванъ-uang	汪光		
энъ-eng	绷庚	инъ- ing	英兵	/вэнъ-ueng	翁瓮		
ынъ-eng	风梦						
				унъ -ong	公东	юнъ- iong	兄扃
эрръ- er	耳						

讨论：

（1）舌尖前韵母 [ʅ] 用元音 ы 表示，但是卷舌韵母 [ʅ] 出现在 чж、ш 类硬音后面，不会误解，所以直接用 и 表示，如：ши 施。（2）以 /i/ 开头的齐齿呼复合韵母，大多用单个字母 я/ia/、ю/iou/（参见下面第 4 项）、Ѣ/ie/ 表示。（3）/u/ 开头的合口呼韵母一般用 у 表示，但是零声母字则用辅音 в 表示，其作用有点像现代汉语拼音 /w/ 的用法。（4）单独的 /ü/ 用 юй，但是以 /ü/ 开头的撮口呼韵母则用 ю 表示。此外，单个的 ю 还用来表示 /iou/。（5）

前后鼻音韵尾用软音硬音符号区别，加硬音符号的 нъ 表示后鼻音 /-ng/（现代已经废止了这一做法，单用 н 表示），加软音符号的 нь 表示前鼻音韵尾 /-n/。（6）“公、兄”等的韵母用 унъ、юнъ 表示，符合汉语音韵学的传统，与后来的注音字母做法一致。（7）/en/ 和 /eng/ 的标记法有两类，大多数用 энь 和 энъ，只有三个音节用 ынь、ынъ，如：мынь/men/ 们闷门、мынъ/meng/ 猛梦孟蒙萌盟盲、фынъ/ feng/ 风枫讽丰峰缝奉冯（汉字的顺序根据原著）。可能是作者想以此来表示听感上的不同。（8）有两个字母（Ѣ 和 i）现代俄语不用，前者现在用 e 代替，而 i 只和 o 结合（io），因为现代普通话里已经没有 /io/ 这样的音节，所以也不需要代替的形式了。（9）现代普通话 /e/ 和 /o/ 不同，是两个类别，可是在《韵编》里有很多跟现代音不同的地方。（10）与现代的语音区别最大的，是很多古入声字的读音。

关于最后的（9）（10）两点，留待下文详细讨论。

（3）声调

汉语的声调是区别意义的重要手段，也是汉语必不可少的语言要素之一。可是本书没有特意作出标记，考察上举各例（бяо/biao/ 标、мынъ/meng/ 猛、фынъ/ feng/ 风）和下文的各例，从汉字的排列顺序能看出来，编者显然没有考虑声调的类别。不标声调是这一部著作最大的缺点，也是到现代为止用俄文写作的汉语研究著作中汉字标音的通病。迄今为止，还没有见到改善的倾向。

（二）一些跟韵母有关的问题

1. /e/ 和 /o/ 的关系

先看这两类字的分布情况。这里摘录的是词典所收的常用字（剔除了部分僻字，下同），汉字后所附小字是用例或者意义的说明，有的字后面加拼音，则表示此字在本书中还有这样的又读。为了集中讨论相关的问题，其中有一些现代看起来读音很特别的字，本文不对此一一加以讨论。下文同此。

（1）b 类

бо/bo/ 波玻菠番湖名拨钵餑发般般若簸跛播博搏薄泊鉑箔礴亳簿勃渤脖钹驳剥鹁膊孛孛迫檗擘蔔伯百柏白（bai）帛北（bei）檗舶（36-42）

по/po/ 坡颇陂泼叵箥破婆鄱皤璞珀粕魄拍朴霸濼（482-484）

мо/mo/ 摸嬷抹磨莫漠幕寞瘼膜末袜昧沫秣邈没殁貘蓦麦（mai）脉墨默嘿冒万佰摩麽魔蘑鏣（406-412）

фо/fo/ 缚佛（62-63）

（2）d 类

до/do/ 多哆夛掇裰敠咄朵垛躲埵髫骲跺惰堕剁舵驮（to）大（da/dai）跢度测度踱澤夺铎隋（177-180）

то/to/ 拕佗拖它脱托託飥妥椭庹鼧唾毻籜萚驼驮鼍沱陀橐漯撱媠（12-16）

но/no/ 糯懦那（na）诺讷稬挪挼儺哪（446-447）

ло/lo/ 裸嬴羸砢瘰倮洛摞落酪络珞乐硌骆雒泺荦罗萝箩锣啰逻罹螺骡羸烙蠡朒猡（333- 337）

дэ/de/ 德得悳（200-201）

тэ/te/ 忒特慝螣忑椇（35-36）

нэ/ne/ 讷（呐）（452）

лэ/le/ 呼肋扐艻乐勒仂泐防捋酹鰳埒功（358-360）

（3）g 类

го/go/ 锅戈过蜗埚郭漷括聒适筈蝈蛞活掴虢果裹蜾国帼馘啯腘（95-99）

ко/ko/ 科蝌窠髁稞颗课恪騍扩阔廓锞（276-278）

хо/ho/ 豁火夥伙货祸霍藿镬砉割获劃嚄画或惑涸壑鹤貉活越格（108-113）

гэ/ge/ 歌哥柯舸鸽割戈个箇 / 個各盖地名蛒蛇阁格隔槅閤葛革胳膈鬲嗝骼袼蛤合哈搁疙假昭假给吃口吃（138-143）

кэ/ke/ 珂轲磕瞌克可坷岢渴客刻剋咯缂榼溘欬颌（291-293）

хэ/he/ 呵诃欱荷贺喝赫嚇赩黑齕纥郝何河和苛禾合盒劾郃阂嗑曷褐核翮覈鹖盍蝎鞨毼滆狢（151-158）

（4）zh 类

чжо/zho/ 捉桌拙辍剟惙卓琢啄斲椓焯浊濯擢涿镯著着酌灼的勺妁斫缴斱準鼻子倬浞濁诼琸（411-415）

чо/cho/ 戳歠啜绰婥婼娖（477-478）

шо/sho/ 说朔槊铄烁数溯硕搠芍杓汋（545-546）

жо/ro/ 若箬弱蒻鄀篛偌（216-217）

чжэ/zhe/ 遮蜇嗻者赭柘这蔗鹧浙辄摭哲折宅摘谪窄哲摺讁蛰辙詟磔迮翟岩笮（441-444）

чэ/che/ 车砗扯掣拆坼彻撤辙唓澈晢（498-500）

шэ/she/ 赊奢捨舍射麝社赦贳厍设色啬穑澀摄葉河南地名慑韘涉瑟滠槭濇蛇佘阇舌折歙鉈猞（566-570）

жэ/re/ 惹喏若热爇（225）

（5）z 类

цзо/zo/ 侳繓蕞撮左座坐佐作做柞酢怍昨凿捽窣（208-211）

цо/co/ 搓蹉嵯瑳脞撮磋剉銼莝挫错剒矬艖瘥鹾酂痤脞（333-334）

со/so/ 梭蓑莎唆娑抄杪挲锁琐索所（531-533）

цзэ/ze/ 仄昃侧栜则贼鰂责泽择鲗啧箦帻（238-241）

цэ/ce/ 策筴册测恻厕（347-348）

сэ/se/ 塞色（562-563）

（6）零声母类

во/wo/ 窝倭涡踒莴我涴蠖渥握幄沃卧咢噩萼鹗鳄齶愕锷谔（68-71）

о/о/ 鄂（461）

э/e/ 妸婀阿疴饿额恶垩扼厄呃哑轭戹阸遏阏頞娥鹅哦峨俄蛾莪讹吪珴（585-589）

审视以上各例，能得到以下印象：

（1）b 类声母，其韵母只有 o 一类，没有 e。这一点跟现代普通话的语音系统没有大的差别。

（2）存在 o-e 对立的类别有：d 类、g 类、zh 类、z 类。这样的对立，现代语音系统中仍然存在，类别也基本相同。

（3）零声母类中，wo 和 o，应该是同类的。实际上 o 韵母只有“鄂”一个字，两者可以合并。可以说，这一类里也同样存在 o-e 的对立。

（4）从现代语音系统的角度来看，这里只用单独的 o，基本上不用 uo，只有零声母字大多标为 во/wo/。

（5）具体看汉字的分布，有比较多的汉字，所属类别与今日不同。如：“百白”读 bo，“宅窄”读 zhe，这些跟文白读有关；有的字读音特别，如“活”有 go、ho 两读，则是反映了古代的两种读音：《广韵》古活切（水流声）、户括切。值得注意的是 o-e 两类混同的例子，如“戈”有 go、ge 两读；“科”（ko）类里，多数字（蝌窠髁稞颗课恪騍锞）现代读为 ke，与“珂”类同。其实，这种情况在现代官话方言里还是常见的，如胶辽、西南、江淮等地区，“个”和“过”还是同类的，大多读为 [o/uo] 韵母。（钱曾怡主编 2010：409-411）反过来说，《韵编》时代还保留着这种相对古老的现象。

2. 部分入声字的读音

从中古以来，汉语语音演变最显著的一个方面，就是入声的消失，并由此导致入声音节的语音形式发生很大的变化。在《韵编》中能看到的，与当代汉语发音有明显不同的，也是入声字为多。如上述 o/e 对立的现象中，很多字有两读，如：酪络 lo/lao（307）、色 she/se/shai（515）、郝 he/hao（105）、鹤貉 ho/hao（108）（按，数字是后一音的页码）。尤其突出的是 io 类，现在以这一类为例，考察其分布情况和语音特征。（汉字后括弧里是词典标出的又音）

нio/nio/ 搦虐疟逪（446）

лio/lio/ 略掠擽（332-333）

цзio/jio/ 爵嚼（jiao）雀皭玃攫矍钁觉角（jiao）桷榷珏捔噱爝斠脚（jiao）（206-208）

цio/qio/ 鹊碏雀皵确（kio）却壳榷（331-332）

сio/xio/ 削谑学鷽确嶨（529-531）

io/io/ 岳嶽乐药（yao）约跃瀹爚龠籥钥（268-270）

显然，这一类字并不多，而且集中在 n、l 和 j 组以及零声母字里。从现代的读音来看，这里很多字都有 üe 和 iao 两类读音。根据《现代汉语词典》（第 6 版，2012），以上各字中，现代尚保留两类读音的是：疟、嚼角脚、雀壳、削、约钥。实际上，在口语里有两读的更多（如“学”xue/xiao）。从上述清单来看，本词典里这一类字最基本的读法为 io，但是从具体的汉字标音来看，这种分化已经开始。部分字已经同时标出又音，再搜检相关的音节，还发现多个又音。яo/yao/ 类里，有关的是：

ляо/liao/ 略（lio）（379）

цзяо/jiao/ 醮爝嚼脚（291）

цяо/qiao/ 雀鹊窍（壳）（377）

сяо/xiao/ 箾削斅（丨学 сяо//xiao， cio/xio/）学（xio）（613）

яо/yao/ 约药跃钥乐百乐疟（664）

此外，再罗列 юэ/üe/ 类韵母里的常用字，以便比较：

цзюэ/jue/ 蕝绝倔厥掘劂撅蹶蕨蟨鳜瘚橛决谲诀鴂芵璚觖抉鴃駃鐍獗玦潏（252）

цюэ-кюэ/que-küe/ 缺阙阕瘸（357）

сюэ/xue/ 雪靴血穴吷狘（72）

юэ/yue/ 曰悦（说）阅粤越钺樾月刖軏蚏玥（610）

从以上记录来看，现代的 iao 类当时已经存在，那么可以推论，io 与现代的 üe 是同一类，反过来说，即现代的 üe 是从 io 演变而来的。

从现代的各地官话的读音来看，/io/ 和 /yue/ 的两大类界限还相当清楚，即古宕摄入声为 /io/，山摄入声为 /yue/（见钱曾怡主编《汉语官话方言研究》503、509 页），而 /iao/ 类读音也就是在宕摄入声字中产生的。我推测，/io/

和 /yue/ 两类的区别早已产生，但是本来是宕摄入声和山摄入声两类字的不同读音，界限清楚，后来，在宕摄入声里分出新的 /iao/ 类读音，而 /io/ 类受到 /yue/ 的影响（也许能说是一种“牵引”现象），向后者归并。/iao/ 类音在《中原音韵》里已经有了，如萧豪韵里有“略学虐瘧乐约跃钥瀹”等，所以，问题没有想象的那么简单。我想，要说明这些变化，可能需要联系其他方面的读音变化，如“薄箔泊博”之类在元代就进入了《中原音韵》萧豪韵，后来这种读音怎么又大多都消失了呢？

3.“白”类字的读音——文白读

从本节第（1）点中所举 b 类（b p m）的例子来看，其中“白百”等字的读音有 bo 和 bai 两类。这也与现代的情况相差无几，但是具体汉字的分布有很多不同。再次加以整理，从现代读音出发来看，得到下列结果：

o/ao 薄剥、o/ai 迫擘伯百柏白、拍、麦脉 o/ei 北

到现代，其中还保留两种读音的，只有以下几个：

o/ao 薄剥、o/ai 擘伯柏、迫、脉

而且多数汉字只在限定的情况下才用第 2 个读音，如“迫 pǎi 击炮、巨擘 bò、柏 bó 林、含情脉脉 mò”。这里有口语音和读书音、白读音和文读音的纠葛。以这一类为例，读 o 类的是文读（旧时读书时必须用这一类音），读 ao/ai/ei 类的是白读。但是，到底哪个音被选用，留在词典里了，似乎没有确定的规律。

4. 附《韵编》音节表

按原著的字母顺序排列，汉字是各个音节下列出的第一字。按第一字母分组，最后的数字是这一部分的音节数。从所列汉字能看出其语音形式，所以这里不再另标汉语拼音。

◎ а 阿 ай 哀 анъ 骯 ань 安 ао 鏖（5）

◎ ба 巴 бай 擘 банъ 邦 бань 班 бао 包 би 箄 бинъ 兵 бинь 彬 бо 波 боу 扌保 бу 晡 бѢ 鳖 бэй 碑 бэнъ 绷 бэнь 奔 бянь 边 бяо 标（17）

◎ ва 窪 вай 歪 ванъ 汪 вань 弯 во 窝 вэй 隈 вэнъ 翁 вэнь 温（8）

◎ га 噶 гай 该 ганъ 刚 гань 干 гао 高 го 锅 гоу 钩 гу 姑 гуа 瓜 гуай 乖 гуанъ 光 гуань 官 гуй 规 гунъ 公 гунь 昆 гэ 歌 гэнъ 庚 гэнь 根（18）

◎ да 答 дай 獃 данъ 当 дань 丹 дао 刀 ди 低 динъ 丁 до 多 доу 兜 ду 都 дуань 端 дуй 堆 дунъ 东 дунь 敦 дѢ 爹 дэ 德 дэнъ 登 дю 丢 дянь 颠 дяо 貂（20）

◎ жа 髯 жанъ 囊 жань 染 жао 扰 жи 日 жо 若 жоу 内 жу 汝 жуань 软 жуй 蕊 жунъ 冗 жунь 闰 жэ 惹 жэнъ 扔 жэнь 忍（15）

◎ и 伊 инъ 英 инь 因（3）

◎ io 岳（1）

◎ ка 佉 кай 开 канъ 康 кань 堪 као 尻 ко 科 коу 抠 ку 枯 куа 夸 куай 闖 куанъ 筐 куань 宽 куй 亏 кунъ 空 кунь 坤 кэ 珂 кэнъ 阬 кэнь 恳（18）

◎ ла 拉 лай 唻 ланъ 朗 лань 览 лао 捞 ли 里 линъ 领 линь 凛 лio 略 ло 裸乐 лоу 篓 лу 攎 луань 卵 лунъ 拢 лунь 耣 лѢ 列 лэ 哷 лэй 磊 лэнъ 冷 лю 浏 люань 脔 люй 吕 лянъ 两 лянь 脸 ляо 了（20）

◎ ма 嘛 май 买 манъ 蟒 мань 满 мао 猫 ми 米 минъ 茗 минь 敏 мо 摸 моу 某 му 母 мынъ 言蒙 мынь 们 мѢ 咩 мэй 每 мю 谬 мянь 勉 мяо 眇（18）

◎ на 那 най 乃 нанъ 饢 нань 赧 нао 脑 ни 旎 нинъ 甯 нинь 赁 нio 搦 но 糯 ноу 孛殳 ну 弩 нуань 暖 нунъ 齈 нунь 嫩 нѢ 捏 нэ 讷 нэй 馁 нэнъ 能 ню 妞 нюй 女 нянъ 酿 нянь 蔫 няо 鸟（24）

◎ о 鄂 оу 欧（2）

◎ па 葩 пай 拍 панъ 滂 пань 潘 пао 抛 пи 批 пинъ 娉 пинь 缤 по 坡 поу 剖 пу 铺 пѢ 撇 пэй 肧 пэнъ 烹 пэнь 喷 пянь 偏 пяо 飘（17）

◎ са 萨 сай 腮 санъ 桑 сань 三 сао 骚 си 西 синъ 星 синь 新 сio 削 со 梭 соу 搜 су 苏 суань 酸 суй 虽 сунъ 鬆 сунь 孙 сы 思 сѢ 些 сэ 塞 сэнъ 僧 сэнь 森 сю 修 сюань 喧 сюе 雪 сюй 须 сюнъ 兄 сюнь 迅 ся 鰕 сянъ 襄 сянь 先 сяо 萧（31）

◎ та 他 тай 胎 танъ 汤 тань 滩 тао 滔 ти 梯 тинъ 听 то 拕 тоу 偷 ту 王余 туань 湍 туй 推 тунъ 通 тунь 吞 тѢ 贴 тэ 忒 тэнъ 鼟 тянь 天 тяо 挑（19）

◎ у 乌（1）

◎ фа 发 фанъ 方 фань 翻 фо 缚 фоу 紑 фу 夫 фынъ 风 фэй 飞 фэнь 芬（9）

ха 哈 хай 咍 ханъ 夯 хань 憨 хао 蒿 хо 豁 хоу 齁 ху 呼 хуа 花 хуай 坏 хуанъ 荒 хуань 欢 хуй 晖 хунъ 烘 хунь 昏 хэ 呵 хэнъ 亨 хэнь 很（18）

◎ цза 咂 цзай 哉 цзанъ 臧 цзань 簪 цзао 遭 цзи 赍 цзинъ 精 цзинь 津 цзio 爵脚 цзо 侳 цзоу 诹 цзу 租 цзуань 钻 цзуй 朘 цзунъ 宗 цзунь 尊 цзы 咨 цзѢ 嗟 цзэ 仄 цзэнъ 增 цзэнь 怎 цзю 揪 цзюань 镌 цзюе 蕝 цзюй 苴 цзюнъ 扃 цзюнь 俊 цзя 嘉 цзянъ 将 цзянь 笺 цзяо 焦（31）

◎ ца 擦 цай 猜 цанъ 仓 цань 餐 цао 操 ци 妻 цинъ 清 цинь 亲 цio 鹊 цо 搓 цоу 凑 цу 粗 цуань 撺 цуй 崔 цунъ 聪 цунь 村 цы 雌 цѢ 切 цэ 策 цэнъ 彭 цэнь 参 цю 秋 цюань 銓 цюе 缺 цюй 趋 цюнъ-кюнъ 穹 цюнь 逡 ця 斁 цянъ 枪 цянь 千 цяо 锹（31）

◎ чжа 查 чжай 斋 чжанъ 张 чжань 占 чжао 昭 чжи 支 чжо 捉 чжоу 周 чжу 诸 чжуа 挝 чжуанъ 庄 чжуань 专 чжуй 追 чжунъ 中 чжунь 谆 чжэ 遮 чжэнъ 争

чжэнь 真（18）

◎ ча 叉 чай 钗 чанъ 昌 чань 搀 чао 超 чи 螭 чо 戳 чоу 抽 чу 初 чуа 纂 чуай 搋 чуанъ 窗 чуань 穿 чуй 吹 чунъ 充 чунь 春 чэ 车 чэнъ 撑 чэнь 瞋（19）

◎ ша 沙 шай 筛 шанъ 商 шань 山 шао 烧 ши 施 шо 说 шоу 收 шу 书 шуа 刷 шуай 衰 шуанъ 霜 шуань 拴 шуй 榱 шунъ 春 шунь 盾 шэ 赊 шэнъ 生 шэнь 申（19）

◎ Ъ 噎（1）

◎ э 妸 энъ 鞥 энь 恩 эрръ 耳（4）

◎ ю 优 юань 渊 юэ 月皀 юй 纡 юнъ 雍 юнь 氲（6）

◎ я 鸦 яй 挨 янъ 央 янь 焉 яо 么（幺）（5）

以上，不计声调，一共398个音节。从这一清单，能得知词典所收音节的总数等具体情况。

三、余论

本文只论及《韵编》中有关汉语语音的部分。其实，还有很多问题可以探讨，这里简单讨论几点。

（1）从巴拉第等的词典能看到19世纪外国人编纂汉语词典的一些特点。即一方面积极地采用中国已有的典籍及其成果，另外一方面，则重视收录复合词语。收录的词语，有书面语的，也有口语的，特别重视收入反映中国文化的内容，带有百科性质。对于现代研究者来说，从这些著作里能了解当时汉语的某些实况，这是从《康熙字典》等中国文献里无法得到的。

（2）《韵编》的成就自不待言，但缺点也不少，如上文提到不标声调的现象，导致以声调区别意义的汉字就混淆了。如：шу/shu/“数”（554），翻译为считать、исчислять、число，前两个是动词（应是上声），后一个是名词（去声），两者混在一起。而早在19世纪初马礼逊（R. Morrison）编汉英《字典》和《五车韵府》时就注意给汉字标上声调了。比较起来，《韵编》的做法就很落后了。又如，“款”列在ao/ao/下，词语为“款乃”（一般应作“欸乃”），摇船声，注音为аонай/aonai/。（10页）这显然是错误的，“款”很少用同“欸”（ai），即使能写作“款乃”，读音也应为ǎinǎi。类似的问题还不少。

（3）对于巴拉第的姓名，似乎有一些误解。根据波波夫在《韵编》前言中的介绍，他的俗名是Петръ Ивановичъ Каѳаровъ，现代拼写法是Петр

Иванович Кафаров（彼得•伊万诺维奇•卡法罗夫），法号则是 Архимандритъ（大司祭） Палладій（巴拉第），法号的两个部分都来源于拉丁文的古人名。而现在一些研究著作里却有“巴拉第•卡法罗夫”的杂糅形式。此外，还有翻译成“鲍乃迪、巴第”等的。（黄光域 2001：615，Palladius 条；黄长著等 2005：1063）

（4）词典扉页提到，本书的编纂得到李寿轩、甄云甫两个中国学者的帮助，陈开科（2007：225）说他们都是俄罗斯馆的教师，但是没有更多的资料，关于他们的生平等情况，还需要做进一步的考证。

说明：本文初稿曾于 2012 年 8 月 10 日于世界汉语教育史研究会第四届年会（韩国外国语大学）上宣读，得到与会老师们的批评指正，特表感谢。后加以修改补充发表于《熊本学园大学文学·言语学论集》第 21 卷第 2 号（通卷第 42 号，2014 年 12 月）。今再次加以修改充实，为叶宝奎教授庆寿。

参考文献

陈开科．巴拉第的汉学研究 [M]. 北京：学苑出版社，2007.

高晓虹．北京话入声字的历史层次 [M]. 北京：北京语言大学出版社，2009.

耿　军．元代汉语音系研究 [M]. 北京：中国对外翻译出版有限公司，2013.

黄长著，孙越生，王祖望 主编．欧洲中国学 [M]. 社会科学文献出版社，2005.

黄光域．近代中国专名翻译词典 [M]. 成都：四川人民出版社，2001.

钱曾怡．汉语官话方言研究 [M]. 济南：齐鲁书社，2010.

沈国威．近代英华华英辞典解题 [M].（日本）关西大学出版部，2011.

叶宝奎．明清官话音系 [M]. 厦门：厦门大学出版社，2001.

张玉来，耿军．中原音韵校本 [M]. 北京：中华书局，2013.

Палладій, А и Поповъ, П.С.1888, Китайско-русскій словарь（汉俄合璧韵编），Тунъ- Вэнь-Гуань（北京同文馆）

Поповъ, П.1900, Русско-китайскій словарь（俄汉合璧增补字汇），Сан-кіо-ша（东京三共社）

婺源徽剧舞台音韵述略 *

宜春学院 / 南昌大学　胡松柏

一、引言

中国传统戏剧因其形成具有地域性质而称地方戏曲。戏剧艺术以语言为第一要素和基本材料。戏曲演出时所用舞台语言的语音往往不同于自然口语，有着自身的音韵特点。

戏曲作为最具地域特色的艺术形式而与地方语言即方言密切相关。戏曲形成于一定的方言区域，为了适应观众接受的需要，其舞台语言总是与地域方言有着密切联系，或以方言为基础，或以共同语为基础但受方言影响较深。另一方面，或因跨方言区域流播的需要，或因所表现内容的规定、塑造人物的要求以及追求儒雅的审美需求，戏曲的舞台语言也总是呈现“书面语化”、“官话化”倾向而与共同语同样发生密切联系。

戏曲音韵的研究，是把语言研究与艺术研究相结合而开拓的区域文化研究的一个新领域。已有的戏曲研究一般侧重在历史研究、音乐研究、人物研究方面。据我们所知，我国三百多种戏曲中仅京剧、粤剧、闽剧、昆剧、越剧、黄梅戏、沪剧、莆仙戏、湖南花鼓戏等部分剧种散见有研究其音韵的专业资料。正如有的学者所称：“很少见有从现代语言学的角度研究地方戏曲的论著发表，专书更少。对其中有些剧种的音韵研究可以说还是空白，亟待开拓。”[①] 本文所论及的婺源徽剧音韵，在长时期内无论是戏曲学界还是语

* 本文研究获2016年度国家社会科学基金重点项目“区域通语视角下江西地方戏曲音韵研究”（批准号：16AYY009）和2018年度国家社会科学基金重大项目“600年来赣语与官话互动的历史追踪、现状调查与数据库建设”（批准号：18ZDA297，子项目“京剧、鄂赣皖交界处地方戏曲音韵及其所反映的官话赣语互动研究”）项目经费支持。

① 游汝杰. 地方戏曲音韵研究（序言）[M].北京：商务印书馆，2005：1.

言学界都乏人问津。本文是我们对婺源徽剧音韵所作初步考察的简略报告。

徽剧是古老的戏曲剧种，为京剧的形成奠定了基础，也为其他剧种如婺剧、淮剧、湘剧、赣剧、闽剧、粤剧、桂剧、滇剧等提供了丰富的养料，在中国戏曲发展史上具有重要的地位。清初，徽剧盛行于皖、浙一带，在南方流播甚广；至清中期，风靡全国，而有乾隆年间“四大徽班进京”之盛况。只是到清末，在以徽剧为基础而发展形成的京剧兴起之后，徽剧自身却渐趋衰落，仅在原生地徽州地区还在继续流行。至20世纪40年代更濒于消亡境地。1949年后，人民政府重视扶持传统戏曲，建立国营剧团，组织老艺人开展培养年轻演员和挖掘整理剧目的工作，徽剧才获重新发展的机会。成立于1956年的江西省婺源县①徽剧团，是目前我国仅存的独立建制的徽剧专业表演团体②，而婺源徽剧则是尚在流行的最具有代表性的徽剧流派。1959年，婺源徽剧团以所发掘整理的徽剧传统剧目《汾河湾》参加“江西省古老剧种汇报团”赴京演出，受到高度评价。2006年，婺源徽剧列入首批国家级非物质文化遗产名录。

徽剧在中国戏曲发展过程中起着承前启后、继往开来的作用，同时也是徽州文化的重要组成部分。作为一门综合艺术，徽剧的舞台语言与其曲调声腔、表演形式等方面一样具有重要研究价值。

二、婺源徽剧音韵的音系

戏曲演出时，最能体现其剧种舞台语音特点的是“韵白”。韵白主要为旦角、生角等角色所使用，是整齐押韵的唱、念发音。韵白是一种经过演员改造的非自然口语的语音。对戏曲舞台语音的特点及其演变的研究而言，韵白通常更具有考察价值。

本文考察婺源徽剧舞台语音的韵白。根据对专题调查③发音和演出唱念发

① 婺源县历史上长期隶属于徽州（路、府），民国年间（1934—1947）一度由安徽省划归江西省，建国后一直由江西省管辖。

② 1949年后组建的徽剧表演团体在业内曾有“全国两个半徽剧团”的说法，“两个”指安徽省徽剧团和婺源县徽剧团，黄山市京徽剧团（下设徽剧队）是为“半个”。安徽省徽剧团已于2000年与安徽省京剧团合并组建安徽省徽京剧院。

③ 以（中国社会科学院语言研究所.汉语方言调查字表[M].北京：商务印书馆，1981.）为依据作单字发音调查。

音[①]的分析，以下列出所归纳的婺源徽剧舞台语音的音系。本音系的发音人是婺源徽剧团的著名演员江裕民先生[②]。

婺源徽剧音韵的声韵调系统如下：

1. 声母（包括零声母）24 个：

声母	例字	声母	例字	声母	例字	声母	例字	声母	例字
p	帮百病别	p‘	怕品婆抱	m	买帽名密	f	夫肥风服		
t	多当大动	t‘	偷贪同读	n	耐闹难浓	l	兰腊连力		
ts	子赞族尖	ts‘	草从在前			s	四嫂散小		
tʃ	珠追专准	tʃ‘	春处船出			ʃ	书水顺说	ʒ	然热
tɕ	家教姜剧	tɕ‘	气欠求旧	ȵ	牛泥娘念	ɕ	晓闲兴虚		
k	高够广骨	k‘	考康葵共	ŋ	爱暗袄硬	x	呼恨换忽		
ø	一五鱼文								

2. 韵母 35 个（下画横线的为古入声字）：

韵母	例字	韵母	例字	韵母	例字	韵母	例字
ɿ	自次慈四	i	比提西力	u	粗姑母读	y	举徐许玉
ʅ	志池市日						
a	把沙辣杀	ia	家牙匣压	ua	抓话挂袜		
		iɛ	写夜节业	yɛ	靴绝说月		
ə	车麦客额						
o	破博壳恶			uo	歌多过桌	yo	略脚学药
ər	儿耳而二						
ai	拜来才爱	iai	街解鞋挨	uai	揣帅怪外		
əi	杯备培美	uəi	对追归为				
au	炮朝高熬	iau	表桥小要				
an	贪斩板案			uan	断转环完		
		iɛn	剑店连演			yɛn	卷宣原渊
ən	分身灯庚	in	民今令影	uən	敦春昆嫩	yən	军群寻韵
aŋ	帮党仓航	iaŋ	两江强阳	uaŋ	双光黄王		
				uŋ	朋东风翁	yŋ	兄穷雄勇

① 由承担发音人的演员依据徽剧代表性传统剧目《水淹七军》的剧本（婺源县徽剧团1989年演出本）诵念台词和吟唱唱段。

② 江裕民（1944— ），男，婺源人，13岁入婺源县徽剧团学艺，擅演红生，系建国后培养的第一代新演员，曾任剧团团长、县文化局副局长，2006年获文化部颁“国家级非物质文化遗产代表性传承人”称号。

3. 声调（单字调）4 个：

调类	调值	例字	调类	调值	例字
阴平	55	多歌粗春高非三安	阳平	213	穷才唐平人锣娘扶
上声	325	古口手粉有米买碗	去声	423	唱盖对爱共用近父

三、婺源徽剧音韵的韵辙

押韵合辙是汉语语音的重要表现手段，为戏曲表演所特别讲究，各剧种都有体现其舞台语音特色的韵辙系统。由于婺源徽剧没有任何书面韵辙资料[①]，以下所列婺源徽剧的韵辙系本文作者归纳，为便于与京剧等其他剧种对比，韵辙名称参考并基本采用“十三辙”的说法。

婺源徽剧音韵的韵辙可以归纳为“十四辙”。限于篇幅，以下所列每道辙只收音节代表字，酌收一些并入舒声韵的古入声字（以下画横线表示）：

1. 发花辙

韵母 [-a]：巴八爬帕马法 / 大答他塔哪纳拉辣 / 杂擦洒撒 / 渣闸差察沙杀 / 哈阿；

韵母 [-ia]：家甲恰下匣 / 牙鸭；

韵母 [-ua]：抓耍刷 / 瓜刮跨化滑 / 娃袜。

2. 乜斜辙

韵母 [-iɛ]：别撇灭 / 爹跌铁列 / 姐节且切写屑 / 结茄怯歇 / 聂 / 爷业；

韵母 [-yɛ]：绝雪 / 说 / 决缺靴血 / 月。

3. 梭坡辙

韵母 [-o]：波博破泼魔末佛 / 割壳合恶；

韵母 [-uo]：多夺驼脱糯喏罗落 / 坐昨错梭缩 / 桌戳硕若 / 歌过国课阔河获我饿 / 窝握；

韵母 [-yo]：略 / 爵雀削 / 脚确学 / 虐 / 约。

4. 车遮辙

韵母 [-ə]：白魄麦 / 德特勒 / 责册塞 / 遮折车彻蛇舌热 / 隔客赫额。

5. 一七辙

韵母 [-ɿ]：资次四；

① 江裕民先生称，婺源徽剧押韵合辙都只依据历代师徒口口相传的口头韵辙，即便是建国后也未组织整理书面的韵辙资料。

韵母 [-ʅ]：志齿时日；

韵母 [-ər]：儿；

韵母 [-i]：比笔皮劈米密飞沸尾 / 低笛体踢里力 / 挤集妻七西夕 / 知直痴吃世石日 / 鸡急其泣喜吸你逆 / 衣益。

6. 姑苏辙

韵母 [-u]：布不铺扑母木府福 / 度读图突奴路禄 / 祖族粗促苏俗 / 助竹锄触数叔辱 / 孤谷裤哭胡忽 / 乌物；

韵母 [-y]：旅律 / 聚取徐 / 猪出书如 / 举区虚旭女 / 鱼玉。

7. 怀来辙

韵母 [-ai]：拜派买 / 戴太乃来 / 灾才赛 / 斋柴晒 / 该开海爱；

韵母 [-iai]：街鞋 / 挨；

韵母 [-uai]：揣 / 帅怪快怀 / 外。

8. 灰堆辙

韵母 [-əi]：杯培美；

韵母 [-uəi]：堆推内雷 / 罪催岁追吹水瑞 / 归奎灰 / 威。

9. 遥条辙

韵母 [-au]：包炮貌 / 刀逃闹老 / 早曹嫂 / 招超烧饶 / 高考号袄；

韵母 [-iau]：表票庙 / 刁条料 / 焦悄小 / 交巧晓鸟 / 要。

10. 油求辙

韵母 [-əu]：抔某否 / 豆头楼 / 走凑搜 / 周丑手柔 / 沟口后藕；

韵母 [-iəu]：丢刘 / 酒秋秀 / 旧求休牛 / 有。

11. 言前辙

韵母 [-an]：班盼慢反 / 单贪蓝 / 赞参三 / 斩产山染 / 赶看汉岸 / 安；

韵母 [-iɛn]：边片面 / 点天连 / 尖前先 / 兼牵现年 / 言；

韵母 [-uan]：短团乱 / 钻篡酸 / 转船闩软 / 关宽环 / 万；

韵母 [-yɛn]：捐全玄 / 元。

12. 人辰辙

韵母 [-ən]：本盆门分 / 灯腾冷 / 增层森 / 针臣身认 / 跟肯恨 / 恩；

韵母 [-in]：宾品民 / 丁听林灵 / 今琴欣宁 / 音；

韵母 [-uən]：敦屯论 / 尊寸孙 / 准春顺润 / 滚昆魂 / 文；

韵母 [-yən]：俊群寻 / 云。

13. 江阳辙

韵母 [-aŋ]：邦旁莽方 / 党堂囊郎 / 脏仓桑 / 章昌商让 / 港康杭昂；

韵母［-iaŋ］：良／将枪相／江强乡娘／阳；

韵母［-uaŋ］：庄窗双／光狂黄／王。

14. 中东辙

韵母［-uŋ］：蹦朋梦风／东同农龙／总从送／中充戎／公孔红／翁；

韵母［-yŋ］：炯穷兄／勇。

四、几点认识

（一）婺源徽剧音韵的性质

就语言性质而言，戏曲舞台语言可以大致分为两类。“一类是因‘方言共通化’而形成的以方言为基础的‘方言共通语’，一类是因‘官话地方化’而形成的以共同语为基础的‘地方官话’。”① 从唱念字音的现状看，婺源徽剧的韵白具有官话最基本的音韵特点，显示其舞台语言与官话之间存在较强的一致性，因而可以将其归入上述地方官话的一类。

本文称戏曲舞台上所使用的官话为“地方官话”，有两方面的含义。第一，这种官话并非现代的作为民族共同语标准的官话，而只是在官话方言区某局部区域通行的官话。第二，这种官话受到戏曲通行地（包括原生地和流播地）方言的影响，是“官话地方化”的结果。所谓“官话地方化”，是指“在地方戏曲舞台语音形成过程中，演员的官话发音朝着与流行地方言相接近的方向变化”②。

称戏曲舞台所用官话为“地方官话”是从横向的地域空间层面上来说的。从纵向的历史时间层面上来说，则这种官话并非指现代的民族共同语，而是所谓“旧官话”，即历史上某个时期的官话。

戏曲界对京剧作音韵分析时通常有“中州韵”、“湖广音”的说法。京剧舞台用语属于官话应该没有什么疑问，然而这种官话并非如今作为民族共同语的北京话，而是一种地方官话，一种旧官话。只是中州韵所指究竟为何，目前尚无统一看法。游汝杰、周振鹤分析京剧韵白，提到“京剧韵白的方言

① 胡松柏.南昌采茶戏舞台语音的音韵特点与性质[M]//中国音韵学——中国音韵学研究会2008南昌国际学术研讨会论文集.南昌：江西人民出版社，2010.

② 胡松柏.南昌采茶戏舞台语音的音韵特点与性质[M]//中国音韵学——中国音韵学研究会2008南昌国际学术研讨会论文集.南昌：江西人民出版社，2010.

系统有人说是湖北音，有人说是中州（河南）音，至今无有定论”[①]。吴小如认为中州韵“基本上是两宋时代的标准‘普通话’，也即宋代官话的读音”[②]。说京剧音韵属于“宋代官话”，指出了其旧官话的性质，说京剧音韵属于“湖北（湖广）音”、“中州（河南）韵”，指出了其地方官话的性质。

游汝杰认为，京剧传统戏字韵“在字调上是湖广音，在字音上是中州韵”。[③]这一分析较好地厘清了“中州韵”和“湖广音”的关系，为考察京剧音韵提供了很好的思路。

徽剧对京剧的形成有着重要的影响，徽剧与京剧有着密切的联系。江裕民先生称婺源徽剧唱念字音所依也是中州韵，这表明徽剧音韵与京剧一样有着属于地方官话的性质。从本文前列简略的音系和十四辙的音节代表字，即已经能窥见所表现出来的中州韵、湖广音的特点。例如，影母字读［ŋ-］声母（爱、暗），果开一歌韵与果合一戈韵见晓组字读［-uo］韵母（哥＝锅），蟹开二见晓影组字读［-iai］韵母（街、蟹），深、臻摄与曾、梗摄字合韵读［-ən］、［-in］韵母（根＝庚、民＝明）。与武汉话[④]作声调比较，便能看出婺源徽剧音韵在调类和调值上所表现出来的湖广音的特色：

婺源徽剧：	阴平 55	阳平 213	上声 325	去声 423
武汉话：	阴平 55	阳平 213	上声 42	去声 35

由此可以认定，婺源徽剧音韵具有地方官话的性质，其方言基础应该是今湖北、河南一带的方言，即官话中的西南官话（抑或包括中原官话）。

（二）婺源徽剧音韵的形成

一个剧种是以方言抑或以官话作为唱念字音的标准，往往会与剧目的雅俗、演员的文化程度以及文人参与创作的成分有一定关系，不过作为一门面向大众传播的艺术，戏曲通行地的语言状况应该是影响戏曲舞台语言的形成更为主要的因素。徽剧发源并主要流行的徽州地区，“有‘十里不同音’，‘隔山隔水就隔音’之称”，徽语“是汉语方言中内部分歧最大，通话程度最低的一种方言，而且未能形成可以在区内通行的强势土语”[⑤]。可以推知，徽剧

① 游汝杰、周振鹤.方言与中国文化[M].上海：上海人民出版社，1997：195.

② 吴小如.吴小如戏曲文录[M].北京：北京大学出版社，1996：614.

③ 游汝杰.地方戏曲音韵研究[M].北京：商务印书馆，2005：282.

④ 武汉话的材料见北京大学中国语言文学系语言学教研室编.汉语方音字汇[M].北京：语文出版社，2013：12.

⑤ 侯精一.现代汉语方言概论[M].上海：上海教育出版社，2002：91.

开始盛行之时便当以官话作为其舞台语言。其中最重要的原因还是为了适应观众接受的需要，以便于跨越不同的方言区域作更大范围的流播。这显然与其他一些流播范围较小（一般只在某一个方言区域内流播）的地方小戏情况是有所不同的。譬如江西省支派众多的各地采茶戏，基本上是以各地方言为舞台语言的。这实际上也表明作为在南方极具影响的徽剧自形成之初便是一种水平、档次更高的“大戏”，其流播区域、规模以及影响力都超过称作“三脚班”的采茶戏这样的小剧种。

（三）婺源徽剧音韵的研究意义

婺源徽剧音韵具有戏曲史上的研究价值。

徽剧前承弋阳腔，并受昆腔影响，再后进京与汉剧合流形成京剧，南方的徽剧与京剧分为两个系统而传承至今。作为南方保留完好的徽剧支系，婺源徽剧体现了“徽班进京”之后在苏浙皖赣地区独立发展的剧种特色。考察婺源徽剧音韵的状况与特点，与考察婺源徽剧的表演、音乐等其他艺术特色一样，在戏曲史研究上有着比别的一些剧种更为凸显的价值。

婺源徽剧音韵的整理、研究对婺源徽剧的传承发展具有积极意义。

与其他戏曲剧种一样，目前婺源徽剧也面临非常紧迫的传承发展问题。就舞台艺术本身而言，实现唱念发音的统一，对于如何更好地传承特色、实现规范化发展无疑是有积极意义的。当务之急是要审定韵白字音，编制完备的婺源徽剧韵谱，以便传习、推广。这样，本文所作对婺源徽剧音韵的考察研究，实际上也是婺源徽剧的传承发展的一项不可缺少的基础性工作。

参考文献

游汝杰．地方戏曲音韵研究 [M]. 北京：商务印书馆，2005.
吴小如．吴小如戏曲文录 [M]. 北京：北京大学出版社，1996.
侯精一．现代汉语方言概论 [M]. 上海：上海教育出版社，2002.
胡松柏．南昌采茶戏舞台语音的音韵特点与性质 [M]// 中国音韵学——中国音韵学研究会 2008 南昌国际学术研讨会论文集．南昌：江西人民出版社，2010.
北京大学中国语言文学系语言学教研室．汉语方音字汇 [M]. 北京：语文出版社，2013.

语文学习中三个要素的贯通：谈形音义的交会与融合

台湾　政治大学中文系　竺家宁

一、前言

我们要攀登一座语言的高峰，有三条小径，从不同的方向，最后，登临的是同一座峰顶：于是，我们得以俯瞰大千，真正认识了我们的语文。

清代学者是攀登语言高峰的能手，他们在两百多年间，累积了丰富的经验。我们先来看看清儒的治学经验：戴震说："凡故训之失传者，于此亦可因声而知义矣。"（《答秦尚书蕙田论韵书》）钱大昕说："古人以音载义，后人区音与义而二之，音声之不通，而空言义理，吾未见其精于义也。"（《六书音均表序》）王念孙说："窃以训诂之旨，本于声音。"（《广雅疏证自叙》）段玉裁说："形在而声在焉，形、声在而义在焉。"（《说文解字注》）这几句话，清楚地提示了我们，攀登语言高峰的三条小径就是声韵、文字、训诂。段玉裁更把这个道理做了总结，他说了一句名言："音韵明而六书明，六书明而古经传无不可通。"（《寄戴东原先生书》）正是他一生治学的经验之谈。

民国初年的章太炎，承续了清儒的治学经验，他说："转注云者（文字学），当兼声讲（声韵学）。不仅以形、义言。所谓'同意相受者'，义相近也（训诂学）。所谓'建类一首'者，同一语源之谓也。"（《章太炎先生国学讲演录·小学略说》）再进一步阐明了这个道理。下图说明语文学习的巅峰：

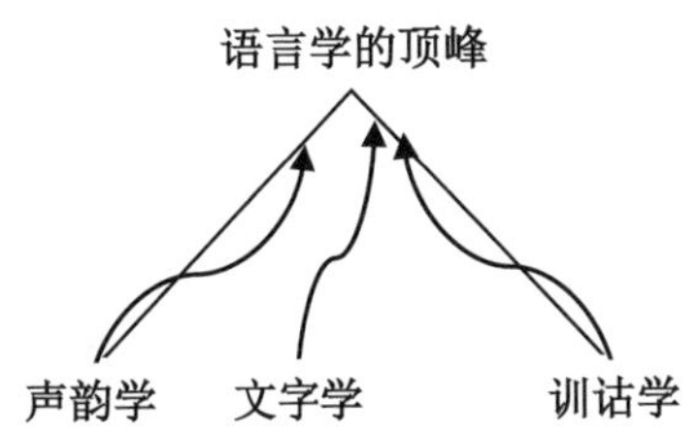

二、声韵学和文字学的交会：日母字和字形的演化

声韵学和文字学有着密不可分的关系。举例来看：

日母（上古音 n- ＞中古音 nʑ- ＞现代ㄖ、儿）：人仁（仁者）日（日本）兒（倪）汝尔仍（乃）

章炳麟提出，中古的娘母和日母在上古时代念的和泥母一样（娘日归泥说），也就是都念作 n- 声母。其演化条件如下：

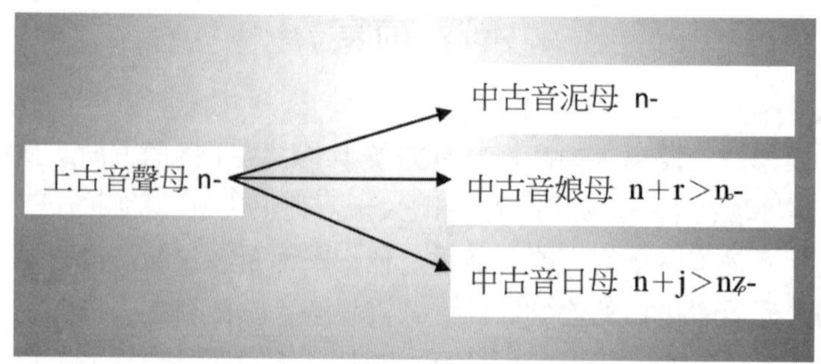

这个声韵规律，如果和字形问题结合起来看，很多现象都变得更清楚了。例如第二人称，古代写作“尔”，现代写作“你”，两者的关系，在语法上、字形上、字音上，都息息相关。

爾 ni ⇨ 尔 ni ⇨ 儞、你 ni

在语法上，两个字都是称代词，功能相同。

在字形上，“爾”先简化为“尔”，再加上人部，作“你”字，和“尔”形成分工。

在字音上，原来都念作 [n-] 的音。

透过这些联系，为什么古代写作“爾”，现代写作“你”，其中的脉络就清楚了。我们把形、音、义结合起来看，还可以在古籍中找出更多的第二人称变体字形：

《聯燈會要》卷第二十六：師云。和尚不會三界惟心。沙云。我喚這箇作竹木。儞喚作甚麼。師云。某甲亦喚作竹木。

《建中靖國續燈錄》：儞作麼生入。什麼處是儞去處。還實有來去麼。

《天聖廣燈錄》：自是儞善知識無眼。不得瞋他。

从声音上的联系，我们还可以知道，佛经中的“仁”、“仁者”，就是“你”的意思。因为“仁”的古音正是 [nin]。例如：

若干種供養，爾乃與仁俱。（154 生经）

唯仁此第一，福田無有上。（199 佛五百弟子自说本起经）

獮猴便從，負到中道，謂獮猴言：仁欲知不？所以相請，吾婦病困。（154 生经）

所有妻婦群從眷屬，相敬重故，各共發願，世世與仁（介詞的賓語）俱，生生相侍隨。（345 慧上菩萨问大善权经）

又問文殊師利：仁者不樂佛國土乎？答曰：不也。（318 文殊师利佛土严净经）

德光太子語父母及諸眷屬：今願仁者，勸助城郭，莊飾瓔珞，以奉如來。（170 佛说德光太子经）

仁者有四腳，我身有兩足。（154 生经）

吴方言另有“耐”字作第二人称，例如：

耐阿是搭錢大人一淘（一淘，一道也）格？（《负曝闲谈》十六）

耐坐一歇，等我幹出點小事體，搭耐一淘北頭去。（《海上花列传》一）

在元代口语中，又写作音相近的“恁”。例如：

記得恁打考千千遍。（《刘知远诸宫调》）

相國夫人，恁但去，把鶯鶯留下勝如湯藥。（《董解元西厢记》）

管是恁姐姐使來沙？（《董解元西厢记》）

这些不同的第二人称写法，透过声韵的联系，立刻可以发现它们是同一个词的变体。

三、声韵学和文字学的交会：书母字和字形的演化

我们再来看看，中古书母字的演化，如何综合形音义诸要素。在语文学习上获得一个更完整的概念。

什么是书母？看了下面这几个例子，你会怎么想？（括号外的字是书母，括号内的字念作 d- t-，它们在字形上、意义上都相关）

失（跌迭）商（熵）傷（湯）詩（特）始（台）叔（督）

申（電）　升（登）　菽（豆）　首（頭）

原来，书母经历了这样一个演化过程：上古音 sd-> 中古音 ɕ-> 现代ㄕ。

书母古读舌头音，这是周祖谟提出来的《审母古读考》。书母又称为审三（审母三等字），它在中古念作舌面前清擦音［ɕ-］，上古却是一个舌尖塞音 d 类的声母。黄侃也把审三归入透母，确认这类字在上古念舌头音（d、t 一类）。

那么，书母的发音又如何呢？依照现代声韵学的研究，知道它是一个擦音［s-］加上塞音［t-］或［d-］的复声母。李方桂、周法高都把它拟为 st- 型声母。竺家宁 1981 年拟为［sd-］。一致的看法是上古都念作 d、t 一类。

书母如何发生演化呢？

由于书母只出现在三等韵，都带有一个［j］介音，组成［sdj-］的形式，到了中古，发生颚化作用，就变成了［ɕj-］。颚化为擦音，是受了前面 s 的影响，［s］失落，在它后头的 dj 颚化演变中留下痕迹，形成了［ɕj-］的颚化声母—书母，这是舌头音［t］系字的颚化现象。

这种舌头音 t 系字的颚化，在世界其他语言当中十分普遍，例如英文的 –tion 字尾，原本的塞音 t，受细音 i 的影响，就变成了颚化的擦音 ʃ。century 中间的 t，也受到了后面 u［-ju］的影响，变成了颚化的 ʧ 的音。education 当中的 d，也是受到后面 u［-ju］的影响，变成了颚化的 ʤ。Would you please 这句话当中的 d，由于后面 you［-ju］的影响，发音也颚化变成了 ʤ。

在韩国话的汉字音里，凡是 t- 系字，遇到后面有细音 i 的话，也一律会发生颚化。例如，电话的“电”字전화，地下铁的“地”、“铁”两个字지하철，大田（韩国的地名）的“田”字대전，通通都念成了颚化的塞擦音声母，而不再是舌头音ㄉ、ㄊ的发音。这就是 t 系字的颚化现象，英文、韩文和上古音书母字的演化，是同类的。

“书母古读舌头音”的演化状况如下表：

上古音声母 sdj- ＞（颚化作用）＞中古音声母（审三、书母）ɕj- ＞现代 ʂ -（章系字的卷舌化）

以下，我们来看看，这条声韵知识，如何和形音义结合起来，更有效地了解中国语言。

1. 先说“电 / 申”两个字的关系，其中“申”是书母 sd-。

甲骨文的申（電），是天空闪电之形。

后来演化成电（末笔弯钩）、申（末笔不弯钩），（字形）

意义上，“申”字被假借为“伸张”、“申请”的申，“电”字保留本义。（字义）

语音上也分化了，一个保留舌头音 d（電、电），一个变成中古书母（申）。（字音）

也可以看作上古的 sd- 分裂成了 s（申）和 d（电）两个符号。

说文 · 申部　（秦简）　说文籀文

上面这个字形，今天残留作为台北［电信局］的标志：

后来，为了帮助了解，加上了雨字头。

说文 · 雨部　说文古文　西周晚期金文

由此看出字形的演化、字义的分化、声韵的变迁，是密不可分的。

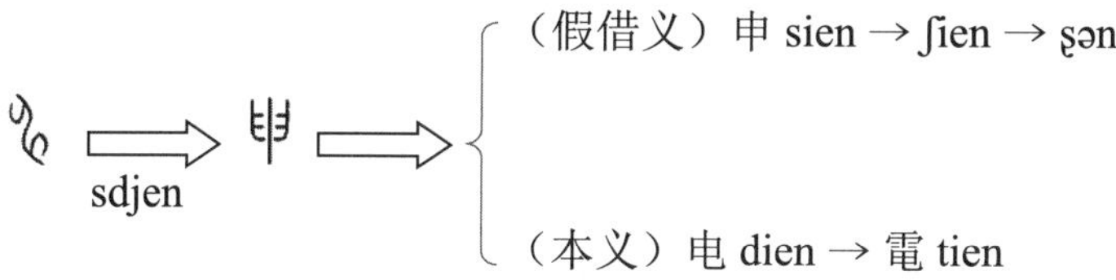

2. 再看“菽 / 豆”，其中“菽”是书母 sd-。

“菽”是豆子的意思（训诂），

文字的结构方面，“豆”是假借，本意是祭祀盛食物的容器，“菽”是后起的形声结构。（字形）

声韵方面，都是由上古书母的 sd- 变来，“菽”近 s，“豆”近 d。（字音）

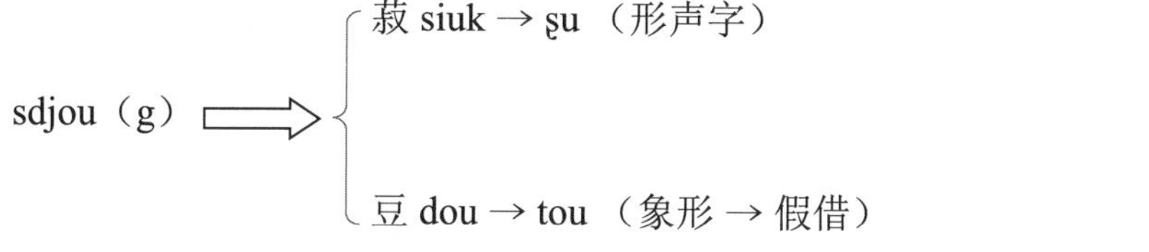

3. 再看“首 / 頭”。其中“首”是书母 sd-，甲骨文写作：

正是像头的形状。字形决定了字义。后起的“頭”字，加了个声符“豆”在左边，由象形变成了形声字。

篆文　（楚简）豆加在下方　说文页部

在学习这个字群时，我们还可加入“面”字。

（秦简）把首字的头发去掉，强调所指的只是脸的部分。

我们再加入“页”字。这样有助于学习者理解从“页”部的字为什么总和脸孔有关，例如“頭、颜、顶、项、须、领、颈、颊、额”等等，也有助了解为什么当我们说“把书翻到第二十页”，也可以说成“把书翻到第二十面”。原来，“页”字只不过是在“面”字下面加上个身体的形象而已，像人的全身之形，同时夸大了头面部位。

说文·頁部

这样，我们既了解了同源词的“頭、首”，又知道了和“面、頁”的关系，更进而知道了从［頁］得声的字，字义上为什么和脸孔都有关。

从［頁］得声的字：

頂、項、鬚、領、頓、頰、頸、頷、頤、顆、題、額、顎、顏……

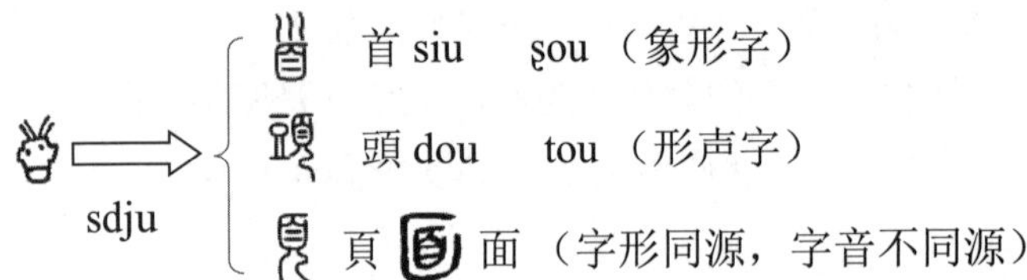

4. 再看“升 / 登”，其中“升”是书母 sd–。

这两个字的上古声母是 sd-，训诂意义是“往上”之义。语音分化后成为 s 的“升”，和 d 的“登”，训诂意义分化后成为“抽象往上”的“升”，和“实质往上”的“登”。

上古 sd-（往上）
- s- ＞ ɕj-（书母）升（抽象往上，如升官、升迁、烟雾上升）
- d- ＞ t-（端母）登（实质往上，如登山、攀登、登临）

5. 再看文字学上，六书的形声字“督”从“叔”得声，其中“叔”是书母 sd–。

它们的谐声关系是“督 t–”从“叔 sd–”得声，两字的韵类相同、声调相同、声母相近。

今天闽南话把“叔”念为“tsik”，正是由 sdjək^{w}（韵部依照李方桂）经过“音素易位”形成的。上古精系字往往经过这样的演化：st– ＞ ts–。

閩南話“阿叔”［a tsik］

“音素易位”指的是音节内部某两个语音元素发生位置更换的现象。在语音学上叫作 metathesis。

李方桂《幾個上古聲母問題》所擬訂的上古漢語ST-型聲母如下：

*sth- > tsh-

催 *sthəd > tshuâi

邨 *sthən > tshuən

戚 *sthiəkw > tshiek

帨 *sthjuadh > tshjwäi

揣 *sthrjuar > *tshrjuar > tṣhjwe

*sd > dz-

寂 *sdiəkw > dziek

潨 *sdəngw > dzuong

摧 *sdəd > dzuâi

这种音素互换的现象，在其他语言里十分普遍。例如在上古英文里［āscian］（=ask）也可以写作［ācsian］。于是就具有两种形式的发音［ask］与［aks］。

此外，在西撒克逊语有这样的变化：axian > ask，dox > dusk，其中的［ks］变成了［sk］；古英文 hros > hors（马），其中的［o］和［r］发生了换位的现象；古英文 woeps > wasp（黄蜂），其中的［ps］变成了［sp］；古英文 thridda > third（第三），其中的［ri］变成了［ir］（比较英文的 three）；拉丁文 miraculum 演化成西班牙文的 milagro（奇迹，英文 miracle）；拉丁文 parabola 演化成西班牙文的 palabra（说话，法文 parole）。

这两组例子都显示了［r］和［l］发生了音素易位的现象。

这种演化现象，在世界各语言中的实例，可参考竺家宁《语音学之旅》第 13 章。

以上五个例子可以看出，为什么书母在上古总是和舌头音［t-］类接触，因为书母在上古就是个舌头音 sd-（或李方桂、周法高拟定的 st-）。由这些例子也可以看出，声韵规律不是孤立存在的，一个道理，可以贯串形音义的种种变化。

四、声韵学和训诂学的交会：上古复声母和词义的关系

上古复声母是声韵学的尖端领域，涉及了语言学、构词学、汉藏语言学等相关知识。即使一般认为学风保守的章黄之学，今天也不能不讲授这个部分。北大张渭毅《陈伯元先生上古声母学说的特色、贡献及其启示》论述了陈伯元先生上古复声母研究的贡献：

> 中年时代接受复声母学说，是对黄侃古本纽思想的创新，更加清晰合理地说明了上古声母分化的条件和演变规律。伯元师复声母研究，经历了一个从无到有、从质疑到肯定、从完全接受到创新和发展的三个逐渐深化的认知过程。晚年明确指出："吾人讨论及单纯声母时，已无可避免涉及复声母问题。"不仅认为上古有单声母系统，而且有复声母系统。他的《古音学》、《声韵学》对李方桂先生的《上古音研究》拟测的复声母加以继承、修正和发展，进一步构拟了带 h 词头之复声母 4 个，带 s 词头之复声母 21 个，带 l 之复声母 15 个，并说明从上古到中古各类声母的演变关系。

拙著《章黄学派的特色及在台湾的发展》（黄侃诞辰一百三十周年学术研讨会 2016.10.21-24 武汉大学），阐述了章黄之学不是故步自封，而是不断发展更新的。伯元先生在古声十九纽的基础上，进一步对上古复声母做了探索。发现在《水经注》里头就早已埋藏了许多复声母线索，伯元师乃一一加以发掘，细加解释，发表《郦道元水经注里所见的语音现象》一文（见《中国学术年刊》第二期，1978 年 6 月）。该文就 6 世纪初的《水经注》当中隐含的复声母证据，共得八条。由这篇论文，说明了章黄学派的发展，正是延续了黄季刚先生实事求是的精神。

上古复声母的研究，经历了三个阶段：

第一个阶段是 19 世纪末叶"学说的提出"。以英国汉学家艾约瑟（Joseph Edkins）为代表。

第二个阶段是 20 世纪前半"怀疑与论辩"。林语堂、高本汉、陆志韦、董同龢进一步拟定了复声母的具体发音，分析了复声母的形式和种类。

第三个阶段是 20 世纪的后半期"确立与系统"。这一阶段对于复声母的存在基本上已经没有争论，李方桂等学者进而全盘性、系统性地研究，建立

了一个完整的体系，把所有汉字纳入这个体系之中。1998 年由赵秉璇、竺家宁主编的《古汉语复声母论文集》（北京语言大学出版社），是复声母研究的一次重要结集。拙著《百年来的复声母研究——理论和方法》（北大演讲）又对此做了总结。对认识复声母提供了完整的参考数据。

了解上古音复声母，许多古书中的问题便能迎刃而解了。举例来说，中文为什么把“行李”称为“行李”呢？以前在华语教学班上，一位美国学生提出这样的疑问。孔子学院的老师总是告诉她，这是中文的习惯，另一位老师告诉她，字典就是这样的，我们是依照字典来的。这位美国学生依旧困惑。她说，“行”字她可以理解，有来往的意思，“李”字她也懂，李白就姓李，是她最崇拜的诗人，她补一句说，“李”Lee 在我们美国也是个大姓，南北战争的李将军（Robert Edward Lee，1807 — 1870），也是她最崇拜的英雄。可是，她不解的是为什么“行李”（luggage，baggage）和姓李的会产生关系？

其实，“行李”这个词的音和义，来源很早。

《左传·烛之武退秦师》：若舍鄭以為東道主，行李之往來，共其乏困，君亦無所害。

先看这个词的意义（训诂），上古时代，“行李”指的是“来往的使节”。在意义演化上，“行李”由“来往的人”变成了“来往的人手中必然携带的物件”。训诂学上词义的演化常常会从某项事物，演变成为某项事物具有的特征。例如“婉转峨嵋”、“六宫粉黛”，其中的峨嵋、粉黛都指美女，正是这类现象。

再看声韵的演化，其中又涉及了文字的假借，这个词的本字是“行使”，指来往的使节，意思很明显。但是，上古音“李 dzli”和“使 sli”音近，可以通假（韵母同部，音值这里不讨论）。后来假借通行，本字反而不用了。两字在语音上，声母都有 l 成分，起始音 dz 和 s 古人视为同一类“齿头音”。现代语感，ㄗ、ㄘ、ㄙ也视为同组。

“行李”和“行使”的发音关系是“行李 dzli”和“行使 sli”，两者发音近似，所以能构成同音假借的关系。这就是“行李”一词的来源。

从这个词的形音义关系，使我们对三个问题能够迎刃而解：

1. 了解“行李”和“行使”的声韵通假关系，

2. 同时，在文字构造上，我们也解决了“李”从“子”得声的谐声关系，

3. 还有“使”从“吏”得声的谐声关系。

原来“李”字念作类似 [dzli] 的音，“子”字念作类似 [tsi] 的音，它们的韵母相同、声母近似，都是舌尖塞擦音（古代称为齿头音）。所以“李”dzli 可以从“子”tsi 得声。

“使”字念作类似［sli］的音，“使”字的声符是“吏”，“吏”字念作类似［li］的音，两个字的发音近似，所以可以用来组合成形声字。

除了横向的声韵关系，我们再看看纵向的演化状况。声韵的研究，必须能交代如何演变的问题。

声韵演化有个基本规则，就是浊音容易失落，或清化。

sl- ＞ s- 声母的演变：使 sl-/ s- ：吏 l-/ l-（清音 s 后的浊音 l 失落）

dzl- ＞ l- 声母的演变：子 ts-/ts-：李 dzl-/l-（次浊音 l 前的全浊音 dz 失落）

这个问题，涉及了形、音、义的联系。如果我们光从单一角度思考，就不容易把其中的横向和纵向关系说清楚。

五、把三者贯串起来：字形、字音、字义辨析

有些汉字的字形相近，其间却有辨义作用，语文学习者必须能辨别。例如“王、玉、壬……”等，那么，“聽”与“聖”，“廷、庭”，当中的部件“壬”是哪一个字呢？是ㄨㄤˊ（wang）？是ㄩˋ（yu）？是ㄖㄣˊ（ren）？其实都不是，而是长相近似的ㄊㄧㄥ，在字形上，它们都是三横一竖，却是不同的字。ㄊㄧㄥ字（ting）的下一横要长一些。这是字形问题。

“王”的演化（上两横距离比较近）

甲骨文的几种写法

颂簋（金） 曾姬无卹壶（金）

“玉”的演化（三横等距离）

（甲文） （楚简） 说文·玉部

“壬”的演化（小篆之后，中间一横比较长）

（甲文） 汤叔盘（金） 说文·壬部

字音方面，“廷、庭”有个三横一竖的ㄊㄧㄥ（ting）做声符还可以理解，“聽”的声符也可以理解。至于“聖”怎么也是同一个三横一竖的ㄊㄧㄥ呢？先看一条古书中的假借。

《史記》“皇帝躬聖”，有的版本写作“皇帝躬聽”，“聖”是书母，“聽”是透母；

“廷”字的演化

师酉簋（金）西周中期 秦公簋（金）春秋中期 包 2.7（楚简）说文・廴部

说文・耳部：聖，通也。从耳，呈声。《说文》：呈，平也。从口，壬声（ㄊㄧㄥ ting）

说文・耳部：聽，聆也。从耳、悳，壬声（ㄊㄧㄥ ting）

（悳 说文・心部：悳，外得於人，内得於己也。从直，从心）

为什么“聽”与“聖”可以通假呢？这个问题，我们需要用到一个声韵规律。就是上面提到的，书母念舌头音的现象，“聖”是书母字。所以，“听 tieng”与“圣 sdjeng”在造字时代，发音接近，意义也相通，它们还具有同源词的基因（意义也相通）。

六、同源词联系了“声韵”和“训诂”

谈到同源词，是训诂学中一个重要的课题。有的书叫作“求语根”、“音近义通”、“声义同源”等等。这时，声韵和训诂起了密切的联系，彼此依存。例如古代“蒙、濛、矇、茫、瞇、盲、霧、亡”这些字都是 m- 的声母，意义上都是“昏暗、看不清楚”的意思。但是，“雾、亡”两字今天不念 m- 声母，这是因为这两个字演化成为微母字，变成了今天的零声母。回到上古音，这两个字仍然是 m- 声母。

在字义方面，童蒙、启蒙的“蒙”字，茫然、茫茫的“茫”字，瞇着眼、目盲的“瞇、盲”两字，浓雾、起雾的“雾”字，灭亡、死亡的“亡”字，到今天的用法中，还保存着早期这群字“看不见”的原始意义（童蒙、启蒙）。

高本汉的《汉语词类》和王力的《同源字典》，收罗了比较完整的同源词，可以拿来观察其中的声韵和训诂，找出它们原始的相关性，以及今天的字音和用法，是如何演化成功的。

七、六书中的形声字与声韵学

六书是文字学的问题，当中的形声字，却需要联系声韵学才能了解。例如：

1.“推”t- 从“隹”得声，“推”是舌头音，“隹”是章系字。清儒夏燮曾提出章系字古读舌头音的论证。所以，“隹”是 [t-] 声母，自然可做“推”字的声符。

章母（例如“之诸支”）　上古音 t- ＞中古音 tɕ- ＞现代ㄓ类音

 说文 • 手部（《说文》：推 t-，排也。从手，隹声。）

2.“溺”n- 从“弱”得声，可是“溺”属泥母，而“弱”属日母。章太炎曾提出“娘日归泥说”，证明日母字上古念 [n-]，所以，“弱”是 [n-] 声母，自然可做 [溺 n-] 字的声符。

 说文 • 水部（《说文》：溺，水。自張掖刪丹西至酒泉合黎，餘波入于流沙。从水，弱声。）

3.“悦”从兑 d- 得声，“悦”是以母字，“兑”是定母字。曾运乾曾提出“喻四古归定”的声韵规则，发现中古的以母字，在上古是个舌头音，所以，“兑”可做“悦”字的声符。它们上古的发音部位相同。思考下面几个字的发音关系：

以母　以（台）　弋（代）　余（途）

4.“特”t- 从寺 s- 得声，“特”是定母字，“寺”是邪母字。钱玄同发现了“邪纽古归定”的规则，证明邪母字在上古念作类似 d- 的音，所以，“寺”可做“特”字的声符。思考下面几个字的发音关系：

邪母　隨（橢）徐（途）寺（特）敘（涂）

特 说文・牛部（《说文》：特，朴特，牛父也。从牛，寺声。）

5.“提”t- 从是得声，“提”是定母，“是”是禅母。周祖谟发现了“禅母古归定”的规则，证明禅母字在上古念作近似 d- 的音，所以，“是”可做“提”字的声符。思考下面几个字的发音关系：

禪母　成（丁）是（堤題）署（都）常（堂）時（待）蜀（獨）樹

提 说文・手部（《说文》：提 t-，挈也。从手，是声。）
（“是”字李方桂上古音 djigx）

6.“地”d- 从也得声，“地”是定母字，“也”是以母字。依据上述“喻四古归定”的规则，“也”念的近似“地”的音，所以能构成谐声关系。

地 说文・土部（《说文》：地，元氣初分，轻、清、阳为天；重、濁、阴为地。万物所陈列也。从土，也声。）

7.“成”从丁 d- 得声，“成”是禅母字，依据上述“禅母古归定”的规则，上古音可以和同属舌头音的“丁”字构成谐声关系。但是“成”字的声符不明显，这个“丁”字卷曲地藏在“成”字的中间，这里就需要用到文字学的知识了。

成 说文・戊部（《说文》：成，就也。从戊，丁声。）
（“成”字李方桂上古音 djing）

8.“昏”从民得声。依据董同龢的发现，和明母字谐声的晓母字，上古是一个双唇清鼻音 hm-。所以“昏、民”两字都属 m- 类声母。

这里需要用到文字学的知识，“昬”为“昏”之异体。《说文解字・日部》：“昏，日冥也。从日氐省，氐者下也。一曰民声。”《玉篇・日部》：“昏，呼昆切，日冥也。昬，同上。”《广韵・平声・魂韵》：“昏，《说文》曰：‘日冥也。’亦作昬。呼昆切。”

汉代的书写（例如汉碑），昏字往往上头是个民字。“聞”（m-）与“婚、

[illegible]THE”古同字，“問聞”与“昏”音近字通。战国竹简即借“昏”为“問”（m-），《郭店楚简·鲁穆公问子思》简 3：“向（嚮）者吾昏（問）忠臣於子思。”（向子思問忠臣之道）　“昏”的异体字有 昬、睧 等。

以上例子，说明了文字学中六书的形声，摆脱不了声韵知识。

八、六书中的假借与声韵学

六书是文字学的问题，当中的假借，也需要联系声韵学才能了解。例如古书中的假借异文现象：

1.《玄应·音义》中“豁旦，即于阗”，其中的“豁”字是晓母（曾运乾有喻三古归匣之说，云：“豁”与匣母互为清浊），“于”字是云母。云母、匣母上古音念得一样，都是 g-：（闽南话匣母仍保存 g- 的发音：糊 厚 汗 县 寒）

云母：雲云王雨尤于

匣母：何胡黄（广）痕谐鞋

2. 又如龟兹、库车的名称问题。

古代西域的国名“龟兹”（梵语 Kucina，又称丘慈、邱兹、丘兹）一般会破音为（ㄑㄧㄡ ㄘˊ），其实这个地方就是现代新疆的“库车”，这两个译名都是根据当地人的发音，转写成汉字的，所以这两个词的发音原本应该是一样的。现今库车的机场名称，就叫作“龟兹机场”。

龝“秋”字的繁体写法

“龟”字在现代闽南话还有“ㄍㄨ”的念法，所以“ㄍㄨ兹”和“库车”发音十分近似（董同龢“龟”字的古音是 kju）。所以，“龟兹”破音为“ㄑㄧㄡ ㄘˊqiu ci”未必妥当，虽然“秋”字古代可以从“龟”字得声，这个地名却不是用“秋”音。

3. 再如古代的贤者“皋陶”，为什么念作 ㄍㄠ ㄧㄠˊgao yiao？其字形也可以写作“皋繇”，“陶”是定母，“繇”是以母，依据声韵学上古音条例，喻四古归定，“陶、繇”二字通假。声母上古相同。都念作近似 d- 的音。

九、古文字中，“麥”为什么是“來”？“命”为什么通“令”？

通常复声母演化为单声母，往往会保留原本的韵母形式。例如：

mling ＞ ming 命，ling 令，

（甲文）（金）西周中期　（金）西周晚期

林义光《文源》：“按：诸彝器令、命通用，盖本同字。”

mling
- ming 命（保留本义，字形、字音分化）
- ling　令（保留本义，字形、字音分化）

mlai ＞ mai 麥，lai 來，

“麥”　麥盉（金）西周早期　“來”　作冊般甗（金）商代晚期

李孝定《甲骨文字集释》：“來、麥当是一字。夂本象到（倒）止形，於此但象麥根。以來叚为行來字，故更制緐体之麥以为來麰之本字。”

徐灝注笺：“來本为麥名。《广雅》曰‘大麥，麰也。小麥，麳也’，是也。古來麥字衹作來，假借为行來之來，后为借意所专，别作麳、秾，而來之本义意废矣。”罗振玉《增订殷虛书契考释》：“卜辞中诸来字皆象形。其穗或垂或否者，麥之茎強，与禾不同……叚借为往來字。”

mlai
- mai　麥（保留本义）
- lai　來　（假借为动词来去之义）

民国初年的文字学家吴其昌曾写《殷墟书契解诂》一书，兼通声韵，又完成《来纽明纽古复辅音通转考》一文（《清华学报》7 卷 1 期，1932），证明了 ml- 复声母的存在。

十、音义的结合体：前缀与训诂

声韵的演化，往往和训诂现象分不开的。上古音研究的发展成果，为训诂问题提供了解释。例如梅祖麟《上古汉语 *s- 前缀的构词功用》提出了 *s- 的使动化作用：

顺　*djəns ＞ dźjuĕn　食闰切　船母
驯　*sdjən ＞ zjuĕn　祥尊切　邪母
（训诂上，驯，就是“使顺”，声韵上，具有 s- 前缀，形成使动）

食　*djək ＞ dźjək　乘力切　船母
饲　*sdjəks ＞ z ï　祥吏切　邪母
（训诂上，饲，就是“使食”，声韵上，具有 s- 前缀，形成使动）

灭　*mjiat ＞ mjä t　亡列切　明母
㓕　*smjiat ＞ xjwä t　许劣切　晓母
（训诂上，㓕，就是“使灭”，声韵上，具有 s- 前缀，形成使动）

陨　*gwjəns ＞ jwĕn　于敏切　云母
损　*skwənx ＞ suən　苏本切　心母
（训诂上，损，就是“使陨”，声韵上，具有 s- 前缀，形成使动）

s- 在动词、形容词前，作“使动词头”，例如：（郑张尚芳 1990）
寤 ŋɑ→ 苏 sŋɑ（使醒）
移 lɑl→ 徙 slɑl~slel（使移）
还 ɦwɑn→ 旋 sɦwɑn（使还）

潘悟云 1991 又举出：
视 glji（与见系谐声之禅母） 自动
示 sgljis（船母）　使动（使视，指示给他看）

引 lin　自动
伸 sljin　使动（使长，使之往前引长）
亡 mɑŋ　自动
丧 smɑŋs　使动（使亡。天丧之，天使之亡）

这些研究，标志了复声母研究的进一步发展。特别是 s- 词头的构词功能。对于这些字的意义和用法，和声韵有着密切联系，了解了这种关系，我们对于古汉语的掌握就更精确了。

十一、结论

由上面的例子，可以看出，为什么清儒一再强调，形、音、义是不可分割的一个整体。文字、声韵、训诂都是攀登语言巅峰的有效道路。分成三个领域，只是权宜方便，最后，这三条道路终将交会在一个点上，这个点就是“语言的巅峰”。掌握了这三条道路，在登山途中，你就能够交叉选择，找出最有效的途径，事半功倍地登临峰顶。如果你只认识一条路，半途遇到困难，山崩路断，就永远到不了山顶。也就没有机会俯瞰美丽的大千世界，饱览山川的秀丽，也无法以开阔的视野和心胸，优游在语言学的天地之中！

语言学的学习和研究，有一个最基本的秘诀：要能博，才能通。如果拘守一途，被一个学派套牢，那么，当同伴已经在山顶呼唤，你可能还困在丛林里头打转，呼天喊地，找不到出路。

今天，我们一起进入语文的世界，要学好语文，弄清楚语文的所以然，只有一个共同的理想和目标，就是形、音、义不可偏废，它是三位一体，不能分割，有如三合一咖啡，愈加香醇！

从《悉昙字记》谈梵字字音教材的编写与流传

台北大学中国文学系　李柏翰

一、前言

“梵字字音”指的是解说悉昙字母的读音注记及其拼合方法等相关内容，而“𑖭𑖰𑖟𑖿𑖠𑖽悉昙去声（siddhāṃ）”一词则是唐以前传入中国的悉昙体梵字（siddha-mātṛkā）及其相关字音学理论的概称。[①]唐代《悉昙字记》堪称中国解说梵文字母字音的经典文献，自宋以后在中国地区虽未见流行，[②]但唐末传到日本却成为学习梵字的必读教材，如同时代的宗叡（809—886）《悉昙私记》、安然（841—901）《悉昙藏》、淳佑（890—953）《悉昙集记》等书都是与它有关的著述。唐代的悉昙知识传入日本后，佛门僧侣开始编写有关《悉昙字记》的字音注解，其系列的注解教材传承数百年从未间断，而其内容体例及语言特点皆可溯源至《悉昙字记》原型。直至民国初期，僧俗人士东渡日本学习真言密教，才又让此类字音教材的编写特点回流至中国。然而，当前似乎少见追踪这类文献的传承演变，故本文拟对围绕《悉昙字记》原型的梵字字音教材进行阶段分类，除了观察古今编写的差异外，更以观看中日两地僧人教材编写的关系和源流，进而比较中、日两国教材编写的差异点，体现学习悉昙梵字时的认知差异，藉以探究《悉昙字记》传承与影响情况。

---

① 谭世宝.悉昙学与汉字音学新论[M].北京：中华书局，2009：108-110.

② 《悉昙字记》早在中国佚失，直至民国初年才从日本辗转传回。清光绪年间，杨守敬（1839—1915）出使日本，间接寻得早在中国佚失的《悉昙字记》及《景佑天竺字源》两本悉昙文献。回国后，杨守敬曾为汪康年（1860—1911）刊刻《悉昙字记》，且成书后赠与罗振玉，是较早开始对《悉昙字记》进行收集和出版的人。1917年，罗振玉（1866-1940）避居日本京都期间，与其子罗福苌（1886—1921）搜集流传在日本的《悉昙字记》《景佑天竺字源》《涅盘经悉昙章》等书，并附以题跋编集为“悉昙三书”出版。

关于本文的撰写步骤：首先，介绍《悉昙字记》编撰架构及其内容大要，作为后文论述的背景知识；其次，透过文献材料的查找和归类，整理此书在日本地区数百年的流传情况，并对其注解形式略作介绍；最后，通过《悉昙入门》和《悉昙梵文启蒙》两书，观察梵字字音教材由日本回流中国后的编写情况。

二、《悉昙字记》编撰架构及其纲要

《悉昙字记》为唐山阴沙门智广（760—830）[①] 所撰，书名标题下又注“南天竺般若菩提悉昙”，据智广所言，此书的悉昙知识来自北印度僧人般若菩提(Prajñābodhi)所传授，其源头乃出自南印度的悉昙文字，祖承摩醯首罗之文。今日常见的版本，主要为《大正藏》（T.54 No. 2132）收录的《悉昙字记》一卷，而根据马渊和夫《增订日本韵学史の研究》的介绍，相关版本至少有三十二种，目前较容易取得的为“元永元年本（1118 年）、文治二年本（1186 年）”两写本，而本文暂时以《大正藏》的版本为主。[②]《悉昙字记》的成书时间也多有争论，本文依据《贞元新定释教目录》（卷十七）记载般若菩提贞元十年（794 年）巡礼五台山，与空海在长安所获的写本，并著录于《御请来目录》的元和元年（806 年）等两项讯息，将成书时间划定为公元 794—806 年。

此书是唐代中国解说梵文字母及字体的开山之作，现今日本流传的悉昙文献多有引述该书内容进行讨论。[③] 有关本书编纂的过程，其云：

> 悉昙，天竺文字也。《西域记》云，梵王所制，原始垂则，四十七言。寓物合成，随事转用，流演支派，其源浸广。因地随人，微有改变，而中天竺特为详正。边裔殊俗，兼习讹文，语其大较，本源莫异，斯梗

① [日]中村瑞隆等编.梵字事典[M].东京：雄山阁，1993：31-32.

② 参见[日]马渊和夫.增订日本韵学史の研究[M].京都：临川书店，1984：1403-1411.[日]高山寺典籍文书综合调查团.高山寺悉昙资料（第21册）[M].东京：东京大学出版会，2001：1-95、97-217.

③ 如郭元兴指出：“本书自宋以后未见流行，但唐末传到日本成为真言宗人学习梵字的必读之书，有关于它的著述很多，较古的有宗叡（809-886）的《悉昙私记》，安然（841-901）的《悉昙藏》，淳佑（890-953）的《悉昙集记》等书。”因此，后人多透过日本流传的悉昙文献之记述对《悉昙字记》进行研究，但目前仍未见全面考察《悉昙字记》流传至日本的研究成果。参见郭元兴.悉昙字记[M]//中国佛教协会编.中国佛教（第四辑）.上海：知识出版社，1989：104.

概也。顷尝诵陀罗尼，访求音旨，多所差舛。会南天竺沙门般若菩提，赍陀罗尼梵挟，自南海而谒五台，寓于山房，因从受焉。与唐书旧翻，兼详中天音韵，不无差反，考核源滥，所归悉昙。梵僧自云，少字学于先师般若瞿沙，声明文辙，将尽微致。南天祖承摩醯首罗之文，此其是也；而中天兼以龙宫之文，有与南天少异，而纲骨必同；健驮罗国憙多迦文独将尤异。而字之由，皆悉昙也。因请其所出，研审翻注，即其杼轴，科以成章。音虽少殊，文轨斯在。（T54, no. 2132, p. 1186, a6-20）

智广先引述《大唐西域记》对于印度文字的讲述，说明各区源头一致，但语音略有差异，尤以中天竺最为详正，[①] 而般若菩提传授的悉昙知识则来自南天竺地区。全书讲述梵字字母读音及其拼合方式，可分作三个段落：第一序文、第二“悉昙章”的全体构成说明、第三各章具体的切继法及其说明，又细分作“字母概说”与“十八章的拼合”两部分，又由于拼合内容有些许重复情况，遂被怀疑可能是“两个传本所合成”[②]。

字母概说部分，称悉昙字母为四十七字，分作摩多、体文两大类，除附有悉昙字形的书写外，并逐一注记各字母的发音特征，如摩多字母记为：“𑖀短阿字上声短呼 音近恶引”、体文字母记为：“𑖎迦字居下反 音近姜可反”，皆先注“音译汉字”，再注“声调、音近、反切”等特点，进而留下当时悉昙字母声韵的实际读法，也成为后人讨论唐代语音特点的一份重要材料。字母拼合部分，《悉昙字记》完整记述“悉昙十八章”的拼合内容，成为讲述《悉昙章》拼合的一个主要模式。下面参考林光明对《悉昙十八章》的拼合整理，简列如下：[③]

表1 《悉昙字记》十八章的梵字拼合

章别	章名	字数	组成重点
			字例
1	迦迦引章 初章、单章	408	34个体文＋12个摩多（摩多点画）
			𑖎 (kā) 𑖎𑖰 (ki) 𑖎𑖱 (kī) 𑖎𑖲 (ku) 𑖎𑖳 (kū)
2	枳耶枳耶引章 余单章	384	体文＋𑖧 (y)＋摩多
			𑖎𑖿𑖧 (kya) 𑖎𑖿𑖧𑖯 (kyā) 𑖎𑖿𑖧𑖰 (kyi) 𑖎𑖿𑖧𑖱 (kyī) 𑖎𑖿𑖧𑖲 (kyu)

① 季羡林校注.大唐西域记校注：卷二〈印度总述·八文字〉[M].北京：中华书局，2000：182-185.

② ［日］小野玄妙编.佛书解说大辞典（第12卷）[M].东京：大东出版社，1937.

③ 有关《悉昙十八章》中的字母拼合，可参见林光明.简易学梵字（进阶篇）[M].台北：全佛文化事业公司，2000：37-141.林光明.梵字悉昙入门（修订版）[M].台北：嘉丰出版社，2007：166-224.

续表

章别	章名	字数	组成重点	字例
3	迦略迦略引章 余单章	396	体文+(r)+摩多	(kra) (krā) (kri) (krī) (kru)
4	迦啰迦啰引章 重章	384	体文+(l)+摩多	(kla) (klā) (kli) (klī) (klu)
5	迦嚩迦嚩引章 重章	384	体文+(v)+摩多	(kva) (kvā) (kvi) (kvī) (kvu)
6	迦磨迦磨引章 重章	384	体文+(m)+摩多	(kma) (kmā) (kmi) (kmī) (kmu)
7	迦那迦那引章 重章	384	体文+(n)+摩多	(kna) (knā) (kni) (knī) (knu)
8	阿勒迦章 余单章	396	(r)+体文+摩多((r)+第一章)	(rka) (rkā) (rki) (rkī) (rku)
9	阿勒枳耶章 余单章	384	(r)+体文+(y)+摩多((r)+第二章)	(rkya) (rkyā) (rkyi) (rkyī) (rkyu)
10	阿勒迦略章 余单章	396	(r)+体文+(r)+摩多((r)+第三章)	(rkra) (rkrā) (rkri) (rkrī) (rkru)
11	阿勒迦啰章 重章	384	(r)+体文+(l)+摩多((r)+第四章)	(rkla) (rklā) (rkli) (rklī) (rklu)
12	阿勒迦嚩章 重章	384	(r)+体文+(v)+摩多((r)+第五章)	(rkva) (rkvā) (rkvi) (rkvī) (rkvu)
13	阿勒迦磨章 重章	384	(r)+体文+(m)+摩多((r)+第六章)	(rkma) (rkmā) (rkmi) (rkmī) (rkmu)
14	阿勒迦那章 重章	384	(r)+体文+(n)+摩多((r)+第七章)	(rkna) (rknā) (rkni) (rknī) (rknu)
15	阿盎迦章 异章	348	鼻音(ṅ, ñ, ṇ, n, m)+体文+摩多	(ṅka) (ñca) (ṇṭa) (nta) (mpa)
16	纥哩章	136	体文+(ṛ),(ṝ)+摩多(ṃ),(ḥ)	(kṛ) (kṝ) (kṛṃ) (kṛḥ)
17	阿索迦章 难觉章	396	某些体文+34个体文+摩多(无一定规则)	(ska) (dga) (vcha) (lto)
18	阿跛多章 无尽章、孤合章	124	各种接续综合练习	(pta) (dsva) (nna) (bhrūṃ)

这18个章次的拼合规则分别为：第1章为基本架构，以34个体文和12个摩多相互拼合；第2至7章以体文下加“𑖧（ya）、𑖨（ra）、𑖩（la）、𑖪（va）、𑖦（ma）、𑖡（na）”；第8至14章为第2至7章的字上加“𑖨（ra）”；第15章为各组鼻音与同类体文的拼合；第16章为体文下加“□（ṛ）、□（ṝ）及□（ṃ）、□:（ḥ）”；第17、18两章则无一定规则。另外，其命名方式则以每章首两字、内容、位置等三种特色命名，如第一章首两字为“迦𑖎（ka）迦引𑖎𑖯（kā）”、位于十八章之首、为体文单独与摩多相配，故有“迦迦引章、初章、单章”等名称。

三、《悉昙字记》的流传及其注解

《悉昙字记》是中国最早介绍悉昙字母的字音教科书，后传至日本，又从日本回流于中国，下文说明这段流传的历史途径。

（一）日本僧人编写的悉昙字音教材

从学习悉昙梵文字母的层面来看，《悉昙字记》的内容包含“历史源流、字母发音、字体拼合”三部分，后代相关注解教材都围绕在这几个特点进行发挥。若根据马渊和夫《增订日本韵学史の研究》“第八章　悉昙字记およびその注释书”的整理，从禅林寺宗叡《悉昙私记》以来，至少有115种注解《悉昙字记》的字音教材。① 若依照时代先后来看，大致现存的文献情况如下：

表2　日本流传的悉昙字音教材

阶段	著者	生卒年	刊出 / 版本年代	文献名称
	智广	760-830?	794-806?	悉昙字记
I	宗叡	809-884	1732	悉昙私记（新锲悉昙字记林记）
II	信范	1223-1287	1326	悉昙字记闻书
	杲宝述 贤宝补	1306-1362 1333-1398	1856	𑖭𑖰𑖟𑖿𑖠𑖽字记创学钞
	宥快	1345-1416	1450	悉昙字记闻书
	长觉	1340-1416	1670	悉昙决择钞（悉昙字记决択钞）

① [日]马渊和夫.增订日本韵学史の研究[M].京都：临川书店，1984：1403-1494.

续表

阶段	著者	生卒年	刊出 / 版本年代	文献名称
III	净严	1639-1702	江户时期	悉昙字记讲述
	盛典	1663-1747	1697	悉昙字记指南钞（冠注悉昙字记指南钞玄谈）
	周观	?	1699? 或 1797	𑖭𑖰𑖟𑖿𑖠𑖽字记捷览
	（寂然）幻耳	?		悉昙字记诸章建立略颂
	瑞凤	江户中期	1774	悉昙字记註（悉昙字记註玄义）
	（慈云）饮光	1718-1804		（悉昙）字记闻书
	行智	1778-1841	1800	悉昙字记真释谚谈

从上表来看，除了与《悉昙字记》时代最为接近的《悉昙私记》外，江户时期（1603—1867）兴起一股注解《悉昙字记》的风潮，故以江户时期为界，将文献的流传分作：江户前、江户时期两阶段。这些文献大都同时涵盖历史、字音、字体拼合三部分的注解，且注解的册数越来越多，如信范的《悉昙字记闻书》就采取逐句注解的方式，多达八册。下面先对《悉昙私记》进行解说，了解原先对于《悉昙字记》的诠释模型，其次再概述这些字音教材的注解特点。

1. 较早的注解本——宗叡《悉昙私记》

目前已知，较早对《悉昙字记》进行讨论的为宗叡（809—884）《悉昙私记》（？）[①]，由于《悉昙私记》与《悉昙字记》时代最为相近，并成为后代注解教材的规范，所以可作为当时对于悉昙文字拼写理解的记录。题目“私记”两字即注解之意，而书前曾云：“（《悉昙字记》）序及次注如文悉之，非正释字体，故不记。”可知，本书着力于注解字体拼合方法，其编写体例如下：

> 文。其始曰悉昙，下阿、阿等是。……其始曰悉昙者。指下文将列阿、阿等十二字，先称悉昙。悉昙者，即𑖀、𑖁等也。故将列𑖀、𑖁，题称悉昙。悉昙之义，至下当释。

“其始曰悉昙”为《悉昙字记》原文，《悉昙私记》采以“文。××× 者”的句式，逐文引录《悉昙字记》原文，进而对其原文进行阐释。而对学习者容易产生的困惑，则以“问答体”的形式进行解说，如：

> 而韵有六者。以𑖀、𑖁为一韵，乃至以𑖀𑖽、𑖀𑖾为一韵，故有六韵。
> 问：𑖀、𑖁既是上声、平声，何得为一韵。𑖄、𑖅等亦尔。

① 此书成书年限不详，书面题作“新锲悉昙字记林记”，内文题作“悉昙私记”，本文统一作《悉昙私记》。

答：上声、平声高下虽异，𑖀音相类，以为一韵。《韵诠》韵之音专同此耳。

𑖀（a）、𑖁（ā）两字只有长、短音的区别，但《悉昙字记》却对这两字标注不同的声调，所以《悉昙私记》进行解说。书中这种“问答体”的形式，主要涵盖“声调、五音、字母拼合”等问题，马渊和夫《增订日本韵学史の研究》曾提到，《悉昙私记》有几个问题特别突出，分别为：（1）梵语の发音；（2）相通という语；（3）中天音と南天音。若综观后人注解《悉昙字记》的方式，几乎都与《悉昙私记》的注解形式相近。①

2. 注解书系的传承

《悉昙私记》之后，② 较早承接此种注解传统的，应该是信范（1223—1287）《悉昙字记闻书》，将注解分作前段字记和后段字记；而至江户时期，注解《悉昙字记》的类型更是从各方面的角度批注《悉昙字记》，如行智（1778—1841）对于《悉昙字记》的注解，除了《悉昙字记真释谚谈》，还有《悉昙字记真释私录玄谈》、《悉昙字记真释发题》、《梵汉对译字类编》等。此外，值得留意的是，已经超出了采取逐句批注的方式，如：（寂然）幻耳《悉昙字记诸章建立略颂》更以“五字歌诀”描述十八章字体拼合的方式，如：

初章单字母，各生十二字。从第二至七，𑖧𑖨𑖩𑖪𑖦。

𑖨加诸字下，从八至十四。前七章至上，各加𑖨半体。

这段歌诀，即是第 1 章至第 14 章的拼合说明（第 1 章以 34 个体文和 12 个摩多相互拼合；第 2 至 7 章以体文下加“𑖧（ya）、𑖨（ra）、𑖩（la）、𑖪（va）、𑖦（ma）、𑖡（na）”；第 8 至 14 章为第 2 至 7 章的字上加“𑖨（ra）”），帮助初学者简易记住十八章的拼合情况，也可见当时佛门学习悉昙字母拼合的盛况。

（二）回流中国的悉昙字音教材

民国时期，多位僧俗人士负笈东渡日本高野山，习得唐密后携回国内传授，同时以《悉昙字记》为主轴编写悉昙字音的学习教材。③ 目前可知，当时编写

① [日]马渊和夫.增订日本韵学史の研究[M].京都：临川书店，1984：237-250.

② 与《悉昙私记》同时代的著作，还有淳佑（890-953）《悉昙集记》（942）。此书“依上界表本纪文，依下界烈解释辞”，以《悉昙字记》为纲，讲述了悉昙生字方式、意义且罗列了声韵拼合表。汇集了“林记”“东记”“山记”“石记”各家对《悉昙字记》的注解。

③ 周广荣.梵语《悉昙章》在中国的传播与影响[M].北京：宗教文化出版社，2004：292-297.

的教材至少有：

表 3　民国时期悉昙字音教材

著者	生卒年	刊出 / 版本年代	文献名称
密林（持松法师）	1894–1972	1928	悉昙入门
文殊揭谛	?	1930（作序）	悉昙梵文启蒙

这两本书不再如日本的教材一样，随文逐句对《悉昙字记》进行解说，改以重述悉昙字母拼合知识与汇编相关类型文献，作为初学者学习悉昙字音的入门教材，也间接体现作者学习悉昙字音的个人体悟，下面扼要说明两书内容大要。

1.《悉昙入门》

密林（1894—1972），俗姓张，法名密林，字持松，湖北荆门人。1922年赴日学习唐密，其著作甚丰，涵盖显、密教法，目前多数著作都收入《持松大师全集》（八册）。① 返国后，持松法师曾于上海多处讲经传法，1927年春编写《悉昙入门》，简述悉昙字母文字特点，书前云："悉昙者，天竺文字声明藏之总名也。就其字相而言，固与世间文字无少差异……。其勿以之作夷戎文字一类。"（叶 1 左）可知本书将焦点放在"悉昙文字体系"的描述，所以在论述字母书体拼合及其音韵特点处最有特色。

全书共分五节："一、悉昙之意义；二、悉昙之本源及切接；三、梵语字母之书体及声韵；四、悉昙之字义；五、悉昙之建立。"其中，第一、二、五节部分，主要为悉昙本义、来源、拼合等内容，先根据《悉昙字记》原先的论述，再参酌自身学习梵文知识加以扩充编写，如"五、悉昙之建立"，列举摩多、体文的各类拼写情况，并附有梵文拉丁字母转写，让学习者更容易理解摩多点画的拼写规则。拼合方面，尽可能逐一罗列十八章各章拼写结果，将《悉昙字记》的文字陈述转化为实际拼写练习，让初学者更能快速掌握十八章的字体练习。

第三节部分，参酌现代梵文"发音部位"知识讲解摩多（mātā）、体文（vyañjana）的分类依据。如：将体文的五组发音"牙、齿、舌、喉、唇"改为"喉（guttural）、颚（palatal）、龂（lingual）、齿（dental）、唇（labial）"，又以"五类音、半韵、硬吹气音、软吹气音"解说体文；特别是，摩多的

① 持松法师著作甚丰，如：《观所缘缘论讲要》、《华严宗教义始末记》、《悉昙入门》、《密教通关》等。其中，《悉昙入门》一书，现有上海图书馆藏民国十七年石印本与《持松大师全集》第三册（台北：嘉丰出版社，2013：1251–1275.）现代排印本。本文统一采用上海图书馆石印本。

十二韵字也依照印度梵文发音传统进行“喉（a、ā）、颚（i、ī）、唇（u、ū）、断（ṛ、ṝ）、齿（ḷ、ḹ）、颚（e、ai）、唇（o、au）”的分类。此外，持松又引入中国传统音韵学“韵部”概念，其云：“此十二字为后章之韵，类如我国东冬等也。……又古德以《广韵》所列韵头，配合悉昙十二韵，摄无不尽。谓𑖀、𑖁二声，摄麻歌戈诸韵；𑖂、𑖃二声，摄支脂之微诸韵……。”因此，可知本书开始运用印度梵语语音学注解《悉昙字记》的字音特点，并为了让中国学习者能理解摩多、体文的拼合情况，故采用传统音韵的背景知识进行诠释。第四节部分，参酌密教修习法则，依据《瑜伽金刚顶经释字母品》（T18, no. 880, p. 338-339）节录悉昙五十一字母的字义，其云：“今依真言家之特有方法，一一字母皆得以义理而诠释之。”可见当时密教学习悉昙字母字音，除了熟习字母拼合的方式，更有以悉昙字义作为个人修习的重要目的。

2.《悉昙梵文启蒙》

文殊揭谛（生卒年不详），根据书前广州六榕寺铁禅法师（1865—1946）的书序，可知文殊揭谛应为曼殊揭谛。曼殊法师，西蜀人刘氏，为民国初年之留日学僧，曾两次东渡赴高野山求法。回国后，居广州白云能仁寺传授密教真言，并从事梵学撰述。根据书序所言，曼殊法师主张“研究密教，非晓梵字，无由入门，因编成简明课本一册，题曰悉昙梵文启蒙。”全书共分“悉昙字母释义、字母书法离分合成次序、悉昙梵文生字略例、大唐一行禅师字母表颂”四个部分。第一、二、四部分，为密教将悉昙字母作为修习法门的几部著作，如本书文末所云：“右此集但为金刚乘学初入悉昙门练习之课本也，虽未能尽梵文之大观，学者苟得此集，依式演习，深思研寻，则于梵学之门径，不难渐次晓悟矣。”可知，本书主要作为密教初学者的学习教材，学习悉昙字音拼写的目的，多在于各字字义的修习。

第三部分“悉昙梵文生字略例”，则是针对《悉昙字记》十八章拼写的解说。曼殊法师认为智广《悉昙字记》“文简意晦，学者难明”，故“依其则例，而以浅显之说演绎”。而将摩多（mātā）、体文（vyañjana）形容为母韵、父音，描述其拼合情况，其云：

> 按𑖀等十二字及𑖈哩等四界畔字，谓之摩多，亦曰母韵，𑖎等三十四字，谓之毘衍遮那，即谓体文，亦曰父音。摩多加于体文，即是以母韵加于父音，和合相拼而生诸字，则字形既别，其读音亦异。用悉昙韵呼，则识其字名也，与英文之拼音法同。

书中以英文的拼音法解释摩多和体文的拼合，但在字母读音的理解上，似乎不如《悉昙入门》一书精准，如：摩多部分，𑖆、𑖇、𑖈、𑖉（ṛ、ṝ、ḷ、 ḷ）四音，依照印度梵语语音的描写，应为龂音（lingual）、齿音（dental），但本书仍如《悉昙字记》称“舌音、齿音”；体文的五组发音部分，将原“牙、齿、舌、喉、唇”改为“喉、颚、颚舌相抵声、舌抵齿声、唇”，而“颚舌相抵声、舌抵齿声”的说法太过含糊。因此，本书对梵字读音的理解稍显不足。值得注意的是，本书与《悉昙入门》一样，对于十八章的字体拼合情况介绍得很详尽。

四、结语

综观当代梵语学习的入门教材的编写，多是大量讲述梵文语法变化，少数讲述字音和字体拼合，并附带提及相关历史源流，这与原《悉昙字记》的传承情况相当不同。若回顾最初中国开始学习印度梵语的传承过程，数百年的梵字教材的注解和编写，都有着浓厚的《悉昙字记》的影子。换言之，这些数量庞大的梵字教材，深刻地记载汉语或日语初学者学习梵语时产生的疑惑和讨论，若能大量进行比对研究，将较有系统地阐释悉昙字音学的描写理论。《悉昙字记》多阐述佛教义理与字母拼合方式，故不容易被归入汉语史教材的研究题材，而本文的研究将能补强阐释悉昙知识概念对汉语字音分析方法的影响，亦能从悉昙学史的传承脉络连贯唐宋悉昙教材与日本悉昙教材的传承脉络，为梵字字音教材的流传提供较完整的说明。

参考文献

唐•玄奘著，季羡林校注．大唐西域记校注 [M]. 北京：中华书局，2000.

唐•不空．瑜伽金刚顶经释字母品 [M]// 大正藏（第 18 册）. 台北：新文丰出版公司，1985.

唐•智广．悉昙字记 [M]// 大正藏（第 54 册）. 台北：新文丰出版公司，1985.

唐•智广．悉昙字记 [M]// 罗雪堂先生全集（第 7 编）. 台北：台湾大通书局，1976.（民国五年上虞罗氏景印京都吉泽氏藏钞本）.

[日] 宗叡．悉昙私记 [M]. 日本善通寺宝物馆藏享保十七年刊本（请求记号：1−217−6）

[日] 淳佑．悉昙集记 [M]// 大正藏（第 84 册）. 台北：新文丰出版公司，1985.

[日]信范.悉昙字记闻书[M].东寺观智院金刚藏藏嘉历元年写本.
[日]寂然幻耳.悉昙字记诸章建立略颂[M].日本善通寺宝物馆藏写本(请求记号:1-213-19).
[日]行智.悉昙字记真释谚[M].日本国立国会图书馆蔵宽政十二年写本(请求记号:831-34).
民国·释密林辑.悉昙入门[M].上海图书馆藏民国十七年石印本(登记号码:线普558547).
民国·释密林辑.悉昙入门[M]// 持松大师全集(第三册).台北:嘉丰出版社,2013.
民国·文殊揭谛.悉昙梵文启蒙[M].上海图书馆藏民国十九年广东省佛教会经坊刊本.
林光明.简易学梵字(进阶篇)[M].台北:全佛文化事业公司,2000.
林光明.梵字悉昙入门(修订版)[M].台北:嘉丰出版社,2007.
周广荣.梵语《悉昙章》在中国的传播与影响[M].北京:宗教文化出版社,2004.
谭世宝.悉昙学与汉字音学新论[M].北京:中华书局,2009.
[日]高山寺典籍文书综合调查团.高山寺悉昙资料(第21册)[M].东京:东京大学出版会,2001.
[日]马渊和夫.增订日本韵学史の研究[M].京都:临川书店,1984.
[日]小野玄妙编.佛书解说大辞典(第12卷)[M].东京:大东出版社,1937.
[日]中村瑞隆等编.梵字事典[M].东京:雄山阁,1993.
郭元兴.悉昙字记[M]// 中国佛教协会编.中国佛教(第四辑).上海:知识出版社,1989:101-104.
[日]沼本克明.悉昙字记元永本解说[M]// 高山寺典籍文书综合调查团编.高山寺悉昙资料(第二十一册).东京:东京大学出版会,2001:87-95.

周赟生平和著作考辨

中国人民大学文学院　高永安

周赟，字子美，又字蓉裳，清末安徽宁国湖乐乡人。由于附近有山门山，故又号山门山人。是清末小学家，一生著述之丰富、影响之大，使他很早就受到关注。罗常培、赵荫棠、竺家宁、耿振生、高永安、李柏翰都有研究，地方文献也有很多介绍。但是对于他的一些基本问题，比如他的主要小学著作《山门新语》认识还不清晰，对于周赟的生年，也有一些争议，此文一并涉及。

一、周赟的著作

1. 周赟的著作

周赟的著作，各种著录、记载多有出入。例如，民国《宁国县志·艺文志上》载，周赟共著有《周氏琴律切音》二卷、《说文说》、《有极图经解》、《观象祛疑》各一卷、《史学骊珠》四卷，并不录《山门新语》。“宁国档案史志网”又多出《山门新语》、《二十四史韵集》、《六声堂读书要诀》、《山门诗史》四种。我们通过检索图书馆资料，参考安徽有关地方志记载发现，在图书馆著录的著作中，署名周赟的还有《九华山志》、《青阳县志》等。李柏翰（2015，15）说：“目前仅知《山门新语》、《史学骊珠》两书尚存，其余则不知存佚。”[①]漏收《九华山志》、《青阳县志》。据高生元《周赟简谱》（2018），周赟“曾编纂《青阳县志》、《宁国县通志》、《九华山志》和十七部家谱。创立《六声韵学》，著作有《山门新语》等”。此“简谱”正文又说周赟参与编修《安徽通志》。

① 耿振生.明清等韵学通论[M].北京：语文出版社，1992：15.

另外，周赟在其《山门新语·附记六声事迹》里说，他在《山门新语》之前写过两本书，就是《史学骊珠》、《发蒙三字箴》。《发蒙三字箴》今并不存；《史学骊珠》为史学著作，实为各朝历史的梳理，共四卷。今不着重介绍。

事实上，《山门新语》、《周氏琴律切音》是一种书。该书版心分上中下三栏，从上到下题：山门新语、周氏琴律切音、卷数。但是“周氏琴律切音”并不是“山门新语”的下位名称，二者并行于全书。除了《山门新语》，周赟还有《山门新语五种》，这是两种书。《说文说》、《有极图经解》、《观象祛疑》这些书，没有见到单行本，在《山门新语五种》里，可以看到这些内容。

周赟已知的著作有《山门新语》、《山门新语五种》、《史学骊珠》、《发蒙三字箴》、《九华山志》、《青阳县志》、《安徽通志》、《二十四史韵集》、《六声堂读书要诀》、《山门诗史》，以及一些家谱。

下面我们分别介绍《山门新语》、《山门新语五种》。

2.《山门新语》

《山门新语》二卷，刻于光绪十九年（癸巳，1893 年）。署名宛陵周赟子美著。该书共二册，一函。封签题“山门新语”，落款是“吴鲁署签”。封内题：“六声草堂原版”，“光绪癸巳新镌”。既然是“新镌”，就是相对于旧镌而言。所以，此书应该不是最初的版本。

耿振生（1992，253）标注该书的刊刻时间为 1863 年。这跟上文“新镌”字样正好呼应。查该书扉页有署名黄山人容保的序，该序落款为同治癸亥（1863 年）。这应该是该书的最早形成时间。但是这还不是该书刊刻时间。因为周赟在该书的卷二《山门新语·周氏琴律切音·切音论》十六说：“赟自九岁分六声，今年春秋六十始克成书，乃罄十年薄宦，省衣减食之微积，刊印千百部，赍以北上。”可见该书的成书时间应该是作者六十岁时，无论作者的出生日期以哪个为准，六十岁时都不该是 1863 年。

无独有偶，除了这个 1863 年的序，该书的卷首还有“山门新语题词”，共八家。这八家题词时间各不相同，而以前安徽学政邵亨豫（汴生）的题词最晚，署为光绪丁丑（1877 年）。这么多人的题词都是为《山门新语》而写，《山门新语》也把这些题词放在书前作为门面，应该不是在该书酝酿之初就已经准备好的。换言之，该书的写作可能是一个旷日持久的过程。这与上文提到的“九岁分六声，今年春秋六十始克成书”可以互相照应。

按照作者《山门新语·周氏琴律切音·切音论》之十六说，该书刊刻之后，作者本计划带着大作赶赴北京，但是由于京城水患而没有成行。这一年是光绪壬午（1882 年）。但是这一年所谓“始克成书”是什么形式的书呢？是不是刻本，不得而知。但是光绪癸巳（1893 年）的“新镌”很可能是相对于这一次而言的。如果是这样，则前几个时间，就是黄山人容保序的 1863 年，八位题词作者的 1877 年之前的时间，都仅是《山门新语》雏形时期写就的。这样我们就可以推测出该书的形成过程：作者九岁开始发现了其方言的“六声”，作“六声图”。在其后的几十年里一直试图写作该书，最迟在 1863 年已经对外宣布了此书的计划，或者甚至已经有了雏形而昭告友人，并请序和题词；从题词的最晚时间 1877 年来看，作者此时还没有完成全书。而于 1882 年写成全书，并印行一部分。这样，到 1893 年重新刊刻，就叫作“新镌”了。

《山门新语》的卷首有题签、容保作于同治癸亥（1863 年）中秋的“序”、八位前辈的《山门新语》题词、《山门新语目录》，然后是卷一、卷二。

同治癸亥（1863 年）这一年发生了什么事呢？根据《山门新语五种》所载汪宗沂《山门图记》，汪宗沂曾经跟周赟同游于曾国藩幕府。1863 年，孙诒让的父亲孙衣言也同在江宁曾国藩幕府。而曾国藩跟李鸿章都曾给周赟题词，也当在此时。曾国藩的题词“千载神悟”是为“六声图”而作。可见当时周赟只给曾国藩展示了“六声图”。查《山门新语》共二卷，第一卷共十二个部分，第一卷结束处有“以上十二图说”。推测这部分就是曾国藩看到并题词的部分。也就是说，《山门新语》可能是由原先的一卷，逐渐增补而成的。

3.《山门新语五种》

《山门新语五种》四卷，封面题签同样是“山门新语”四字。但是版心刻有“山门新语五种”，书内有“山门新语五学总目”。又，汪宗沂写的“山门图记”，称：“所著《山门新语五种》，擅古今未有之奇，《周氏琴律切音》其一也。”通过与《山门新语》比较，就会发现这是完全不同的两种书。

《山门新语五种》的刊刻时间，依据书内汪宗沂写的“山门图记”落款为光绪甲辰（1904 年），周赟自己的《跋》落款是光绪丙午（1906 年），而王恕的序落款为光绪丁未（1907 年）。如果以最晚的时间为准，《山门新语五种》的刊刻时间当在 1907 年。

《山门新语五种》的主要内容有：卷首有汤寿潜等署签、王恕序、曾涤生夫子题六声图“千载神悟”、洪钧题词、山门图记（图、文）、山门新语五学总目。然后是第一到四卷。从“山门新语五学总目”里，可以看到该书与《山门新语》的异同：

山门新语五学总目

经学卷首一：有极图说、见群龙无首吉、震为雷、十二章辨、赠之以芍药、纪元、成妇议、六经疑义。

史学卷首二：灵王庚戌孔子生、佛入中国、复姓论、大祀议。

天学卷首三：日远近辨（有图）

字学卷首四：说文说

音学：周氏琴律切音四卷

由此可见，《山门新语》，又名《周氏琴律切音》，仅仅是《山门新语五种》的一部分。但是无论从篇幅来看，还是从影响来看，这一部分都是该书的重点。耿振生说此书：“音学部分附会乐律，又附会天文地理人事，多诞妄无稽之语。”① 基本符合事实。大致来讲，《山门新语》是一本历时很久才形成的专著，主要是音韵著作，所以叫山门新语。但是后来作者又加入琴律理论，试图用音乐的框架来解释其音韵学上的发现，故又名其书为“周氏琴律切音”。该书刊刻之后，作者把其他著作都收集在一起，集成《山门新语五种》。“五种”实际上是一个著作集。里面所收集的著作，在地方志等里面提到过，例如《说文说》等，就被《宁国县志》当成单独的著作。当然，也很可能曾经单独印行过。

二、周赟的生年

1. 问题的提出

关于周赟的生卒年，有两种说法。

李柏翰（2015，11）据安徽档案史志网，定为1835—1911。李柏翰是从《山门新语》内部资料推测的，他说：“笔者则从《山门新语》所言加以推测，在《山门新语》书前黄山人容保所写《山门新语序》页 2 右中，云：‘咸丰庚申三月，贼自旌窜宁，宁义民举义攻城，……今山人年未三十，方环山为城，立石为兵，鹑衣玉立，指挥如意于悬崖。’又《山门新语·六声图说第十二》‘附记六声事迹’页 88 右中，云：‘青人士以赟于来岁甲午年届六旬，立六声堂匾于

① 耿振生.明清等韵学通论[M].北京：语文出版社，1992：253.

讲舍以为余寿。’若如上文所说，咸丰庚申（1860 年）次年周赟年未三十与光绪甲午（1894 年）周赟年六十。由此推证，周赟应该约生于西元 1835 年（清道光年间）左右。”① 高永安说：“光绪丙戌年（1886 年）做青阳县训导。次年周氏六十岁。以此推算，周氏应该出生于道光丁亥年（1827 年）。”②

两说对周氏辞世之年虽未置可否，但没有分歧；而对周氏的生年则相差 8 年。孰是孰非，我们通过《山门新语》内的资料做一梳理。

在《山门新语》、《山门新语五种》里，提到周赟生年有关的资料有五处：

第一处：《山门新语》书前黄山人容保《山门新语序》：“咸丰庚申三月，贼自旌窜宁，宁义民举义攻城，……今山人年未三十，方环山为城，立石为兵，鹑衣玉立，指挥如意于悬崖。”

第二处：《山门新语·六声图说第十二》“附记六声事迹”：“青人士以赟于来岁甲午年届六旬，立六声堂匾于讲舍以为余寿。”

第三处：《山门新语五种》卷三“游吴兴辨沈约吴音切韵记第三十四”：“咸丰戊午，予春秋二十有四，奉二亲命往吴兴省妹。”

第四处：《山门新语五种》汪宗沂“山门图记”：“尝邀游山门，以生慈年伯母胡夫人命，非年七十，不得入山门。盖其先自年伯通奉公以上，九世无年七十者。今山人年七十，始游山门。”

第五处：《山门新语卷二·切音论第十六》说：“赟自九岁分六声，今年春秋六十始克成书，乃罄十年薄宦，省衣减食之微积，刊印千百部，赍以北上。”

2. 问题的分析

现在我们一一核对这四条证据。

先看第五条。《山门新语》全书出现的最晚的时间是光绪癸巳（1893 年），那么这一条里说到的“今年春秋六十”，最晚就是 1893 年。如果周赟 1893 年 60 岁，那他就出生于 1833 年。但是，这是最极端的推测，因为该书是很长时间内陆续完成的，周赟写此话的时候，也可能要早几年。但是跟一般主张的周赟出生于 1835 年却有 2 年之差。

再看第四条。汪宗沂写此文时，周赟已经年过七十，并邀请过汪宗沂一起游山门山。汪是否成行未知，但是周赟不但去了，而且游得很惬意。下文

① 李柏翰.《山门新语》音韵研究[M].新北：花木兰文化出版社，2015：11.

② 高永安.明清皖南方音研究[M].北京：商务印书馆，2007：267.

并记有周赟游玩的地方、结束后去周赟母亲的墓前汇报等，可见汪宗沂写此文时间应该是周赟七十岁之后。该文落款为："光绪甲辰九月既望年教弟汪宗沂记。"光绪甲辰是1904年。周赟的七十岁生日当在此之前，也就是说，周赟最晚出生于1834年9月16日。如果这样，那么周赟出生于1835年的说法就要修改一下。

汪宗沂此文是赞周赟学生王恕的"山门图"而作，但是"山门图"却署"丙午秋仲"，是1906年。显然，汪宗沂或王恕的落款时间有个是错的。如果是汪宗沂错了，就简单了，但是如果是王恕错了，就很蹊跷了。

我们再看第三条。"咸丰戊午，予春秋二十有四"。咸丰戊午是1858年。这一年周赟24岁，往前推，周赟应该出生于1834年。这与汪宗沂的记载吻合。如果周赟这里用的是虚岁（汪宗沂说的不可能是虚岁，因为周赟母亲的禁令是七十岁，不可能虚），那周赟也有可能如一般所说出生于1835年。但问题出在上下文里。

周赟在记载自己去吴兴的途中写诗，结果结识了在吴兴的湖州教授许亷生。许教授当时正"与诸生讲求韵学，方注等韵"。二人谈韵，议论吴音、中州音，甚欢。但是周赟下文有："许，绍兴人。道光庚子进士，名正绶。能诗，擅行草，两浙名胜多笔迹。"查许亷生事迹，清进士题名录，许正绶是道光九年（己丑，1829年）进士，道光庚子年是1840年，相差十一年。周赟对于年代，如此忽略！

此许正绶教授，著有《重桂堂集》。其中有"秦序"称："（许正绶）先生成进士后，以知县归班候选，自请改教职。历任湖、严二州。在湖尤久，先后几二十年。"如果许正绶1829年进士，在湖州任教近20年，那就是1849年之前已经离开，赴任严州了。那么周赟是如何在1858年认识并与之在湖州接谈的呢？可见这个时间一定有误。如果不是24岁这个年龄有误，就是1858年这个时间不对。

第二条，"青人士以赟于来岁甲午年届六旬，立六声堂匾于讲舍以为余寿"。甲午年是1894年，"来岁"是1894年，今年就是1893年。1894年年届六旬，当出生于1834年。

但是这段话之前还有半句："丙戌春官报罢授青阳训导，青人士以赟于来岁甲午年届六旬，立六声堂匾于讲舍以为余寿。"这里说，周赟丙戌年上任青阳训导，青阳人于次年为之做寿。但是来年应是丁亥年，而不是甲午年。所以，可能"甲午"本为"甲子"之误。如果是这样，那么周赟满六十岁就是在光绪丙戌（1886年）之后一年，其出生日期就应当是1827年。

最后我们来看第一条：黄山人容保《山门新语序》：“咸丰庚申三月，贼自旌窜宁，宁义民举义攻城，……今山人年未三十，方环山为城，立石为兵，鹑衣玉立，指挥如意于悬崖。”咸丰庚申是1860年。此序落款时间为同治癸亥（1863年），相去三年。对于“今山人年未三十”的说法，都可以成说。但是这无法解释前述矛盾。就周赟可能的出生时间1827年、1835年看，在咸丰庚申（1860年）分别当33岁、25岁。25岁距离30岁远，33岁距离30岁近，所以，33岁年纪的人用30来比较，会更符合常理一些。所以，如果周赟当年真的25岁，序作者不大可能说“年未三十”，直接说年二十多更能夸饰其年纪轻。所以，我们怀疑该书在编纂的过程中，有改年龄的情况。

为什么要改年龄呢？我们看周赟的履历可以发现，周赟中举人以后，一直没有做官。直到光绪丙戌（1886年）才做了青阳训导。这一年他已经51岁，或者59岁。后来，他又于光绪壬寅（1902年）任徽州府学教授，其时年纪已经68岁或者76岁。应该说，年龄是他继续做官的障碍，所以，在书中申明一下他还老当益壮，是可能的。

那么，书中的那些时间矛盾是怎么回事呢？最合理的解释是：周赟本人在书写的时候并没有问题，但是作为校对的周赟的儿子，在个别关键的行文上动了手脚。《山门新语》和《山门新语五种》都显示是周赟的儿子做的校对，《山门新语》每卷末尾署“男遵第校字”。他完全有条件，也有动机做这个事情。

三、《山门新语》、《山门新语五种》之关系

《山门新语》、《山门新语五种》的关系显而易见了，《山门新语》是音韵学专著，《山门新语五种》则是一部包括了《山门新语》在内的著作集。在这部著作集里，《山门新语》仅仅是经学、史学、天文、文字、音韵五大领域里的一个而已。但是显然，音学在这个框架里的地位非常特殊，首先音学的篇幅最大，它在整部书的四卷里占据了三分之二的分量；其次该书本涵盖五个领域的内容，但是却以音学为该书书名。显然在编者看来，也是格外重视的。但是《山门新语五种》里的部分，跟单行本的《山门新语》还是有不少差别。这里我主要介绍一下差别。

首先，《五种》的篇幅比《山门新语》多了一倍，所以内容也相应地增加了很多。但是由于结构基本上打乱了，所以两本书很难一一对应上。两书

的目录附后，请参看。

明显一致的地方，是《山门新语》卷二对应于《山门新语五种》的卷四。两书的音学部分，都叫《周氏琴律切音》。其中，《山门新语》的《周氏琴律切音》内有“琴律四声分部合韵同声谱”，《山门新语五种》里，这部分一分为二：“琴律三十韵音经律纬按序切音图”、“琴韵同声谱”。该谱有“合韵”，两书略有出入：《山门新语》的合韵，是把合韵的两类字列在同小韵，《山门新语五种》则是把合韵的不同小韵的字分别开列。如《山门新语》有“呱居合韵第一”仅有一类，《山门新语五种》分列呱类、居类，并增加注释。在每一韵的题目下，都标有清浊的名目，但是两书的标注略有改动。例如：《山门新语》“呱居合韵第一部”标为“两合前浊后清”；《山门新语五种》仅仅标为“两合前浊”。《山门新语五种》的附会很多，例如“琴律三十韵音经律纬按序切音图”标“一呱：大阖呼气出脾，二居：小闺嘘气出肝。”并说：“唯呱音为‘完全无缺’，故为金韵。”这些标注，是完全妄语，还是有何依据，尚不得而知。

二书最接近者，唯《山门新语》之《琴律四声分部合韵同声谱》，在《山门新语五种》中为《琴韵同声谱》。以第二部为例，制表如下：

《山门新语》《琴律四声分部合韵同声谱》	《山门新语五种》为《琴韵同声谱》
江冈光合韵第二部　两开后阖前清后浊	江冈光合韵第二部　两开后阖
江　9字	同前
羌　4字　第二三字为“腔悾”	同前，第二三字为“悾腔”
央　4字　第三四字为“鸯殃”	同前　5字，第三四五字为“殃鉠鸯”
强　1字	同前
羊　16字	同前，16字，次序不同
娘　1字“涳”	“孃同”，“涳哝膿”
将　4字	同前，次序不同
锵　8字	同前，次序不同，“将”下有注“佩声”
襄　9字	同前　11字
墙　4字	同前
详　3字	同前
章　9字	同前，8字
昌　5字	同前，6字
肠　1字	同前

续表

《山门新语》《琴律四声分部合韵同声谱》	《山门新语五种》为《琴韵同声谱》
常　2字	同前，3字，多“徜”
香　3字，乡薌膷	啌，5字，谾香乡薌膷
降　无字	同前
良　7字	同前，7字，次序不同
穰　6字	同前，5字，次序不同，无“鬤”
冈　13字	同前，13字，次序不同
康　1字	同前
佒　无字	同前，1字，岟
甈　1字	歉，1字，次序颠倒
昂　2字	同前，3字，多“卬”，次序不同
当　5字	同前，次序不同
汤　1字	同前
唐　12字	同前，11字，无“螗”，“餹”下注“餳同”。
囊　无字	同前
邦　4字	同前，5字，多“幫”，次序不同
雱　1字	同前
旁　16字	同前，18字，多“傍祊”，次序不同
茫　9字	忙　9字，次序不同，一字写法不同
臧　2字	同前
仓　6字	同前，次序不同
桑　1字	同前
藏　无字	同前
张　1字	同前，3字，多“伥餦”
	饔
商　5字	同前，7字，前多“商蔏”，“汤”后注释：“水貌”
长　1字	同前
尝　1字	同前
欣　2字	同前，1字，少“谾”
航　6字	杭　7字，多“笐”

续表

《山门新语》《琴律四声分部合韵同声谱》	《山门新语五种》为《琴韵同声谱》
郎　14 字	同前，15 字，次序不同
光　4 字	同前，6 字
匡　5 字	同前，7 字
汪　3 字	同前，“鉠”下注“铃声”
狂　无字	同前，2 字“軖 呈”
王　4 字	同前，2 字
庄　4 字	同前，次序不同
窗　10 字	同前，次序不同
双　10 字	同前，次序不同
床　无字	同前
荒　4 字	同前，5 字，多“慌”
方　7 字	同前，8 字，多“邡”
黄　18 字	同前，21 字，多“堭徨媓”
房　3 字	同前，5 字，多“亡忘”
	觥觵二字以光黄得音，周豳两诗以黄堂相韵，并不音肱。

四、结论

周赟的著作主要就是《山门新语》，《山门新语五种》收入了《山门新语》和其他著作，并对《山门新语》原本做了修改。所以，研究《山门新语》不可废去《山门新语五种》。耿振生先生（1992，253）说《山门新语》“书初成于同治癸亥（1863 年），定稿当在光绪丙午（1906 年）”。这是把两书混为一书了。《山门新语》序于 1863 年，实际成书应该在 1882 年，刻成应该在 1893 年。成于 1906 年的，应该是《山门新语五种》。耿振生先生又说：“书中内容很杂，有音学四卷，题为《周氏琴律切音》。此外《经学》、《史学》、《天学》、《字学》各一卷。较早的版本可能没有这些内容。”这里所叙述的，正是《山门新语五种》的内容。由于两部书的内容还是有很大差距的，所以有必要澄清一下。

参考文献

耿振生．明清等韵学通论［M］．北京：语文出版社，1992.

高永安．明清皖南方音研究［M］．北京：商务印书馆，2007.

李柏翰．《山门新语》音韵研究［M］．新北：花木兰文化出版社，2015.

高生元．周赟简谱［M］// 宣城历史文化研究．2008（微信版 6 月 18 日第 013 期）．

清·周赟．山门新语［M］．光绪癸巳新镌，六声堂原版．

清·周赟．山门新语五种［M］．光绪丁未，徽州学官六声堂刻本．

清·许正绶．重桂堂集笺注［M］// 王义胜．光绪甲申刻本笺注．上海：学林出版社，2010.

《元秘史》汉译本时代与元代语言问题 *

中国传媒大学文学院　张民权

近年来，本人所做的一项重要研究工作，就是对清代学者万光泰（1720—1750）音韵学稿本的整理和研究，其中有《蒙古字括》一书。刚接触时尚未完全理解该书内容，因为其中不仅有蒙文字母与汉语声韵的对音说明，还有一个汉字音节表的音图，类似宋元等韵图。由于该书附在其书稿《元秘史略》之后，始悟本书稿内容一定与历史典籍《元朝秘史》有关。于是开始研读《秘史》原著及其相关研究论著。后来终于弄明白万氏书稿实际上是对《秘史》汉字音译的研究，总结其用字特点，并试图探讨蒙元时期汉语语音之概貌，故名曰《蒙古字括》。应该说这是一项非常重要的研究成果，20 世纪 30 年代才有陈垣先生的《元秘史译音用字考》（1933），但比万光泰的研究（1748）足足晚了 185 年。

然而《秘史》是一部特殊的汉文历史典籍，原有的畏兀儿蒙古文字不见，剩下的是汉字音译本原文，而这个汉译本是何时何人翻译的？原文没有留下明显的标记性文字诸如序跋等。如果它是元代翻译的，其语言属性无疑是元代的，但是，如果它的翻译时代是在明朝——今日很多研究者都是这样认为的，那么，其语言性质的定性就会大打折扣。如果这一问题不能得到很好的解决，当我们在引用《秘史》语料时，其结论就会受到严重影响。

然而，关于《秘史》的汉译本时代，学界似乎已有定论，那就是明朝洪武年间所译。因为有历史文献学家王国维和陈垣的研究结论，这是权威大家。其后又有中外《秘史》专家的研究，而且一些语言学家也附和这一结论。怀疑权威，不仅要有探索真理的勇气，更要有坚实的研究基础。

诚然，这是一项艰深的研究课题，它牵涉到诸多学科领域的知识，诸如历史、文学、语言学以及相关版本文献学等等。为此本人不遗余力，耗费了

* 本文为北京市社科规划项目《金代王文郁〈新刊韵略〉文献整理及相关韵书研究》阶段性成果，项目编号14WYB033。本文曾发表于竺家宁先生七秩寿庆论文集《语言之旅》，台湾五南图书公司2015年8月。

大量的时间和精力。一方面是出于近代语音史研究的需要，一方面也是出于万光泰研究的需要，因为要把万光泰《蒙古字括》弄清楚，就必须先对《元朝秘史》进行研究，尤其是汉译本的历史时代问题，它是确立《秘史》语言元代说的前提。

为篇幅所限，本文割爱舍去了《秘史》与元代脱必赤颜之间关系的辩证文字，而这些跟《秘史》汉译本年代有着直接的关系，不得已只好保留与语言相关的内容。

下面，谨从汉译本的编排特点谈起。

一、《秘史》汉译本编排特点与研究意义

（一）文献介绍

《元朝秘史》是关于蒙古氏族起源及太祖成吉思汗和太宗斡歌歹（元史作窝阔台）历史事迹的史传文学作品，其所记载铁木真祖系关系及其史实，多为《元史》不载，明清以来史家非常重视，中外学者研究甚伙。

此书今人多称为《蒙古秘史》，原书卷首下题“忙中豁仑•纽察•脱卜察安”，意为“蒙古的秘密国史”。明清人一般叫“元朝秘史”，洪武十五年（1382年）诏令编写《华夷译语》即称《元秘史》。其成书年代，大致是在太宗庚子年（1240年）前后，宋理宗嘉熙年间。

全书正集十卷，续集二卷，共十二卷，明《永乐大典》收入此书则分为十五卷，分卷不同但正文内容一致。《秘史》版本有多种，比较通行的为《四部丛刊》三编影印清嘉庆年间顾广圻序校本，即十二卷本。现代学者多以此版本为底本作文献校勘，比较有影响的是额尔登泰、乌云达赉《蒙古秘史》校勘本（1980）、乌兰《元朝秘史》校勘本（2012）。

（二）编排形式

研究《秘史》，必须熟悉其编排体例结构，因为它是一部比较特殊的汉文历史文献。原书畏兀儿蒙古文散佚，只剩下汉字音译原文和汉语翻译的原文段落大意，学界一般称为“总译”。其行文方式包括：汉字音译原文，旁

译和总译三部分。

旁译是对蒙古语词的汉语注释，如“腾格理”注释为“天”，“赤那”旁注为“狼”。旁译不仅解释词义，还标出数、格、人称、时态等语法形态。总译是整个一段原文的综合翻译。汉译原文及总译共282个段落，一般称为“节”。“节”和“总译”是清人万光泰提出的两个词概念。下面以第一节为例（原竖写今横写）：

名　皇帝的　根源
成吉思[中]合罕訥　忽札兀兒。

上　天　處　命有的　生了的　蒼色　狼　有來
迭額[舌]列　騰格[舌]理　額扯　札牙阿禿　脫[舌]列克先　孛兒帖　赤那　阿主兀。

妻　他的　慘白色　鹿　有來　水名　渡着　來了
格兒該　亦訥　[中]豁埃　馬[舌]闌勒　阿只埃。　騰汲思　客禿勒周　亦[舌]列罷。

河名　河的　源行　山名　的　行　營盤 做着
斡難沐[舌]漣訥　帖[舌]里兀捏　不[舌]峏[中]罕[中]合勒敦納　嫩禿黑剌周

生了的　人名　有來
脫[舌]列克先　巴塔赤[中]罕　阿主兀。

（总译）当初元朝的人祖，是天生一个苍色的狼，与一个惨白色的鹿相配了。同渡过腾吉思名字的水来，到于斡难名字的河源头不儿罕名字的山前住着，产了一个人，名字唤作巴塔赤罕。

原文中“舌”、“中”为左旁加字，表示原字的读音要改读为r-和q-，如“理”要读为ri而不是li，“豁”要读为qo，翻译时或可直接省略；“勒”、“克”、“黑”等为下加字，表示该汉字音节的尾音，勒为-l，克为-k（或g），黑为-q，除此以外，下加字还有“卜”和“思”等，因为汉语没有相应的汉字音节，只好作一些辅助性的文字标记。

研究《秘史》，原文、旁译、总译要结合起来，三位一体，不可或缺。总译常常会省略一些信息，可以从原文中得到补充（举例略）。旁译的原文语义有时与汉语差异很大，这就需要总译作连贯翻译。熟悉这些，对于我们重新翻译《秘史》和研究元代汉语词汇有着非常重要的意义。

（三）研究意义

汉译本《元朝秘史》对于语言学来说有着非常重要的意义。首先，通过音译汉字，可以还原近代蒙古语的面貌，诸如语音、词汇和形态变化等，通过与现代蒙古语的比较研究，可以看见八百年以来蒙古语的演变发展；另外，《秘史》中有大量的突厥语成分，借此可以研究突厥语或整个阿尔泰语的历史变化。[①] 国内外很多专家学者在这些方面做了大量的研究工作，包括畏兀儿文字复原以及蒙语和拉丁文的转写等。对汉语史的研究来说，通过音译汉字的对音关系，可以透视金元时期汉语语音的历史变化；通过音译汉字和总译文字，可以研究近代汉语词汇和句法特点等等。而所有这一切语言现象，又与近代北方官话的历史形成有着密切的关系，它是在民族融合的背景下，语言接触和语言融合而形成的一种特有的语言现象。借此可以研究语言接触下的汉语历史变化。

所以，研究汉译本的时代非常重要，国内外对《秘史》语言的研究正方兴未艾，但在汉译本的时代属性上仍从旧说，视其为明初洪武年间产物，这就从观念上束缚了《秘史》的汉语史研究。[②] 此如庄子所云："持方枘欲内圆凿，其能入乎？"

二、《秘史》汉译本与明代《华夷译语》之辩证

关于《秘史》汉译本的年代，学界一般采用王国维和陈垣的观点，认为是在明朝洪武年间。1925 年王国维著《蒙文元朝秘史跋》一文，认为《秘史》汉译是在洪武二年修纂《元史》之时。1934 年，陈垣先生发表《元秘史译音用字考》，通过版本与音译汉字的研究，认为其汉译是在洪武二十二年《华夷译语》编成之后。陈氏在该书最后一章《元秘史汉译时代》中说："今以译音用字及伯之改罢，儿之加舌，丁之改勒诸节观之，则《元秘史》之译，尚在《华夷译语》后，何得有元时椠本？"二子之说，似乎都言之凿凿。[③]

因为有两位权威学者的研究，后人便翕然从之，鲜有怀疑者。当今很多《秘

---

① 参见额尔登泰,乌云达赉.蒙古秘史词汇选释[M].呼和浩特：内蒙古人民出版社，1980.

② 例如，最近笔者在《历史语言学研究》第二辑（2009年）看到的一篇文章，曰《元白话特殊语言再研究》(作者曹广顺、陈丹丹)，在介绍《秘史》翻译年代时，也是将《秘史》看成是明代翻译完成的。其他一些研究者也是把《秘史》和《华夷译语》都看成是明初蒙汉对音材料，如祖生利.元代直译体文献中的"么道"[J].民族语文，2004（4）.等就是如此。

③ 关于《秘史》明朝翻译说，清末和国外很多学者也有类似看法，因篇幅关系不能叙述。

史》研究者，诸如道润梯步、余大钧、额尔登泰、阿尔达扎布、乌兰等著名学者等都表述了这一看法。如乌兰《元朝秘史》校勘本前言：“将《元朝秘史》的完成限定在明初的洪武年间（1368—1398）是没有问题的。”（第10页）又曰：“明初完成《元秘史》后，洪武年间已有刻本问世。”（第18页）摇摆之中实际上又否定了陈垣之说。

其实，无论是王国维还是陈垣之说，都有可疑之处。王国维从《元朝秘史》与元代脱必赤颜的关系出发，认为在元代《秘史》还没有汉译，直到明洪武初年修撰《元史》时才开始翻译。然而疑问是，如果是出于编史的需要，何必将《秘史》采用音译和旁译的形式？只需采用汉译就行了。我们知道，《秘史》原文是用畏兀儿体蒙语文字写的，其成书是在1240年前后，下距洪武初近140年，其时畏兀儿文早已废弃，通行的是八思巴蒙古新字，按情理，明人当时所获蒙文史料一定很多，明朝译员何必舍近求远而选择一个年代久远的畏吾体蒙语材料？而译员对畏吾体文字不一定熟悉，且当初蒙古语音发生了很大的变化。然而细绎之下，可议之处尚不止于此，下举数例略说之。

第一，陈氏言《秘史》翻译在《华夷译语》之后，而洪武十五年（1382年）诏令编写《华夷译语》，其中明确提到要以《元秘史》为参考，《明太祖实录》云：“复取《元秘史》参考，纽切其字，以谐其声音。”这段实录文字见载于明清时期很多著作，应当为真实。[①]如此，是先有《秘史》而后有《华夷译语》。

第二，王氏、陈氏皆言《秘史》行文例式与《华夷译语》后半部分诏令来书同，即汉译原文加旁注，不同者是《秘史》每节有总译，《译语》则每句有句译，但仔细对照就会发现，句译语体风格与《秘史》总译迥异。《译语》句译为具有文言色彩的书面语，而《秘史》则为大白话的口语形式。如第一篇《诏阿札失里》，如果将其句译文字连贯就是：

天之所载，地之所载，生民之多，莫知几何。然天能知，地能知，以其擅祸福于人。人于天地之间，无敢有不敬天者，以其灾祸之有验也。天之道，福善祸淫，始古至今，人民之多，凡为君者，天必择人以主之。……[②]

在《秘史》中，绝对看不到这种“之乎者也”文绉绉的句子。

第三，从词语对音看，《译语》不如《秘史》准确精细，差异弘多。其最明显处是《秘史》音译字注意表意成分，而《译语》则无；《译语》旁

① 诸如明章潢《图书编》卷五十，明黄佐《殿阁词林记》卷十八及《翰林记》卷十四，清孙承泽《春明梦余录》卷五十二，顾炎武《日知录》和郑晓《今言》等均有记载。

② 《华夷译语》有多种版本，较好的本子有《涵芬楼秘籍》所载洪武本，台湾商务印书馆股份有限公司影印本（1977年），另有《续修四库全书》收录的清钞本。

加有“丁”字表音，而《秘史》无。对此，巴雅尔教授曾做过详细的比较分析，[①] 如果两书是同一个编译班子，决不会出现如此差异，无论是“前后”翻译说还是“同时”翻译说，都难以自圆其说。

从《华夷译语》编排内容看，上册词语部分参考了《至元译语》，下册诏令来文则参考了《秘史》行文方式，包括一些音译和词语旁译。两者关系，是《秘史》在前而《华夷译语》在后，《译语》参考了《秘史》，而非《秘史》参考了《译语》。我们应当从历史深处探讨《秘史》音译为汉语的原因及其目的，只有从观念上跳出现有学说的窠臼，我们的研究才会真正有所进展，任何回护曲说都无助于问题的解决。

三、《秘史》汉译本与元代学校教育之关系

《秘史》汉译本的年代，按照我们的研究，应该是在元初忽必烈至元八年（1271 年）正式建国号为大元之后，而不应该是晚在明初洪武年间。其之所以要翻译成汉语，完全是出于元朝政府学校教育，推广八思巴蒙古新字和蒙语教学的需要。

此时历史背景是，忽必烈即位之初，就委托帝师八思巴制定八思巴蒙古新字，经过十年的磨合试验，终于在至元六年（1269 年）颁行。为推行蒙古新字和蒙古语，同年秋七月诏令诸路设置蒙古字学和国子监学。既然设立学校，就必然要编撰相应的教科书。于是编撰了《蒙古字韵》和《至元译语》等，[②] 又以蒙语翻译《通鉴节要》和《百家姓》，俟生员学习。《蒙古字韵》是蒙汉音译的标准韵书，这些从当时八思巴碑刻文字的蒙汉互译中可以看出来，《至元译语》和《百家姓》是词语学习，仅为辅助性教材。光有这些还是不够的，还必须要有“言语”学习，使学生学会语言表达和具备语言写作的能力，因此就必须编写语言习得的教材，犹如现代中学和大学的语文课本，要选编一定数量的文学和历史课文一样。

在这些方面，朝廷做了两项重要的工作，一是至元八年（1271 年）用蒙

① 详见 关于《蒙古秘史》的作者和译者[J].内蒙古师院学报，1978(1)。按《秘史》汉译，巴雅尔认为是元仁宗时察罕所译，但又认为第二次翻译是在洪武年间，前后矛盾，颇为蹊跷。

② 《至元译语》，又称《蒙古译语》，见于宋末元初陈元靓《事林广记》所载。此二书当为官方或国子监教授所编，因为私家著述是不敢标题“至元”或“蒙古”字样的。

语翻译了汉字本《通鉴节要》，[①] 二是将蒙语《秘史》翻译成汉语。《元史》卷八十一《选举志·学校》："以《通鉴节要》用蒙古语言译写教之，俟生员习学成效，出题试问，观其所对精通者，量授官职。"[②] 并颁行各路俾肄习之。而《秘史》的汉语翻译必在此时，并作为历史课本教习蒙汉生员。因为《通鉴节要》只是汉族人的历史，而蒙古人并没有自己的历史课本，在这种情况下就有可能将《秘史》翻译。《秘史》汉译有两大意义，一是传承历史，《通鉴》叙事仅止于唐五代，而《秘史》所叙成吉思汗祖先是从远祖孛儿帖·赤那和豁埃·马阑勒开始的，其时大致在晚唐时期，这就从道统上续接起来了。因此《秘史》翻译不仅可以让蒙汉生员了解蒙古历史，更能显示忽必烈王朝一统的政治雄心。[③] 其次是语言习得，《秘史》是用地道的蒙语写作，其句法结构和形态变化都是原汁原味，便于学习模仿。另外，《秘史》语言生动活泼，既有书面语言又有口头语言，除了历史故事叙述语言之外，还有诗歌韵文和大量的文学语言描写。这些都不同于《通鉴》语言，《通鉴》都是枯燥的历史叙述，语言刻板，缺乏生动的文学描写。

为了使汉人（包括色目人）生员易于理解和掌握蒙语，编辑翻译人员在音译汉字上下了功夫。原文音译汉字特别注意形旁字的表意使用，如山之字用山旁（峏），水之字用水旁（汲），衣之字用衣旁纟旁（绖衲），马之字用马旁（驿），行走则辵步，说话则呜诂列论，等等，这些都是从教学需要出发。为什么后来的《华夷译语》是纯粹的音译字，主要是因为二者的用途目的不一样。《译语》编撰目的是让使臣能听说蒙古话，所谓"使臣往来朔漠，皆得其情"，所以只要"音译"即可。而《秘史》不一样，它是学校课本，且篇幅巨大，因此，采用表意性的音译汉字，有助于学生的理解和记忆。

由于是课本，《秘史》不可能完全采用汉语句译的形式，而只能采用汉字音译原文加旁注的形式，最后配上整个段落大意的翻译，所用语言也都是当时的口语。

所以，《秘史》翻译都是官方行为，它集中了一批优秀的汉语和蒙语学者，这充分表现在汉字音译上。今本《秘史》音译原文与总译文字有时不相一致，可能是先后两个编撰班子所为，如第一节原文腾汲思水，总译作腾吉思水；

---

①《通鉴节要》五十卷，宋政和中江贽编，是书取司马光《资治通鉴》删存大要，首尾赅贯。此书在后来很有影响，明时与《贞观政要》一起成为皇帝日讲官必读书目。

② 中华书局标点本，1983：2027.下引文同，标点本2029页。

③ 忽必烈即位之初，设立翰林国史院，编写辽金史和国史，已显示其政治雄心。

原文不峏罕山，总译作不儿罕山。盖原文音译在前，总译在后，终元时又经过多次刊刻，其中会有所修改润色。

需要说明的是，元代学校教育除了学习蒙语以外，更多的是汉语传统经学课程。《元史·选举志》学校条：“凡读书必先《孝经》、《小学》、《论语》、《孟子》、《大学》、《中庸》，次及《诗》、《书》、《礼记》、《周礼》、《春秋》、《易》。”除此以外，还有对属、诗章、经解、史评等内容。至于《百家姓》、《至元译语》、《蒙古秘史》和《通鉴节要》等，应属于初中级阶段的蒙语学习书籍，而高级阶段则为研习儒家经典四书五经等。①

四、《秘史》汉译本语言风格与元代汉语之比较

《秘史》语言风格可以从音译汉字原文、旁译和总译文字去观察。音译原文表现的是蒙汉对音关系，从中可以考察金元时期汉语语音的特点。旁译可以观察元代汉语词汇，而总译可以观察元代汉语风貌。

1. 音韵观察

根据《蒙古字韵》和《中原音韵》音系特点，金元时期北方官话系统中入声已经舒化，这些在《秘史》音译汉字中也是有反映，例如一些标记“惕”、“克”、“卜”等音节辅音，本可与前一音节合用一个入声字对音，因为古汉语入声是以 -t、-k 和 -p 清辅音结尾的。如下列词语（括号里是旁译）：

（1）捏兀^{舌}里$_{惕}$（里程）　　neürid，第 4 节；②

（2）統格黎$_{克}$（水名）　　tünggelig，第 5 节；

（3）兀窟$_{克}$先（死了的）　　ükugsen，第 189 节；

（4）巴黑塔$_{惕}$（种名）　　baqtad，第 260 节；

（5）^{中}忽$_{卜}$赤^{舌}里（科敛）　　hubčiri，第 177 节；

（6）勺$_{卜}$失耶周（道是着）　　jöbšiyejiü，第 191 节。

① 元人称此三个阶段为“三斋”，每斋有左右二斋。各斋学习要求不一样。凡诵书讲说、小学属对者属下斋，讲说四书、课肄诗律者为中斋，讲说易、诗、书、春秋科，习明经义等程文者为上斋。

② 以下拉丁文转写参考了阿尔达扎布.新译集注《蒙古秘史》[M].呼和浩特：内蒙古大学出版社，2005.

如果考虑入声的话，例（2）lig 完全可以用一个“历”字或“泺”对译，例（3）ükug，对译汉字却用了“兀窟克”三字，而“兀窟”皆为入声字，兀《广韵》没韵五忽切，尾音为 -t，窟苦骨切，亦收音 -t，如果当时有入声的话，前二字不必用入声字“兀窟”，改用“乌枯”就行了；或者是 kug 用一个入声字“酷”或“梏”（古沃切）字对音即可。正因为北方官话中入声韵的消失，在音译汉字上就显得相当灵活，因此，用“兀窟”二字对音就是很自然的事情。根据《蒙古字韵》及八思巴字对音，“兀窟”二字皆在五鱼部，其韵尾没有辅音标记，在声调上与平上去三声构成四声相承关系。窟之平声为枯，八思巴蒙古字为ꡁꡟ；兀之平声为吾，八思巴字母为ꡟ，其上一横代表零声母。又“兀”字声母中古音为疑母字，属于牙喉音次浊声母 ŋ-，但在《蒙古字韵》中声母脱落，变成零声母，因此，“兀”才可以与 ü 对音，而且词频非常高。《秘史》中与 ü 或 u 对音的汉字还有“呜屼矹吾浯”等，由此我们可以看出“兀”的语音性质。这绝不是个别例子，而是在整个语音系统上，在用作标音的 550 多个汉字中，[①] 其表现出来的声韵特点，适与当时《蒙古字韵》和《中原音韵》语音系统吻合。可以说，《秘史》汉字标音完全反映了蒙元时期汉语的声韵特点。

或诘之曰：《华夷译语》音译也有这个特点，但我们别忘了，是《译语》沿用了《秘史》音译，亦如洪武诏令所言：“复取《元秘史》参考，纽切其字，以谐其声音。”

从《秘史》对音字看，全浊声母字已经清化，塞音中只剩下送气与不送气的对立，擦音则合并为一个声位（如晓匣），大部分疑母与影喻合流演变为零声母（这可能与阿尔泰语系 ŋ 不做词首辅音有关），舌尖颤音声母 r- 还没有产生，否则来母字或日母字旁边就不会旁注“舌”字。韵母方面，从下加字“勒”、“克”、“卜”等看，入声韵已经消失，但其声调特征还保留着，否则《蒙古字韵》一个音节里面就不会有平上去入四声相承的格局。闭口韵 -m 韵尾还保留着，《秘史》中“南”、“蓝”、“林”等字对应的还是收 -m 尾的音。这些都是近代北方官话语系的声韵特点。

2. 语言观察

从总译文字看，其“直译”体风格充分表现了元代官方“公文式”汉语特点，如《元典章》、《秘书监志》和《庙学典礼》中的诏令、臣僚奏章以及侍读

---

① 或以为563个汉字，额尔登泰和阿尔达扎布等在他们著作的前言里均有此说。

讲义等（举例略）[①]。其中一些特殊的语言现象及其词语，充分体现了元代白话特点，因此有学者认为，“《秘史》总译的语言属于元代早期的北方汉语白话”（余志鸿 2004）。

元代官话有一些明显的“标记”词，如“勾当”、“行”、“每”、“来”、“有”、“呵”、“么道”、“根底”、“上头”等，有些词语虽然在唐宋时就已出现（如勾当、行、每等），但使用上不如元代普遍。与此相联系的还有一些特殊的句法现象，如“有”、“来”做时态标记词置于句末等，《秘史》总译也是如此。如：

（1）同渡過騰吉思名字的水来。（§1）

（2）若是不曾嫁人呵，索與弟朶奔篾兒干做妻。（§6）

（3）孛端察兒因無喫的上頭（§26）

（4）德薛禪說：你這兒子眼明面光有。（§62）

（5）拿住的人脱走了麼道。（§82）

（6）說道：這車裏有甚麼人？豁阿臣老婦人回說載着羊毛有。（§101）

（7）王罕、札木合兩箇根底帖木真知感着說。（§113）

这种特殊的句法或受当时蒙古语的影响，蒙古人在接受汉语时往往带进自己母语的特征，从而形成元代所特有的语言现象，人们把它归结为语言接触与语言融合的产物。这些在《元典章》等诏诰文字中显得尤为突出。下面不妨比较例（6）《秘史》原文：

這	車	內	甚麼	載着	有	說了
額捏	帖兒堅	朶脱[舌]剌	牙溫	帖額周	阿木	客額罷。

名	老婦人	說	毛	載着	有	說了
[中]豁阿[黑]臣	額蔑堅	嗚詁列[舌]論	翁[中]合孫	帖額周	阿木	客額畢。

可以看出，例（6）总译对句明显受原文影响：载着羊毛有。但这种“有”字并不完全表示存在，而只是作为一种存在的状态说明，因此语法学家一般把它看成是一种句末语助词或时态标记，因为前面还有动词“载着”。只有元代汉语才具有这种特点。

① 《元史》本纪泰定帝即位诏令、吴澄《吴文正集》卷九十《经筵讲议》等都是这方面的例子。按理，吴澄是汉人，说话写文章不会有那种蒙古式汉语，但因为要面对蒙古皇帝或国子监生员讲授经史，只能采用当时通俗的口语形式，否则对方难以理解。《元史·耶律楚材传》，太宗诏令儒臣“直释九经，进讲东宫”，这种“直释”进讲的语体风格可想而知。如果比较宋元“讲义”，其书面语与口语风格泾渭分明。可见元代口语的形成与蒙古人汉语习得有着直接的关系。

例（3）“上头”、例（7）“根底”，原文旁译并无此二词，是总译根据原文句意而添加的。“上头”是表示原因，“根底”是向王罕、札木合两个说。

如果从词汇看，《秘史》存在大量的口语词，诸如代词类“每、您、咱、俺”等。有意思的是，表示复数意义“我们”的192次蒙语原文中，旁译词用的都是“咱每”或“俺每”，没有一例用“们”或“门”字。此外，时态助词“着”和助词“的”在《秘史》旁译和总译中大量使用，也是元代汉语的一个普遍特点。①

五、结语

《秘史》汉译本是元代国子监学校的教科书。其声韵与《蒙古字韵》、《中原音韵》大致吻合，而其语言风格与元代白话尤其是“公文式”直译语言具有一致性，属于元代汉语无疑。所以从当时历史背景和语言比较上看，《秘史》汉译本元代说更具有说服力。

一些学者努力从《华夷译语》与《秘史》的关系中，推寻《秘史》的翻译年代也在明代，然而，它们汉译目的及其汉译风格迥异，甚至在句法和形态方面都有很大的差异。把两个不同时代的东西硬凑合在一起，将会永远陷入顾彼失此而又自相矛盾的境地。试想，如果是明代翻译，怎能悉数保留元代初期语言特点？因此，无论是从两书翻译目的，还是从音译形式和篇幅等考虑，《秘史》明代翻译说都难以成立。

顺此我们将万光泰的研究做个简略介绍。

早在260年以前，清代学者万光泰就开始了《元朝秘史》的研究。乾隆十三年（1748），他接触到了十二卷本的《元朝秘史》，然后着手进行研究，他是清代最早研究《秘史》的学者。他发现《秘史》所记载的成吉思汗祖先世系有些不在《元史》中，而且太祖铁木真和太宗斡歌歹的事迹与《元史》也多有出入。他充分认识到这部书的史料价值，先是参考总译部分将《秘史》改写成太祖本纪和人物传记两部分，《元史》中一些重要人物没有传记文字，而万光泰则单独给这些人物作了传记，可补《元史》之不足。叙述文字中略

① 注意《秘史》中不用繁体“著”，旁译中无有一例用“著”字，它本或用著字者皆为后人钞改。按助词“的”字，宋代用“底”，元代则用“的”。《秘史》总译用“的”凡1088次，无用“底”字，旁译仅用两次“底”。这可以从音韵上得到解释，“的”本入声字，但金元时入声消失，《蒙古字韵》四支部“低底帝的”四声一贯，《中原音韵》齐微部“的”入声作上声。故“的”可以代替“底”字，《秘史》可为标志点。

去了那些“荒诞”传说和“委琐”之词，以及大段的人物对话等细节描写，命名曰《元秘史略》，然后订正了陶宗仪《辍耕录》元宗室世系表，作《元氏谱》一篇，又著《校正辍耕录大元宗室世系》一卷。应该说，这是一项非常有意义的蒙古史研究。

其中颇有价值的是那篇序言，在序言里他提出了“节”和“总译”这些概念，提出了成书和翻译时代是在元仁宗时期，并讨论了《华夷译语》与《秘史》的关系。这些都是很有学术价值的地方。

除史学研究外，万光泰所做的一项重要研究工作，就是对《秘史》音译汉字的研究，著《蒙古字括》一卷，从音译用字上探讨元代语音情况以及音译汉字的特点。其内容有三。一是音图部分，也就是将音译汉字按同音关系做成一个声韵交叉的音节表。二是对音节表的说明文字，其重要发现是音译汉字表意性特点，如言“沐涟因水加”、“屼峏因山加”等等。这项研究发现远远走在陈垣先生的前面。第三项内容是蒙汉声韵对照表。

遗憾的是，万光泰的这些研究世人知之甚少，一些研究者在介绍《秘史》源流时，或懵然不知，或一笔带过，或评论偏失。凡此种种不叙。

参考文献

乌兰．元朝秘史校勘本（四部丛刊本）[M]. 北京：中华书局，2012.

李文田．元朝秘史注 [M]. 鲍思陶点校，济南：齐鲁书社，2005.

阿尔达扎布．新译集注《蒙古秘史》[M]. 呼和浩特：内蒙古大学出版社，2005.

王国维．蒙文元朝秘史跋 [M]// 观堂集林（三）. 北京：中华书局，1984.

陈垣．元秘史译音用字考 [M]// 陈垣学术论文集（二）. 北京：中华书局，1982.

巴雅尔．关于《蒙古秘史》的作者和译者 [J]. 内蒙古师院学报，1978（1）.

甄金．《蒙古秘史》汉译考 [J]. 内蒙古师大学报，1983（3）.

额尔登泰、乌云达赉．蒙古秘史词汇选释 [M]. 呼和浩特：内蒙古人民出版社，1980.

余志鸿．《蒙古秘史》总译本的时体标记和特殊句式 [M]// 语言接触论集．上海：上海教育出版社，2004.

火源洁．华夷译语 [M]. 台北：台湾商务印书馆股份有限公司影印本，1977.

万光泰．元秘史略 [M]// 蒙古字括．南京图书馆藏稿本.

《篆隶万象名义》中"甿"、"民"、"氓"的注音和释义*

中国人民大学文学院　郑林啸

《篆隶万象名义》（以下简称《名义》）是日本佛学大师空海依据我国顾野王所著的楷书字典《玉篇》编撰的一部汉字字书，不仅是日本最早的汉字字书，也是我国目前保存《玉篇》原貌最好的一部字书，在字书发展史上极为重要、极具特色。它不仅对汉语俗字的研究、敦煌文献的整理具有重要的价值，对汉语音韵研究、训诂研究、辞书编撰也具有重要的参考价值。《名义》不仅收录了大量罕见的疑难俗字，而且还存在较多的疑难注音与释义。已有的成果在音系研究和疑难俗字辨识方面已经比较突出，① 但对疑难注音释义研究方面还明显不足。刘尚慈（1995）②、吕浩（2007）和臧克和（2008）虽然都曾对《名义》文字做过校释，其后又出现了很多对吕浩等人所做校释进行

* 本文是"中国人民大学科学研究项目基金——明德青年学者计划项目（项目号：10 XNJ049）"的阶段性成果，2018年发表于《宁夏大学学报》第6期。

① 如周祖谟.万象名义中之原本玉篇音系[M]//问学集.北京：中华书局，1966；周祖庠.《名义》音与新现代音韵学——《篆隶万象名义》音论之一[J].汉字文化，2001（1）和《篆隶万象名义》研究（第一卷・上册）[M].银川：宁夏人民出版社，2001；郑林啸.《篆隶万象名义》声系研究[M].保定：河北大学出版社，2007；潘新玲.《篆隶万象名义》音系与《广韵》音系的比较研究[J].福州：福建师范大学2011年硕士论文；唐沂.《篆隶万象名义》音系研究[J].上海：复旦大学2012年硕士论文。另外还有一些讨论《名义》反切或个别音的问题的单篇论文。这些作品在进行音系研究之前，肯定对《名义》的字从形、音、义等角度进行了校正，但校正的成果在论文中未能充分展现。

② 该文收于《篆隶万象名义》（中华书局1995年版，第353-402页）。

匡正的论文[①]，然而《名义》卷帙浩繁，疑难问题多，各位先生的研究难免百密一疏，造成《名义》中仍有一些字在注音和释义存在不完善之处，本文想就“民”、“甿”、“氓”三个字的注音释义问题展开探讨，祈请方家指正。

一、“民”、“甿”、“氓”的音义关系

《说文解字》（以下简称《说文》）田部：“甿，田民也。从田、亡声。”大徐注音武庚切。小徐本《说文解字系传》：“甿，田民也。从田、亡声。臣锴曰：‘按《诗》曰：“甿之蚩蚩。”’没宏反。”都是二等读音。段玉裁《说文解字注》：“甿为田民，农为耕人，其义一也。民部曰：‘氓，民也。’此从田，故曰田民也。唐人讳民，故‘氓之蚩蚩’、《周礼》‘以下剂致氓’，石经皆改为‘甿’，古只作‘萌’，故许引《周礼》‘以兴锄利萌’[②]，盖古本如是。郑云：‘变民言萌，异外内也。萌犹懵懵无知貌。’”段氏认为“萌”为古文，“氓”与“甿”是异体关系，二字都有“田民”的意思，应该是“民”的后起分化字。《说文》民部：“民，众萌也，从古文之象。”“氓，民也，从民亡声，读若盲。”大徐注音武庚切。

“民”字古文字形的解释问题，目前学术界尚未有定论。《新甲骨文编》中将、、三个字形都认作“民”，金文作、、、等形，目前比

① 陈建裕.《篆隶万象名义》中的俗字及其类型[J].平顶山师专学报，2000（3）；商艳涛.《篆隶万象名义》释义上存在的几个问题[J].株洲师范高等专科学校学报，2002（6）.吕浩的几篇文章的观点都可见于其《篆隶万象名义》研究[M].上海：上海古籍出版社，2006.和《〈篆隶万象名义〉校释》中。刘亮.《篆隶万象名义》对原本《玉篇》反切释义的取舍标准[J].河北理工学院学报（社会科学版），2003（4）；商艳涛、杨宝忠.《篆隶万象名义》词义训释中的几种失误［J］.古籍整理研究学刊，2004（3）；冀小军.读《篆隶万象名义校释》札记［M］//语言论集.北京：中国社会科学出版社，2009；邓福禄.《篆隶万象名义》校释匡补若干例[J].长江学术，2009（4）；《篆隶万象名义》校释匡补40例[M]//汉语史研究集刊.成都：四川大学出版社，2010；《篆隶万象名义》校释匡补53例[J].中国文字研究，2011（2）；张颖慧.《篆隶万象名义》校释札记[J].汉字文化，2010（6）；郭萍.《篆隶万象名义》吕校讹误举例[M]//汉语史研究集刊.成都：四川大学出版社，2013；《篆隶万象名义・水部》吕校补正（下）[M]//汉语史研究集刊.成都：四川大学出版社，2014；范文杰.《篆隶万象名义》疑难词义校证[J].新乡学院学报，2014（1）；《篆隶万象名义》疑难词义校证札记[J].宁夏大学学报（人文社会科学版），2014（6）；马小川.《篆隶万象名义》校释补正[D].武汉大学2017年硕士论文。

② 此处段玉裁所说“许引《周礼》”指的是《说文・耒部》“耡”字下注释所引。

较接受的字形解释是郭沫若（1982: 70-72）、李孝定（1970: 3715-3717）的刺目说，季旭升（2014: 855）对“民”的释形就采用此说：“甲骨文象以刃物刺目之形，因为奴隶之称。金文以下承此形，故目形中多不见眼珠。后世奴隶渐少，故民之意义转为一般民众。”对“民”的释义为：“本为奴隶，后指民众，庶民。”这种观点实际是将“民”释为“盲”的表意字，但是“民”是真部字，“盲”是阳部字，二者语音关系稍远，这种解释在语音上仍有待完善。

还有一种观点，以林义光（2012: 69）为代表，根据金文字形认为“民”字“当为萌之古文。音转如萠，故复制萌字。草芽蕃生，引申为人民之民。商承祚（1964）在解释楚帛书“卉木民□”时说：“民为萌之本字，金文作[古文字]、[古文字]、[古文字]，象种子冒地而出，上肖子叶，下为其根，引申为凡草木萌芽皆谓之民，民人之民乃借义。……”若认为“民”是“萌”的古文，“萌”是后起字，则这里仍有一个难以解释的问题——民与萌古代并不同音，民为真部，萌为阳部，二者读音相差较远。

虽然“民”的本义仍有争议，但在上古时，“民”的基本义已经是民众、庶民、民人了。

《周礼•地官•遂人》中郑玄注曰：“变民言甿，异外内也。甿犹懵懵，无知貌也。”[①] 按郑玄的意思，“民”与“氓”、“甿”是有区别的，“氓”、“甿”是“民”中的一种，“民”的词义范围大，“甿”、“氓”词义范围小。杨宽早在1964年《论西周金文中“六自”“八自”和乡遂制度的关系》一文中就指出：周王朝将王畿分为“国”、“野”两大部分。人们的居住地不同，政治地位也不同，处于中心地位的是王城，王城以外由近及远依次是邑、郊、牧、野、林、坝。在王城外至郊之间，又分为“六乡”，属于“国”的范围，其内居住的人被称为“国人”，是国家的自由民，有参与政治、教育、选择的权利；由郊以外，分设“六遂”，属于“野”的范围，“六遂”居民有个特殊名称，叫“氓”（或作“甿”、“萌”）或称“野民”，是当时被压迫、被奴役的阶级，没有政治权利，也没有资格充当正式战士。而且从“氓”、“甿”的字形我们也可以看出，其字义即为失去原有土地的“流亡之民”，他们迁入“六遂”之中，被束缚于田地之上。所以郑玄说“甿”是“变民”，其所“异”之“内外”，即“甿”、“氓”多是郊外流民，野民，是外来的，而“国民”、“国人”才是国内之人。

因此，民、氓、甿三个字的关系可以梳理如下：“民”字最早，甲骨卜辞中就已经出现了，上古时其基本义是民众、庶民。“甿”和“氓”本来专

① 见郑玄，贾公彦.周礼注疏（卷十五）[M].上海：上海古籍出版社，1990：231-232.

指郊外的农民。[①]“甿”、“氓”都是从“亡”得声，上古为阳部字，因与“萌”音同，有时假借为“萌”。“氓”、“甿”只是造字理据不同，其音义应该都是相同的。

我们将《名义》、《大广益会玉篇》（以下简称《广益玉篇》，本来应该与原本《玉篇》进行比较，但因此三字未见于原本《玉篇》，姑且以《广益玉篇》代替）和《王仁昫刊谬补缺切韵》（以下简称《王三》）对这三个字的注音、释义列表如下：

表 1 “甿、民、氓”注音、释义表

《名义》		《广益玉篇》		《王三》	
字位	注释	字位	注释	韵及注音	注释
田部 011A022[②]	甿，莫崩反，氓也。	田部 009B042	甿，莫绷亡邓二切，《说文》云：“田民也。”与“氓”同。	耕韵莫耕反	
民部 023A031	民，弭申反，宜、眠、眼。	民部 016A111	民，弥申切，《说文》云：“从氓也。”《书》曰：“民非主罔事，主非民罔使。”	真韵弥邻反	民，文帝讳。
民部 023A041	氓，麦耕反，美、庶。	民部 016A112	氓，莫耕切，《说文》云：“民也，《诗》云：‘氓之蚩蚩’。”	耕韵莫耕反	氓，民，亦作甿。

从上表可以看出，“甿”与“氓”在《广益玉篇》和《王三》中都是异体字，《广益玉篇》除了“甿”字多了一个去声嶝韵的“亡邓切”外，两字在两书中注音相同，都是明母耕韵。《名义》中“甿”是明母登韵平声，“氓”是明母耕韵，二音不同。“甿”字在《名义》中的注音、“民”字在《名义》中的释义“宜、眠、眼”和“氓”在《名义》中的释义“美、庶”都有问题，而这些正是前人研究中疏漏之处。下面我们将分别分析。

二、《名义》中“甿”的注音

《名义》对“甿”注释为：“甿，莫崩反，氓也。”在今本《玉篇》

① 王力《古汉语字典》741页在“甿”字条下注：“[同源字]甿，氓。二字音同，并为田野农民之专称。”

② 此数字及字母是该字头“甿”在《名义》中的字位，前三位数字指此字在《名义》中的页码，字母A、B分别指每一页的上栏和下栏，字母后的两位数字指列数，最后一个数字指该列的第几个字。如011A022指此字在《名义》的11页上栏第二列的第二个字。其余标注以此类推。

和《王三》中有异体关系的“甿”和“氓”，在《名义》中却不同音了，“甿”字注音为莫崩反，根据我们对《名义》释音字的测查，“崩”字及其所系联之字，相当于《王三》的曾摄一等平声登韵，所以“甿”在《名义》中应该也是曾摄一等平声登韵字。而“氓”《名义》注音是“麦耕反”，根据《名义》注音体系的研究，“氓”字在《名义》中的反切地位，相当于《王三》中的明母梗摄二等平声耕韵。这样一来，若将两字仍看作异体字，则《名义》中的登韵与耕韵似乎被这对“异体字”联系到一起了，那么，是《名义》中这两个韵合并了？亦或是字音的注释有误？

《名义》中登韵和耕韵有没有合并的趋势呢？《名义》中登、耕两个韵系（含平、上、去、入）共有345字，只有“甿”和“竑”两个字存在《名义》注为登韵，而《王三》注音为耕韵的情况，除此之外，两个韵系再无交涉，因此，从数据上看，两韵在《名义》中不存在合并的趋势，应该是个别字的注音现象。“竑”字注音我们将另文讨论，下面我们主要讨论“甿”的注音是否有误。

我们先来看一看与顾野王《玉篇》成书时间相近，作者地域相同的音义书陆德明《经典释文》和曹宪《博雅音》中对“甿”的注音。《广雅疏证》卷第三上释诂：“疒、騃、僮、惛、狴、誖、眘、甿、殤，痴也。”《博雅音》为“甿”注音为“莫邓”，音韵地位为明母曾摄一等去声嶝韵，与《名义》只是声调不同，但韵系相同。《周礼·地官·遂人》：“凡治野，以下剂致甿。”陆德明《音义》曰：“甿，亡耕反。”其音韵地位是明母梗摄二等平声耕韵，与《王三》等《切韵》系韵书相同，与《名义》声调虽同，但韵系不同。

《史记·陈涉世家》：“然而陈涉，瓮牖绳枢之子，甿隶之人。”裴骃《史记集解》引徐广[①]《史记音义》曰：“田民曰甿，音亡更反。”徐广从小在京口长大，京口即今镇江，在南京周围，其语音应该就是那些南迁人士的读书音，其注音中的反切下字“更”在斯二〇七一和《王三》等《切韵》系韵书中是个多音字，有平、去二音，属于梗摄庚韵系二等字，与《王三》、《名义》中的“甿”的注音都不同。不过，在中古的金陵人士的读书音中，庚、耕两韵虽然各自独立，但个别字的注音上有相混切的现象，应该是受到方言的影响。如此看来，《经典释文》和《史记音义》在“甿”的注音上虽然用字不同，但两音系应该并没有区别，只是个别字的归韵稍有不同。

《广益玉篇》中此字两音，分别是莫绷（明母耕韵）和莫邓（明母隥韵），

① 徐广（352—425），字野民，生于晋穆帝永和八年，卒于宋文帝元嘉二年，徐邈之弟。祖籍东莞郡莒人，公元311年发生“永嘉之乱”，之后北方沦陷，无数北人流离失所，渡江南迁，其间大批东莞莒人也加入了这一迁徙洪流。徐邈、徐广祖父徐澄之和同乡臧琨等率子弟及乡邻千余家南渡，落户于京口（今江苏镇江）。因此，徐邈、徐广兄弟二人生长于京口。

前者是耕韵系字，后者是登韵系一等字。

“甿”的登韵系音除了《名义》、今本《玉篇》中的又音和《博雅音》中的注音外，还可以在《集韵》和金代邢准的《新修累音引证群籍玉篇》（以下简称《新修玉篇》）中找到：

表 2　“甿”的注音与释义

韵	《集韵》		《新修累音引证群籍玉篇》
	反切	释义	注音及释义
耕韵	谟耕切	甿，《说文》田民也。	甿亩，二，莫耕切，民也。
嶝韵	母亘切	甿，《博雅》痴也，一曰田民。	又武亘切，《博雅》痴也，一曰田民。
登韵	弥登切	甿，野民。	上又《韵》武登切，野民也。
阳韵	谟郎切	甿，旷野，或书作“亩”。	并又莫郎切，旷野，或作亩。

可以看到，此二书中注音虽然用字不同，但实际读音完全相同，释义也基本相同。《集韵》是在《广韵》基础上修订而来，既有音切的改变，又补充了大量古书的字形、字音和字义，其中《字林》、《广雅》、《玉篇》、《经典释文》等是其重要来源，因此，其平声登韵的音义很可能是从《玉篇》系字书中来。《新修玉篇》据赵晓庆（2015）研究，是以《大广益会玉篇》为底本，吸收了金代祕祥《大定甲申重修增广类玉篇海》中的音义，并增加了后来的其他“篇韵”及一些亡佚韵书中的注音编成。其中的《韵》，既可能是《集韵》也可能是由《集韵》而来的《省韵》。总之，“甿”字的平声登韵一音应该是上有所承的，不会是空穴来风。结合《名义》的注音，这个平声登韵注音很可能是从原本《玉篇》来的。

另外，在日本字书《新撰字镜》中田部也收有此字：“甿，莫崩亡邓二反，田民皃，野人也，氓字。”《新撰字镜》成书于日本平安时期昌泰年间（898—901），是由日本僧人昌住以玄应《一切经音义》、《切韵》、原本《玉篇》等中国古代字书和韵书为底本汇纂而成的一部汉文辞书，较好地保存了汉文典籍相对原始的面貌，文献价值非常可贵。这条注释很可能是据原本《玉篇》而来，比较好地保存了《玉篇》的原貌。

而现存的《广益玉篇》所收的平声注音为耕韵字，很可能是后来修订时据《广韵》所改。为了恢复《玉篇》原貌，应该据《名义》改回。

我们推测，原本《玉篇》甿字当有登韵系平、去两音，这两音所记录的两词应该是变调构词，平声表示田民，是名词；而去声表示痴、懵懂无知，是形容词。由于《玉篇》在注多音字时，并没有将音、义进行对应，因此这一点不明显。可是《博雅音》中的注音结合《广雅》的释义，则可以很清楚地看到，去声“莫邓反”表示的是“痴”这个形容词义。因此，我们认为《名义》中对“甿”的注音不存在反切用字有错误，而是有根据的注音。

我们可以据以上分析，推测出原本《玉篇》的注释应该是：“甿，莫崩反又莫邓反，田民，野民，氓也。痴也。”而《名义》在编撰时只取了其平声音义。

三、《名义》中“民”的释义及对应的古文

《名义》中“民”字条写作民弭申反，𡨋、眠、眼。古民，吕浩（2007: 39）《〈篆隶万象名义〉校释》（以下简称《校释》）写作：“民，弭申反，宜[①]、眠、眼。古𠧗。”。臧克和（2008: 203）《中古汉字流变》（以下简称《流变》）中作：“民 mín 弭申反。宜也，眠也，眼也。古𠭊。”经查《故训汇纂》、《经籍纂诂》及各类字书、韵书、音义书及古人旧注，“民”字都没有“宜”、“眠”和“眼”的训释，考虑到《名义》用字的特点，俗字、讹字颇多，我们认为这里应该是出现了讹误字，导致训释不通。至于其古文字形，两位先生校订的都与《名义》原文相去甚远。

“宜”当为“冥”之误，在《名义》中，“冥”字多次出现，常常写作𡨋、𡨋、𡨋、𡨋、𡨋等字形，中间写作“目”字。而“宜”字也很常见，仅作为反切用字就出现了32次，在注释中出现了13次，作为字头出现1次，常写作宜、宜、宜、宜等字形，除了作为字头时写作宜外，其他都将“宀”写成了“冖”，且中间的“且”字在两横下还有一个撇笔，这就造成了《名义》中“宜”与“冥”的字形非常相似，只是比“冥”少了下面的两点，因此，很可能是当时抄写时误失两点，写成了“宜”字。其实，在《名义》中，“冥”与“宜”误写的不止这一处。如日部“杲”和“杳”二字的注释：杲公道反，明，宜，宜字。杳於鸟反，宜，白日高，字冥。此二字前后相邻，“杲”的注音有误，当为“公道反”，释义为“明、宜、

① “宜”为“宜”之俗字。

窅字。”其中释为“明”是正确的，但释为“宜”非常可疑，“窅字”是说“杲”与“窅”是同源关系，这就更加奇怪了。再看下一条“杳”的注释：“於鸟反，宜、白、日高、字冥。”这条注释中“宜”字也非常可疑，而“白、日高”都不是“杳”的训释，而应该是“杲”的训释，结合两条材料，我们认为《名义》在抄写时，应该是将此二条中的训释弄混了。而“宜”字实际都应该是“冥”的误字。这两条应该改为：“杲，公道反，明，白、日高。”“杳，於鸟反，冥、窅字。”另外，《名义》木部榠字作，“宜鼎反，木似楺为茗草。”此处反切上字“宜”也是“冥”的误字。

“民”训为“冥”见于《诗经 • 大雅 • 灵台》：“灵台，民始附也。”郑玄注曰：“民者，冥也。”这应该是一条声训材料[①]，即认为古代的“民”是冥暗无知的，故得“民”之名。郑玄的这条训释对后人影响很大，后来古人注疏中多引用此注释，仅《十三经注疏》中就引用了九次，如《周礼 • 地官 • 遂人》“致甿以田里”郑玄注曰：“变民言甿，异外内也。”贾公彦注疏曰：“民者，冥也。甿者，懵懵。皆是无知之貌也。”因此，顾野王在训释“民”字时，引用郑玄的声训也是合乎常理的。

释义中的“眠”字，当为“氓”之误。此种讹误亦见于狮谷莲社刻本的慧琳《一切经音义》中，第九十七卷《广弘明集上卷 • 集卷第十》：“氓俗，麦耕反。刘熙注《孟子》云：‘远郊之界称氓。’《说文》：‘眠，民也。从亡，民声。’集作珉，俗字。”[②]此条注释中所引《说文》显然有误，将“氓”写成了“眠”，这从后面“从亡，民声”也可看出。而且《一切经音义》告诉我们，“氓”字俗字写作“珉”，“珉”在《名义》中写作，与“氓”的字形非常相似，也正因为这样，“氓”字讹作了“眠”，使我们现在看来这条释义非常奇怪。

“民”释为“眼”，应该是从“眠”字来的，在中古时，“民”与“艮”字形常混，《碑别字新编》中将“艮”看作是“民”的俗字，在高丽本《龙龛手镜》中，“氓”字条作：，就将“𥆧”作为“氓”的异体字，《汉语

① “民”声与“冥”声古代常相通，如“瞑”后来将小睡义写作“眠”。

② 引自翰堂典藏数据库。

大字典》还据此特意收了“䀝”。因此，在这里“眼”也应该是一个据“眠”而误的字。

至于其古文字形，吕浩所写古文来自于《集韵》，臧克和先生所写古文来自于《说文》古文，而此古文来自于《汗简》，均非《名义》所列之古文。《名义》将“民”的古文写作，这实际并非古文，而是与《敦煌俗字典》中276页的、、等字一样，当是“民”在唐代的避讳字。据此，可以看出，《名义》所据的《玉篇》，应该是一个唐代的抄本。

因此，《名义》中此条注释当为：民，弭申反，冥也，氓也，䀝也，俗作。

四、《名义》中“氓”的训释

《名义》中“氓”字条作：，吕浩《校释》作：“氓，麦耕反。美也，庶也。”臧克和《流变》作：“氓，莫耕反，美也，庶也。”据《名义》原文及其俗字特点，臧克和先生将反切上字据今本《玉篇》改“麦”为“莫”不当，在《名义》中，“麦”多次做反切用字，属于一个常用字，而且从注音看，麦、莫声母也相同，没有必要改，还是保持原貌为宜。

“美”这个字形，既可以是“羔”的异体字，也可以是“美”的异体字，而臧克和先生在《流变》中并没有具体说明“美”到底是“美”的异体字还是“羔”的异体字，因此属于释义不清。而据《名义》字形来看，就是“美”的俗体字形，《诗经·卫风·氓》陆德明《毛诗音义》云：“氓，莫耕反，民也，《韩诗》云美貌。”因此，“氓”训为“美”当是出自《韩诗》。

“氓”训为“庶”，《故训汇纂》中失收，我们有必要考证一下“氓”是否有此训义。

《国语·周语上》：“王乃使司徒咸戒公卿、百吏、庶民”，韦昭注曰：“百吏，百官。庶民，甸师氏所掌之民也，主耕耨王之籍田者。”慧琳《一切经音义》卷第九十一《续高僧传》卷一：“氓品，上陌彭反，凡庶也。黎氓，百姓也。”所以，“民”、“庶”都指地位低下的百姓，而且据韦昭注，“庶民”和“泯”的郊外“农人”义一样，而且“庶”和“民”早在先秦时就因义近而并列使用了，因此，“泯”有“庶”的训释，也很正常。

这两个训义应该是《玉篇》中原有的，《名义》把它们保存了下来，而《故训汇纂》中“泯”字下却失收“庶”这个训义，当据《名义》释义补上。

只就以上三条材料，我们就发现《名义》可贵的文献价值，它的注音、释义可以给我们提供丰富的国内传世文献中失收的音义，这是一个珍贵的宝藏，等待着我们继续去研究挖掘。

参考文献

丁度．宋刻集韵［M］．北京：中华书局，2015.

段玉裁．说文解字注［M］．上海：上海古籍出版社，1981.

顾野王．原本玉篇残卷［M］．北京：中华书局，1984.

顾野王．大广益会玉篇［M］．北京：中华书局，1987.

慧琳．一切经音义［M］．上海：上海古籍出版社，1986.

郭沫若．甲骨文字研究［M］．北京：科学出版社，1982.

京都大学文学部国语学国文学研究室．新撰字镜（增订版）［M］．日本京都：临川书店，1967.

黄征．敦煌俗字典［M］．上海：上海教育出版社，2005.

空海．篆隶万象名义［M］．北京：中华书局，1995.

季旭升．说文新证［M］．台北：艺文印书馆股份有限公司，2014.

李孝定．甲骨文字集释［M］//“中央研究院”历史语言研究所专刊之五十．台湾：“中央研究院”历史语言研究所，1970.

林义光．文源［M］．中西书局，2012.

龙宇纯．唐写全本王仁昫刊谬补缺切韵校笺［M］．香港：香港中文大学发行，1968.

陆德明．经典释文［M］．北京：中华书局，1983.

吕浩．《篆隶万象名义》校释［M］．上海：学林出版社，2007.

商承祚．战国楚帛书述略［J］．文物，1964（9）：8-20.

司马迁．史记（点校本二十四史修订本）［M］．北京：中华书局，2013.

王仁昫．唐写本王仁昫刊谬补缺切韵［M］．南京：江苏教育出版社，2017.

行均．龙龛手镜（高丽本）［M］．北京：中华书局，1985.

邢准．新修累音引证群籍玉篇［M］．北京：北京图书馆出版社，2005.
徐锴．说文解字系传［M］．北京：中华书局：1998.
许慎．说文解字［M］．北京：中华书局，1963.
臧克和．中古汉字流变［M］．上海：华东师范大学出版社，2008.
赵晓庆．新修絫音引证群籍玉篇注音材料研究［D］．中国传媒大学博士论文，2015.
赵晓庆．《新修玉篇》之《玉篇》底本考［Z］// 中国文字研究第二十五辑，2017.
郑玄，贾公彦．周礼注疏［M］．上海：上海古籍出版社，1990.
宗福邦．故训汇纂［M］．北京：商务印书馆，2007.

郭店《老子》异文分析举例

湖南师范大学文学院　蔡梦麒

郭店楚简自发掘整理之后，在中国乃至世界学术界引起了极大的轰动。其中《老子》部分更是重中之重，因简本《老子》与帛书《老子》以及各种传世《老子》具有传承关系，对《老子》一书的形成与发展研究、对老子思想的研究都有极其重要的意义，在这方面学术界取得了重大的成绩。同时又因为简本《老子》与帛书《老子》以及各种传世《老子》文辞可参互比照，为我们研究战国文字的使用状况，研究中国文字的发展提供了极其宝贵的语言文字实物数据，本文将简本《老子》（简称“郭店”）与帛书《老子》（马王堆帛书甲本《老子》简称“马甲”，马王堆帛书乙本《老子》简称“马乙”）以及传世的王弼《老子道德经注》（简称“王弼”）的用字差异（即异文）作一些简单的比照，借以分析战国文字的使用情况，窥视中国文字的发展脉络。

一、异文界说

“异文”一词的含义各家解说不同。一般来说，有广义和狭义两种理解。广义的理解是作为训诂校勘术语，强调字句使用上的差异，《辞海》文化体育分册的解说是：“异文，校勘学名词。凡同一书的不同版本，或不同的书记载同一事物，字句互异，包括通假字和异体字。如《左传·隐公元年》‘仲子生而有文在其手’，《论衡·记妖》作‘在其掌’；又‘公及邾仪父盟于蔑’，《公羊传》作‘邾娄仪公’。”

狭义的理解是指字词应用上的差异。《辞海》语言文字分册的解说是：“异文，对正字而言。通假字和异体字的统称。如‘乌乎’、‘於戏’是‘呜呼’的通假字，‘跡’、‘蹟’是‘迹’的异体字。”陆宗达、王宁（1983）也说：“异文指同一文献的不同版本中用字的差异，或原文于引文用字的差异。”葛本仪（1992）将此定义说得更为具体：“异文，指相同典籍在不同版本（包括其他著述中的引文）中的不同文字。一般指用字的不同，其中包括古今字、异体字、通假字等，也指同一词代替或其他文字讹误等情况。”这实际上是把“异文”下定在文字使用的范围之内。

本文重点不在于探讨《老子》一书的形成，也不在于追溯老子思想的来龙去脉，目的只在了解郭店《老子》的用字情况，借以窥探汉字发展的轨迹，所以我们这里采用狭义的理解。将简本、帛书本、传世本（王弼《老子道德经注》）用字上出现的差异进行比较，而其中涉及文句的替换、文句的繁简、同义词的交互等不在本次考察的范围之内。

二、异文的类型

关于异文的类型，由于各家对“异文”的定义取舍有广狭之分，所以分类的结果也很不一样。王彦坤（1993）从句子的角度列出三种异文类型：1. 句意相同，句式不同；2. 句意句式相同，遣词用句不同；3. 句意不同。又从字词的角度列出另外三类：1. 字词有无之不同，2. 字词顺序之不同，3. 字词使用之不同。从句子和字词两个角度进行考察，含括了古籍异文的各个方面，并且排除了交叉重叠的问题。吴辛丑（2002）根据简帛典籍的特殊性，将异文分成四大类：从“字”的角度看，有通假字、古今字、异体字、通用字等；从“词”的角度看，有同义词、同源词、重叠词、连绵词等；从“句”的角度看，有增减词语、词序不同、句式不同等；传统校勘学所称脱文、衍文、倒文、讹文等，涉及字、词、句三个层面，别为一类。很显然，他继承了王彦坤按层次分类的观点，分析得更为细腻，只是有时存在不同类型纠缠不清的现象。李若晖（2004）则认为异文的分类不应该仅仅局限于语言文字领域内，而应该体现对于思想的认识，所以他从思想史的角度出发，将异文分为五类：（1）形异字同异文，包括异体字、古今字等；（2）字异义同异文，包括假借字、同义词等；（3）义异思同异文，语义不同，但在哲学思想上没有分歧；（4）句异异文，即句子结构和句中词语的多少有所不同；（5）思异异文，即异文的意义所表达的哲学思想不同。看来，他很想把异文研究纳入思想史研究的范畴中去。

其实，各种分类都有可取之处，关键还在于我们研究异文的目的是什么，要说明什么问题，所以语言文字学家的分类往往更为明确直接，向熹（1989）

将《诗经》异文分为形异、通假、通用、义同、句意，对于分析《诗经》的文字、语音、训诂而言，这已经足够了。陆志韦、林焘（2001）分析《经典释文》异文的目的更加明确，就是要通过字与字的对应关系考察其中反映出来的语音问题，所以他们的分类更加特别，将《经典释文》的异文分为七大类：1. 正文与异文得声声首相同者；2. 正文与异文在古音属于同一韵部者；3. 正文与异文音相似，然于音韵沿革上明知其为后起者；4. 正文与异文同字而其一为变体者；5. 正文与异文偶然形误者；6. 正文与异文意义相关因而涉误者；7. 正文与异文之关系无从解释者。其实其中的 1、2、3、4 类都是说明语音的材料，而 5、6、7 类则是影响语音判断的干扰材料，所以在分析语音时应该特别列出以利于排除。可见考察语音是文章的目的，而分类是从这一目的出发的。

我们这次考察郭店《老子》的异文，是因为郭店《老子》较为完备，且与帛书《老子》、传世《老子》相承性明显，容易比较它们在用字上的差异，通过它们在用字上的差异了解战国楚文字的一些特点，从而进一步探讨汉字发展的一些情况，也就是说我们作异文分析的目的仅仅限定在文字方面，所以我们对异文的分类也严格限制在文字上的差异。据此，我们将郭店《老子》文字异文分为通假字、古今字、异体字、通用字四类，虽然分类没有超出传统称述的范围，但郭店《老子》的用例却使这一分析更加充实。

三、从异文看郭店《老子》中的通假字

通假是指古籍中有一个本字而不用，却借用一个声音相同或相近的字来表示其意义。被借用的字就是通假字，被代替的字就是本字。通过郭店《老子》与帛书《老子》、传世《老子》的异文比较，我们很容易就能发现简本《老子》存在大量的通假字，例如：

（1）郭店：卑道之才天下也，猷少浴之與江海。

馬甲：俾道之在天（下也，猷小）浴之與江海也。

馬乙：卑道之在天下也，猷小浴之與江海也。

王弼：譬道之在天下，猶川谷之與江海。

郭店《老子》“才”通“在”出现了两次，从异文看帛书和传世本均作“在”。《说文》：“在，存也。从土才声。”《易·小畜》：“尚德载。”于省吾《新证》：“载、在、才、哉，古通。金文‘在’字、‘哉’字，多假‘才’为之。”

甲骨文作 ，借“才”为“在”，金文作  ，表示“在”的例证更多，但金文中已经出现了“从土才声”的“在”字，如盂鼎作  ，所以郭店《老子》只是这一用法的持续。

（2）郭店：大攷若仳，大成若詘，大植若屈。

馬甲：大直如詘，大巧如拙，大赢如炳。

馬乙：（大直如詘，大）巧如拙，（大赢如）絀。

王弼：大直若屈，大巧若拙，大辯若訥。

例中“攷”与“巧”“植”与“直”异文，都是通假关系。“攷”、“巧”二字古可互通，《易·蛊·初六》：“有子攷无咎。”帛书本作“巧”，是“巧”可通“攷”。《书·金滕》：“予仁若攷能，多才与艺。”《史记·鲁周公世家》“攷”作“巧”，是“攷”又可通“巧”。“植”与“直”通假也見于传世文献，《礼记·檀弓下》：“行并植于晋国。”《国语·晋语八》作“行廉直于晋国。”

（3）郭店：灋勿慈章，覜惻多又。

馬甲：（法物兹章而）盗賊（多有）。

馬乙：（法）物兹章而盗賊（多有）。

王弼：法令滋彰，盗賊多有。

例中“覜盗”、“惻賊”、“勿物”、“慈滋”、“章彰”、“又有”与帛书及王弼本《老子》构成异文关系，前四对可归入通假。

（4）郭店：竺能濁㠯朿者，牆舍清。

馬甲：濁而情之，余清。

馬乙：濁而情之，徐清。

王弼：孰能濁以静之，將徐清。

例中“朿静”、“舍徐”、“竺孰”，简本与帛书及王弼本《老子》构成异文关系，第一例应该属于不同词语的替换，不能视为同一个词，二、三例则是通假字关系。

（5）郭店：六新不和，安又孝孷。

馬甲：六親不和，案有畜兹。

馬乙：六親不和，安又孝兹。

王弼：六親不和，有孝慈。

例中简本作“新”，其余作“親”，是同音借用关系；简本作“孷”，帛书本作“兹”，王弼本“慈”，也是同音借用关系。

（6）郭店：視之不足見，聖之不足䎽。

馬甲：（視之）不足見也，聽之不足聞也。

馬乙：視之不足見也，聽之不足聞。

王弼：視之不足見，聽之不足聞。

例中“䎽聞”、“聖聽”，简本与帛书及王弼本《老子》构成异文关系，前一例可视为替换声符而构成的异体字，后一例则是通假关系。

（7）郭店：古之善爲士者，必非溺玄達，深不可志，是目爲之頌。

馬甲：（古之善爲道者，微眇玄達），深不可志，故強爲之容。

馬乙：古之善爲道者，微眇玄達，深不可志，故強爲之容。

王弼：古之善爲士者，微眇玄通，深不可識，故強爲之容。

例中“志識”、“非微”、“溺妙”、“頌容”，简本与帛书本及王弼本《老子》构成异文关系，都是通假。

此外，还有如“季孝”、“子慈”、“索素”、“保抱”、“静諍爭”、“[illegible]过”“蟲愮化”等，简本都与帛书及王弼本《老子》构成异文，例子很多。其中绝大多数是简本用借字，传本用本字，如前面所举六例。最后一例的“頌容”则是简本用本字，而传本用借字，《说文》：“容，盛也。从宀、谷。”徐铉曰：“屋与谷皆所以盛受也。”又《说文》：“颂，皃也。”段玉裁注：“颂，仪也，古作颂貌，今作容貌。古今字之异也。”可見“颂”才是容貌、形容之本字，简本用本字，与今通行写法不同。

四、从异文看郭店《老子》中反映出的古今字

古今字是词义分化在文字发展上的反映，它是反映汉字历时性的一组分化字，也有人叫它分别字，王筠称之为分别文。一组古今字实际上体现了汉字滋衍发展的历史轨迹，郭店《老子》等简帛典籍文献大多抄写于战国、西汉，处于汉字趋于完全定型化的前期，一般来说比较接近于古书原貌，所以我们比较简本《老子》的异文就不难发现，简本多用本字，而传本多用今字。例如：

（1）郭店：𢇍智棄支，民利百伓。

馬甲：絕聲棄知，民利百負。

馬乙：絕耳棄知而民利百倍。

王弼：絕聖棄知，民利百倍。

“𢇍”楚文字作“𢇍”，在郭店《老子》中出现 3 次，字形与中山王壶的“𢇍”一致，到小篆字形趋于规整作𢇍，后又有絕，与𢇍成为异体，《说文》：“绝，

断丝也。从糸从刀从卩。𢇍，古文绝。象不连体，绝二丝。”《玉篇》：“𢇍，古文绝字。”约至西汉古字“𢇍”渐废，而今字“绝”通行。但两者之间的关系在后世文献中仍然有所反映，例如《楚辞·哀时命》：“日饥馑而绝粮。”洪兴祖《考异》：“绝，古本作𢇍。”《汉书·路温舒传》：“𢇍者不可复属。”颜师古注：“𢇍，古绝字。”

（2）郭店：古不可旻天新，亦不可旻而疋。

馬甲：故不可得而親，亦不可得而疏。

馬乙：故不可得而親也，亦不可得而（疏）。

王弼：故不可得而親，不可得而疏。

“旻”字楚文字作[illegible]，在郭店《老子》中出现有12次，其字形直接来源于甲骨文的[illegible]，和金文的[illegible]，小篆演变作[illegible]，马王堆帛书中还有[illegible]的写法，字形为手持贝壳形，表示有所得，楷化作“㝵”或“导”，已不见“贝”形。为了使字形表意更为明确，从甲骨文就开始繁化加形旁“彳”，如[illegible]，金文字例进一步增多，渐次成为后世通用字。《说文》：“得，行有所得也。从彳导声。㝵，古文省彳。”㝵得之间的关系，历代字书均有记载，但除出土材料之外罕见用例，《书序》：“高宗梦得说。”玄应《一切经音义》卷一引“得”作“㝵”。

（3）郭店：㠯邦觀邦，㠯天下觀天下。

馬甲：以邦觀邦，以天（下）觀（天下）。

馬乙：（以邦觀）國，以天下觀天下。

王弼：以國觀國，以天下觀天下。

作为介词、连词的“以”，楚文字一律写作“㠯”，郭店《老子》总出现46次，无一例外。从以字表词的角度看，“以”字一开始就是用假借，甲骨文作[illegible]，金文作[illegible]，楚文字作[illegible]，写法一脉相承，将其笔画拉直变形，就成了“㠯”，所以“㠯”作为介词、连词是由来已久的，而“以”的写法则是[illegible]的变形，至少在睡虎地秦简中已略显端倪，秦简作[illegible]，三体石经作[illegible]，已经可以看出楷书“以”的痕迹。《玉篇》：“以，余止切。用也。与也，为也。古作㠯。”说清了“㠯以”之间的关系。

（4）郭店：亓才民上也，民弗厚也；亓才民歬也，民弗害也。

馬甲：故居前而民弗害也，故居上而民弗重也。

馬乙：故居上而民弗重，故居前而民弗害。

王弼：是以聖人處上而民不重，處前而民不害。

《说文》：“歬，不行而进谓之歬。从止在舟上。”这是“前进”之“前”

的本字，甲骨文作[古文字]，金文作[古文字]，楚文字作[古文字]，都是如此取义。郭店《老子》只出现1次。睡虎地秦简写作[古文字]，出现从刀之“前”，后世该字成为通用字。《玉篇》：“歬，在先切。不行而进也。今作前。”

（5）郭店：衍亙亡爲也，矦王能守之，而萬勿牆自愠愠而雒复。

馬甲：道恆无名，侯王若守之，萬物將自愠愠而欲（作）。

馬乙：道恆无名，侯王若能守之，萬物將自化化而欲作。

王弼：道常無爲而無不爲，侯王若能守之，萬物將自化化而欲作。

“亙”郭店出现4次，帛书都作“恆”，属于古今字。该字甲骨文作[古文字][古文字]，金文或作[古文字]，郭店《老子》作[古文字]，构义相同：上下两横喻天地，中间为弦月形。王国维《观堂集林》卷九：“[古文字]即古恆字。古文作[古文字]，盖传写之讹。古从月之字后或变而从舟。”段玉裁注：“月上弦而就盈，于是有恒久之义。”后为恒常之义而加形旁“心”，金文作[古文字]，楚文字作[古文字][古文字]，这就是现在通行的“恆”字。《诗经·生民》：“恆之秬秠，恆之糜芑。”《经典释文》：“恆又本作亙。”传世文献也有记载。王弼本作“常”，属于同义异文，当是避汉文帝刘恒讳所致。

这种郭店《老子》用古字，帛书及王弼本用今字的异文现象用例很多，典型者如：悳德（郭店作“丌悳乃貞”，王弼作“其德乃真”）、季學教（郭店作“季不季”，王弼作“學不學”；郭店作“行不言之季”，王弼作“行不言之教”）、肰然（郭店作“百眚曰我自肰也”，帛書作“百姓胃我自然”，王弼作“百姓謂我自然”）、胃謂（郭店作“可胃𢡺辱”，王弼作“何謂寵辱若驚”）、厶私（郭店作“少厶須欲”，王弼作“少私寡欲”）。这些例子都说明，相对后世文献而言，汉字还在逐步走向完善和发展。

五、从异文看郭店《老子》中的古异体字

汉字形成发展的历史非常久远，通行的地域也非常辽阔，并且当时也缺乏强有力的措施规范文字的使用，所以汉字从产生到发展一直伴随着多个字形并存使用的现象，只是在程度上存在差异，一般来说，汉字的古文字阶段这一特征特别明显。楚文字处于汉字急剧变化的当口，异体字的大量存在是不可避免的，将郭店《老子》与帛书《老子》、王弼本《老子》的异文进行比较，我们可以从中找出许多后代已经废弃不用了的异体字。

（1）郭店：江海所㠯爲百浴王，㠯亓能爲百浴下。

馬甲：（江）海之所以能爲百浴王者，以亓善下之。

馬乙：江海所以能爲百浴（王者，以）亓（善）下之。

王弼：江海所以能爲百谷王者，以亓善下之。

该字楚文字作，从水母声，在郭店《老子》中出现2次，都是作为“海”的异体字出现的，帛书本、传世本均作“海”字。两者的区别在声符，一为“母”，一为“每”。无论是从字形上还是从语音上，“母”和“每”都是相通的，“母”甲骨文作、金文作，“每”甲骨文作、金文作，形体相似，抑或由一字而来。廖名春《郭店楚简老子校释》：“《说文》：‘海，天池也，以纳百川者。从水每声。’‘每’字原‘从中母声’，据徐灏注笺，是后隶变作‘每’。《六朝别字记》：‘海作海。’《马王堆汉墓帛书·九主》：‘海内四邦。’包山楚简二·一四七：‘煮盐于海。’”

（2）郭店：是㠯能爲百浴王。

馬甲：是以能爲百浴王。

馬乙：是以能爲百浴王。

王弼：故能爲百谷王。

该字楚文字作，郭店出现5次，简本、帛书本均作“浴”，传世通行本作“谷”。“谷”甲骨文作，金文作，象水流出山谷形。廖名春《郭店楚简老子校释》：“《说文·谷部》：‘泉出通川为谷。从水半见，出于口。’《尔雅·释水》：‘水注川曰溪，注溪曰谷。’‘谷’为两山间水流，此‘浴’字从谷从水，为‘谷’字的繁化。”王弼本《老子》六章：“谷神不死。”《经典释文》：“谷，河上本作浴。”可見“浴”字写法是当时通行的异体写法。《说文》：“浴，洒身也。从水谷声。”与此“浴”字当属同形字。

（3）郭店：人灋陧，陧灋天，天灋道，道灋自肰。

馬甲：人法地，（地）法（天），天法（道），（道）法（自然）。

馬乙：人法地，地法天，天法道，道法自然。

王弼：人法地，地法天，天法道，道法自然。

“陧”字郭店《老子》出现6次，帛书本传世本均作“地”，“地”字籀文作“墬”，原于金文的写法，实际上“墬、陧”都是“地”的异体字，只是在造字构件上有差异。

（4）郭店：莫智丌亙可㠯又鄭，又鄭之母可㠯長（久）。

馬甲：（莫知丌極），可以有國，有國之母可以長久。

馬乙：莫知丌（極，可以）有國，有國之母可（以長）久。

王弼：莫知其極，可以有國，有國之母可以長久。

域、國、𨞾原本都是源于“或”字，本作，繁化从口作，从土作，从邑作，均为异体，最后一写法为楚文字的来源。

（5）郭店：㠯衍差人宔者，不谷㠯兵侸於天下。

馬甲：以道佐人主，不以兵強（於）天下。

馬乙：以道佐人主，不以兵強於天下。

王弼：以道佐人主者，不以兵強天下

《说文·宀部》：“宔，宗庙宔祏。从宀主声。”段玉裁注：“经典作主，小篆作宔。主者，古文也。《左传》‘使祝史徙主祏于周庙’是也。”实际上“宔”也是“主”的繁化异体字。

这类古异体字在郭店《老子》中出现的几率很高，典型的还有如：弃棄（郭店作“㡭攷弃利”，王弼作“絕巧棄利”）、愄褁畏（郭店作“猷虐丌奴愄四𨻸”，王弼作“猷兮若畏四鄰”；郭店作“亦不可㠯不褁”，王弼作“不可不畏”）、𢓚作（郭店作“愚而雒𢓚”，王弼作“化而欲作”）、矦侯（郭店作“矦王女能獸之”，王弼作“侯王若能守之”）、𨒅動（郭店作“虛而不屈，𨒅而愈出”，王弼作“虛而不屈，動而俞出”）、㤅愛（郭店作“甚㤅必大賫”，王弼作“甚愛必費”）。其中有许多古异体字，各种文献都很难见到，也很难分析出它的源头，试想如果没有各种异文材料作比照，将给我们辨认文字的工作增加多少难度。

六、从异文看郭店《老子》中反映出的古通用字

通用字的概念各家在使用时内涵有很大的区别，在不需要特别说明甲乙两字的关系时，许多人常常笼统地说甲乙两个字古代“通用”，这就往往将“通用字”凌驾于通假字、古今字、异体字之上。声义同源而多字通用的现象在各类文献中确实存在，例如：“维”、“唯”、“惟”根据其字形及《说文》分析三字各有本义，《说文》：“维，车盖维也。从糸隹声。”又：“唯，诺也。从口隹声。”又：“惟，凡思也。从心隹声。”但在作为句首语气词时却是通用的，这在传世文献和出土文献都是一致的，甚至你不能说哪个是本字、古字或正体字。又如作为否定副词的“弗”和“不”在传世文献和出土文献中都交替出现。比较简本《老子》与传世《老子》的异文也能找到许多这种

通用的例子。

（1）郭店：上悳女浴，大白女辱，㞷悳女不足。

馬乙：上德如浴，大白女辱，廣德如不足。

王弼：上德若谷，大白若辱，廣德若不足。

作为“如是”意义的“女”郭店《老子》出现有6次，一般都是帛书本作“如”，王弼本作“若”，《集韵·鱼韵》：“如，古作女。”三字在声音和意义上都是相通的，很难说其中的某一个是本字。

（2）郭店：智（知）足之爲足，此亙（恆）足矣。

王弼：知足之爲足，此常足矣。

“知”与“智”原本认为是一对典型的古今字，一般认为“智”是“知”意义引申而产生出来的一个分化字，传世文献中在“聪明”、“智慧”意义上，“知”与“智”常常通用，异文现象非常普遍，如《礼记·檀弓上》：“之死而致生之不知。”《孔子家语·公西赤问》“知”作“智”，《老子》：“民之难治，以其智多。”帛书《老子》“智”作“知”。而简帛文字中，在“知道”这一意义上，“知”与“智”也构成了异文，两者实际上构成交互使用的关系，所以应看成是通用字关系，不宜认为是古今字，更不能看成是通假字。

（3）郭店：爲亡爲，事亡事，未亡未。

馬甲：爲无爲，事无事，味无味。

馬乙：爲无爲，（事无事，味无味）。

王弼：爲無爲，事無事，味無味。

“亡”与“無”通用文献中不乏其例，古代有可能是书写习惯的不同，比较《史记》、《汉书》的用字就不难发现，《史記》多用“無”字，而《汉书》多用“亡”字。帛书本异文作“无”，该字《说文》作为“無”的“奇字”予以收入。据陈五云（2000）统计分析，“无”、“無”在传世文献中用法上的差异跟使用者的习惯有关。总之，三字古代通用是毫无疑问的。

（4）郭店：㠯丌不静也，古天下莫能與之静。

馬甲：以丌无静與，故（天下莫能與之）静。

馬乙：（以）丌无静與，故（天）下莫能與争。

王弼：以其不爭，故天下莫能與之爭。

“丌”用法相当于虚词“其”，在郭店《老子》中出现有41次，“其”甲骨文本作，金文作，后演变为形声字，所以“丌”与“其”在字源上也是一致的，《集韵》平声之韵：“其，古作丌。”原本通用，只在使用习惯上存在差异，到后代才逐渐规范统一用“其”字。

（5）郭店：民莫之命天（而之誤字）自均安。

馬甲：民莫之（令而自均焉）。

馬乙：（民莫之）令而自均焉。

王弼：民莫之令而自均。

郭店《老子》与帛书本、王弼本在命令二字上构成异文。甲骨文、金文原本命令同字。“令”字甲骨文作[illegible]，金文作[illegible]，林光义《文源》：“卩即人字。从口在人上，象口发号、人跽伏以听也。”后再加形旁“口”而造“命”，金文作[illegible]，楚文字作[illegible]。虽然两字形体上有了分化，但其通用的原则在各类典籍中仍很普遍。如：《易·姤·象传》：“后以施命诰四方。”《后汉书·鲁恭传》引命作令。《礼·投壶》：“鲁令弟子辞曰。”《大戴礼·投壶》令作命。

七、小结

通假字是甲乙两个字没有意义上的关系，只在语音上相同或相近，如“覜”通“盜”，它们原本关系只在声音近而已，因音近而借“覜”为“盜”。古今字是甲乙两个字有一个产生先后问题，反映汉字的分化发展，如“㝵”是“得”的古字，小篆作[illegible]，“得”字古文作[illegible]，“㝵”稍变而作“㝵”，后又加形旁“彳”繁化作“[illegible]”，也就是现在通行的“得”字。异体字是甲乙两个字音义重合可以互换的两个字，如“海”与“海”，前者从“母”得声，后者从“每”得声，而这两个字在作古文字的构形要素时是可以互通的，这就形成了音义相同而形体互异的一组异体字。

这种区别在理论上是很容易说清楚的，但在实际运用中要把它们严格区分开来并不容易。通假字可能与由词义引申而形成的古今字纠缠不清，如“胃谓”有人分析为通假字，有人认为是古今字，从文献两者往往可以交互使用上看有人又分析为古代通用字。今字原本是为了取代古字的某一部分意义而分化出来的字，但如果今字产生后仍然使用古字，那实际就与通假字没有什么区别了。出土文献中的异体字也往往由于材料的不足，有些字就很难判断它的真正性质。正因为如此在谈到这些字之间的关系时，除非是特地要说明之间的不同，许多人倾向于采取一种模糊的称谓。《古字通假会典》就基于这种认识，把各种类型都予收罗，作者认为：“古籍当中的假借字，往往由于同某些古今字、简化字、异体字乃至错字缴绕不清，不易绝对地划明界限”，

“我们如果勉强去逐一区分每个字的性质，逐一判断古籍‘异文’和旧注所提供的每个字例，是否确系严格意义的假借，从而决定取舍，其结果就很可能流于偏颇，或求之过严，或难以做到允当得体”。这样处理未必合理，但很实用。

参考文献

荆门市博物馆．郭店楚墓竹简 [M]. 北京：文物出版社，1998.

马王堆汉墓帛书整理小组．马王堆汉墓出土《老子》释文 [M]. 北京：文物出版社，1974.

王弼．老子道德经注 [M]. 四库全书本．

臧克和，王平．说文解字新订 [M]. 北京：中华书局，2002.

陈彭年等．宋本玉篇 [M]. 北京：中国书店，1983.

高亨．古字通假会典 [M]. 济南：齐鲁书社，1989.

廖名春．郭店楚简老子校释 [M]. 北京：清华大学出版社，2003.

尹振环．楚简老子辨析 [M]. 北京：中华书局，2001.

李若晖．郭店竹书老子论考 [M]. 济南：齐鲁书社，2004.

《辞海》文化体育分册 [M]. 上海：上海辞书出版社，1981.

《辞海》语言文字分册 [M]. 上海：上海辞书出版社，1981.

陆宗达，王宁．训诂方法论 [M]. 北京：中国社会科学出版社，1983.

葛本仪主编．实用中国语言学词典 [M]. 青岛：青岛出版社，1992.

王彦坤．古籍异文研究 [M]. 广州：广东高等教育出版社，1993.

吴辛丑．简帛典籍异文研究 [M]. 广州：中山大学出版社，2002.

向熹．诗经里的异文 [M]// 向熹．诗经语文论集．成都：四川民族出版社，2002.

陆志韦，林焘．《经典释文》异文之分析 [M]// 林焘语言学论文集．北京，商务印书馆，2001.

陈五云．从新视角看汉字：俗文字学 [M]. 郑州：河南人民出版社，2000.

玄应《大唐众经音义》校勘举例*

华中科技大学中国语言研究所　黄仁瑄

初唐释玄应《大唐众经音义》（下称玄应音义）是一部承前启后的佛典音义著作（黄仁瑄 2011：40），有很高的学术研究价值。玄应音义流布千年，其中文字豕亥鱼鲁之处甚多。徐时仪（2012）做过艰苦而富有成效的校勘工作。本文续勘二十余例以就教于同人，希望对玄应音义的校勘及相关研究工作有所助益。

一、讹

（1）簫筑　張六反。形如箏，刻其頭而握之，以頭筑人，故謂之筑。（《月灯三昧经》卷第三，4，32p0053C[①]）

案：“刻其頭”之“頭”，碛藏本（460p015a）[②]作“頸”。考玄应音义卷十六“筑笛”注（32p0218A）：“筑，形如箏，刻其頸而握之，……故謂之筑。”《汉书·高帝纪下》“上擊筑”颜师古注（页 75）：“今筑形似瑟而細頸也。”皆言“頸”，且文意相符，知丽藏本“頭”字讹，宜改。又：“以頭筑人”，碛藏本（460p015a）作“以頭築之”，皆表义晦涩。考《太平御览》卷五百七十六引《乐书》曰（中华书局 1960 年版，页 2602 上）：“筑者，形如頌琴，施十三弦，頂細，肩圓。品聲按柱，鼓法以左手扼之，右手以竹尺擊之，隨調應律。”《急就篇》卷三“竽瑟空侯琴筑箏”颜师古注（《丛

* 本文原载《语言研究》2013年第2期，此次入集，个别文字有删改。

① “《月灯三昧经》卷第三”表示字目“簫筑”的出处，“4”表示玄应音义的卷次，“32p0053C”表示高丽大藏经第32册第53页下栏；下同。引文文字原则上仍其旧。又：为讨论便利，行文以丽藏本称之。

② 碛藏本指《碛砂大藏经》收录之玄应音义。括号中“p”前数字指《碛砂大藏经》的册数，“p”后数字指页码，a、b、c分别表示上、中、下栏；下同。

书集成初编》本，页 196）：“筑，形如小瑟而細頸，以竹擊之。”《史记·刺客列传》“愛燕之狗屠及善擊筑者高漸離”司马贞索隐（页 2528）：“筑似琴，有弦。用竹擊之，取以爲名。”《史记·高祖本纪》“高祖擊筑”张守节正义引应劭曰（页 390）：“狀似瑟而大，頭安弦。以竹擊之，故名曰筑。”[①]又《释名·释乐器》（《汉小学四种》，页 1539 下）：“筑，以竹鼓之，巩柲之也。”或言“以竹尺擊之”，或言“以竹擊之”，或言“以竹鼓之”，上引诸例对“筑”的得名缘由做了合理的说明，知丽藏本、碛藏本皆讹，宜据改作“以竹擊之”。慧琳音义卷六十二“絲筑”注（58p0718b[②]）：“《说文》作筑，云以竹擊之成曲，五弦之樂。”可为据改之旁证。

（2）赭衣　之野反。赭，赤土也。《方言》：“南楚、東海之間或謂赤爲赭。”郭璞曰：“言衣赤也。”（《密迹金刚力士经》卷第三，4，32p0060C）

案：“謂赤爲赭”之“赤”，碛藏本（458p044b）作“卒”。考《方言》卷三（《汉小学四种》，页 1272 下）：“楚、东海之间亭父谓之亭公。卒谓之弩父，或谓之褚。”知丽藏本“赤”为“卒”讹[③]，宜改。

（3）嵯峨　才何反，下我多反。《广雅》：“嵯峨，高也。”《楚辞注》云：“山截嶭峻敞曰爲嵯峨。”（《太子须大拏经》，5，32p0072B）

案：“山截嶭峻敞曰爲嵯峨”，慧琳本[④]（58p0057b）、碛藏本（458p049b）作“山截嶭峻敝日爲嵯峨”，皆文意不通。考《楚辞·招隱士》“山氣巃嵸兮石嵯峨”王逸注（页 232）：“嵯峨，巀嶭，峻蔽日也。”知各本之“山截”为“巀”讹，丽藏本之“敞曰”为“敝日”讹[⑤]，宜改。

（4）呼患　芳流反[⑥]。（《大云轮请雨经》，8，32p0110C）

案：“患”，大正藏本（T19n0991_p0499c17-c18[⑦]）作“婁”。考“［毘私］呼婁［闍膩］”是梵音 bispūrjana 的对音，梵音 r 玄应音系一般以来纽字对译（黄

---

① 《汉书·高帝纪下》“上擊筑”颜师古注亦引应劭曰（页75）：“狀似瑟而大，頭安弦。以竹擊之，故名曰筑。”

② “p”前数字指《中华大藏经》的册数，“p”后数字指页码，a、b分别表示上、下栏；下同。

③ 徐时仪.一切经音义三种校本合刊（修订版）[M].上海：上海古籍出版社，2012：98.

④ 慧琳本指慧琳《一切经音义》（下称慧琳音义）转录之玄应音义。下同。

⑤ 徐时仪.一切经音义三种校本合刊（修订版）[M].上海：上海古籍出版社，2012：117.

⑥ “芳流反”，碛藏本（459p004b）作“芳俘反”。

⑦ 见CBETA Chinese Electronic Tripitaka Collection（2008）。下同。

仁瑄 2011：266-267），“婁”读来纽，正合此例，知丽藏本“患”字讹（“患”读匣纽），宜改。

（5）瞫韗　徒感反。（《大方等大云请雨经》，8，32p0111A）

案：“瞫”，慧琳本（58p0155a）作“贉”。考“[三婆羅三婆羅至]贉韗”（T19n0992_p0504a17）是梵音 sambhara sambhara dudumbu 的对音，梵音 d 玄应音义一般以定纽字对译（黄仁瑄 2011：265-267），“贉”读定纽，正合此例，知丽藏本“瞫”字讹（“瞫”读书纽），宜改。

（6）誦習　辝立反。謂積習數爲也。經文作謵，丑倈反。言不止也。謵非字義。（《增一阿含经》卷第四十七，11，32p0151A）

案：“言不止”不合字义。考《玉篇·言部》（页 42 下）：“謵，謵讋，言不正也。”《集韵·葉韵》（页 224 上）：“謵，謵讋，語不正。”[①] 皆着“正”字，而文意相合，知丽藏本“止”为“正”讹，宜改。

（7）脆不　清歲反。《説文》：“脆，少血易断也。”《广雅》：“脆，弱也。”脆，猶腝也。經文作毳，非也。腝音乃困反[②]。（《中心经》，13，32p0171B）

案：“少血”，慧琳本（58p0591a-0591b）作“少耎”。考“脆”《说文》作“脃”。《说文·肉部》（页 90 上）：“脃，小耎易斷也。”徐锴系传（页 82 上）与此同。《文选·左思〈魏都赋〉》“稟質遳脆”李善注亦引《说文》曰（页 109 上）：“脆，少耎易斷也。”《集韵·没韵》（页 195 下）：“脃，耎易破也。”皆着“耎”字，而文意顺畅，知丽藏本“血”字讹，宜改。又：“少”、“小”形近易混，详文意，“小”字是，宜改。

（8）堊灑　於仁反，下所解反。字應作惡，於故反。即莊飾也。（《五分律》卷第五，15，32p0211A）

案：“作惡”之“惡”，慧琳本（58p0623b）作“堊”。考《说文·土部》（页 287 上）：“堊，白涂也。”《尔雅·释宫》“牆謂之堊”郭璞注（《汉小学四种》，页 1046 上）：“白飾牆也。”知丽藏本“惡”为“堊”讹，宜改。

（9）者者　諸野反。《说文》：“者，制事之辭也。”亦明下句出也。牒本釋之，故重言者。（《摄大乘论》卷第四，23，32p0314A）

案：“制”，《说文》作“别”[③]。考《说文·白部》“者，别事詞也”徐锴系传（页 67 下）：“凡文有者字者，所以爲分别隔異也。”《经传释词》

① “謵讋”之“謵”原作“謂”，今据文意改。

② “腝”，原作“臑”，今据碛藏本（459p050a）及文意改。

③ 《说文·白部》（页74下）：“者，别事詞也。”

卷九（页 195）：“者，或指其事，或指其物，或指其人。”知丽藏本“制”为“别”讹，宜改。

（10）遏濕摩揭婆　亦名阿輪摩竭娑。是赤色寶也。（《摄大乘论》卷第十，23，32p0315B）

案：“阿輪摩竭娑”，慧琳本（58p0424b）、碛藏本（461p028a）作“阿輸摩竭婆”。考“遏濕摩揭婆”等是梵词 aśmagarbha 的对音，梵音 ś 玄应音系一般以书纽字对译（黄仁瑄 2011：262-263），梵音 bh 一般以並纽字对译（黄仁瑄 2011：268-269），“濕、輸”读书纽，“婆”读並纽，正合此例，知丽藏本“輪、娑”二字讹（“輪”读来纽，“娑”读心纽），宜改。

二、脱

（11）薜荔　蒲計反，下力計反。或言卑帝梨，或云卑帝梨耶，或言閉黎多，或作俾禮多，皆訛也。正言彌荔多。此譯云祖父鬼，舊譯云餓鬼，中最劣者也。彌音補蔑反。俾音卑寐反。（《放光般若经》卷第四，3，32p0038A）

案：“中最劣者也”，慧琳本（57p0558b-0559a）作“饿鬼中最劣者也”。考玄应音义卷一“薜荔”注（32p0008B）：“浦細反，下力計反。正言閉麗多。此譯云祖父（鬼），或言餓鬼。是餓鬼中最劣者也。”亦着“餓鬼”二字，而文意周全，知丽藏本脱之，宜补。

（12）柔耎　而兖反。《广雅》：“柔，弱也。”《通俗文》“物柔曰耎”作耎，《汉书》“軟不勝任者”作軟，二形通用。經文多作濡。按：《说文》、《三仓》皆人于反，水名也。出涿郡，東入漆。又：霑也。或作渜，乃本反。《说文》：“渜，湯也。”二形並非經義。（《妙法莲花经》卷第一，6，32p0079A）

案：“柔，弱也”，碛藏本（458p054a）作“柔、耎，弱也”，其间参差在“耎”字的有无。考此例音义对象是“耎”：先注其音切，后释其义，再明其在他书中的用字情况[①]……着一“耎”字，显得文气顺畅，知丽藏本脱之，宜补。慧琳音义卷二十七有大乘基撰慧琳再详定之《妙法莲花经音义》，其文实据玄应音义增补，可资参证者很多（黄仁瑄 2012a、2012b），其中“柔耎”例（57p0964b）亦着一“耎”字，可为据补之旁证。

---

① 这亦是唐五代佛典音义行文的通例。参见黄仁瑄.唐五代佛典音义研究[M].北京：中华书局，2011：84-85.

（13）虎魄　匹白反。《广雅》：“虎魄，珠名也。”《汉书》：“罽賓國有虎魄。”按：《博物志》云：“松脂入地千年化爲茯苓，千年化爲虎魄。一名江珠。”《广志》云：“虎魄生地中，其上及旁不生草木。深者八九尺，大如斛，削去上皮，中成虎魄，有汁，初如桃膠，凝堅乃成。”其人用以爲盌也。（《妙法莲花经》卷第二，6，32p0085A）

案：“千年化为虎魄”所指不明。考慧琳本（57p0977b-0978a）[①]、碛藏本（458p057b）作“茯苓千年化为虎魄”，又考《博物志》卷四《药物》引《神仙传》云（《摛藻堂四库全书荟要》第277册，页707下）：“松柏脂入地千年化为茯苓，茯苓化为琥珀。琥珀一名江珠。今泰山出茯苓而无琥珀，益州永昌出琥珀而无茯苓。”皆着“茯苓”二字，而文意周全，知丽藏本脱之，宜补[②]。

（14）諛訑　以珠反。不擇是非謂之諛。下大可反。《纂文》云：“兖州人以相欺爲訑。”又音湯和反。訑，避也。（《佛遗日摩尼宝经》，8，32p0116A）

案：“不擇是非謂之諛”搭配不当。考“不擇”句见《庄子·渔父》（页1029）：“希意道言，謂之諂；不擇是非而言，謂之諛。”又考玄应音义卷二“諛諂”注（32p0018A）：“不擇是非而言謂之諛，希其意道其言謂之諂。”卷十四“諛諂”注亦引《庄子》（32p0197C）：“不擇是非而言謂之諛。”卷二十一“諛諂”注（32p0279A）：“不擇是非而言謂之諛，希其意道其言謂之諂也。”皆着“而言”二字，且文意周全，知丽藏本脱之，宜补。

（15）洪炎　借音以贍反。正字作焰，又作燄。光焰也。《说文》：“火微燄燄然也。”[③]（《申日经》，8，32p0111C）

案：“火微燄燄然也”，《说文·炎部》作“火行微燄燄也”，其参差主要在“行”字的有无。考《集韵·琰韵》（页129上）：“燄，《说文》：‘火行微燄燄也。’”玄应音义卷七“姓焰明”注引《说文》（32p0092A）：“火行微燄然也。”慧琳音义卷三十三“時燄”注引《考声》（58p0063b）：“燄，火行微貌也。”《玉篇·炎部》（页100下）：“燄，火行皃。”皆着一“行”字，知丽藏本脱之，宜补。

---

① 此例见录于慧琳音义，除音切有所修正外，其余文字基本相同。

② 参见徐时仪.一切经音义三种校本合刊（修订版）[M].上海：上海古籍出版社，2012：135.

③ “説文……燄也”十字慧琳本（58p0062b）、碛藏本（459p005b）阙。

（16）潢瀁　胡廣反，下以掌反[①]。《楚辞》：“潢瀁，猶浩蕩也。”經文作滉。（《无量寿经》卷上，8，32p0114A）

案：“經文作滉”表意未尽，考慧琳本（570715b）作“經文作滉瀁亦通也”，文意周全，亦合文例，知丽藏本脱“瀁亦通也”四字，宜补。

（17）薜荔　蒲細、來計反。此譯言餓鬼也。依字，薜荔，香草也，其狀如韭，生山石也。（《大智度论》卷第五十九，9，32p0129A）

案：“薜荔”显然不能“生山石”，考慧琳本（58p0337a）、碛藏本（459p018a）作“生山石上”，着一“上”字，点明薜荔的生长位置，文意显豁，知丽藏本脱之，宜补。

（18）鱣魚　知連反。《尔雅》：“鱣，大魚也。口在頷下，體無鱗甲，大者二三丈。江東名黃魚也。”（《十住毗婆沙论》卷第五，10，32p0135C-0136A）

案：“大者二三丈”表意欠稳。考玄应音义卷十一“鱣魚”注（32p0150A）、卷十五“鱣魚”注（32p0202C）、卷十八“鱣魚”注（32p0240A）、卷二十“鱣魚”注（32p0266C）皆作“大者長二三丈”，又考《尔雅·释鱼》“鱣”郭璞注（《汉小学四种》，页1181上）：“鱣，大魚，似鱏而短，鼻口在頷下，體有邪行，甲無鱗，肉黃，大者長二三丈，今江東呼爲黃魚。”所引诸例皆着一“長”字，文意显豁，知丽藏本脱之，宜补。

（19）蒺蔾　自栗、力尸反。《尔雅》：“薋，蒺蔾。”即布地蔓生，子有三角者也。經文作鏫。錤，未見所出。錤音基。鎡錤，鋤也。非今所用也[②]。（《普曜经》卷第五，12，32p0162A）

案：“經文作鏫”表意未尽，考碛藏本（459p041b）作“從金作鏫鑗二形非也”[③]，而“蒺蔾……二形非也”内容独立，知丽藏本脱“從金”、“鑗二形非也”七字，宜补。又：“錤未見……所用也”跟前文内容没有联系，宜据碛藏本分立之。

（20）塵塺　武該、武賀二反。《通俗文》：“熟土曰塺。”塺亦塵也。敗壞也。（《达摩多罗禅经》卷下，12，32p0165C）

案：“塵塺……亦塵也”、“敗壞也”间内容没有关联。考慧琳本（58p0979a）、碛藏本（459p044b）“敗壞也”前有“難沮才與反詩云何

① “以掌反”，慧琳本（57p0715b）作“羊掌反”。

② “非今所用也”，碛藏本（459p041b）作“鋤非此義”（仁瑄案：详文意，“鋤”为“錤”讹）。

③ 明永乐南藏本（57p0252b）同。

日斯沮傳曰沮壞也三蒼沮漸也”二十一字，而“難沮……敗壞也”内容完全独立。又“塵塺”见《达摩多罗禅经》“腐碎若塵塺”（T15n0618_p0316a27），“難沮”见“難沮喻金剛”（T15n0618_p0318a14），出处亦不相同。知丽藏本脱慧琳本、碛藏本所示之二十一字，宜补，并分立之。

（21）鷹鶚[①] 五各反。摯猛之鳥也。《山海经》：“狀如雕而黑，白首，赤足，喙。”（《立世阿毗昙论》卷第八，18，32p0248A）

案：“喙”字表意未尽。考玄应音义卷十六“鵰鶚”注（32P0217B）：“娥各反。雕屬也。摯鳥也。如雕而黑文，白首，赤足，喙而虎爪，音如晨鵠也。”“喙而”之“而”，慧琳音义卷六十五（58p0769a）转引作“如”。又考《山海经・西山经》（四库全书荟要本，页16上）：“欽䲹化爲大鶚，其狀如雕而黑文，白首，赤喙而虎爪，其音如晨鵠，見則有大兵。”详各例文字，知丽藏本“黑”后脱一“文”字，“喙”后至少脱了“如虎爪音如晨鵠也”八字，如此补足，庶几文从字顺，表意分明，宜补。

三、倒

（22）沮壞 才與反。《三仓》：“沮，漸也，壞敗也。”經文作俎，側吕反。貯醢器也，一曰置肉几也。俎非此用。（《大方广佛华严经》卷第一，1，32p0002A）

案：“壞敗也”，慧琳本（57p0801b）、碛藏本（458p002b）作“敗壞也”。“壞敗”、“敗壞”表意似乎没有什么区别，然前者易致歧义，徐时仪（2008：8上、847上；2012：8上、847上）就有过这样的疏忽。考玄应音义凡六释“沮”，卷二“沮壞”注（32p0020A）、卷三“沮壞”注（32p0035A）皆引《三苍》：“沮，漸也，敗壞也。”卷十“沮壞”注引《苍颉篇》（32p0134C）：“沮，漸，敗壞也。”卷十八“沮屈”注引《苍颉解诂》（32p0241A）：“沮，漸也，敗壞也。”又考慧琳音义卷七十五转录之玄应音义“難沮”注引《三苍》（58p0979a）：“沮，漸也，敗壞也。”各例引据对象基本相同，而皆作“敗壞也”，知丽藏本“壞”、“敗”二字乙倒，宜据乙正。

（23）盥掌 公緩反。《説文》：“盥，澡手也。《春秋傳》曰：‘奉

① “鷹”，慧琳本（58p0927b）作“膺”；其余文字各本皆同。

匜沃盥。’”案：凡澡洒物皆曰盥。字體從手、臼、水臨皿上也。臼音居六反。經文有更從水作澀，非也。匜，餘支反。似杓，柄中有道，所以注水也。（《大方广佛华严经》卷第六，1，32p0003A）

案：“字體從手、臼、水臨皿上也”文意不顺，亦跟“盥”字结构的实际不符[①]。考玄应音义凡五释“盥”，下面是其中两例：

盥手　公緩反。《说文》：“澡手也。”按：凡洒澡物皆曰盥，不但手也。字従臼、水、皿上意也。（《成具光明定意经》，5，32p0072A）

澡盥　公緩反。《说文》：“澡手也。”凡洒物皆曰盥，不但手也。（《尊婆須蜜所集论》卷第三，18，32p0249A）

又考慧琳音义转录有如下一例玄应音义材料：

水盥　公緩反。《说文》：“澡手也。”凡澡洒物皆曰盥，不但手也。（《义足经》卷下，55，58p0546b）案：此例丽藏本阙，而见于碛藏本（459p045b）。

三例在“皆曰盥”三字后都着“不但手也”四字，且文意顺畅，知丽藏本“字體從”三字和“手”字乙倒，且“手”前脱“不但”二字，宜据补正。

（24）蠱道　公户反，《声类》翼者反。《说文》：“蠱，腹中虫也。”謂行毒虫也。（《摩可般若波罗蜜经》卷第十四，3，32p0034C）

案：“行毒虫”，慧琳本（57p0567b）、碛藏本（458p025a）作“行虫毒”。考玄应音义卷一“蠱毒”注（32p0004C）、卷十四“蠱道”注（32p0195C）皆作“行虫毒”，卷十五“厭蠱”注（32p0210A）作“虫行毒”，卷二十“蠱祥”注（32p0266B）：“虫物病害人也。”《周礼・秋官・庶氏》“掌除毒蠱”郑玄注（页888中）：“毒蠱，蠱物而病害人者。”知丽藏本“毒”“虫”二字倒乙，宜据乙正[②]。

（25）侜張　《说文》作譸，同。竹流反。《尔雅》：“侜張，誑也。”亦幻惑欺誑也。經文作輈，車轅也。輈非字體。《春秋传》：“挾輈以走。”（《观佛三昧经》卷第二，4，32p0055B）

案：“輈非字體春秋傳挾輈以走”，碛藏本（458p040b）作“春秋傳挾輈以走輈非字體”[③]。考玄应音义“非字體”凡49见，一般出现在“經文（有

① 《说文・皿部》（许慎撰、徐铉校定.说文解字[M].北京：中华书局，1963：104下）析“盥”为“从臼、水臨皿”结构。

② 《说文・蟲部》“蠱”字下段玉裁注（页676下–677上）：“中蠱皆讀去聲。……腹中蟲者，謂腹内中蟲食之毒也。自外而入，故曰中；自内而蝕，故曰蠱。此與《虫部》腹中长蟲、腹中短蟲讀異。”

③ 慧琳本（58p0267a–0267b）无“春秋傳挾輈以走”七字。

/多）作X＋（音切）＋（释义）＋（X）非字體”结构中，表示字目中某字经文原写作某字，而该字之音义跟此语境并不相符。如：

洲潬　徒亶反。《尔雅》：“潬，沙出也。”谓水内沙堆也。经文作埏，音延。埏，道也。埏非字體。（《大威德陁罗尼经》卷第三，1，32p0012A-0012B）

此例即表示字目“洲潬”之“潬”经文原写作“埏”，“埏”字“音延”，其义为“道”，“埏”之音义跟语境不相符合，着一“非”字即表示其运用有误。前述“鞆張”例表达的应该就是类似的意思，然文气不顺，于例亦不相合，知丽藏本“鞆非字體”、“春秋傳挾鞆以走”倒乙，宜据碛藏本乙正。

（26）仇者　古文逑，同。渠牛反。怨耦曰仇。《尔雅》：“仇、讎，匹也。”（《十诵律》卷第六十，15，32p0204A）

案：“仇者”，慧琳本（58p0622a）、碛藏本（460p005b）作“者仇”。考“者仇”见《十诵律》卷五十八“寧為智者仇”（T23n1435_p0438b08），知丽藏本“仇”、“者”二字乙倒，宜据乙正。

佛典音义的校勘应遵循内外结合的原则。所谓内，既指佛典音义本身，也指佛门典籍；所谓外，一指外典，即佛门外典籍，一指外语特别是梵文文献。内外比勘互证，既利于发现问题，同时亦利于解决问题（黄仁瑄2012a、2012c）。

附记：本文曾在“东亚文化和教育”国际学术研讨会（韩国，2012年8月10-11日）上宣读。

参考文献

迟铎．小尔雅集释［M］．北京：中华书局，2008.
丁度等．宋刻集韵［M］．北京：中华书局，第2版，2005.
范晔等．后汉书［M］．李贤等注，北京：中华书局，1965.
顾野王．大广益会玉篇［M］．北京：中华书局，1987.
郭庆藩．庄子集释［M］．王孝鱼，点校，北京：中华书局，1961.
黄仁瑄．唐五代佛典音义研究［M］．北京：中华书局，2011.
黄仁瑄．慧琳添修之《妙法莲花经音义》的讹、倒、衍问题［J］．语言研究，2012（2）．
黄仁瑄．慧琳添修之《妙法莲花经音义》脱字校正［J］．汉语学报，2012（2）．
黄仁瑄．慧琳《一切经音义》再校勘举例［J］．语文研究，2012（2）．

李昉等．太平御览［M］．北京：中华书局，1960.
阮元校刻．十三经注疏［M］．北京：中华书局，1980.
司马迁撰、裴骃集解、司马贞索隐、张守节正义．史记［M］．北京：中华书局：1959.
王引之．经传释词［M］．黄侃、杨树达，批本，长沙：岳麓书社，1982.
萧统编、李善注．文选［M］．北京：中华书局，1977.
徐锴．说文解字系传［M］．北京：中华书局，1987.
徐元诰．国语集解［M］．王树民、沈长云，点校，北京：中华书局，2002.
徐时仪．一切经音义三种校本合刊（修订版）［M］．上海：上海古籍出版社，2012.
许慎．说文解字［M］．徐铉，校定，北京：中华书局，1963.
许慎等．汉小学四种［M］．成都：巴蜀书社，2001.
张华．博物志［M］//《摛藻堂四库全书荟要》第277册．台北：台湾世界书局，1990.

闽南摩崖石刻与古文字学的关系研究*

集美大学文学院　陈光田

所谓摩崖石刻，清代学者冯云鹏的《金石索》云：“就其山而凿之，曰摩崖。”① 或认为：摩崖石刻是石刻中的一个类别，也就是利用天然的石壁以刻文记事的石刻。② 其实，摩崖石刻是一个非常宽泛的概念，从狭义上来说，一般是指文字石刻，即利用天然的石壁刻文记事，属于文字学研究的范畴。广义的摩崖石刻则是指人们在天然的石壁上摩刻的所有内容，包括各类文字石刻、石刻造像、岩画等。从《穆天子传》所载，“天子纪功于弇山之石”至今的三千多年时间里，历朝历代的石刻仍大量存在于中华大地。但以素有“侨乡”之称的厦门、漳州和泉州为代表的闽南地区，摩崖石刻的遗存同其他地区相比具有独特的风采。从时间上来说，该地区既有商周时期的早期石刻遗迹，也有唐宋以来历代文人墨客刻写的诗词歌赋；从字体上来说，既有商周时期的甲骨文、金文，也有后来的小篆、隶书、楷书和行书等。所以，闽南地区的摩崖石刻同古文字存在着密切的关系，具有很高的研究价值。

一、闽南摩崖石刻直接传承了古文字学的内容

所谓古文字是指古代的文字，笼统地说，是指晚清以前古人所使用的文字。其实学术界对古文字的界定也有分歧。从广义上来说，楷书之前的汉字均可称为古文字，秦汉时期的隶书也属古文字的范畴。然而从文字形体的特点考察，我们倾向于把小篆作为古文字的终结。③ 所以，到目前为止，学术界一般把以甲骨文、金文和战国文字等内容作为研究对象的学科称为古文字学。闽南摩崖

* 本文原载《语言研究》2013年第2期。

①（清）冯云鹏.金石索[M].北京：书目文献出版社，1996：63.

② 陈世辉,汤余惠.古文字学概要[M].长春：吉林大学出版社，1988：6.

③ 徐自强、吴梦麟.古代石刻通论[M].北京：紫禁城出版社，2003：174.

石刻中有不少内容就属于古文字学研究的范畴，它在很大程度上记录了闽南地区以古文字为代表的闽南文化的发展历程。闽南地区虽然较中原地区开发较晚，但其文化发展的程度并不比中原地区落后太多，甚至是迄今对中国古代文化保存和传承最好的地区之一，闽南地区的大量摩崖石刻就说明了这一点。

摩崖石刻首先体现的是文字形体和含义的魅力，是属于具有悠久历史的汉字，当属于广义上的古文字范畴。闽南地区的摩崖石刻大多是唐宋以来文人墨客、泛野游民的刻写真迹，笔法刚劲，结构瑰丽，是具有独特魅力的古代汉字形体；上古时期的石刻遗迹虽然不多，但特点突出，最具有代表性的摩崖石刻当属漳州华安县的“仙字潭”遗迹。据当地民间传说，该石刻为神仙的笔迹，称为“仙字”、“仙书”或“仙篆”，遂命名为“仙字潭”。从《漳州府志》、《龙溪县志》等地方志资料所载我们可以发现，千百年来，历朝历代均有不少文人对其进行研究。据《漳州府志》载，早在唐朝就有人持“仙字潭”石刻的拓本到洛阳求教于韩愈，韩愈将其释读为“诏还黑视之鲤鱼天公畀杀人牛壬癸神书急急”等十九字，至于韩愈的考订是否准确可取，尚待进一步考证。时至今日，学术界对“仙字潭”石刻的解释主要有两种观点，一种意见认为，该石刻为类似甲骨文或商周青铜器铭文，并已释读出其中一些文字；另一种意见认为，是古代当地土著民族活动的记事岩画，内容大致为描写古代部落酋长庆功宴乐的场面，记录战绩，以示武勇。[①] 这些石刻究竟属于哪个民族的文化遗存也有不少争论。一种观点认为是古代“七闽”部落的遗迹；[②] 另一种观点认为是古代番族、吴族、越族之间一次战争的记功石刻，或是畲族先民遗留下的文字。[③] 其实，如果单纯从石刻文字的形体构造来看，“仙字潭”石刻大致属于商周时期，形体结构属于金文系统，但比早期的金文更原始、更古朴，当属于商周时期古文字的范畴，但与中原的甲骨文、金文及越人的鸟篆等风格有所不同。至于有人认为石刻属于图画性质恰恰印证了中国汉字起源于图画的说法。虽然“仙字潭”石刻的字体与商周时期的甲骨文、金文相比有较大区别，但我们认为二者当属一脉。无论上述哪种说法属于历史真相，从字体构造来说，“仙字潭”石刻肯定是受中原汉族文字的影响而成。

同“仙字潭”石刻相映成辉的则是厦门、漳州和泉州地区丰富的石刻。如厦门岛五老峰下享誉中外的千年古刹——南普陀寺石刻众多，沿着南普陀寺后山路直上，可欣赏路旁岩石上的题刻。其中有一个三米多高的“佛”字，是行

① 刘蕙孙.福建华安汰溪摩崖图像文字初探[J].福建文博，1982（2）.

② 欧潭生，卢美松.福建华安仙字潭岩画新考[J].考古，1994（2）.

③ 黄仲琴.汰溪古文[J].岭南学报，1935（2）.

人或游客必拜之地。从明代开始，无数文人墨客、风儒雅士在此留下了千古文章、警世名言或史实记事。园林植物园和与之隔海相对的鼓浪屿上奇岩趣石遍布，摩崖石刻众多。既有用甲骨文、金文写成的古代诗词，也有现代文人的题字等。漳州龙海云洞岩崖刻如林，保存了从隋唐至清代道光年间历代诗、文、联记等石刻共二百零三处，被称为“闽南第一历史碑林”。云洞岩摩崖石刻，原名石壁山，隋开皇年间(581-600)隐士潜翁者修炼于此；五代时期的道人许石昔的“许石昔寻偃月子至此”等石刻均为其中的代表。泉州的摩崖石刻集中于清源山地区，此外，莲花峰、灵山也各有分布。全区现存摩崖石刻近六百方，其中清源山上就有各类石刻达四百多方。从内容上来说，既有历代帝王的所赐御书，也有历代文人的登临题诗、游览题名，也有众多的牌匾或对联等。从时间上来说，上起唐会昌四年（844 年）至今，时间跨越一千多年。这些丰富的石刻资料与中原地区同时代的文字研究和文化发展基本同步，尤其是摩崖石刻有异曲同工之处。如泰山石刻包括秦汉至近代以来，上下两千余载的历代帝王封禅告祭文、寺庙创建重修记、石经墓铭、颂岱诗文、题景及楹联等内容；而闽南摩崖石刻中的很多内容则与泰山石刻有相似之处。

从总体上来说，以厦门、漳州和泉州为代表的闽南摩崖石刻是闽南地区千百年来发展历史的实物见证，虽然有着浓厚的地方特点，但与中原文化存在着千丝万缕的联系。它是中原文字在闽南地区书体演形和艺术嬗变的实物遗存，是记录闽南文化发展历程的实物载体。

二、闽南摩崖石刻拓宽了古文字学的内涵

古文字学一般是指以古代文字的形体构造、读音或运用为研究对象的学科。殷商和西周时期的文字主要是甲骨文和金文，虽然战国文字的载体和内容比较丰富，有铜器铭文、兵器铭文、货币文字、玺印文字、玉石文字、缣帛文字等。从字体上来说，战国时期的文字主要有东方六国所使用的古文，西方秦国所使用的籀文。① 除此之外，这个时候已经开始出现隶书字体。② 但同摩崖石刻的内容相比，古文字的内容和功能显得比较单调一些。这是因为：古文字记录的主要是古代的社会生活诸方面的内容，体现的仍然是它的工具性，而摩

① 王国维.王国维遗书：卷六[M].上海：上海古籍出版社，1983：27.

② 唐兰.古文字学导论[M].济南：齐鲁书社，1981：65.

崖石刻不但具有“文字”的直观性，还在一定程度上体现了古代文献的真实性，同时，还具有汉字文献的久远性和神圣性，闽南地区宏大的石刻群就是绝好的古代汉字文献实证。从字体上来说，闽南摩崖石刻除了有甲骨文、金文等古文字形体之外，还有小篆、隶书、楷书、行书等，有阳刻、有阴刻；有竖写、有横排；可以说，石刻内容囊括了所有的汉字形体。而从内容上来说，有古人的览山题名，或览胜诗咏等，且唐宋元明清一脉传承。漳州龙海云洞岩和泉州清源山的摩崖石刻数量最多，诗刻、题刻、碑刻、匾额等不一而足，字体或豪放俊美，或似行云流水，或端庄秀丽，是宝贵的书法艺术作品。所以，“在广大辽阔的中国领域之内，汉字就像一条看不见的魔线，把语言不同、风俗习惯不同、血统不同的人民的心声缝在一起，成为一种自觉的中国人。”[①] 跨度几千年的闽南摩崖石刻都是真实的方块汉字，至今仍在通用，它就是记录闽南地区发展历史，并同其他地区密切联系到一起的魔线。

同时，闽南摩崖石刻还是闽南历史和文化发展的见证，可以有力地补充传世文献的不足。闽南地区历史悠久，有着深厚的文化积淀。但由于历史的原因，记录该地区发展历程的传世文献资料并不是非常丰富，这就需要我们从其他方面入手。该地区的房屋建筑、人们的饮食习惯、再到具有浓厚地方特色的歌仔戏、高甲戏、南音（南曲）等戏曲艺术，至今仍保留着晋唐时期的艺术风韵，从而形成具有独特地方色彩的闽南文化圈。闽南文化既是中华文化大家庭中的一员，又具有着浓厚的地方特点。从特征上说，它以闽南方言为载体，存活于闽南方言通行的社会之中。从历史角度来说，闽南文化经历两千多年的发展历程，伴随着社会的进步和变迁，人们对摩崖石刻的关注也使闽南文化的内涵日益丰富。“仙字潭”石刻是闽南文化遗存中的代表。何乔远《闽书》、《漳州府志》、《龙溪县志》等书对其均有记载。乾隆四十一年（1776年），著名学者蔡永蒹撰写的《西山杂志》系统地揭开了“仙字潭”神秘面纱。可以说，在众多的摩崖石刻记录中，“仙字潭”石刻是我国东南沿海现存文化符号最多，内涵最丰富，保存最完好的摩崖石刻。近几十年来，考古学、古文字学、历史学、语言学、人类学、社会学、民族学、民俗学等各路学者，纷纷亲临岩刻现场，寻找学术依据，就“仙字潭”石刻的性质、内容、年代、族属等问题，先后发表了许多学术论文，无形之中扩大了“仙字潭”石刻的研究内涵。又如厦门鼓浪屿上有一块《重兴鼓浪屿三和宫记》石刻，记录的是明朝末年厦门军民抗击荷兰殖民者入侵的光辉历史，具有重要的历史价值。位于漳州市

① 柏杨.中国人史纲[M].北京：同心出版社，2005：152.

漳浦县的清泉岩有一处狂草书体“般若波罗密多心经”，据传为济公和尚所书，被誉为中国书法史上的不解之谜等等。这些内涵丰富的石刻不但记录了闽南文化的发展历程，在很大程度上弥补了研究闽南地区文化发展的资料不足。

近几年，一部分学者从岩画的角度，对史前漳州地区的岩画艺术及其与台湾的联系，进行比较广泛深入的田野调查，取得了令人瞩目的成果。可以说，对闽南摩崖石刻直接传承的是台湾甚至东南亚地区，在这些地区的很多摩崖石刻，其风格、内容等均与闽南的摩崖石刻类似。从某种意义上说，摩崖石刻拓展了闽南文化领域和内涵，是对中华文化的一种延伸和创新。

三、摩崖石刻记录了闽南文化发展的历程

众所周知，文字是语言、文化的载体；同样，汉字是摩崖石刻的母体，它既凸显着汉字的文献价值，又强调着汉字的通识价值，体现出汉字作为表意文字系统的跨越时空性和延续性。[①] 过去人们谈起闽南文化时关注最多的是崇儒拜祖、家族经济、乡土情怀、习俗传承、自强不息等传统文化的重要元素。其实，闽南地区的摩崖石刻不仅是闽南文化的重要组成部分，也是闽南地区发展历史的实物见证，而且石刻本身则可以见证闽南地区地方文化发展的历程。

摩崖石刻在中国是一种传统的艺术，它开端史前文化时期，最初是用岩画来表现一些文字的含义，来表现当时人们的思想。同中原地区以“纪功”为主的石刻相比，闽南摩崖石刻则具有浓厚的地方色彩，除了具备石刻内容的丰富性，还涉及各种字体的齐备性。从至今尚无定论的“仙字潭”石刻，到今天无数文人模仿古人的抒怀之作，除了体现人们的思想之外，更多的是反映了人们对中国传统文字学的关注。如果“仙字潭”石刻真像人们传说的那样，是上古时期的遗物，我们可以不管它是字还是画，它肯定会比《穆天子传》所载的“穆天子纪功于弇山之石”的时间要早，那么中国摩崖石刻的源头就要修改。

同时，厦门、漳州和泉州地区一百三十多处重要的历史遗迹及其保留下来的大量石刻文字，无论从数量、字体还是风格来看，反映的不仅仅是一地

① 刘家军.刍论守护摩崖石刻汉字文化遗产的深远意义[M]//闽文化与武夷山.厦门：厦门大学出版社，2008.

一处或某人的思想记录，而且是重要的文字、文献资料。加上闽南社会形成的特殊历史背景和远离中原的地理环境，过去人们一直认为闽南方言是闽南文化之根，其实我们认为，闽南文化之根绝非单纯从方言体现出来。这种观点即使成立，也是建立在对文字理解和释读的基础上。由于历史的原因，闽南地区上古时期发展历程的书面文献记载非常少，闽南方言反映的是中世纪以来闽南地区语言文字发展的情况，而且由于种种原因，闽南方言正呈现出逐渐消亡的态势，这给我们了解闽地先民的生活带来巨大困难。而摩崖石刻的内容可以为我们解决这个难题提供一定的帮助。因为汉字既是历史的一面镜子，又在视觉上体现书写者性情面貌的实物记录，而摩崖石刻则是书写者主体内心的外现和模拟。所以，闽南地区在有关古代传世文献不足的情况下，摩崖石刻就成为我们了解和掌握该地区早期文化的直接参考，从另一个角度凸显了摩崖石刻的地位和价值。

从纵向上来说，闽南摩崖石刻包括各个时代的内容，虽然不能像书面文献那样系统、细致地记录了该地区文化的发展历程，但至少可以让我们体会到其中的概貌，了解闽南地区先民的发展情况和传承中原文化的历程。通过系统调查我们可以发现，闽南摩崖石刻不但传承了中原地区的石刻风格，而且同中原地区每一时代的文字研究情况相对应，所以，闽南摩崖石刻就是闽南地区文字研究发展历程的真实记录。时至今日，很多大陆、台湾、东南亚地区的学者对闽南文化产生越来越浓厚的兴趣，他们纷纷来闽南地区对摩崖石刻进行实地考察，并撰写出学术文章，无形之中提高了闽南摩崖石刻的研究价值。

四、摩崖石刻记录中对闽南文化的传承和保护

摩崖石刻集书法、雕刻以及绘画等为一体，是中国古代传统文化与艺术的结晶。闽南摩崖石刻种类繁多，风格多样，而且具有鲜明的地域特点。因此，闽南摩崖石刻不仅是中国摩崖石刻的重要组成部分，而且也是记录闽南文化发展历史的重要载体，从而凸显出闽南摩崖石刻在传承和保护闽南文化过程中的地位。

首先，摩崖石刻记录和传承了闽南地区书法艺术的发展历程。闽南摩崖石刻从字体上来看，既涉及商周时期的甲骨文、金文，也有大量的篆书、隶书、楷书等。单纯从字体的刻写风格来看，有的苍劲古拙，有的方峻奇伟，有的浑厚质朴等。这些风格迥异的石刻资料构成了一部内容丰富的书法艺术作品，

它们展现给人们的不仅是闽南文化的丰富和厚重，更给人们带来美的享受；同时，闽南摩崖石刻的书法艺术特点同中原地区的摩崖石刻相映成辉，在闽南大地上构成了一幅最美的书法画卷。

其次，摩崖石刻记录和保护了闽南地区的宗教文化。中世纪以来，中原地区以佛教和道教等为代表的各种宗教文化陆续传入闽南地区，当地土著把中原宗教文化同当地的巫术结合起来，进而形成具有地域特色的闽南宗教文化。人们在各地建立坛场和宗庙，以求得上天或神灵的护佑。时至今日，闽南大地上仍然耸立着众多的寺庙，厦门的南普陀寺、泉州的开源寺等就是其中的代表。而且，在每一座寺庙周边的石壁上均有大量的石刻，这些时刻比较详细地记录了该地区宗教文化的发展历程和特点。客观来说，闽南地区宗教文化的形成与发展，深受中原宗教文化的影响。由于历史的原因，记录闽南宗教文化发展的书面材料并不多，摩崖石刻无疑成为我们了解和研究闽南地区宗教文化的重要参考。

最后，岩画记录了闽南地区早期居民的生活习俗。摩崖石刻中除了文字以外，还有一部分内容属于岩画。其中以“仙字潭”岩画最具有代表性。“仙字潭”岩画中有人面像、举手舞者、垂手舞者、曲手舞者，还有祭祀鬼神图，以及生殖崇拜图等，这些岩画记录的是古人祭祀时的场景，而且这些岩画与江苏连云港等中原地区的岩画有惊人的相似。通过对岩画内容的分析和观察，我们可以从中领略到商周时期闽南先民的生活习俗，为我们研究闽南地区早期的习俗文化等提供重要的参考。

总之，作为不可再生的古代文化遗产，闽南摩崖石刻是福建早期土著居民生活记事的遗存。通过对其进行系统整理和研究可以重现闽南地区中国古代的灿烂文化，并可以从中发现其对中原摩崖石刻的传承及其独特的地方。同时，石刻内容涉及文字学、民族学和民俗学等方面的知识，具有重要的史料价值。通过对其进行系统的讨论和分析，可以为学术界对闽南文化的深入了解和研究提供参考与借鉴。因此，闽南摩崖石刻对文字学和民族学等方面的研究上均具有重要参考价值。

“等同”的词性论[*]

韩国安东大学中语中文系 金鐘讃

一、序言

《现代汉语词典》（以下简称《现汉》）将“等同”视为动词。在语言实践中，“等同”可以出现于“被动句”和“把字句”中。而能够进入“把字句”和“被动句”的一定是及物动词，具有及物动词性。考察《现汉》对“等同”的释义与例句，发现它还具有意动用法。

值得注意的是“等同”后面还可以带“于”字。如果不是“被动句”或“把字句”的话，“等同于”中的“等同”或是形容词或是不及物动词。“不及物动词 / 形容词 + 于”在句中作述语，而且要带宾语。又从词的构成角度来看，“等同”是由两个形容词性语素“等”和“同”构成的并列词，这种合成词一般来说是形容词。因此，《现汉》对“等同”词性的认识值得商榷，我们认为，“等同”除了及物动词性之外，还当有形容词的词性，是兼类词。

本文先参照相关工具书及数据，梳理人们关于“等同”词性的观点，然后结合语用来讨论“等同”的词性特征，最后提出我们对“等同”词性的观点。

二、“等同”的及物动词性与意动用法

《现汉》关于“等同”的解释如下：

等同 děng tóng 动 当作同样的事物看待：不能把这两件事～起来。[①]

---

* 谨以此文祝贺叶先生七十寿辰。

① 中国社会科学院语言研究所词典编辑室.现代汉语词典[M].北京：商务印书馆，2012：275.

所谓“等同”，《现汉》的解释是“当作同样的事物看待”。其所举例句是“不能把这两件事等同起来”，例句中的“等同”后面带有助词“起来”，由于“起来”可以与动词或形容词搭配，故只看“起来”是无法界定“等同”词性的。然而我们注意能用在把字句的动词肯定是及物动词，因此可以推知这里的“等同”是及物动词。

贺阳在《现代汉语欧化语法现象研究》中论及被动句与“把”字句的关系时说：

> 汉语的被动句与“把”字句关系密切，绝大多数“把”字句去掉“把”字以后就是一个站得住的被动句。（参看朱德熙 1982:188）通常认为能用于“把”字句的动词应该是处置性动词，那么能用于被动句（包括“被”字句）的动词也应该是这类动词。～[①]

“把”字句中的动词具有处置的作用。既然“等同”能用于“把字句”中，它就应该是及物动词。在汉语中，被动句既可以用“被”、“让”、“叫”等介词，也可以不用这些介词。被动句中的“受事”主语一般带及物动词，因此“把字句”和“被动句”里用的动词应该是同一类动词，即都是及物动词。下面考察一下“等同”用于“把字句”及“被动句”中的例句：

> ①“上帝之国与社会运动被等同起来，神圣的东西与世俗的东西被等同起来”。默默（1988），《上帝就是上帝—纪念卡尔·巴物逝世二十周年》，《读书》第 11 期 p.108，北京 .
>
> ②“龙凤呈祥的家庭最大的问题是双方将事业和生活完全等同起来”（《魅力女人的优雅下午茶》p.183）

以上例句是“被”字句和“把”字句，它们往往可以互相变换，而这里的“等同”具有及物动词的词性。

不可忽视的是，“等同”实际上是有意动用法的，《现汉》对“等同”的释义“当作同样的事物看待”即透露了“等同”为意动用法的信息。何谓“意动用法”？《现代汉语知识大词典》说：

> 意动用法　又称意动。指活用为动词的名词、形容词对于其宾语具有“以为、认为” 等意义的用法。杨树达《高等国文法》：对于其宾语有“认为、以为”义的，为意动用法。有的从名词转来。如：“诸侯用夷礼，则夷之。”是“以之为夷”的意思。有的从形容词转来。如：“登东山而小鲁，登太山而小天下。”是“认鲁为小”，“认天下为小”的意思。[②]

---

① 贺阳.现代汉语欧化语法现象研究[M].北京：商务印书馆，2008：246.

② 高更生，谭德姿，王立廷.现代汉语知识大词典[M].济南：山东教育出版社，1995：1043.

在“登东山而小鲁，登太山而小天下”中，形容词“小”的意动用法是显而易见的。至于“等”是否有意动用法，我们还应从词的结构方式来考察它们之间的结合关系，它们的词性与意义。“等同”是“等”与“同”的结合，关于“等”，《现汉》的解释如下：

等 1 děng ①名 等级：同～｜优～。②量 种；类：这～事｜此～人。③量 用于等级：二～舱｜共分三～。④程度或数量上相同：相～｜～于｜大小不～。……

“等同”之“等”应与《现汉》的“程度或数量上相同”义项有一定的关系。“等”既然有“相同”的意思，因此，我们推测“等”是形容词性语素。为了证明这一点，我们进一步考察一下“等于”。“等于”是由“形容词性语素＋于”构成的及物动词，将它翻成韩语，应是“～와같다”。汉语的“于”相当于韩语“와”，汉语的“等”相当于韩语的“같다”。“같다”是形容词，可见“等”也应是形容词性语素。

汉语中有很多由“不及物动词性语素＋于”构成的及物动词，例如：“陷于”、“归于”、“出于”、“立于”。这种及物动词翻译成韩语时却用韩语的“非宾格助词”和“不及物动词”。由“形容词性语素＋于”构成的及物动词在汉语里也不少。例如：“利于”、“易于”、“适于”、“忙于”、“善于”、“便于”这种及物动词翻译成韩语时，都一律用“非宾格助词”和“形容词”。

关于“同”，《现汉》的解释如下：

同 tóng ①形相同；一样：～类｜～岁｜～工～酬｜大～小异｜条件不～｜～是一双手，我为什么干不过他？②动跟……相同：～上｜～前｜“式”～“二”。[①]

《现汉》指出“同”兼有动词、形容词的词性，其原始义是单纯的形容词意义“相同”，而复杂的及物动词的意义“跟……相同”是后来衍生的。

从以上考察可知“等”与“同”具有形容词的词性，而由两个形容词性语素并列而构成的词“等同”是形容词。

谢耀基在《现代汉语欧化语法概论》中有以下论说：

一、意复法

意复法是把意义相同或相近的两个词合起来，造成一个新词。这种同义复音词，中国自古就有，例如：

12. 椒聊之实，蕃衍盈升。（《诗〈唐风·椒聊〉》）

---

① 现代汉语词典[M].北京：商务印书馆，2012：1304.

13. 虽无老成人，尚有典刑。（《诗〈大雅・荡〉》）

现代人翻译西洋的词，凡遇着西洋的词义不能用汉语原有词汇完全表达时，就不免利用这种沿用的办法创造一些新词。例如：

action 行动　　consider 考察

patient 忍耐　　proud 骄傲

society 社会　　work 工作[①]

"等同"一词是不是与英语词汇的翻译有关还有待进一步研究，但分明是"等同"正是用"意复法"造的词。

一般来说，任何词原本只有一个词性、一个意义，随着语言的发展变化，又派生出多个词性，多个意义，这种情形相当普遍。我们推测动词"等同"是由形容词"等同"的意动用法衍生而来，久而久之，又有意动用法衍生出动词的词性。

三、"等同"的兼类性

上节在探讨"等同"的及物动词性与意动用法时，指出"等同"最初是形容词，后衍生为动词。如此，"等同"应该是兼类词。

《当代汉语词典》（以下简称《当汉》）对"等同"的解释如下：

等同 děng tóng［动］把不同的事物同样看待：这两件事物的性质并不～。[②]

《当汉》对"等同"的释义是"把不同的事物同样看待"，这与《现汉》的释义"当作同样的事物看待"基本一样，但与《当汉》的例句"这两件事物的性质并不等同"不相符合。例句中的"等同"没有意动用法，而只是与"并不"一起对"这两件事物的性质"进行描写而已。

现在我们采取替换法考察一下《当汉》所举例句中的"等同"。《当汉》所举例句中的"等同"往往可以用"相同"来代替。如"不可能指望原文与译文表达的事物完全等同"（《语用学与英语学》p.194）。这里的"等同"不具有意动的释义（把不同的事物同样看待）。然而如果"等同"是动词，何以能为形容词"相同"所代替呢？

---

① 谢耀基.现代汉语欧化语法概论[M].香港：光明图书公司，1990：42.

② 《当代汉语词典》编委会.当代汉语词典[M].北京：中华书局，2009：313.

让我们查看一下《现汉》对“相同”的解释：

相同 xiāng tóng 形 彼此一样，没有区别：面积～｜内容～｜今年入学考试的科目跟去年～。①

再看看《现汉》对“相等”的解释：

相等 xiāng děng 动（数量、分量、程度等）彼此一样：这两间房子的面积～。②

《现汉》将“相同”视为形容词，将“相等”视为动词，但在注解这两个词时，使用的都是“彼此一样”。《现汉》对“相同”与“相等”的解释都是形容词性的“彼此一样”，可是为什么一个是形容词而另一个是动词呢？如此矛盾的界定实在不能令人信服。

原词与对原词的释义一般来说是有一定的关系的，既然“相同”是形容词，那么“相等”也应是形容词。从构词方式来看，这里的“同”与“等”都是形容词性语素，“相”是副词性语素，显见“相同”、“相等”都是偏正式形容词。③

《牛津高阶英汉双解词典》（以下简称《牛津》）对“equal”的解释如下：

equal / i:kwəl / adj，noun，verb adj. l~（to sb / sth） the same in size，quantity，value，etc. as sth else （大小、数量、价值等）相同的，同样的；相等的。④

《牛津》对“equal”作释义时，采用“相同”、“同样”、“相等”等词。“相同”、“同样”、“相等”应该都是形容词。“相同”与“相等”的不同不在词性，而在语义内涵，“相同”着重于比较项的性质，“相等”着重于比较项的数量、分量、程度等属性。

与“等同”相似的词还有“等于”，《当汉》对“等于”的解释如下：

【等于】děng yú ①［动］表示两个数量相等：一加一～二。②［动］与……一样；等同于：这件事～白干｜理想不～现实。

【等于零】děng yú líng ①结果为零：一减一～。②与零相等，～⑤

根据《当汉》的解释，“等于”一定要带宾语，是一种黏宾动词。《当汉》对作为动词的“等于”②的解释是：“与……一样”，“一样”是形容词，由此可知“等于”当是由“形容词性语素（等）+介词（于）”构成的及物动词。“等

① 现代汉语词典[M].北京：商务印书馆，2012：1420.

② 现代汉语词典[M].北京：商务印书馆，2012：1419.

③ 周行健.实用汉语用法词典[M].北京：国际文化出版公司，1992：710-711.

④ 霍恩比.牛津高阶英汉双解词典[M].北京：商务印书馆，2009：671.

⑤《当代汉语词典》编委会.当代汉语词典[M].北京：中华书局，2009：313.

于零”可以说“与零相等”，这里的“相等”也是形容词。“等于”有时可以被“等同于”代替，如“理想不等于现实”可以说“理想不等同于现实”。“等于”的“等”是形容词性语素，而“等同于”的“等同”也是形容词。如在“这个‘型’既不等同于特定的个体，也不同于我们平常所理解的那种‘概括’。”（《语法、词汇研究 10 大认识问题》p.150）这里的“不等同于”和“不同于”具有对应关系，如果“不同”是形容词，那么“不等同”也应是形容词或形容词性结构。此应可证明“不等同于”中的“等同”是形容词。

与之相关的词还有“对等”，《现汉》关于“对等”的解释如下：

【对等】duì děng 形（等级、地位等）相等：双方应派～人员进行会谈。[①]

《现汉》将“对等”界定为形容词，对其意义的释义“相等”也应该是形容词。然而如前所述，《现汉》在阐释“相等”时却将其界定为动词，这显然是不合理的。

行文至此，可以回到关于“等同”的讨论了。如上所说，《当汉》所举的“等同”的例句与《现汉》不一样。在《当汉》所举例句“这两件事物的性质并不等同”中，“等同”没有处置的意义，因此它不能带受事宾语，而且《当汉》对“等同”的释义并不吻合其所举例中的“等同”。这里的“等同”不是及物动词而是形容词。[②]

从《现汉》与《当汉》所举例句来看，这两部词典都没有对“等同”的用例进行周详的考察，它们都将“等同”界定为动词，例句中“等同”的含义与定义却并不契合，无法做到自圆其说。这也是促使我们探究“等同”词性的原因所在。

四、对“等同”的语用考察及对其词性的判断

毋庸置疑，《现汉》等工具书在释义时不可避免地具有滞后性，鲜活的语言事实通常难以在工具书中得到及时反映。因此，完全凭借工具书来研究语言问题，难免会犯脱离实际的方法错误。鉴于《现汉》、《当汉》等对“等同”释义的矛盾，我们拟从“等同”的实际使用情况入手对其词性进行判断。

传统的观点认为介词“于”与它后面的词构成一个语法成分，可是不容

① 现代汉语词典[M].北京：商务印书馆，2012：328.

② 鲁川，王玉菊.汉字信息语法学[M].济南：山东教育出版社，2008：247.

忽视的是，在现代汉语中，“单／双音节词／语素＋于”构成述语已是非常普遍的语言现象了。

拙文《“动／形＋在”结构新解》中有如下论述：

> 语法研究要与时俱进，我们不能也不必再根据传统观点来分析“单／双音节动词／形容词＋于”结构。基于此，我们从“单／双音节动词／形容词＋于”的句法功能出发，提出一个与传统的“补语说”和“后缀说”都不同的看法，即“单／双音节动词／形容词＋于”结构作为一个整体在句中充当述语，其中的“于”区别看待：那些因为凝合度高而已经成词的“单／双音节动词／形容词＋于”，其中的“于”具有能产性，可以类推出一系列类似的词，我们也可以根据“于”的标记性将这些词识别出来，这类“于”具有能产性、标记性等词缀的鲜明特征，因此可以称为词缀。那些凝合度不高甚至很低的“单／双音节动词／形容词＋于”，其中的“于”因为没有与其前面的单／双音节动词／形容词化合在一起，但其又前附于这些单／双音节动词／形容词，而这类“单／双音节动词／形容词＋于”是短语，因此我们把这类结构中的“于”称为语缀。与词缀（英语中称为“clitics”）相比，语缀的概念缺乏严格的界定，在语言学界也没有得到普遍的认可，但其与词缀在性质和形式上有相似之处，即都具有附属性，在语义上都发生了虚化。我们为了便于表示那些尚未成词的“单／双音节动词／形容词＋于”结构中“于”的性质，姑且将其称为语缀，以与已经成词的“单／双音节动词／形容词＋于”中的“于”相对应。总体而言，无论“单／双音节动词／形容词＋于”结构是词还是词组，无论其中的“于”是词缀还是语缀，这个“于”都是述语的标志。①

“单／双音节＋于”在句中充当述语，而带宾语。如果这一结构构成词的话，“于”是词缀，如果这一结构不构成词的话，“于”是语缀。

“等同”主要出现在以下语境：一是把字句和被动句中，二是在“这两件事物的性质并不等同”之类的比较结构中，三是在“等同＋于”结构中。在第一种情况下“等同”是及物动词；第二种情况下“等同”是形容词；② 第三种情况下，“等同”是什么词呢？这就是我们将要讨论的问题。

有时介词“于”可以和“与”等介词形式置换出现在述语前面。例如：

①“被”字结构与“被”字句情况不同。（《现代汉语欧化语法现象研究》

---

① 金鐘讚.“动／形+于”结构新解[M]//中国语文学志（第47辑）.首尔：中国语文学会，2014：339.

② 现代汉语中“形容词／不及物动词+于”相当于及物动词。

p.229）

→“被”字结构不同于“被”字句情况。

②“龙”的常用含义与“出人头地”近似。（《当前我国语言文字的规范化问题》p.179）

→“龙”的常用含义近似于“出人头地”。

③……与汉语的成语有别。（《语用学与英语学习》p.181）

→“……有别于汉语的成语。

④你的吃、喝、拉、撒、睡与常人无异。（《王蒙人生小品》p.160）

→你的吃、喝、拉、撒、睡无异于常人。

⑤但不能与逻辑等同。（《汉语语法教学论纲》p.10）

→但不能等同于逻辑。

以上分析揭示了一个语用规律，即一个双音节词，无论其本身属于什么词性，只要出现在“双音节词＋于”作述语的句法结构（把字句和被动句除外）中，该双音节词就只具有两种可能，要么是形容词，要么是不及物动词，而不可能是及物动词。如果“双音节词＋于”中“于”不出现，而且直接带宾语，那么这个双音节词便可获得及物动词性。

五、形容词“等同”的及物动词化

熊学亮、蔡基刚在《语言界面》中列举了一些含介词意思的动词，现摘录如下：

6）含介词意思的动词

browbeat 对于…… 吹胡子瞪眼

drown 把…… 淹死

approach 向……靠近

overwrite 将…… 写得太多

jam 把…… 塞进

score 给…… 评分

tint 给…… 着色

tinge 着色于

grapple 与…… 格斗

succeed 继…… 而来

crumble 把…… 弄碎

group 把…… 分组

advertise 为…… 做广告

huddle 把…… 卷作一团[①]

在英语中，有些介词有时并不与它后面的成分构成一个结构，而与其前面的动词构成一个结构，这种“不及物动词＋介词”类型叫 prepositional

① 熊学亮，蔡基刚.语言界面[M].上海：复旦大学出版社，2005：256.

verbs，用作及物动词。以上的词既然含有介词的意思，那么都应是及物动词，后面不能再带介词。

还有一个要解释的问题是，既然“等同”兼属及物动词和形容词，那么二者之间存在着怎样的关系呢？从汉语词汇发展演变的总趋势来看，应该是先有形容词“等同”，然后才有及物动词“等同”。词性演变的条件当是“等同于”格式的出现。

先看看作为形容词的“等同”。例如：“这两件事物的性质并不等同。”其比较项出现在“等同”的前面，这符合人类认知的顺序原则，即先告知比较项，然后进行比较。这种“A、B（不）等同”、“A与（和）B（不）等同”类结构应该是较早出现的结构，此时“等同”对A、B比较项的属性进行判断，是形容词。随着表达方式的多样化，加上对A、B比较项属性的凸显，比较项B后移，于是就有了“等同于”格式出现，这时“等同”处于句子的核心地位，逐渐演变成了及物动词。类似的情况还有“与……不同”“不同于……”/“与……相当”“相当于……”/“与……类似”“类似于……”等等。尤其是“与……相同”“相同于……”/“与……相等”“相等于……”很常用，但“相同”，有人认为不能成立。检索北大语料库，“相同于……”只有14例，“相等于……”只有13例。[①] 这足以表明，“A与B+形容词”在前，“A+形容词+于B”在后，“相同于……”和“相等于……”这样的结构正在发展演变的过程中。

基于以上认识，我们再来看看有关例句：

①夫妻之间的相处绝对不能等同国与国之间的交往。（《魅力女人的优雅下午茶》p.185）

②当然汉字并不完全等同汉语言中的词。（《普通语言学纲要》p.174）

③我就是觉得同过居的人就等同离过婚。（《主语、宾语及介词宾语位置上的“V过O”功能考察》，《2015年度秋季国际学术大会论文集》p.30）

④但这种语义又不等同于对全人类来说是基本一致的逻辑意义。（《语音研究与对外汉语教学》p.188）

⑤古语词并不等同于一切古代汉语词。（《现代汉语引论》p.133）

⑥秩序意味着平等，但不等同于自由。（《拿破仑》p.203）

上面例句①②③中的“等同”后面隐含有“于”，可见这里的“等同”是及物动词，相当于“形容词（等同）+于”，意思是“跟……相等”。[②]

---

① 引自北京大学语科库http://ccl.pku.edu.cn:8080/ccl-corpus/.

② 参见刁晏斌.现代汉语史[M].福州：福建人民出版社，2006：323.

例句④⑤⑥中的“等同”是形容词，“等同”与“于”构成句法单位充当述语。

综上所述，可知“等同”有两个词性，即形容词和及物动词，而及物动词又可分成两种类型，即一是从意动用法而来的，一是“等同”里面隐含着“于”字。

或许我们可以得出这样的结论：“等同”本是形容词，后来派生出及物动词的词性，一是由意动用法来的，一是隐含介词而来的。

英、汉语法学界都有划分及物动词和不及物动词的标准，英语词典清楚地标明了及物、不及物动词，汉语词典却都将其统归于动词。汉语词典的这种做法对于理解词性尤其是不及物动词、形容词与及物动词的关系很不利。

从这种观点出发，我们认为《现汉》应做如下修改：

【等同】děng tóng 形 相等：这两件事物的性质并不～。但这种语义又不～于对全人类来说是基本一致的逻辑意义。及物动词 ①跟……相等：当然汉字并不完全～汉语言中的词。②当作同样的事物看待：不能把这两件事～起来。

六、结论

在汉语中，形容词往往可用作动词，故语法学家认为动词和形容词有一些共性，以致有些人将形容词分析成静态动词。然考察由形容词变成兼类词的语言现象，我发现这时的动词不是不及物动词，而是及物动词。其实更严格一点说的话，是形容词和不及物动词具有很多共性，有些形容词或者不及物动词往往能够转变成及物动词。

“等同”是并列式形容词，后来又衍生出及物动词的词性，是形容词·及物动词兼类词的显例。“等同”的第一个及物动词用法是与“等同＋于”有关的，这种类型相当于“有利”、“有益”等，“等同”单独出现在句中并且带宾语时，它本身隐含有介词“于”，和“形容词（等同）＋于”一样，是及物动词。“等同”的另一种及物动词与形容词的意动用法有密切关系，是从形容词“等同”的意动用法来的。

参考文献

中国社会科学院语言研究所词典编辑室 . 现代汉语词典 [M]. 北京：商务印书馆，2012.

陈昌来 . 介词与介引功能 [M]. 合肥：安徽教育出版社，2002.

陈信春 . 介词运用的隐现问题研究 [M]. 开封：河南大学出版社，2001.

刁晏斌 . 现代汉语史 [M]. 福州：福建人民出版社，2006.

贺阳 . 现代汉语欧化语法现象研究 [M]. 北京：商务印书馆，2008.

霍恩比 . 牛津高阶英汉双解词典 [M]. 北京：商务印书馆，2009.

刘叔新 . 现代汉语理论教程 [M]. 北京：高等教育出版社，2002.

庐英顺 . 语法、语汇研究 10 大认识问题 [M]. 上海：学林出版社，2014.

金鐘讃 ."双音节动词（于）+ 宾语" 探析 [M]// 中国言语研究（第 53 辑）. 首尔：韩国中国语言学会，2014.

金鐘讃 ."动 / 形 + 于" 结构新解 [M]// 中国语文学志 [M]. 首尔：中国语文学会，2014.

鲁川 , 王玉菊 . 汉字信息语法学 [M]. 济南：山东教育出版社，2008.

谢耀基 . 现代汉语欧化语法概论 [M]. 香港：光明图书公司，1990.

熊学良 , 蔡基刚 . 语言界面 [M]. 上海：复旦大学出版社，2005.

日本汉语现代语音标记史：《最新中国语学研究法》（1919）

厦门大学中文系　李无未

清末至“五四运动”之前的二三十年，中国国语运动已经从个人呐喊发展到为语言学者集团行为，再进入到更大规模的政府行动，真的是如火如荼地展开了。这场运动的直接结果就是确立了国语基本内涵，将科学统一的标准语提到议事日程上来，并制订符合中国汉语实际的“注音符号”标记系统，摒弃了在汉语语音研究与教学中占主导地位的反切等不适应现代语音学发展需要的传统拼记方法。这等于是开拓了中国语音学研究的新路，这是后来汉语语音学学者在研究这些问题时最为关注的事情，所取得的学术效果是明显的。我们关心的是，在我们的邻国日本汉语语音学界对此有何反应？他们又是如何评价中国的国语运动以及汉语语音标记研究成果的。我们在这里介绍一本书，名字就叫《最新中国语学研究法》（1919），其作者是石山福治。我们可以从这本书的论述了解到日本学者对当时中国国语运动的信息反馈情况，以及他们所拥有的学术态度。透过这个“异域之眼”，对我们反思那段国语运动历史应该是十分有益的。

一、《最新中国语学研究法》基本内容

石山福治，生平不详，著作甚丰。其《最新中国语学研究法》，东京：文求堂，大正八年（1919 年）三月发行。体例：石山福治“自序”、正文、附录。正文 206 页，附录 50 页。总计 256 页。

《最新中国语学研究法》“正文”与“附录”目录为：第一章，中国语基础研究；第二章，与中国有关的国语研究；第三章，创设读音统一会；第

四章，公认的汉字音；第五章，国定音和北京音不同点；第六章，说明所谓“注音字母”；第七章，注音字母和北京官话；第八章，普及注音字母的状态；第九章，中国语和写音文字；第十章，中国写音文字的由来；第十一章，各类中国语写音法。附：中国语速记术。（一）满蒙文字中国语写音法；（二）片假名中国语写音法；（三）罗马字中国语写音法；（四）文字以外的中国语写音法；（五）中国语速记术。第十二章，应用新音字的“旗信号”；第十三章，汉字速知法新方案；第十四章，新式中国电信符号研究；第十五章，中国语发音法原理。（一）双声及叠韵；（二）字音反切法；（三）字母即首音；（四）韵母即韵尾。第十六章，中国国语前途。附录：第一章，中国人和写音文字；第二章，自修中国语方法；第三章，巧说中国国语之法；第四章，学习中国语之人需要把握的要点；第五章，中国语意义及现实研究状况。（一）中国领土内的语言；（二）民族和语言；（三）汉语即中国语；（四）中国语标准语；（五）中国语在世界上的地位；（六）中国人对中国语的研究；（七）欧美人和中国语；（八）中国语和日本人。第六章，与日本相关的中国语过去现在将来。（一）日本最古老的中国语；（二）丰臣德川时代中国语；（三）明治时代日本中国语；（四）现代日本中国语；（五）日本人和中国语；（六）日本将来的中国语。第七章，变迁中的今日中国语；第八章，将来的中国语。（一）国语统一问题；（二）中国没有真正的国语与国文；（三）国语候补者；（四）改进中国语学习法。

石山福治“自序”称，日本有关中国语学习问题探讨，近些年来，十分兴盛。但有关中国语语言结构研究成型的著作，迄今尚付之阙如，与过去没有区别，十年、二十年毫无成绩可言，他认为这是让人感到很遗憾的事儿。

石山福治说，数年前，他就对中国语表音文字符号怀有一种特别的兴趣，研究工作逐渐地展开，取得了一些进步。而在此之前的六七年前，已经见到了中国发表的由中国政府制定的注音字母，就打算对注音字母进行深入的研究。去年（1917年）1月，他得到了一个进北京问学的机会，在北京停留了三个多月，屡屡出入注音字母传习所，与所长王璞见面讨论相关问题，并与一些热心于此事的国务院参议曾彝进，以及与其存在自然关系者，包括教育总长傅增湘、教育部国语国文专员陈繁治、朱文雄、黎锦熙诸位相见，多次探讨此事。这期间，得到了若干份研究资料。于是，就乘着闲暇时间，著写此书，启动了研究中国语语音结构问题的行动。这本书必然会为研究此问题的学术界学者有所补益。

二、对《最新中国语学研究法》学术价值的认识

我们认为，《最新中国语学研究法》是日本近现代学者研究中国语音标记史非常重要的一部学术著作。它在日本近现代汉语语音学史的地位是举足轻重的。为何如此说？是因为：

其一，中国国语运动风起云涌之际，石山福治亲自去中国调查研究，与中国国语运动的先驱人物密切来往，亲自感受到了中国国语运动的实际，看到了国语运动真实的历史发展过程中存在的问题，所以，其研究结论有许多是他以事实为根据并加以思考的结果，值得特别重视。

其二，《最新中国语学研究法》提供了今天学者研究中国国语运动的第一手资料。我们在书中看到，他记述的史实，非常详细且富于重要的历史文献价值。比如“创设读音统一会”一节，将“读音统一会”委员基本资料罗列出来（26-30 页）；还有“读音统一会”认定的汉字读音 448 种表格（33-54 页）、“读音统一会”认定“国定音”与“北京音”相异字音例（55-64 页）、39 个“注音字母”说明（65-71 页）、北京官话总音表（77-85 页）等，代表着当时的汉语字音研究成果，非常珍贵。

其三，石山福治介绍中国语汉字语音标记的种类与来源，比如王照、伊泽修二等创制北京官话标记符号的贡献，让读者了解现代汉语字音标记产生的过程，加深对“注音字母”实际意义的理解。讲“各类中国语写音法”，比如满蒙文字中国语写音法、片假名中国语写音法、罗马字中国语写音法、文字以外的中国语写音法等，目的是，扩大读者视野，开阔思路。与此同时，对这些汉字标记法的理论与方法的问题进行了探讨。比如罗马字标记，各种流派理论认识不同，所制订的记音方式就不同，种类复杂，但应用最为广泛的是威妥玛式（128 页），但作者认为，可议之处不少（129-132 页）。而回顾“片假名中国语写音法”历史，肯定了其贡献（121-127 页），比如《磨光韵镜》文雄、《唐话纂要》冈岛冠山用片假名标记“唐音”，都非常出色。尽管如此，他们的标记也存在着“不细密”之弊。面对着北京官话语音的复杂性，片假名标记就让读者对建立国语读音统一标准的意义有一个历史性的认识。比如讲“中国写音文字的由来”，彰显中外学者显得不够精确。与岸田吟香标记《支那南部会话》的上海话（应该是南京话）相比并不尽如人意。

其四，石山福治紧跟时代脚步，关注中国语的语音标记符号应用问题。比如“旗信号”，即“旗语”等“新音字”问题（139-148 页）。当时北洋政府国务院参议曾彝进改良“旗语”，应用“注音字母”，设计“新式旗信号法”，其方法主要有两种：汉字传音法、汉字传形法。石山福治认为，这是“注音字母”的功能延伸，非常重要，所以，详细加以介绍。此外，石山福治对“汉字速知法”新方案、中国电信新式符号等带有新世纪“新生事物”特点的标记符号，予以说明，并且附上“新式电码”。语音符号标记研究和新技术结合，表明了石山福治汉语语音研究的视点是与常人不同的。给新时代汉语语言学研究注入了一股新鲜的活力。

其五，石山福治研究注音符号，还没有忘记对中国语发音结构原理理论的概括和总结。在“中国语发音法原理”一章（180-203 页），他用现代学者的眼光梳理中国传统分析汉语语音研究基本原理的方式方法。比如双声及叠韵、字音反切法、字母即首音、韵母即韵尾等问题。其中，字音反切法，对宋代《礼部韵略》，以及元代刘鉴《玉钥匙》等反切理论进行剖析，对反切应用历史进行回顾，让读者体会到中国传统反切分析汉字音节结构的先进性。“字母即首音”，是去厘清一个概念内涵，即中国传统三十六字母的字母所指究竟是什么。他强调，这里的字母，就是学者们所说的“辅音”或“父音”，也叫“首音”。他引用了守温《韵学残卷》的记载，这吸收的是当时比较先进的敦煌学研究成果。此外，也提到传统文献所说的《切韵指掌图》宋人三十六字母。最为引人注目的是，他提到了欧洲学者研究唐末和尚“守温三十六字母”的拟音及音类划分成果（194-195 页），这具有重要的学术史意义。1896 年，ウオルピセリ（Z.Volpicelli 沃尔皮切利）所著《中国音声学》，对“守温三十六字母”的拟音及音类划分如下：

K1	T5	Tr9	P13	F17	Ts21	Tsr26	Hh31		
K′2	T′6	T′r10	P′14	F′18	Ts22	T′sr27	Hhr32		
G3	D7	Dr11	B15	V19	Dz23	Dzr28	Kh33		
Ng4	N8	Nr12	M16	W20			Y34	L35	Jr36
					S24	Sr29			
					Z25	Zr30			

另外，他又举了シャンク（H.shank 恰克）《唐代中国的声音》（Ancient Chinese Phoetics）的研究情况，这也是欧洲高本汉之前学者的汉语中古音研究贡献。这种回溯，是非常重要的，一方面显示石山福治涉猎面之广泛，东

方与西方兼顾；另一方面，也表明他的研究态度是开放的，不拘一格。在“韵母即韵尾”一节中，回顾汉字韵的类别研究，从《诗经》、《楚辞》用韵讲起，然后，把重点放在了刘渊“平水韵”的韵母结构分析上（202-203 页），以此来说明，汉字音节后半部分，从中古音来看，“p、t、k”与“m、n、ng”入声韵尾与阳声韵尾之于韵母分析的重要性。

其六，石山福治以一个日本学者的眼光提出了中国国语运动中存在着的一些非常明显的认识上的问题。比如他在“将来的中国语”一章，提到“国语统一问题”（43-45 页），认为，人们应该思考的是：把国文作为统一全国民众的思想的“发表法”，是不是就随意地放任各地以口语自然成行为理由而称之为“国文”？是否需要在全国口语“划一”之前规范书面语？如果全国统一用一种书面语的话，如何确定书面语的基准？统一口语的话，如何考虑在地方实行这个标准？到底采用哪个地方的口语为标准？而“中国没有真正的国语与国文”批评更严厉（45-47 页）。通观中小学校，没有使用真正的“国语教科书”、“国文教科书”。就是现有的一些国民课本，极为混乱，比如国语课，没有统一文法、文体内容，“重雅轻俗”、“重文轻语”，弊端种种，亟需改变现状。

其七，石山福治以一个外国人学习汉语的经历，认为，无论是中国人，还是日本人，改进中国语学习方法是非常有必要的。“改进中国语学习方法”（48-50 页）提到，除了学校确立改进方针，即预定大目的和小目的之外，教师也要改变“暗颂”的老套路，探求可行的理论与方法，是摆脱困境的有效途径。在“自修中国语方法”、“巧说中国国语之法”、“学习中国语之人需要把握的要点”各章，提出自己的一些“改进中国语学习方法”的看法，都是其多年学习汉语的经验之谈。

其八，在“中国语意义及现实研究状况”中，所涉及“中国领土内的语言”、“民族和语言”、“汉语即中国语”、“中国语标准语”、“中国语在世界上的地位”、“中国人对中国语的研究”、“欧美人和中国语”等问题（16-26 页），提出了不少与那个时代社会发展紧密相关的问题。“与日本相关的中国语过去现在将来”，主要研究了：“日本最古老的中国语、丰臣德川时代中国语、明治时代日本中国语、现代日本中国语、日本人和中国语、日本将来的中国语”等问题，俨然是一部“粗线条”的日本中国语研究史，为日本人理解中国语与日本的学术关系提供了另一种思路。

三、《最新中国语学研究法》之后日本学者鱼返善雄两本汉语语音标记符号著作

我们在关注《最新中国语学研究法》之后，也必须关注日本学者鱼返善雄两本汉语语音标记符号著作《中国语的发音和记号》（1942）与《中国语注音符号的发音》（1944）。这两本书，与《最新中国语学研究法》学术意趣基本一致，但因为所处时代不同，观察问题的角度发生一些变化，尽管如此，我们认为，它们可以补充《最新中国语学研究法》某些理论问题叙述之不足。

（一）《中国语的发音和记号》，鱼返善雄著，东京大阪：三省堂，昭和十七年（1942 年）一月发行。体例：鱼返善雄“序”、正文、附录。正文 176 页。

《中国语的发音和记号》目录为：序。一、基本元音之话；二、辅音之话，辅音练习；三、元音结合之话，复习和整理；四、声调之话；五、语调之话；六、声调变化之话；七、一字多音和变音之话；八、联系资料；九、中国语标记法历史和现状，此后之事；十、中国语（满语）简略标记法。附录：四声千字文、华语音韵结构表、日本音字•汉字•罗马字对照表、华语罗马字•威妥玛式•日本音字对照表、华语罗马字各式对照表、注音符号•华语罗马字对照表。

《中国语的发音和记号》“中国语标记法历史和现状”一节（128-166 页），与前边的内容以讲解基本知识为核心点不同，具有较强的学术性。该节作为论文发表在《中国文学》杂志上［第 63 号，昭和十五年（1940 年）七月版］。比如对日本假名和国际音标标记汉语的批评，称之为走向“极端”。在论述“中国语标记法种类”时，肯定了注音符号的成绩，但也指出，它毕竟不是文字，而是一种辅助性的符号，和日本的假名类似。但从未来来看，西洋的アルファベット是应用最为广泛的。但这种标记种类很多，英国式、德国式、法国式等。属于英国式的威妥玛字母应用研究中国语比较广泛。使用法国式的比较典型的是高本汉，在其《中国语音韵论》中就用它来标记语音。鱼返善雄反对用假名标记汉语，认为其背离了“音声的法则”（131 页）。而且，现有的学者在用假名标记汉字字音时，各家并不统一，也十分混乱，他举出了宫越健太郎《华语发音全表》、神谷衡平《中国语国音表》、竹田复和鱼返善雄《中国语发音四声速习表》等书，发现问题比较多（152-153 页）。在“中国语（满语）简略标记法”一节中，主张对现有的英国式、法国式标记

符号进行修订，以适应中国语（“满洲语”）标记的需要，也认定这是语音标记发展的方向。而对“伪满”所谓“满语假名书写方案”提出了自己的看法，认为用“简略标记法”比较合适（167-176页）。

（二）《中国语注音符号的发音》，鱼返善雄著，东京：帝国书院，昭和十九年（1944年）十月发行。体例：鱼返善雄“代序文”、正文、附录参考。正文204页。《中国语注音符号的发音》目录：代序文。一、注音符号正体；二、头音名称和发音；三、尾音和头音组合；四、练习材料。参考：学习中国语发音方法、“重念”和“轻声”、声调研究之点线面、中国语发音参考书。著者著作目录、华语音韵结构表。

“中国语发音参考书”部分很值得注意（175-181页）。鱼返善雄视野非常开阔，他的文献收集原则很明确，就是要“横贯东西”，尽力捕捉学术研究的新信息。他说：“中国语发音之书，按著作者区分，有日本人、中国人、西洋人的区别，其记述的方式，有通俗书和学术书两种。从研究对象而见，北京方言（标准话）、北京以外的方言、现代语、古代语等之分。大抵在中国语独习书和教科书中，也包含了很多的与发音相关的内容部分。这里仅以发音为主而见。”

鱼返善雄说，在日本，德川时代相当优秀的中国语教科书和参考书很多，但对发音结构进行全面分析的著作还没有见到。在日本明治后半期，则可以见到：伊泽修二《日清字音鉴》；《清国官话韵镜》；《同文新字典》；张廷彦《中国音速知》（《支那音速知》）；兼松矶（礒）熊《台湾语发音学》；冈本正文《中国声音字汇》（《支那声音字汇》）；江口良吉《清语参考发音及会话》。他认为，伊泽修二的书极富于独创性，应该是专业学者必须使用的参考书。日本大正昭和年间，特别是最近十五六年时间，出版了很多的发音指导书和发音字典。其中，他认为可以推荐的有：宫越健太郎《华语发音提要》［大正十五年（1926年），车前堂］。这本书，采用《国际音声学记号》（国际音标）。它是在中国学者汪怡、王璞的语音讲义基础上而写作，结构非常严整。中国语研究会《中国语发音早知道》（《支那语发音早知道》（昭和七年（1932年）。这本书的作者是何盛三。鱼返善雄说，他和何盛三没有见过面，但看到何盛三才气丰盈，很具有积极创造精神，学术视野也很开阔，具有一种学术批判态度。宫越健太郎《注音符号详解》［富山房，昭和十年（1935年）］这本书收集中国资料很丰富。学者们如果要了解中国标记符号沿革历史，以及国语运动背景的时候，则可见以下两本书：下濑谦太郎《围绕中国语罗马字化民国政府国字国语运动的表现》［日本罗马字社，昭和十一年（1936年）］；或者是童振华著，陈文彬译《中华国字问题》［中央公论社，昭和十六年（1941年）］。那之外，可见的同类书是：藤木麻喜《中国语教科书发音篇》［外语学院，昭和十年（1935年）］；冈田博《中国语小发音学》［骎骎堂，昭和十年（1935年）］；工藤旨浩《中国语发音方法》［文求堂，昭和十五年（1940年）］；栗山茂《中国语发音要义》［甲文堂，昭和十五年（1940年）］；仓石武四郎《中国语发音入门》［弘文堂，昭和十七年（1942年）］；宫岛贞亮《华语发音提要》［金文堂，昭和十七年（1942年）］。在这当中，冈田博参照佐九间鼎《日本音声学》的痕迹非常明显。鱼返善雄也提到自己的著作《中国语发音和记号》［三省堂，昭和十七年（1942年）］。

日本人所著发音一览表，主要有：神谷衡平《中国语国音表》［文求堂，昭和六年（1931年）］；宫越健太郎《华语发音全表》（外语学院，未注明年月）；竹田复、鱼返善雄《中国语发音四声速习表》［三省堂，昭和十五年（1940年）］；权宁世《中国四声字典》（大阪屋号，昭和二年（1927年））；藤木敦实、麻喜正吾《综合中国语发音字典》［外语学院，昭和九年（1934年）］；白廷蒉《中华国音字汇》［著者自印，昭和十年（1935年）］；宫原民平、土屋明治《中国国音字典》［文求堂，昭和十一年（1936年）］；石山福治《实用中国语发音字典》［大学书林，昭和十二年（1937年）］。中国人所作：高元《国音学》商务印书馆，1922年）；赵元任《国语留声片课本》（商务印书馆，1922年，1935年新版）；后觉《国语发音学》（中华书局，1922年）；汪怡《新著国语发音学》（商务印书馆，1924年）；赵元任《A Phonograph Course in the Chinese National Language》（商务印书馆，1925年）；刘复《Etude experimentale sur Les tons du chinois》（巴黎，1925年）；赵元任《国际音标国语正音字典》（商务印书馆，1926年）；国语统一会《国音常用字汇》（商务印书馆，1932年）；罗常培《国音字母演进史》（商务印书馆，1934年）；岑麒祥《语音学概论》（中华书局，1939年）。西洋人的著作主要介绍日本人翻译的：高本汉《北京语发音》［文求堂，昭和十六年（1941年）］；胡炯堂《广东语发音》［文求堂，昭和十七年（1942年）］。

鱼返善雄认为，有这样一些著作也应该介绍，比如高本汉《中国语音韵论》，中国学者翻译，定名为《中国音韵学研究》。其写作时间从1915年到1924年之间。中国新近出现的国语学者受此书影响的很多。作为中国音声学的科学树立者，没有比这本书更有学术推动力了。赵元任、罗常培、李方桂等著名学者大都从中学到了西洋研究汉语音韵学的学术方法。在中国学者中，最有特色的是刘复（半农），其大作就是《四声实验录》，这是他在巴黎研究汉语语音的成果，人所共知。写作普通音声学和广东语书的是岑麒祥和黄锡凌，他们应用新的科学方法进行研究，从而引起学术界的注意。

鱼返善雄“中国语发音参考书”部分，是对汉语语音学研究历史进行的简单回顾，但却具有非常重要的学术意义。这等于说，是他对1944年之前国内外学者汉语语音研究的学术史进行了一个总的清理，融入了作者深刻的学术思考和见解，因而这是非常珍贵的学术史料。

四、结语

中国学者研究“中国语音标记”主要在近代以来“国语运动史”大背景下探讨，黎锦熙、罗常培等学者着力甚多，出版了专著。但从研究的时间上说，石山福治《最新中国语学研究法》要更早一些，而且，思考的角度也不一样。1919年之后，许多学者开始注意修订注音字母方案。1913年读音统一会用投票方式议定了“国音”标准，1919年出版《国音字典》初印本。这种标准音习惯上称之为“老国音”。各界对此议论颇多，主张改为以北京语音为标准音。1923年国语统一筹备会成立“国音字典增修委员会”，决定采用北京语音标准，称之为“新国音”。一些学者重新研究汉语语音标记问题，制订国语罗马字拼音法式。由于注音字母不便于国际应用，黎锦熙、赵元任等人又发起国语罗马字的研究和制订。这个方案于1926年由国语统一筹备会发表，1928年由大学院（教育部）作为注音字母第二式予以正式公布。1920-1922年间，《民国日报》、《时报》、《时事新报》、《申报》、《教育杂志》、《星期评论》、《上海青年》等报刊，不断发表宣传国语的文章。同时也出版了《国民学校用新体国语教科书》、《新法国语教科书》（商务印书馆）、《新教育国语课本》（中华书局）等各种课本。此外国音的字汇、字典、国语辞典、语音教材、语法、会话读本、留声片等也陆续出版。编纂国音字汇、字典和国语辞典成为国语运动后期的重点工作，专门成立了编纂机构“中国大辞典编纂处”。这种飞速发展的形势，完全超乎日本学者石山福治的意料之外，石山福治在编写中国语辞典时，其语音标记就不得不作方式上的调整。无论如何，《最新中国语学研究法》对中国国语运动的迅捷反馈与调整，在当时的日本学术界影响很大。他所提出的问题，往往具有最为可贵的前瞻性与科学预见性。

后来，许多事实也印证了他的基本判断，这说明，石山福治的判断是正确的，而且是卓有成效的。而鱼返善雄成书于1940年代，更有条件总结中国汉语语音标记符号研究的历史脉络，正可以与石山福治的研究相呼应，进而成为我们研究日本汉语语音标记学史的重要史料，这是需要明确的。

参考文献

石山福治．最新中国语学研究法[M].东京：文求堂，大正八年（1919年）.

鱼返善雄．中国语的发音和记号[M].（原名）支那語の發音と記號[M].东京大阪：三省堂，昭和十七年（1942年）.

鱼返善雄．中国语注音符号的发音[M].（原名）支那语的发音和记号[M].东京：帝国书院，昭和十九年（1944年）.

利用古文字资料研究上古音应该注意的问题*

厦门大学中文系　叶玉英

数年前我们曾撰文提出在古音研究中应该注意的文字问题：a. 只有那些在语音上有联系的同源字才是研究古音可以利用的材料；b. 有些形声字在隶楷之后的今文字中声符不同，但在古文字中却具有相同的声符，因此在声系的归并上要考虑这种情形；c. 历时演变造成的同形字，有的因形体割裂而混同，有的则是字体演变而造成形体混同，这都有可能造成我们对谐声系列的误判；d. 同义换读与语音无关，不能当成通假字来用；e. 有些讹混与语音无关，只是形近造成的；f. 误以错别字为通假字；g. 俗字的来源很复杂，许多都是错讹字，因此不能轻易取之为考证古音的依据；h. 异体字对于我们判定声系的分合有参考作用。① 近年来，在研究实践中，我们又有了新的认识，认为另有一些文字问题对音韵研究很重要，直接牵涉到我们的研究结果正确与否，因此不揣鄙陋提出来就正于方家。

一、今文字是同一声系的字，在古文字阶段声符未必相同

谐声资料是我们研究上古音特别是声母最重要的资料。我们曾经提到过的，在声系分合上，应该注意有些在今文字中声符不同的形声字，在古文字中却有相同的声符。除此之外，还有一种相反的情况，即今文字是同一个声系的字，在古文字的某个阶段，有些字的声符则是不同的。如：

---

* 本文曾在浙江大学古籍所“董氏文史哲青年学术沙龙——出土文献与汉语史研究工作坊”2018年7月2日会议上宣读。

[基金项目]国家社科基金项目“古文字异部谐声通假与上古音研究”，编号14BYY099；国家社科基金重点项目“16批战国楚简谐声通假数据库建设与上古音研究”，编号17AYY013。

① 参看叶玉英.谈谈古音研究中应该注意的文字问题[J].吉林大学学报，2017（1）.

（1）“驲”

《广韵声系》“日”声系下所收一级谐声字有“日”、“驲”、“衵”、“涅”、“䵒”。

“驲”字最早见于《说文》小篆。战国楚文字“馹”字作“”（南越王墓虎符）[①]“”（包山楚简12）“”（包山楚简132背）“”（上博四·柬大王泊旱16），皆从“埶”省声。

燕文字作“”（古玺汇编0188），朱德熙认为该字当读为“驲”[②]。字的上部作“自”，乃“日”之讹。故此字即“呈”字，在玺文中假借为“驲”。“呈”字见于春秋金文，作“”（拍敦）。可知“馹”的声母在商周时期仍为 *ŋ-，战国楚文字保留了古读，但在三晋方言或雅言里已经变成 *n-。在许慎时代颚化为日母，故造出新字，作“”。由此可见，“驲”的上古声母构拟不能与“日”、“衵”、“䵒”、“涅”等字联系在一起。因为“驲”的声母经历了 *ŋ->*n->*ȵ 的音变，但没有证据表明“日”、“衵”、“䵒”、“涅”也来自 *ŋ-。

二、假借字与声系分合

我们知道，语言中的某个词，很多一开始并没有本字，而是先假借一个音同或音近的字来记录它。因此在古文字阶段，本无其字的假借现象是十分常见的。当某一时期人们想起为这个词造本字的时候，多数情况下是在假借字的基础上加形符或声符造出一个形声字。但有的新造字其形符和声符都与原先的假借字没有关系。因为语音已经发生变化，其声符的语音跟原先的假借字有很大的不同。

古文字中有些本无其字的假借表明，中古同一声系的字上古音来源其实不同。这种情况下造出的形声字当作为例外谐声来处理，不能纳入其声符所在的声系。如，

（2）邇

甲骨文、西周金文“邇”字皆假借“𢦏”为之[③]。楚简则多假借“埶”、

① 李家浩.南越王墓车驲虎节铭文考释[M]//黄德宽主编.安徽大学汉语言文字研究丛书·李家浩卷.北京师范大学出版集团，安徽大学出版社，2013：71–78.

② 朱德熙，裘锡圭.战国文字研究（六种）·遽驲考[J].考古学报，1972（1）.

③ 裘锡圭.释殷墟甲骨文里的“远”“𢦏”（迩）及有关诸字[M]//裘锡圭学术论集·甲骨文卷.上海：复旦大学出版社，2012：172–173.

“𢔶”或“𨘢”为“邇”。如郭店楚简《缁衣》：“此以𢔶（邇）者不惑，而远者不疑（43）”；上博六《用曰》：“少疏於穀，亦不埶（邇）於贼（3）……用曰：‘埶（邇）君埶（邇）戾（2）’”；清华简一《保训》：“厥有施于上下远埶（邇），乃易位埶（设）稽（5）。”裘锡圭在《释殷墟甲骨文里的“远”“犾”（邇）及有关诸字》、《古文献中读为“设”的“埶”及其与“執”互讹之例》、《再谈古文献以“埶”表“设”》诸文中指出了甲骨文、金文、战国秦汉出土文献及传世典籍中“埶”假借为“设”的大量例证①。白-沙系统拟“设”的上古音声母为 *ŋ̊-，甚确，但擬“邇”的声母为 *n- 则不妥。“邇”的上古音声母当为 *ŋ-。“邇”字最早见于楚简，作“”（上博一·緇衣 22）“”（上博七·凡物流形甲 9），与《说文》“邇”字古文相合。上博四《采风曲目》3 号简“道之远尔（邇）”，“尔”假借为“邇”。楚简“爾”、“尔”常常假借“而”为之②，可知在战国楚方言里“尔”、“爾”、“邇”、“而”已经同音。“爾”的声母已经发生 *ŋ->*n- 或 *ŋ->*n->*n̥ 音变。“邇”当为其发生音变后而造的后起字。楚简“邇”假借“埶”为之者则当为雅言的记录或存古的用法。

“爾”声系中，中古音“璽”为心母字，“禰”、“薾”、“檷”等为泥母字，“彌”、“擟”等为明母字，“鸍”有书母和明母两读，“鸍”有明母和泥母两读。上博四《曹沫之陈》有字作“”（简 2），从“心”“爾”声，可隶作“𢤤”。简文“今邦𢤤（彌）小而鐘愈大”，“𢤤”假借为“彌”。潘悟云《上古音字表》③拟“璽”等心母字为 *sm^{l}elʔ，“禰”等泥母为 *mlil̠ʔ，“彌”等明母字为 *m^{l}el，“鸍”、“𪓰”等书母字为 *m̥^{lj}el。这些都是合理的。不过潘先生也将“邇”纳入“爾”声系，拟为 *ml^{j}elʔ，这就无法解释古文字资料中“邇”与“犾”、“埶”、“𢔶”的通假关系了。因此我们认为应该把“邇”作为例外来处理，不要纳入“爾”声系。

三、处理谐声和通假资料要区分时代

古文字资料的优点就在于它们的时代性很明确，因此我们可以利用这一

---

① 参看裘锡圭学术论集·甲骨文卷[M].上海：复旦大学出版社，2012：451–460.裘锡圭学术论集·语言文字与古文献卷[M].上海：复旦大学出版社，2012：484–495.

② 参看白于蓝.战国秦汉简帛古书通假字汇纂[M].福州：福建人民出版社，2012：49.

③ 潘悟云《汉语古音字表》尚未出版。

优势，对汉语上古音进行动态的、历时的研究。在研究过程中，我们要注意有的声系在战国时代有交替，但在商周时期却不一定有联系。如A声系与B声系在战国文字中有谐声或通假的情况，而B声系在商周时期又跟C声系有交替，那么我们能不能说A声系与C声系有联系呢？以下我们举个例子来探讨这个问题：

（3）中

甲骨文“中”字作“[illegible]”（合集13375正）“[illegible]”（合集29791）。甲骨文“終”字作“[illegible]”（合集14209正）。“[illegible]”即“冬”字，但卜辞中并不表“冬天”之“冬”义。卜辞“终夕”意谓“徹夜”，“终日”即一整日，“终兹邑”之“终”则表“终结”。

“中”与“冬”、“终”在商周古文字资料中都没有谐声或通假的例子。然而，在楚系文字资料中，“中”与“冬”、“终”却常有交替。如春秋时期的徐王子旃钟、沇儿钟、王孙遗者钟、许子䵼镈等铜器铭文有辞曰“中（终）翰且扬”，“终”皆假借“中”为之。战国时期的鸟虫箴铭带钩：“勿可折冬（中）”，“中”假借“冬”为之。楚简有字作“[illegible]”（郭店楚简·五行12），可隶作“[illegible]”。简文曰：“忧心不能悠悠（忡忡）”，“悠”为楚文字“忡”的专字；上博一《孔子诗论》：“《中（螽）氏（斯）》君子（27）”；上博《周易·夬》：“上六：无号，中（终）有凶（39）。”睡虎地秦简《日书》甲种楚月名“冬柰”作“中夕”（65正壹）。

清华简五《汤在啻门》有字作“[illegible]”（简9），从“㲹”“终”声，可隶作“𩞄”。“㲹”乃楚文字“气”之专字。简文曰：“㲹（气）𩞄（融）交以备，是其为力。”整理者认为“𩞄”当读为“融”。可见“终”的上古声母与“融”有关。楚简“融”字作“[illegible]”（上博五·鬼神之明5），从“墉”“蟲”省声。

上博五《三德》有字作“[illegible]”（简14），从“糸”“蟲”声，可隶作“纞”。简文曰：“天灾纞纞。”徐在国认为“纞”当读为“隆”[①]。引《吕氏春秋·序意》：“智不公，则福日衰，灾日隆。”高诱注：“隆，盛也。”《文选·张华·女史箴》：“隆隆者坠。”刘良注：“隆隆，盛也。”

上博八《志书乃言》：“蟲材以为献（4）”，整理者认为“蟲材”即“蠹材”。我们认为“蟲”当读为“庸”。

汉代文字资料中，“终”又与“眾”关系密切。武威汉简《仪礼·士相见礼》：“袍，卒视面，无改。终（眾）皆如是（12）。“终”假借为

① 徐在国.上博楚简文字声系（1–8）[M].合肥：安徽大学出版社，2013：889.

“眾”。马王堆帛书《老子》甲本《道经》：“是以君子眾（终）日行，不离其辎重（143）。”“眾”假借为“终”。《说文》：“螽，蝗也。从蚰、夂声。夂，古文终字。“”，螽或从虫、眾声。”

甲骨文“眾”字作“”（合集67正）“”（合集32001反），或作“”（合集58），黄天树认为字的上部变形音化从“公”声。《说文》：“伀，志及眾也。从人、公声”，“眾”乃声训。

楚简“中”还与“斗”有关。楚简“北斗”之“斗”又作“”（上博六·天子建州甲6），可隶作“⿰中斗”，这是在“斗”上加注声符“中”。北斗星之“斗”亦可从“主”声，作“”（上博三·周易51）。简文曰：“日中见⿰主斗（斗）。”

楚简“主”还可作“重”的声符，作“”（上博一·缁衣22）“”（上博四·曹沫之陈45），从“石”“主”声，可隶作“⿱石主”。

在战国文字里，“主”还可作“守”的声符，如侯马盟书“守”字作“”（3:1），或加“主”为声作“”（1:40），可隶作“⿰主守”。

以上古文字资料中的字际关系，如下图所示：

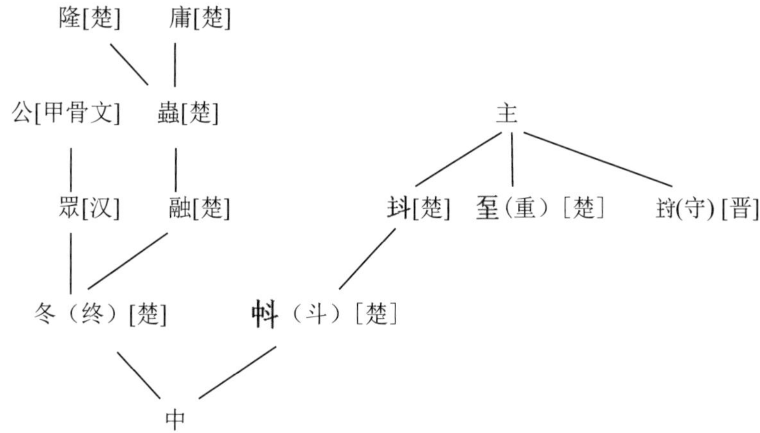

从上图来看，“中”只是在春秋战国楚文字中与“冬”、“斗”有直接联系。我们可以根据甲骨文“眾”与“公”的关系确定“眾”的声母在商代为 *kl-，那么我们能不能因为汉代文字资料中“终”与“眾”的通假关系，就认定“冬”、“终”的上古声母最初也是 *kl-，“中”的上古声母最初是 *kr- 呢？显然不能。根据“冬”、“终”在楚文字中与“融”的关系，我们认为“冬”、“终”在战国雅言中声母是 *kl-，但在楚方言中已经变成 *t-，所以“冬”、“终”又可与“中”谐声或通假。“眾”和“冬”、“终”在汉初的雅言或楚方言中都已经发生 *kl->*t- 音变，故在汉初的文字资料中可通假。

“斗”和“主”在战国雅言里的声母也是 *kl-，故在楚简中“斗”可从“主”

声作“枓”，但在战国楚方言中“豆”已经发生 *kl->*t- 音变，故楚简中“斗”又有从“中”声作“㪳”的异体。

四、楚简文字材料既有雅言的成分，也有楚方言的成分，抑或其他方言成分

近年来，古文字学界的一些学者试图区别楚系文字资料中的楚与非楚文献或楚与非楚用字。如冯胜君《论郭店简〈唐虞之道〉、〈忠信之道〉、〈语丛〉一～三以及上博简〈缁衣〉为具有齐系文字特点的抄本》（北京大学博士后出站报告，2004 年）、刘信芳《楚系简帛释例》、谭步云《古楚方言词汇研究》、魏慈德《新出楚简中的楚国语料与史料》、拙文《论战国时期言语异声与楚系简帛中的文字异写——兼论战国楚方言的性质》等。然而，从目前来看，要分清楚简中哪些用字代表雅言，哪些用字表示楚方言，几乎不可能。因为在楚简中，即使是楚国人造的新字，往往也是既出现在楚人创作的文本中，也出现在传抄类简文中。通假字的情况亦然，同样的通假字例，在两类文本中使用的比例都相当高。在这种情况下，我们只能这样处理：当楚简中的谐声或通假现象不能用一条线来解释的时候，就应该考虑方言的层次。如上例中，“冬”、“终”与“融”的关系表明，“冬”、“终”的上古声母最初当为 *kl-，而“冬”、“终”在楚文字资料里与“中”也常有交替，那么，我们应该怎么构拟“中”的声母呢？如果用一条线来解释，那就只能把“中”的上古声母构拟为 *kr-。可是古文字资料中有没有直接的证据表明“中”的上古声母跟喉牙音有关。谨慎起见，我们认为“中”的上古声母一直都是 *t-。楚简中“冬”、“终”与“融”的关系揭示的是雅言中的读音，与“中”的交替现象则反映了楚方言的读音，即在楚方言中，“冬”、“终”已经发生 *kl->*t- 音变，故与“中”的读音相同。

五、战国文字资料要分地域

一直以来，古文字学界十分重视战国文字的分域研究。汤余惠《战国文字编》、何琳仪《战国古文字典——战国文字声系》、徐在国和程燕《战国文字字形表》等大型文字编都对所收战国文字字形作了分域处理。周波《战

国时代各系文字之间的用字差异现象研究》、禤健聪《战国楚简字词研究》还包含假借字。拙文《据秦楚用字之异考察复声母在战国秦楚方言中的留存》将秦文字和楚文字的形声字区分开来以后发现，楚方言保留了成套的复声母，不仅有 *Cr-、*Cl- 型，还有 *S- 冠、*m- 冠、*n- 冠、*h- 冠、*ɦ- 冠和 *ʔ- 冠，而秦方言中的复声母却几乎消失殆尽[①]。以下我们略举数例：

通行字	楚文字独有的用字	声符	拟音[②]	对应的秦文字	备注
令	（包山楚简 002）	命	*mreŋs	（龙岗秦简 66）	春秋早期秦公钟。秦公镈“令”通“命”。这说明此时秦方言“令”的声母为 *mr-。战国秦文字“命”、“令”分工明确，不再通假。*mr- 变成 *r-。
鈴	（清华五·封许之命 6）	命	*mreŋ	无[③]	
信	（上博九·史蒥问于夫子 8）（清华简五·殷高宗问于三寿 18），“仁”字从心、信声。	身	*snin	（岳麓简 928 叁）	《珍秦斋古印展》七三“信徒閒”，“信”读作“申”。
许（国名、地名、姓氏）	（包山 87） （包山 129）	無 亡	*ma *m->h-	（关沮周家台秦简 251） *ŋa，*ŋ>h-	楚文字“许”或假借“譕”（包 164）“邙”（古玺汇编 2247）为之。
好	（孚，上博六·孔子见季桓子 26）	丑	*n̥huʔ	（睡·日书乙 246）	
羞	（上博三·中弓 26）	脜	*snu	（睡·语书 11）	九店简 M56•40 贰“脜”读作“扰”。

① 叶玉英.据秦楚用字之异考察复声母在战国秦楚方言中的留存[J].复旦学报，2017（3）.

② 本文拟音为笔者所作，其中吸收了郑张尚芳和William H. Baxter，Laurent Sagart的构拟系统中的部分观点。

③ 表中“无”字表示没有对应的字形。

六、古文字资料中的连绵词用字

连绵词也是我们研究上古音的材料之一。古文字资料中也有不少连绵词。连绵词用字的特点就是一词多形，它们跟一般的通假字在性质上是不同的。通假字之间有本字和借字的关系，但连绵词的不同用字之间无所谓本字与借字，都是用来记音的。但有些学者在谈连绵词的语音关系时似乎忽略了这个问题，把它们跟一般的通假字混为一谈，因此割裂了连绵词之间的语音关系，不去区分它们到底是双声连绵词，还是叠韵连绵词，抑或是双声兼叠韵连绵词。如：

（4）“黾勉”，阜阳汉简《诗经·邶风》作“沕没”，《战国秦汉简帛古书通假字汇纂》（以下简称《汇纂》）将它们分成两条：“沕”与“黾”，“没”与“勉”[①]。

按：“黾勉”、“沕没”都是双声连绵词，故“沕”与“黾”、“没”与“勉”都只是声母相同，韵母是没有关系的。《汇纂》是按韵部来编排的。它这样处理，会让人误以为“沕”与“黾”、“没”与“勉”的韵母也有关系。

（5）“犹豫”，上博三《周易》作“猷余”（简 14），马王堆帛书《周易》作“允餘”（34 上）。《汇纂》将它们分成两条：，“餘”与“豫”[②]。

按：“餘”与“豫”通假没问题，但“猷”与“允”的韵母显然不近，视为通假例不妥。“犹豫”也是双声连绵词，故其对应的异文“猷余”也是双声连绵词。

（6）“猗傩”，《诗经·桧风·隰有苌楚》：“猗傩其苇”，石鼓文“猗傩”作“亚箬”。程燕《诗经异文稽考》对此所作的语音分析是：“‘亚’上古音属影纽鱼部，‘猗’则属影纽歌部，二者双声可通”、“‘箬’上古音属日纽铎部，‘傩’则属泥部，据章炳麟‘古音娘日归泥说’，可知‘箬’‘傩’双声可通”。

按：“猗傩”是叠韵连绵词，程先生将连绵词的异文拆开来解释它们之间的语音关系，并把它们的语音关系说成双声，却只字未提“猗傩”是叠韵连绵词。事实上，“亚箬”也是叠韵关系。鱼部和歌部的主要元音相同。

（7）“猗嗟”，《诗经·国风·齐风·猗嗟》，上博一《孔子诗论》“猗嗟”作“於差”。程燕《诗经异文稽考》对此所作的语音分析是：‘猗’，影纽歌部；

① 白于蓝.战国秦汉简帛古书通假字汇纂[M].福州：福建人民出版社，2012：550.

② 白于蓝.战国秦汉简帛古书通假字汇纂[M].福州：福建人民出版社，2012：108、193.

‘於’，影纽鱼部。二者双声可通”，“‘嗟’‘差’谐声可通”。

按：“猗嗟”也是一个叠韵连绵词，其异文“於差”也是叠韵关系。程先生的分析也存在跟“猗傩”条同样的问题。

七、结语

利用古文字资料研究上古音，近年来越来越得到古文字学界和音韵学界的重视，可谓形势喜人！不过，怎样有效地、正确地使用古文字材料来研究上古音，仍然是一个需要我们继续探索和思考的问题。

中原官话和《声音唱和图》铎药韵读音的关系

河南大学文学院　段亚广

邵雍《皇极经世书•声音唱和图》以宕江摄入声配效摄，周祖谟先生（1966）认为反映了宋代汴洛方音。但这一观点受到雅洪托夫（1986）的质疑，侍建国（2004）、沈钟伟（2006）撰文表示支持雅洪托夫的观点。下文从今中原官话宕江摄入声的读音出发，讨论《声音唱和图》入声读音的性质。《声音唱和图》“声二”第一、第二位虽仅列宕摄字，但“声四”以“岳霍”分开合，周祖谟先生（1966）认为江韵已并入宕摄，觉韵自然也与铎药合并，因此本文的“铎药”韵实际指的是“铎药觉”三韵。

一、中原官话铎药觉三韵的读音

我们对中原官话近 100 个方言点中铎药觉三韵的读音进行了详细统计，发现读音的一致性很强。下面我们以其中的 11 个方言点为例，列举其读音如下：

表 1　中原官话方言“铎药觉”（例字）的读音

	薄$_{\text{铎}}$	摸$_{\text{铎}}$	托$_{\text{铎}}$	落$_{\text{铎}}$	洛$_{\text{铎}}$	乐$_{\text{快乐，铎}}$	错$_{\text{铎}}$	各$_{\text{铎}}$
郑州	po^{42}	mo^{24}	t^{h}uo^{24}	luo^{24}	luo^{24}	luo^{24}	ts^{h}uo^{312}	kɤ^{24}
开封	po^{53}	mo^{24}	t^{h}uo^{24}	luo^{24}	luo^{24}	luo^{24}	ts^{h}uo^{412}	kɤ^{24}
洛阳	pə^{31}	mə^{33}	t^{h}uə^{33}	luə^{33}	luə^{33}	luə^{33}	ts^{h}uə^{412}	kə^{33}
商丘	po^{42}	mo^{24}	t^{h}uo^{24}	luo^{24}	luo^{24}	luo^{24}	ts^{h}uo^{312}	kɤ^{24}
信阳	po^{53}	mo^{33}	t^{h}uo^{33}	nuo^{33}	nuo^{33}	nuo^{33}	ts^{h}uo^{312}	kɤ^{312}
徐州	puə^{55}	muə^{213}	t^{h}uə^{213}	luə^{213}	luə^{213}	luə^{213}	ts^{h}uə^{51}	kə^{213}
洪洞	p^{h}o^{24}	mo^{21}	t^{h}o^{21}	lo^{21}	lo^{21}	lo^{21}	ts^{h}o^{33}	ko^{24}
临猗	p^{h}o^{13}	mo^{31}	t^{h}uo^{31}	luo^{31}	luo^{31}	luo^{31}	ts^{h}uo^{44}	kɤ^{31}
西安	puo^{24}	mo^{21}	t^{h}uo^{21}	luo^{21}	luo^{21}	luo^{21}	ts^{h}uo^{44}	kɤ^{21}
西宁	pɔ^{24}	mɔ^{44}	t^{h}uo^{44}	luo^{44}	luo^{44}	luo^{44}	ts^{h}uo^{213}	kɔ^{44}
吐鲁番	pɤ^{214}	mɤ^{214}	t^{h}uɤ^{214}	luɤ^{214}	luɤ^{214}	luɤ^{214}	ts^{h}uɤ^{33}	kɤ^{214}

续表

	略$_{\text{药}}$	雀$_{\text{药}}$	削$_{\text{药}}$	着$_{\text{着火药}}$	勺$_{\text{药}}$	脚$_{\text{药}}$	疟$_{\text{药}}$	药$_{\text{药}}$
郑州	lyo^{24}	tsʰyo^{24}	syo^{24}	tʂuo^{42}	ʂuo^{42}	tɕyo^{24}	yo^{24}	yo^{24}
开封	lyo^{24}	tɕʰyo^{24}	ɕyo^{24}	tʂuo^{53}	ʂuo^{53}	tɕyo^{24}	yo^{24}	yo^{24}
洛阳	liə^{33}	tsʰiə^{33}	siə^{33}	tʂə^{31}	ʂə^{31}	tɕiə^{33}	iə^{33}	iə^{33}
商丘	luo^{24}	tsʰuo^{24}	suo^{24}	tʂuo^{42}	ʂuo^{42}	tɕyo^{24}	yo^{24}	yo^{24}
信阳	nyo^{33}	tɕʰyo^{33}	ɕyo^{33}	tsuo^{53}	suo^{53}	tɕyo^{33}	yo^{33}	yo^{33}
徐州	luə^{213}	tɕʰyə^{213}	ɕyə^{213}	tʂuə^{55}	ʂuə^{55}	tɕyə^{213}	yə^{213}	yə^{213}
洪洞	lio^{21}	tɕʰio^{21}	ɕio^{21}	tʂo^{24}	ʂo^{24}	tɕio^{21}	io^{21}	io^{21}
临猗	lyo^{31}	tɕʰyo^{31}	ɕyo^{31}	tʂuo^{13}	ʂuo^{13}	tɕyo^{31}	ȵyo^{31}	yo^{31}
西安	luo^{21}	tɕʰyo^{21}	ɕyo^{21}	pfo^{24}	fo^{24}	tɕyo^{21}	yo^{21}	yo^{21}
西宁	lyo^{44}	tɕʰyo^{44}	ɕyo^{44}	tʂuo^{24}	fɔ^{24}	tɕyo^{44}	nyo^{44}	yo^{44}
吐鲁番	lyɤ^{214}	tɕʰyɤ^{214}	ɕyɤ^{214}	tʂuɤ^{214}	fɤ^{214}	tɕyɤ^{214}	yɤ^{214}	yɤ^{214}

续表

	剥$_{\text{觉}}$	桌$_{\text{觉}}$	戳$_{\text{觉}}$	捉$_{\text{觉}}$	角$_{\text{角落，觉}}$	岳$_{\text{觉}}$	乐$_{\text{音乐，觉}}$	学$_{\text{觉}}$
郑州	po^{24}	tʂuo^{24}	tʂʰuo^{42}	tʂuo^{24}	tɕyo^{53}	yo^{24}	yo^{24}	ɕyo^{42}
开封	po^{24}	tʂuo^{24}	tʂʰuo^{53}	tʂuo^{24}	tɕyo^{44}	yo^{24}	yo^{24}	ɕyo^{53}
洛阳	pə^{33}	tʂuə^{33}	tʂʰuə^{31}	tʂuə^{33}	tɕyə^{53}	yə^{33}	yə^{33}	ɕyə^{31}
商丘	po^{24}	tʂuo^{24}	tʂʰuo^{42}	tʂuo^{24}	tɕyo^{24}	yo^{24}	yo^{24}	ɕyo^{42}
信阳	po^{33}	tsuo^{33}	tsʰuo^{53}	tsuo^{33}	tɕyo^{35}	yo^{312}	yo^{312}	ɕyo^{53}
徐州	puə^{213}	tʂuə^{213}	tʂʰuə^{55}	tʂuə^{213}	tɕyə^{213}	yə^{213}	yə^{213}	ɕyə^{55}
洪洞	po^{21}	tʂo^{21}	tʂʰo^{24}	tʂo^{21}	tɕio^{21}	io^{21}	io^{21}	ɕio^{24}
临猗	po^{31}	pfo^{31}	pfʰo^{13}	pfo^{31}	tɕyo^{31}	yo^{31}	yo^{31}	ɕyo^{13}
西安	puo^{21}	pfo^{21}	pfʰo^{24}	pfo^{21}	tɕyo^{21}	yo^{21}	yo^{21}	ɕyo^{24}
西宁	pɔ^{44}	tʂuo^{44}	tʂʰuo^{24}	tʂuo^{44}	tɕyo^{44}	yo^{44}	yo^{44}	ɕyo^{24}
吐鲁番	pɤ^{214}	tʂuɤ^{214}	tʂʰuɤ^{214}	tʂuɤ^{214}	tɕyɤ^{214}	yɤ^{214}	yɤ^{214}	ɕyɤ^{214}

综合以上所列，铎药觉韵在中原官话中的读音可以概括如下：

开口呼	齐齿呼	合口呼	撮口呼
o、ə、ɤ	io、iə	uo、uə、uɤ	yo、yə、yɤ、yɛ

从地域分布上看，中原官话的中心区域如郑开片、南鲁片、漯项片、商阜片、信埠片、汾河片、关中片、秦陇片等大都读 o、uo、yo（io），而边缘地区的

兖菏片、徐淮片、陇中片、河州片、南疆片则以ə、uə、yə（iə）或ɤ、uɤ、yɤ为主。由于ə、ɤ、ɛ、o舌位高低相近，ə、ɤ、uə、uɤ、yə、yɤ、yɛ、iə、io都可视为o、uo、yo相对应的音位变体。因此，可以说铎药觉读o、uo、yo代表了中原官话的特点。

二、铎药觉在《中原音韵》中的读音及其与中原官话的关系

铎药觉三韵有42字在《中原音韵》中出现了萧豪、歌戈两韵并收现象。下面是我们根据《中原音韵音系》（杨耐思1985：136—152）一书所作的统计，拟音也采用该书：

铎韵：薄泊箔po/pau、莫幕寞muo/mau、铎度to/tau、落洛络酪烙乐快乐luo/lau、诺掿nuo/nau、凿tso/tsau、萼鹗鳄恶o/au、鹤xo/xau、镬xuo/xau

药韵：缚fo/fau、掠略lio/liɛu、着tʃio/tʃiɛu、杓ʃio/ʃiɛu、弱蒻ʒio/ʒiɛu、虐疟ŋio/ŋiɛu、约跃钥药io/iau

觉韵：浊镯濯tʃo/tʃau、岳乐音乐io/iau、学xio/xiau

王力（2008）认为“并入歌戈者大约是文言音，并入萧豪者大约是白话音”。歌戈、萧豪之别当为文白之别，这已成共识。对于歌戈韵读音的来源，学者们的认识也基本达成了一致，忌浮（1991）、靳光瑾（1991a）、张光宇（1993a）、侍建国（1998）、刘勋宁（1998）、高晓虹（2009）都认为文读系来自中原官话。

比较一下铎药觉三韵在《中原音韵》和中原官话中的读音，我们认为“《中原音韵》歌戈、萧豪重出韵的文读音来自中原官话”是可信的。铎药觉在中原官话读歌戈韵非常一致，又没有文白异读，说明这是中原官话的固有读音。中原地区，特别是汴洛地区，元代以前一直为中国的政治、经济和文化中心，其语音特点影响周边地区也在情理之中。对此李新魁先生（1962）有详细论述。相比较，杨耐思（1997）认为“萧豪、歌戈两读只是曲韵通押现象，不是真正的两读”的观点显得过于保守。

早期中原官话如何影响北京地区的？忌浮先生（1991）对这一过程的分析可供参考：

大约11世纪，以燕京为中心的幽燕方言，古铎药觉三韵字一律派入

萧豪韵，而汴洛方言则派入歌戈韵。大约 12 世纪初，特别是在金人攻陷汴京后（公元 1127 年），幽燕地区和汴洛地区隔阂消除，汴洛方言与幽燕方言交融。受汴洛方言影响，幽燕方言中一部分来自古铎药觉三韵字产生了时髦的读书音，读为歌戈韵，与旧读萧豪韵并行。

三、铎药觉三韵在《声音唱和图》和《中原音韵》中读音的形成

1. 据王力（2008）的研究，晚唐五代时期朱翱的反切中江韵与阳唐韵尚区分清楚，而到了宋朝朱熹的反切中江韵已并入阳唐，同时也意味着铎药觉三韵合一了。朱晓农（1989）对北宋中原地区诗词韵辙的考证结果也与王力先生一致。王力的拟音是：

	江韵	阳唐	觉韵	铎药
晚唐—五代	ɔŋ	aŋ	ɔk	ak
	↘	↓	↘	↓
宋		aŋ		ak

在邵雍的《声音唱和图》中，却出现了以宕江摄“铎药觉”三韵配“豪肴宵萧”的现象：

声二	辟	良阳两养向漾〇	声四	辟	刀豪早皓孝效岳觉
	翕	光唐广荡况漾〇		翕	毛豪宝皓报至霍铎
	辟	丁青井静亘嶝〇		辟	牛尤斗厚奏候六屋
	翕	兄庚永梗莹径〇		翕	〇 〇 〇 玉烛

邵雍（1011—1077）早于朱熹（1130—1200），而《声音唱和图》反映的现象却比朱熹的反切发展快，这说明朱翱、朱熹的反切都属于文学语言范畴的文人用韵，因保守而滞后于实际语音。邵雍的语音当是当时实际口语音的反映。周祖谟（1966）认为：“今图中于阴声韵下皆配以入声，是入声字之收尾久已失去，以其元音与所配之阴声相近或相同，故列为一贯耳。然其声调当较短较促，自与平上去不同。”周先生据此为铎药觉构拟的主元音为 ɔ。我们认为周先生的观点基本正确。

周祖谟先生（1966）通过宋代汴洛文士诗词用韵证明《声音唱和图》反映了宋代汴洛方音，然而雅洪托夫（1986）却从铎药觉配萧豪的角度提出了不同意见，认为：“邵雍《声音唱和图》反映的收 -u 的二合元音跟较古的 -k

尾有对应关系的方言，现在只出现在北京地区。而今天洛阳、开封方言中以前有 -k 尾的字从不读二合元音。”他进而否定了周祖谟的观点，得出“现代北京话的早期方言当是邵雍图表的基础”的结论，并说邵雍图表反映的是邵雍童年时在家乡所讲的方言[①]。后来侍建国（2004）、沈钟伟（2006）又撰文表示了对雅洪托夫观点的支持。由于这一问题与《中原音韵》的歌戈、萧豪两读相关联，我们有必要作一梳理。

侍建国认为宕江、曾梗有不同韵尾，宕江摄的韵尾为 ŋ 或 k、曾梗摄的韵尾为 ɲ 或 k̂。他为宕江、曾梗入声尾在北方官话[②]中的演变拟定的公式是：

宕江摄：-k ＞ -w/V ___（元音 V 后面的 k 变成 w）

曾梗摄：-k̂ ＞ j /V ___（元音 V 后面的 k̂ 变成 j）

沈钟伟（2005）对通过对《蒙古字韵》入声音节的研究，为中古带 -k 尾音节的发展概括了三条规则：

一、韵尾补尝规则：所有带韵尾的入声音节在韵尾失落后，产生半元音韵尾。

二、韵尾前后规则：半元音韵尾的具体表现形式由主元音决定。后元音 [u] 后是韵尾 [-w]，前元音 [i] 后是 [-j]。低元音 [a] 属于后元音，央元音 [ə] 属于前元音。

三、韵尾取消规则：高元音后的韵尾受音系限定，在语言形式上必须表现为单元音。

简单概括侍、沈二人的观点，就是入声尾 -k 和萧豪韵复元音 au 的 -u 尾有对应关系，语音变化中存在 -k→-u 现象。运用这一观点，侍、沈得出的结论是邵雍“天声地音”图反映的是幽燕方言，因为今天的汴洛方言不存在这种对应关系。

这一观点最早见于龙果夫（A . Dragunov）（1930），他说：“古汉语的声随 -p，-t，-k 已经失去，可是，如果一个字的主要元音在古汉语属于 -a 或 -ə

① 邵雍祖籍范阳（今北京、保定一带），六岁随父徙共城（今河南新乡市辉县），三十岁始居洛阳。

② 北方官话的说法最早见于薛凤生. 1992. On dialect overlapping as a cause for the literary/colloquial contrast in standard Chinese. Chinese Languages and Linguistics, No.1, Symposium Series of the Institute of History and Philology（Taiwan）, No.2；后来，刘勋宁.再论汉语北方话的分区[J].中国语文，1995（5）,把胶辽官话、东北官话、北京官话和冀鲁官话合称为北方官话；侍建国.官话语音的地域层次及其历史因素[M]//“中央研究院”历史语言研究所集刊（69本2分）[M].1998，又把以幽燕地区为中心的官话称为北方官话。三人概念内涵大体一致，本文北方官话的概念即沿用此说。

类的，那么 -k 在 -u̯ 或 -i̯ 里还留下一点痕迹。”① 此观点后经桥本万太郎（1982）、薛凤生（1985）的充实得以广泛传布。

2. 通过前文第一部分的内容我们了解了铎药觉在中原官话中是不读收 -u 的二合元音的，但这是否就意味着邵雍图中“铎药觉”配“萧豪”就一定反映北方官话的读音而非汴洛方音呢？下文我们用宋元韵图证明邵雍“天声地音”图是有所本的，“铎药觉”配“萧豪”在通语中并不是“铎药觉”入“萧豪”。

《韵镜》是现存最古的韵图。李新魁先生（1983b）认为此书当刊于1007—1037 年间，董同龢（2001）认为当刊于宋代以前。《韵镜》与《广韵》系统一致，入声只有一配：唐 ɑŋ— 铎 ɑk、江 aŋ— 觉 ak、阳 iaŋ— 药 iak，即入声配阳声韵。

到了宋人郑樵（1104—1162）的《通志 • 七音略》中，入声一配、只配阳声韵的传统被打破。罗常培（1935）曾指出《七音略》的这一变化：

> 案《韵镜》通例，凡入声皆承“阳韵”。《七音略》大体亦同；惟铎药两韵之开口《七音略》复见于第二十五(豪肴宵萧)及第三十四(唐阳)两转，与《韵镜》独见于第三十一转者不同，盖已露入声兼承阴阳之兆矣。

《四声等子》一书年代、作者已不可考，李新魁先生（1983b）认为应是南宋时期撰作。《四声等子》在列字上的一个特点就是入声兼承阴阳，李新魁先生（1983b）、董同龢（2001）、唐作藩（1989）都认为这表示入声尾 -k 与 -t 已混为 -ʔ。《四声等子》虽提到十六摄，但实际标目只有十三摄，即：果摄包括假摄、曾摄包括梗摄、宕摄包括江摄。一等韵“唐 — 铎 — 豪”相配，二等韵“江 — 觉 — 肴”相配，三等韵“阳 — 药 — 宵萧”相配。另外，铎韵还与果（假）摄开口相配。可见，宕江摄入声字与《七音略》相比又向前发展了一步。唐作藩先生（1989）研究后拟出的读音为：

阳声韵	入声韵	阴声韵
唐荡宕 ɑŋ ——	铎 ɑʔ ——	豪皓号 ɑu
江讲绛 aŋ ——	觉 aʔ ——	肴巧效 au
阳养样 iaŋ ——	药 iaʔ ——	宵（萧）小（筱）笑（啸）iau
	（铎 ɑʔ）——	歌哿箇 ɑ

《切韵指掌图》旧题司马光撰，虽不可信，但性质与《四声等子》相近，约成书于 13 世纪（李新魁 1983b）。据《宋本切韵指掌图》（中华书局

① 龙果夫在这里表达的音思是：古入声字在今天汉语里读au、ai、ei的，如：脚tɕiau、宅tʂai、黑xei，它们的韵尾-u、-i就是古入声-k尾的遗留痕迹。

1986：27—82）：

第一图：一等豪皓号铎，二等爻巧效觉，三等宵小笑药，四等宵萧小筱笑啸药

第十三图：一等唐荡宕铎，二等阳养漾觉，三等阳养漾药，四等阳养漾药

第十四图：一等唐荡宕铎，二等江讲绛觉，三等阳养漾药

《七音略》、《四声等子》和《切韵指掌图》都被视为宋元时期韵图。董同龢（2001）认为《七音略》把“覃谈咸衔盐添严凡”诸韵列在“阳唐庚耕清青”之前，据此可以推断《七音略》比《广韵》成书要早，甚至早于《李舟切韵》。可见邵雍《声音唱和图》列“铎药觉”于“豪肴宵萧”后并非主观臆断，而是前有所本、后有所从。这样的话我们当然不能因邵氏书中这一点就推断其反映了幽燕一带的语音。如果据《声音唱和图》“铎药觉”配“豪肴宵萧”就臆断其已读二合元音，进而推定其属幽燕一带语音特点，就等于说《七音略》、《四声等子》和《切韵指掌图》等宋元韵图都是据幽燕方言而作，可见这一推论是很荒谬的。

3. 上面我们从韵图文献的角度论证了“《声音唱和图》反映幽燕方言”说的不可信，那么又该如何从音理角度解释宋元韵图中的入声兼配阴阳的现象呢？

其实这个问题很早就引起了人们的注意。清代学者江永曾针对入声韵与阴声、阳声韵的搭配关系，提出了“数韵同一入”的主张，段玉裁也有“异平同入”的说法，都是就此现象而言。王力先生（1980）对此有详细论述：

在四声等子、切韵指掌图和等韵切音指南里，入声兼承两个摄或三个摄。为什么能兼承三个摄呢？因为（例如）ɑt 不但能承 ɑ 和 ɑn，而且也能承 ɑi；ɑk 不但能承 ɑ 和 ɑŋ，而且也能承 ɑu。古人把韵尾 -n 和韵尾 -i 看作同类（-n 是舌尖音，i 是前元音，部位相近），又把韵尾 -ŋ 和韵尾 -u 看作同类（-ŋ 是舌根音，u 是后元音，部位相近），所以一个入声可以兼承三个摄。现把宋人韵图中阴阳入相配的情况列表如下：

第一表

果	ɑ	—	—	—	uɑ	—	—	—
效	ɑu	au	ĭɛu	ieu	—	—	—	—
宕江	ɑŋ	aŋ	ĭaŋ	—	uɑŋ	waŋ	ĭwaŋ	—
宕江入	ɑk	ak	ĭak	—	uɑk	wak	ĭwak	—

……

按王力先生的观点，主元音相同或相近即可相承。我们认为这是对宋元

韵图较为合理的解释。董绍克（2003）认为《七音略》有 -p、-t、-k、-ʔ 四种塞尾，在研究现代方言中十二种入声塞音尾的类型后，提出“韵头、韵腹分别相同，韵尾发音部位相同”的两种韵即可相承。周世箴（1986）在讨论《切韵指掌图》时也认为弱化为喉塞尾的入声韵“差不多是中性的，只要韵尾以外的条件（声母、介音、主要元音）相符，平入就可以相承”。二人观点与王力先生是基本一致的。

弄清了上述问题，我们就可以为《声音唱和图》前后的韵图入声兼承阴阳作出解释了：《七音略》铎药 ɑʔ 配唐阳 aŋ，是对韵书 ak—aŋ 相配传统的继承；配豪肴宵萧 au 是当时语音的真实反映。《声音唱和图》只用铎药配豪肴宵萧而不配唐阳，体现了彻底的革新精神。周祖谟先生（1966）拟铎药觉为 ɔ，我们认为宋代汴洛方音的入声应有喉塞尾 -ʔ。由于《声音唱和图》“声一”图是薛黠韵与果摄相配，周祖谟先生（1966）已论证果摄读 ɑ，因此铎药觉不能拟为 ɑʔ，应拟为 ɔʔ 较合适。ɔʔ 配 au，一方面可用主元音相近解释，另一方面 ɑ→ɔ 也符合元音高化趋势。联系《中原音韵》，我们把铎药觉在中原地区的发展及其与效摄、果摄的关系构拟如下：

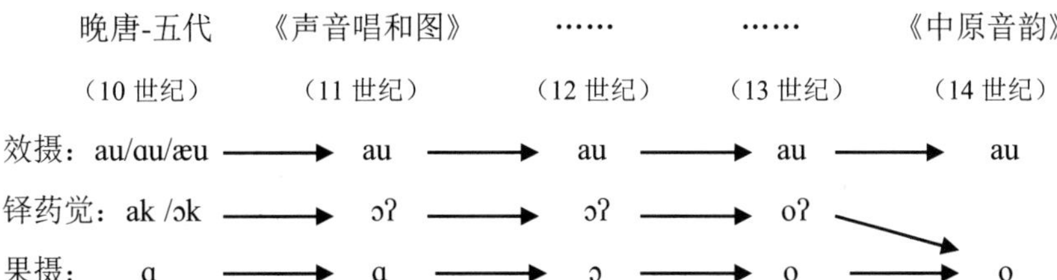

黎新第（1991）认为，古 -k 韵尾字与二合元音的对应在历史上曾经普遍分布于北纬 37° 南北的广大地区，并非北京地区独有的现象。只是由于后来北纬 37° 以南发生了新一轮的 ɑuʔ→ɑu→ɔ→o 语音变化，而在北纬 37° 以北则没有发生，这才造成了两个方言区现在的差异。黎先生这种观点有合理的地方，但无法解释效摄字为何不变，因此我们不取。

那么，又该如何解释《中原音韵》及今幽燕方音中铎药觉读萧豪韵的现象呢？

沈钟伟（2006）用契丹小字材料说明在辽代（907—1125 年）的北方汉语中已出现 -k 尾和 -w 相对应的现象，如“洛”〈law〉、“药”〈jɛw〉，从而认为“在辽代带舌根韵尾 -k 的入声已经全面出现复元音化”。我们认为沈文的观点是可信的。幽燕地区原本为汉人传统农业区，地理上临近中原[①]，中间

① “中原”一词的概念可参照麦耘.从元史看元人的“中原”概念[M]//耿振生主编.近代官话语音研究.北京：语文出版社，2007.

并无山水阻隔，早期方言应和汴洛方言一致。但从晚唐开始，由于中原地区长期陷于动乱，幽燕一带汉人陆续亡归或被虏掠至契丹，与契丹人杂居在一起。《新五代史·卷七十二·四夷附录》（中华书局 1974：886）：

> 是时（注：五代时），刘守光暴虐，幽涿之人多亡入契丹。阿保机乘间入塞，攻陷城邑，俘其人民，依唐州县置城以居之……汉人安之，不复思归。

据何天明（1989）的研究，“自唐末以来，在燕云地区战乱的环境里，燕人军士多亡归契丹。实际上，主动北上辽朝境域的中原人，有时成千上万。不仅如此，从十世纪开始，契丹族不断南下，掠夺人口和财物。于是更多中原汉人陆续进入辽朝境内。”幽云十六州是在后晋天福三年（938 年）被石敬瑭割让给辽国的。我们认为，可能在幽燕地区被割让之前，在辽统治区内由于大量汉人和契丹人的长期接触，已经形成一种发展较快的“接触区汉语”。随着幽燕一带落入辽国手中，这种语音在这一带得到迅速巩固和发展，使之成为一种有别于中原地区语音的幽燕方言，即今天常说的“北方官话”。这种方言和中原方音的最大区别就是入声的塞尾消失后入声韵的读音归并问题。在幽燕一带，铎药觉的 -k 尾消失后，入声韵发生了 -ak→-aw 音变，并入了萧豪韵 -au。这与《声音唱和图》反映的汴洛地区只是配在“豪肴宵萧”后是性质不同的两回事：汴洛地区的“配”与宋元韵图一样只是主元音相近，幽燕地区的“配”是真正的并入。下面是我们为幽燕地区北方汉语构拟的发展过程：

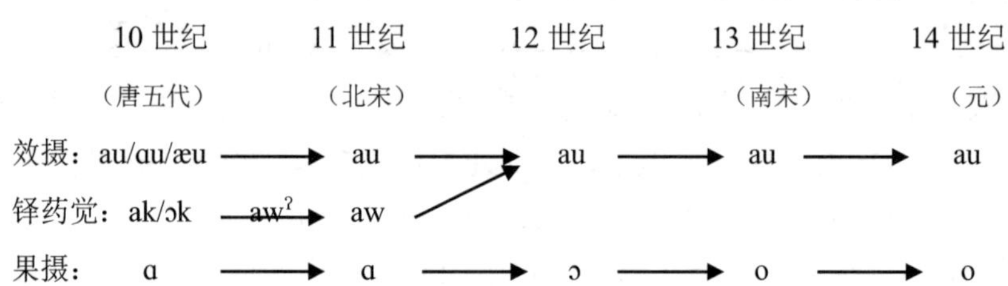

前后比较可以看出，铎药觉在中原地区和幽燕地区是沿着两条不同的路径演变的，这其中最大的差异在于入声特征在北方幽燕地区很早就消失了。这从契丹小字材料、《蒙古字韵》等可以得到证明；而在中原地区，入声的喉塞尾 -ʔ 则保持较长时间，迟至元代才在口语中消失，书面语中可能更晚。这也可以在很多北音系韵书中找到证据。

铎药觉在幽燕地区的演变方式随着辽、金、元势力的南侵，逐渐在黄河以北取得优势。而铎药觉在中原地区的演变方式则随着中原人民南下避乱而得以扩散至江淮，又进一步传播到西南。时至今日，官话中铎药觉三韵的读音仍基本保持着这两种类型的对立：北京官话、东北官话、胶辽官话和冀鲁官话为一类，中原官话、江淮官话和西南官话为一类。下面略举几个常用字为例（材料来源于《普通话基础方言基本词汇集·语音卷》）：

	薄	雀	勺	脚	药	剥	岳	学
沈阳	pau35	tɕʰiau213	sau35	tɕiau213	iau53	pau33	iau53	ɕiau35
长春	pau24	tɕʰiau213	sau24	tɕiau213	iau52	pau24	iau52	ɕiau35
南京	poʔ5	tsʰioʔ5	ʂoʔ5	tɕioʔ5	ioʔ5	poʔ5	ioʔ5	ɕioʔ5
昆明	po31	tɕʰio31	ʂo31	tɕio31	io31	po31	io31	ɕio31
成都	po21	tɕʰyo21	so21	tɕyo21	io21	po21	yo21	ɕyo21

总体看来，宕江摄入声在今天官话中的分布大致以黄河为界，表现为两种不同的类型。这两种类型分别与《中原音韵》的歌戈韵和萧豪韵相对应。两种类型的差异大致源于北宋，经北方女真人和蒙古人南下逐步确定下来。

通过铎药觉在中原地区和幽燕地区不同演变方式的比较，我们认为：是入声喉塞尾的保存阻止了中原地区铎药觉的复元音化。保留喉塞尾表面上看是语音保守的表现，实际上是语音文雅的表现，这与中原地区语音的历史地位是一致的。幽燕地区读复元音现象应是语言接触导致语音快速变化的结果。

文中材料来源如下：

郑州、商丘、信阳、西宁，来自陈章太、李行健．普通话基础方言基本词汇集·语音[M]．北京：语文出版社，1996；开封，来自本人调查；洛阳，来自贺巍．洛阳方言研究[M]．北京：社会科学文献出版社，1993；

徐州，来自苏晓青、吕永卫．徐州方言词典[M]．南京：江苏教育出版社，1996；洪洞，来自乔全生．洪洞方言研究[M]．北京：中央文献出版社，1999；临猗，来自王临惠．山西临猗方言同音字汇[J]．方言，2003（3）；西安，来自北京大学中国语言文学系语言学教研室．汉语方音字汇[M]．北京：文字改革出版社，1989；吐鲁番，来自周磊．吐鲁番汉语方言音系[J]方言，1998（2）．

原载于日本《现代中国语研究》2012年第14期

参考文献

A. Dragunov. Voiced Plosives and Affricates in Ancient Tibetan 1936（龙果夫．古藏语中的浊塞音和浊塞擦音[M]//“中央研究院”历史语言研究所集刊（第七

本第 2 分）. 1936.
陈章太，李行健 . 普通话基础方言基本词汇集 • 语音卷 [M]. 北京：语文出版社，1996.
董同龢 . 汉语音韵学 [M]. 北京：中华书局，2001：112、113、184.
董绍克 . 论《七音略》铎药两韵塞音韵尾的音质特征 [J]. 古汉语研究，2003（2）.
高晓虹 . 北京话入声字的历史层次 [M]. 北京：北京语言大学出版社，2009：162.
何天明 . 论辽政权接管燕云的必然性及历史作用 [M]// 陈述主编 . 辽金史论集（第四辑）. 北京：书目文献出版社，1989：102.
贺　巍 . 洛阳方言研究 [M]. 北京：社会科学文献出版社，1993.
忌　浮 . 十四世纪大都方言的文白异读 [M]// 中原音韵新论 . 北京：北京大学出版社，1991：40、41.
靳光瑾 . 北京话文白异读的形成及消长 [J]. 语文建设，1991（5）.
黎新第 . 北纬 37° 以南的古 -k 韵尾字与二合元音 [J]. 语言研究，1991（2）.
李新魁 .《中原音韵》的性质及其代表的音系 [M]// 李新魁语言学论文集 . 北京：中华书局，1994.
李新魁 . 汉语等韵学 [M]. 北京：中华书局，1983：180、181.
刘勋宁 . 中原官话与北方官话的区别及《中原音韵》的语言基础 [J]. 中国语文，1998（6）.
宋 · 欧阳修 . 新五代史 [M]. 北京：中华书局，1974.
桥本万太郎 . 西北方言和中古汉语的硬腭音韵尾 [J]. 语文研究，1982（6）.
沈钟伟 . 从《蒙古字韵》论入声音节的复元音化 [M]// 董琨、冯蒸主编 . 音史新论——庆祝邵荣芬先生八十寿辰学术论文集 . 北京：学苑出版社，2005.
沈钟伟 . 辽代北方汉语方言的语音特征 [J]. 中国语文，2006（6）.
侍建国 . 官话语音的地域层次及其历史因素 [M]//“中央研究院”历史语言研究所集刊（第 69 本第 2 分）. 1998.
侍建国 . 宋代北方官话与邵雍“天声地音”图 [M]// 中国语言学论丛（第三辑）. 北京：北京语言文化大学出版社，2004.
宋 · 司马光 . 宋本切韵指掌图 [M]. 北京：中华书局，1986.
唐作藩 .《四声等子》研究 [M]// 语言文字学术论文集 . 上海：知识出版社，1989.
王　力 . 汉语史稿 [M]. 北京：中华书局，1980.
王　力 . 汉语语音史 [M]. 北京：商务印书馆，2008：429、201、202.
谢洁瑕 . 宋代河南地区诗词用韵研究 [D]. 南京：南京大学博士学位论文，2005.
薛凤生 . 试论等韵学之原理与内外转之含义 [J]. 语言研究，1985（1）.

（苏）雅洪托夫．十一世纪的北京音［M］// 汉语史论集．北京：北京大学出版社，1986：187-196.
杨耐思．中原音韵音系［M］. 北京：中国社会科学出版社，1981.
杨耐思．近代汉语音论［M］. 北京：商务印书馆，1997：159-160.
张光宇．汉语方言见系二等文白读的几种类型［J］. 语文研究 .1993（2）.
周世箴．论《切韵指掌图》中的入声［J］. 语言研究，1986（2）.
周祖谟．宋代汴洛语音考［M］// 问学集．北京：中华书局，1966：581-655、597、601、600.
朱晓农．北宋中原韵辙考［M］. 北京：语文出版社，1989：88.

从“叠置音系”理论看《等韵一得》音系性质

阜阳师范学院文学院　曹祝兵

《等韵一得》，清末劳乃宣所作。学术界一般认为该书语音系统不是单一的音系。本文运用徐通锵、王洪君先生提出的“叠置”理论，通过与河北保定方言、苏州方言等方言比较，得出《等韵一得》语音系统是一个涵盖河北保定方言、苏州方言等方言的综合语音系统。

一、《等韵一得》音系为“叠置”音系之提出

（一）“叠置”理论的提出

“叠置”理论的提出者为徐通锵、王洪君先生，他们论及山西祁县方言文白异读时（如宕摄字），发现存在两种不同现象的音变叠置，即“不同时间层次的不同系统的叠置”和“同一系统中不同时间层次的叠置”，而将这种文白异读所体现的音变称为“叠置性音变”。① 此为“叠置性音变”理论的首次提出。

后徐通锵、王洪君先生多次撰文运用“叠置性音变”分析方言文白异读中的音系叠置，并进一步阐释“叠置性音变”，如徐通锵（1991）②、王洪君（1992/2006/2009）③ 都有论述，王洪君（2010）说：“叠置性音变是权势高

① 徐通锵,王洪君.说变异——山西祁县方言音系的特点及其对音变理论的启示[J].方言，1986（1）：53.

② 徐通锵.历史语言学[M].北京：商务印书馆，1991：350、353.

③ 参见：王洪君.文白异读与叠置式音变[M]//语言学论丛第十七辑.北京：商务印书馆，1992；层次与演变阶段——苏州话文白异读析层拟测三例[M]//语言暨语言学第七卷.2006；文白异读、音韵层次与历史语言学[J].北京大学学报（哲社版），2006（2）；兼顾演变、推平和层次的汉语方言历时关系模型[J].方言，2009（3）.

的方言以文化教习为媒介进入权势低的方言而引发的音变，是已分化并有权势不同的两个姊妹方言音系接触而造成的不同音系（不同的字音分合关系）在一个共时音系中的层次叠置。”①

通过徐通锵、王洪君先生的讨论，我们知道，叠置理论的特点是两个音系（文读和白读）在一个共时音系中出现层次的叠置，这种叠置“求同存异”，相同处叠合，不同处分层别居，“一个有文白异读的共时音系可以看作是由两音系（或叫两个时间层）叠合而成的整体，两音系相同的部分叠合为一，没有异读，两个音系不同的部分则分层别居，呈现出一种既分又合的‘叠置关系’。”②

事实上，基于“叠置”的“两音系相同的部分叠合为一……两个音系不同的部分则分层别居”的特点，我们认为“叠置”也可以用来分析韵书、韵图的语音系统，尤其是那种“囊括天下之音”的韵书（图）语音系统。

（二）《等韵一得》音系为“叠置”音系之提出

《等韵一得》语音系统不是单一的音系，对此，学术界观点一致。郑巧梅、朴允河二人赞成这一观点，并分别得出《等韵一得》基础音系为北方官话读书音和以苏州音为主干之吴语的结论，前者为官话方言、后者为非官话方言。将《等韵一得》基础音系定为北方官话读书音或以苏州音为主干之吴语是否与《等韵一得》的实际语音性质相符呢？我们需要借用某种检测标准。

薛凤生先生（1986）提出了检测官话方言的 10 条标准，即：（甲）全浊上声字是否改读去声；（乙）全浊声母是否清化；（丙）二等韵喉牙音是否腭化；（丁）“梗曾”两摄阳声字是否合韵；（戊）“支思”韵是否形成；（己）闭口韵是否变为抵腭；（庚）入声是否变读或消失；（辛）是否出现儿化韵；（壬）卷舌音声母后腭化介音是否消失；（癸）尖团音是否混而不分。薛先生认为这 10 个条例实际代表汉语史上 10 个重要的音变。“为了确定某一方言是否算官话，也许前五六条就够了，余下的几条也许可以作为官话次方言的分类标准。”③我们将《等韵一得》语音特点与此标准进行对比，列表如下：

---

① 王洪君.层次与断阶——叠置性音变与扩散式音变的交叉与区别[J].中国语文，2010（4）：314.

② 王洪君.文白异读与叠置式音变[M]//语言学论丛第十七辑.北京：商务印书馆，1992：129.

③ 薛凤生.北京音系解析[M].北京：北京语言学院出版社，1986：108.

表1 《等韵一得》与薛氏标准对比表

检测标准	《等》
全浊上声字是否改读去声	×
全浊声母是否清化	×
二等韵喉牙音是否腭化	√
“梗曾”两摄阳声字是否合韵	√
“支思”韵是否形成	√
闭口韵是否变为抵腭	×
入声是否变读或消失	×
是否出现儿化韵	√
卷舌音声母后腭化介音是否消失	√
尖团不区分	×

通过观察，我们发现《等韵一得》的语音系统兼有官话语音与非官话语音的特点（各占50%），难以认定《等韵一得》是官话语音还是非官话语音。

事实上，我们可以通过劳氏其他语言学的编撰内容及方法可以窥见《等韵一得》语音性质的多重性特点。劳氏在撰写《等韵一得》一书的同时，还参照王照的《官话合声字母》编写了《增订合声简字谱》（宁音谱）、《重订合声简字谱》（吴音谱）、《闽广音谱》、《简字全谱》等，这些“字谱”编撰体例相同，内容上则采用“层层叠加”方式：《宁音谱》是在《官话合声字母》50声母、12韵母之外加6声母、3韵母而成56声母、15韵母，《吴音谱》在《宁音谱》56声母、15韵母之上加7声母、3韵母而成63声母、18韵母，《闽广音谱》又加20声母、2韵母而成83声母、20韵母，最终《简字全谱》有116声母、20韵母。

由此，我们可以看出，劳氏的“简字谱”只增不减，正如劳氏自己所言：“京音所增母韵皆北音所无也，而北音原谱亦有南音所无者，则仍之而不删，以备学官话之用。……今有增无减，将北音全谱包括于内，相通而不相悖，……增益愈多，包括愈广，统一愈全。”[①] 基于这种“仍之而不删”，“简字谱”的音系应该是“层层叠加”而成的，《京音谱》包括在《宁音谱》之内，《宁音谱》包括在《吴音谱》之内，《吴音谱》包括在《闽广音谱》之内，最终《简字全谱》囊括天下之音。黎锦熙先生用“嵌”一词形象地概括了“简字谱”之间的音系关系，他说：“因为无论宁音、吴音各谱，其中都把京音一谱嵌

① 劳乃宣.致中外日报书[C]//清末文字改革文集.北京：文字改革出版社，1958：57-58.

了进去，所谓‘以随地增选通其变，而仍以有增无减统其同。’”[①]

《等韵一得》与“简字谱”编写时间相差无几，它们的最终目的是囊括“天下之音”，其编撰目的和方法应该是一致的，并且《简字全谱》的编纂明显受到《等韵一得》一书的影响。劳氏在《简字全谱·例言》说：“简字始于京师之官话字母，先有字音五十母十二韵四声，余加六母三韵一入声之号为宁音一谱，又加七母三韵一浊音为吴音一谱，顾犹未足以括中国各处方言，考中国之音有二十九母有清浊，虽各方互用出入，一方不能全备而必全备，乃能该括诸方之音，今举此诸音，各配以简字，列而为谱。凡吾中国同文之域，其语音无不备于此者，故谓之全谱。”劳氏所说的“考中国之音有二十九母有清浊”，即为《等韵一得·字母谱》所列“二十九母各分清浊，共五十八母”。

罗常培先生也认为《简字全谱》与《等韵一得》渊源颇深，他说：“劳氏……又于1907年本等韵之理，考诸方之音，上宗《音韵阐微》《同文韵统》合声定切之法，广征古今南北声韵迁流之故，订为《简字全谱》一编，中国各处方音皆包括于内，而仍以京音为主。盖本其《等韵一得》所考之字母、韵摄、等呼、清浊及戛透轹捺等，于《闽广音谱》之外复增益33母、20韵……。”[②]罗先生的话甚至可以理解为《简字全谱》的语音系统是《等韵一得》语音系统的“翻版”，皆为多重音系的叠置。

当然，这些只是《等韵一得》音系为“叠置”音系的表层理由，我们还需要通过音系的对比来进一步论证，如与中古音、现代方言（河北保定方言、苏州方言）的对比。

二、《等韵一得》叠置音系与河北（保定）方言

劳氏在《内篇·序言》中说：“累年参订，定为母韵诸谱，一本人声之自然。虽妇人孺子，莫不入耳而能通、矢口而能道……”要想“入耳而能通、矢口而能道”，《等韵一得》音系必然含有官话语音。

黎新第先生（1995）对明清官话语音作了细致的探讨，将明清官话分为南方官话和北方官话，并在薛凤生先生区分官话、非官话的标准基础上又提出了区分南方官话和北方官话的7条标准，他认为其中的（甲）（乙）

① 黎锦熙.国语运动史纲[M].长沙：商务印书馆，1940：29.

② 罗常培.罗常培文集第三卷[M].济南：山东教育出版社，2008：44.

（丁）（戊）（己）（按：指薛凤生先生的十条标准之五条）可以作为明清时期区别官话方音与非官话方音的 5 条标准，并在此基础上提出了区别北方官话方音与南方官话方音的 7 条标准，即，明代：（甲）无独立入声否；（乙）古寒与桓相混否；（丙）前后鼻尾不混否；（丁）独立的“儿”韵母形成否；（戊）古庄组字较少混入精组否。是的一方为北系，否的一方为南系。到清代中后期南北两系官话方音的区别特征还可以考虑加上两条：（己）不分尖团否；（庚）泥来不混否。[①]

我们将《拙庵韵悟》（1674）、《韵籁》（18 世纪中期）作为与《等韵一得》同时期的北方官话代表音系，将《古今中外音韵通例》（1886）作为与《等韵一得》同时期的南方官话代表音系，运用黎新第先生检验南、北官话的 7 条检测标准对其检测，具体如下表：

表 2 《等》、《拙》、《韵》、《古》检测表

检测标准	《等》		《拙》		《韵》		《古》
入声不独立	−		+		+		−
古寒与桓是否相混	+		+		+		+
前后鼻尾不相混	+		+		+		−
独立的“儿”韵母是否形成	+		+		+		−
古庄组字是否较少混入精组	+		+		+		+
尖团不区分	−		+		+		−
泥来不相混	+		+		+		−

说明：

1.“+”为“是”，“-”为“否”。

2.《等韵一得·内篇·字母谱》中精、见两组排列绝不相混，虽然在《外篇·双生叠韵》中反映出见组声母已经腭化，未提及精组声母，我们认为《等韵一得》中尖团是对立的，这种对立在官话方言与非官话方言都存在。

由上表可知，黎新第先生检测南、北官话的标准中，《等韵一得》中有 5 条完全符合标准，有 2 条不同，但是这 2 条不同，我们要细致分析其原因，如入声韵尾 -p/-t/-k 乃为兼顾古音以及时音闽广音而设；尖团的对立，这种现象不但在南方官话与非官话方言苏州方言、闽广方言中存在，而且当时的北方官话——河北方言中也存在这种现象，劳氏在《简字全谱·例言》中说：“而一州一县又各有异同，如京音不分尖团，保定等处即分之；……。”这样说来，

① 黎新第.明清时期的南方系官话方言及其语音特点[J].重庆师院学报，1995（4）：81–83.

这一条也与河北方言特点相符合。可以说，《等韵一得》的语音系统基本符合北方官话的标准。

那么，河北方言音系与《等韵一得》音系有何关系呢？

首先，从文献材料来看，河北方言与《等韵一得》关系密切。

从劳氏生活的轨迹看，劳氏长期在河北、天津一带为官，语言环境为河北、天津官话，深受影响。通过对《韧庵老人自订年谱》的整理分析，我们可以知道，劳氏从1863年（是年21岁）第一次到天津，到1899年（时年57岁）最终离开吴桥，在河北（天津）生活了将近37年（如果算上出生后在广平生活3年时间的话，将近40年，占据劳氏生命时间的一半），远远长于苏州生活的不足10年的时间，相当于在其他省份或城市生活的整个时间，可以说河北是劳氏的“第二故乡”，甚至可以说河北是劳氏“真正的家乡”，河北方言对劳氏的影响绝对是相当的深远。而且在《等韵一得》成书（1883）及出版（1898）之前，劳氏也基本未离开过河北境内（参见表5：劳乃宣生平活动时间表）。

劳氏的母语虽然是苏州方言，然而劳氏在河北、天津长期为官，河北方言属于北方官话，这与劳氏身为官员需操官话的要求不谋而合，劳氏从事官场活动，为了便于交流，必须得说人人能够听懂的语言——“官话”。因而河北、天津方言对劳氏的影响是不容忽视的，甚至不亚于苏州方言对其的影响。

而对于官话的基础方言，耿振生先生说：“我觉得官话的基础似乎不会限于一个方言点上，范围会宽泛一些；可以说，官话基础方言是‘片’而不是点。但是要说北方话就是官话的基础方言，又嫌过于笼统。‘北方话’包括的范围很广，并非所有北方方言都能作为官话的基础方言，……。真正作为全国官话基础方言的只是北方话的一部分，这一部分应该是华北平原上的方言。”① 河北、天津方言是华北平原上的方言，它应该就是官话的基础方言。为了能够融合于当地的官场以及老百姓，劳氏应该不仅仅是被动地受河北方言的影响，而应该是主动地去学习，他应该通晓河北方言。再者，劳氏从1865年（是年23岁）定居保定，到1883年完成《等韵一得》的撰写，这18年的时间内，劳氏从未长时间离开河北境内，生活环境里所操语言为河北方言，将其作为《等韵一得》的基础语音是非常有可能的。

其次，我们从语音内部系统比较《等韵一得》（1883）与《拙庵韵悟》、《韵籁》，发现其语音声韵调系统基本重合。

声母系统：如前所述，由于劳氏想兼容“天下之音”，因而其声母系统庞杂，包括58声母，《拙庵韵悟》、《韵籁》的声母分别为20个和23个，

① 耿振生.明清等韵学通论[M].北京：语文出版社，1992：122.

包含在劳氏的58声母之中。劳氏的58字母，无字之音为22个，有字之音36个，而这三十六字母包括全浊声母，实际即为中古三十六字母。劳氏如此安排，实际是为了尊古和兼顾存在全浊声母的方言。剔除全浊声母，声母系统声母为24个，[k]、[kh]、[x]、[ŋ]、[t]、[th]、[n]、[l]、[tʂ]、[tʂh]、[ʂ]、[ʦ]、[ʦh]、[s]、[p]、[ph]、[m]、[f]、[v]、[ʐ]、[Ǿ]、[ʨ]、[ʨh]、[ɕ]，与《拙庵韵悟》、《韵籁》声母系统基本相同。

韵母系统：《等韵一得》韵母系统除却所谓的入声和闭口韵以及劳氏所用二合、三合切法拼出的语音之外，与《拙庵韵悟》、《韵籁》完全一致：

表3 《等韵一得》与《拙庵韵悟》、《韵籁》韵母比较表

韵母	《等》	《拙》	《韵》	韵母	《等》	《拙》	《韵》
a	√	√	√	yei	√	×	×
o	√	√	√	iau	√	√	√
i	√	√	√	uau	√	×	×
u	√	√	√	yau	√	×	×
y	√	√	√	iəu	√	√	√
ï	√	√	√	uəu	√	×	×
ai	√	√	√	yəu	√	×	×
ei	√	√	√	ian	√	√	√
au	√	√	√	uan	√	√	√
əu	√	√	√	yan	√	√	√
an	√	√	√	iən	√	√	√
ən	√	√	√	uən	√	√	√
aŋ	√	√	√	yən	√	√	√
əŋ	√	√	√	iaŋ	√	√	√
am	√	×	×	uaŋ	√	√	√
əm	√	×	×	yaŋ	√	×	√
ia	√	√	√	iəŋ	√	√	√
ua	√	√	√	uəŋ	√	√	√
ya	√	√	×	yəŋ	√	√	√
io	√	√	√	iam	√	×	×
uo	√	√	√	uam	√	×	×
yo	√	×	√	yam	√	×	×
iai	√	√	√	iəm	√	×	×
uai	√	√	√	uəm	√	×	×
yai	√	×	×	yəm	√	×	×
iei	√	×	×	ɚ	√	√	√
uei	√	√	√	-p-t-k-ʔ	√	×	×

综合以上，我们运用黎新第先生区分南、北官话的 7 条判断标准，并结合《等韵一得》与《拙庵韵悟》、《韵籁》、《古今中外音韵通例》、《增订合声简字谱》的声韵调比较情况，发现代表河北方言韵书之语音系统基本能与《等韵一得》语音系统对应上，因此我们认为《等韵一得》的音系包含当时的河北方言（华北平原方言），即耿振生先生所说的官话的基础方言。①

而河北方言内部语音也存在不同的分区，据《河北省地方志·方言志》，河北方言根据语音的差异，可以划分为：北京官话、冀鲁官话、中原官话和晋语四区。河北省承德、廊坊两市的 13 个市县和保定的涿州市为河北境内的北京官话区；河北南部与河南省中原官话区相连的大名、魏县东部为中原官话区；河北省西部毗邻山西的 35 个县市为河北境内的晋语区；其余多数为冀鲁官话区。②

《等韵一得》的基础音系到底属于河北方言的哪个分区呢？我们应从劳氏在河北的生活居住地方言所属分区来进行研究。

冀鲁官话区包括 101 县市，分为四片：秦唐片（17 县市）、保霸片（27 县市）、沧州片（7 县市）、石衡片（50 县市）。③ 劳氏在河北生活的地方包括保定、完县、蠡县、吴桥、清苑、南皮、临榆县，这些地方无一例外都属于冀鲁官话，保定、完县、蠡县、清苑、临榆县属于保霸片，吴桥、南皮属于石衡片。

考虑到《等韵一得》成书前劳氏在河北生活区域基本在保定及其周边地区，我们参考《河北省地方志·方言志》中的保定方言语音系统，将《等韵一得》的实际音系同今保定方言进行比较，看其异同，详见下表：

表 4　《等韵一得》与保定方言声韵调比较表

声母		韵母	
《等韵一得》	保定方言	《等韵一得》	保定方言
p	p	ï（ʅʅ）	ʅʅ
p^h	p^h	i	i
m	m	u	u
f	f	y	y
t	t	a	a
t^h	t^h	ia	ia
n	n	ua	ua

① 耿振生.明清等韵学通论[M].北京：语文出版社，1992：122.

② 耿振生.明清等韵学通论[M].北京：语文出版社，1992：122.

③ 耿振生.明清等韵学通论[M].北京：语文出版社，1992：1–2.

续表

声母		韵母	
l	l	o	o
k	k	uo	uo
k^h	k^h	ai	ai
x	x	iai	iai
tɕ	tɕ	uai	uai
tɕ^h	tɕ^h	ei	ei
ɕ	ɕ	iei	iei
tʂ	tʂ	uei	uei
tʂ^h	tʂ^h	au	au
ʂ	ʂ	iau	iau
ʐ	ʐ	əu	ou
ts	ts	iəu	iou
ts^h	ts^h	aŋ	aŋ
s	s	iaŋ	iaŋ
Ǿ	Ǿ	uaŋ	uaŋ
ŋ		yaŋ	yaŋ
v		əŋ	əŋ
声调		iəŋ	iŋ
《等韵一得》	保定方言	uəŋ	uŋ
平	阴平	yəŋ	yŋ
	阳平	an	an
上	上	ian	ian
去	去	uan	uan
入		yan	yan
		ən	ən
		in	
		un	
in un yn ɚ		yn	
		ər	
		æ	
		ɤ	
		ɛ	
		iɛ	

上表中，声母比较我们看出，保定方言声母比《等韵一得》声母少［ŋ］、［v］，但是保定其他地区有这两个声母，如“味”、“胃”保定、高阳、定县等地读［Ǿ］，

而清苑、定县等九地读 [v]；“爱”、“安”、“袄”定县、曲阳、阜平、涞源读 [ŋ][①]。韵母比较我们看出，保定方言比《等韵一得》多出 [æ]、[ɤ]、[ɛ]、[iɛ] 四个韵母，[ɤ] 与 [ɛ] 属于 [e] 的语音变体，“[æ] 韵字只有两个，一个是表语气的‘嗥’，一个是表已然、表语气或兼表已然和语气的‘了’”。[②]声调比较，我们可以知道，《等韵一得》平声实际有阴阳之别，而保留入声是为了兼顾方音或古音所致。

综合以上分析，我们发现河北（保定）方言声韵调特点与《等韵一得》基本吻合，因而我们认为《等韵一得》音系也涵盖有河北（保定）方言（冀鲁官话）。

三、《等韵一得》叠置音系与吴语（苏州方言）

朴允河先生认为《等韵一得》的基础音系是吴方言，[③]但是，吴方言并非只是苏州音的单一体，而是以苏州音为主干，并参合绍兴、嘉兴等北部吴语，北方官话、闽广方言、陕西方言等而创造出的一套包括有字之音和无字之音的国人所能发之语音系统。[④]

显然，作者的母语会对所著语音著作产生重大的影响，许多作者所著韵书（图）的基础音系就是自己的方音，如胡垣的《古今中外音韵通例》、李汝珍的《李氏音鉴》、赵绍箕的《拙庵韵悟》、华长忠的《韵籁》等等，或者母语的语音特点在所著语音著作中会不自觉地流露出来。劳氏 4 ～ 19 岁期间主要生活在苏州及苏州周边的江南地区，母语当为苏州方言。

表 5　劳乃宣生平活动时间表

时间	年龄	活动地点	时间	年龄	活动地点
1843	1	广平	1882	40	南皮、保定
1844	2	广平	1883	41	天津、保定、天津，《等韵一得》内外篇成稿。
1845	3	广平	1884	42	天津、保定
1846	4	苏州、吴江	1885	43	完县

① 陈淑静.河北保定地区方言的语音特点[J].方言，1986（2）：114.

② 河北省地方志编纂委员会.河北省地方志・方言志[M].北京：方志出版社，2005：43.

③ 朴允河.《等韵一得》所表现的尖团音探微[M]//声韵论丛（第六辑）：642.

④ 朴允河.劳乃宣《等韵一得》研究[D].台北：台湾师范大学国文研究所硕士论文，1992.

续表

时间	年龄	活动地点	时间	年龄	活动地点
1847	5	吴江	1886	44	完县
1848	6	金匮（无锡）	1887	45	完县
1849	7	无锡	1888	46	蠡县
1850	8	无锡	1889	47	蠡县
1851	9	江宁	1890	48	蠡县
1852	10	江宁	1891	49	蠡县、吴桥
1853	11	江宁、金坛、吴江、苏州	1892	50	吴桥
1854	12	苏州	1893	51	吴桥
1855	13	苏州、嘉兴	1894	52	吴桥
1856	14	苏州	1895	53	吴桥
1857	15	苏州	1896	54	清苑
1858	16	苏州	1897	55	清苑
1859	17	苏州、如皋、苏州	1898	56	清苑、吴桥
1860	18	苏州、通州、泰州	1899	57	吴桥
1861	19	泰州、曲阜、泰州	1900	58	曲阜、苏州
1862	20	泰州	1901	59	嘉兴、上海、杭州
1863	21	天津、曲阜	1902	60	苏州、桐乡
1864	22	曲阜、通州、保定、曲阜	1903	61	金陵、镇江
1865	23	杭州、泰州	1904	62	桐乡、金陵、桐乡、杭州
1866	24	苏州、淮安、济宁、曲阜、保定	1905	63	金陵、镇江
1867	25	保定	1906	64	金陵
1868	26	保定	1907	65	金陵
1869	27	保定	1908	66	桐乡、杭州、镇江
1870	28	保定	1909	67	京师
1871	29	保定	1910	68	京师
1872	30	保定	1911	69	京师
1873	31	保定	1912	70	涞水
1874	32	志局	1913	71	京师、青岛，《等韵一得补篇》完成。

续表

时间	年龄	活动地点	时间	年龄	活动地点
1875	33	志局	1914	72	青岛
1876	34	志局	1915	73	曲阜、济宁、上海、杭州、苏州、曲阜
1877	35	志局	1916	74	曲阜、青岛
1878	36	志局	1917	75	青岛
1879	37	临榆县	1918	76	青岛
1880	38	临榆县	1919	77	青岛
1881	39	天津、保定、南皮	1920	78-79	青岛

那么《等韵一得》音系之中是不是涵盖有苏州方言音系呢？通过上列内容，我们将《等韵一得》的语音特点、声韵调系统与同时代的苏州方言韵书《乡音字类》进行了详细对比。通过对比，我们发现《等韵一得》的语音特点及声母系统基本一致，而韵母的拟音看起来却相差较大，难道《等韵一得》的语音系统与作者的母语毫不相关吗？对此，我们进一步考察《等韵一得》与现代苏州方言（《苏州方言志》）声韵的中古来源，并进行对比，列表如下：

表 6 《等》与苏州方言声母中古来源比较表

《等》	36 字母	苏	36 字母	《等》	36 字母	苏	36 字母
p	帮	p	帮	$ʦ^h$	清	$ʦ^h$	清
p^h	滂	p^h	滂	ʣ	从	z	从邪
b	并	b	并	z	邪		
m	明	m	明	s	心	s	心
f	非	f	非敷	tʂ	照	ʦ	照二 / 照三
pf^h	敷			$tʂ^h$	穿	ʦ/ $ʦ^h$	穿二 / 穿三
v	奉	v	奉微	dʐ	船	z	穿二 / 穿三
ɱ	微			ʂ	审	s	审二 / 审三
t	端	t	端	ʑ	禅	z	禅
t^h	透	t^h	透	ʐ	日	z	日
d	定	d	定	k/ʨ	见	k/ʨ	见
n	泥	n	泥孃	k^h/$ʨ^h$	溪	k^h/$ʨ^h$	溪
l	来	l	来	g	群	g/dz	群
ʈ	知	ʦ	知	x/ɕ	晓	h/ɕ	晓

续表

《等》	36 字母	苏	36 字母	《等》	36 字母	苏	36 字母
ȶʰ	彻	ʦʰ	彻	ɤ	匣	ɦ	匣
ȡ	澄	z	澄	ŋ	疑	ŋ/ȵ	疑
ɳ	孃	ȵ	泥孃日	ø	影	ø	影
ʦ	精	ʦ	精	ø̇	喻	ɦ/ ø	喻

注：苏州方言声母中古来源根据叶祥苓《苏州方言志》归纳而成。

通过上表，我们发现《等韵一得》声母与苏州方言声母的中古来源大致相同，不同者如非敷的合并、奉微的合并，晓、匣、喻等字母的拟音以及照组的读音，其中，非敷、奉微合并后语音总数变少，仍然包含在《等韵一得》语音之中，晓、匣、喻的变化只是语音近似变化。至于照组声母读音混同于精组，这是苏州音新、老派之分，“苏州音有新派、老派之别。新派不能区别ʦ组和tʂ组，老派能区分。所以老派比新派多出‘tʂ、tʂʰ、ʂ、ʐ’四个声母”。[①] 因此，我们认为苏州方言声母的中古来源与《等韵一得》三十六声母的中古来源基本相同。

表 7　《等韵》、《方言志》与十六摄比较表

十六摄在《等》中合并情况	四呼	拟音	十六摄在《方言志》中合并情况及拟音
通曾梗摄（东冬锺庚耕清青蒸登）	开口	[əŋ]	通摄 [oŋ]/ [üoŋ] 曾摄 [ən] / [in] 梗摄 [ən] / [in]
	齐齿	[iəŋ]	
	合口	[uəŋ]	
	撮口	[yəŋ]	
臻摄（真谆臻文殷魂痕）	开口	[ən]	臻摄 [ən] / [un] / [ün]
	齐齿	[iən]	
	合口	[uən]	
	撮口	[yən]	
深摄（侵）	开口	[əm]	深摄 [ən] / [in]
	齐齿	[iəm]	
	合口	[uəm]	
	撮口	[yəm]	
江宕摄（江阳唐）	开口	[aŋ]	江韵 [ɑ̰]/ [iɑ̰̃] / [üɑ] 阳韵 [ɑ̰]/ [iɑ̰̃] / [uɑ] /[a] 唐韵 [ɑ̰]/ [uɑ]
	齐齿	[iaŋ]	
	合口	[uaŋ]	
	撮口	[yaŋ]	

① 叶祥苓.苏州方言志[M].南昌：江西教育出版社，1988：106.

续表

<table>
<tr><th>十六摄在《等》中合并情况</th><th>四呼</th><th>拟音</th><th>十六摄在《方言志》中合并情况及拟音</th></tr>
<tr><td rowspan="4">止摄、遇摄、蟹摄之齐韵（支脂之微齐鱼虞模）</td><td>开口</td><td>[ï]</td><td rowspan="4">止摄 [i] / [ʅ] / [ʯ] / [ü]
遇摄 [ʯ] / [u] / [ü]
蟹摄之齐韵 [i]</td></tr>
<tr><td>齐齿</td><td>[i]</td></tr>
<tr><td>合口</td><td>[u]</td></tr>
<tr><td>撮口</td><td>[y]</td></tr>
<tr><td rowspan="4">蟹摄之佳皆咍</td><td>开口</td><td>[ai]</td><td rowspan="4">蟹摄之佳皆咍 [iɑ]</td></tr>
<tr><td>齐齿</td><td>[iai]</td></tr>
<tr><td>合口</td><td>[uai]</td></tr>
<tr><td>撮口</td><td>[yai]</td></tr>
<tr><td rowspan="4">蟹摄之灰韵</td><td>开口</td><td>[ei]</td><td rowspan="4">蟹摄之灰韵 [ᴇ] / [uᴇ]</td></tr>
<tr><td>齐齿</td><td>[iei]</td></tr>
<tr><td>合口</td><td>[uei]</td></tr>
<tr><td>撮口</td><td>[yei]</td></tr>
<tr><td rowspan="4">山摄（元寒桓删山先仙）</td><td>开口</td><td>[an]</td><td rowspan="4">山摄 [ø] / [ɛ] / [uø] / [üø] / [uɛ]</td></tr>
<tr><td>齐齿</td><td>[ian]</td></tr>
<tr><td>合口</td><td>[uan]</td></tr>
<tr><td>撮口</td><td>[yan]</td></tr>
<tr><td rowspan="4">咸摄（覃谈盐添咸衔严凡）</td><td>开口</td><td>[am]</td><td rowspan="4">咸摄 [ø] / [ɛ]</td></tr>
<tr><td>齐齿</td><td>[iam]</td></tr>
<tr><td>合口</td><td>[uam]</td></tr>
<tr><td>撮口</td><td>[yam]</td></tr>
<tr><td rowspan="4">果摄（歌戈）</td><td>开口</td><td>[o]</td><td rowspan="4">果摄 [o]</td></tr>
<tr><td>齐齿</td><td>[io]</td></tr>
<tr><td>合口</td><td>[uo]</td></tr>
<tr><td>撮口</td><td>[yo]</td></tr>
<tr><td rowspan="4">假摄（麻韵）</td><td>开口</td><td>[a]</td><td rowspan="4">假摄 [o] / [uo] / [üo] / [ɑ] / [iɑ]</td></tr>
<tr><td>齐齿</td><td>[ia]</td></tr>
<tr><td>合口</td><td>[ua]</td></tr>
<tr><td>撮口</td><td>[ya]</td></tr>
<tr><td rowspan="4">效摄（萧宵肴豪）</td><td>开口</td><td>[au]</td><td rowspan="4">效摄 [æ] / [iæ]</td></tr>
<tr><td>齐齿</td><td>[iau]</td></tr>
<tr><td>合口</td><td>[uau]</td></tr>
<tr><td>撮口</td><td>[yau]</td></tr>
</table>

续表

十六摄在《等》中合并情况	四呼	拟音	十六摄在《方言志》中合并情况及拟音
流摄（尤侯幽）	开口	[əu]	流摄 [ʏ] / [iʏ]
	齐齿	[iəu]	
	合口	[uəu]	
	撮口	[yəu]	

通过上表，根据我们的观察，现代苏州方言韵摄归并与《等韵一得》不同之处有三：（1）曾梗摄后鼻音脱落后归入臻摄、深摄 [-m] 韵尾变化为 [-n] 韵尾后也归入臻摄，组成 [ən] / [in] / [un] / [ün] 四呼；（2）咸摄 [-m] 韵尾变化为 [-n] 韵尾后并入山摄；（3）果假摄部分混并读为 [o]。其余部分归并，现代苏州方言与《等韵一得》基本相同。而《等韵一得》保留 [-m] 韵尾乃为兼顾闽广方音。

综合以上考察，苏州方言声母的中古来源与《等韵一得》基本一致；在韵摄的归并上，二者基本一致，主要区别在于“深”、“臻”、“山”、“咸”的归并上，劳氏保留 [-m] 韵尾乃是出于兼顾闽广方言所致；声调上苏州声调平上去入各分阴阳，而劳氏在《等韵一得·外篇》中也主张平上去入各分清浊，应该是出于对苏州音系的考虑。因此，我们认为苏州方言音系为《等韵一得》所包含的又一音系。

参考文献

（清）劳乃宣 . 等韵一得 [M]. 光绪丙午矩斋所学本 .

未迟 . 劳乃宣的《等韵一得》[M]// 语言学论丛第一辑 . 1957.

李新魁 . 汉语等韵学 [M]. 北京：中华书局，1983.

赵荫棠 . 等韵源流 [M]. 台湾：文史哲出版社，1985.

李新魁 . 汉语音韵学 [M]. 北京：北京出版社，1986.

耿振生 . 明清等韵学通论 [M]. 北京：语文出版社，1992.

何大安 . 规律与方向：变迁中的音韵结构 [M]. 北京：北京大学出版社，2004.

李无未 . 音韵文献与音韵学史——李无未文存 [C]. 长春：吉林文史出版社，2005.

李无未 . 汉语音韵学通论 [M]. 北京：高等教育出版社，2006.

罗常培 . 罗常培文集第三卷 [C]. 济南：山东教育出版社，2008.

《奉天通志》与东北方言材料的挖掘*

[1]长春师范大学文学院　汪银峰；[2]辽宁大学文学院　张　倩

引　言

近年来学术界比较关注汉语方言史的研究，出现了一些高质量的研究著作，如张树铮《清代山东方言语音研究》、乔全生《晋方言语音史研究》等。但东北方言史的研究相对来说较为滞后，其原因我们认为主要有两个方面：第一，研究观念的落后。学术界普遍认为东北方言形成时间晚，且与北京话较为接近，差异小，没有深入研究的必要。刘晓梅（2008）在概括百年东北官话研究时也提到了这一点，“东北官话是一支最终形成较晚的官话，由于历史较短，且与北京官话接近程度甚至大于北京官话与冀鲁官话的接近程度，因而受到的重视远远低于其他官话方言。”① 由于这种观念的影响，使我们对东北方言史研究缺乏足够的重视，研究队伍匮乏，不能形成持续的研究态势。第二，研究材料的匮乏。俗话说“巧妇难为无米之炊”，东北方言史研究滞后的一个重要原因是文献材料的匮乏。对东北地区的开发虽自战国已开始，但人口构成长期以来为多民族聚居，近代以来汉族人口逐渐占据优势，但文化发展相对来说较为滞后，缺乏记录东北方言的文献材料。正如李无未先生所言：“最主要的是，文献几乎无处可追寻。没有了文献的支撑，东北方言史研究的大厦还能树立起来吗？只能是空想的东北方言史研究楼阁或者曰东

* 本文系国家社科基金项目“域外汉籍《燕行录》所见明清语言资料的整理与研究”（14BYY113）、2018年度辽宁省普通高等教育本科教学改革研究项目“新时代高校语言文字类课程教学模式的研究与实践”阶段性成果。

① 刘晓梅.期待绚烂绽放：百年东北官话研究述评[J].吉林大学社会科学学报，2008(1).

北方言史研究海市蜃楼。”[①] 可见，东北方言史研究的滞后既有主观原因，又有客观因素。但我们认为东北方言史的研究具有重要价值，主要体现在以下几个方面：第一，东北方言史是构建汉语方言史不可或缺的重要一环。如通语史的构建需要了解不同时期通语的面貌及演变情况，同样汉语方言史的构建也需要了解不同时期不同方言的面貌及演变情况。因此，汉语方言史如果缺少了东北方言史这一环，也是不完整的，残缺的。第二，研究北京话的渊源，研究北京话发展史，东北方言是不可回避的。胡明扬（1987）早已指明这一点："今天的北京话和周围的河北方言差别很大，而和吉林、黑龙江两省的东北话反而很接近，和哈尔滨话相去无几，和远在东北边陲的宁古塔的话几乎基本相同，这又是怎么回事？这一类问题还有很多，都需要花功夫去研究探索。"[②] 东北方言的研究可能会成为探寻北京话源头、构成和演变的一把至关重要的钥匙。第三，语言接触研究的优质样本。由于历史和地理因素，东北方言的构成应该说来源很复杂，既有当地土语，又有移民方言的影响，同时还有其他民族语言的接触和融合，如蒙古语、朝鲜语、满语、俄语、鄂伦春语等。在语言接触的过程中，哪些语言成分最终保留在东北方言中，成为东北方言的"语言底层"，以及不同语言接触的方式、层次及变异都是值得我们进行深入探讨的，可以说是语言接触研究的优质样本。

因此，我们要充分挖掘反映东北方言的文献材料，其中地方志中的方言材料是我们不可忽视的。何耿镛（1984）提到了地方志中方言材料的价值：一是可提供各地方言的词汇材料，可作为研究方言词汇的参考；二是集录古代方言的资料，可作为研究方言词汇发展的参考；三是反映了某些方音特点，可作为研究方音的参考。[③] 但由于材料比较零碎，一般研究方言史的论著利用较少，本文即以《奉天通志》为材料，谈谈其对东北方言史研究的价值。《奉天通志》，共一百卷，王树南、吴廷燮、金毓黻等纂，始修于1927年，印行于1934年，1983年由东北文史丛书编辑委员会点校出版。原书二百六十卷，线装十函百册，版框高十九厘米，宽二十六厘米。今缩印为版框高十厘米，宽十四厘米。其中"礼俗四"将东北方言词汇纂入省志，"以补《辽东志》、《全辽志》、《盛京通志》之阙"。（《奉天通志》）这份材料内容丰富，基本上涵盖了东北方言的方方面面，为我们了解20世纪初的东北方言提供了宝贵的材料。

---

① 李无未.重建清代东北方音史：向混沌求新知[M]//清代东北方言语音研究.北京：中国社会科学出版社，2016：2.

② 胡明扬.北京话初探[M].北京：商务印书馆，1987：12.

③ 何耿镛.汉语方言研究小史[M].太原：山西人民出版社，1984：86.

一、东北方言词汇的收录

《奉天通志》“礼俗四”中首先收录了大量的东北方言词汇，按照单音节、双音节、三音节、四音节的顺序进行排列。每个方言词后，除解释词义外，还引经据典，推本溯源。有些方言词汇至今仍活跃于东北地区，甚至成为东北方言的特征词，如：

蹨，追逐谓之蹨。《广韵》：乃殄切，音撚。《类篇》：蹈也，逐也。或作跈，作碾，亦作趁。省俗谓犬逐兔曰蹨。

“蹨”，《简明东北方言词典》作“撵”，追赶。例如：他快跑，我也快跑，这不还是撵不上吗？（王金石《夜查饲养员》，载《辽宁文艺》1955,15）根据词义，该字应与足有关，故本字应为“蹨”字，而“撵”不过是“蹨”字的同音替代。

含㐱，省俗谓失体面曰含㐱。《集韵》：㐱，止忍切，音轸。《说文》：颜色㐱䫴，慎事也。一曰惭也。《广韵》：㐱䫴，少头发也。含㐱云者，谓颜面含带惭恧也。

《简明东北方言词典》作“坷碜”，即“寒碜”，例如：（孙二雷）心想：“……这些‘杨排风’可能要让我光屁股推磨——坷碜一圈儿。”（李惠文《八出戏》，载《辽宁文艺》1978,5）在方言中有时还写作“磕碜”、“砢碜”等，意义相同。

胡诌，无稽之谈也。《广韵》：诌，楚鸠切。《类篇》：诌，漆阴私小言也。又《集韵》：小言私授谓之诌。省俗以人说谎曰胡诌。

《简明东北方言词典》收录“胡诌八扯”、“胡诌八咧”、“胡诌白咧”，意义相同。

僵眼子，僵，《唐韵》、《集韵》、《韵会》、《正韵》并居良切，音姜，偃也。《宋史》：僵立失措。意谓木立失所举措也。故人言行固执，不知通变，俗谓僵眼子。声读若姜去声。

《简明东北方言词典》收录“犟眼子”，例如：明天我就送小春桃把学上，看你这老犟眼子有啥高招！（关润宏《送女归校》，载《辽宁群众文艺》1982，12）

可见，《奉天通志》收录的很多方言词汇仍保留在今天东北方言中，只不过写法有些许差异而已。此外，还有很多方言词汇至今仍在使用，但方言词典漏收，以此可补方言词典之缺。如：

焐，炊黍或煮肉方熟仍留釜中使之烂熟，谓之焐。《五音篇海》：焐，乌没切。《字汇》：火熄也。又乌古切，音邬，义同。

饥荒，谓债累为饥荒。《说文》：谷不熟曰饥，从食几声，荒芜也。一曰草掩地也。《韩诗外传》：四谷不升，谓之荒。《尔雅》：果不熟为荒。俗以债累为饥荒，义亦可通。

川换，往来交通财物曰川换。……《前汉叙传》：项氏畔换。注：孟康曰：换，易也。农商人言川换，正合古谊。

二、满语底层词汇的留存

东北自古以来就是少数民族聚居地，鲜卑、契丹、女真、蒙古等都勃兴于此，东北方言同鲜卑、契丹、女真、蒙古、满等语言相互碰撞、融合，形成了不同的语言层面，而满族作为东北的土著民族，是东北地区人口数量较多、分布地域较广的民族共同体，满语自然也成为当时主要的交际工具。特别是满清入主中原，满语一度成为国语，虽然最终被汉语所替代，但在语言接触的过程中，满语对东北方言产生了重要影响，形成了“语言底层”，从而造就了独具特色的东北方言。《奉天通志》专门列“满语沿为方言”，记录了汉语中的满语词汇，成为满汉语言接触的历史见证。如：

佩，满语讥诮之辞也。俗人相口角，辄曰你佩，或曰佩不佩是也。

忽剌，满语风动物也，又风动物声。

秃鲁，满语事不履行，约不践言，曰秃鲁。

喇忽，满语谓遇事疏忽曰喇忽。

稀罕，谓喜欢或罕见曰稀罕，满语合意也。

多缩，俗谓战惧瑟缩曰多缩。重言之曰多多缩缩。满语苦楚耐得曰多缩。

有些满语词汇已融入东北方言中，成为东北方言的重要组成部分。《简明东北方言词典》收录“秃噜”，释为“事情没办成”，例如：整天价东溜西串就知道搞对象，找一个黄一个，一个一个全突（秃）噜。（杨云程《找对象》，载《参花》1982，5）由于使用时间较长，人们竟然不知道它的历史来源。此外，由于近年来普通话的大力推广，很多满语词汇逐渐从东北方言中消失，如：

> 彀利，谓物质精美曰彀利。又曰精神。满语彀利，心意相合也。
>
> 扎孤，俗谓治病为扎孤病，满语治也。
>
> 撇拉，满语谓碟子为撇拉。俗以器物之口外张者皆曰撇拉。如撇拉碗之类是也。

可见，《奉天通志》满语词汇的记录，不仅为我们揭示了很多东北方言的来源，而且成为今后研究满汉语言接触的重要材料。

三、俗语、谚语、歇后语的载记

方言是地域文化的载体，也是地域文化的重要组成部分，其中俗语、谚语及歇后语蕴含着丰富的地方文化，是一代又一代的人们传承下来的非物质文化遗产。《奉天通志》中也收录了很多生动有趣的俗语、谚语及歇后语，为我们了解当地的民风民俗提供了宝贵的材料。如“冰炭不同铲”、“穷灶火，富水缸”、“药王爷摆手，没治”、“半夜烧炕，晚年得子”等等。有些还对这些俗谚进行了详细的解释，如：

> 东三省三宗宝：貂皮、人参、靰鞡草。此为东北特产，故省人均乐道之。
>
> 关东城，三宗怪：窗户纸糊在外，养活孩子吊起来，两口子睡觉头朝外。吊起来，谓上摇车也。头朝外，谓宿火炕，头临边际也。此语足见省风。

四、东北方言语音特征的体现

《奉天通志》方言词汇后附有“方音”一节，为方言词汇标注读音，共六十六组，主要是说明入声字的读音，此外也涉及声母、韵母的信息。

在声母方面，主要体现在以下几个方面：其一，全浊声母消失。如“矢读如时，失、石、实并同”，矢、失，书母；石、时，禅母；实，船母，书禅船合流，全浊声母已与清声母混同。此类例子还有很多，如“皆读如捷”，见从相混；“防读如访”，並滂相混；“笛、迪读如抵”，定端相混；“漆读如齐”、“七读如齐”，清从相混；“惑读如悔”，晓匣相混；“锡读如习”，邪心相混。虽材料有限，但已涉及船、禅、並、定、从、匣、邪等大部分全浊声母。其二，z组与zh组声母相混。如“竹读如足”，竹，知母；足，精母，知精相混；“桑读如伤”，桑，心母；伤，书母，心书混同。精组与知组、章组混同，表明清末民初东北方言中舌尖前音和舌尖后音是不分的。此外，知庄章三组声母应该也没有分别，如“闯读如创”，闯，彻母三等；创，初母三等，知三庄三相混。在今东北方言中，z组与zh组声母的关系也比较复杂，大部分方言混而不分，基本只有z组声母，没有zh组声母，这可以说是东北官话的普遍特征，也是与北京官话的重要区别之一。清代前期反映东北方言特征的《黄钟通韵》也揭示了这一语音现象。在《黄钟通韵》赀组声母中混入了中古庄、崇、初、生母字，如“皱、鬖、愁、衬、锄、初、瘦”等，最突出的表现是竟然用“初”作为赀组声母的代表字。其三，j组声母已产生，尖团不分。如“皆读如捷”，皆，见母二等；捷，从母三等，精组细音与见组相混。又如“鞋读如邪”，鞋，匣母二等；邪，邪母三等，精组细音与匣母相混。说明当时的见晓组和精组在齐齿、撮口前都已经腭化为舌面前音，尖团不分。作为明清官话音终结的老国音，见组腭化，精组尚未腭化，仍保持尖团对立。可见，尖团不分，在方言的演变可谓先行一步。其四，古日母的读音。在《奉天通志》所反映的材料中，古日母字的读音较为复杂。其中，一部分日母读同零声母，如“日读如意”，日，日母；意，影母；又如“肉读如宥”，肉，日母；宥，云母，日母与零声母相混。在今东北方言中，大部分地区仍是如此，这也是东北官话、胶辽官话的重要特征。日母还有读l声母，如“瑞读如类”，瑞，《广韵》禅母，今北京话读日母；类，来母。日母与来母相混，条件是合口呼字。日母字在东北官话中多读零声母，与胶辽官话一致。但今辽南地区很多字仍读l，如“辱”、“锐”等。另有一例，日母读晓母，如“扔读如哼”。《奉天通志》在此条下注：“二音相近，本省安、宽等县人呼扔如哼。”安，即安东，1965年更名丹东；宽，即宽甸。这个读音至今仍保留在东北胶辽官话区。可见，当时的东北方言，由于移民来源的复杂，日母字的读音也比较复杂，体现了语言接触的特殊性。其五，古疑母混入零声母。如“月读如越”，月，疑母；越，喻母，疑喻相混。此类例子如“危读如委”、“屋读如吴”，疑影相混。其六，古影疑母开口呼字读[n]母。根据材料，我们发现中古疑母字大多归入零声母，但也有一部分开口呼字读[n]母，如“本省辽河左右人读我如诺，去声。”“辽河左右人呼鹅如挪”。我、鹅，中古疑母开口一等；诺、挪，中古泥母开口一等。不仅疑母存在这种现象，影母开口呼字也有此类现象，如“袄读如恼，字皆上声，音近，辽河左右人呼袄曰恼”。袄，中古影母开口一等；恼，中古泥母开口一等。今东北官话中，部分地区古影疑母开口呼也读 [n] 母，如长春、哈尔滨、佳木斯等地。而在今河北方言中，“普通话开口呼零声母字（‘而儿耳’除外）在河北各地方言中大多有声母，这些字的声母主要有三个：n、ŋ 和 ɣ。其中 n 分布在河北东部、东北部地区，如武邑、献县、蠡县、涿州、固安、大城、丰南、遵化、秦皇岛、抚宁、平泉、围场等地。”[①] 在地理上，河北东部及东北部与东北地区毗邻，在历史上曾经也是移民的重镇。可见，古影疑母开口呼字读 [n] 母这一语音现象，是受到河北移民语言影响的结果。

韵母方面：其一，通摄合口三等精组字的读音。如“士人讥人太俗，及僧人还俗，皆读俗如徐，亦声相转耳。”俗，通摄合口三等邪母；徐，遇摄合口三等邪母。俗读如徐，说明合口三等的介音 [i] 并没有消失，而读撮口呼，与“徐”音同。再如“二音相近，本省安东、宽甸人往往读松如雄。”松，通摄合口三等邪母；雄，通摄合口三等云母。松读如雄，说明其介音 [i] 也没有消失，与“俗”的演变一致，故与“雄”音同。查阅相关方言材料，今山东方言中，通摄合口三等精组字多读为撮口呼，如从 [ts‘yŋ] 或 [tɕ‘yŋ]，松 [syŋ] 或 [ɕyŋ]，俗宿肃 [sy] 或 [ɕy]，足 [tsy] 或 [tɕy]、龙 [lyŋ] 等。[②] 今河北方言的白读音也多为撮口呼，文读音与北京话一致。因此，《奉天通志》所反映的这一语音现象，很明显是受到山东、河北移民的语言影响。建国后随着普通话的推广，在今东北方言中，这些字的读音已与北京话无别。其二，宕摄三等、江摄二等入声字的读音。如“略读如料”、“学读如敩”、“觉读如绞”。宕江摄入声字，在《中原音韵》中大部分归萧豪韵，只有一小部分归歌戈韵，并且这部分字在萧豪韵重出。宁忌浮先生认为归萧豪韵是白读，读歌戈韵是文读。可见在元代大都话中，或者在当时幽燕方言中，这些字都读 [iau] 韵。今河北方言中，这部分字的白读也读 [iau] 韵。东北方言是在幽燕方言的基础上形成的，所以这部分字的读音可能是继承幽燕方言，或者是清代河北移民语言的影响所形成的。其三，曾梗摄合口匣母入声字的读音。如“或读如怀、何”、“惑读如悔、怀”、“获读如槐”。或、惑，曾摄合口匣母；获，梗摄合口匣母，读如“怀”或“槐”，读 [xuai] 或 [xuɛ]；读如“悔”，读 [xuei]；读如“何”，读 [xɤ]。在上世纪五六十年代的辽宁方音中，“或惑”仍读 [xɤ] 或 [xuei]，而 [xuai] 或 [xuɛ] 音已经消失。在今山东方言中，大多读 [uei] 韵，如莱州、

① 河北省地方志编纂委员会.河北省志·方言志[M].北京：方志出版社，2005：7.

② 山东省地方史志编纂委员会.山东省志·方言志[M].济南：山东人民出版社，1993：70.

平度、潍坊、利津、寿光、章丘、泰安、单县、菏泽等，也有读［uo］韵，如牟平、烟台、蓬莱、德州等，个别地方读［uɛ］韵，如荣成、聊城等。① 其四，个别字的特殊读音。如“叔读如搜”，叔，书母屋韵；搜，生母尤韵，［u］读［ou］。“叔”字在今河北晋州、冀州读［ʂou］，山东宁津文读音［ʂu］，白读音也为［ʂou］。又如“笔读如北”，“笔”与“北”，北京话读音不同，而今山东、河北的诸多地方，如宁津、德州、泰安、章丘、石家庄、衡水、沧州等均读为［pei］，与“北”读音相同。“堡读如普”，不送气声母［p］读成送气声母［p‘］，今很多地名仍保留此音，如黑龙江“双城堡”中“堡”字与“普”读音相同。“辕读如檐”，撮口呼变成齐齿呼，圆唇特征消失，河北清苑“缘”字读［ian］，与此相同。“色读如洒”、“骰读如洒”，“色”读［ʂai］，今东北方言仍保留此音，北京话的白读音也与此相同。“骰”，《广韵》度侯切，应读［t‘ou］，因民间有一种骨制的赌具为骰子，俗称“色子”，故方音将其读“色”［ʂai］。

《奉天通志》所反映的方言材料中，主要是关于入声字的读音，入声已经消失。入声字在北方方言中的消失，从元代周德清《中原音韵》已经开始了。在清代东北方言中，入声也已经消失，多归入阳平。都四德《黄钟通韵》曾有过论述，“五方土音，惟南方有入声，北方无入声，北方呼入声字，俱如短平声字，其余他方，或呼为上，或呼为去，或转为别音者，各有不同。”在现代北方方言中，中古入声字归类的情况非常复杂，李荣先生《中国语言地图集》就是以中古入声字今读调类的不同为条件，对官话方言进行分区。根据《奉天通志》“方音”所提供的材料，我们进行归纳和整理，如：

	阴平	阳平	上声	去声
清声母	10	6	6	3
全浊声母		11	4	2
次浊声母				11

从表中可以看出，清声母入声字分别归入阴平、阳平、上声、去声中，全浊声母入声字大多归入阳平，次浊声母入声字归入去声，入声字的归类情况与今北京官话、东北官话是一致的。东北官话与北京官话的区别是清声母入声字归上声的字较多，但由于材料限制，无法对其量化分析。但有一个字的读音值得注意，如“福读如府”。福，非母入声字；府，非母上声字，清声母入声字读如上声。在北京官话中，“福”归入阳平，虽仅有一例，很有

① 山东省地方史志编纂委员会.山东省志·方言志[M].济南：山东人民出版社，1993：262–263.

代表性，说明当时东北方言入声字的归派已与今天基本一致。

综上，《奉天通志》保存的东北方言资料非常丰富，基本上涵盖了方言的方方面面。其所收录的方言词汇，有些已成为今天东北方言的特征词，有些甚至可以弥补方言词典之缺。其对满语底层词汇的留存，不仅为我们揭示了很多东北方言词汇的来源，而且成为今后研究满汉语言接触的重要材料。此外，方言读音特征的体现，使我们得以了解当时的语音状况，进而考察近代东北语音的来源、构成及发展，为东北方言史的研究提供重要的支持。但总的来说，东北地区由于其地域和历史的特殊性，方言的构成也体现了特殊性和复杂性，正如《奉天通志》所言："虽满汉异俗，并直、鲁、豫、晋之人，杂居此地，语言各殊，而日久同化，自成一方俗语相沿。"

参考文献

曹树基．中国移民史：第五、六卷［M］．福州：福建人民出版社，1997.

耿振生．明清等韵学通论［M］．北京：语文出版社，1992.

胡明扬．北京话初探［M］．北京：商务印书馆，1987.

侯精一主编．现代汉语方言概论［M］．上海：上海教育出版社，2002.

邹德文．清代东北方言语音研究［M］．北京：中国社会科学出版社，2016.

山东省地方史志编纂委员会．山东省志·方言志［M］．济南：山东人民出版社，1993.

河北省地方志编纂委员会．河北省志·方言志［M］．北京：方志出版社，2005.

贺巍．东北官话的分区（稿）［J］．方言，1986（3）．

罗福腾．胶辽官话概论［J］．开篇，18 辑，1999.

金贵士．东北黄海沿岸几个地方的语音问题［J］．吉林师范大学学报，1959（4）．

宋学．辽宁语音说略［J］．中国语文，1963（4）．

阎滨，刘扶民．辽宁方音和北京语音对照［M］．沈阳：辽宁人民出版社，1957.

张志敏．东北官话的分区（稿）［J］．方言，2005（2）．

张树铮．胶辽官话的分区（稿）［J］．方言，2007（4）．

刘晓梅．期待绚烂绽放：百年东北官话研究述评［J］．吉林大学社会科学学报，2008（1）．

汪银峰．满族学者在近代语音研究的贡献之一［J］．满族研究，2010（3）．

罗杰瑞教授（Jerry L. Norman, 1936—2012）著作目录新编*

中央民族大学文学院　娄　育

一、编前语

《罗杰瑞教授（Jerry L. Norman, 1936-2012）著作目录新编》旨在整理罗杰瑞教授生平著述及部分英文原作的中译版本。本文以沈瑞清先生的《罗杰瑞教授著作目录》（《东方语言学》2012 年第 2 期，188-195 页）为线索，竭力遍访原著文献，增订、删补、重编而成。“新编”所做工作如下：

1. 收录著作条目总 124 条（含中译文献目录 17 条）。其中，113 条已搜集并亲查原文；11 条仅见存目未见原文。较沈文新增 25 条、订正 14 条（涉及页码问题 12 条、题名问题 1 条、发表时间问题 1 条）、删 1 条。另有两个线索，因无法明确核实，暂不录入“新编”。

（1）英文原作与中译文献简目，对照如下：

（1971）Tonal Development in Min →（1985）《闽语声调的演变》，张惠英译

（1979）Chronological Strata in the Min Dialects →（1994）《闽语词汇的时代层次》，梅祖麟译；（1997）《闽语词汇的时代层次》，宋文程、张维佳译

（1982）The Classification of the Shaowu Dialect →（1987）《邵武方言

* 基金项目：中国国家留学基金资助项目，项目编号：留金发[2016]3099—201606395008.

特别感谢史皓元（Richard V. SiMMons）教授、韩哲夫（Zev Handel）教授、柯蔚南（South W. Coblin）教授、项梦冰教授为文章纂写提供建议或材料；感谢罗格斯大学图书馆、普林斯顿大学图书馆（特别是“缩微部”Paparone Deborah女士）在检索资料时提供的便利与支持。

的归属》，张惠英译

（1982）Four Notes on Chinese-Altaic Linguistic Contacts →（2010）《汉语和阿尔泰语互相影响的四项例证》，祖生利译、赵长才校

（1988）Chinese →（1995）《汉语概说》，张惠英译

（1989）What is a Kejia Dialect →（2003）《何谓客家话？》，项梦冰译

（1992）Two Notes on Manchu Etymology →（2005）《满语词源二例研究》，朱麟译

（1994）Pharyngealization in Early Chinese →（2010）《早期汉语的咽化与腭化来源》，顾黔、史皓元、陈婷婷译

（1995）A Glossary of the Herpyng Dialect →（2012）《闽北邵武和平方言同音字汇》，沈瑞清译

（1995）A New Approach to Chinese Historical Linguistics →（1998）《汉语历史语言学的新方法》，蔡宝瑞译；（1998）《汉语历史语言学研究的新方法》，朱庆之译、张永言校

（1997）Some Thoughts on the Early Development of Mandarin →（2004）《关于官话方言早期发展的一些想法》，梅祖麟译

（2000）Voiced Initials in Shyrbei →（2009）《石陂话的浊声母》，项梦冰译

（2003）The Chinese Dialects: Phonology →（2006）《从音韵看汉语方言》，陈秀琪译

（2006）Common Dialectal Chinese →（2011）《汉语方言通音》，史皓元、张艳红译

（2014）A Model for Chinese Dialect Evolution →（2018）《汉语方言演变的模式》，史皓元、张艳红、沈瑞清译

（2）仅见存目未见原文，简目如下：

（1965）Foochow-English Glossary

（1966）Chao’s Grammar of Spoken Chinese

（1968）The Initial Stops and Tones in Two Proto-Min Dialects

（1969）Some Observations on the Rimes yu 鱼 and yu 虞

（1971）A Guide to the Foochow Dialect

（1987）《李方桂先生追思会发言》

（1999）Voiced Initials in the Upper Register of Minbei Dialects

（2006）Proto-Min Numerals

《汉语方言调查手册》（未刊稿）

（将乐）《高塘方言》（未刊稿）

《崇安方言》（未刊稿）

（3）订正条简目如下：

（1974）A Sketch of Sibe Morphology

（1983）The XVth International Conference on Sino-Tibetan Languages and Linguistics

（1980）Linguistics

（1984）Three Min Etymologies

（1985）A Note on the Origin of the Chinese Duodenary Cycle

（1986）The Origin of the Proto-Min Softened Stops

（1987）Notes on the Pǔchéng Dialect

（1991）The Min Dialects in Historical Perspective

（1991）Nasals in Old Southern Chinese

（1994）Pharyngealization in Early Chinese

（2000）Review of Manchu: A Textbook for Reading Documents, by Gertraude Roth Li

（2006）Miin Animal Body Parts

（2007）Is Manchu an Altaic Language?

（2007）Coblin' s studies of Guānhuà

（4）删除条如下：

（1972）Taiwanese Tones and Taiwanized Japanese，原作者为 Jeffrey C. H. Tung, 具体可参见 National Taiwan Normal University, Papers in linguistics in Honor of A.A. Hill.

（5）暂未录入条如下：

Learning Chinese in the 1990s , 另有一版本可能发表在 the ADFL Bulletin（1990 冬季号）。

Tradition and Transformation in the Chinese Writing System, Traces of Ideas: Communicating Through Writing and Technology, pp.23-26，Center for Global Education, Asia Society, 无法考证发表时间及确切出处。

（6）存疑 1 条：

（1966）Chao' s Grammar of Spoken Chinese，沈文录作《中国语文》18：3，但据网络目录数据，可查知与《中国语文》第 105 期有关联，仍未见原文。中国社会科学院 1966 年出版的《中国语文》各期均不见此文。

2. 罗杰瑞教授生平著述 107 条目录中，专著类约 12 部（含编著 6 部、译著 2 部、专著 4 部），论文类 86 篇（期刊论文 51 篇、会议论文 4 篇、书评 10 篇、译文 3 篇、论文集论文 16 篇、学位论文 2 篇），析出章节 3 篇、为序 1 篇、未刊稿 5 部。所涉文集 23 部、期刊 31 种、合作学人约 50 人。

（1）所涉文集简目（按发表时代）：

年代	所涉文集题名	编者信息
1970	*Studies in General and Oriental Linguistics: Presented to Shiro Hattori on the Occasion of His Sixtieth Birthday*	by Roman and Shigeo Kawamoto（eds）. Jakobson
1971	清华学报（*Tsing Hua Journal of Chinese Studies*），新九卷第一、二期合刊，语言学专号（庆祝赵元任先生八十岁论文集）	本刊编辑部
1980	*Science in Contemporary China*	edited by Leo A. Orleans, with the Assistance of Caroline Davidson
1980	书目季刊——董同龢先生纪念专号	《书目季刊》编委会
1981	“中央研究院”国际汉学会议论文集（*Proceedings of the International Conference on Sinology: Section on Linguistics and Paleography*）	“中央研究院”编印
1982	中央研究院历史语言研究所集刊，纪念赵元任先生论文集，第五十三本第三分	“中央研究院”编印
1985	*Linguistics of the Sino-Tibetan Area: the State of the Art, papers presented to Paul K. Benedict for his 71st Birthday*	Graham Thurgood, James A. Matisoff, David Bradley eds.
1986	*Contributions to Sino-Tibetan Studies*	edited by John McCoy and Timothy Light
1987	*Wangli Memorial Volumes(English Volume)*	Chinese language society（Hong Kong）
1988	“中央研究院”历史语言研究所集刊，李方桂先生纪念论文集，第五十九本第二分	“中央研究院”编印
1989	*Proceedings of 2nd International Conference on Sinology, Section on Linguistics & Paleography*	“中央研究院”编印
1991	*Studies in the Historical Phonology of Asian Languages*	edited by William G.Boltz and Michael C.Shapiro

续表

年代	所涉文集题名	编者信息
1997	桥本万太郎纪念中国语学论集	余霭芹、远藤光晓编
2000	梅祖麟语言学论文集	梅祖麟著
2000	*Classical Chinese Literature: an anthology of translations. Volume 1: from antiquity to the Tang dynasty*	Minford, John and Lau, Joseph S.M., eds.
2000	*In Memory of Professor Li Fang-Kuei: Essays of Linguistic Change and the Chinese Dialects*（语言变化与汉语方言——李方桂先生纪念论文集）	余霭芹、丁邦新编
2003	*The Sino-Tibetan Languages*	edited by Graham Thurgood 杜冠明 & Randy J. LaPolla 罗仁地
2006	*The Chinese Rime Tables: Linguistic Philosophy and Historical-Comparative Phonology*	Branner, David Prager, ed.
2007	*Proceedings of the First North American Conference on Manchu Studies(Portland, OR, May9-10, 2003), Volume 2, Studies in Manchu Linguistics*	edited by Stephen Wadley and Carsten Naeher in Collaboration with Keith Dede
2007	*The Blackwell Companion to Eastern Christianity*	edited by Ken Parry
2007	*Modern Chinese phonology: from Guanhua to Mandarin*	W. South Coblin
2008	到田野去——语言学田野调查的方法与实践	戴庆厦、罗仁地、汪锋主编
2014	*Studies in Chinese and Sino-Tibetan Linguistics: Dialect, Phonology, edited by Richard VanNess Simmons and Newell Ann Van Auken, Transcription and Text, pp.*1-26	（“中央研究院”语言学研究所）*Institute of Linguistics, Academia Sinica, Taipei, Taiwan*

（2）合作人姓名一览（按合作刊文时代）：

合作人姓名	时代	合作人姓名	时代
Leo CHEN 陈立鸥、孙竹	1965	*Laurent Sagart*	1996
S.E. Yakhontov 雅洪托夫、Tsu-Lin Mei 梅祖麟	1968	宋文程、张维佳	1997
Tsu-Lin Mei 梅祖麟	1970	蔡宝瑞、朱庆之	1998
Mantaro J. Hashimoto 桥本万太郎、Tsu-Lin Mei 梅祖麟	1971	*Gertraude Roth Li*；裘锡圭；Gilbert L. Mattos	2000

续表

合作人姓名	时代	合作人姓名	时代
Hiu Lie	1975	秋谷裕幸、项梦冰	2003
Tsu-Lin Mei 梅祖麟	1976	Tsu-Lin Mei 梅祖麟；启功、Helen Wang, Wang Tao; 启功、侯刚、赵平安、陈鼓应、赵季平、丘成桐等	2004
Paul FuMien Yang 杨福绵	1977	朱麟	2005
S.E.Yakhantov 雅洪托夫、Wen-shun Chi, John S. Service, Chi-ping Chen, Mei Tsia T. Huang; Lau Yee-fui, Ho Wan-yee, Yeung Sai-Cheung, Nancy Ma, Cathy Poon, EleanaShair, Moni Tai	1978	陈秀琪	2006
Giovanni Stary	1979	W. South Coblin 柯蔚南	2007
Robert I.Binnick	1982	项梦冰	2009
张惠英	1985	顾黔、Richard V.Simmons 史皓元、陈婷婷；祖生利、赵长才	2010
张惠英	1987	Richard V.Simmons 史皓元、张艳红	2011
Daniel Kane	1991	沈瑞清	2012
William H. Baxter	1993	*Tsu-lin Mei and W.SouthCoblin* 梅祖麟、柯蔚南	2015
Tsu-Lin Mei 梅祖麟	1994	Richard V.Simmons 史皓元、张艳红、沈瑞清	2018
张惠英、W. South Coblin 柯蔚南	1995		

（3）所涉期刊一览（按音序）：

北京大学学报（哲学社会科学版）	2007 第 2 期
方言	1979（3）；1979（4）；1983（3）；1990（4）；1995（1）
民族语文	2005（4）
清华学报（Tsing Hua Journal of Chinese Studies）	1982 新十四卷第一、二期合刊；1971 新九卷第一、二期合刊
声韵论丛	2000 第九辑
书目季刊	1980 第 14 卷第 2 期
中国语文	1966（105），1986（1），1988（1）

续表

中国语言学集刊（Bulletin of Chinese Linguistics）	2006 第 1 卷第 1 期
“中央研究院”历史语言研究所集刊（Bulletin of the Institute of History and Philology Academia Sinica）	1988 第五十九本第二分
Cahiers de Linguistique- Asie Orientale（东亚语言学报 East Asian Languages and Linguistics）	1984 Vol.13, Issue.2
Central Asiatic Journal	1974 Vol.18, Issue.3；1977 Vol.21
Diachronica	1996 Vol.13, Issue.2
Early China	1978 Vol.4, Issue. 0362-5028
Journal of Asian and African Studies（Ajia, Afurikagengobunkakenkyū）	1976 Vol.12
Journal of Chinese Linguistics Monograph Series	1991 No.3, Language and Dialects of China/ 中國的語言與方言；1999 No.15, Issues in Chinese Dialect Description and Classification, Edited by Richard Vanness Simmons
Journal of Chinese Linguistics	1973 Vol.1, Issue.2；1974 Vol.2, Number.1；1983 Vol.11, No.1；1985 Vol. 13, No. 2
Journal of the American Oriental Society	1975 Vol. 95, No. 2；1979 Vol. 99, No. 2；1994 Vol.114, No.3；1995 Vol.115, No.4；2003 Vol.123, No.3；2009 Vol. 129, Issue.1；2015 Vol.135, No.2
Language and Linguistics（语言暨语言学）Monograph Series 53	2014 专刊系列之五十三
Monumenta Serica	1976 Vol.32；1977-78 Vol.33
Orbis: Bulletin International de Documentation Linguistique	1974 Vol.23, No.2
Orthodox life	1997 Vol.47, Issue.4
Orthodox Tradition	2005 Vol.XXII, Number.1
Phi Thera Papers	1965 Vol.9（Fall）
Profession	1997 Profession
SAKSAHA A Review of Manchu Studies	1998 No.3, Spring；2000 Vol.5
T’oungPao	1991 Second Series, Vol.77, Livr. 1/3

续表

The Journal of Asian Studies	1977 Vol.36, No.2；1978 Vol. 37, No. 4；1982 Vol. 41, No. 2；1993 Vol.52, No.3
The Mongolia Society Bulletin	1965 Vol. 4, Issue.1 （8）
The Yuen Ren Society Treasury of Chinese Dialect data（元任学会汉语方言资料宝库）	1995 Vol I, March；1996 Vol .II, March 总第贰册；2002 Vol.3
Unicorn	1968 Vol.1, Vol 2；1969 Vol.3；1970 Vol.6；1971 Vol.7；1972 Vol.10, Issue.10
WasedaDaigakuGogakuKyoikuKenkyujo Kiyo (Bulletin of the Institute of Language Teaching)	1992 Vol . 44

二、体例说明

1. 体例构架：包括“发表年份”、“成果类型”、“论著题名”、“作者署名”、“署名单位”、“发表刊物及页码（或专著总页数）”、“出版信息”、“所属丛书 / 专题”、“合作者署名（合著 / 合编 / 合译等）”几项内容。

2. 体例说明：

（1）“发表年份”前加“+”：表示新增条目。

（2）加注下画线“________”：表示未见原作仅见存目条。

（3）“发表年份”前加“*”：表示此论著不止一个版本，其他版本的发表 / 出版时间标示其后括号内。

（4）“论著题名”前加“**”：表示原著有中译本。中译本信息参见“合作者署名”栏。中译本发表时间排在原著发表时间之后，以“，”隔开。

（5）“新编”中，“pages”代表专著类的总页数，“pp.”代表起止页码。

（6）“论著题名”的录入语种即代表原作撰写所使用的语种。

（7）“作者署名”、“单位署名”、“发表时间”等项录入，完全遵照原著版权信息。若原著这些信息不完整，“新编”也暂付阙如，以“//”标注。

罗杰瑞教授（Jerry L. Norman,1936–2012）著作目录新编

发表年份	成果类型	论著题名	作者署名	署名单位	发表刊物及页码（或专著总页数）	出版信息	所属丛书 / 专题	合作者署名（合著 / 合编 / 合译等）
+1965	期刊论文（译文）	Language News From Inner Mongolia	Translated by Norman, Jerry	//	The Mongolia Society Bulletin, Vol.4, Issue.1（8）, pp.13-14	Mongolia Society（founded in 1961）, Indiana, U.S.A.	//	孙竹（中文版原作者）
+1965	编著	闽语入门（中文本）	陈立鸥（Principal Investigator）、罗杰瑞（Research Associate）合编	San Francisco State College, San Francisco, California	pages 76.	San Francisco State College, San Francisco, California, produced in cooperation with the U.S. Office of Education.	//	陈立鸥 Leo CHEN
1965	编著	An Introduction to the Foochow Dialect	Leo CHEN; Jerry Norman	San Francisco State College, San Francisco, California	pages 382.	This material was produced in cooperation with the U.S. Office of Education.	//	Leo CHEN
1965	编著（工具书）	Foochow-English Glossary	Chen, Leo; Norman, Jerry	San Francisco State College	pages 589.	San Francisco, California	//	Chen, Leo

续表

发表年份	成果类型	论著题名	作者署名	署名单位	发表刊物及页码（或专著总页数）	出版信息	所属丛书 / 专题	合作者署名（合著 / 合编 / 合译等）
1965	学位论文（M.A.）	A Comparative Study of the Min Dialects	Jerry Lee, Norman	University of California, Berkeley	pages 97.	Thesis submitted in partial satisfaction of the requirements for the Degree of Master of Arts in Oriental Languages in the Graduate Division of the University of California, Berkeley	//	//
1965	期刊论文	A Grammatical Sketch of Manchu	Jerry L. Norman	//	Phi Thera Papers, Vol.9（Fall），pp.1-43	Publication of the Honor Society in Oriental Languages of the University of California, Berkeley	This volume is respectfully dedicated to the memory of Professor T. A. HSIA, 1916-1965.	//
1966	期刊论文（书评）	Chao's Grammar of Spoken Chinese	//	//	《中国语文》第105期，pp.18-21	//	//	//
*1967（1978, 2013）	编著（工具书）	A Manchu-English Dictionary	Jerry Norman	//	pages 447.	The Liberal Arts Press, Taipei	//	//

续表

发表年份	成果类型	论著题名	作者署名	署名单位	发表刊物及页码（或专著总页数）	出版信息	所属丛书/专题	合作者署名（合著/合编/合译等）
1968	期刊论文（译文）	Chinese Phonology of the First Millennium B.C.by S.E. Yakhontov	Translated by Jerry Norman	//	Unicorn, Vol.1, pp.1-20	Princeton University, Chinese Linguistics Project and Seminar, Green Hall Annex, NJ	//	S. E. Yakhontov
*1968（+1970）	期刊论文	The Numeral “six” in Old Chinese	Mei Tsu-lin; Jerry Norman	Harvard University; Princeton University	Unicorn, Num.2, pp.22-32	Princeton University, Chinese Linguistics Project and Seminar, Green Hall Annex, NJ	//	Mei Tsu-lin
1968	会议论文	The Initial Stops and Tones in Two Proto-Min Dialects	//	//	//	第一届国际汉藏语会议论文	//	//
1969	期刊论文	Swadesh List in Manchu and Sibe	Jerry Norman	Princeton University, U.S.A	Unicorn, Vol.3, pp.89-98	Princeton University, Chinese Linguistics Project and Seminar, NJ	//	//

续表

发表年份	成果类型	论著题名	作者署名	署名单位	发表刊物及页码（或专著总页数）	出版信息	所属丛书 / 专题	合作者署名（合著 / 合编 / 合译等）
1969	学位论文（Ph. D）	The Kienyang Dialect of Fukien	Jerry Lee, Norman	University of California, Berkeley, 1969	pages 349.	University of California, Berkeley, Ph.D., Language and Literature, Linguistics.	//	//
1969	会议论文	Some Observations on the Rimes yu 鱼 and yu 虞	//	//	//	第二届国际汉藏语会议论文	//	//
+*1970（1968）	论文集论文（纪念文集）	The Numeral “six” in Old Chinese	Tsu-Lin Mei and Jerry Norman	Harvard University; Princeton University, U.S.A	Studies in General and Oriental Linguistics, pp. 451-457	TEC Company, Tokyo	Presented to Shiro Hattori on the Occasion of His Sixtieth Birthday.	Tsu-Lin Mei
1970	期刊论文	A Characterizations of the Min Dialects	Jerry Norman	//	Unicorn, Vol.6, pp.19-34	Princeton University, Chinese Linguistics Project and Seminar, NJ	//	//

续表

发表年份	成果类型	论著题名	作者署名	署名单位	发表刊物及页码（或专著总页数）	出版信息	所属丛书 / 专题	合作者署名（合著 / 合编 / 合译等）
1971	专著	A Guide To the Chien-Yang Dialect	Jerry L. Norman	//	pages 390.	Supported by the U.S. Office of Education Contract and the Chinese Linguistics Project of Princeton University, NJ	//	//
1971	专著	A Guide to the Foochow Dialect	//	//	//	Princeton University, NJ, Chinese Linguistics Project	//	//
1971	专著	A Guide To the Wen-Ch’ang & Ting-an Dialects	Mantaro J. Hashimoto and Jerry L. Norman	//	pages 345.	This study is supported by the U.S. Office of Education Contract No. OEC-0-9-097734-4516（014）and the Chinese Linguistic Project of Princeton University, NJ	//	Mantaro J. Hashimoto

续表

发表年份	成果类型	论著题名	作者署名	署名单位	发表刊物及页码（或专著总页数）	出版信息	所属丛书 / 专题	合作者署名（合著 / 合编 / 合译等）
1971	期刊论文（专题）	试论几个闽北方言中的来母 s- 声字（C1->S- in Some Northern Min Dialects）	梅祖麟、罗杰瑞	//	《清华学报》Tsing Hua Journal of Chinese Studies, 新九卷第一、二期合刊，pp.96-105	清华学报社出版，台北	语言学专号（庆祝赵元任先生八十岁论文集）Studies in Linguistics, Presented to Dr. Yuen Ren Chao on His Eightieth Birthday	梅祖麟
*1971（1973），1985	期刊论文	**Tonal Development in Min	Jerry Norman	//	Unicorn, Vol.7, pp.1-32	Princeton University, Chinese Linguistics Project and Seminar, NJ	//	中译文：张惠英，闽语声调的演变（《中南民族学院学报》第 4 期，pp.107-116, 16，武汉）
*1972（1977-78）	期刊论文	A Preliminary Report on the Dialects of Mintung	Jerry Norman	University of Washington	Unicorn, Vol.10, Issue.10, pp.20-35	Princeton University, Chinese Linguistics Project and Seminar, NJ	//	//

续表

发表年份	成果类型	论著题名	作者署名	署名单位	发表刊物及页码（或专著总页数）	出版信息	所属丛书 / 专题	合作者署名（合著 / 合编 / 合译等）
*1973（1971），1985	期刊论文	**Tonal Development in Min	Jerry Norman	The University of Washington, Seattle	Journal of Chinese Linguistics, Vol.1, Issue.2, pp.222-238	Centre for East Asian Studies, The Chinese University of HongKong, The Chinese University Press on behalf of Project on Linguistic Analysis, Berkeley, California	//	中译文：张惠英，闽语声调的演变（《中南民族学院学报》第 4 期，pp.107-116, 16，武汉）
1974	期刊论文	The Shaowu Dialect	Jerry Norman	University of Washington, Seattle	Orbis: Bulletin International de Documentation Linguistique, Vol.23, No.2, pp.328-334	Centre International De Dialectologie Générale De L’ Université Catholique Néerlandaise De Louvain	//	//

续表

发表年份	成果类型	论著题名	作者署名	署名单位	发表刊物及页码（或专著总页数）	出版信息	所属丛书 / 专题	合作者署名（合著 / 合编 / 合译等）
1974	期刊论文	The Initials of Proto-Min	Jerry Norman	University of Washington, Seattle	Journal of Chinese Linguistics, Vol.2, Number.1, pp.27-36	Centre for East Asian Studies, The Chinese University of HongKong, The Chinese University Press on behalf of Project on Linguistic Analysis, Berkeley, California	//	//
1974	期刊论文	A Sketch of Sibe Morphology	Jerry Norman	Seattle	Central Asiatic Journal, Vol.18, Issue.3, pp.159-174	Harrassowitz Verlag, Wiesbaden Germany	//	//
+1975	期刊论文（书评）	Reviewed: Die Mandschu-Sprachkunde in Korea by Hiu Lie	Jerry Norman	University of Washington	Journal of the American Oriental Society, Vol.95, No.2, pp.358	Published by: American Oriental Society（founded in 1842）, University of Michigan, Ann Arbor	//	Hiu Lie

续表

发表年份	成果类型	论著题名	作者署名	署名单位	发表刊物及页码（或专著总页数）	出版信息	所属丛书 / 专题	合作者署名（合著 / 合编 / 合译等）
1976	期刊论文	Phonology of Kienow Dialect	Norman, Jerry L.	University of Washington	Journal of Asian and African Studies（Ajia, Afurika gengo bunka kenkyū），Vol.12, pp.171-190	東京外国語大学アジア・アフリカ言語文化研究所，Tōkyō : Tōkyō Gaikokugo Daigaku Ajia Afurika Gengo Bunka Kenkyūjo, 1968-	//	//
*1976（2000）	期刊论文	The Austroasiatics in Ancient South China: Some Lexical Evidence	Jerry Norman and Tsu-Lin Mei	University of Washington; Cornell University	Monumenta Serica, Vol.32, pp.274-301	Published by: Taylor & Francis, Ltd. Abingdon, United Kingdom	//	Tsu-Lin Mei
+1977	期刊论文	The Evolution of Proto-Tungusic t to Manchu s	Jerry Norman	University of Washington, Seattle	Central Asiatic Journal Vol.21, pp. 229-233	Harrassowitz Verlag, Wiesbaden Germany	//	//

续表

发表年份	成果类型	论著题名	作者署名	署名单位	发表刊物及页码（或专著总页数）	出版信息	所属丛书 / 专题	合作者署名（合著 / 合编 / 合译等）
+1977	期刊论文（书评）	Review Works: Chinese Linguistics: A Selected and Classified Bibliography. by Paul FuMien Yang	Jerry Norman	University of Washington	The Journal of Asian Studies, Vol.36, No.2, pp.349-350	Published by: Association for Asian Studies（founded in 1941）, Ann Arbor	//	Paul Fumien Yang
*1977-78（1972）	期刊论文	A Preliminary Report on the Dialects of Mintung	Jerry Norman	University of Washington	Monumenta Serica, Vol.33, pp.326-348	Published by: Taylor & Francis, Ltd. Abingdon, United Kingdom	//	//
*1978（1967, 2013）	编著（工具书）	A Concise Manchu-English Lexicon	Jerry Norman	//	pages 323.	University of Washington Press, Seattle and London	Publications on Asia of the School of International Studies Number 32, this book is sponsored by the China and Inner Asia Program of the School of international Studies（formerly the Institute for Comparative and Foreign Area Studies）of the University of Washington, Seatte	//

续表

发表年份	成果类型	论著题名	作者署名	署名单位	发表刊物及页码（或专著总页数）	出版信息	所属丛书/专题	合作者署名（合著/合编/合译等）
1978	期刊论文（译文）	Old Chinese Phonology by S.E.Yakhantov	Translated by Jerry Norman	University of Washington, Seattle	Early China, Vol.4, Issue. 0362-5028, pp.37-40	Published by: Society for the Study of Early China（founded in 1975）, Cambridge University Press	//	S. E. Yakhantov
+1978	期刊论文（书评）	Reviewed Works: Chinese-English Dictionary of Contemporary Usage. by Wen-shun Chi, John S. Service, Chi-ping Chen, Mei Tsia T. Huang; Glossary of Chinese Political Phrases. by Lau Yee-fui, Ho Wan-yee, Yeung Sai-Cheung, Nancy Ma, Cathy Poon, Eleana Shair, Moni Tai	Jerry Norman	University of Washington	The Journal of Asian Studies, Vol.37, No.4, pp.751-753	Published by: Association for Asian Studies（founded in 1941）, Ann Arbor	//	Wen-shun Chi, John S. Service, Chi-ping Chen, Mei Tsia T. Huang; Lau Yee-fui, Ho Wan-yee, Yeung Sai-Cheung, Nancy Ma, Cathy Poon, Eleana Shair, Moni Tai

续表

发表年份	成果类型	论著题名	作者署名	署名单位	发表刊物及页码（或专著总页数）	出版信息	所属丛书 / 专题	合作者署名（合著 / 合编 / 合译等）
+1979	期刊论文（书评）	Chinas erste Gesandte in Russland by Giovanni Stary	Jerry Norman	University of Washington	Journal of the American Oriental Society, Vol.99, No.2, pp. 395-396	Published by: American Oriental Society（founded in 1842）, University of Michigan, Ann Arbor	//	Giovanni Stary
1979	期刊论文	The Verb 治 —— A Note on Min Etymology （闽语里的“治”字）	Jerry Norman	University of Washington	《方言》第 3 期，pp.179-181	中国社会科学院语言研究所，北京	//	//
1979,（1994, 1997）	期刊论文	**Chronological Strata in the Min Dialects 闽语词汇的时代层次	Jerry Norman	University of Washington	《方言》第 4 期，pp.268-274	中国社会科学院语言研究所，北京	//	中译文：1. 梅祖麟，闽语词汇的时代层次（《大陆杂志》第八十八卷第二期，pp.45-48，台北）；2. 宋文程、张维佳，闽语词汇的时代层次（《陕西教育学院学报》第 2 期，pp.57-59，西安）
1980	析出章节	Linguistics	Jerry Norman	//	Science in Contemporary China, edited by Leo A. Orleans, with the Assistance of Caroline Davidson, pp.490-496	Stanford University Press, Stanford, California	//	//

续表

发表年份	成果类型	论著题名	作者署名	署名单位	发表刊物及页码（或专著总页数）	出版信息	所属丛书/专题	合作者署名（合著/合编/合译等）
1980	期刊论文（专题）	永安方言	罗杰瑞	University of Washington	《书目季刊》第十四卷第二期，pp.113-165	《书目季刊》编辑委员会，台北	董同龢先生纪念专号	//
1981	论文集论文（会议文集）	The Proto-Min Finals	Jerry Norman	University of Washington, U.S.A	Proceedings of the International Conference on Sinology: section on linguistics and paleography. pp.35-73	Chung Yang Yen Chiu Yuan, “中央研究院”编印，台北	“中央研究院”国际汉学会议论文集	//
+1982	期刊论文（书评）	Reviewed Work: Modern Mongolia: A Transformation Syntax. by Robert I. Binnick	Jerry Norman	University of Washington	The Journal of Asian Studies Vol.41, No.2, pp. 310-311	Published by: Association for Asian Studies（founded in 1941）, Ann Arbor	//	Robert I. Binnick
1982, 1987	期刊论文（专题）	**The Classification of the Shaowu Dialect	Jerry Norman	The University of Washington	“中央研究院”历史语言研究所集刊，第五十三本，第三分（Bulletin of the Institute of History and Philology Academia Sinica, Vol.53, Part.3），pp.543-583	“中央研究院”历史语言研究所，台北	纪念赵元任先生论文集（in memory of the late DR. Yuen Ren Chao）	中译文：张惠英，邵武方言的归属（《方言》第2期，pp.97-112，北京）

续表

发表年份	成果类型	论著题名	作者署名	署名单位	发表刊物及页码（或专著总页数）	出版信息	所属丛书 / 专题	合作者署名（合著 / 合编 / 合译等）
1982, 2010	期刊论文（专题）	**Four Notes on Chinese-Altaic Linguistic Contacts（汉语和阿尔泰语互相影响的四项例证）	Jerry Norman	//	《清华学报》新十四卷第一、二期合刊，pp.243-247	清华学报社出版，台北	庆祝李方桂先生八十岁论文集（Studies in Linguistics, Presented to Dr. Fang-kuei Li on His Eightieth Birthday）	中译文：祖生利 译、赵长才 校，汉语和阿尔泰语互相影响的四项例证（《汉语史中的语言接触问题研究》，语文出版社，pp.61-65，北京）
1983	期刊论文	Some Ancient Chinese Dialect Words in the Min Dialects（闽语里的古方言字）	Jerry Norman	University of Washington	《方言》第 3 期，pp.202-211	中国社会科学院语言研究所，北京	Presented at the XVth International Conference on Sino-Tibetan Languages and Linguistics, Beijing, August 17-19,1982	//
1983	期刊论文	The XVth International Conference on Sino-Tibetan Languages and Linguistics	Jerry Norman	University of Washington	Journal of Chinese Linguistics, Vol.11, No.1, pp.170-185	Centre for East Asian Studies, The Chinese University of HongKong, The Chinese University Press on behalf of Project on Linguistic Analysis, Berkeley, California	//	//

续表

发表年份	成果类型	论著题名	作者署名	署名单位	发表刊物及页码（或专著总页数）	出版信息	所属丛书 / 专题	合作者署名（合著 / 合编 / 合译等）
1984	期刊论文	Three Min Etymologies	Jerry Norman	The University of Washington	Cahiers de Linguistique- Asie Orientale, Vol.13, No.2, pp.175-189	Brill Publishers, Paris	//	//
1985	期刊论文	Two Early Sources on the Shaowu Dialect	Jerry Norman	The University of Washington	Journal of Chinese Linguistics, Vol. 13, No.2, pp.331-345	Chinese University Press, HongKong	//	//
1985	论文集论文（纪念文集）	A Note on the Origin of the Chinese Duodenary Cycle	Norman, Jerry	//	Linguistics of The Sino-Tibetan Area: the State of The Art, papers presented to Paul K. Benedict for his 71st Birthday, Graham Thurgood, James A. Matisoff, David Bradley eds. pp.85-89	Department of Linguistics Research School of Pacific Studies, The Australian National University	Pacific Linguistics Series C-No.87 Special Number	//
1986	论文集论文	The Origin of the Proto-Min Softened Stops	Jerry Norman	University of Washington	Contributions to Sino-Tibetan Studies, Edited by John McCoy and Timothy Light, pp.375-384	Leiden, E.J.Brill	Cornell Linguistic Contributions, Vol. V	//

续表

发表年份	成果类型	论著题名	作者署名	署名单位	发表刊物及页码（或专著总页数）	出版信息	所属丛书/专题	合作者署名（合著/合编/合译等）
1986	期刊论文	闽北方言的第三套清塞音和清塞擦音	罗杰瑞	//	《中国语文》第1期，pp.38-41	中国社会科学杂志社，北京	//	//
1987	论文集论文（纪念文集）	Notes on the Pŭchéng Dialect	Jerry Norman	University of Washington, Seattle	Wangli Memorial Volumes（English Volume），pp.321-329	三联书店香港分店（Joint Publishing Co., HongKong）	//	//
1987	期刊论文	李方桂先生追思会发言	//	//	//	Bulletin of Chinese linguistics 2.1, pp.267-269	//	//
1988, 1995	专著	**Chinese	Jerry Norman	Department of Asian Languages and Literature University of Washington	pages 292	Published by the Press Syndicate of the University of Cambridge, NY	Cambridge Language Surveys	中译本：张惠英，汉语概说（语文出版社，北京）
1988	期刊论文（专题）	The She Dialect of Luoyuan County	Jerry Norman	//	“中央研究院”历史语言研究所集刊（Bulletin of the institute of history and philology academia sinica），第五十九本，第二分，pp.353-367	“中央研究院”历史语言研究所，台北	李方桂先生纪念论文集（in memory of Dr.Fang Kuei Li）	//

续表

发表年份	成果类型	论著题名	作者署名	署名单位	发表刊物及页码（或专著总页数）	出版信息	所属丛书 / 专题	合作者署名（合著 / 合编 / 合译等）
1988	期刊论文	福建政和话的支脂之三韵	罗杰瑞	//	《中国语文》第1期，pp.40-43	中国社会科学杂志社，北京	//	//
1989, 2003	论文集论文（会议文集）	**What is a Kejia Dialect	Jerry Norman	University of Washington	Proceedings of 2nd International Conference on Sinology, Section on Linguistics & Paleography, Vol.1, pp.323-344	“中央研究院”，台北	International Conference on Sinology 2nd, 1986	中译文：项梦冰，何谓客家话？（《语言学论丛》第28辑，商务印书馆，pp.340-365, 北京）
1990	期刊论文	江山方言中类似闽语的成分	罗杰瑞	//	《方言》第4期，pp.245-248	中国社会科学院语言研究所，北京	//	//
1991	期刊论文（专题）	The Min Dialects in Historical Perspective	Jerry Norman	University of Washington, Seattle	Journal of Chinese Linguistics Monograph Series No.3, pp. 323-358	Centre for East Asian Studies, The Chinese University of HongKong, The Chinese University Press on behalf of Project on Linguistic Analysis, Berkeley, California	Language and Dialects of China / 中国的语言与方言	//

续表

发表年份	成果类型	论著题名	作者署名	署名单位	发表刊物及页码（或专著总页数）	出版信息	所属丛书/专题	合作者署名（合著/合编/合译等）
1991	论文集论文	Nasals in Old Southern Chinese	Jerry Norman	University of Washington	Studies in the Historical Phonology of Asian Languages, Edited by William G.Boltz and Michael C.Shapiro, pp.205-214	John Benjamins Publishing Company, Amsterdam/ Philadelphia	Current Issues in Linguistic Theory, Vol.77	//
1991	期刊论文（书评）	Review: The Sino-Jurchen Vocabulary of the Bureau Interpreters, by Daniel Kane	Jerry Norman	University of Washington, Seattle	T’oung Pao, Second Series, Vol.77, Livr. 1/3, pp.152-155	Brill Publishers, Paris	//	Daniel Kane
1992, 2005	期刊论文	**Two Notes on Manchu Etymology	Jerry Norman	University of Washington, Seattle	Waseda Daigaku Gogaku Kyōiku Kenkyūjo Kiyō（Bulletin of the Institute of Language Teaching）Vol.44, pp.84-92	Waseda University, Tokyo	//	中译文：朱麟，满语词源二例研究（《满语研究》第 2 期，pp.17-20, 哈尔滨）
1993	期刊论文（书评）	Review: A Handbook of Old Chinese Phonology, by William H. Baxter	Jerry Norman	University of Washington	The Journal of Asian Studies, Vol.52, No.3, pp.704-705	Published by: Association for Asian Studies（founded in 1941），Ann Arbor	//	William H. Baxter

续表

发表年份	成果类型	论著题名	作者署名	署名单位	发表刊物及页码（或专著总页数）	出版信息	所属丛书/专题	合作者署名（合著/合编/合译等）
1994，2010	期刊论文	**Pharyngealization in Early Chinese	Norman, Jerry	//	Journal of the American Oriental Society, Vol.114, No.3, pp.397-408	Published by: American Oriental Society（founded in 1842），University of Michigan, Ann Arbor	//	中译文：顾黔、史皓元、陈婷婷，早期汉语的咽化与腭化来源（《境外汉语音韵学论文选》，潘悟云编，上海教育出版社，pp.211-231，上海）
1995	期刊论文	建阳方言否定词探源	罗杰瑞	//	《方言》第1期，pp.31-32	中国社会科学院语言研究所，北京	//	//
1995，+2012	期刊论文	**A Glossary of the Herpyng Dialect	Jerry Norman	University of Washington	The Yuen Ren Society Treasury of Chinese Dialect data（元任学会汉语方言资料宝库） Vol I, March, pp.107-126	Yuen Ren Society for the Promotion of Chinese Dialect Fieldwork, Seattle, WA	//	中译文：沈瑞清，闽北邵武和平方言同音字汇（《东方语言学》第1期，pp.1-13，上海）

续表

发表年份	成果类型	论著题名	作者署名	署名单位	发表刊物及页码（或专著总页数）	出版信息	所属丛书/专题	合作者署名（合著/合编/合译等）
1995, 1998, 1998	期刊论文	**A New Approach to Chinese Historical Linguistics	Jerry L. Norman, W.South Coblin	University of Washington; University of Iowa	Journal of the American Oriental Society, Vol.115, No.4, pp.576-584	Published by: American Oriental Society（founded in 1842），University of Michigan, Ann Arbor	//	W. South Coblin; 中译文：1. 蔡宝瑞，汉语历史语言学的新方法（《济宁师专学报》第 2 期，pp.42-48, 济宁）；2. 朱庆之译、张永言校，汉语历史语言学研究的新方法（《汉语史研究集刊》第一辑下，pp.674-691, 四川）
1996	期刊论文	Tonal Development in the Jennchyan Dialect	Jerry Norman	University of Washington, Seattle	The Yuen Ren Society Treasury of Chinese Dialect Data（元任学会汉语方言资料宝库）Vol .II, March 总第二册，pp.7-41	元任学会 the Yuen Ren Society	//	//
1996	期刊论文（书评）	Review: Les Dialectes GAN, Études sur la phonologie et le lexique d’un groupe de dialectes chinois. by Laurent Sagart.1993	Jerry Norman	University of Washington, Seattle	Diachronica, Vol .13, Issue. 2, pp.385-388	International Journal for Historical Linguistics, John Benjamins Publishing Company	//	Laurent Sagart

续表

发表年份	成果类型	论著题名	作者署名	署名单位	发表刊物及页码（或专著总页数）	出版信息	所属丛书 / 专题	合作者署名（合著 / 合编 / 合译等）
+1997	期刊论文	Learning Chinese in the 1990s	Jerry Norman	University of Washington	Profession, pp.142-151	Published by: Modern Language Association（founded in 1883）,NY	//	//
+1997	期刊论文	Pilgrimage to China	Norman, Jeremias	Reader	Orthodox life Vol.47, Issue.4, pp.34-37	//	//	//
1997, 2004	论文集论文（纪念文集）	**Some Thoughts on the Early Development of Mandarin	Jerry Norman	University of Washington	《桥本万太郎纪念中国语学论集》（余靄芹、远藤光晓编），pp.21-28	内山书店，东京	//	中译文：梅祖麟，关于官话方言早期发展的一些想法（《方言》第4期，pp.295-300, 北京）
+1998	期刊论文	Manchu weihe and farhūn	Jerry Norman	University of Washington, Seattle	SAKSAHA A Review of Manchu Studies, No.3, Spring, pp.1-4	Department of Foreign Languages and Literatures, Portland State University	//	//
1999	会议论文	Voiced initials in the upper register of Minbei dialects	//	//	//	seminar presented at the linguistics institute , academia sinica, 25th Jan	//	//

续表

发表年份	成果类型	论著题名	作者署名	署名单位	发表刊物及页码（或专著总页数）	出版信息	所属丛书 / 专题	合作者署名（合著 / 合编 / 合译等）
*1999（2000）	期刊论文（专题）	Vocalism in Chinese dialect classification	Jerry Norman	University of Washington	Journal of Chinese Linguistics, Monograph Series number 15, Issues in Chinese Dialect Description and Classification, Edited by Richard Vanness Simmons, pp.193-203	Chinese University Press, HongKong, printed in the United States of America	Issues in Chinese Dialect Description and Classification	//
*2000（1976）	论文集论文（个人文集）	The Austroasiatics in Ancient South China: Some Lexical Evidence	Jerry Norman and Tsu-Lin Mei	University of Washington; Cornell University	《梅祖麟语言学论文集》，pp.459-497	商务印书馆，北京	//	Tsu-Lin Mei
*2000（1999）	期刊论文	Vocalism in Chinese dialect classification	Jerry Norman	University of Washington	《声韵论丛》第九辑，pp.809-822	声韵学学会主编，台湾学生书局	//	//
+2000	期刊论文	A Sibe Glossary/ A Sibe-English Vocabulary	Jerry Norman	//	Saksaha A Review of Manchu Studies, Vol.5, pp.17-40	Department of Foreign Languages and Literatures, Portland State University	//	//

续表

发表年份	成果类型	论著题名	作者署名	署名单位	发表刊物及页码（或专著总页数）	出版信息	所属丛书/专题	合作者署名（合著/合编/合译等）
2000, 2009	论文集论文（纪念文集）	**Voiced Initials in Shyrbei	Jerry Norman	University of Washington	In Memory of Professor Li Fang-Kuei: Essays of Linguistic Change and the Chinese Dialects（语言变化与汉语方言 - 李方桂先生纪念论文集），pp.271-280	“中央研究院”语言学研究所筹备处 University of Washington（Seattle, USA），台北	李方桂先生纪念论文集	中译文：项梦冰，石陂话的浊声母（《方言论丛》，中国戏剧出版社，pp.1-12，北京）
2000	译著	Chinese Writing（文字学概要），by 裘锡圭	Translated by Gilbert L. Mattos and Jerry Norman	//	pages 547.	The Society for the Study of Early China and The Institute of East Asian Studies, University of California, Berkeley	Set in Adobe Garamond by Birdtrack Press, New Haven, CT	Gilbert L. Mattos，裘锡圭
2000	期刊论文（书评）	Review of Manchu: A Textbook for Reading Documents, by Gertraude Roth Li	Jerry Norman	University of Washington, Seattle	Saksaha: A Review of Manchu Studies, Vol.5, pp.41-42	Department of Foreign Languages and Literatures, Portland State University	//	Gertraude Roth Li

续表

发表年份	成果类型	论著题名	作者署名	署名单位	发表刊物及页码（或专著总页数）	出版信息	所属丛书 / 专题	合作者署名（合著 / 合编 / 合译等）
+2000	析出章节	The Beginnings of Chinese Writing	Jerry Norman	//	Minford, John; Lau, Joseph S.M., eds. Classical Chinese Literature: an anthology of translations. Volume 1: from antiquity to the Tang dynasty. pp.6-9	New York: Columbia University Press; Hong Kong: Chinese University Press, 2000. xliii, 1176p. 6-9	for David Hawkes with admiration and affection	//
2002	期刊论文	A Glossary of the Lianduentsuen Dialect	Jerry Norman	//	The Yuen Ren Society Treasury of Chinese Dialect Data Vol.3, Branner, David Prager, ed. Short Chinese Dialect Reports 1, pp.339-394	Yuen Ren Society for the Promotion of Chinese Dialect Fieldwork, Seattle, WA	//	//
2003	期刊论文	The Manchus and Their Language（Presidential Address）	Jerry Norman	University of Washington	Journal of the American Oriental Society, Vol.123, No.3 pp.483-491	American Oriental Society（founded in 1842）, University of Michigan, Ann Arbor	//	//

续表

发表年份	成果类型	论著题名	作者署名	署名单位	发表刊物及页码（或专著总页数）	出版信息	所属丛书 / 专题	合作者署名（合著 / 合编 / 合译等）
2003, 2006	论文集论文	**The Chinese Dialects: Phonology	Jerry Norman	University of Washington	The Sino-Tibetan Languages, Edited by Graham Thurgood 杜冠明 & Randy J. LaPolla 罗仁地, pp.72-83	Routledge Taylor & Francis Group, LONDON AND NEW YORK	Routledge Language Family Series	中译文：陈秀琪，从音韵看汉语方言（《方言》第 1 期，pp.6-15，北京），另见于中央大学客家学院官网，2003.10.29《汉语方言学 · 音韵篇》
2003	序 preface	吴语处衢方言（西北片）古音构拟（秋谷裕幸 著）序	Jerry Norman	Seattle	吴语处衢方言（西北片）,pp. 序	好文出版，东京	//	秋谷裕幸
2004	译著	Chinese Characters then and now（汉字古今谈）	启功、侯刚、赵平安、陈鼓应、赵季平、丘成桐等著; translated by Jerry Norman, Helen Wang, Wang Tao	University of Washington	pages 136.	Edition Voldemeer Zurich, Springer Wien New York	银杏书系第一辑 Ginkgo Series Volume 1	Helen Wang, Wang Tao; 启功、侯刚、赵平安、陈鼓应、赵季平、丘成桐等
2005	期刊论文	闽方言中的来母字和早期汉语	罗杰瑞	美国州立华盛顿大学	《民族语文》第 4 期，pp.1-5	中国社会科学院民族学与人类学研究所，北京	//	//

续表

发表年份	成果类型	论著题名	作者署名	署名单位	发表刊物及页码（或专著总页数）	出版信息	所属丛书 / 专题	合作者署名（合著 / 合编 / 合译等）
+2005	期刊论文	Orthodox Tradition: The Daode Jing from an Orthodox perspective	Norman, Jeremias	Professor Emeritus, Department of Asian Languages and Literature University of Washington, Seattle	Orthodox Tradition Vol. XXII, Number.1, pp.17-23	Center for Traditionalist Orthodox Studies	//	//
2006, 2011	论文集论文	**Common Dialectal Chinese	Jerry Norman	University of Washington	The Chinese Rime Tables, Linguistic Philosophy and Historical-Comparative Phonology, Edited by David Prager Branner（University of Maryland）, pp.233-254	John Benjamins Publishing Company, Amsterdam	Amsterdam Studies in The Theory and History of Linguistc Science, General Editor E.F.K.Koerner, Volume 271	中译本：史皓元、张艳红，汉语方言通音（《方言》第 2 期，pp.97-116, 北京）
2006	期刊论文	Miin Animal Body Parts	Jerry Norman	University of Washington	Bulletin of Chinese Linguistics 1.1, pp.133-143	中国语言学集刊，中华书局，北京	//	//

续表

发表年份	成果类型	论著题名	作者署名	署名单位	发表刊物及页码（或专著总页数）	出版信息	所属丛书/专题	合作者署名（合著/合编/合译等）
+2006	论文集论文	Modern Chinese and The Rime Tables	Jerry Norman	University of Washington, Seattle	Branner, David Prager, ed. The Chinese Rime Tables: Linguistic Philosophy and Historical-Comparative Phonology. pp.183-188	Amsterdam; Philadelphia, Pa.: John Benjamins, 2006. viii, 358p. （Amsterdam studies in the theory and history of linguistic science. Series IV. John Benjamins Publishing Company	Current issues in linguistic theory, v 271	//
2006	会议论文	Proto-Min Numerals	//	//	//	ICSTLL-39, Seattle, Sept. 14-17	//	//
2007	论文集论文（会议文集）	Is Manchu an Altaic Language?	Jerry Norman	University of Washington	Proceedings of the First North American Conference on Manchu Studies （Portland, OR, May9-10, 2003）, Volume 2, Studies in Manchu Linguistics, pp.9-20	Edited by Stephen Wadley and Carsten Naeher in Collaboration with Keith Dede, Harrassowitz Verlag • Wiesbaden	//	//

续表

发表年份	成果类型	论著题名	作者署名	署名单位	发表刊物及页码（或专著总页数）	出版信息	所属丛书 / 专题	合作者署名（合著 / 合编 / 合译等）
2007	析出章节	Coblin’s studies of Guānhuà	Jerry Norman	//	Modern Chinese phonology: from Guānhuà to Mandarin, pp.73-78	École Des Hautes Études en Sciences Sociales, Centre de Recherches Linguistiques sur l’ Asie Orientale, Paris, 2007	Collection des Cahiers de Linguistique Asie Orientale 11	Coblin
+2007	论文集论文	Eastern Christianity in China	Norman, Jeremias	//	The Blackwell Companion to Eastern Christianity, edited by Ken Parry, pp.280-290	Blackwell Publishing	Blackwell Companions to Religion	//
*2007（+2008）	期刊论文	汉语方言田野调查与音韵学	罗杰瑞	美国华盛顿大学	《北京大学学报》（哲学社会科学版）第2期，Vol.44, pp.91-94	北京大学学报，北京	//	//
+*2008（2007）	论文集论文	汉语方言田野调查与音韵学	罗杰瑞	华盛顿大学	《到田野去——语言学田野调查的方法与实践》，戴庆厦、罗仁地、汪锋主编，pp.118-125	民族出版社，北京	中国少数民族语言文化教育与边疆史地研究创新基地文库 中国少数民族语言研究丛书	//

续表

发表年份	成果类型	论著题名	作者署名	署名单位	发表刊物及页码（或专著总页数）	出版信息	所属丛书 / 专题	合作者署名（合著 / 合编 / 合译等）
2009	期刊论文	A New Look at Altaic	Jerry Norman	University of Washington	Journal of the American Oriental Society. Jan-March, Vol. 129, Issue.1, pp.83-89	Published by: American Oriental Society（founded in 1842）, University of Michigan, Ann Arbor	//	//
*2013（1967, 1978）	编著（工具书）	A Comprehensive Manchu-English Dictionary	Jerry Norman	University of Washington	With the assistance of Keith Dede and David Prager Branner , pages 418	Published by: Harvard University Asia Center and distributed by Harvard University Press Cambridge（Massachusetts）and London	Harvard-Yenching Institute Monograph Series 85	//
+2014, +2015（此为成文时间）	期刊论文（专题）	**A Model for Chinese Dialect Evolution	Jerry Norman	University of Washington	Studies in Chinese and Sino-Tibetan Linguistics: Dialect, Phonology, edited by Richard VanNess Simmons and Newell Ann Van Auken, Transcription and Text, pp.1-26	Institute of Linguistics, Academia Sinica, Taipei, Taiwan,“中央研究院”语言学研究所	Language and Linguistics Monograph Series 53,《语言暨语言学》专刊系列之五十三	中译本：史皓元、张艳红、沈瑞清 译，《汉语方言演变的模式》（2018）

续表

发表年份	成果类型	论著题名	作者署名	署名单位	发表刊物及页码（或专著总页数）	出版信息	所属丛书 / 专题	合作者署名（合著 / 合编 / 合译等）
+2015	期刊论文	Inner Asian Words for Paper and Silk	Jerry Norman	University of Washington	Journal of the American Oriental Society Vol.135, No.2, pp.309-317	Published by: American Oriental Society（founded in 1842）, University of Michigan, Ann Arbor	//	as edited by Tsu-lin Mei and W.South Coblin
+	未刊稿	Dialect Survey List						
//	未刊稿	汉语方言调查手册						
//	未刊稿	（将乐）高塘方言						
±	未刊稿	崇安方言						
+	未刊稿	随笔：notes on the history of chinese						

《中州全韵》入声韵讨论*

广西大学文学院　李　超

《中州全韵》为明代范善溱所著。《中州全韵》在南曲韵书史上起着承上启下的作用，对后来的韵书影响深远，后来的明清南曲韵书都能找到《中州全韵》的影子，并且有些韵书直接以其作为基础，如《新订中州全韵》和《中州全韵》的重合率非常高。本文重点讨论其中的入声韵的分派和并收情况。

从入声派入三声的情况看，基本上遵循的规律是全浊入归阳平，次浊入归去声，清入归上声。仍有例外，比如：①

机微　入作去　劇（群陌开三入）// 強義

居鱼　入作平　熨（影物合三入）// 叶於　杌（疑没合一入）// 吴姑

居鱼　入作去　蔔（並德开一入）// 叶哺　率（生術合三入）// 叶絮

皆来　入作平　舴（庄陌开二入）// 之篩　塞（心德开一入）// 叶腮

萧豪　入作平　籰（云药合三入）// 叶遙　鸌（影铎合一入）// 於包

萧豪　入作去　惡（影铎开一入）// 叶奥

歌罗　入作上　浞（崇觉开二入）// 抽果

家麻　入作去　刷（生辖合二入）// 霜鮓　鴨（影狎开二入）// 衣架

“劇、蔔”为全浊声母，按规律入平声，现归入去声，“杌、籰”为次浊声母当派入去声，现归入平声；“率、惡、刷、鴨”为清声母，当归入上声，现派入去声，“塞、熨、舴、鸌”为清声母，按规律当归入上声，现派入平声，“浞”为崇母，当派入平声，现派入上声。不过这些字多数都是两韵合收，在另一处合收的就符合入声分配规律了，比如：“率（生）”另收入“皆来入作上”；“惡（影）”另收入“入作上”；“刷（生）”又见于“入作上”；“塞（心）”另收入“支时入作上”；“熨（影）”又见于“入作上”；“鸌（影）”另收入“歌罗入作上”；“浞（崇）”又见于入作平。

* 本文为国家社科基金项目“南曲韵书与明清语音研究”（13CYY042）阶段性成果，感谢国家社科基金项目所提供的经费支持。

① 为避免因繁简转换出现问题，本文所涉小韵字及音注字均不简化。

另外我们看一下入声字文白异读情况[①]：

歌罗萧豪：[illegible][萧豪]入作上 叶早[歌罗]入作上 叶左；琢[萧豪]入作上 之卯[歌罗]入作上 之果；卓[萧豪]入作上 之卯[歌罗]入作上 之果；涿[萧豪]入作上 之卯[歌罗]入作上 抽果、之果，捉[萧豪]入作上 之卯[歌罗]入作上 之果；鋉[萧豪]入作上 叶嫂[歌罗]入作上 思左；蔌[萧豪]入作上 叶嫂[歌罗]入作上 思左；數[萧豪]入作上 聲卯[歌罗]入作上 叶耍；薄[萧豪]入作平 巴毛[歌罗]入作平 叶婆；餺[萧豪]入作平 巴毛[歌罗]入作平 叶婆；泊[萧豪]入作平 巴毛[歌罗]入作平 叶婆；鉑[萧豪]入作平 巴毛[歌罗]入作平 叶婆；箔[萧豪]入作平 巴毛[歌罗]入作平 叶婆；剫[萧豪]入作平 唐勞[歌罗]入作平 同奴[②]；喥[萧豪]入作平 唐勞[歌罗]入作平 同奴；鵽[萧豪]入作平 唐勞[歌罗]入作平 同奴；鐸[萧豪]入作平 唐勞[歌罗]入作平 同奴；鶴[萧豪]入作平 叶豪[歌罗]入作平 叶何；杓[萧豪]入作平 繩昭[歌罗]入作平 慈梭；鑿[萧豪]入作平 慈騷[歌罗]入作平 叶蹉；擢[萧豪]入作平 池稍[歌罗]入作平 之麽；濯[萧豪]入作平 池稍[歌罗]入作上 抽果，入作平 之麽；怍[萧豪]入作平 慈騷[歌罗]入作平 慈梭；酢[萧豪]入作平 慈騷[歌罗]入作平 慈梭；堊[萧豪]入作上 叶襖，入作去 叶奥[歌罗]入作去 昂个；隭[萧豪]入作去 叶傲[歌罗]入作去 昂个；遌[萧豪]入作去 叶傲[歌罗]入作去 昂个；崿[萧豪]入作去 叶傲[歌罗]入作去 昂个；湂[萧豪]入作去 叶傲[歌罗]入作去 昂个；愕[萧豪]入作去 叶傲[歌罗]入作去 昂个；逻[萧豪]入作去 叶傲[歌罗]入作去 昂个；䓵[萧豪]入作去 叶傲[歌罗]入作去 昂个；鍔[萧豪]入作去 叶傲[歌罗]入作去 昂个；鰐[萧豪]入作去 叶傲[歌罗]入作去 昂个；硌[萧豪]入作去 叶澇[歌罗]入作去 叶邏；駱[萧豪]入作去 叶澇[歌罗]入作去 叶邏；烙[萧豪]入作去 叶澇[歌罗]入作去 叶邏；酪[萧豪]入作去 叶澇[歌罗]入作去 叶邏；剳[萧豪]入作去 叶澇[歌罗]入作去 叶邏；洛[萧豪]入作去 叶澇[歌罗]入作去叶邏；珞[萧豪]入作去 叶澇[歌罗]入作去 叶邏；略[萧

① 体例说明："歌罗萧豪：趠[萧豪]入作上 叶早[歌罗]入作上 叶左"，"歌罗萧豪"表示小韵字同时出现于歌罗与萧豪两韵，"趠"为该小韵字首字代表字、[萧豪][歌罗]为该小韵字的韵部，"入作上"为声调，"叶早、叶左"为其相应的音注，小韵代表字之间用"；"隔开。

② "剫喥铎"等字的反切下字为"奴"字很可疑，但是核对原书，确实是"奴"字，暂且照录。

豪］入作去 叶涝［歌罗］入作去 叶邏；落［萧豪］入作去 叶涝［歌罗］入作去 叶邏；絡［萧豪］入作去 叶涝［歌罗］入作去 叶邏；零［萧豪］入作去 叶涝［歌罗］入作去 叶邏；犖［萧豪］入作去 叶涝［歌罗］入作去 叶邏；輅［萧豪］入作去 叶涝［歌罗］入作去 叶邏；駱［萧豪］入作去 叶涝［歌罗］入作去叶邏；略［萧豪］入作去 叶涝［歌罗］入作去 叶邏；鄚［萧豪］入作去 叶冒［歌罗］入作去 叶磨；邈［萧豪］入作去 叶冒［歌罗］入作去叶磨；摸［萧豪］入作去 叶冒［歌罗］入作去 叶磨；膜［萧豪］入作去 叶冒［歌罗］入作去叶磨；莫［萧豪］入作去 叶冒［歌罗］入作去 叶磨；塻［萧豪］入作去 叶冒［歌罗］入作去 叶磨；瘼［萧豪］入作去 叶冒［歌罗］入作去叶磨；漠［萧豪］入作去 叶冒［歌罗］入作去叶磨；寞［萧豪］入作去 叶冒［歌罗］入作去 叶磨；殦［萧豪］入作去 叶冒［歌罗］入作去 叶磨；嗼［萧豪］入作去 叶冒［歌罗］入作去 叶磨；瞙［萧豪］入作去 叶冒［歌罗］入作去 叶磨；瘼［萧豪］入作去 叶冒［歌罗］入作去 叶磨；縸［萧豪］入作去 叶冒［歌罗］入作去 叶磨；霙［萧豪］入作去 叶冒［歌罗］入作去 叶磨；鏌［萧豪］入作去 叶冒［歌罗］入作去 叶磨；驀［萧豪］入作去 叶冒［歌罗］入作去 叶磨；幕［萧豪］入作去 叶冒［歌罗］入作去 叶磨；掿［萧豪］入作去 叶閙［歌罗］入作去 叶糯；緒［萧豪］入作去 叶閙［歌罗］入作去 叶糯；諾［萧豪］入作去 叶閙［歌罗］入作去 叶糯；叒［萧豪］入作去 叶饒去声［歌罗］入作去 穰播；若［萧豪］入作去 叶饒去声［歌罗］入作去穰播；都［萧豪］入作去 叶饒去声［歌罗］入作去 穰播；弱［萧豪］入作去 叶饒去声［歌罗］入作去 穰播；蒻［萧豪］入作去 叶饒去声［歌罗］入作去 穰播；箬［萧豪］入作去 叶饒去声［歌罗］入作去 穰播；樂［萧豪］入作去 叶涝、叶耀［歌罗］入作去 叶邏；閣［萧豪］入作上 叶杲［歌罗］入作上 叶果；各［萧豪］入作上 叶杲［歌罗］入作上 叶果；郭［萧豪］入作上 沽卯［歌罗］入作上 叶戈上声；擴［萧豪］入作上 沽卯［歌罗］入作上 匡活。

歌罗车蛇：棁［车蛇］入作上 專也［歌罗］入作上 叶妥；説［车蛇］入作上 書也［歌罗］入作上 叶妥；捋［车蛇］入作去 攣夜［歌罗］入作去 叶邏。

歌罗家麻：坺［歌罗］入作平 蒲摩［家麻］入作平 旁佳；洽［歌罗］入作平 叶何［家麻］入作平 奚加；末［歌罗］入作去 叶磨［家麻］入作去 叶罵；沫［歌罗］入作去 叶磨［家麻］入作去 叶罵；豁［歌罗］入作上 叶火［家麻］入作上 慌寡。

歌罗居鱼：孛［歌罗］入作平 叶婆［居鱼］入作平 旁模；醭［歌罗］入作上 叶頗［居鱼］入作上 朋補；咄［歌罗］入作上 叶朵［居鱼］入作上 東

土；佛［歌罗］入作平 房波［居鱼］入作平 房夫；縛［歌罗］入作平 房波［居鱼］入作平 房夫。

歌罗居鱼萧豪：鐲［歌罗］入作平 之麼、入作上 抽果［居鱼］入作平長如［萧豪］入作平 池稍；撲［歌罗］入作上 叶頗［居鱼］入作上 朋補［萧豪］入作平 巴毛。

歌罗鸠由居鱼：軸［歌罗］入作平 之麼［鸠由］入作平 持由［居鱼］入作平長如；逐［歌罗］入作平 之麼［鸠由］入作平 持由［居鱼］入作平 長如；躅［歌罗］入作平 之麼［鸠由］入作平 持由［居鱼］入作平 長如。

歌罗鸠由居鱼萧豪：濁［歌罗］入作平 之麼、入作上 抽果［鸠由］入作平 持由［居鱼］入作平 長如［萧豪］入作平 池稍。

鸠由居鱼：矚［鸠由］入作上 章有［居鱼］入作上 中汝；柷［鸠由］入作上叶丑［居鱼］入作上？暑；[①] 祝［鸠由］入作上 章有［居鱼］入作上 中汝；筑［鸠由］入作上 章有［居鱼］入作上 中汝；燭［鸠由］入作上 章有［居鱼］入作上 中汝；竹［鸠由］入作上 章有［居鱼］入作上中汝；竺［鸠由］入作上 章有［居鱼］入作上中汝；［鸠由］入作上 章有［居鱼］入作上中汝；茿［鸠由］入作上 章有［居鱼］入作上中汝；埊［鸠由］入作上 章有［居鱼］入作上 中汝；粥［鸠由］入作上章有［居鱼］入作上 中汝；鬻［鸠由］入作上 章有［居鱼］入作上 中汝；蓄［鸠由］入作上 叶丑［居鱼］入作上 虛夆；慉［鸠由］入作上 叶丑［居鱼］入作上？暑；摍［鸠由］入作上 商肘［居鱼］入作上 書主；縮［鸠由］入作上 商肘［居鱼］入作上 書主；蹜［鸠由］入作上 商肘［居鱼］入作上 書主；倲［鸠由］入作上 商肘［居鱼］入作上 書主；謏［鸠由］入作上 商肘［居鱼］入作上 叶須上声；束［鸠由］入作上 商肘［居鱼］入作上 書主；叔［鸠由］入作上 商肘［居鱼］入作上書主；倏［鸠由］入作上 商肘［居鱼］入作上 書主；菽［鸠由］入作上 商肘［居鱼］入作上 書主；淑［鸠由］入作平 穰由、入作上 商肘［居鱼］入作平繩朱；塾［鸠由］入作平 穰由［居鱼］入作平 繩朱；熟［鸠由］入作平 穰由［居鱼］入作平 繩朱；欘［鸠由］入作平 穰由［居鱼］入作平 長如；贖［鸠由］入作平 穰由［居鱼］入作平 繩朱；蜀［鸠由］入作平 穰由［居鱼］入作平 繩朱；藚［鸠由］入作平 穰由［居鱼］入作平長如；舳［鸠由］入作平持由［居鱼］入作平長如；蠋［鸠由］入作平 穰由［居鱼］入作平 長如；騳［鸠由］入作平 持由［居鱼］入作平長如；六［鸠由］入作去 離又［居鱼］入作去 叶路；淕［鸠由］入作去 離又［居鱼］入作去 叶慮；陸［鸠由］入

① “柷、慉”等字的居鱼韵又音反切上字字迹模糊，无法辨认，记作“？”。

作去 離又［居鱼］入作去 叶路、入作去 叶慮；逵［鸠由］入作去 離又［居鱼］入作去叶慮；逵［鸠由］入作去 離又［居鱼］入作去叶慮；踛［鸠由］入作去 離又［居鱼］入作去 叶慮；戮［鸠由］入作去 離又［居鱼］入作去叶慮；篨［鸠由］入作去 離又［居鱼］入作去叶慮；辱［鸠由］入作去 人呪［居鱼］入作去 叶如去声；蓐［鸠由］入作去 人呪［居鱼］入作去 叶如去声；嗕［鸠由］入作去 人呪［居鱼］入作去 叶如去声；溽［鸠由］入作去 人呪［居鱼］入作去 叶如去声；䅶［鸠由］入作去 人呪［居鱼］入作去 叶如去声；縟［鸠由］入作去 人呪［居鱼］入作去 叶如去声；畜［鸠由］入作上 叶丑［居鱼］入作上？暑、入作上 虛卒、入作上 初阻；滀［鸠由］入作上 叶丑［居鱼］入作上？暑；觸［鸠由］入作上 叶丑［居鱼］入作上？暑[①]、入作上 初阻。

居鱼萧豪：瀑［居鱼］入作平 旁模［萧豪］入作平 巴毛；曝［居鱼］入作平 旁模［萧豪］入作平 巴毛。

机微支时：則［机微］入作上 滋美［支时］入作上 叶子。

机微皆来：墨［机微］入作去 忙背［皆来］入作去 叶賣；刻［机微］入作上 康黑［皆来］入作上 溪解；翟［机微］入作平 亭离［皆来］入作平 池齋。

机微居鱼：核［机微］入作平 叶黑平声［居鱼］入作平 胡姑、入作平 紅姑；述［机微］入作平成移［居鱼］入作平 長如；術［机微］入作平 成移［居鱼］入作平 長如；沕［机微］入作去 忙閉［居鱼］入作去 叶務。

车蛇家麻：挾［车蛇］入作平 奚耶、入作上 肌也［家麻］入作上 江雅；俠［车蛇］入作平 奚耶［家麻］入作平 奚加；邋［车蛇］入作去 連夜［家麻］入作去 闌架；撤［车蛇］入作上 挻也［家麻］入作上 桑賈；唊［车蛇］入作上 肌也［家麻］入作上 江雅；袷［家麻］入作平 奚加［车蛇］入作上 袷也。

车蛇机微：猪［车蛇］入作上 肌也［机微］入作上 巾以。

车蛇居鱼：敠［车蛇］入作平 渠靴［居鱼］入作平 其余；凸［车蛇］入作平 亭耶［居鱼］入作平 凸盧；譎［车蛇］入作上 居也［居鱼］入作上 君語；屈［车蛇］入作上 區也［居鱼］入作上 君語、入作上 址雨。

车蛇皆来：筴［车蛇］入作上 肌也［皆来］入作上 叶叙上声；客［车蛇］入作上 丘也［皆来］入作上 溪解。

家麻萧豪：硞［家麻］入作上 腔雅［萧豪］入作上 叶巧。

家麻皆来：矺［家麻］入作上 叶打［皆来］入作上 叶齋上声。

---

① 觸、畜、滀等字的居鱼韵有音反切上字字迹模糊，无法辨认，记作“？”。

皆来支时：濇［皆来］入作上 叶篩上声［支时］入作上 生止。

萧豪皆来：迮［皆来］入作上 叶齋上声［萧豪］入作上叶早；拍［皆来］入作上 鋪擺［萧豪］入作上 叶飽；魄［皆来］入作上 鋪擺［萧豪］入作上 叶討。

萧豪皆来歌罗：涑［歌罗］入作上 思左［皆来］入作上 叶篩上声［萧豪］入作上叶嫂；索［歌罗］入作上 思左［皆来］入作上 叶篩上声［萧豪］入作上 叶嫂；搦［歌罗］入作去 叶糯［皆来］入作去 囊帶［萧豪］入作去 叶鬧。

机微萧豪：析［机微］入作上 僧菇［萧豪］入作上 叶討。

另有一些是同一韵中出现多次，声母或声调不同。

机微：隙 入作上 叶喜、入作上 叶豈；匿 入作去 女記、入作去 銀計；溺 入作去 銀計、入作去 女記；訖 入作上 叶豈、入作上 巾以。

车蛇：揲 入作平 亭耶、入作平 繩遮；絜 入作上 徧也、入作上 邊也；鼈 入作上 邊也、入作上 徧也；鍥 入作上 肌也、入作上 丘也；别 入作平 緶爺、入作上 邊也。

居鱼：卒 入作上 叶祖、入作上 疽羽；足 入作上 疽羽、入作上 叶祖；醁 入作去 叶慮、入作去 叶路；促 入作平 聰圖、入作上 叶取、入作上 干祖；蹙 入作上 干祖、入作上 叶取；蹴 入作平 聰圖、入作上 叶取、入作上 干祖；告 入作上 叶古、入作上 君語；搰 入作上 叶古、入作上 枯五；蕭 入作上 叶須上声、入作上 書主；謖 入作上 書主、入作上 蘇古；肅 入作上 叶須上声、入作上 蘇古；鵠 入作平 紅姑、入作平 胡姑。

萧豪：袼 入作上 叶杲、入作去 叶澇；雀 入作上 叶悄、入作上 叶剿。

歌罗：瘟 入作上 叶阿上声、入作上 叶可；搕 入作上 叶可、入作上 叶阿上聲。

《中州全韵》在《中原音韵》和《新订中州全韵》之间起着连接津梁的作用，上承《中原音韵》，下启《新订中州全韵》。《中原音韵》“支思韵”只收了“澀瑟（音史）、塞（音死）”三字，《中州全韵》支时入作上收了“澁瑟嚁濇璱噝螄颾//生止、塞//洗子、则//叶子”，《新订》入作平声收“虱//叶诗”，入作上声阴收“澀瑟嚁濇璱噝颾//生止”、“塞//思子、则//叶子”。收字量逐步增加，但是读音未曾有较大改变，直接承继《中原音韵》而来。

《中州全韵》收录入声字2818个，与《中原音韵》相比，两韵并收字的规模大大扩大了。通摄三等入声字在《中原音韵》中的归韵有三种情况：大部分归鱼模韵，“肉”“六”等少数字归尤侯韵，知照组字和日母字“竹逐轴粥烛熟褥宿”等则都兼收于鱼模韵和尤侯韵，《中州全韵》范围扩大了很多，

“肉六”仍归鸠由韵，“竹粥烛熟褥”《全韵》鸠由居鱼两收，“逐轴”则是“歌罗鸠由居鱼”三收，“宿”《全韵》一收于居鱼入声，一收于鸠由去声。

《中原音韵》萧豪、歌戈两韵并收44字，《全韵》萧豪歌戈两韵并收字有80来个，“躍寞虐掠約藥學着鑊末杓鐸度鑿濯沫薄落萼濁莫諾鶚嶽略樂洛絡酪烙莫”等字《中原》并收入萧豪歌戈，《全韵》“寞杓鑿濯鐸薄落諾樂洛絡酪烙莫”仍是两韵并收，“躍虐掠約藥學着萼鶚嶽略”单收于萧豪韵，“鑊”只收于歌罗，“末沫”两收于歌罗家麻，“度”并收于居鱼萧豪，“濁”则兼收于”歌罗鸠由居鱼萧豪”诸韵。

接下来我们看看德开一、陌麦二等入声字的处置与《中原音韵》的差异，叶宝奎、郑碧娇《〈中原音韵〉的文白异读与入声韵的演化》一文指出：“《中原音韵》已将开二耕庚与开一登合并，但相应的入声韵‘陌麦’并没有与德韵合流，陌麦归皆来，德韵归齐微。……德与陌麦分流当属白读，德与陌麦合并是文读音。”《中州全韵》德开一入主要仍收于齐微韵中，与《中原》不同之处主要有：（1）将《中原》中收于他韵的德开一入声字移到齐微中，如“刻”《中原》收于皆来，《全韵》收于机微韵；（2）个别字陌麦与德韵开始合流，“嚇”《中原音韵》并收入皆来、车遮，但是《全韵》“核赫嚇覈”这些陌麦二等入声字与“劾”只入齐微一韵中；“墨（德开一入）”《中原》收入齐微韵，《全韵》除了收于齐微韵外，另与“麥貊陌驀脈貊脉銆趏鷞霡洦拍眽”等陌麦二等字收入皆来韵。（3）“塞”《中原》收支时韵，《全韵》并收于皆来支时，“則”《中原》收于皆来，《全韵》则机微支时并收。

可见《中州全韵》既承继了《中原音韵》，同时也有所发展。

《新订中州全韵》是以《中州全韵》为基础而作的南曲韵书，我们以支时、齐微（机微）两韵为例看看二书在入声字上的一些相异点。（1）《新订》的分韵与《中州全韵》不同，《新订》在《中州全韵》的基础上另分出了归回、知如、苏徒三个韵部，导致二书入声字归韵有差异。这样我们看到《中州全韵》收于机微的一部分入声字“賊、筆、國、黑、則、忒、克、德、墨、蔔、泐（勒）”等字，《新订》派入归回韵；（2）入派三声的格局有所差异，《新订》平、上、去、入四声皆分阴阳，《中州全韵》则统而收之，比如：《新订中州全韵》“益、逸”不同音，“益”收于入作去声阴，“逸”收于入作去声阳，但《中州全韵》“逸、益”为同音字，《新订》“的、滌”两字，分别派入“入作上声阴”、“入作上声阳”，《中州全韵》统收于“入作上”；（3）《新订》的收字量18930，《中州全韵》为17036，《新订》字数要多于《中州全韵》，因此有些字比如“虱、鼻、窒、霤、湁、齸、澘、靦、麬、猝、裓”见于《新订》

但不见于《中州全韵》；（4）小韵首字的设置不同，《新订》“逼 // 兵迷”，《中州全韵》“逼”字收在入作上，“必”为首字，《新订》“鴚 // 叶体”，《中州全韵》“鴚”置于“滌”下，《新订》“溢 // 因詣”这一组，《中州全韵》“溢”置于“逸”下，《新订》“赤 // 叶誰”，《中州全韵》“赤”置于“尺”字下，《新订》“汸 // 離妹”，《中州全韵》“汸”收于“勒”字下；（5）归韵不同，《新订》“壓”分别收于齐微、家麻、车遮韵，而《中州全韵》“壓”收于家麻韵“鸭”字下；“蔔”《新订》收于归回、苏徒两韵，《中州全韵》只收于居鱼韵，“折”《新订》收于齐微、车遮、皆来三韵，《中州全韵》只收于车蛇韵，“别”字《新订》收于齐微、车遮二韵，《中州全韵》只收于车蛇韵，“得德”《新订》收于齐微、归回两韵，《中州全韵》只收于机微韵。（6）《中州全韵》有四个字“劾 // 叶黑平声”、“特 // 陀德”、“得（端德开一入）// 當忒”、“克 // 康黑”仍用入声字作为反切下字，但是《新订》已经全部用阴声韵字。

参考文献

范善溱 . 中州全韵 [M]. 续修四库全书（集部第 1732 册），上海：上海古籍出版社，1995.

周昂 . 新订中州全韵 [M]. 四库未收书辑刊（拾辑，第三拾册），四库未收书辑刊编纂委员会编，北京：北京出版社，2000.

叶宝奎，郑碧娇 .《中原音韵》的文白异读与入声韵的演化 [J]. 厦门大学学报，2008（6）.

论徽州契约文书文本的主要特征*

安庆师范大学文学院　储小昆

徽州契约文书是宋元以来徽州地区百姓所抄写的记录土地、山林等各种交易的有效凭证，是“反映中国农村历史实态的各种文字、图表等不同形式的原始记录”①。徽州契约文书具有数量大、跨越历史时间长、真实、口语化等特点，为学界提供了大量第一手珍贵资料。当前有关徽州契约文书历史学的研究取得了丰硕成果，但有关徽州契约文书的基础性研究显得甚为薄弱。栾成显在《改革开放以来徽学研究的回顾与展望》中说：“徽学是一门新兴的学科，从整体上看，其基础性研究还相当薄弱。”严桂夫、王国健在《徽州文书档案》中对徽州文书档案的开发和研究作展望时也谈到“徽州文书档案的考订将成为研究的新内容和重点之一”。与敦煌文书的研究相比，当前徽学中徽州契约文书的基础性研究显得尤为不足。由于这些契约主要系徽州地区农民所抄写，因此文书中含有大量俗字、讹字，并且文书中含有大量当地方言口语，给契约文书的识读和研究带来了一定的困难。为了提高徽州契约文书整理和研究的质量，我们有必要深入了解徽州契约文书的主要文本特征。

一、徽州契约文书的数量

徽州契约文书数量巨大，种类多，刘伯山认为“已发现的徽州文书的数量当不下于40万份”，“尚待发现的文书数量尚有10万份左右”。目前学界已经公布出版的徽州文书主要分为汇编整理型和原件影印型两种。资料汇编型主要有：安徽省博物馆编《明清徽州社会经济资料丛编》[5]（第1集）

* 基金项目：2015年国家社会科学基金项目“宋元以来契约文书词语汇释”（15BYY120）；中国博士后科学基金第六批特别资助项目“宋元以来契约文书俗字研究”（2013T60579）后续研究成果。

① 严桂夫,王国健.徽州文书档案[M].合肥：安徽人民出版社，2005：45.

和中国社会科学院历史研究所编《明清徽州社会经济资料丛编》（第2集），张传玺《中国历代契约会编考释》、《中国历代契约粹编》；原件影印型主要有：王钰欣、周绍泉主编《徽州千年契约文书》（宋元明编、清民国编40巨册），刘伯山主编《徽州文书》（第1～6辑共60巨册），黄山学院编《中国徽州文书（民国编）》（10巨册），周向华编《安徽师范大学馆藏徽州文书》、《安徽师范大学馆藏清代徽州商业文书选编》，黄志繁、邵鸿、彭志军编《清至民国婺源县村落契约文书辑录》（18册），李琳琦主编《安徽师范大学馆藏千年徽州契约文书集萃》（10巨册），田涛等编《田藏契约粹编》中的部分徽州契约文书，等等。以上这些已经刊布的徽州文书为学界提供了巨量、原始、真实的第一手珍贵资料。

二、徽州契约文书文本的主要特征

（一）纷繁的俗写讹字

徽州契约文书是宋元以来800多年间徽州地区的人们在日常生产生活中各种交易的原始记录，这些大量的手书材料的书写者文化水平一般不高，因此往往在文书中含有不少俗字、讹字，真实地反映了宋元以来徽州地区民间百姓语言文字的使用情况，这对于近代汉语中的语音、文字、方言俗语词等的研究，以及同时代的其他地方契约文书的判读，均有非常高的参考价值。

1. 俗字

张涌泉师在《汉语俗字研究》中说："所谓俗字，是区别于正字而言的一种通俗字体。"[①] 徽州契约文书中含有大量俗写字体，有的与敦煌俗字、近代刻本俗字相同，也有相当部分俗字为徽州契约文书所特有。我们将徽州契约文书俗字归纳为以下几个主要类型：有简省笔画的，如隼（準）、南（南）、馀（馀）；有简省偏旁的，如艮（銀）、广（廠）、隺（鹤）、奚（雞）；有改换成简单声旁的，如园（園）、圡（埭）、圩（塢）；有借笔画较少的同音字的，如勾、句（鬮）；有笔画增繁的，如楢（苗）、礄（春）、槕（桌）；有使用简省符号替换偏旁的，如秤（秤），森、森、森（森）；有书写习惯造成的俗字，如斥（斤）、拆（折）；有更换偏旁的，如搖（窑）、笛（苗）、

① 张涌泉.汉语俗字研究（增订本）[M].北京：商务印书馆，2010：1.

矼（缸）、礲（碓）、諿（讓）、撰（選）、祖（租）、礄（橋）；有变换结构的，如众（眾）、壀（地）、坐（灶）；有形体讹变的，如坑（坑）、鈌（缺）、戜（貳）、豉（短）；有类化的，如釹（紋，受下字“銀”的“金”旁影响）、饿（荒，受上字“饑”的“食”旁影响）、坒（力，受下字“坌”的“土”旁影响）、艰（受上字“紋”的“文”旁影响）；有重新造字的，如㧜（缸）、抡（馱），捽、捍（瞙），閃（盧）；有受观念影响的，如㜶（娶，下部换成“從”表示女子的三从四德）；有音近通用的，如界（個）、搬（搬）、乙（壹）、扦（簽、牽）、柯（顆）、坛（塘）；有草书楷化的，如阄、黾（鬮）；关（關）、𭃂（興）、实（實）；有使用古字的，如畊（耕）、坿（附）、竜（龍）；有合文的，如囯（國幣）、半（斤半）、乄（五分）、𫝀（二角）、㐅（九七）、𢴡（契尾）；有使用简省符号的，如𠄡（百）、𠦃（兩）、夕（錢）、𠂇（角）、卜（分）、𠂆（釐），等等。

2. 讹字

徽州契约文书主要是农民在地、田、山、房屋等交易过程中所写的文书凭证，一般来说写契人文化水平不高，并且契约的书写具有随机性，写契人一般不会因为某个字不会写而去查字书，只要关键性的文字（如面积、货币数字、承买人姓名）不错即可，因此文书中讹字随处可见。契约文书中的讹字繁多，常见的有：瑨（暗）、暇（暇），续（赎）、憎（曾）、估（故）、莹（茔）、伻（评）、仪（议）、從（重）、邦（塝）、既（係）、存（承）、季（至）、情（承）、清（親）、情（存）、管（寡）、复（忽、户）、碍（额）、先（相）、此（起），等等。深入了解徽州契约文书中讹字情况，有助于我们判读文书的真实内容，提高研究成果的质量。

3. 繁中有简的数字

徽州契约文书中含有纷繁的俗字、讹字，但这些俗字、讹字对于整个交易的过程来说，只要不影响契约内容的表达似乎就无关紧要了，可是契约文书中的数字就不同了，它是整个契约的关键部分，不能模糊、简单，且必须不易更改。文书中的数字可能涉及两个方面：一是有关所卖土地、田、山等的四至、亩步、字号等的介绍；二是交易中的价钱，这也是最重要的部分，一般不会用简体字。但考察徽州契约文书中的数字，具有“繁中有简”的特征，即大写的数字也有简化的趋势，如：壱或乙（壹）、肆（肆）、柒柒柒（柒）、拐（捌）、𠦃（兩）、夕（錢）、厄、了（釐）、卜（分）、毛（毫）、系（絲）、勿（忽）、𠄡（百）、万（萬）。

了解徽州契约文书特殊的数字写法，可以校勘其他民间文书整理中出现的讹误，从而提高整理的质量。陈金全、杜万华录《姜文三卖田契》：“立断卖田字人文堵下寨姜纹（文）三，为因缺少银用，无从得出，自己愿将祖父遗田大小七坵，坐落土名眼翁，出断卖与加十（什）寨姜起高名下承买为业。”按：核此契影印件，“七”原文作“乙”，即“壹”的简易俗写。此处“大小”并非指数量多少，而是契约行文的习惯用语，表示所卖物品的总数，“大小壹坵”即总数为壹坵。盖因“壹”的简易俗写“乙”与“七”的手书形近而导致整理者误录，此当为整理者未能深入了解契约文书数字的书写特点而造成讹误。

4. 特殊的记数符号——柴码

“柴码”是我国古代劳动人民用以记数的一种传统符号，在徽商盘、账单中最为常见。徽州契约文书中常见的柴码有：〇（0）、〡（1）、〢（2）、〣（3）、〤（4）、〥、〥（5）、〦（6）、〧（7）、〨（8）、〩（9）、十（10）、[illegible]（100）。

（二）大量的徽州方言俗语词

徽州契约文书中含有大量明清徽州地区的方言俗语词。何谓俗语词？郭在贻说：“（俗语词）指古代文献中所记录下来的古代口语词和方言词之类。”[①] 黄征认为：“汉语俗语词是汉语辞汇史上各个时期流行于社会各阶层口语中的新产生的词语和虽早已有之但意义已有变化的词语。”[②] 俗语词研究是“汉语辞汇史研究的重要环节”、“有助于古籍整理”。[③]

徽州契约文书中所见的明清时期徽州地区的方言俗语词有：扒、塝、合墨、标分、起业、登荅、品分、断骨、断根、分籍、分法、分数、分股、浮、硬租、起推、起割、浪谷、燥谷、水谷、草窨、生茔、生宫、生基、空堆、生坟、生茔荡、阴穴、毛草阴阳、旧堆、比即、比日、庇[illegible]、标挂、不次、草露不长、茶科、盟、柴槎、嗔理、陈理、承转、出绍、出水、兴养、锄捍、花荅、古穴、挂欠、合持、合事、护堆、灰莜、火楮、吉穴、禁步、究比、旧堆、决辨、掯欠、麻柞、墁板、毛竹娘、谋罩、捺劝、来龙、洋沟、咬语、异炊、义男、荫田、在城、躁渎、摘继、罩占、中则、住人、住歇、桩脑、祖脑、作故、坐还、通众、兴宁、兴作、蓄养、罚戏、降脊、开劙、阑残、外趁，例不胜举。

徽州契约文书俗语词的考释和研究，是一项基础性研究工作，将有助于

① 郭在贻.俗语研究概述（一）[J].语文导报，1985（9）：24-25.

② 黄征.试论汉语俗语词的几个问题[J].文史，1996（2）：265-284.

③ 郭在贻.训诂学（修订本）[M].北京：中华书局，2005：100-101.

丰富近代汉语词汇的内容，有助于大型辞书的编纂，有助于徽州方言的研究，有助于准确识读契约文书的内容，从而提高契约文书的史学、农学、法学等相关研究和契约文书整理的质量。

（三）行文中文字多省略

近代地方契约文书行文往往带有口语化倾向，因此行文中有很多省略成份，如在表示所卖地、山、田等的四至范围时，经常用“至某某人”或“凭某某人”表示至某某人的地、田或山。也有少量契约有时省略非关键性内容，如《民国十九年（1930 年）又六月歙县吕凤鸣立卖荒山契》：“倘有亲房内外人等，俱系出卖人承当，不干受人之事。”按照契约一般正常格式，“等”字后当脱“异言”二字。

有的契约甚至省略无关紧要的套话，如《民国三十年（1941 年）三月歙县程华顺立失大小买熟地契据交业契》：“如有亲房内外人等异言。恐口无凭，立此失契为据。”“异言”二字后省略了“尽是失契人一力承当”之类的句子。

了解徽州契约文书的特殊语法特点，有助于提高契约文书整理的质量。如陈金全、杜万华录《姜金九父子卖木契》：“外批：此木上凭岩湾范德祥，左平（凭）绍先木，右平（凭）德华木，下平（凭）范德青以上，四至分明。”按：此契中的人名“范德祥”、“范德青”分别是“范德祥木”、“范德青木”的口语简称，且此句中的“以上”与“范德青”没有关系，当断在下句，故“下平（凭）范德青以上，四至分明”当断为“下平（凭）范德青。以上四至分明”，则文义通畅。

再如陈金全、杜万华录《姜廷珠、卧香、国华卖山契》：“自愿将到祖山一块，土名坐落世风梨，光地栽之地粗，左凭冲，右凭冲，上凭朝瑾、保香，下凭绍望、廷珠为界，四至分明。”按：“光地栽之地粗”不通，“光地”是人名，此契末尾中人有“龙光地”三字可参；“光地栽之”即表示此山树木为龙光地所栽。“粗”即粗略、大概义，此指所卖地的大概四至范围，当断到下句，即“地粗左凭冲……”。如果该书的整理者对近代契约文书的特殊语法形式有深入了解，将会大大减少断句的错误。

（四）特殊的书写格式

徽州契约文书的书写格式非常特别，了解文书的一些特殊书写格式，将有助于我们准确判读文书中的文字、理解文书内容。

1. 空白符号

（1）表示尊敬

《乾隆十六年（1751 年）黄炽等立阄书合同》之一：“弟炽等兄弟三人，不幸幼孤，蒙　伯父匡扶，经今一十三载。前于乾隆四年腊月　父逝后，已凭　诸叔祖　伯父　叔父及　诸堂叔，将阄分兆隆典业彻底清查：　伯父名下合得一半，炽　父名下合得一半……”文中的空白，均表示对长辈的尊敬。

又如《万历十年（1582 年）胡胜保等立还文书》：“五都洪寿公六房山仆胡胜保、胡住保、胡迟保、胡寄四房人等……胜保等四房子孙仍遵祖文，永远应伏洪主，不敢背逆抵拒，违文，听洪主呈　官理治。”“呈”字后留空，是表示对官府的敬畏。

（2）突出买家人姓名

《万历十九年（1591 年）吴方卖塘地门屋赤契》：“今将前项四至内鱼塘、地并门屋，凭中立契尽行出卖与同都　余名下管业，三面议作价银伍两伍钱整，其银当日收足。”原文“都”字后为空，“余”另起一行顶格写，以突出买家的姓名。

（3）表示内容不清楚

《洪武十九年（1386 年）休宁张德茂卖山地白契》：“土名中队头充（冲）上锄坑山，共壹拾肆亩，经理系朝字　　号。”立契时双方都不清楚此山地的编号，只好留空。另外还有很多契约文书中土地的四至为空，也是不清楚所卖对象具体的四至情况而空。

（4）故意留空

有的契约文书故意在交易金额上留空，一般是白契，也就是私下交易的契约，盖是因漏税害怕官府追查，故意留空，如《正德八年（1513 年）郑厚卖山白契》：“面议时价艮（银）　，在手足讫。”

也有少量赤契不写买人姓名，盖是为方便将来产业转手故意留空，如《天启四年（1624 年）休宁汪阳春卖山赤契》：“内取山税壹厘陆毫凭中立契出卖与同都　名下为业。”

2. 补空符号

因为契约文书是具有法律效力的交易凭证，在交易金额上不能马虎，文书必须具有不可更改性，因此文书中的价钱数字之后不能留空，必须删除空白部分。如《嘉靖三十三年（1554 年）吴学儒卖坟山白契》：“三面议时值价白文（纹）艮（银）三两——整。”《万历十一年（1583 年）休宁黄鐕卖地赤契》：“今凭中尽行立契出卖与本畐远轩公祠为业，当日三面议取

时值价银九钱 ~~一 正。”

用圆圈补空，如《万历三十三年（1605 年）休宁郑英钱粮票》：“休宁县为征收钱粮事，据五都四啚一甲人户郑英上纳万历卅三年分条编银壹拾两无钱〇分〇厘〇毫，眼同验兑包封投柜。”《万历十二年（1584 年）歙县胡玽卖山赤契》：“今自情愿将续置到原壁字　号，今新丈罔字八千五伯〇一号，土名小乂坞山一业，计税原额一分捌厘，今丈壹分叁厘五毛（毫）。”《万历十七年（1589 年）休宁黄三友卖火佃地赤契》：“自情愿将承祖丈出并稳庆会火佃屋地，坐落土名屋后，万字二千〇九十六号，仍该实地六分伍厘四毛（毫）六丝三。”

除了用符号补空外，有的契约文书还用与契约无关的文字补空，如《万历十年（1582 年）全椒县张本胜等卖草屋基地给徽州叶氏文书》：“子孙永远为照用者。大　吉　利。”原契“大吉利”三字之间拉得很开，正好补了“者”字下面的空白部分，同时起到了以图吉利的作用。

3. 改字、加字后在契尾加注

由于契约文书中的文字不能随意更改，所以如果在书写过程中漏写、错写了文字，必须在契尾加注说明。

《万历三十六年(1608 年)汪廷珪推单》:“其推单内添‘人’、‘心’、‘山’、‘税’四字。再批（押）。”《万历四十年（1612 年）朱绳武推单》正文后有：“内添五字，内改十四字。”《万历四十年（1612 年）祁门谢再兴卖水田赤契》正文后有：“再批：契内添‘得’、‘租’贰字。”《民国二十一年（1932 年）十二月歙县姚明瑊立卖大小买熟山契》：“再批：‘本家’四字不用，以作‘灶银’四字作用。”

民国契约中也有在改字处加印的例子，如《民国三十二年（1943 年）八月休宁吴麟书立出当基地契》：“当日三面议定时值得受当价法币壹百元正。”其中“壹”字有改动，并在改动文字上加有红印。

4. 花押的多样性

清钱大昕认为花押“晋已有之”。① “签押，是旧时在文书契约书上亲笔署名或书画记号的取信凭证。在契约文件中一般将名字或记号签押在末尾处，谓之‘押尾’或‘画押’。契文一经签押，随即生效。因此，签押又是最终确认契约文书有效性的一项重要手续。”② 花押是契约文书中每个签名者的私记符号，一般来说会写字者花押都画得比较复杂，几乎每个人所画的符号都

① 钱大昕.恒言录[M].北京：商务印书馆，1958：112.

② 姜洪源.敦煌契约文书的签押手续[J].浙江档案，1994（5）：43.

不同，具有防伪杜奸的作用。徽州契约文书中，有些文化水平较低或不会写字者，花押就比较简单，有画圆圈的，如《万历十六年（1588年）祁门洪三保等立还文约》："洪闰乞〇；中见人：汪山保（〇）。"《万历四十八年（1620年）休宁朱阿胡等卖山赤契》："立卖契人：朱阿胡（〇）。"有画一竖的，如《万历四十八年（1620年）休宁朱阿胡等卖山赤契》："同男：朱孝德（丨）。"有画"井"形的，如《万历三十七年（1609年）祁门谢应龙卖田赤契》："万历卅七年四月初八日，立卖契人：谢应龙（井）。"有画"十"字的，如《道光七年（1827年）蔡长能佃田约》："立揽佃字人：蔡长能（十）。"民国徽州契约中有少数用姓名最后一个字画押的，如《民国二十九年（1940年）七月歙县汪百良立卖大小买荒山竹园并交业契》："民国二十九年七月十六日，立卖契并交业人：汪百良（良）。"《民国三十五年（1946年）五月歙县何有达立当熟地契》："立当契人：何有达（达）。"也有少数用其他具体某个字作花押符号的，如《民国十六年（1927年）七月歙县胡观梁立当大小买荒地竹园契》："立当契人：胡观梁（良）；亲房：胡志润（志）；中见：胡鸣远（岐）。"从某种意义上说，用具体的字来画押，也可以算是画押人的私记符号。民国契约中也有用印章作花押符号的，如《民国二十五年（1936年）一月休宁程忠坚立典屋赤契附民国二十五年（1936年）六月地契、民国三十年（1941年）十二月加当批》："中人：余旭初（印）、程足基（印）、邵汉柏（印）。"关于契约花押问题，可参张丽、储小昆《"花押"新解》。①

一般来说花押只是个特殊的符号，但有些学者将花押误读成别的具体文字，如刘道胜《明清徽州宗族文书研究》录《嘉靖九年（1530年）祁门郑进等退还重复买山认契》："中见人：郑良清翁、郑天鹏（押）、康晃（押）"。此处"翁"字契影印件作"[illegible]"，我们认为，此当为花押符号，而不是具体某个字。

5. 删除符号

在正文顶端打上勾表示删除该行，如《天启四年（1624年）歙县江伯理卖山赤契》开头第一行为空，但在空行前打"√"，表示此行文字空缺，不能再添加文字。契约中也有在文字右边打上三点，表示删除该字，并在正文后加注说明的，如《民国九年（1920年）五月歙县汪昭夔立杜卖山税赤契》"眼同订界为[illegible]规"，第二个"界"字右边有三点，契文末尾附注有"契内误多写'界'字壹个"。也有在正文字上加点表示删除文字的，如《民国十一年（1922

① 张丽，储小昆."花押"新解[J].红楼梦学刊，2017（5）：156-160.

年）六月歙县鲍天元立当大小买水田契》：“土名荫山下，其四大小买水田肆分。”并在契文尾部加注说明：“再批：契内点‘其’‘四’二字。原笔又照。”

6. 契文末尾的结束符号

有些契约在契文末尾画上特定的符号，以示内容的结束，防止别人篡改作伪。《天启四年（1624年）歙县江伯理卖山赤契》：“立此契文为照。ǀ”《建文元年（1399年）祁门谢翊先批契》：“今恐无凭，立此批契为用。ㄣ”“ǀ”、“ㄣ”均表示内容结束，后面不准再添加文字。也有用契约正文最后一个字作结束符的，如《民国十三年（1924年）七月歙县许绍章等立杜卖大小买全业屋基地赤契附民国十四年（1925年）五月买契》正文末有“永远存照”，其中的“照”字与“存”字离得很远，放在该行的最后，起到了结束符的作用。也有用“契尾”合文表示结束符的，如《民国十八年（1929年）十二月休宁汪顺来立出当佃皮田并田塝树木契》契约左下角用“[契尾合文]”表示内容结束，后面不许再增加文字。

7. 合券标记的大字写法

将几张契约交错重叠放在一起，在重叠处写上大字，各契上只有部分字符，以防作伪，如《泰定二年（1325年）祁门谢利仁兄弟分家合同》合同末尾有“合同贰帋”四个大字的半边部分。又如《正统八年（1443年）程士善等阄分山地房屋合同》契约的左边空白处有“合同壹样三纸”等字的半边字符。又如《成化二十年（1484年）谢忠等分山立界合同》契约左边有“合同壹样贰帋□照”等几个大字的部分字符。“这些花样翻新的写法，既记录了合同契的一些情况，也为合券验证作了更复杂严密的标记”。[①] 这种合券标记的大字写法在其他明清契约文书中也习见。

8. 着重符号

在买契人姓名旁边画一竖，以示着重突出。如《至大元年（1308年）祁门洪安贵等卖山赤契》：“今将前项捌至内山地并地内杉木、菓木等物尽数立契出卖与同都人谢良臣名下。”原文“谢良臣”三字右边画了一条竖线，以示突出。

还有的契约文书在关键文字边加“○”以示重点突出，如《万历十二年（1584年）休宁唐世音卖地赤契》：“自情愿将前项四至内抽出……地壹分，当日面义（议）时直价文银陆钱正。”其中“壹”字、“陆”字右边均加有“○”以示突出关键性的数字。《万历十四年（1586年）休宁王时语等卖山赤契》：“今合有众山一段（段），坐落土名余单塘，计税壹分三厘。……当日面议

① 张传玺.契约史买地券研究[M].北京：中华书局，2008：53.

价银肆钱正。”书契人在“壹分”、“肆钱”的右边加上了“○”以突出关键性的数字。

9. 重文符号

徽州契约文书中有少量重文符号，如有作小“又”的，有作两点的，有作“ㄆ”形的，有作“ㄈ”形的、有作“﹅”的。

认识契约重文符号，有助于帮助我们准确判读契约文字。

韩秀桃录《康熙二十九年（1690 年）休宁拘票》：“比拘解究不贷。火速□须票。”按：核此契影印件，“□”原契作“〃”。“〃”乃重文符号，“火速〃”即“火速火速”。

卞利录《天启元年（1621 年）休宁程氏立〈清明挂栢簿〉》：“于是，吾宗先达及诸尊长之惕功于众，议为兴举，属以人心不一。”按：“尊长之”原契作“尊长往﹅”。“﹅”乃重文符号。“往﹅”即“往往”。

陈金全、杜万华录《姜绍牙卖木契》：“其出（山）自卖之后，任凭买主永远管业，卖主不得异言。”按：核此契影印件，“永远”原契作“永﹕”。“﹕”乃重文符号，“永﹕”即“永永”。

唐立等录《光绪六年（1880 年）姜熹等立分山分林分银合同》：“各比心平意愿，不得越界混争，亦不得翻悔异言。”按：“各比”原契本作“各匕”。“匕”实为重文符号，“各匕”即“各各”。《嘉庆二十五年（1820 年）范学周、范学岐立山林佃契》：“所有木植砍卖，各各观契派分，不得争夺。”可资比勘。

三、结语

通过以上对徽州契约文书文本主要特征的讨论分析，我们似乎可以得出这样的结论：只有在深入了解徽州契约文书的文字、词语、语法、书写格式等主要特征之后，我们才能准确识读和把握契约内容，减少讹误，才能提高研究成果的质量。

参考文献

严桂夫，王国健．徽州文书档案 [M]．合肥：安徽人民出版社，2005：45、428-430.

周绍泉．徽州文书与徽学 [J]. 历史研究，2000（1）：51-60.
栾成显．改革开放以来徽学研究的回顾与展望 [J]. 史学月刊，2009（6）：5-16.
刘伯山．徽州传统文化遗存的开发路径与价值评估 [J]. 探索与争鸣，2010（12）：76-79.
安徽省博物馆．明清徽州社会经济资料丛编：第 1 集 [M]. 北京：中国社会科学出版社，1988.
中国社会科学院历史研究所．明清徽州社会经济资料丛编：第 2 集 [M]. 北京：中国社会科学出版社，1990.
张传玺．中国历代契约会编考释 [M]. 北京：北京大学出版社，1995.
张传玺．中国历代契约粹编 [M]. 北京：北京大学出版社，2014.
王钰欣，周绍泉．徽州千年契约文书：宋元明编 [M]. 石家庄：花山文艺出版社，1991.
王钰欣，周绍泉．徽州千年契约文书：清民国编 [M]. 石家庄：花山文艺出版社，1991.
刘伯山．徽州文书：第 1 辑 [M]. 桂林：广西师范大学出版社，2005.
刘伯山．徽州文书：第 2 辑 [M]. 桂林：广西师范大学出版社，2006.
刘伯山．徽州文书：第 3 辑 [M]. 桂林：广西师范大学出版社，2009.
刘伯山．徽州文书：第 4 辑 [M]. 桂林：广西师范大学出版社，2011.
刘伯山．徽州文书：第 5 辑 [M]. 桂林：广西师范大学出版社，2015.
刘伯山．徽州文书：第 6 辑 [M]. 桂林：广西师范大学出版社，2017.
黄山学院．中国徽州文书：民国编 [M]. 北京：清华大学出版社，2010.
周向华．安徽师范大学馆藏徽州文书 [M]. 合肥：安徽人民出版社，2009.
周向华．安徽师范大学馆藏清代徽州商业文书选编 [M]. 芜湖：安徽师范大学出版社，2017.
黄志繁，邵鸿，彭志军．清至民国婺源县村落契约文书辑录 [M]. 北京：商务印书馆，2014.
李琳琦．安徽师范大学馆藏千年徽州契约文书集萃 [M]. 芜湖：安徽师范大学出版社，2014.
田涛，（美）宋格文，郑秦．田藏契约文书粹编 [M]. 北京：中华书局，2001.
张涌泉．汉语俗字研究（增订本）[M]. 北京：商务印书馆，2010：1.
陈金全，杜万华．贵州文斗寨苗族契约法律文书汇编——姜元泽等家藏契约文书 [M]. 北京：人民出版社，2008：19、135、67.
汪崇筼．清代徽商合墨及盘、账单——以《徽州文书》第一辑为中心 [J]. 中国社会经济史研究，2006（4）：28-38.
郭在贻．训诂学（修订本）[M]. 北京：中华书局，2005：100-101.
黄山学院．中国徽州文书：民国编第5卷 [M]. 北京：清华大学出版社，2010.
黄山学院．中国徽州文书：民国编第9卷 [M]. 北京：清华大学出版社，2010：208、113、58.
王钰欣，周绍泉．徽州千年契约文书：清民国编第8卷 [M]. 石家庄：花山文艺出版社，1991：499.
王钰欣，周绍泉．徽州千年契约文书：宋元明编第3卷 [M]. 石家庄：花山文艺出版社，1991：91.
王钰欣，周绍泉．徽州千年契约文书：宋元明编第1卷 [M]. 石家庄：花山文艺出版社，1991：30、241.
王钰欣，周绍泉．徽州千年契约文书：宋元明编第4卷 [M]. 石家庄：花山文艺出版社，1991：134、225.
黄山学院．中国徽州文书：民国编第8卷 [M]. 北京：清华大学出版社，2010：251、152、57、146.
钱大昕．恒言录 [M]. 北京：商务印书馆，1958：112.
王钰欣，周绍泉．徽州千年契约文书：清民国编第3卷 [M]. 石家庄：花山文艺出版社，1991.
张丽，储小昆．"花押"新解 [J]. 红楼梦学刊，2017（5）：156-160.
刘道胜．明清徽州宗族文书研究 [M]. 合肥：安徽人民出版社，2008：80.
黄山学院．中国徽州文书：民国编第7卷 [M]. 北京：清华大学出版社，2010：41.
张传玺．契约史买地券研究 [M]. 北京：中华书局，2008：53.
唐立，杨有赓，武内房司．贵州苗族林业契约文书汇编：第1卷 [M]. 东京：东京外国语大学，2001：A-0001、A-0003、A-0004.
王钰欣，周绍泉．徽州千年契约文书：宋元明编第8卷 [M]. 石家庄：花山文艺出版社，1991.
韩秀桃．明清徽州的民间纠纷及其解决 [M]. 合肥：安徽大学出版社，2004：216.
卞利．明清徽州的会社规约研究 [M]// 朱万曙．徽学：第4卷．合肥：安徽大学出版社，2006：90-112.
唐立，杨有赓，武内房司．贵州苗族林业契约文书汇编：第3卷 [M]. 东京：东京外国语大学，2001：E-0031.
唐立，杨有赓，武内房司．贵州苗族林业契约文书汇编：第2卷 [M]. 东京：东京外国语大学，2001：C-0030.

《石仓契约》第三辑校读札记

闽南师范大学文学院　杨继光

"契约文书也称契约，是人们在具体的生产、生活、社会交往及关系中形成的用以证明某种关系的原始文字协议或文字认定。""契约文书所载是日常生活中发生的经济关系、社会关系、人身关系的个案事实，同时也直接反映了历代政治经济、法律制度在基层社会的运作，可以补充正史、典章、史志和其他文献的缺漏，因此具有史学、法学、经济学、文献学、社会学、民俗学、语言学等学科的研究价值。"① 石仓契约指的是近年来浙江省南部松阳县石仓地区发现的8000余件土地契约、税票和数百种文书，时间范围主要为清代雍正元年（1723年）至新中国成立（1949年）前，也有少数是新中国成立后的。石仓契约内容十分丰富，涵盖买卖、租赁、典当、借贷、雇佣、税粮完纳、分家析产，等等。石仓契约自面世以来，便引起了学界极大的关注和研究。目前石仓契约的研究领域涉及法学、农学、史学、经济学、社会学、民俗学，等等。因为契约文书具有同时性、真实性、口语性、地域性等特点，所以石仓契约语料价值极高，具有很大的语言研究价值。目前学界对石仓契约的语言文字研究已取得较多成果②，然远未穷尽。《石仓契约》第三辑③中

* [基金项目]国家社科基金项目"宋元以来契约文书俗字研究"（项目编号：11BYY060）；教育部人文社会科学研究青年基金项目"宋至民国契约文书词汇研究"（项目编号：13YJC740138）

① 黑维强.论古代契约文书的文献特点及词汇研究价值[J].合肥师范学院学报，2011（5）.

② 相关研究参见储小旵.明清徽州契约文书疑难词语考释十则[J].中国农史，2011（4）；储小旵.契约文书札记五则[J].中国农史，2012（4）；储小旵.《石仓契约》字词考校八则[J].浙江大学学报，2013（2）；唐智燕.《石仓契约》俗字释读疏误补正[J].宁波大学学报，2013（6）；唐智燕.《石仓契约》俗字校读十则[J].宁波大学学报，2014（5）；唐智燕.《石仓契约》俗字校读十五则[J].宁波大学学报，2015（2）；方一新，路方鸽.《石仓契约》（第一辑）语料价值初探[J].浙江社会科学，2014（3）；郭敬一.《石仓契约》"安着"断句及相关问题[J].安康学院学报，2014（6）；杨继光.《石仓契约》第三辑校读释例[J].伊犁师范学院学报，2016（4）.

③ 曹树基，潘星辉，阙龙兴编.石仓契约（第三辑）[M].杭州：浙江大学出版社，2014.

俗别字、疑难词、方言俗语词甚多，许多为大型语文辞书失载或义项收释不全，前修时贤也尚未涉及。本文拟运用归纳演绎、审辨字形、参证方言、审察文例、参考异文等方法，对其中较为重要的俗别字、疑难词、方俗词进行考释，以期为文献释读扫清障碍，为辞书编纂做出贡献。同时该研究成果也有助于更加深入地研究清代以来石仓地区的农业史、经济史和社会史。兹按词条音序论列如下。

一、便用

《民国二年五月六日阙永聪立当荒坪字》：“今因无钱便用，自情愿将自父手遗下清业荒坪一处，……出当与阙执杉入受承当为业。”（3/73）[①]《道光十九年十一月二十八日阙丽清立换田字》：“其田自换之后，任从张边前去收理开垦便用。”（6/228）《洪宪元年三月十三日阙开旺立卖山场字》：“今因无钱便用，自情愿将祖父遗下自己阄内民山（一）处，……立字出卖与黄桂福亲边入受承当买为业。”（7/281）

案：“便用”义同“使用”、“应用”，各大语文辞书皆失收。本丛书相同语境中又经常使用其同义词“使用”、“应用”、“行用”等。如《光绪二十八年五月十九日林盛安立卖山场字》：“今因无钱使用，自情（愿将）父手退下茶山一块，……出卖与林、阙两姓玉财会内仝等承受买为业。”（2/13）《民国三十四年三月三日张继宝立找断截田契》：“今因无钱应用，自置粮田一处，……阙益和入手承买管业。”（5/194）《光绪三十二年一月二十日张元发立退灰寮字》：“其灰寮自退之后，契明价足，任凭受主起耕收租，烧灰行用。”（6/367）盖因辞书未收，造成整理者不明词义，因而出现误校、误录。如《道光二十七年四月十六日黄廷荣立退基地字》：“今因无钱便［使］用，今将自己名下基地，……出退与包［胞］弟黄廷鹤、侄耀东二人入手管业。”（7/212）原契“便用”不误，不烦改字。《光绪三十年二月二十四日阙来求等立卖房屋字》：“连瓦角地基板壁，一应在内，连门路使用收入。”（3/285）《道光二十三年八月十六日叶连青立当灰寮基地字》：“自当之后，任从兄边前去使用。”（8/201）上揭二例原契明作“便用”，释文径录为“使用”，

① 括号内的两个数字，“/”前的表示例句所在《石仓契约》第三辑的册数，“/”后的表示例句所在的页数。《石仓契约》第三辑共八册。如无特别说明，所举石仓契约皆出自第三辑。

且未出校，有失严谨。《宣统二年九月二十二日赖升科立出拚杉木字》：“今因无钱更［应］用，自情愿将栽种有苗一处，……问到曹东养亲边入受承拚。”（3/338）原契作“更用”，释文校改作“应用”。今谓“应用”固然符合文义，但不符合字形讹误规律。“更用”当校作“便用”，符合文字讹误规律。一则“更”、“便”二字形近，形讹可能性较大；二则石仓契约中“便用”用例甚夥。

二、采的　彩的

《光绪十六年十一月十二日叶火才立退茶山契》：“其山未退之先，并无文墨重点交加，自退之后，任凭兄边划彩的永远管业。”（3/179）《道光十六年六月十七日张石明立卖茶子山字》：“其茶子山任凭阙边收利，采的管业，卖人不得异言俱［阻］执。”（4/30）

案：“彩的”、“采的”不见语文辞书收录，实为“采摘”之俗讹。理由有二。其一，据储小昆考证，石仓契约中“的”通“待”，又通“代”，又通“嫡”，又通“滴”[①]。而“摘”与“嫡”、“滴”形近，书手或偶以“滴”代“摘”，而“滴”又写作“的”。石仓契约中正好有一个非常有说服力的例子。《咸丰十一年三月十九日张云松立卖茶山竹木字》：“其茶山自卖之后，任凭买主修整采滴［摘］管业。”（4/50）其二，石仓契约同类语境中多用“采摘”。如《道光二十六年十二月二十四日赖发荣立卖茶头山骨契》：“其茶头山自卖之后，任凭买主修整采摘，卖人不得异言阻执。”（4/36）《道光二十七年四月十九日赖敦珠》：“其茶头竹山自卖之后，任凭管业采摘。”（4/37）《光绪二十三年六月二十九日李门王氏立退茶木山场契》：“其山并无上手文墨重叠加交，既退与［以］后，任凭叔边买主修划彩［采］摘，执契管业，卖人不得异言争执。”（4/69）《宣统三年八月三日赖永贵等立便换茶子山场字》：“其山各管各□□采摘管业。”（5/339）《民国十四年十一月九日李关林立讨批山场字》：“其山包罗［苞萝］桐子食茶棕竹归与种主收成采摘。”（5/349）《民国八年十一月二十三日阙吉勋立卖茶山契》：“其茶山自卖之后，任凭买主开划采摘，卖人无得异言阻执。”（6/59）以上多处作“采摘管业”、“管业采摘”，语境与所要讨论的例子完全一致。其字面演变轨迹为：采（彩）摘→采（彩）滴→采（彩）的。

---

① 储小昆.《石仓契约》字词考校八则[J].浙江大学学报，2013（2）.

三、承等

《嘉庆四年十一月十四日阙学贤立退房屋字》："正栋横屋，俱一在内，自愿退与弟学信入手承等。"（5/27）《道光三年十一月四日阙德富立退山契》："其山界并及松杉竹木，一应在内，立出退契与本家兄云松入手承等为业。"（5/50）《道光四年十一月九日谢怀荣立退茶头山字》："今俱四至分明，今来托中出退与阙正兴入手承等为业。"（5/50）

案："承等"不见收录于语文辞书。据石仓契约语音相混情况及词义知识，知正体当作"承顶"。《光绪二十二年十一月十日阙承麟立退田字》："（其田）计额一亩五分正，托中立字，出退与本家堂叔振芳仝侄乃良等入受承顶为业。"（1/332）2｜8｜45《道光二十二年五月二十六日林登养等立出退社公会字》："林登养同侄嘉应等，原因嘉庆三年间，承顶林正兴股会，……（今因）口食不给，不得已托中将承顶社公会一股并及会内田地产业，……出退与本坛阙德坤兄边入手承退。"正作"承顶"。"顶"为端母迥韵上声开口四等，"等"为端母等韵上声开口一等，声母、声调俱同，韵可旁转，石仓方言或音同。石仓契约中"等"常讹作"顶"，如《光绪十七年四月二十四日王马才立承批山场字》："今俱四至分明，四至界内，以托中立字，王马才入手承来耕种杂粮顶［等］项，二八均分。"（1/183）《民国二十七年十二月二十六日阙秀求立当山骨并茶头松杉杂木契》："当中凭中，自己股内当过山骨茶头顶［等］项。"（1/335）《道光三十年十月六日孙龙书立讨租山场札》："（山场）讨来耕种包箩豆子顶［等］物。"（3/274）《道光六年九月十六日卢接琳立讨山札》："两相情愿，并无逼抑顶［等］情，恐口无凭，立讨山札为据。"（5/295）而上揭例中则是"顶"音讹作"等"，异曲同工。"承顶"为"接受转让"义，《汉语大词典》仅举一个书证，清黄世仲（1872－1913）《廿载繁华梦》第十四回："实在说，把个库书让过贤弟做去，也不用贤弟拿银子来承顶。"[①] 此义置于上揭石仓契约例怡然理顺，释文失校。该词在传世文献中用例较少，巧合的是，我们在海南三亚的民间契约文书中另找到一例。《康熙四十六年合同》："三处共载米二斗五升，情愿承顶与阿成输差。"[②]

① 罗竹风主编.汉语大词典（第1卷）[M].北京：汉语大词典出版社，1986：774右.

② 蔡明康.三亚民间书契寻真[M].天津：百花文艺出版社，2010：101.

四、当官

《嘉庆十年四月二十九日阙学贤立卖田契》：“自卖之后为始，任凭买主前去当官推收过户，完粮□□，起耕改佃，收租管业。”（4/12）

案：原契及释文皆作“前去当官”，与契约内容扞格难通，当有误字。今谓据此契语境及石仓契约用字通例，当作“前去当管”，释文失校。“当管”义为“掌管，执掌”，《旧唐书·陆贽传》：“怀光当管师徒，足以独制凶寇，逗留未进，抑有他由。”[①] 本册还有其他“当管”讹作“当官”的例子，如《嘉庆十八年二月初九日赖春泰立卖田契》：“自卖之后为始，任凭买主前去当官［管］推收，过户完粮投税，起耕改佃，收租管业。”（4/18）释文正校作“当管”，甚是。需顺带提及的是，以上二契标点不当，应在“前去当官［管］”后断开，即应作：“任凭买主前去当官［管］，推收过户，完粮投税，起耕改佃，收租管业。”与此相关，又有“管业”讹作“官业”，如《道光十年五月二日黄增泉立当田字》：“其租谷不纳，任併［凭］钱主退收过户，完粮官［管］业。”（7/24）释文校作“管业”，甚是。官、管音形皆近，因而误书。

五、分扺　分阄

《光绪三十一年三月四日叶氏顺立分迫田字》：“立分迫父手置有业产，黄元美业产作众日后二子，今分坧有四方坧，计租一担，计额五分正，黄文高名下收租管业 。……立分迫字人母叶氏顺。”（8/257）

案：“分坧”不辞，原契实作“分扺”，释文误录。《汉语大字典》（第二版）：“扺，同‘抵’。《龙龛手鉴·手部》：‘扺’，‘抵’的俗字。”[②]“分抵”亦不辞，未见语文辞书收录。同形异字是俗字任意性的重要表现之一，“同一形体既可充当甲的俗体，又可充当乙的俗体”[③]。据此，笔者以为此处“扺”

① 罗竹风主编.汉语大词典（第7卷）[M].北京：汉语大词典出版社，1991：1400左.

② 汉语大字典编辑委员会.汉语大字典(第二版)[M].成都：四川辞书出版社、崇文书局，2010：1960.

③ 张涌泉.汉语俗字研究（增订本）[M].北京：商务印书馆，2010：124.

当别为一字。据上下文义、俗字学知识及石仓契约用词通例，可推知其为“阄”之俗写。抓阄用手，故俗字从手旁表义；丘、阄读音相近（韵母、声调全同，唯声母发音部位相同而发音方法有送气、不送气之别），故以“丘”为声旁。“分阄”在石仓契约中用例较夥，如《道光四年九月二十六日阙永焕立卖田契》：“今因钱粮无办，自情愿将父手遗下分阄内民山一处，……出卖与本家阙天民叔边入手承买为业。”（1/108）《道光二十四年八月二十六日赖敦华立卖竹头杉木茶头山契》：“今因无钱应用，自愿情将父手兄弟分阄遗下自己阄内情楚物业，土名坐落云邑九茶内管茶铺，……出卖与本族侄碧旺入手承买为业。”（4/33）“分阄”即“抓阄（分配家产）”义。[①] 此二词形语文辞书皆失收。

六、分拍　分伯　分迫

《乾隆四十一年二月九日王富高立卖山契》：“今因口食不给，愿将父手分拍遗下民山一处，……出卖与阙宅润琳仝年伯为业。”（1/20）《诉讼抄底（一）》：“上诉人提起分家必有关书分字，迄今包同利与阙乃亦可不多盗拚串诈，家贫已极，毫无产业，那来分拍关书之理提出？”（5/277）《诉讼抄底（二）》：“该退契并非父立兄弟分产之关书，是被上诉人代还父欠之债。”（5/278）《阙兰旺续诉状》：“缘续诉人土坐牛角窝、槽碓窝等处荒山，虽系父遗与被告人共有，当时经亲族分拍，口头三面订定，援据上代旧例，各开各管，且经父手主约，交民管业，迄今无异。”（5/280）《同治七年十二月十二日张聪文立卖砂坑扎契》：“立卖砂坑扎契人张聪文，父手分拍自己阄内坑扎，坐落……”（6/266）《光绪十二年二月五日张福文立分山骨石盘字》：“安着民田山骨一处，原因前款界至不清，两家混争至今，请托公人邻友房亲前来分拍，品搭均分。”（6/285）

案：排比以上诸例，尤其是同一系列的《诉讼抄底》（一）（二）及《阙兰旺续诉状》，“分拍”之义显系“分析家产”，语文辞书失收该词。“分”自可表分析家产义，“拍”盖取其作决定义，如今之俗语“拍板”。盖因语文辞书失收，造成整理者不明词义，本丛书多处失校。《光绪三十一年三月四日叶氏顺立分迫田字》：“立分迫父手置有业产，黄元美业产作众日后二子，今分垃有四方垃，计租一担，计额五分正。……立分迫字人母叶氏顺。”（8/257）

① 方一新，路方鸽.《石仓契约》（第一辑）语料价值初探[J].浙江社会科学，2014（3）.

“分迫”未被语文辞书收录，且《石仓契约》中仅此一见，疑有误字。结合上下文义及石仓契约用词情况，当为“分拍”之形讹，释文失校。又有因方音讹作“分伯”的。《民国八年七月十四日张元信立议约分拍字》：“立仪［议］约分伯［拍］字人张元信，今因……，故立仪［议］约分伯［拍］字永远为照。”（6/335）释文校录甚确。《立议的分伯字》：“立议的分伯字人李佑源公匹配赖氏育生二子，长新养、次新未，……物件它用天阄，一阄为定，……俱各执一纸，□并同无反悔，……外手屋一间正，新养管业，……水碓正栋屋一间正，新未合用……”（7/361）原契因年代久远，蠹蚀严重，脱落了许多文字，但从内容仍能看出是分产文书，故正字当作“分拍”，释文失校。顺及：据张元信分拍字，知此契标题中所谓“议的”当作“议约”，的、约二字草书形近，释文并失校。拍、迫、伯三字音形皆近，书手误书，释文失校。

七、还路

《民国十七年二月二十日叶起洋立卖茶山契》：“小土名枫树窝，安着茶山一处，其山上至还路，下至田，左至大崀分水买主茶山，右至合水买主茶山。”（3/223）

案：原契及释文皆作“还路”。“还路”义为“归路”，《后汉书·蔡邕传》：“（蔡邕）将就还路，五原太守王智饯之。”《宋书·谢灵运传》：“西军既反，得据关中，长围咸阳，还路已绝。”① 此义施诸上揭契约文义不合。今谓上揭契约中“还路”当为“横路”之误，义为“横向的道路”，释文失校。石仓契约类似语境中“横路”所见甚夥，如《宣统元年五月十九日阙执有立典杉木字》：“立典杉木字人阙执有，今因无钱应用，自手扦插杉木一处，坐落松邑廿一都白叶窝牛尖头山脚杉木一处，上至典主，下（至）横路，左右崀为界。”（3/66）《同治十二年一月二十六日赖招玉出拚木字》：“小土名化能窝中节右片杉木一块，上至青山，下至横路，左至青山，右至小窝老杉木为界。”（4/57）《嘉庆二十年一月二十九日阙云养等立议分单》：“一坐落牛角窝，上主杉木并搭横路下杉木，云养管业。”（5/32）《民国二十四年十二月五日蔡江氏立卖断绝茶山契》：“小土名大

① 以上“还路”之释义及书证皆引自罗竹风主编.汉语大词典（第10卷）[M].北京：汉语大词典出版社，1992：1259左.

艮，安着民山一片，其山上至雷姓并横路，下至林、丁两姓（山），左至分水，右至合水为界。”（8/105）排比上揭诸例，结合语境和文例，“还路”为“横路”之误可成定论。《汉语大词典》收录了“横路”的“横向的道路”义，但仅举一编者自造例“如：门外是一条横路”[①]，当补充契约中的可靠书证，且可将该义项的始见时代提前至清代中期。《广韵》“横”有一音为户盲切[②]，即匣母庚韵平声合口二等；“还”有一音为户关切[③]，即匣母删韵平声合口二等。二字音近。到近现代，石仓地区方言因前后鼻音混同，故“横”、“还”同音，因而书手误书方言同音别字。

八、浸田

《咸丰元年二月三日蔡其对立卖田契》：“今俱四至分明，并及田头地角，浸田水圳，柏树杂木等项，一概在内，自愿托中立契，出卖与张培三边承买为业。”（6/253）《咸丰五年二月八日蔡其对立退田契》：“四至界内，浸田水圳，柏茶杂木，一概在内，寸土不留，……立契出卖与蔡其球边承买为业。”（7/43）亦有作“浸田水路”的，如《咸丰十年十一月十九日阙招书立卖田契》：“上至林姓田，下至林姓田，左至坑，右至林姓田为界，并及浸田水路、田头地角等项，一概在内，寸土不留，……自愿托中立契，出卖与蔡有庆等承买为业。”（7/47）

案：上揭例中“浸田”并非动宾短语，而是已凝固成词。语文辞书未收该词。也许正因为辞书失载，整理者不明词义，所以本丛书中存在失校、误点的情况。如《民国八年十一月九日蔡永润立卖断绝田契》：“今俱四至分明，并及田头地角，侵田水圳，椿茶杂木，一概在内，……出卖与阙起翠亲边入手承买为业。”（6/101）据此类契约行文语法通例，田头、地角、水圳、椿茶、杂木皆为偏正结构，而“侵田”不类偏正结构，疑有误字。再据石仓此类契约用词通例，皆作“浸田”，乃知“侵田”为“浸田”之误。此为失校。《宣统三年八月十三日徐利富立卖断截田山契》：“今俱四至分明，并及四至界内，荒坪地角浸，田水圳，柏树杂木等项，一应在内。”（7/64）“浸”当属下而误属上，割裂词语，此为误点。《光绪十四年十一

① 罗竹风主编.汉语大词典（第4卷）[M].北京：汉语大词典出版社，1989：1252右.

② 陈彭年等编.宋本广韵·永禄本韵镜[M].南京：江苏教育出版社，2002：52下.

③ 陈彭年等编.宋本广韵·永禄本韵镜[M].南京：江苏教育出版社，2002：35下.

月十三日蔡阙氏立卖田契》：“今俱四至分明，并及界内田头地角，尽处椿茶杂木等浸田水路，一概在内，……出卖与林顺庆仝婿冯生茂亲边承买为业。”（8/42）“浸田水路”前应施标点，当断未断，亦属误点。据《现代汉语方言大词典》[①]，娄底、梅县都有“浸冬田”的说法，分别释为“秋收以后即行灌水浸泡的田”、“长年都有水的山坑田”。要之，都是指有水浸泡之田。石仓契约中“浸田”义同。

九、讨种

《民国三十三年三月十三日叶绍洋立讨种田札字人》：“此田亦系日前自手出售，面断限种一年，自本年三十五年截止后，田业主自耕或改佃、讨种，无得异言阻执，其租谷应送到业主家内扇净交量明白。”（8/297）

案：释文未充分理解词义，又不谙石仓契约文例，故标点不确。以词义而言，“讨种”本义为“租种”，即缺少田地的人向他人租种田地，如本契标题中即是此义；本契正文中“讨种”为引申义，指讨种人，即向他人租种田地的人。以文例而言，本丛书两千余件契约中“无得异言”类结构出现了数百次之多，其前都有主语，如《光绪十六年八月二日阙石仓立卖屋契》：“其屋任凭买主居住收造，卖人无得异言。”（1/317）《民国三十七年十二月十九日阙信武立退房屋字》：“其屋自退之后，任凭银主收理居住管业，退人无得异言阻执。”（2/151）《乾隆元年十月三日蓝庆和立发仰屋字》：“如有欠少，任凭蓝边封锁，另租地人，赖边不得异言霸住。”（5/291）《宣统二年十二月二十四日阙吉宝立退房屋契》：“其屋出退之后，契明价足，退人不敢异言，任凭业主居住关锁，收整管业。”（6/94）此处不得独无主语。此例“讨种”或为“讨种人”之省，但石仓契约此种用法仅此一见。不过，“讨种人”还有省作“种人”或“讨人”、“讨边”的用法，石仓契约中用例较夥。《光绪二十四年十月二十一日邱砿斌立讨田札》：“如有欠少，起耕易佃，种人无得异言。”[②]《中华民国二年九月二十九日罗绍宝立讨田札》：“其租每年种人约至秋收之日充纳。”同上：“日后如若阙姓田主

① 李荣主编.现代汉语方言大词典（六卷本）[M].南京：江苏教育出版社，2002：3431.

② 曹树基，潘星辉，阙龙兴编.石仓契约（第2辑第6册）[M].杭州：浙江大学出版社，2012：78.

自种，讨人不敢阻婪霸种之理。”[①]2 | 8 | 35《道光十三年十一月六日张文通立讨田札》：“其租递年的断送花谷田主仓下，扇净桶（量）明白，不敢欠少升合，如违，其田任从田主另佃他人，讨边不得霸（种）异言。”2 | 8 | 39《道光十五年三月十三日赖学云立讨田札》：“其租谷递年送至田主仓前交量，不敢欠少，如违，其田灰寮等处，任凭田主起耕改佃，讨人不得异言霸耕。”

综上，“讨种无得异言阻执”当连读。盖因语文辞书失收该词，造成整理者不明词义，因而误点。

十、言深找赎

《道光元年十月二十九日赖门胡氏等立卖茶头山契》：“其搽［茶］山自卖与［以］后，一卖千休，日后不得言深找赎等情。”（5/45）

案：“言深找赎”不辞，当有误字。据本契上下文语境及石仓契约用词通例，当作“言称”，义同“言说”。南朝宋颜延之《庭诰》：“文理精出，而言称未达；论问宣茂，而不以居身。”[②]石仓契约中“言称”用例较夥，如《道光五年十二月十二日王门阙氏立退竹头山契》：“其竹山自退之后，任凭兄边籙养管业，即日原连契附与兄边，后日不得言称。”（4/26）《乾隆四十九年十月二十六日蔡增永等立找田契》：“其田自找之后，并无言称再找。”（7/5）《道光十一年十二月十二日张广大立卖田契》：“自卖之后，永为蔡边血业，张边不得言称找赎等情。”（7/25）《广韵》“深”音式真切[③]，即书母侵韵平声开口三等；“称”音处陵切[④]，即昌母蒸韵平声开口三等。书昌旁纽，侵蒸通转，南方方音极近，因而书手误书同音别字。无独有偶，石仓契约中也有“深”讹作“称”的情况。《咸丰三年十月十三日张培恕等立退田契》：“倘有来力［历］不明，退人自能支当，不涉会内人等之事，日后年称日久，退人永无找赎等情。”（6/257）“年称日久”当

① 曹树基，潘星辉，阙龙兴编.石仓契约（第2辑第6册）[M].杭州：浙江大学出版社，2012：131.

② 以上“言称”之释义及书证皆引自罗竹风主编.汉语大词典（第11卷）[M].北京：汉语大词典出版社，1993：10左.

③ 陈彭年等编.宋本广韵·永禄本韵镜[M].南京：江苏教育出版社，2002：63上.

④ 陈彭年等编.宋本广韵·永禄本韵镜[M].南京：江苏教育出版社，2002：57下.

为“年深日久”，释文失校。参《道光二十二年二月二十二日叶淮瑛立缺田粮字》：“（其田）今便卖与阙龙金兄弟边做坟管业，任凭阙边自己补粮，日后年深日久，叶边不得言称丢粮不收等情。”（1/229）《咸丰四年八月二十四日谢天生立送山场杂物等项契》：“其山族送之后，年深久远，并无找赎之节情弊。”（4/46）

十一、一间二揹

《道光三十年十二月二十四日赖登华立卖房屋契》：“其屋与内外兄弟子侄人等并无干碍，亦无重复典当他人，□□□物业，一间二揹，并无逼勒之理。”（5/313）

案：若囿于字形，则“一间二揹”文义未安，难以索解，当有讹字。综合语音、字形及石仓契约用词通例，可推知正体当为“一甘二肯”，为“甘肯”的扩展形式。《广韵》“间”有一音为古闲切[①]，即见母山韵平声开口二等；“甘”为古三切[②]，即见母谈韵平声开口一等。二字音极近。近代汉语中山、咸二摄韵尾趋同，导致南方方言“间”、“甘”同音，因而书手误书同音别字。“甘肯”义为“甘愿；情愿”，同义复词，语文辞书皆失收该词。“甘肯”在石仓契约中用例甚夥，如《康熙四十六年二月三十日阙玉书立卖地契》：“所买所卖，二比情愿甘肯，两无逼勒准折之故。”（5/3）《咸丰元年二月三日蔡其对立卖田契》：“此出两家甘肯，各无反悔。”（6/253）《咸丰五年二月八日蔡其对立卖田契》：“所卖所受，两家甘肯，各无反悔。”（7/43）

十二、阴片

《民国十一年三月三日赖生养等立拚杂柴字》：“土名坐落云邑九都内管钓鱼潭阴片，安着杂柴一处。”（5/345）

案：语文辞书皆未收“阴片”，而收有其同义词“阴面”。也许正因为语文辞书失收，造成整理者不明“阴片”词义，故而本丛书中存在误录或失

① 陈彭年等编.宋本广韵·永禄本韵镜[M].南京：江苏教育出版社，2002：36上.

② 陈彭年等编.宋本广韵·永禄本韵镜[M].南京：江苏教育出版社，2002：64下.

校的情况。如《光绪十年五月二十一日林氏立批杉树字》：“小土名槽堆［碓］窝，安着杉树一处，阴庄毗连二块。”（5/66）释文所谓“阴庄”，原契实作“阴片”，此为误录。《民国二十八年五月十三日陈立相立批山场字》：“小土名双坑口，安着阴便山。”（3/239）“阴便山”不辞，当作“阴片山”。《广韵》“片”音普面切[①]，即滂母霰韵去声开口四等；“便”字有二读，其中一读为婢面切[②]，即並母线韵去声开口三等。二字音极近。近现代汉语中浊音清化，加上山摄三四等韵合流，导致现代南方方言“便”、“片”同音，因而书手误书方言同音别字。此为失校。

原载于《中国农史》2017年第2期

参考文献

黑维强．论古代契约文书的文献特点及词汇研究价值[J].合肥师范学院学报，2011（5）．

曹树基，潘星辉，阙龙兴（编）．石仓契约（第三辑）[M].杭州：浙江大学出版社，2014.

储小昱．《石仓契约》字词考校八则[J].浙江大学学报，2013（2）．

方一新，路方鸽.《石仓契约》（第一辑）语料价值初探[J].浙江社会科学，2014（3）.

杨继光．《石仓契约》第三辑校读释例[J].伊犁师范学院学报，2016（4）．

汉语大字典编辑委员会．汉语大字典（第二版）[M].成都：四川辞书出版社；武汉：崇文书局，2010.

许宝华，（日）宫田一郎．汉语方言大词典[M].北京：中华书局，1999.

李荣．现代汉语方言大词典（六卷本）[M].南京：江苏教育出版社，2002.

蔡明康．三亚民间书契寻真[M].天津：百花文艺出版社，2010.

张涌泉．汉语俗字研究（增订本）[M].北京：商务印书馆，2010.

① 陈彭年等编.宋本广韵·永禄本韵镜[M].南京：江苏教育出版社，2002：118下.

② 陈彭年等编.宋本广韵·永禄本韵镜[M].南京：江苏教育出版社，2002：64下.

我的恩师叶宝奎

厦门大学海洋与地球学院　郑碧娇

初见叶老师于1996年10月，当时因考研所需找他要书，他很热情地接待了我和陪同的同学，大概对我做了些指导和鼓励，具体内容已然模糊，清晰记得的是他的慈眉善目、平易近人和真诚善良。走出叶老师家，同学忍不住先说了："这个老师真好，以后你选他当导师吧。"我笑了笑说："这也是我的想法，我一定努力争取。"

之后，我得偿所愿，成为了叶老师的学生。先是硕士三年，后又有博士数年，叶老师均是我的授业导师。有这么一位可亲可敬的好导师，于我而言，是这一生中最幸运的一件事。他温和敦厚、乐观通达，脸上总是挂着笑容，一看便是老实做学问，心中无杂念，宁静且淡定，向善向上而行者。他对学生的教导用"春风化雨、润物无声"是最恰当不过的了。不管是传授知识、教导方法还是指导论文，都是一丝不苟、循循善诱，让人如沐春风。硕士三年，他引领着我稳步前行，从上课、读书、研究到写论文、毕业就业，我一点儿没感觉到压力和畏惧，却是始终觉得踏实、充实、愉悦，也许是叶老师很好地把"压力"转换成了"推力"。有个同学见我与老师通电话时总是欢天喜地，就无比羡慕地发出感慨："你们叶老师太好了，我每次给我老师打电话都胆战心惊的。"其实，当年少不更事的我，对叶老师并没有十分了解，多少有些"身在福中不知福"的意味。毕业后留校，过了几年又考了叶老师的博士，与他有了更多的接触，才发现他是我见过的最有涵养、最宽厚、最有耐心的老师。

从周铁师兄等人的口中得知，叶老师对学生十分友善、包容，可以说是"无条件的好"。在他的课堂上，如有学生开小差、交头接耳，他就看一眼、笑一笑，却并不生气也不严厉指责批评，学生看到老师如此宽宏大量，便自觉收敛、认真听课了。叶老师担任88级本科生班主任，那个班经济困难的学生不少，总有人去找叶老师借钱，而叶老师总是"有求必应"，过后有的还钱了，有的也就不了了之了，而叶老师从不追究。在那个物资相对匮乏、收入低微的年代，叶老师和师母得多么大爱无私才能做到如此。后来，在梁伦润学长的《我的班主任叶宝奎老师》一文中，我不仅看到了他关心、帮助、资助在校生以及润物无声育人的一面，还看到了他数十年关心、爱护、帮助已毕业的学生的感人事迹。用“爱生如子”形容，一点儿也不为过。

叶老师的耐心和“化雨之恩”，我是在读博期间充分而深刻地感受到的。在职读博，困难重重，繁忙的工作不仅占用了白天的时间，经常还挤占了晚上或周末的不少时间。工作之余，得照顾陪伴孩子和家人，还得分担一些家务。于是乎，我的博士学业屈居第三位。总是要到晚上十点以后，才能读书、查阅整理资料。也因此，我的博士论文写作进展极为缓慢，每次去见老师，心里总多少有些惴惴不安，可他并不苛责和催促，而是先关心我的工作、家庭等，最后再耐心地鼓励、启发我推进论文写作。全程和风细雨，我在基本没增加压力的情况下，又获得了一些动力和信心。这样的场景持续了很多年，老师不放弃我这个不合格的学生，我也没敢放弃学业，加上有师母和荧光师妹的陪伴鼓励，最后终于顺利毕业。写作过程的耐心指导，成文之后的悉心斧正，这个过程很长，耗费了叶老师很多的时间和心血。这个培育之恩令我毕生难忘。

他关心学生却从不麻烦学生，从不安排学生帮做任何事。读书期间如此，我毕业后留校工作，亦是如此。2017 年 6 月，叶老师因摔伤骨折，后在厦门第一医院动了手术。当时师妹在台湾访学，身边仅有师母照顾。离他们最近的学生就是我了，可是，他们俩竟一直不肯告诉我，就因为担心我太过忙碌，不忍麻烦我。远在台湾、心急如焚的师妹忍了几天才委婉地跟我说了这事情，得知后我开始坐立不安，送走家里的客人后我打车直奔医院。见到半卧在病床上的叶老师，我的第一句话是：“老师，您怎么样了？为什么不告诉我？”我的眼泪在眼眶里打着转，而叶老师还是带笑地说：“没事没事，已经做过手术了，都很顺利的！”而后，老师跟我说了事情发生的原委以及发生后的处理解决经过。我从中又发现了老师的另一面，遇事沉着冷静、当机立断。“伤筋动骨一百天”，骨折术后恢复需要三四个月的时间，期间行动不便，但又得克服困难做康复锻炼，如果没有相当的毅力是很难坚持的。叶老师发扬他一贯的乐观精神，勇敢、坚定地渡过了难关，让我们也安了心。

数十年来，叶老师心无旁骛从事音韵学、近代汉语研究和研究生指导工作，成果丰硕，桃李芬芳，却始终朴实无华、本色不改、淡定从容。孔子曰：“智者动，仁者静；智者乐，仁者寿。”愚以为是叶老师的写照。这也是令诸多弟子景仰之处，也是我最想学习效仿之处，却难免高山仰止。

家住在叶老师家附近，多了个“小确幸”。老师和师母每次到外地出差或旅游，都会带回当地的特产给我，嘉兴的粽子、台湾的凤梨酥、宁德的魔芋……数不胜数，特产美味无限，而更值得回味和高兴的是其中所蕴含的老师和师母的心意！这方面估计要羡煞异地的师兄弟、妹们了。不止于此，还多了个“大确幸”。这些年，叶老师的家就是我的避风港、加油站。老师和师母经常能帮我化解因工作、家事、孩子教育等带来的心头阴霾和迷茫。每次见面，与其说是我去探望老师、师母，不如说是我又去麻烦老师、师母指导解惑。老师家正直坦诚、严谨治学、积极进取的良好家风是我受益终身的精神财富。

多年来，叶老师对我的成长施予的影响不仅是学问学术方面的传道、授业、解惑，更是个人品格与精神方面的启示与默化。对我来说，叶老师既是一位治学严谨、勤恳务实的师者，也是一位慈祥博爱、循循善诱的父亲。从青年到中年，历经时光淘洗，他对我的关怀、帮助、启发始终不断。二十余载始回眸，温暖一路，明亮一路，且将延续。以前对老师保有的是对师者之尊重，现在对老师怀有的则是对长者亲人的敬爱。

唯愿吾师与师母平安康健、幸福长寿！

2019 年 2 月 11 日

我的老师“叶宝宝”

汉江师范学院　陈　洁

第一次注意到老师的名字是在他的著作《语言学概论》上。我是一个运气比较好的人，大学毕业于邵阳学院，我们那一届是学校的第一届本科。毕业的时候因为不想找工作就选择了考研，感觉第一次考研嘛，要么得选个牛B的学校，如北京大学；要么得选个既牛B又漂亮的学校，如厦门大学，于是我选了后者。考虑专业时，想选古代文学，因为我喜欢，但真正看到厦门大学的考研参考书时，我又毅然地选择了汉语言文字学专业，因为要看的书少。就这样，第一次从书中认识了老师。

老师的《语言学概论》写得自成体系，与我以前学过的不太一样，有自己的系统，于是，我便朦胧地意识到了大家的境界。也开始在头脑里想象老师是个什么样的人：严谨、严肃、严格、严厉……大概是因为我从小到大怕老师的缘故吧，只能想到一些用“严”作语素的词了。可即使如此也不影响我对老师的崇拜，正是这种崇拜让我到考语言学概论时，拿着试卷从开考写到考试结束前20分钟没停笔。

第一次给老师打电话是在研究生面试以后，因为我是笔试的最后一名，所以也不知道自己能不能上。懵懂的我，考前没跟厦大的老师联系过，面试也是前一天飞过去，考完就马上就飞回了家。因为当时我有位师兄也想考厦大，而且联系过老师，所以，从他那得来了老师的电话。抱着反正老师不认识我的心态，战战兢兢地拨了他的电话。声音并不是我想象中的那么严厉，更没有不耐烦。相反，虽然我很激动，老师却一直很有耐心、很平和。我之所以激动，一方面是因为我怕老师；另一方面确实是激动，因为老师在我心里是偶像。等老师告诉我说被录取时，我已经激动到说话都磕磕绊绊了。挂了电话的我回味良久，迟迟不敢相信自己真的可以天天到厦门海边散步了！真的可以到既牛B又美丽的厦门大学读书了！

第一次听到有关老师的形容是到厦大读书了以后，当时还没有选导师。

本科毕业于厦大的小英跟我介绍说：叶老师，我们都叫他“叶宝宝”……

“为什么啊？”我锁着眉头问，虽然我那位曾经和老师联系过的师兄说过叶老师挺和蔼，但“宝宝”？难道老师还很年轻？

小英看到我的样子赶紧解释：“因为叶老师老是笑容满面，没有架子，脾气又好，所以大家就都叫他‘叶宝宝’了。”

当时，我刚到厦大，因为我从小便怕老师，听说叶老师这么随和便犹豫要不要跟着老师学音韵。等下定决心后便又鼓起勇气给老师打电话，向他表明我想学音韵学方向的决心。老师在电话里笑着说：“哈（阳平）？你想好了？”其实我也没想好，因为大家都说音韵学很难，这也是我之前犹豫的原因。但是我之前想请李国正老师做我的导师时被婉拒了，所以心里便惴惴的，生怕再被老师拒绝，便坚定的答了“是”，老师便笑了一声，答应了。于是，我便开始了撑着头皮看音韵学书的研究生生活。我想大概就是因为老师的这种随和的性格，我们那一届有三个学生都选的老师当导师——池挺钦（池老大）和张金帅。

等第一次见到老师了才发现“叶宝宝”这个称呼果然很适合他。老师个子不高，圆圆脸，说不说话都是笑容满面，真的笑起来眼睛就眯成了一条缝。很有喜感！

人说“相由心生”！老师确实就是这么一位和善、宽容的人。记得一次老师要去漳州校区录制视频公开课，问我会不会播放多媒体。当时多媒体教学才刚刚兴起，给我们讲课的老师里就没有用多媒体的。我仗着自己刚从金帅那儿学来的，会做两张PPT的三脚猫功夫，便大摇大摆地跟着老师和摄影师到了漳州校区当助教。开始还挺顺利，讲到一半时，电脑突然死机了，于是我这个半桶水不到的，直接上去就把投影仪给关了……等电脑反应过来，想再开投影仪时，怎么也开不了了。（当时的投影仪关机后要再启动得等个几分钟才行）摄影师还在录制，教室里的同学开始交谈，我急得头上直冒汗。老师却还是微笑着，“没事儿，没事儿，要不就先下课休息一会儿吧！”同学们刚起身儿没两分钟，投影仪便被我按好了，于是老师又张罗着把学生从外面叫进来，继续录课。一堂课因为我，被录得惨不忍睹，老师却一面请我吃午饭，一面说辛苦我了，很是不放在心上。

第一次被老师询问功课时，是跟池老大和金帅一起，在老师的家里。老师的家很朴素，师母也很朴素，但待人却热情。老师拿出茶具款待我们，这是我第一次喝这种功夫茶。苦苦的，但却香醇润嗓。老师一边给我们倒着茶，一边问询我们音韵推荐书目阅读情况。我当时正读完薛凤生先生的《北京音系解析》，便针对这本书发表了自己的看法，老师一边听着一边会不时指点几句。气氛很融洽，茶也喝得心里暖暖的。

第一次考试老师教授的音韵学时，同学们都很紧张。音韵学很多同学都挺怕的，我却因为是音韵方向，平时硬着头皮多看了几本书倒比较放松。考试时，老师巡着便走到了我跟前，指着我的试卷，“薄是入声字啊”，他轻声提示。我抬头也轻轻地答道，“薄荷的薄不是入声”。老师的眼睛便眯成了一条缝，点着头走开了。

我人生的第一份工资也是老师发的。因为家里条件不太差，所以我读书时基本没做过兼职，大学时有过一份家教的兼职，也因为小朋友不听话赌气没去了，钱也没好意思去找人家家长要。当时，老师正在整理编辑师爷黄典诚先生的论文集，因为我平时还碰碰电脑，会用国际音标，于是就让我跟小英、睿渊、金帅一起整理论文集。文稿基本都得一个字、一个字地敲进电脑。于是，老师便总要在自己校对以后才会交给我们录入。并且会反复叮嘱我们，一定要仔细校对。那段时间，我们有固定的机房工作，老师则会时不时的过去探视我们，提醒我们记得吃饭。一两个月的论文整理不仅让我赚到了人生的第一份工资，也让我对师承有了更多的了解。

等到写毕业论文时，毕业论文我前后修改了四次，看着老师在我的纸质底稿上用红笔批改的大到修改意见，小到标点符号的指正一次次的变少，我便明白，老师这种治学态度就是我需要一辈子去学习的。

毕业前，我因为一直以来忧患意识不够，找工作也比人慢一步。老师知道后便一有合适的招聘信息就告诉我。甚至，有一次在厦门大学召开学术会议时，还把我和池老大带到一位武汉老师的宾馆房间，向他推荐我们，并且让他帮我们带简历回学校。那位老师是谁我不记得了，但那位老师说的一句话我到现在还记得，“像叶教授这种帮着学生找工作的老师真是少见啊！”

是的，这样的老师确实是少见，因为一般的老师把学生带毕业了也就算是完成任务了。老师却哪怕是我们毕业了还会经常给我们推荐一些书目，告诉我们学术会议的信息，甚至，算着我快要评副高时，老师还询问我有没有合适的论文，说他可以帮着推荐一下核刊。

毕业十多年了，我基本每年都会跟老师联系，老师也每次都是笑着跟我问好。有一次，我在家里吃到一种腌制的酸枣，味道不错，想着福建人似乎也喜欢吃这种酸甜的东西，就给老师寄了一点儿。没想到，不久便收到了荧光替老师寄过来的海产品和老师亲自寄过来的自己新出版的书，让我很是感动。

可惜，我生性懒惰，毕业时不愿意往大城市跑，工作了也不求上进，真是有负老师对我的期望了！但我想，对学术的追求我是怎么也赶不上老师了，但老师这种笑对生活、善待学生的态度我愿自己能学个皮毛！

2018 年 11 月 30 日于汉江师范学院桐华苑

漫忆叶师

电子科技大学中山学院　池挺钦

那天，随手点开微信。有个陌生人申请加好友，自称同门娄育。娄育告诉我，为庆贺叶师七十华诞，弟子们拟出一本论文集，让我也给一篇。我老脸一热，毫不犹豫地拒绝了。若只是为评职称花个五百一千混个烂期刊凑个论文数，还可以心怀侥幸自我安慰——这种期刊大概只有人看封面和目录，但让一个多年后翻阅自己毕业论文都还得借助工具书的人写论文庆贺老师七秩华诞，这不开师门的玩笑么？

之后想给叶师打个电话，又不知如何开口。我是个不容易放下的人，心怀歉意，一时难以释怀。后来得知论文随笔散文皆可，才欣然提笔，记录与叶师交往的点滴往事。

十多年前，与叶师尚未谋面，却已早知其人。这源于一个与学问无关而与现实妥协的决定。

大学毕业后，虽几经挣扎，我还是随着档案回到了那个每次匆匆而过但从未停留的小镇。那时的小镇以饲养母猪闻名，因此行人与母猪一起在那不长的坑坑洼洼的街道上悠闲地散步，成了当地的一道风景。

当然，那个年代分配到乡下的本科生还是远远比母猪少的。因此，经历了第一年的不习惯与母猪散步不习惯打扑克麻将，到第二年暑假逃离小镇失败之后的彻底沉沦，再到无论打麻将输赢都感到无边的空虚，我终于在某天神经大作脑洞大开，借了初、高中的全套英语教材，从苹果苹果爱颇了，桔子桔子哦铃举开始，走上了艰难的考研之路。

说来凑巧，选择报考学校和专业时，打听到有个本科同学正在厦大读研，于是立马以厦大为目标。选择专业时倒颇为踌躇——文学类要读的书太多了。同学读的是汉语言文字学，必考科目三门：古代汉语——感谢上中小学时的早读课，小朋友们比赛似的音量一个高过一个以至于声嘶力竭，这种环境和形式竟让我喜欢上了文言文的抑扬顿挫之美和言简意赅的冲击力——这门课不怕；现代汉语——给学生分析病句讲语法时经常接触，而且往往直接引用教材中的例句——这门课也不怕；语言学概论——这门课，怕！我素来不喜欢太理论化的东西，读起来费劲，有时一句话非得杏眼圆睁一个字一个字地看，有时甚至要先分析清楚语法结构才看得明白，有时干脆就是看了下句忘了上句。直到有一天，同学给我寄来叶师的《语言学概论》，不厚的一本书。我不由自主地赞叹了一声：这个老师，好人啊！

从此，叶师的《语言学概论》正式取代了扑克麻将在我生活中的地位，我对扑克麻将的决绝甚至出乎不少人的意料。正如把麻将摸到近乎可以盲打的状态，我把叶师的《语言学概论》也背得滚瓜烂熟，一些重要的内容我甚至可以直接说出在书中前后左右上下的位置。该书脉络清晰，表述简洁，实在是语言学入门利器。事实上，叶师专门研习过理论语言学，造诣很深。如果我当初再读读索绪尔、乔姆斯基，了解些历史比较语言学和结构主义语言学的知识，对叶师《语言学概论》的学习会更顺畅更通透些。当然这是我后来才知道的。可惜当时网络不发达，小镇上也找不到人指点。背完整本书，我俨然已是小镇的语言学权威。

叶师与我的师生缘续上了。缘起就是这么一个下里巴人的选择。其实，生活底层的挣扎，有多少是阳春白雪的呢？

叶师原来并不威武，甚至有些瘦小，却慈眉善目，和蔼可亲，时常笑眯眯的，给人温暖祥和的感觉。然而或许天性不善交际，或许后天习惯使然，从小到大，我对老师始终心存敬畏敬而远之。因此若非叶师找我，或学业上面临绕不过去的困惑，我很少主动拜访叶师。

在跨入厦大校门之前，即将与母猪们道别的狂喜其实已经被一些意外冲淡了。成了厦大学生以后，与其他本科直升研究生的同学学业水平的差距尤令我痛不欲生。我只好努力地囫囵吞枣，以防上课时发言离题万里。即便这样，当初有些言论，至今想来还令我汗颜。这大概就是无知者无畏了。

最无奈的还是上英语课。读和写我倒不惧，听力和口语那可真是要了我的钦（卿）命。精读课老师是个年龄恐怕比我还小的女教师，我交作业时特地给她写了封短信，恳求别让我用英文发言，可惜被无情地拒绝了。口语课更惨。老师是个老外，光头。一旦提问到我，他开始摸他的光头，我开始摸我的平头，因为我听不懂他说什么，他大概也听不懂我用汉语拼音说的英文。因此，我一开口，课堂顿时活跃起来，女同学捂着嘴哧哧地笑，男同学则咧着嘴开怀大笑。后来，我便打起了游击，忽东忽西，妄图在后排角落隐蔽。

然而也没用，我分明看到老外的眼睛探照灯似的在教室里来回搜寻……

叶师肯定是知道的。聊天时，他曾不经意地问起我，大学英语六级是否通过。当时，这是申请学位的必要条件之一。叶师明白对我们这些工作多年后重返校园的人来说，外语意味着什么。又问我在校外兼职的情况。我有些不好意思，因生活所迫，我在一所民办大学兼了点课。叶师便提醒我兼职也可以，但够生活费就行了。叶师似乎轻描淡写，没有任何苛责，但言语间，有督促，有关爱，更有宽容。

三年级那年，我很早就确定了工作去向。当时去广东某著名高校试讲了一堂课，还算成功，负责人就告诉我回去好好准备毕业论文，届时等通知签约。因此，在其他同学还为工作四处奔波的时候，我得以全身心投入毕业论文。然而一直等到第二年四月，辗转获知有个竞争者的男朋友在那所著名高校的人事处，因而把我给刷了。情势急转直下，我情绪有些失控，气急败坏地把当时承诺我的负责人狠狠骂了一通。事后想想自己到底还是缺乏涵养，或许他也是无能为力的。然而在当时，面临论文和工作两大问题，焦虑是空前的。叶师知道了，也帮着打听工作的事，在论文方面也没有给我过多的压力。其实我自己也明白，因为我的毕业论文前后花了将近一年时间，在资料收集和分类整理方面做得比较认真，但在深度和广度的拓展上却远远不够。处于当时那种状态，我已经无法再静心思考论文的事了。

多年以后，每当忆起厦大时光，我就会发现，虽然学问我未能传承，但是，叶师以及其他老师谦逊宽厚的品格，学术探索的执着和无信不征的严谨，其实已经深深地影响了我。我想，这就是师道的润物细无声吧。

叶师的经典表情就是笑眯眯的，说话语气和缓，然而终于有几次，我发现有些不同。

一次是跟我们闲聊近代汉语语音的问题，他说，近代汉语标准音既不是北音（中州音、北京音），也不是南音（南京音），而是代代相传不断演化的读书音。叶师讲述的时候，眼神凝视虚空，仿若穿透了历史的烟云。笑眯眯的表情消失了，一脸严肃，斩钉截铁。我知道，这是叶师毕生的研究心血之一。对于这个问题，像我这种水平的，自然无从置喙，然而叶师当时的那种神情却给我留下了深刻的印象。

听师母说，他们女儿还小的时候，做家务、带小孩大多都是她承担的。“他就会呆在他的房间里看他的书，写他的文章。”师母说得有些愤愤。叶师在旁也不争辩，只是呵呵笑着，似乎有些歉然地看着师母。那一刻的叶师，看上去像个犯错的小孩，直让我心里乐不可支。

甚至于对我这种才疏学浅的学生，叶师也希望我能尽量多做点事情。毕业之后，叶师多次让我把毕业论文好好理一理，看能否整几篇论文出来。但我陷于工作和生活的一地鸡毛，一直没有动笔。后来为评职称，将毕业论文中作者考证和版本考证的内容匆匆整成两篇论文，其中一篇已有核心期刊答应录用，但赶不上评职称的时间，最后发表在一个自己看了都脸红的刊物上，后悔之余，更是不敢轻易动笔。另外，我毕业后在高校从事行政工作，工作需要，看了一些高等教育方面的书，也尝试着写些与高等教育相关的论文，与所学专业更是渐行渐远，以至于陌生了。叶师后来得知这一情况，竟给我寄来了一本书——潘懋元先生主编的《应用型人才培养的理论与实践》。关爱之情，溢于言表。而愚钝如我，心性游移不定，冷板凳又不愿坐，恐怕只有愧对叶师期望了。

我唯一喜欢的运动是打乒乓球。小时候条件差，只要有球，随便一个扁平的石块捡起来也可以当拍子玩半天。在厦大读研一时，参加了一次研究生学生会举办的乒乓球赛。赛前恢复练习时，在校工会教工活动中心竟偶遇叶师，而且竟然输多赢少，被叶师打得满地找球。

我右手直拍，风格类似程咬金的三板斧，发球抢攻，球一过去，马上侧身准备扣球，因此来回球少，属于要么拍死你，要么拍死自己的那种拼命三郎。叶师则左手直拍，脚下不丁不八，身体稳如泰山，直拍横斜，只等我奋力一拍过去，还没来得及回身，他快速一个直线推过来，有时还发出一声低吼，很出乎我的意料。但我当时在叶师面前还比较拘谨，只敢在心里暗笑不止。

毕业多年后，机缘巧合，叶师到我工作所在的高校担任教学督导。当时也有韩国高校邀请叶师去讲学，但叶师最后选择了中山，我自然非常高兴。我们时常在一起打球、聊天、登山。那时我的球技有了较大进步，又仗着年轻，体力好一些，脚步灵活一些，因此陪叶师打球时，已不用全力进攻。

叶师和师母在中山的两年，至今常令我怀恋。相处日久，我们甚至处出了亲人的感觉。就连我儿子也至今还记得，爷爷奶奶经常煮鸡蛋给他吃。儿子说，爷爷奶奶煮的鸡蛋最好吃，煮鸡蛋的时候，煮蛋器的盖子扑嘟扑嘟地一起一落，可好玩了。我想，小孩的心灵是最纯净的，谁好谁不好，他们其实有着异常灵敏的直觉。不是鸡蛋更好吃，而是我儿子在其中感受到了亲人般的爱。每当我训我儿子调皮捣蛋的时候，叶师和师母就说，孩子还小，别老训他。他们看着我儿子时的那种慈爱的眼神，他们追着照看我儿子时已并不灵活的身影，令我感动莫名。

叶师和师母远道而来，我理应尽弟子之情，尽可能照顾好他们。然而他们践行着克己复礼的文化传统，自律到甚至让人感觉见外。有时去拜访叶师，礼节性地带点随手礼，他必定要回赠点什么。有一次，叶师有个香港朋友到中山来，饭毕，他竟然跟我抢着买单！后来，我跟我夫人聊天，我说，叶师的经典表情，叶师的言行举止，我总感觉有些不同的东西。这么多年过去了，我终于发现，那就是童心，赤子之心。

在诗歌喑哑的尘世里，童心已渐渐成了陌生的记忆。然而，叶师无论对人，对学术，对社会，却始终保持着一颗纯真的赤子之心。

天下无不散之筵席，叶师要离开中山了。那天他到我办公室，跟我说这次回去就不再来了。他的经典表情不见了，脸色有些凝重，头发也有些凌乱，似乎花白了一些，整个人的精神状态看上去很不好。我之所以记得这么清晰，是因为当时这种感觉很强烈，因而很担心。但是叶师当时没细说原因，后来师母才告诉我。

叶师离开中山之后，很久再没见面。大概过了两年，去厦门出差，叶师看上去很高兴。那天晚饭时，叶师也喝了几小杯酒。在我印象中，那是他喝得最多的一次。第二天，叶师又过来我工作的现场，而且竟然给我带了礼物。我在忙着，抽空和他聊几句。他也就一直在旁边看着，恍惚间，我也成了那个长不大的要人照看的孩子……

往事历历，似乎很遥远，又似乎刚刚发生。

什么时候，带着故事，再约叶师。

与叶师共饮，为童心干杯！

厦大谦谦一君子

马来西亚　马来亚大学　刘树佳

2007年叶宝奎老师来马来亚大学中文系任客座教授时，我还是硕士研究生。经中文系主任介绍后，我认识了这位厦门大学有名的语言学学者。叶老师个子不高，但是声音洪亮，中气十足。他虽是有成就的学者，可是他的言行举止却没有散发出任何令人不敢亲近的气息，这让我很快就和他熟悉了起来。

当时，叶老师住在马大校园内的教员宿舍。他没有携带家眷来马，于是，下课后我常去串门子，陪老师聊天，有时候还跟他一起吃晚饭。

跟叶老师在一起的那段日子，他告诉了我很多有关厦门大学的事。对我这个没去过神州的赤道人来说，这些都是非常新鲜的事。老师还鼓励我若有机会一定要去厦大念博士。我笑言："要是我真的有幸考入厦大，我一定会拜您为我的博士论文导师。"叶老师笑了，笑得多么真多么善，仿佛世俗的尘埃不曾落在他的身上。可惜的是，我后来为了照顾健康状况不太好的父亲，放弃了前往厦大深造的机会，也无缘成为叶老师的门生。这，是我人生中的一件憾事。

叶老师在马大的那段日子，我正好在写硕士论文。我的论文导师是印度人，她看不懂我的中文数据，只能指导我写论文的格式和教给我分析研究数据的技巧。至于中文的部分，我就常常缠着叶老师问长问短。

每一次，叶老师都很有耐心地解答我提出的每一道问题。他深入浅出的讲解，为我解除了不少曾困扰着我的难题。若说我的印裔老师是我的正式论文导师，那么，叶老师则是在背后默默帮助我的非正式导师。叶老师是有名的博导，若我有机会正式拜在他的门下，那该多好！

还有，叶老师也是爱送书之人，想必有学问的人都爱把书当成见面礼送人。记得老师曾送我一本他编著的《语言学概论》。在封面下那一页的右下角，老师谦虚地写上"叶宝奎敬奉"五个字。以叶老师的身份和学术地位，他没必要这么做，这让身为后学的我觉得不好意思之余，更令我钦佩他的为人和学养。这就是一名谦虚学者的风范。

叶老师虽贵为教授，且著作等身，可是他不像某些老教授那样令人不敢亲近。在马来西亚的四个月期间，老师常放下身份，和我一起搭轻快铁或的士出外逛逛，他特别喜欢去茨厂街、国家皇宫和金河广场那一带走走。每一次，老师都抢先为我付车费，他也经常请我吃饭。他总是说这些钱不该由一名学生来付。这点让我深深地体会到一位长辈对晚辈的关爱。我为人师之后，也像叶老师那样，经常请没有收入的学生吃饭，原来是叶老师热情好客的作风深深地影响了我。

我也曾邀老师到我家乡游玩。他特别喜欢我家乡的大海。记得他那次就住在遮拉丁海边的度假屋。据他说，来到别的国家就该入乡随俗，看看异国的风土人情不失为一件乐事，原来叶老师也是一位入世的学者。

记得有一次陪叶老师去谷中城逛逛，我突然提议去看电影。老师爽快地答应下来："好啊！反正我也几十年没看电影了。"记得那次我们看的是《精装追女仔》。剧中人的无厘头搞笑对白令我觉得有失老师的身份。向老师提起此事，他大笑说："没关系，开心就好！"叶老师的言谈总是不经意地透露出他随和的个性。

任客座教授期满后，叶老师离开了马大和大马。老师回国后，他依旧经常与我互通电邮，捎来的都是亲切的问候和温馨的节日祝福。

2009 年 2 月，叶老师为了参加我院主办的华语国际学术研讨会，再次踏上马来西亚这片土地。我们又见面了！老师一如当年那样亲切地紧握我的手，一点都没变。那时，我已经硕士毕业，开始在语言暨语言学学院教书。我是那场研讨会其中的一名论文发表者。宣读论文的前一晚，我到老师下榻的水晶皇冠酒店找他聊天，并向他请教一些关于论文的问题。

叶老师点了一根烟，仔细地聆听我的问题，然后很认真地提出他本人的观点。这些都是精辟的见解，让阅历尚浅的我如获至宝。当时，我看到出席了一整天会议的老师眼中装满倦意，可是，他还是打起精神跟我谈学术问题，这点令我感动之余，觉得愧疚。为了不剥夺老师的休息时间，我匆匆起身告辞，老师还叫我多留一会儿。过后，他还把我送到电梯入口处，目送我离开。

次日，我在研讨会上宣读有关马来西亚中文商业广告敬词的论文。报告结束后，一名与会者很不礼貌地向我抛来几个与我论文毫无关系的问题，显然是无理取闹。我有点不悦地回答了那名提问者的问题后，心情一直很低落。用午餐的时候，坐在我身旁的叶老师轻拍我的肩膀，然后亲切地对我说："学术这东西本来就有争论，有争论是好事，你倒可以听听别人跟你不同的观点。"叶老师的这番话终于让我释怀。

叶老师离开马来西亚的前一晚，我到他下榻的御苑酒店陪他过一宿，以便次日送他去吉隆坡国际机场。那晚，我们一如当年谈了不少语言学的课题。叶老师不爱说别人的是非闲话，只谈学术，这也是他的优点。那夜，我们谈到凌晨一点半才入睡。临睡前，叶老师还忙着为我打点盥洗用具，仿佛老师是主人，我反而成了他的客人。

无情的铁鸟再次把叶老师载走了，可是，它带不走老师留给我的美好印象以及值得学习的大师风范。走在国际机场的长廊上，我若有所失。蓦然惊觉，能够跟我谈得来的学者已越来越少了。像叶老师这样的学者，更显得难能可贵。

叶宝奎教授在马来亚大学国际学术研讨会上的风采

叶宝奎教授与笔者

儒雅谦和的兄长

厦大人文学院历史系　王日根

最初认识叶宝奎教授是在 1989 年的暑假，当时我是叶老师妹妹叶宝珠的男朋友。那年宝珠刚从厦大财金系硕士毕业留校工作，而我是上一年从厦大历史系硕士毕业留校，随即去福建诏安县四都中学扶贫支教一年刚回到厦大。相仿的年龄、相近的性格，再经热心师长的牵线，我们建立了恋爱关系，叶老师从中把关，意义非同小可。俗语说："长兄如父"啊！其后，我就随宝珠叫叶老师为"大哥"了。

当年大哥的家就在厦大的东村，是两户一栋的小别墅，门正好对着我读研时的宿舍。大嫂在厦门外轮供应公司工作，每天早出晚归，那时是厦门外贸大发展的时期，总是特别忙。平时家里就是大哥和八九岁的女儿荧光，小姑娘特别活泼可爱，经常会跑到我们楼下与我们的同学一起打羽毛球，是我们大家都特别喜欢的"开心果"。在大哥家和我们宿舍之间，有一条从厦大水库延伸下来的排洪沟。我们的研究生生涯就是经常伴随着哗哗的水流声度过的，荧光小朋友的加入给我们的生活平添了许多的灵动和活泼。

一、敦厚的人格

大哥出生于 1948 年。父亲是做餐饮行业的，初小文化程度，母亲是家庭妇女，他们一共育有六个儿女。大哥是老大，下面三个妹妹，两个弟弟。恰好在小学、中学都遇上了难得的好老师，特别是 1957 年后，偏僻的山区小城陆续来了一批非常优秀的老师，点燃了大哥的求知兴趣，激发了大哥学习的热情。在后来的回忆文章中，大哥深深感念那些引导他走上读书任教生涯的中小学老师，可谓如数家珍，细致入微。

大哥读高二时遇上"文革"，之后作为知青到农村当农民，但一直没有放弃读书学习，也从劳动者身上学到了敦厚、朴实的品德。1973 年以工农兵学员身份考入厦大中文系，接触到了杨茂勋、黄典诚等学术大家，并将进入大学后求知的幸福感传达给家里，带动弟弟妹妹们的求知欲。1977 年小弟考入厦大物理系，1979 年二妹考入厦大海洋系，1985 年小妹考入华侨大学物理系，留在老家的大妹妹、大弟弟则进工厂当工人。一个个事业有成，家庭和美，他们的下一代也大都进了大学，不乏博士、硕士，有的前面还要加上一个“洋”字。这其中，大哥无疑是个好榜样。

大哥对于宝珠和我的关照也是全方位的。宝珠本科毕业后被分配到霞浦县沙江中学当老师，是大哥的积极引导，她考取了厦大经济学院“理转经”（理科生转学经济学科）硕士研究生。我们成家时，向学校申请住房，也是大哥帮的忙。对于我们俩的工作学习，大哥更是责无旁贷、一如既往地关心、支持与帮助。

大哥在单位里是学生的好老师，老师们的好同事，学生在生活上遇到困难，大哥总是毫不犹豫地伸出援手，甚至给已毕业多年的受伤学生寄钱，让学生渡过暂时的困难。大哥担任语言教研室主任和中文系教工党支部书记多年，关心带动年轻教师成长，工作任劳任怨，与老师们友好相处，让大家都感到特别的温暖。退休后依然关心支持学科建设，经常参与研究生开题报告、论文答辩等等。

二、严谨的治学态度

大哥对学术一直持有严谨、敬畏的态度，力求做一流的真学问。

语言学属于传统意义上的小学，它需要扎实的基础和深厚的积累，没有坚强的毅力和敬业的精神，最终碌碌无为的大有人在。大哥 1976 年 8 月到 1978 年 8 月，留校参加《汉语大词典》的编写工作。1978 年 8 月起，转语言教研室从师杨茂勋先生学习理论语言学。1990 年起从师著名方言音韵学家黄典诚先生学习汉语音韵学，1993 年 9 月获厦门大学汉语史专业博士学位。这种良好的师承为大哥稳健进入语言学领域奠定了基础。他的《语言学概论》教材（黄典诚先生作序）1992 年在厦门大学出版社出版，1993 年《中国语言学年鉴》“专著提要”介绍了此书，1995 年该书荣获厦门大学首届优秀教材一等奖，后修订重印七次，2013 年修订第三版改由中国人民大学出版社出版，教材被推广到更广大的范围内使用。《语言学概论学习参考》、《语言学概论考研辅导与习题集》是他与年轻教师一起完成的共同成果，也被广泛应用。他的博士论文《明清官话音系》经七年多时间的打磨、修改，于 2001 年 3 月作为南强丛书之一正式出版，2002 年重印，并于 2003 年荣获福建省第五届社科优秀成果二等奖，赢得学界的高度赞许。2017 年结集出版了《近代汉语语音研究——叶宝奎自选集》，南京大学鲁国尧教授肯定了其中提出的若干独具个性和深度的见解，如“近代汉语标准音既不是北音（中州音、北京音）也不是南音（南京音），而是不断演化的传统读书音”；“标准音与基础方言代表点口语音之间存在‘同源异流’关系，既有区别又有联系”；“不应以作者的籍贯定音系性质”；“明清官话音系是一代代传承下来而又不断变化的历史产物，它不代表一时一地之音”等等，这些见解都是大哥在长期深入细致的资料梳理和考察中形成的，具有很高的可信度和学术价值。

大哥秉承厦大理论语言学和汉语音韵学的优良传统，同时又能够扬长避短，于是近二十多年来着眼于汉语近代音研究这样一个薄弱环节，以求突破。其成果既有宏观的把握，对近代音重大问题的讨论、探索，又有微观问题的深入考察，创获颇多。

大哥勤于教学，担任过“语言学概论”、“普通语言学”、“大学语文”、“现代汉语”、“古代汉语”、“汉语方言学”、“汉语音韵学”、“汉语语音史”、“西方语言学”、“结构语义学”、“近代汉语研究”、“现代汉语专题研究”等十几门课的教学。连续讲授“语言学概论”二十几年，2005 年“语言学概论”评为校级精品课程，2007 年评为省级精品课程。

大哥 2003 年编辑出版了《黄典诚语言学论文集》，2012 年与时任中文系主任李无未教授合作成功举办了“中国音韵学暨黄典诚学术思想国际学术研讨会”，并主编出版了《黄典诚教授百年诞辰纪念文集》，旨在梳理黄典诚教授的学术成就，光大厦门大学语言学的传统。如今已退休多年的大哥仍然壮心不已，已申请撰写《百年厦大语言学》这部大书，力求将厦大语言学的发展历程系统全面地呈现出来，其献身学术的笃诚着实让我感动。

值此大哥七十寿辰之际，谨祝愿大哥学术之树常青，生命之树常青！

我的大舅

福建省邮储银行　陈素玲

说起我的大舅，眼前浮现的便是大舅微眯的眼睛，呵呵笑着的祥和的脸。从小到大，在我的印象里，大舅一直保有这样亲和温暖的笑。

大舅是家中的长子，妈妈排行老二，他们兄妹情深。老家大舅的同学，妈妈大抵都认识，想是年少时，妈妈总是跟着大舅去玩吧，他们一起经历了“文革”时期家中的艰辛和那个年代青春的冲动。磨难不仅磨炼了一个人，也使亲情友情弥足珍贵。直到现在，老家街上还有人老远就冲着妈妈说：“你是宝奎的妹妹吧？你俩长得真像。”而妈妈见着大舅的同学，则仿佛见着大舅般开心，笑得像朵花似的，热络地和他们聊着。因为这些，从小我就一直羡慕家中有哥哥的同学。

大舅是外婆家第一个考上厦大的孩子。每次大舅快放假回家时，我便如过节般期盼，顽劣的我，倒不是多盼着见大舅，急切盼着见大舅的是妈妈，妈妈总是提前几天就絮絮叨叨的。而我不嫌烦，我也急切地盼着，我盼着大舅回来，带回来的亮晶晶各种彩色图案塑料纸包裹的好吃奶糖、黄澄澄的香蕉、香香咸咸的鱼皮花生，还有魔方、七巧板、彩色图书等新奇玩具。而这些总是让我成为小巷里玩伴们追随羡慕的目标，连平日里蛮横待我的几个玩伴，那几天和我说话都轻声细语……厦门是一个多么美丽、多么令人向往的地方呀。现在想起来，那个年代念大学的大舅为了买这些东西，得省吃俭用多长时间才攒得下这些钱啊。

那时候的小县城，一天只有几辆长途汽车经过，大舅就是坐着这样的汽车去厦门。每回妈妈总是不舍，还会掉眼泪，而我总喜欢追着扬尘的汽车，深深吸一口带着汽油味的尾气。我好羡慕，坐在车里的大舅和他一路将要走过看过的风景。小小的我，从此立志，长大后我也要像大舅一样走出这大山，离开这小山城。

我想，心生向往的，应该不只我一人。大舅是20世纪70年代最早考上厦大的青年之一，在周宁这个小山城广为传播。有多少人因此对厦门、厦门大学心生向往。后来我的小舅、姨姨也陆续考上厦大，他们都勤奋好学，先后成为研究生、博士生、博士生导师。一个普通的家庭仅外公一人工作，竟培养了如此优秀的子女，《福建日报》记者因此采访了外公并予以报道，外公也成了小山城无人不知无人不晓的名人。在那个渴求知识改变命运的年代，外公的子女，我的舅舅和姨姨们，用自己的努力和实际行动，给山区的贫困学子树了一个标杆，明了一个方向。

我人生的第一封信是写给大舅的。那时候大舅和爸妈通信，我总好奇，爸爸就念给我听，并鼓励我给大舅回信。可我刚刚上小学，不认识几个字，妈妈就让我用拼音代替，就这样歪歪扭扭连字带拼音，我开始给大舅写信，我也不记得向大舅问过多少天真幼稚的问题。后来大舅信中曾用了一句引语，“穷则独善其身，达则兼济天下”，他说的大意是，一个人即使再穷再不得志，也要对自己有要求，也要不断充实自我，完善自我；而富了或腾达了，要学会关心国家，关心社会，帮助别人。囿于贫困闭塞，缺乏想象力的小姑娘，一直认为吃好、穿好、生活好，便是人生的目标，大舅的一席话，仿佛在我眼前豁然打开了另一扇人生境界的门，有一种温暖的大情怀，深远影响着年少的我。这句话就这样深深印记在我的心间。细细思量大舅的治学、为人、修养，这句话应该是他的座右铭，也是他人生真实的写照吧。

初中以后，我的数学一塌糊涂，苦学不开窍。爸爸因此常说，你以后就考舅舅的厦大中文系吧，我内心也是这样想的。有一段时间好喜欢文学，还请教过大舅，可以看些什么书，大舅推荐我看《阅读与欣赏》系列丛书等，这些小册子为我打开了中外名著鉴赏的大门，《茶花女》、《巴黎圣母院》、《傲慢与偏见》等等，都是借由这些书有了认识再看的名著。高考时我信心满满报考厦大中文系，我期待坐在中国最美大学的教室，做一名大舅的学生，聆听他的教诲和讲课。可惜几分之差，我与厦大擦肩而过。

印象中的大舅从来没有长篇大论教育过我。但他却用自己的人生轨迹和点点滴滴言行举止，春风化雨，润物细无声般教导着我。大舅是我最早的启蒙老师，也是我人生关键节点助推我的那个人。他使我萌生了最初的人生梦想，有了最早的人生定位，并一路指引、提点懵懂的小姑娘慢慢成长。

值此大舅 70 华诞之际，我深怀感恩的心，诚挚祝愿我的大舅身体健康，吉祥如意！

“我是幸运的，但我不是大师”

——访中文系叶宝奎老师

叶宝魁（叶宝奎）博士，男，1948 年 11 月生于福建省周宁县，厦门大学中文系教授、汉语言文字学专业博士生导师。

1976 年 8 月毕业于厦门大学中文系，1978 年 8 月起，从师杨茂勋先生学习理论语言学。1990 年起从师著名方言音韵学家黄典诚先生学习汉语音韵学，1993 年 9 月获厦门大学汉语史专业博士学位。学有所承，担任过“语言学概论”、“普通语言学”、“大学语文”、“现代汉语”、“汉语方言学”、“汉语音韵学”、“汉语语音史”、“西方语言学”、“结构语义学”、“近代汉语研究”等十几门课的教学。连续讲授“语言学概论”二十几年，2005 年“语言学概论”评为校级精品课程，2007 年评为省级精品课程。主要研究方向：语言学理论和汉语音韵学。

时临冬至，难得厦门还有明媚的阳光，照在人身上暖暖的，让人有种不觉冬已来临的错感。就在这样一个下午，我们在人文学院芳草天涯茶舍等来了叶宝奎教授。66 岁的叶教授精神矍铄地站在阳光下向我们微笑示意，访谈就在外面茶座进行吧！明媚的阳光、慈和的笑容、温润的声音，一下子就拉近了我们的距离，将我们几个采访人员的紧张忐忑一扫而光。我们与叶教授的访谈交流就在这样祥和温馨的氛围中开始了。

一代人

叶老师笑言他的身世是特殊的，因为他总是“踩在时代的节点上”：1948 年建国前夕，叶老师出生；1966 年他上高中的时候“变”成了红卫兵，1969 年他成了第一批上山下乡的“知青”；1973 年到了厦大后他又成了“工农兵学员”。时代给他贴上了多种标签，但叶老师始终认为自己“是普通人，虽然多少有些印记，却没有受太多影响”。

接着，叶老师与我们谈起了上一辈的老师，他说张茨曼、林铁民、周长楫教授等都是他的老师，这批五六十年代大学毕业的知识分子，他们的身世历程带有鲜明的时代烙印。叶老师说，我们回过头去看就会发现，他们这一辈是奉献最多的人，也是吃苦最多的人。且不说语言学，50年代中文系的老系主任郑朝宗教授，他和钱锺书先生是管鲍之交，他在文学尤其是英国文学方面的造诣之高深，恐怕就是时至今日也少有人可以企及，可惜的是时代给他的舞台太小太狭窄，未能尽情演绎便匆匆落幕离台。叶教授还细细说起陈景润的故事，对他一心致力于研究数学而顾不好个人生活满是心疼感慨，认为像他这样自学成才有如此辉煌的研究成果是非常不易的，陈景润先生是我们厦大的荣耀。我们后辈所享有的环境和资源条件虽日益优越，像他们这样的大家、大师却越来越难以成型，这是时代、社会发展无法避免的一种结果，也是萦绕叶教授心头的一大遗憾。

叶老师说，在上一辈的教授当中，对他影响最大的就是他在厦大求学、教学期间的杨茂勋、黄典诚两位老师了。杨先生师承著名语言学家、国内结构主义语言学研究的领军人物南京大学方光焘教授，叶老师1976年从厦大中文系毕业两年后转入中文系语言教研室，就是在杨先生门下学习理论语言学，并在他的指导下开始从事“语言学概论”、“普通语言学”等基础课程的教学工作，而“语言学概论”这门课他一上就是二十几年。正是几十年教学相长的实践研究，让叶老师的课获得了精品课程的荣誉，其讲义也被编成教材一版再版。黄典诚教授是周辨明和余謇的弟子，自1937年从厦大毕业后即留校执教中文系，因在语言学领域卓有成就1986年成为全国第二批“汉语史博士点”的博士生导师。叶老师1990年跟随黄典诚先生学习音韵学，并于1993年9月获厦门大学汉语史专业博士学位。叶老师一再强调，这两位大师名家的优良学术传统带给自己的教益颇为深刻厚重，正是在他们的引领下才逐步奠定了自己语言学理论、汉语音韵学方面的基础，再借助闽方言的依托，才做出了一点成果来。

叶老师认为，了解大师是必要的，而且一定要多了解历史。叶教授对上一代人的尊崇和敬重让我们愧颜，我们深切感受到叶老师谦虚自足的可贵品质和高度的人文关怀。“润物细无声，育人了无痕”，这样的精神历久弥珍，终会从叶教授身上传承下去，在厦大校园里播种、开花，而后桃李满天下。

三句话

学为人师，身为世范。几十年的功与名，叶老师只用了简短的三句话来概述自己的教学研究生涯。

“首先，我必须说我是幸运的。”叶老师如是说。老师心怀感恩，坚持认为自己能在厦大求学、执教并做出一些成果来，离不开许多人的帮助、扶持与指点。当年顺利考取厦大中文系，多亏县教育局领导的鼎力相助和招生老师的关爱；《语言学概论》的教学研究与教材的出版，离不开杨茂勋老师的悉心指导；对语言学深有研究且对音韵、方言多有创见的黄典诚教授的影响更是显著的，他的《语言学概要》、《切韵综合研究》等专著都是难得的本子，通过跟他做事来学习，无论方法上还是精神上都受教颇深。叶老师说，他们是自己一辈子都要感激的人。

叶老师坦言，“闽南大地是培育现代语言学的沃土，自己在厦大从事语言学的教学、研究是合适的”。读大学之前叶老师就爱好数学、物理，且成绩优秀，后来也正是这方面的学科素养帮助他在语言学的研究道路上走得更远。叶老师说，语言学本是文理交集的学科，“我们不能孤立地做研究”，叶老师表示必要的数学素养有助于语言研究，甚至很大程度上数学的逻辑性就是展开逻辑探讨的根本所在。而叶老师“无所求”的本真也让他更好地沉心于教学研究之中。自 1978 年开始接手“语言学概论”课程的讲授，叶老师并不热衷论文的写作与发表，直到 1988 年他才开始编写讲义并着手撰写相关论文。叶老师的知识储备、研究能力及其个人品性促使他最终选择了与前辈不同的路子，他不是追随他们研究上古汉语、中古汉语，而是把大家不怎么重视的近代音作为研究对象，事实证明叶老师是有前瞻性的——他的博士论文《明清官话音系》几经打磨后，已于 2001 年作为南强丛书之一正式出版，并于 2003 年荣获福建省第五届社科优秀成果二等奖，这是国内第一部也是目前唯一一部比较全面系统地考查、描写明清官话音系的著作。

叶老师师承厦大语言学优良的学术传统，在这一领域做出了自己的品牌与特色，但他还是觉得不足。他说，厦大语言学自 20 世纪 20 年代以来名师荟萃，著名语言学家沈兼士、余謇、杨树达、黎锦熙、周辨明、罗常培、林语堂等人都曾任教于此，而后又有黄典诚、杨茂勋、陈梦韶、洪笃仁、何耿镛、张茨曼、周长楫等老师的辛勤耕耘，他们在理论语言学、汉语方言、音韵等诸多领域成果卓著。一代大师的成就需要天赋、运气甚至是时代的机遇，更重要的是要有扎实深厚的知识积累。叶老师谦虚地说，跟上一辈的学者比起来，自己“读书甚少而基础薄弱，我们这一代人是成不了大师的，我们只有凭借自己的努力去向他们学习”，自己这辈子只是用心做了几件事而已。

幸运、合适、不足，这三个再平常不过的词，被叶老师用在他奉献一生的教学事业上，以一种极其谦虚而又满怀感恩的姿态向我们展示了为人师者的高贵品格。

四点希望

叶老师一生育人无数，如今也算桃李满园，2008 年退休后他仍坚持常回系里参与学生的毕业论文答辩、给汉办南方培训基地的培训班上点课，继续为教育、为厦大奉献。同时，叶老师也表达了对年轻后生的几点期望。

叶老师首先希望我们重视基础知识的积累。叶老师说：“做学问、搞研究，不能本末倒置，基础打好了，根扎稳了，树干才能长得高大，枝叶才能散得开，语言研究一样是如此。”叶老师要求我们抓好汉语本体，不要自以为是，放松大意，最忌讳的就是不重基础、不懂而教，这无论是对学生个人还是整个教育根基的长远发展，都是不利的。

对于阅读，叶老师建议我们读书要做到深广而精细。他强调，汉语巨著的深度阅读是十分必要的。汉语博大精深，几千年来有许多皇皇巨著等待着我们去翻阅，它们就是一个个庞大的资源库，只要我们用心去读，把它们研究透，就一定能从中获益，甚至可以挖掘到够我们花一辈子去研究的知识点。对待这种书目，我们的阅读方式就应该是逐字逐句地进行，慢慢就能把语感和语言技能培养出来，做学术的嗅觉和灵敏度也就出来了。时代的脚步在加快，节奏紧张，我们能做到“少而精”，也是大有裨益的。

叶老师还说，要重视自身的全面发展。拿语言学来说，它并不是一个纯文科性质的研究领域，具备基本的理科素养，必将有利于我们的长远发展，诸如现代各种教学设备、教学技能的配备，以及计算语言学、心理语言学、神经语言学的发展，都是很好的例子。

最后，叶老师以自身的示范告诉我们，为人治学要保持一颗感恩的心。

三尺讲台迎冬夏，一腔热血送春秋。叶教授坚守厦大三十几年，无所求、无所怨，辛勤耕耘，默默奉献，自己却不以为意。倒是教导我们要了解、铭记校主陈嘉庚等前辈对厦大的无私贡献，要传承厦大语言学的优良学术传统，珍惜这里的一切，好好学习，做有用之才。

仰之弥高，钻之弥坚，正是一代又一代人的铺垫与传承才让学术之花生生不息。花开有因，花落有果，也正是因为有了像叶老师一样辛勤耕耘与付出的前辈学者，我们才能站在一个相对高的平台上来学习、研究，若有“新竹高于旧竹枝，全凭老干为扶持”，是我们的幸运，更是我们对上一辈人的最好回报。

采访：姜玲、罗娟、暨慧琳、任梦梦、吕守业（中文系 2013 级硕士生）

2014 年 12 月 18 日

叶宝奎生平自述

2017 年 6 月 23 日我在金门码头不慎摔倒，左腿髋骨粗隆部分骨折，是厦门第一医院骨科郭元利主任的精湛技术，医生团队的精心治疗，家人、亲友、同学在我住院和康复期间对我的关心、护理，帮助我迈过了这道坎。经此一劫，深感人生七十不容易。

2018 年农历十月初六是我七十岁生日，娄育、小昰、李超几位同学想要给我一个惊喜，送我一份大礼。我知道后告诉他们，编辑出版寿庆文集，费时费力费钱，还要叨扰许多师长朋友，这事不好做，还请慎重考虑。但他们热情很高，执意要做。想想人生一世，草木一秋，这辈子经历了许多不如意的事，真正能让人高兴的事却不多，现在有可能配合他们做一件值得高兴，或许也能让亲朋好友感到高兴的事，何乐而不为呢。只是辛苦几位同学了。谢谢同学们的盛情，衷心感谢诸位师长、亲朋好友对我的关爱与扶持，谢谢大家。

为了让读者对我多些了解，兹将我的家庭及个人情况简要介绍如下：

我 1948 年农历戊子年十月初六巳时出生于福建省周宁县城关西门街一户贫穷人家。我的太爷爷原是福安县溪潭镇双峰村人，16 岁到周宁当染布学徒，后来就在周宁成家，生我爷爷和叔公两个儿子；爷爷养育大伯、爸爸、叔叔三个儿子。爷爷身体瘦弱，不能从事重体力劳动，家庭生活困难，大伯长大以后被抓了壮丁，几年后病死在湖南某地部队医院。从太爷爷到爷爷、奶奶、叔公、大伯、叔叔以及妈妈、婶婶都是文盲，没有读书；只有爸爸读过三年半日制的私塾（9～13 岁），他每天早上拿着糕饼糖果等走街串巷，四处叫卖，挣几个铜板补贴家用；下午或雨天才到老师家读书。13 岁那年西门街失火，房屋被烧，就到杂货店去当小学徒了；18 岁经朋友介绍到当时的周敦银行当杂役，负责挑水、买菜、煮饭、清洁卫生等等；几年后出来跟朋友合作做点小生意，1949 年国民党溃兵过境，货物被洗劫一空；解放后在县商业局食堂当炊事员，后调县招待所食堂；1962 年根据县政府“繁荣市场”的指示，出来办饮食合作店。经过长期的锻炼和刻苦学习，他的语文程度已达到初中水平，能说会算，尤其是他的厨艺无师自通，几乎全是自学而来。煮得一手好菜，能够主厨承办几十桌的宴席。60 年代他的炒面、扁食名扬遐迩，至今 60 岁以上的当地人回想起来，依然津津乐道。1968 年因为派性，被诬陷，被游斗，1970 年全家被下放农村，几年间艰辛备尝。幸运的是有位亲戚是所在大队干部（吴孔森书记），在我们家最困难的时候，他们全家及生产队社员给了我们许多实实在在的关心与帮助，是我们的大恩人。1973 年得到好人帮助，我父亲到县农械厂食堂当工友，后又转县招待所食堂。1978 年恢复居民户口，恢复工作，重新回到饮食合作店。又工作了十几年才退休。

先父名讳阿柳（1922—2011），福建省周宁县人氏，出生贫苦，聪明伶俐，家道贫寒，乖巧懂事，吃苦耐劳，勤奋学习，兢兢业业，钻研厨艺，炒面扁食，闻名遐迩；勤俭持家，本分朴素，养儿育女，含辛茹苦，文革横祸，备受屈辱，改革春风，沐浴雨露，以德报怨，不记前嫌，舒心愉快，安度晚年，苍天保佑，福寿双全，安详辞世，无疾而终，享年九十，足慰平生。

我母亲是乡下贫农女儿，没读过书，在家操持家务，照看孩子，煮饭、洗衣等等，上世纪 60 年代家里养母猪，一年两茬小猪，事情很多，很辛苦。左邻右舍，友好相处。家里子女多，经济困难，妈妈把里里外外都安排得井井有条，就是最困难的 1960 年，我们家也没有断顿饿肚子。困难时期有件事印象很深。我们家乡下的亲戚到城关来，母亲都会留他们在家吃饭，每次饭桌上总会有几碗比较像样的菜，虽然不是每次都有鱼肉，但摆放收拾得很整齐，看上去很丰盛的样子。虽说巧妇难为无米之炊，但是在家庭经济困难，物资紧缺的年代能够做到如此，已属不易。小时候我喜欢有亲戚来家里，因为饭菜要比平时好一些。妈妈辛苦劳作几十年，今年 90 岁了，身体还好，我们衷心祝愿妈妈健康长寿。

我们兄弟姐妹六人，大妹（1951 年生）因为要帮助带小弟弟，只读到小学三年级就辍学了。大弟（1953 年生）1966 年读小学六年级，“文革”停课，1967 年就去铁器社跟叔叔打铁当学徒了。他们两个后来都没再上学。小弟和两个小妹后来都陆续上了大学。我觉得兄弟姐妹中最聪明，素质最好的是大妹，没让她上学实在是太可惜了。她为人厚道，乐于助人，不求回报；待人处世，识大体顾大局，进退有度；对亲友、邻居，能以德报怨，友好相处。她乐观开朗，心中充满阳光，总是相信好人一定有好报。像她这种品德真是难得。

在我七八岁时爷爷奶奶就去世了。小时候家里兄弟姐妹多，父母忙，顾不过来，特别是爸爸的工作一年里只有春节休息几天，其他时候既没有星期天也没有节假日，早上 8 点多去上班，晚上 11 点多才回家。父亲对我们比较严厉，但无暇顾及。

1955 年 9 月 —1961 年 7 月城关小学学生。我小时候经常肚子痛，身体瘦弱，但生性自由散漫，比较贪玩，放学了还在学校或街上玩。家里没有电灯，晚上从来没做作业和读书，经常出去跟小朋友玩，有时听大人讲故事，听艺人“讲书”，跟婶婶去看戏，有时在电影院附近玩，偶尔能溜进去看半场电影，也很高兴。那时候老师上课很少满堂灌，一般都会留三分之一时间，做练习、讨论，作业不多，大都能在课堂上完成。记得有一位地理老师每堂课都会留15分钟给我们讲《林海雪原》的故事，一个学期下来，教学任务完成了，《林海雪原》的故事也讲完了。同学们爱听他的课，教学效果很好。

1961年9月—1968年12月周宁一中学生，读初中时，大体上每天的作业都可以当天在学校完成。课余时间还是玩的多。经济困难时期，经常参加种菜、种地瓜、种马铃薯等劳动。

初二、初三两年经常每天下午3、4节与同班同学周光华、刘新华、陈梅生参加由学校组织的乒乓球训练，准备参加1964年暑假地区少年乒乓球团体赛。

1957年以后周宁一中陆续来了一批非常优秀的老师，大幅提高了教学水平，他们带来新的教学理念，新的方法，让我们这些山里娃受益匪浅。

1964年9月—1966年5月高中阶段，学习目的较为明确，读书比以前努力多了。每天晚上都到教室晚自习。那两年除了学校、班级开展的活动，比如学雷锋、学毛选、体育活动、农忙时下乡劳动等等，平时还做点家里的事，玩的时间就比较少了。

1966年6月停课，“文化大革命”开始，县委派来工作组领导学校师生开展各项活动。我是第二批经工作组审批的红五类子女赴京代表，十几位学生在2名工作组干部带领下于1966年10月中旬赴京接受毛主席的检阅。

1967年上半年福州革造会组织派了一个文艺宣传队来周宁串联演出，导致周宁县串联会成立。后来另一些组织联合起来，自然就是八二九了。参加串联会的人稀里糊涂地就站错队了。

1967年下半年，派性愈演愈烈，为了避免武斗，串联会果断决定集体逃亡福州。数十号人半夜起程，沿着乡间小路，徒步行进五六日，到达罗源起步时遭到伏击，两人受伤，其余被俘。两日后放行前往福州。在福州待了两个多月，春节前回周宁。

1968年军宣队、工宣队进校，搞斗批改、大联合，成立革委会，办学习班。

1968年下半年，说是大联合了，其实是派性最严重的时期，站错了队，整你没商量。迷惘、困惑不得其解。感觉无可名状的孤独与无助。

小时候算命先生说我是教书的命，而且说我这只上午出生的老鼠，早年可能不大顺利，会有挫折。看来还真的有点灵验。

1969年1月初到七步公社八蒲大队洋后村插队。老天助我，把我安排在一个熟人（黄承忠大哥）的家里，并且是跟他同个生产队。在他热情帮助下，生产队社员、村干部对我都很好，几年间他和他的家人给予我许多关心与帮助。还有同样令我感激的是，同村插队的原八二九的同学对我也很友好，几年间没有人为难我，没有人在背后说我的坏话。命运之神又开始向我微笑了。

1972—1973 年上半年在八蒲小学当民办老师，其间有一个学期在七步中心小学当代课老师。我在八蒲小学教四年级、五年级的复式班（四五年级学生少，合成一个班）的语文，二年级的算术，还有唱歌、体育等课。那时候农村学校条件很差，课室是泥土筑的墙，窗户没有玻璃，除了黑板、课桌椅，别无他物。体育课连篮球都没有。没有音乐老师，唱歌则是五音不全。1972 年重视抓教学质量，有一次全学区小学抽查考试，复式班语文成绩比七步中心校的好。有一次七步中心校的校长外出，教导主任叫我代上几节初一的数学课。校长回来后很认真地问我："这几次作业题是不是你都做好了让学生抄啊，他们这几次作业怎么都做得那么好？"我有点惊讶地看看他，没有回答。心想让你这个师范生教戴帽初中班的数学，可能是勉为其难了，但是你也太不了解周宁一中高中生的水平了。那时候乡下民办、代课老师很多，中心校有些师范生（公办老师）很是瞧不起。说实在话，我们是憋着一股劲认真教学的，怎么会输给他们呢。1973 年 6 月我转为公办老师。

1973 年招生，厦门大学在周宁县有 3 个指标（分析化学、工业会计、中文），我填报的志愿是化学，结果上了中文，在一年级时我就选择了"语言专门化"，我们中文系 73 级只有 7 位同学选修语言专门化，我是态度最坚定的。

1976 年 8 月毕业留校工作。1978 年 8 月领导让我到语言教研室当杨茂勋老师的助教，更是如我所愿。从此在杨先生的指导下学习理论语言学。

1990 年师从著名方言音韵学家黄典诚先生学习音韵学，更是受益匪浅，找到了明确的研究方向。要是没有名师的指导点拨，像我这种基础单薄，半路出家的"和尚"是难有修行的。

1978 年春节与周淑真女士结婚。1979 年 1 月女儿荧光出生。

1982 年—1984 年兼任中文系 1982 级班主任。

1988 年—1992 年兼任中文系 1988 级班主任。

1993 年 9 月获厦门大学汉语史专业博士学位。

1994 年评定副教授。

2001 年评上学校统评教授。

2002 年评定汉语言文字学专业博士生导师。

1999 年—2005 年中文系语言教研室主任。

2002 年—2014 年厦门市语言学会会长。

2003 年主编《黄典诚语言学论文集》（厦门大学出版社）

2003 年 8 月 —2004 年 1 月韩国安东大学中文系研究教授。

2007 年 7 月 —12 月马来亚大学中文系客座教授。

2008 年 11 月退休。

2012 年 8 月协助李无未教授成功举办“中国音韵学暨黄典诚学术思想国际学术研讨会”（厦门大学，2012.8.24—26）

2013 年主编《黄典诚教授百年诞辰纪念文集》（厦门大学出版社）

2017 年编辑出版《近代汉语语音研究——叶宝奎自选集》（厦门大学出版社）

我 1973 年 9 月来到厦大，至今 45 年。我这个山里娃竟然成了教授、博导，真的不可思议。我中学时对数学物理较感兴趣，文科基础薄弱，刚进中文系时对什么是语言学知之甚少，只是懵懵懂懂地以为，语言学与文学不同，或许这玩意儿与意识形态较少关联，因而我就坚定地选择了语言专门化。是中文系老师把我引上语言学之路，是名师的指导点拨，让我进入语言学的殿堂。

上世纪七八十年代生活工作条件都比较困难，1976 年毕业时月工资 39 元，1977 年 45 元，1982 年 52 元。1982 年我从鼓浪屿搬回厦大，住敬贤一二楼楼梯口一间十几平米的房间，大家的煤炉就放在门口走道边煮饭。那时候学习开会多，活动多，年轻教师也常被派去做别的事，1977 年上半年叫我去学校清查“四人帮”的专案组，两三个月后，又派我去学校人防工程参加为期半年的劳动。1978 年高考期间学校又派了十几位同志到莆田地区巡视，我在莆田、闽清待了 70 几天。接下来几年，每年暑假都到福建师大去改高考语文试卷。

平时我除了备课上课、一些活动以及家务等等之外，每日所剩时间真的不是很多，晚上八九点坐下来看书，有时因为疲劳，眼睛就不听使唤了。要读点书，做点事，真的不容易；没有毅力，没有执着的精神，是很难坚持的。读书、做事主权在我，还好办；评职称、评重要岗位，申请课题等等，主权在人，不在我，更难办。人不与汝，奈何？世间事有得有失，只好顺其自然了。

数十年间我既没有留洋，也没有挪窝，就在厦大中文系，我的工作主要是教学，上过十几门课，科研成果少，著作论文不多，也评了教授、博导，现在 70 岁了，还能自由地做点事，感觉很好。小时候万万没有想到会有今天的好日子，真的很满意了。师门受惠至于今，感恩老师，感恩母校。

致敬名录

承蒙学界英贤及叶师亲友的抬爱、扶持，使文集编辑出版工作得以顺利完成，在此，谨列《致敬名录》，以示感激之情！

毕永光　蔡梦麒　曹祝兵　陈光田　陈鸿儒　陈　洁　陈明娥
陈胜凯　陈素玲　池挺钦　段亚广　冯　蒸　傅盛阳　高永安
韩永琦　何耿丰　何先育　胡安顺　胡松柏　黄海飞　黄仁瑄
黄耀堃　金鐘讚　黎新第　李柏翰　李国正　李　红　李鹏娟
李　军　李绍玉　李无未　李子君　林爱强　林事恒　林志军
刘树佳　刘庶忠　刘晓南　刘心舜　卢小群　鲁国尧　平山久雄
乔　永　沈建民　施向东　石汝杰　苏　华　孙建元　孙玉文
汪银峰　王定芳　王进安　王日根　王　曦　吴幼勤　徐从权
许彬彬　许清茂　岩田宪幸　杨春宇　杨聪凤　杨继光　杨　军
杨卫红　叶宝奎　叶荧光　叶玉英　曾妍妍　张　洁　张金帅
张民权　张屏生　郑碧娇　郑林啸　钟进文　周东平　周长楫
周许端　周　轶　庄钟庆　竺家宁

同时感谢：北京大学出版社综合部魏老师、语文出版社学术部张老师、中央民族大学出版社黄修义老师！

编者

2019 年 8 月